# FARAON

Gabriel Silva

FARAÓN

Quinta Edición

Gabriel Silva

536 páginas

ISBN 978-0-244-90803-4

www.lulu.com/spotlight/piramicasa

# FARAÓN

## PRÓLOGO DE VIKY SÁNCHEZ

Esta narración se basa en el abundante material histórico y científico recopilado por el autor. Transcurre en el año 8.500 Antes de Cristo. Algunos hechos y objetos pueden parecer anacrónicos, sin embargo abundan las evidencias a favor de la existencia de todo ello, aunque la ortodoxia se niegue a aceptar las pruebas, muchas veces ocultadas de modo deliberado. Los Lectores disfrutarán este libro y hallarán infinidad de conceptos coherentes, que explican muchos "misterios" de Egipto sin ofensa a la inteligencia, la lógica y el sentido común. No es sólo ciencia-ficción, sino una interpretación histórica interdisciplinaria, que nos acerca a la comprensión de aquella civilización extraordinaria.

Hay "teorías" alienígenas representadas en películas como "Stargate" que en algún detalle pueden estar más acertadas que las aberraciones de lógica de la egiptología oficial, pero adolecen del mismo problema: la incomprensión absoluta del modo de pensar y sentir de los grandes constructores de Egipto. Ni qué hablar de las "traducciones" que los personajes de las películas hacen *in situ*, como si realmente se supiera algo al respecto en el ámbito académico. Esta narración incluye una campaña bélica detallada que a pesar de su aspecto novelado contiene información importante para cualquier investigador serio, porque en cierta medida los hechos no son lo más importante, sino que se utilizan literariamente para exponer un modo de sentir y de pensar, por lo tanto el modo en que habrían actuado los personajes. Aún así, los hechos narrados no pueden haber sido muy diferentes de lo expuesto, ya que se desprenden de lo ensayado en una serie de lecturas radiestésicas a doble ciego, lo que implica un método científico, con personas que no se conocen entre sí. Objetivamente, debemos aceptar que los hechos narrados por los radiestesistas con una alta concordancia fueron tal y como se revela en sus factores comunes, o explicarlo como fenómeno de telepatía entre los participantes. ¿Cuál posibilidad es más aceptable? La lógica de la interpretación de la herencia hermética y las conductas bien conocidas de las personas coherentes con dicho Conocimiento, nos aportan lo que falta. Un ejemplo es el mismo autor, que conocedor de los efectos de las pirámides desde los catorce años de edad, ha dedicado su vida a la investigación, desentrañando paso a paso los misterios que envolvían las construcciones más maravillosas de todos los tiempos. Si bien en lo físico y material ha descubierto con los equipos científicos que ha dirigido, los efectos terapéuticos y conservantes de las pirámides y la forma molecular verdadera del agua, no se ha quedado en ese terreno, sino que ha buceado en la profundidad motivadora de la Ciencia de las Pirámides, para hallar el contenido esotérico y metafísico, por lo tanto Trascendental de la herencia ancestral. Una herencia dejada para la evolución y en especial para la Libertad en el más amplio sentido de la palabra, de las civilizaciones venideras. Gabriel no ha "inventado" gran cosa, como él mismo sostiene; su mérito está en haber "redescubierto", descifrado y demostrado el valor de semejante herencia dejada a la Humanidad. Y su coherencia en lo personal ha precipitado finalmente hasta el punto de dedicarse él mismo a fabricar y construir pirámides, dejando de lado sus variados talentos y profesiones, como única forma de hacer concreto y material el resultado de sus investigaciones, dejando apenas tiempo para escribir obras como la presente, en que se revela con diáfano ejemplo la psicología de los Antiguos Constructores y de una de las más dignas y magníficas civilizaciones depositarias.

La historia oculta de la Humanidad y en este caso una pequeña parte de la Historia de Egipto, sale a la luz de un modo ameno, emocionante, instructivo no sólo en cuanto a historia se refiere, sino a todo el legado que el autor considera de valor inestimable, porque sólo conociendo la verdadera historia, aproximándonos a ella de la forma más fidedigna, podemos extraer el Conocimiento Sagrado, las ciencias y técnicas que nuestros antepasados desarrollaron y luego se perdieron por catástrofes naturales y otras veces provocadas. Si bien los hechos son en parte novelados, la Metafísica que enseña el libro es real, efectiva y útil, como los conceptos éticos, la forma de pensar y la idiosincrasia de aquella sociedad egipcia que heredó, preservó y utilizó como digna depositaria el legado de los últimos Hekanef, a los que llamaban "Hombres-Dioses" (por la tecnología que poseían, no porque les adorasen), desaparecidos en su mayoría, primero hace unos 300.000 años, luego hacia el 29.000 A. de C. y tras remontar parcialmente con algunas ventajas tecnológicas desapareció definitivamente hacia el 12.500 Antes de Cristo, después de hacer las últimas reconstrucciones de Pirámides y Templos.

En realidad, como se verá a lo largo de la obra, los egipcios sólo adoraban espiritualmente a un tipo de "dioses" que llamaban "Nutes" (o "Anutes" según la etimología hermética), que es decir "esenciales", como Ptah (La Esencia Divina en todos los Seres y todas las cosas), a diferencia de los hijos de Nut (manifestación material del Universo, pero a la vez como esencia de la materia o "Principio Espíritu").

Algunos antiguos Faraones se comunicaban con los "Hekanutes", (Magos que llegan a ser dioses) que hoy los metafísicos llaman "Maestros Ascendidos", como Sekhmet, Bastet, Jnum y Anubis, entre otros. Para los egipcios, usando los términos modernos, en esta obra son los "Dioses Ascendidos". El saber Metafísico era propiedad de pueblo en general, no exclusivo de una casta ocultista, como ocurrió desde el segundo o tercer milenio anterior a Cristo, en que sólo partes del Conocimiento Sagrado lo poseía únicamente una casta gobernante. Los sacerdotes de la etapa más antigua actuaban como instructores, jamás como "intermediarios" con la Divinidad. Tampoco existía lo que hoy llamamos "religión" en un sentido de "fe", creencias y mucho menos "dogmas", sino un cuerpo de conocimientos que se conoce como "Sabiduría Hermética" o "Leyes de Thot", que el autor ha descifrado completamente y expone en su estructura mayor en el libro "Los Ocho Kybaliones", de los que sólo uno sobrevivió a las quemas y destrucción provocadas por el falso cristianismo a lo largo de los últimos diecisiete siglos. El más conocido, "El Kybalion", es sólo la octava parte del Conocimiento Sagrado.

En el Egipto Faraónico, incluso hasta las últimas mal llamadas "dinastías" (que no eran tales porque había una sucesión por méritos, no sólo por linaje), no existían castas, como muchas veces hace creer la historia oficial, pues los rangos se alcanzaban por méritos, por unas exigencias que se debían cumplir y demostrar al conjunto social. Incluso el Faraón debía cada cierto tiempo pasar por el "Heb-Sed", pruebas de que su capacidad para dirigir el país estaba intacta. Un medio socio-político que hoy llamaríamos "democracia perfecta". No había mandatos por "orden divina", aunque algunas acciones fuesen orientadas por los Seres Ascendidos que, por más que se niegue su existencia o se las considere meras creencias o productos de las supersticiones, han dejado una huella tan imborrable, tan evidente e indiscutible a toda lógica, como su enseñanza.

Muchos de los nombres de los dioses y algunos personajes han sido dejados tal como la historia académica los ha establecido, no porque el autor considere que son los originales, sino porque no se sabe realmente cuáles eran éstos, ni como se pronunciarían. El idioma egipcio tenía en la época ptolemaica, ya muy reciente, tantas palabras que fue más fácil para los egipcios aprender el latín, el griego y cualquier otro idioma, que para los otros pueblos desentrañar un lenguaje que no podía ser entendido sin poseer una comprensión similar de los conceptos abstractos y el conocimiento metafísico que poseía la masa. Por esa razón no pudieron copiar infinidad de textos ni traducirlos. ¿Cómo explica la historia oficial que durante tres siglos de gobierno ptolemaico no se haya traducido ni un solo jeroglífico al griego o al latín, pero ni siquiera desde el demótico, salvo lo que supuestamente dice la famosa "Piedra Rosetta"?

Por otra parte, creer que la traducción hecha en dicha piedra puede implicar el conocer realmente todo un idioma que ha evolucionado y cambiado a lo largo de los milenios, es como creer que se puede deducir el idioma chino y el árabe en caso de tenerlo en español (o desde cualquier otro idioma) en un fragmento traducido de la misma cantidad de palabras El texto de la Piedra Rosetta se ha traducido al español así:

*"En el reinado del joven -quien ha recibido la realeza de su padre-señor de las coronas, glorioso, que ha consolidado Egipto y es piadoso hacia los dioses, superior a sus enemigos, quien ha restablecido la vida civilizada de los hombres, señor de las Fiestas de los Treinta Años, como Hefesto el Grande; un faraón, como el Sol, el gran faraón de las regiones alta y baja, descendiente de los Dioses Filopatores, a quien Hefesto ha aprobado, a quien el sol le ha dado la victoria, imagen viviente de Zeus, hijo del Sol, Ptolomeo eterno amado por Ptah; en el noveno año, cuando Aëtus, hijo de Aëtus, era sacerdote de Alejandro...Los sumos sacerdotes y los profetas y los que entran en el sagrario para vestir a los dioses, y los portadores de plumas y los escribas sagrados, y todos los demás sacerdotes... estando reunidos en el templo de Menfis en este día, declararon:*

*Desde que reina el faraón Ptolomeo, el eterno, el amado de Ptah, el dios Epífanes Eucaristos, el hijo del rey Ptolomeo y la reina Arsínoe, dioses Filopatores, han sido muy beneficiados tanto los templos como los que viven en ellos, además de todos los que de él dependen, siendo un dios nacido de dios y diosa (como Horus, hijo de Isis y Osiris, quien vengó a su padre), y siendo benevolentemente dispuesto hacia los dioses, ha dedicado a los ingresos de los templos dinero y grano, y ha invertido mucho dinero para la prosperidad de Egipto, y ha consolidado los templos, ha sido generoso con todos sus medios, y de los ingresos y los impuestos que recibe de Egipto una parte ha sido condonada completamente y otra reducida a fin de que el pueblo y todo lo demás sea próspero durante su reinado…*

*Ha parecido bien a los sacerdotes de todos los templos en la tierra aumentar considerablemente los honores existentes al faraón Ptolomeo, el eterno, el amado de Ptah… y se celebrará una fiesta por el faraón Ptolomeo, el eterno, el amado de Ptah, el Dios Epífanes Eucaristos, anualmente en todos los templos de la tierra desde el primero de Toth durante cinco días en los que se deben lucir guirnaldas, realizar sacrificios y los otros honores habituales; y los sacerdotes deberán ser llamados sacerdotes del Dios Epífanes Eucaristos además de los nombres de los otros dioses a quienes sirven, y su clero se inscribirá a todos los documentos formales y los particulares también podrán celebrar la fiesta y erigir el mencionado altar, y tenerlo en sus casas, realizando los honores de costumbre en las fiestas, tanto mensual como anualmente, con el fin de que pueda ser conocida por todos los hombres de Egipto la magnificencia y el honor del Dios Epífanes Eucaristos el faraón, de acuerdo con la ley".*

Supuestamente se sabe lo que dice por estar también en griego antiguo. Sin embargo no se sabe si los jeroglíficos corresponden únicamente al modo fonético o al combinado fonético-ideográfico, ni sabemos a qué letras correspondían realmente ni en qué orden se situaban las palabras. Muchos especialistas y criptógrafos han denunciado la falsedad de la afirmación de que en base a tan escaso texto puedan deducirse los idiomas demótico y jeroglífico. Así lo denunció entre otros, el Dr. Josep Davidovich que hizo su propia interpretación respecto a la Estela del Hambre en la Isla Sohel, descubierta en 1889 por Charles Wilbour, que supuestamente fue traducida por Brugsch en 1891, por Wilhem Pleyte en 1891, Jacques Jean Marie de Morgan en 1894, Kurt Sethe en 1901 Paul Barguet en 1953 y últimamente por Miriam Lichtheim en 1973. La sucesión con diferencias tan abismales entre sí, demuestra que se trata de *simples intentos de traducción, meras teorías*, no traducciones.

Volviendo a la Piedra Rosetta, probablemente no es auténtica o bien la traducción del griego antiguo no sea la correcta. Que de ella se haya podido extraer el valor real e íntegro de cada jeroglífico es una de las tantas mentiras de la historia oficial. Ni siquiera se conocen más que algunas pocas palabras del demótico porque han quedado en la toponimia, en voces tradicionales y un porcentaje ínfimo de palabras que hoy componen el idioma árabe.

Pero hay más: Lo peor en esta traducción es que el "griego antiguo" habla de "dineros", como si aquella gente tuviera una banca internacional o hubiese existido antes de Cartago (y que sólo existió en Cartago, especie de sucursal del Sanedrín de Judea) acabado con las Guerras Púnica, hasta que Constantino en el 326 D. de C. creó la primera banca privada de alcance histórico, la "Banka Bizancia". Con ella reemplazaron las fichas de valor trabajo (sestercios) y las medallas intransferibles (Talentos) por las "monedas" y las cartas de garantía por "billetes". La transición actual al dinero virtual lleva las cosas al extremo. Pero ninguna civilización sana pudo existir mediante el sistema de esclavitud del dinero y bajo este "paradigma" económico que ha enfermado la mente y las emociones del mundo, sumado a los millones de mentiras en la literatura, la educación y la cinematografía, es difícil comprender el modo de sentir y pensar de las civilizaciones que nos precedieron.

Al momento de publicar de este libro, el autor no ha conseguido una traducción independiente de la Piedra Rosetta desde el griego antiguo a pesar de las diversas solicitudes a universidades y profesores. En esta obra el autor enlaza la guerra con una clarificación sobre la economía y aspectos metafísicos, que permiten no sólo comprender a los antiguos egipcios, sino extraer un caudal de conceptos que sin duda serán para los Lectores, claves para los cambios que deseamos en nuestro mundo actual. Ningún cambio valioso puede esperarse sin la ruptura interior con las creencias impuestas sobre el origen y destino de la humanidad.

Viky Sánchez - Enero de 2014

(*) [*Las notas se han insertado después de los párrafos para mejor e inmediata comprensión y el Índice se halla en las últimas páginas.*]

# FARAÓN

## Capítulo I - El Nacimiento

El llanto del bebé que acababa de nacer estremeció hasta la última fibra emocional de Isman, que daba vueltas alrededor de una de las enormes columnas enteramente esculpidas del Templo de Karnak, leyendo los jeroglíficos por centésima vez y meditando en cada parte de su significado. Al escuchar las risas de la madre y las matronas, se dirigió a la pequeña habitación cercana, que estaba destinada a sala de partos, debido a las condiciones óptimas para cualquier ser viviente que producía la conjunción de las formas del Templo y las energías de la tierra.

-Como Sacerdote mayor de Egipto, hace años que esperáis la llegada a la Vida de un mensajero de los Dioses. -le decía la Sacerdotisa matrona momentos después- Creo que ha llegado ese ansiado momento. No sé si os alegrará más como Sacerdote o como Faraón... La niña es perfecta.

-Me alegra en ambos sentidos, Ankhana. Sabéis que sólo hay una decena de Sacerdotes en cada Templo, ayudados en todas sus tareas de conservación por todo el pueblo, pero aunque también abundan los alumnos, son muy pocos los discípulos que pueden aspirar seriamente a ocupar puestos sacerdotales. Más raros aún son los que pueden alcanzar el grado de Meri em-Ptah, ["*Querido por la Esencia Divina*"], que son los que pueden llegar a Faraón y estar en condiciones de dirigir el destino del pueblo de *Ankh Em-Ptah* ["*La Llave de la Vida en la Esencia Divina*"].

-¿Queréis ver a la niña ahora?

-No, dulce corazón, dejad que descansen todos y ocupaos de que sus padres sean instruidos en lo básico por Akhmadi, porque son gente algo ignorante, como para criar una niña con semejante destino. Ordenad todo para que se queden aquí, al servicio del Templo. Aún pasarán años hasta que comprendan realmente qué clase de hija han traído al mundo.

-¿Deseáis que se guarde algún secreto en especial?

-Si, Ankhana. Justo pensaba en ello. Es el mayor Secreto de Estado. Si son los padres tal cual como me habéis contado, valdrá decirles que se quedan aquí porque harán excelente servicio al Templo y nada más.

-¡Son como os he dicho, Faraón!

-Si... Perdonad, es una forma de decir. Ya sé que no puede ser de otra manera. Y con más instrucción serán muy buenos padres. Pero además nuestra nación tiene enemigos infiltrados en suficiente número como para tener cuidado. Veré a la niña mañana, después de la reunión del Concejo. Incluso a partir de ahora, nadie hablará "de la niña", sino "del niño". Han nacido cinco esta semana y cuatro la anterior, pero además nadie sabe que quien ha de sucederme no es por elección humana, aunque la haya luego. El secreto queda entre Vos, el Sacerdote Akhmadi, Sekhmet y yo.

-¿Alguna sugerencia respecto al nombre?

-Ninguna, Ankhana. Que el nombre provisorio lo elijan los padres.

Besó las manos de la mujer y se despidió. Salió al patio y sus lágrimas se confundieron con la intensa lluvia; el viento rugía entre los obeliscos y las columnas de la parte abierta del Templo. La túnica era como una bandera blanca que parecía pedir clemencia a los elementos. Levantó los brazos, miró al cielo y exclamó "*Fúa, Ej píe tompbe, Ankhja*" (*Viento, yo os invito al silencio, ¡Gracias!*) y segundos después ni una brisa soplaba en el entorno. Sólo oía sus pasos entre los pequeños charcos. La lluvia se transformó en fina garúa, bajo la cual caminó trescientos cincuenta codos [*183 Ankemtras*] entre bellas palmeras y albaricoques, hacia uno de los sitios más sagrados del Templo y quizá de todo el Mundo.

Isman había estado allí desde hacía más de cuatro años, después de largos viajes y campañas, meditando cada día en la pequeña capilla de Sekhmet, para mantener el estado de Meri em-Ptah, que había alcanzado más de ciento treinta años atrás. Era consciente de la importancia de sus obligaciones como máxima autoridad académica, administrativa y espiritual, de su poder como Faraón, pero todo eso era una mera herramienta para cumplir la misión de su vida. Debía combatir más que nunca contra el demonio de la preocupación, porque sabía bien que es la más inútil de las torturas, el más absurdo castigo auto infligido y la más peligrosa semilla del Gran Demonio del Miedo. Pero cuando se tiene tan enormes responsabilidades con un pueblo, esa semilla tiene infinidad de pretextos como abono. No hay placer carnal ni espiritual que pueda equilibrar el ánimo para compensar el dolor de la preocupación.

Entró en la antesala de la capilla y dos jóvenes discípulos le ayudaron inmediatamente a cambiar su túnica mojada por una túnica negra y con bordados dorados, que sólo usaba para permanecer en presencia de su *Amada Madre*, como llamaba a Sekhmet. A veces pasaba allí un rato, otras veces todo el día. En esas ocasiones se llevaba su comida para no ser interrumpido. Ya era pasado el medio día, no había comido pero pidió que no preparasen nada porque no sabía cuánto tiempo estaría esta vez.

La pesada puerta de granito de la capilla tenía una rica plancha de oro, en cuyos jeroglíficos se podía (y debía) leer antes de entrar:

*"Sólo os pido que entréis a mi casa con respeto. Para serviros no necesito vuestra devoción, sino vuestra total sinceridad, ni vuestras creencias, sino vuestra sed de conocimiento. Entrad con vuestros vicios,*

*vuestros miedos y vuestros odios, desde los más grandes hasta los más pequeños. Puedo ayudaros a disolverlos. Podéis mirarme y amarme como hembra, como madre, como hija, como hermana, como amiga, pero nunca me miréis como a una autoridad por encima de Vos mismo. Si la devoción a un dios cualquiera es mayor que la que tenéis hacia el Dios Ptah que hay en Vos, ofendéis a ambos y al Uno."*

Leyó en voz alta, como había hecho más de mil veces, pero meditando cada vez en cada concepto. Los dos sirvientes le abrazaron como a un amigo que se va de viaje y uno de ellos le dijo:

-Querido Maestro, aquí tenéis el agua y las telas. He puesto esencias de rosas y loto en el agua, junto con el Amor más profundo.

Isman asió el balde y las telas, agradeció con un gesto y empujó la puerta, que cerró tras de sí lentamente. Sabía que no era necesaria una reverencia ante la negra escultura pétrea de la leona humana, pero igual le gustaba hacerlo. Luego abrazó a la estatua de su misma estatura, besó su mejilla e inmediatamente la pequeña capilla de unos seis codos de ancho por nueve de largo [*unos tres por cuatro metros y medio*], se llenó de pequeñas luces blancas, como copos de nieve que se movían en todas direcciones, especialmente ascendentes, casi invisibles para el ojo normal, pero claras para sus ojos entrenados en los planos suprafísicos.

Con profundo y natural cariño, comenzó a conversar con Sekhmet mientras lavaba su estatua y el resto de la capilla, ya que no permitía que ningún sirviente del Templo entrara allí, salvo para ocasiones especiales, y por lo tanto hacía él mismo el servicio de limpieza. El aire se saturó aún más de aquellas bolitas luminosas, cuando la fragancia de rosas y lotos inundó la habitación. El fenómeno era normal allí, pero la intensidad era realmente inusual. No obstante que le interesó saber por qué tanta energía, ese día había cosas demasiado importantes como para volver sobre ese tema puramente físico del ámbito de los fenómenos.

-Querida Madre: -le decía a la diosa- Ya sabéis que mi sucesora ha nacido, pero temo no poder vivir lo suficiente para acompañarle en todo su camino hasta que pueda ocupar mi puesto... A veces me embarga la preocupación. ¡Ay semilla pérfida que más que semilla es brote artero cuya punta me llega a la garganta!.. Y lo sé, Amada Sekhmet, ya se cuán inútil es, cuán dañina, molesta y absurda es la preocupación. Y bien sabéis que no temo por mí, sino por Amor al Pueblo de Ankh em-Ptah, de cuyos destinos puede depender el destino de toda la humanidad mortal... Me siento ridículo al verme a mí mismo preocupado.

*-Y también, que igualmente ridícula es la sensación de culpa cuando sabéis que no tenéis ninguna... -* oyó dentro de su cabeza.

La voz femenina potente y cariñosa, de la diosa a la que con razón llamaba "Madre" le era familiar desde antes de ser iniciado o tan siquiera un aspirante a serlo. En unos momentos recordó parte de su infancia. Tenía apenas ocho años cuando sus padres, dedicados Sacerdotes del Templo de Gebelik, oyeron a Sekhmet "en sueños", diciéndoles que llevaran ante ella al pequeño Isman y debieron desplazarse hasta Karnak.

---------------

-¿Qué son esas luces que se mueven? -había preguntado el niño.

-No vemos ninguna luz, Isman, pero las hemos visto durante el sueño en que Sekhmet nos pedía traeros. Hay ciertos fenómenos que no entendemos, pero seguramente lo que veis, sólo puede verse desde el mundo de Anubis.

-Querido Isman, -oyó el pequeño, asombrado, al ver que la estatua parecía hablar- decid a vuestros padres que pueden irse, que les agradezco y que hablaré con ellos nuevamente en sueños.

-¡Papá, Mamá... La diosa dice que podéis iros y que os volverá a hablar en sueños...! ¿Es que vosotros no podéis escucharla aquí?

-No, querido mío. -respondió su madre- Pero sabemos lo que hay que saber... A partir de ahora, sois Merem-Sehk .(*) Ella os enseñará más que nosotros.

(*) [Abreviatura de "Meri em-Sekhmet" o Querido de Sekhmet].

---------------

-Veo que guardáis recuerdos que son antiguos para Vos. -la voz de Sekhmet continuaba- Volviendo al presente, sólo las Almas grandes y nobles tienen preocupaciones de esa clase, pero da igual... Escribir un mensaje a la nada en el agua y con el dedo, puede tener mayor utilidad que la preocupación, por más que la pretexte el amor a vuestro pueblo.

-Sí, Madre, lo sé. Es que aún sabiendo lo que sé, la responsabilidad es tan grande para un simple mortal, por más que haya recibido y estudiado toda la Enseñanza Sagrada de los Ocho Kybaliones. Toth ha enseñado cómo funciona el Universo, todos sus Principios y Leyes, pero poner en práctica el Cocimiento, resulta difícil. Por más que bien sabéis cómo he practicado y practico a cada instante de mi vida la Katarisis, ese es mi lado fallido, ese pequeño demonio... Tengo claro que si lo dejo crecer, se convierte en un bosque de miedos... Ayudadme a combatirlo, por favor.

-Entonces os digo... Mirad estos dings (*) y decidme cuántas puede haber en esta capilla.

(*) [copos de partículas subatómicas, biones, ORBs o bolsas de neutrinos]

---

-¡No lo sé... Cifras increíblemente grandes! Más millones de partículas en cada ding, que estrellas y planetas en toda una galaxia...

-*¿Y qué es este mundo, respecto a la infinidad de galaxias que hay en el Universo, con sus miríadas de estrellas y planetas en cada una?*

-Menos que una partícula de un ding, entre la infinitud de dings que hay en todo este Templo, o incluso en todos los dings del mundo.

-*Entonces, Isman, si comprendéis la vastedad de lo Infinito y Eterno ¿Vais a estar preocupado por lo que le ocurra a un pueblo que vive en un punto infinitesimal del Universo, sobre todo cuando habéis ocupado toda vuestra corta vida y hecho lo posible en bien de los demás?*

-Bueno, diciéndolo así, me matáis todas las semillas del "yo culpable", pero no la semilla de la preocupación. Yo estoy aquí y ahora, en este único tiempo... Como bien me habéis enseñado, hay que vivir en el presente, y yo estoy en esta única situación y con las responsabilidades que no se me eximen por el hecho de que el Universo siga siendo infinito, estando, evolucionando...

-*De acuerdo, querido mío, de acuerdo, pero no quiero seguir hablando con vuestro yo "pretextador", que os pone al frente o os envía al fondo según a él le convenga, así que tendré que contaros algo del pasado y el futuro, para que vuestra mente pueda combatir la preocupación que obnubila el buen juicio que tenéis que tener ahora de manera especial. Vamos a empezar por Vos. Estáis a punto de cumplir doscientos años, o sea que os quedan unos veinte más, según vuestro reloj biológico, a menos que lo prolonguéis como ya sabéis...*

-¡Pero eso significaría dejar mi trabajo demasiadas veces! La Pirámide de la Luz está a seis días por el Nilo y el doble para el regreso, y la más cercana en Tekmatis, a cuatro o cinco días de viaje por tierra... Las más cercanas están todas ocupadas en experimentos de los Sacerdotes y usándose como hospitales...

-*Vuestro trabajo aquí es bien poco, aunque os parezca mucho. Os espera uno mayor... Y bien grande.*

-No, no es importante que yo extienda la vida de mi cuerpo. Ni siquiera por la posibilidad de ascender a vuestro Reino. En todo caso, creo que os lo he dicho, aspiro en lo profundo a liberar de las cadenas de la muerte a cuantas Almas sea posible, antes de ascender al Reino Cristalino...

-*De eso se trata, mi querido Hermano. Se trata de que sigáis siendo útil a vuestra especie, a vuestro pueblo... Hace ya cinco mil años que mi pueblo reconstruyó Ankh em-Ptah, Isman. Eso significa la mitad de la vida de un Primordial Humano, y Vos lleváis once encarnaciones, un total de*

*5050 años. Es heroica vuestra actitud, pero vuestra primera vida duró 900 años, la segunda 753 y fue disminuyendo, como el lapso de vida de todos los mortales después del Gran Diluvio. Vuestra última vida duró sólo 289 años y en ésta el reloj del cuerpo en estas condiciones de la superficie exterior del mundo da para menos aún. En cada vida, una parte se debe ocupar para recuperar conocimientos y consciencia, madurar, limpiar las emociones... ¿Estáis seguro de querer seguir en esa línea, cuando los cuerpos de la humanidad mortal duran cada vez menos?*

-Tal como lo decís, me hace pensar... Igual sabéis que mi sucesora no será Faraona hasta que el pueblo la elija y sólo lo será si este pueblo sigue mereciéndola. Para eso hay que mantener y mejorar la instrucción, el Conocimiento Sagrado en todas las personas... No quiero morirme y creo que nadie lo quiere, pero deseo que mi cuerpo dure lo que tenga que durar para que se realice el Gran Plan.

*-¡Y ahí es donde tenéis otro error! -sonó la palabra de la diosa con más fuerza que nunca- ¿Creéis que el Gran Plan incluye la muerte física de las Criaturas del Creador cuando hay maneras de evitarla?... La Vida física es un momento en la Eternidad, pero demasiado importante es cada instante, porque el tiempo es un presente continuo que debe definir las causas y los efectos. No despreciéis vuestra vida material hasta tal punto de menospreciar el lapso de duración que tenga en la lucha contra la esclavitud de la mortalidad. En el fondo de toda esta Gran Obra Alquímica, está el hecho de que los mortales deben combatir contra la mortalidad, que es la base y raíz de todos los males... Aunque sea en parte causa, en parte efecto... ¿O acaso habéis olvidado que todos los demonios y delirios, que son los enemigos auténticos de todo Ser Humano, están basados en la mortalidad del envase que contiene al Alma, y el consecuente miedo a la muerte?*

-Sí, eso es... -respondió en voz alta Isman- Aunque también un Hombre-Dios que era inmortal, fue el causante de la mortalidad... Pero bueno, ya sé que fue la más grande excepción y me habéis recordado que esa lacra biológica es la raíz de todos los males generados en la humanidad. Igual me pregunto muchas veces por qué un inmortal, un primordial hiperbóreo creó la aberración genética, siendo puro...

*-Porque el hecho de ser inmortal no implica que un Ser Humano sea psicológicamente puro, sano, perfecto y sin males en su especie. Una aberración que bien decís, es excepcional... Pero volviendo a lo actual, tenéis que decidir entre seguir con pocas fuerzas hasta agotarlas, cuando tenéis la responsabilidad de formar a una nueva Faraona, o recuperar fuerzas y vivir lo suficiente en ese cuerpo actual, para ayudar a vuestra sucesora en su formación. Nadie puede elegir por Vos, pero ya que me*

*tenéis por diosa, aceptad mi consejo de alargar la vida de vuestro envase. La bebé tiene por delante un desafío mayor que el vuestro, considerando que hay otros pueblos que florecen en oriente y occidente, creciendo en número y que no tienen la misma cultura que Ankh em-Ptah. ¿Serán amigos o enemigos?, nadie puede saberlo, ni siquiera yo puedo prever cómo se desarrollarán sus voluntades. Pero sin duda que vuestra sucesora tendrá un trabajo más difícil que el vuestro, porque cuando ella esté preparada, habrá decenas de millones de personas que deberán ser instruidas para que evolucionen… o combatidas y exterminadas. Nadie puede deciros si optarán por la vía pacífica y armónica, o si obedecerán a las almas esclavistas que nacen entre ellos. Así que pensadlo bien, querido mío. ¿Elegiréis alargar vuestra vida para aseguraros la formación de una Gran Faraona, con vuestras mismas cualidades, o confiaréis eso a personas menos preparadas que Vos?*

-¡Oh, querida hermana de mi Alma!.. ¡Qué doloroso es pensar que no haya nadie mejor para preparar a un Faraón! Y además, francamente, me parece que es injusto lo que decís, como una adulación impropia de Vos, porque todos mis Sacerdotes, todos mis asesores, los miembros del Concejo Supremo y hasta mis humildes ayudantes y sirvientes son seres maravillosos... No digo que todos puedan sucederme o preparar a mi sucesora, pero me duele escucharos decir que soy el mejor preparado.

*-Porque habláis desde vuestro Profundo Amor, querido mío, pero equilibrad eso con vuestra Divina Inteligencia, repasad mentalmente todo vuestro plantel humano y veréis que no soy injusta ni os adulo. Os doy una sugerencia para facilitar vuestro hacer porque también soy guardiana de vuestro pueblo. Si decidís alargar vuestra vida, id a las pirámides de Tekmatis, donde hallaréis novedades, tras las cuales podréis alargar la vida muchísimos años… Evitad la floresta y tened mucho cuidado. Entre las dunas del Sur hay cosas peligrosas para el país, pero de nada servirá que os diga más, porque la intriga que dejo, os ejercitará en el combate contra ese demonio "preocupado" que lleváis. Si lo hacéis, os guiaré de algún modo, pero será paso a paso. Ahora os dejaré en silencio. Recibid mi radiación en equilibrio de Amor, Inteligencia y Voluntad, y meditad…*

Tras horas de profunda reflexión, el Faraón tomó la decisión de seguir el consejo de esa diosa que no era precisamente la estatua de basalto. Cuando tuvo las ideas claras y la decisión tomada, la sala se llenó de aquellas bolas luminosas materialmente producidas por el agua y los minerales subterráneos, pero que sólo emanaban en función de la actividad psíquica de Sekhmet y de su interlocutor.

Isman abrazó la estatua, besó su mejilla sabiendo que besaba a ese algo etéreo que está más allá de la forma y la materia que la representa y sintió -como siempre- el cálido abrazo materno Sekhmet, profundamente amoroso sin ser posesivo, protector sin coerción, poderoso sin imponer, como el de una madre atenta a aconsejar si se lo piden, que deja espacio para la decisión propia. No pudo evitar las lágrimas que aunque siempre acompañaban su salida de la capilla, en aquella ocasión fueron torrente. Cerró la puerta, comprendiendo más que nunca que no era Sekhmet quien quedaba encerrada allí, sino él, que entraba nuevamente al mundo de los condenados a la muerte biológica, al mundo de los esclavos de los yoes falsos que cada uno guarda dentro de sí, a la prisión para los nacidos defectuosos que enferman de vejez. Los dos ayudantes de cámara dejaron sus tisanas que bebían plácidamente y acudieron al encuentro del Faraón, ayudándole a cambiar sus ropas.

-¿Ha sido buena vuestra estancia con ella, Maestro?

-Como siempre... Aprendiendo a Ser, un poco más...

-Espero ser digno en corto tiempo, para lavar los pies de la Diosa.

-Lo seréis, Zoser. Ve preparándoos como hasta ahora, porque vuestra vida estará dedicada muy pronto a eso que anheláis con tanto fervor.

-¿Creéis que daré la talla para ello?

-Sin duda, querido mío, y un gran arquitecto ha de pasar primero por la Escuela de Sekhmet, así que todo lo que tenéis en la mente se hará realidad en muy poco tiempo... Bueno, no os emocionéis tanto, -decía Isman recogiendo con su dedo una lágrima del discípulo- que os espera un trabajo muy duro y a mí un viaje largo.

-¿Puede saberse a dónde viajáis? -preguntó el otro ayudante mientras terminaba de atarle la faja.

-Os diré un secreto a guardar, hasta para vuestra sombra. Creo que ha nacido mi sucesor, pero soy viejo para acompañarle en su camino hasta que él sea capaz de reemplazarme. Sekhmet me sugiere alargar mi vida, así que avisad a Elhamin que mañana, al salir el sol, quiero una comitiva de veinte soldados montados, veinte en cuadrigas y veinte porteadores con una carreta grande y nueve carrozas pequeñas. Que las carrozas sean rápidas para ir a Tekmatis. Permaneceré muchos días allí, de modo que Vos, Zoser, quedaréis a cargo del Templo. Pero por sobre todo, quedaréis al cuidado de esta capilla de Sekhmet. Y Vos, Seitin, como el amigo más fiel, habéis de estar a su lado en todas sus ocupaciones.

-Comprendido, Maestro, pero mañana tenéis reunión con el Concejo...

-Pues se hará sin mí. En este momento no hay nada tan importante que requiera mi presencia y Menkauris puede con todo lo que surja.

El Faraón abrazó a sus discípulos y se marchó. No quería irse sin conocer a la recién nacida y fue a visitarla. La niña era perfecta, y también especial su sonrisa. Sus ojos no parecían de recién nacida porque todo lo escrutaban, al tiempo que reía en los brazos de Isman.

-No sé, cariño mío -decía el Faraón- si os reís porque no tenéis idea de lo que vuestra Alma ha venido a hacer, o porque lo sabéis bien. Trataré de que vuestra vida sea siempre risueña y alegre, larga, sana y sabia. Espero acompañaros un trecho largo, para bien de la Amada Patria.

## Capítulo II - Viaje a Tekmatis

El playón frente al Templo de Karnak estaba casi vacío. Los intensos colores de la construcción y las estatuas daban marco a la pequeña formación militar en postura de AR, que pasó en presencia de Isman a la postura de Thor. Isman la imitó haciendo el saludo y subió junto con el General Elhamin a una carroza tirada por cuatro caballos, emprendiendo la marcha. El Faraón y todo el personal vestían uniforme militar, cubiertos por una amplia capa blanca, a modo de túnica abierta que llegaba hasta los tobillos. Isman, como casi siempre, con un tocado blanco con rayas azules, nada diferente del de sus soldados. El General ordenó que las corazas, lanzas y cascos se llevasen en un carro, porque no se preveían riesgo y evitaba peso innecesario. Sólo se portaban arcos y carcajes.

-El cielo amenaza tormenta y si llueve en la zona de los pantanos, no podremos cruzarla... -le comentó Elhamin.

-No lloverá. -respondió Isman escrutando el cielo- Será misericordioso el clima; los caballos no sufrirán demasiado el calor y nosotros tampoco porque viajaremos de noche todo lo posible, rodearemos los pantanos, aunque demoremos un poco más. Iremos por las dunas del Sur, así tampoco sufriremos por los insectos. Un poco más largo, pero mejor viaje.

-¿Y se puede saber por qué habéis ordenado una caravana con tan pocos hombres? ¿No os parece que cuatro o cinco días de viaje merecerían llevar al menos cuatro o cinco azafes?

-¿Cuatrocientos o quinientos hombres para un viaje dentro de Ankh em-Ptah, General? No hay novedades de enemigos desde el último intento de invasión, hace más de siete años y hasta ahora nunca los ha habido por Occidente... A menos que las tribus Askarnam hayan vuelto a meterse en terrenos de los BerArBer, cosa poco probable.

-¿Conocéis las dunas del Sur y las tierras de Darsum, Faraón?

-Nunca he ido, porque en los mapas no aparece nada interesante. Prácticamente nada entre Karnak y Tekmatis, salvo la selva y pantanos, pero por las dunas no hay ni una referencia... Habría que explorar.

-¿Sabíais que ninguno de vuestros antecesores ha querido conocer las dunas al Sur de los pantanos?

El Faraón miró a su amigo con cierta sorpresa al principio, pero un instante después miraba como casi siempre, queriendo ver más allá y respondió con una sonrisa pícara.

-Oíd Elhamin... No sé si me lo decís para amedrentarme o para darme coraje y estimular mi curiosidad ¿Qué puede haber de especial allí, donde apenas los chacales y las serpientes tienen su territorio?

-Nada de este mundo, creo... Pero del mundo de los muertos puede que mucho. De hecho, le llaman el Darsum o Desierto de Anubis. Lo cierto es que algunos exploradores tuvieron extrañas visiones, diferentes a los espejismos normales. Un General de Exploradores dijo hace dos años que los dioses que van por ahí lo expulsaron junto a cien soldados a caballo, con una explosión mucho mayor que las cañas de fuego de los Baalbekios, que produjo un viento de fuego que quemaba la piel...

-Nunca escuché nada parecido. ¿Cómo os habéis enterado de eso? ¿Por qué no se me ha informado?

-Está en los registros de Karnak, pero no se os informó porque se pensó que podía tratarse de una alucinación causada por el calor. Treinta hombres murieron de sed, anduvieron desorientados... Por eso llevaba tiempo picándome la curiosidad sobre ese territorio del que nadie sabe nada y por el que nadie ha ido en tanto tiempo. En los bosques y selvas cercanas de Tekmatis hay muchas frutas, no hay que temer a Râ ni a la sed, pero con sus mosquitos y bestias, con pantanos y ciénagas tan peligrosas... Es curioso que tanta gente acostumbrada al desierto tema esa región del Sur y prefiera meterse en la peligrosa floresta... Si no hubierais dicho de ir ahora por ahí, seguramente os habría invitado a explorarlo cuando estuvieseis un poco menos ocupado.

-¿Yo, menos ocupado? -decía Isman casi gritando, porque los soldados cantaban al marchar- Separémonos un poco, o nos sumamos al canto...

-Sí, claro... -decía Elhamin azuzando a los caballos- Bien sé que vuestra vida no contempla diversiones, paseos entretenidos, nada ajeno a vuestros deberes, pero... ¿No vais a disfrutar como yo, inspeccionando donde nadie ha ido en dos años y que puede ser importante conocer?

-Si es que hay algo de verdad en lo que habéis leído, seguro que será interesante y puede que importante, pero no nos adentraremos tanto en las dunas. Aunque sería un alivio total con los mosquitos, sería una pena no haber escogido camellos para el viaje.

-No, Faraón, no os preocupéis por los caballos. Estos tienen cascos muy grandes. Aunque no pensé que optaríais por rodear los pantanos, igual elegí los mejores para cualquier terreno. Mirad que belleza de patas, buenas para la arena y para los lodazales. Además las herraduras están hechas con hierro y carbón mezclado con los metales coloridos tan duros de las minas del Este, que no se herrumbra ni infecta las patas si se lastiman. No os prepararía una expedición sin pensar en los detalles.

-Nunca me he arrepentido de considerarlos un hermano, pero menos aún de haber aceptado la propuesta de Menkauris y Arkanis que os asignaron el puesto. Seguro que habéis escogido los mejores soldados.

-Morirían sin pensarlo por Vos y por Ankh em-Ptah, aunque como son los mejores, ninguno de ellos os considera superior a sí mismos. Y pongo un ojo ante la lanza por Hempotepet, el cocinero, que también era militar. Con los porteadores y servicio... No pude elegirlos en tan poco tiempo.

-Volviendo al tema de esas leyendas sobre territorios extraños... ¿Qué habéis leído sobre la región de Tombizara y sobre los Valles Muertos?

-No mucho, Isman, pero me gustaría explorar esas regiones. Hace ciento treinta años que sois Faraón y me extraña que no os haya picado la curiosidad. Dicen que el río Tormentas, se llama así porque cada vez que alguien pretende explorar aguas arriba, se desatan tempestades terribles y sobre los Valles Muertos, la leyenda es que murieron allí unos dioses de otros mundos, hace milenios, cuando aún la región tenía más fuego de la tierra que ahora, pero no por causa del fuego natural, sino por los ataques de Seth... Anubis nunca los pudo juzgar y quedaron vagando eternamente. Más superstición y cuentos para niños, que datos históricos.

-Sacaré tiempo del mismísimo Principio Eternidad y exploraremos la zona... Pero no sé cuándo...

-Os tomo la palabra, Faraón. -respondió Elhamin- Será un placer... O eso espero, si las leyendas son sólo fábulas...

La expedición continuó entre ratos de silencio y ratos de canciones, las nubes fueron retirándose en sentido contrario a la marcha, hasta que a medio día los rayos ardientes de Râ invitaron a detenerse, abrir tiendas y descansar el resto del día. La tarde fue calurosa, con cielo despejado, de modo que sólo se podía descansar y conversar. Elhamin dijo a los hombres que habría que cabalgar toda la noche, así que lo mejor sería dormir cuanto pudieran. Con las primeras estrellas asomando débilmente, la caravana prosiguió por la región donde no se preveía peligro alguno en el viaje nocturno. El aire fresco de la noche dio nuevos bríos a los caballos, que no mostraron signos de fatiga hasta que a espaldas del grupo, el firmamento confundido con el horizonte parecía rasgarse con la lejana presencia del sol.

A medida que Râ se elevaba, los caballos ralentizaban su paso y los hombres marchaban cabizbajos. Cuando el calor se hizo drástico el Faraón ordenó a los hombres apearse y continuar caminando. Poco rato después acampaban en un pequeño oasis bajo unas cincuenta palmeras y el personal se dedicó a cepillar, alimentar y abrevar a los caballos. Cuando todo estuvo listo para el descanso, durante la comida un soldado pidió la venia a Elhamin para hablar con el Faraón y tras su asentimiento se dirigió a Isman.

-¿Me permitís una consulta, Maestro Supremo?

-¡Claro!, ¿Cómo os llamáis?

-Ebsekhet, Maestro. Hablo en nombre de vuestros servidores. Deseamos que si podéis y es vuestro deseo, nos hagáis el honor de darnos una conversación, ya que raramente tenemos oportunidad de tan siquiera estar cerca vuestro.

-Por supuesto que sí. -dijo el Faraón- Y el honor, Ebsekhet, es todo mío ¡Atención, reuníos aquí, en semicírculo!

La potente voz sonó en todo el oasis. Los que estaban más lejos llegaron a la carrera, formando un semicírculo frente al Maestro de Maestros de Maestros.

-Siento gratitud por vuestro interés en conversar conmigo y espero que nuestra conversación sea útil para vosotros como para mí.

-No somos tan soberbios -dijo uno de los soldados- para pensar que podamos seros útil en una conversación. Sin duda la utilidad será para nosotros... ¿Qué podríamos enseñaros, cuando habéis llegado a Faraón siendo el mejor soldado, jinete, sirviente, el mejor discípulo, el mejor Maestro entre los Maestros...?

-Si vosotros no sois tan soberbios como para pensar que podéis enseñarme algo... ¿Por qué habría de serlo yo? Os aseguro que nadie con su cabeza sana puede decir que ya lo ha aprendido todo. Ni siquiera los Dioses Ascendidos dirían algo así. Quizá la única diferencia respecto a vosotros, es que yo he aprendido a mirar más profundamente, así que me enseñáis mucho, incluso sin que habléis. ¿Sobre qué deseáis hablar?

-Ya que nadie propone -dijo uno de los porteadores- creo que sería bueno que nos aclaraseis cosas respecto a los dioses. Ellos siempre están en todas partes, pero también son seres individuales... O a veces sólo están en una virtud... Hay quienes dicen que Ptah creó al hombre a su imagen y semejanza, pero otros dicen que el hombre crea a los dioses a su imagen y semejanza... No termino de entender muy bien eso.

-¿Cómo os llamáis?, ¿En qué Templo os instruís? - preguntó el Faraón.

- Me llamo Anthala y estudio en Kal-Ahisa.

-Decidle a vuestro Maestro, que casualmente es mi primo Amotaner, que os instruya más sobre ese particular, y a los demás, haced lo propio con vuestros respectivos Maestros. Pero os voy a explicar brevemente sobre los dioses, porque es en extremo importante que sepáis sobre ellos, tanto como sobre vosotros mismos. Repitiendo las palabras sabias de mi amado antecesor, y seguramente del antecesor del suyo y así por todos los tiempos... *"Decidme en qué dioses creéis y os diré cómo sois"*. Sin que dejen de existir los dioses, también es cierto que las ideas que un pueblo tenga sobre Ptah u otros dioses, delata sus calidades y cualidades. Bueno... Ese es mi criterio y humilde opinión ¿Os parece importante?

- ¡Claro, Faraón!, -respondió Anthala- Los arios del Norte dicen que sus dioses son los mismos que tenemos nosotros, aunque ellos dicen que sólo son hombres inmortales, mientras que nosotros somos como ellos, sólo que mortales...

-Eso es verdad, Anthala. Los Primordiales son hombres perfectos y muchas veces se les ha considerado dioses. Ellos viven en el interior del mundo. Podréis ver sobre eso en la biblioteca de la Pirámide de la Luz, si tenéis ocasión de ir por aquel territorio, pero también en el Templo de Hathor tenéis una representación de estos asuntos, en las escaleras... No hay que confundir las tres formas de los dioses, que son *personales humanos, es decir "Primordiales", personales Ascondidos, es decir una* individualidad que era humana como Sekhmet y ascendió al Reino Cristalino, como bien sabéis que ocurre en una o dos de cada diez muertes, donde no se deja cadáver, sino que se alcanza la Vida Eterna... También los dioses pueden ser *alegóricos*, es decir "simbólicos" y representan fenómenos naturales, conjuntos de conocimientos, actitudes de una persona o pueblo... Como Isis y Osiris, que son hermanos y al mismo tiempo esposos...

-Pero eso sería incesto y no es bueno, ¿Verdad? -preguntó otro.

-No, querido, no representan un incesto porque no se refiere a esa aberración mental y biológica, pues se trata de símbolos. Osiris es el *Conocimiento puro*, mientras que Isis representa a la *Ciencia*, es decir el método de procesar el Conocimiento, o su hermana Maat, que es la *Ciencia de Toth*, el Conocimiento del Universo. Se dice que Isis y Osiris son hermanos y esposos porque no hay ciencia si no se posee conocimiento con el cual obrar, ni conocimiento profundo sin ciencia, pero son dos cosas diferentes. Finalmente están los Dioses *esenciales* o espirituales, como su hijo Horus, que representa la *Conciencia Espiritual*. -continuaba el Faraón hablando profunda y lentamente- Porque el *Conocimiento Cierto* y la *Ciencia Amorosa* llevan tarde o temprano a ese Instante Divino que es la iluminación de la personalidad. Pero para ello debe despojarse de todos sus demonios, sus enemigos interiores, como está plasmado en los Templos de Horus, en el de Sekhmet del Sur, Tekmatis y muchas otras escuelas, justo en los frentes, como la cosa más importante que debe hacer no sólo el Faraón, sino todo ser humano. Como un muro de rocas que se mueven, los enemigos interiores tienen a la personalidad en la oscuridad, sin darse cuenta que es un mero instrumento del Alma, y el Alma es Divina, porque contiene la Esencia de Atón. Y Atón mismo es el más espiritual de los dioses, pero a la vez el más material, ya que es Ptah manifestado, con auxilio de Nut, que es la materia, el Universo visible, la parte femenina sin la cual la esencia no puede existir. Es decir que Ptah y Nut son los dos aspectos del Todo y su cuerpo es el Universo entero... Aunque también hablamos mucho de Râ, es un dios simbólico y material a la vez. Él es la estrella más cercana, que nos da la luz para la Vida, pero el Conocimiento que era oculto y Sekhmet reveló a los Sacerdotes hace cuatro mil años, es que representa la parte más alta del Ka de la Vida, el Sol personal sobre nuestras cabezas...

-¿El Ka de la Vida, Maestro? No entiendo...

-Es que tenemos tres Ka, no uno solo. Bueno, quizá me adelante a vuestros maestros, pero no importa. Uno es el Ka del pensamiento, es el que maneja las cosas de la inteligencia; otro es el Ka de las emociones, donde se alojan nuestros peores enemigos. Que ya sabéis cuáles son...

-Sí, Faraón, odios, miedos y vicios, -respondió un soldado- eso lo saben hasta los niños, pero aún no sabemos qué es el Ka de la Vida.

-El Ka de la Vida, -continuó Isman- es el que administra la energía de nuestro cuerpo y está compuesto de hilos de luz por fuera y por dentro del cuerpo, aunque pocos pueden verlos. Esos hilos se concentran en setenta y ocho puntos que llamamos Intis, pero hay siete Intis mayores, que son muy grandes, ubicados en la línea central del cuerpo. Parecen soles o flores de muchos y brillantes pétalos para quienes pueden verlos. El Inti que abarca la cabeza se llama Inti-uas-Râ, porque para quienes lo vemos, en las personas en que su Horus se ha elevado a la Divinidad, se parece al sol cuando acaba de amanecer completamente. Cuando el Inti-uas-Râ se ha despertado, el Lah (o sea el Alma) toma posesión total de los tres Ka y del Bah, el cuerpo mundano. Eso es estar "iluminado por Râ" en el sentido más profundo. Es como un amanecer para la conciencia, donde uno comprende que hasta ese momento había vivido en la noche de la ignorancia. En los Templos se pinta de rojo o amarillo sobre la cabeza de los dioses o de los hombres iluminados, pero es algo mucho más bello que lo que el mejor artista pueda pintar; ningún poeta podría describirlo, ni con el más antiguo de los idiomas.

-¿Podremos algún día nosotros, que somos simples soldados, alcanzar esa... iluminación?

-¿Creéis, mi querido Anthala, -replicó el Faraón con una sonrisa- que os diría estas cosas si no supiera con toda certeza que cualquiera que lo desee puede llevar su propio ser mundano a la más alta condición divina? ¿Acaso habrían dejado los Hombres-Dioses que llamamos Hekanef, una obra tan magnífica como todo Ankh em-Ptah, si hubiesen dudado de que los supervivientes del diluvio pudieran entender y aprovechar todo lo que esmeradamente escribieron en jeroglíficos, en claves numéricas en las construcciones y hasta los poderes de algunas de las construcciones?... ¡Claro que vais a desarrollar vuestros Intis hasta el Inti-uas-Râ! Y siendo humanos mortales, seréis como dioses y un día haréis lo mismo que los Sacerdotes avanzados que con tanto respeto protegéis con vuestras armas. ¿Creéis que en un pueblo como el nuestro, estas cosas sagradas no serán reveladas a alguien que las desee saber? Ahora estáis cumpliendo un papel tan importante como el de los Sacerdotes al educar al pueblo, porque sin vuestra protección ellos no podrían educar a nade, ni existiría ya Ankh em-Ptah, pero es asunto vuestro pedir, preguntar... Las cosas están en el ejército dispuestas de tal manera que a nadie se obliga el aprendizaje, pero tampoco se niega. ¿Acaso no os invitan los Sacerdotes a sus charlas y enseñanzas?

-Siempre, Faraón, -respondió uno- pero es que a mí me interesa más aprender a acertar con la flecha a una mosca a cincuenta pasos, y de esa manera puedo ser mejor soldado. Además ya sabéis que fuera de los servicios especiales, nuestro trabajo es cuidar de la población y tenemos que ser un poco médicos y constructores... Eso me parece más útil.

-Eso está muy bien, pero no tengáis por inútil o aburrida la enseñanza de los hierofantes (*), porque ellos no son como los Sacerdotes falsos del Hombre-Hiena que inculcan creencias. Nuestros hierofantes enseñan bajo la vigilancia de Isis y Osiris, lo que podéis comprobar a lo largo de toda la vida en todas las cosas y están destinadas a haceros mejores personas, mejores padres y madres, mejores hijos, mejores hermanos de todos los seres humanos y aún de los animales y las plantas, mejores hermanos de Ptah y Atón, y de todos los dioses. Y además, cuando estáis en descanso, escuchar la enseñanza en los Templos no os impide convertiros en extraordinarios arqueros, lanceros, jinetes o lo que tengáis que hacer como soldados. Yo también fui soldado y quizá de los mejores porque pasaba horas entrenando con las armas y sin ellas, para proteger la entrada a la sala del Concejo Supremo. Sin embargo he llegado a ser Faraón, porque me pregunté ¿A quién debo proteger?, ¿Merecen mis protegidos que me juegue la vida por ellos?, ¿Merece Ankh em-Ptah y su Faraón, y sus Sacerdotes, que arriesgue mi vida en combate? Entonces no tuve otro remedio que empezar a aprender. Sekhmet preparó algunas cosas porque sabía cuando nací, que podría llegar a ser Faraón, pero no porque fuera enviado especial de nadie. Sólo nací con la capacidad de ver algunas cosas. Nadie me puso alfombras de flores, nadie me obligó... Sólo bastó la chispa de ver a un Sacerdote que hacía algo que no era correcto, para decidirme a aprender todo y poner las cosas en su lugar. Recordadlo, yo era hasta entonces un simple soldado como vosotros.

(*) *[Hierofante es lo mismo que "Sacerdote". Hiero equivale a "sagrado" y de ese término proviene "jeroglífico". Hieros-glifo. "lo sagrado escrito en la piedra".]*

Los oyentes estaban boquiabiertos con la explicación y se tomaron un rato para meditar sobre lo oído, mientras el Faraón bebía agua. Tras un buen rato comenzaron a hacer comentarios y más preguntas, de modo que las explicaciones continuaron sobre los temas ya tratados, pero todos estaban expectantes para ver si podían saber algo más de los dioses:

-A veces se reúnen las tres cosas en un mismo aspecto de la Divinidad. Es decir que una persona o un dios personal, puede encarnar en sí mismo, por impulso de su Alma, una alegoría y una Esencia en particular. Pero eso es algo con lo que hay que tener mucho cuidado. Algunos Maestros, después de varias vidas ejerciendo la enseñanza, o dedicados a la política, han tomado su papel con demasiado criterio místico y han comenzado a desvariarse por causa de un falso yo que hace sentir a las personas que son únicas, que todos los demás son inferiores... Generalmente esa labor sólo la hacen los Primordiales que cada mucho tiempo vienen a enseñar cosas, por el simple compromiso que sienten con los mortales, por puro Amor al Mundo y todas las Criaturas. Los mortales más evolucionados, incluso cuando están cerca de alcanzar la inmortalidad, si no han hecho la purificación emocional, acaban convirtiéndose en esclavistas, en vez de liberar de consciencias. Y todo empieza por no comprender que si bien uno es un dios, todas las criaturas lo son en la misma medida esencialmente, cualquiera sea la condición de su personalidad o de su forma de manifestación, como animal o planta. Y mientras más evolucionamos, adquirimos más responsabilidad sobre las criaturas que están menos evolucionadas. Ahí es donde hay que comprender la verdadera naturaleza de la Divinidad. La persona que encarna a un dios debe tener presente que es un mero instrumento de Ptah, la Esencia Divina...

-¿Y cómo podemos saber -preguntó otro soldado- cuándo estamos ante un dios personal, si es que tuviésemos la ocasión?

-Muy sencillo, -respondió el Faraón- aunque raramente tendríais oportunidad de saber que estáis ante una divinidad encarnada, porque tal personalidad jamás lo revelaría, sólo obraría divinamente y no me refiero a hacer prodigios y obras que sorprenden un instante, sino que hará obras que quedarán reflejadas en el tiempo, mejorando la evolución de los seres. O sea que si alguien os dice que es la encarnación de tal o cual dios, tened cuidado, porque algo está fallando. Un dios encarnado no dirá nada, a menos que lo haga diciendo que vosotros también podéis hacerlo y enseñando el modo... En tal caso es un Maestro estimulando vuestra propia divinidad pero aún así, poco resultado tuvieron los que emplearon esa forma didáctica. Los demonios de la gente llevan a las multitudes a adorarles, en vez de seguir el ejemplo. Así que sin hacer prodigios, sabe que tiene una misión que cumplir y lo hace. Con el tiempo, se verá su obra y la mayoría de las veces ni siquiera se sabrá quién la ha hecho. Un verdadero dios encarnado no viene a hacerse conocer por los demás, le basta con conocerse a si mismo... Ya sé que estas explicaciones son un poco básicas, pero a medida que comprendáis los Ocho Kybaliones, que son los Ocho Principios de Universo y sus respectivas Leyes de Toth, iréis meditando en ello hasta comprender y vivenciar lo aprendido. Decid a vuestros Maestros que insistan en el tema de los dioses, para que el conocimiento de ellos no degenere como ocurre en las religiones de los orientales y de las selvas del Sur, que hasta se comen entre ellos por mandato de su dios y un montón de supersticiones. ¿Otra pregunta?

-¿Por qué cuesta tanto -preguntó un porteador en tono de pena y regaño- comprender las ideas y hay diversas etapas para aprender? ¿No podríamos ir directo a cada asunto en vez de pasar la vida estudiando?

-Hace cinco mil años los Maestros Atlantes estaban muy avanzados, con técnicas que ni con ayuda de dioses hemos podido reproducir, no porque científicamente sea imposible, sino porque la humanidad no está preparada para su uso correcto. Y eso eso es porque "entender" es una cosa, "comprender" es otra y vivir conforme a lo comprendido es algo diferente. Según me dijo Sekhmet una vez, aún faltan miles de años para que la Humanidad aprenda a fabricar pájaros de metal como los de los Hekanef y que los Dioses Ascendidos permitan usarlos, pero tendrá que aprenderlo por si misma. Ellos no pueden enseñarnos... O mejor dicho, *no deben* enseñarnos, porque ocurriría lo mismo que con la Atlántida. La mayoría la usaría  la ciencia con egoísmo y ya conocéis cuál ha sido el resultado de esos adelantos... No estamos en el mundo para desarrollar las técnicas de los dioses, que son meras muletas a las capacidades que nos falta desarrollar, sino para llegar a ser como los mejores entre ellos. Entonces, no se debe enseñar directamente todo, sino que hay que enseñar sólo lo que no podamos usar en nuestra propia destrucción, sino en mejorar nuestra evolución, en ser mejores, no en ser más poderosos. Debemos aprender a ser más amorosos, no más arrogantes y orgullosos. Si os enseñara a Vos particularmente cómo hacer algunas cosas que he aprendido después de ser nombrado Faraón, seguramente os harías daño a Vos mismo y a los demás, porque aún no controláis vuestro carácter, obedecéis por miedo o por ambición material, no por verdadera conciencia de lo importante que es vuestro trabajo. No sois soldado y no lleváis armas pero ya habéis herido a alguien injustamente y tenéis ideas que no alcanzo a ver, pero sois como un extranjero.... ¿Cómo podríais comprender cada cosa si aún no habéis aprendido a controlar vuestra personalidad? No es posible ir a la esencia de las cosas, si ni siquiera conocéis los aspectos superficiales de Vos mismo...

-Perdonad, respetado Faraón, -respondió el hombre tras el silencio de Isman, postrado ante él, como a punto de llorar- lo que decís es cierto, he cometido muchos errores y me siento humillado. Ni siquiera me siento digno de estar ante Vos. Lamento que os hayan informado de mis errores, no sabía fuesen tan graves como para llegar a vuestros oídos...

-Nadie me ha informado de eso, ni siquiera sé vuestro nombre. Vamos, levantaos- decía mientras ayudaba al hombre a incorporarse- Y no es que no me importe un porteador, o hasta el último habitante de Ankh Em-Ptah, sino que mirando vuestro Ka, podría ver vuestra historia personal incluso desde algunas vidas anteriores, sólo que no es ni momento ni lugar y no lo haría sin un motivo importante. No os sintáis humillado, que todos hemos pasado alguna vez por situaciones iguales o peores que la vuestra en este momento. Veo que os impresiona la imagen de Râ en rojo con el escriba... Eso está en el Templo de Hathor... A pesar de vuestros errores en el pasado y vuestra poca paciencia, parece que tenéis algo muy interesante en vuestra personalidad. ¿Cómo os llamáis?

-Ankanaél, mi señor. Y seré por siempre, vuesto más fiel esclavo...

-¡¿Esclavos?! -dijo el Faraón más extrañado y confuso que molesto- ¿Desde cuándo hay esclavos en Ankh Em-Ptah? Y no soy "vuestro señor", sino vuestro Faraón. Tenéis una forma muy rara de hablar...

-Bueno... No, mi señor, no es que haya esclavos, pero me imaginaba que en la corte de un Faraón debe haberlos...

-Podréis comprobar Vos mismo que nos lo hay ni los habrá jamás en la corte ni en lugar alguno de esta tierra, mientras sea regida por las enseñanzas de Toth. Sentaos y sigamos con las conversaciones...

Isman fue a servirse agua y unos dátiles mientras los hombres se acomodaban, comían y conversaban animadamente sobre los puntos anteriores. Hacían bromas a Ankanaél por desconocer la idiosincrasia de la corte del Faraón, pero Isman estaba disimulando una rara inquietud. Se decía a sí mismo que en cualquier caso, había hecho bien porque era mejor tener cerca a aquel hombre, cuyo llanto sin lágrimas, gestos sumisos y palabras tímidas le causaban profunda desconfianza. La hipocresía le resultaba extremadamente desagradable.

-Continuemos, amigos. Aún nos queda un rato antes de dormir y con este calor no creo que alguien pueda hacerlo.

-Si me permitís, Faraón -dijo una soldado muy joven- me gustaría que nos hablaseis de la diferencia entre lo importante y lo interesante o divertido... Bueno, no es eso exactamente lo que quiero saber, porque de eso hablamos muchas veces en las clases en el Templo, pero decimos que lo importante es lo esencial, y eso de la "esencia", es lo que cuesta entender. ¿Cómo sabemos lo que es esencial y lo que no lo es?

-Por favor, alcanzadme uno de esos dátiles... -continuaba mientras procedía con la respuesta- Si muerdo esta fruta deliciosa... Bien, está maduro en su punto. Excelente... Eso es un fenómeno para los sentidos. ¿Puede que la esencia del dátil sea su gusto?

-No, -respondió tímidamente la mujer y algunos de sus compañeros.

-Eso es lo externo... -dijo otro- lo fenoménico. La esencia sería lo dulce, la substancia que le da el sabor.

-Pero eso -continuó Isman- sólo es efecto de la materia y además, desde vuestro punto de vista. Desde el punto de vista de la palmera el interés de producir el dátil no es daros un dulce alimento... O quizá sí, porque en la perfección de la Naturaleza Divina, la palmera produce los dátiles para alimentar en la tierra a las semillas que llevan dentro... Y produce más dátiles que los que puedan germinar en su terreno, para que quienes los comemos, produzcamos un abono que luego dejamos en el campo y sirve a la semilla de la palmera y así continúa el ciclo de la materia sirviendo a la Vida...

-¡Eso es!, -exclamó un porteador - ¡La esencia es la semilla!

-Bien, eso es algo más "esencial" -replicó Isman- porque para la planta que lo produce, lo esencial es reproducirse, aunque sirva para alimentar a insectos, caballos, camellos, hombres y chacales. Pero si profundizáis un poco más. ¿Dónde está la esencia de este dátil?, ¿En su carne, en su piel, en su semilla? ¿En la intención de la palmera?, ¿En las heces de quien lo come y alimenta a la palmera?, ¿En el proceso biológico en sí?

Tras un rato de reflexión, otra mujer entre los soldados levantó la mano y el Faraón le pidió que hablara.

-Creo que la esencia no está en la carne, ni en la semilla o la piel del dátil. Ni en la palmera que lo produce. Y tampoco está en la intención de reproducirse que tiene la palmera, ni el delicioso gusto que disfrutamos, ni en lo que devolvemos a la palmera como abono... Creo que no está en ninguna parte ni ningún hecho ni en una intención en particular, porque todo eso es parcial, es causa o es efecto, o es causa y efecto a la vez... pero al mismo tiempo... ¡La esencia está en todo! Cuando nos damos cuenta de todo a la vez, es cuando percibimos la esencia, y es todo tan... Tan "Divino", que podemos encontrar a todos y a cada uno de los dioses, en especial a Atón que como dice mi Maestro, es Ptha manifestado, "*El dios único y absolutamente omnisciente, omnipresente y omnipotente que se convierte en infinitos dioses, dentro de cada cosa y cada ser*". Así que la Vida es la esencia de todo lo que se relaciona con ese dátil...

-¡Muy bien, soldado! -gritó el Faraón- ¡Excelente! Y como dice el libro de Ptah, "*Aquel que habita en todas las cosas*", esa es la esencia más profunda... Estáis aún en el segundo o tercer grado de la Enseñanza de Toth pero habéis conseguido deducir y expresar la idea como una Maestra. Que vuestros actos sean coherentes con vuestra inteligencia.

Las conversaciones siguieron hasta que el agobiante calor atenuado por la brisa y la sombra de las palmeras invitaba ya al descanso y al sueño, que se prolongaría durante toda la tarde. Elhamin ordenó una guardia normal, ya que la zona no era todavía territorio de peligros.

Entrada la noche, el frío comenzó a despertar a los caballos y a los hombres, que se preparaban para reiniciar el viaje. Elhamin dispuso una avanzada de cuatro soldados a caballo y dos en cada una de dos cuadrigas, que marcharían a *punto de* vista (*). Cada cuadriga lleva un conductor y un arquero. El resto de la caravana marcharía con veintiún soldados en columna de a tres, detrás los porteadores en sus carretas y cuadrigas y a retaguardia el resto de la tropa. El Faraón había renunciado a la cuadriga y dejado en ella a un soldado, ocupando en cambio su montura. Recorría la caravana, asegurándose de que todos estuvieran bien. Se adelantaba y permanecía en un sitio viendo a toda la columna avanzar, bajando de su caballo para cansarlo menos. La luna acababa de salir, así que la vanguardia se alejó un poco más. A veces Isman mantenía alguna conversación corta, pero prefería no permanecer en el mismo orden de la caravana. Incluso se adelantaba para asegurarse que no había novedades entre los soldados de vanguardia.

* ["*A punto de vista*" *es la máxima distancia sin perderse de vista. En el desierto suele ser de unos dos o tres kilómetros durante el día y dependiendo de la luna, unos cien o doscientos metros durante la noche con luna y pocos metros cuando no hay luna. "A punto de oído" la distancia es mucho menor de día y mayor en la noche, pero se emplea más en zonas selváticas o boscosas. En el desierto, el "punto de oído" es de uno a tres kilómetros y medio por la noche, dependiendo de la dirección del viento, y algo menos por el día.*]

-Ebsekhet, -dijo Isman al soldado que cerraba la retaguardia- Espero que vuestras inquietudes hayan sido resueltas en la conversación de hoy.

-¡Claro que sí, Faraón! -dijo mientras se daba vueltas como espiando si podía ser escuchado y continuó en voz muy baja, rezagándose un poco de la columna- No sólo eso... También he observado algo y esperaba ocasión para conversarlo con Vos. He visto la noche anterior que vigiláis toda la caravana desde el principio al final y ni usáis la cabina donde deberíais ir descansando, así que opté por quedarme a retaguardia para hablaros de esto... No sé si hago bien...

El Faraón miró "más allá", para observar el cuerpo energético del soldado, lo que le era más fácil aún con luz lunar. El áurea del hombre era fuerte y estable, pero cambiaba de color a medida que hablaba.

-Estoy viendo vuestra preocupación con sus desagradables colores, Ebsekhet, pero no tenéis razón para preocuparos por lo que yo pueda interpretar. Decidme lo que sea, porque sé que puedo confiar en Vos.

-Sí, tengo que decirlo. No temo por lo que podáis pensar o hacer Vos conmigo, porque también sé que puedo confiar en Vos más que en mi mismo. Temo por vuestra seguridad. Hay dos porteadores que van juntos, no conversan con nadie y sus actitudes no son normales. Uno de ellos habló con Vos, el que preguntó por la forma de la enseñanza y creía que tendríais esclavos. Lo conversé con algunos de mis compañeros y tampoco les conocen pero uno que les ha visto en el Templo de Hathor. Parecen muy celosos del cargamento que llevan, pero al acercarme para ayudar a llevar cosas al cocinero, su actitud fue casi hostil. Cerraron la tienda del carro como escondiendo algo... Pensé decirlo al General, pero no le conozco para confiar en él en un caso así. No sé qué hacer, Faraón.

-Confiad en el General como en Vos mismo. ¿Conocéis al cocinero?

-Sí, Faraón, y podéis confiar en él; ha sido instructor de arquería, es un soldado de los nuestros, sólo que ya no tiene tan buena vista pero cocina demasiado bien. Además sabe mucho de medicina y lo que debe comer cada persona según su edad, peso y estado de salud. Pero decidme qué debo hacer, de lo contrario sólo de vigilaré a esos dos porteadores.

-Ya habéis hecho bastante, Hermano mío. Limitaos a vigilarles sin que se den cuenta pero estrechamente y que también lo hagan así, en todo momento los tres compañeros a los que más confianza les tengáis.

-Contad con ello, pero tened en cuenta que podéis confiar en toda la tropa militar como si fuésemos uno solo, con ochenta ojos y ochenta oídos, pero… ¡Me habéis llamado "Hermano", Faraón!...

-¿Cómo puede llamarse a alguien que está dispuesto a matar o a morir por defenderle a uno? Vamos, no nos retrasemos demasiado.

-Me uniré a mi fila y me encargaré sin que lo sepan los porteadores, de que todos mis compañeros estén enterados y alertas. Luego nos distribuiremos para la vigilancia como lo indique nuestro General.

Isman pasó al galope a lo largo de la columna que marchaba un poco más lento porque empezaban a atravesar zonas de arena muy fina y suelta. Se adelantó hasta la vanguardia y marchó también al frente un buen rato, conversando con sus soldados. Elhamin también se adelantó y pidió al Faraón retrasarse un poco para hablar. Luego se alejaron bastante hacia un costado, para estar seguros de no ser vistos ni oídos.

-Imagino, Faraón, que os habéis dado cuenta en el oasis que hay cierto porteador que no pertenece a Ankh Em-Ptah. No quise preguntar a nadie para no levantar sospechas, pero hay que vigilarle y en caso que estemos en lo cierto, hay que averiguar cómo se ha infiltrado.

-Podéis estar tranquilo, Elhamin. He dispuesto que se efectúe esa vigilancia, aunque sabía que Vos ya le habéis puesto el ojo. No es uno solo. Su compañero de carreta también está involucrado y no sabemos nada de él. No haremos nada hasta que haga algunas averiguaciones en el próximo descanso. También puede ocurrir que un comportamiento inadecuado, sumado a una enseñanza deficiente y el hecho de no conocerles bien, esté causando falsas sospechas. Necesitamos pruebas claras de intenciones y antes de presionarlos, las tendremos.

-Ya quisiera haberles pillado antes, -dijo Elhamin- seguirles en el Templo de Hathor. Vigilarles hasta regresar me parece muy arriesgado, porque no veo otra posible intención que atentar contra Vos, así que dispondré las cosas para daros seguridad y a la vez, si no lo veo muy peligroso, tenderles una trampa. El problema es que Vos sois el cebo…

-Bien, no os preocupéis y haced lo que debáis hacer. Está claro que soy el blanco de los hienovitas, pero Seth no podrá llevarme al territorio de Anubis antes de tiempo. Además, el mismo Anubis me protege desde el interior de cada uno de vosotros. Imploro a él la misma protección para vosotros, porque aunque os preocupéis por mí, sospecho que esta gente tiene otras intenciones. Su dios es artero y traidor, y todos los seguidores de Seth, pero él no piensa en pequeño. Matarme a mí no le daría gran beneficio. Aunque debe sucederme el recién nacido, cinco Sacerdotes, Menkauris, el General Arkanis y Vos, seríais capaces para reemplazarme mientras el niño crece...

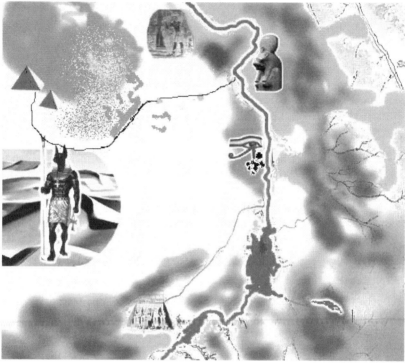

-El Hombre-Hiena no es mediocre, pero sus acólitos sí. Y en cualquier caso, atentar contra Vos con éxito sería un golpe muy duro para Ankh Em-Ptah. Dispondré un campamento especial, con esos carreteros donde convenga y os ruego ateneros a mis sugerencias de seguridad.

-De acuerdo, Elhamin -respondió Isman casi riéndose- pero no estéis tan preocupado. Tendré cuidado y atenderé vuestras instrucciones como si fuesen órdenes. Estáis al mando de la comitiva Vos, no yo.

-Os lo agradezco, Maestro, y me quedo más tranquilo. El compañero del carretero se llama Eloiás y ya he averiguado con la tropa que se apoderó del puesto discutiendo con el que habían asignado. Demasiado interesado en hacer este viaje, que se supone peligroso y largo al llevar más soldados que una simple expedición de alimentos o provisiones.

-Bien, Hermano mío, quedo en vuestras manos, pero no me importa correr riesgos si es necesario. No me asustaría hacer de cebo para saber qué intenciones tienen esos dos.

Tras un abrazo desde sus caballos se separaron, uniéndose a la caravana por vanguardia y retaguardia. Al clarear el cielo, se divisaba a lo lejos la larga línea del bosque, pero desviaron hacia el Sur, manteniendo en la lejanía la floresta. La siguiente mañana fue tan despejada como la anterior y poco a poco fueron acercándose a la zona boscosa, donde la línea entre el marrón de la arena y el verde intenso era tan larga y contrastada que parecía partir en dos al mundo.

-Escuchadme todos. -dijo Elhamin- Estos cuatro soldados se encargarán de todos los caballos. Dejadlos en sus manos y reuníos conmigo. En columna de tres para revista… ¡Formad!

Luego de formada la tropa y porteadores, Elhamin pasó revista y sin encontrar irregularidad alguna en posturas, armamento ni en los equipos, ordenó distribuirse en semicírculo a su alrededor.

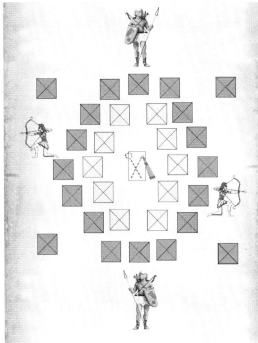

-Sentaos, que la arena aún no quema y Râ nos quitará el entumecimiento de la noche. Os he reunido para advertiros que no haremos campamento en el bosque, sino que usaremos las tiendas. No quiero a nadie en el bosque por ningún motivo, haréis letrinas hacia el lado del desierto. Evitaremos la floresta durante el viaje de la próxima noche. Mientras nuestro cocinero hace su arte, instalaremos las tiendas allí, en aquel promontorio y el Faraón ocupará su cabina para el descanso. Mirad todos, estos mapas que hablan con claridad. Aquí, de Sur a Norte el Amado Nilo, aquí al Sur-Este, la región de Anubis por la que rodearemos los pantanos. Aquí es donde estamos, al borde del bosque largo, aún a medio camino entre el Templo de Sekhmet y las Pirámides de Tekmatis.

Normalmente el campamento debería instalarse así, con las tiendas de los porteadores rodeando al Faraón y las tiendas militares en la periferia.

*[Imagen anterior: Disposición normal de la caravana en zonas seguras externa e internamente. Imagen siguiente: El campamento especial, que en este caso, sin descuidar la seguridad externa, Elhamin cambió algunas tiendas de los porteadores por ubicaciones de los soldados, quedando el Faraón protegido más directamente por la cercanía de una docena de fieles, colocando a los sospechosos en el perímetro exterior. Las tiendas más oscuras son las de los soldados, la más claras de los porteadores.]*

Pero en este viaje, -continuó Elhamin- lo haremos de otro modo, para mayor seguridad de nuestro Gran Maestro. No quiero que discutáis sobre las ubicaciones, así que las designo ahora mismo. Vos - dijo señalando a Ankanaél que estaba justo frente a él- vais a poner vuestra tienda aquí, en la parte más externa y al Este, para que la carreta tape los vientos del medio día que vienen desde allí. Los caballos se atarán en los árboles más aislados de la floresta, así podrán pastar y nos alertarán si hay algún paseante extraño cerca, proveniente del bosque. Cuando el campamento esté montado, comeremos y luego a descansar. Hoy no conversamos con el Faraón. Os recuerdo la orden de no internarse en la floresta.

-¿Ni siquiera -preguntó alguien tímidamente- podemos hacer una pequeña expedición para cazar y tener carne fresca, General?

-Ni siquiera por eso, soldado. Traemos suficiente comida como para no correr riesgos internándonos donde muchos se han perdido o contraído fiebre de los pantanos y ya estamos lejos del camino que cruza sin peligro de ciénagas. Sólo iréis diez de vosotros a por leña para la cocina, manteniéndose en parejas a menos de cinco pasos, sin adentrarse ni diez pasos entre los árboles, ni perderse de vista del resto del grupo.

El sitio señalado para instalar el campamento estaba a doscientos pasos de la floresta. Nadie preguntó por tan insólita orden, teniendo un bosque tan bello y atractivo para poner hamacas en los árboles, pero en poco rato estuvo todo preparado.

Después de la comida se repartieron los turnos de guardia y cada tienda se hallaba con sus dos ocupantes dentro, para resistir el intenso calor que hizo ese día. La totalidad de los soldados fue advertida de la situación y los guardias, aunque con disimulo, no despegaron ojos de la tienda de los carreteros, que apenas si asomaron durante el día para hacer sus necesidades.

A media tarde el cocinero preparaba los aliños y disculpándose porque antes no le había consultado, preguntó al Faraón qué deseaba comer, aunque la comida había sido necesariamente para todos igual, usando lo que podría echarse a perder en un segundo día de viaje.

-No tenéis nada de qué disculparos, Hempotepet, y por favor no me preguntéis nada. Lo que hagáis para todos, está muy bien para mí.

-Es que ahora, Faraón, he tenido tiempo para preparar mejor la cocina y hemos traído una provisión verdaderamente muy completa, pero si no preferís nada en especial, igual haré una buena comida de arroz, tubérculos, aves, aderezada con varias especias, como esta flor amarilla del pantano de Rajsaní, que tiñe el arroz y le da un sabor…

Mientras el cocinero hablaba, el Faraón le miraba las manos y al acabar su cháchara le preguntó si era verdad que tenía problemas en la vista y por eso había dejado de militar como arquero.

-No es la vista, Maestro… -respondió bajando la mirada- He mentido a mis amigos para que no se preocupen por mí… Es la edad. Ya tengo ciento treinta años y los huesos se empiezan a deformar. Pedí vivir en el cuartel de Elhamin porque es el más alejado del Nilo y el aire es más seco. Me avergüenzo porque siempre digo que enfermamos según lo que comamos, pero no sé qué podría evitar la deformación de los huesos…

-No os preocupéis. Hay un modo de curar eso. Yo soy mucho más viejo que Vos y me vengo salvando de los achaques de la edad gracias a permanencias temporales en las pirámides. Por eso vamos a Tekmatis, pero será mejor que no comentéis nada de esto a nadie.

-Lo que digáis es sagrado, Faraón. Si me permitís empezaré con la comida o los soldados se comerán a los caballos.

-¡Hempotepet!, -exclamó un soldado al probar la comida- Vos lo que queréis es que en vez de caminar, nos sea más fácil rodar, como los cardos del desierto…

-Si está tan buena, ya podréis quitaros las ganas, porque he preparado suficiente para que os llenéis bien las tripas... Y a propósito -dijo bajando la voz- llevad estos cuencos a los dos carreteros, así evitamos que se acerquen a la cocina.

-Bien, -dijo el soldado- pero no dejéis que ningún porteador se acerque a la comida. Por la premura del viaje, ninguno fue elegido personalmente por el General, así que las mismas precauciones valen para todos.

Al retirarse, el soldado vio al General Elhamin, que estaba sentado arreglando sus sandalias justo detrás de la tienda de la cocina y comprendió que había escuchado la conversación.

-Acercaos, Osireteb. -dijo Elhamin mirando para todas partes- Ya que vais a llevarles la comida, que Hempotepet os indique traer alguna cosa de la carreta. Quiero inspeccionar sin que se note. Hay motivos más que suficientes para desconfiar, pero no queremos ser injustos. Ni hace inspección forzosa...

-Comprendido, General -respondió el soldado y volvió sobre sus pasos para reaparecer rato después, luego de hablar con el cocinero.

-Esperad que termine con mi sandalia... Bien... ¿Qué hay que traer?

-Dice Hempotepet -decía Osireteb en voz baja- que tiene otro plan. Según los que fueron a por leña, se oye un arroyo no muy lejos, pero habría que acercar la carreta al bosque para llenar con agua fresca los odres. Es un buen pretexto y podríamos inspeccionar toda la carreta sin que sospechen nuestra desconfianza, además que resultaría bueno hacerlo para tener provisión de agua para dos días completos, sin tener que buscarla ni adentrarnos en los pantanos del bosque.

-Bien pensado. Llevadles la comida mientras busco el sitio más cercano al arroyo. Luego decid a vuestros compañeros que demoren un poco en preparar las monturas. Tenemos sólo una vuelta de arena, poco menos de medio Râdnie (*), para llenarlos antes que se oculte el sol, pero hay que hacer todo como si fuese decidido a último momento.

(*) [*Un Râdnie es equivalente a cerca de media hora, porque en esa época y hasta el 500 A. de C. en Ankh em-Ptah el día completo se dividía en 48 Râdnies de 48 "têmposos" (de unos 37,5 segundos actuales) y cada têmposo contenía 24 mútlicas, equivalente a 1,5625 segundo. O sea poco más de un segundo y medio. El mútlica se llama así porque corresponde a un ritmo muy habitual entre los martilladores canteros (el martillo se llamaba "mutle") y los Templarios llamaron mútlica desde tiempo inmemorial a ese ritmo, que también usaban los marineros para marcar el ritmo o el compás de los remeros. De ahí deriva la palabra "música" y no de las "musas" griegas. Las "musas" derivan de este término. Para más claridad del origen, las musas (en español "mozas") eran las* *mujeres que llevaban agua a los canteros y picapedreros. Y claro que también eran la inspiración viva para ellos.]*

Elhamin buscó a los soldados que habían recolectado leña para que le indicaran por dónde habían sentido el arroyo y luego comunicó al Faraón su propósito. Cuando todo estuvo preparado, los carreteros llevaron el carretón a donde se les indicó, a la vera del bosque y se ordenó a varios soldados descargar los odres, vaciar el agua y recargarlos en el pequeño arroyo que estaba tras los árboles, a unos ciento cincuenta pasos. Los carreteros, mostrando un celo inusual con el orden en el interior de la carreta, se ocupaban de ayudar en la descarga sin bajar de ella.

-Quedaos sólo vosotros -dijo Elhamin a dos soldados- y el resto que vaya a ayudar con las monturas y el desmonte de las tiendas. Vosotros, carreteros, ayudad a los soldados, que nos hemos retrasado y debemos alejarnos del bosque antes de la noche.

Los carreteros se miraron como consultándose y titubearon, pero el General hizo como si se fuese a ir y les apresuró a obedecer. Ambos sujetos bajaron de la carreta y cogieron un odre para tirar el agua.

-No tan cerca -les dijo uno de los soldados- si no queréis encharcar la carreta y que cueste sacarla.

A regañadientes, los carreteros se alejaron con el odre, que estaba por más de la mitad y pesaría más que un hombre grande. Era evidente en sus rostros su disconformidad, pero mientras lo hacían para ir luego hasta el arroyo, Elhamin rodeó la carreta, subió por la parte delantera y rápidamente inspeccionó los cuatro baúles que contenían las raciones de harina, sal, ánforas de miel, dátiles secos, pescado ahumado, algas secas, carne disecada al sol con sal, recipientes de natrón y jarros de alabastro con especias. Luego revolvió con cuidado una caja de mimbre llena de ropas sin hallar nada sospechoso. En un costado había un estuche largo con dos carcajes llenos de flechas, con sendos arcos y espadas, armas que los carreteros estaban autorizados a llevar pero sólo usarían en caso muy necesario de defensa del grupo.

Calculó que los hombres habrían llegado al arroyo y demorarían en regresar, algo más que a la ida, ya que el odre lleno y el declive del terreno les haría detenerse al menos una vez para tomar un respiro. En los canastos se hallaba la vajilla e instrumentos de cocina y no había nada más que justificara las sospechas sobre el celo de los carreteros. Sin embargo tuvo la intuición de mover una alfombrilla que estaba bajo uno de los baúles, para descubrir que tapaba una madera diferente de las del piso del carro. Buscó hasta hallar una ranura, y halló un herraje fino de bronce, muy bien disimulado.

Al tirar de él descubrió un hueco; un doble fondo en que relucían dos tubos metálicos alargados de codo y medio de largo y poco más gruesos que su brazo. Un extremo plano y el otro terminado en punta. Los extrajo y se dio cuenta que había diez tubos más y otras cosas que no supo reconocer, totalmente ajenos a su mundo y a todo lo que en sus largos años había conocido en toda Ankh em-Ptah y sus numerosas y enormes bibliotecas. Mientras intentaba comprender aquellos tubos, atados por gruesos hilos metálicos entre sí y a los demás, que permanecían en el doble fondo del piso, escuchó las carcajadas de los soldados, que reían y hablaban casi gritando para avisarle que se aproximaban los carreteros.

Cuando los dos soldados llegaron, los carreteros salían de entre los árboles, a veinte pasos. Demoraron unos momentos en llegar hasta la carreta, apresurados como si algo les preocupara y no era para menos. El General apareció junto con varios de los suyos y ordenó arrestarles.

De inmediato aparecieron el Faraón y el resto de los soldados. Los demás porteadores se ocupaban de preparar la partida. Ankanaél y Eloiás y estaban de rodillas, atados los pies y las manos a la espalda.

-Ahora -decía Elhamin- vais a explicar qué es esto que traéis escondido en el carro, y será mejor que empecéis a hablar ya.

Ninguno de los detenidos parecía tener intención de hablar y permanecían con la cabeza gacha. El Faraón se acercó y levantando el mentón de Eloiás comenzó a escrutar su rostro, continuando por su cabeza y hasta su cabello, como si nunca en la vida hubiera visto una persona. Luego hizo lo mismo con Ankanaél y después, colocándose tras ellos, observó sus manos, como estudiando hasta su última línea. Después de un largo rato que parecía no acabar nunca para los arrestados, Ísman se colocó delante de ellos y les dijo con voz calma:

-No sé qué venís tramando, pero no tardaré en descubrirlo. La pena por no responder a una pregunta del Faraón, bien sabéis que es elección mía, respondiendo sólo a mi conciencia. Así que os conviene hablar. ¿Qué son esos tubos y qué pretendíais hacer con ellos?

Ninguno de ellos levantaba la cabeza ni pronunciaba palabra, mientras el Faraón caminaba alrededor en paciente espera.

-No podéis juzgarnos, Faraón... -dijo titubeante Ankanaél- porque no sois nuestro líder, ni nuestro jefe. No somos de vuestro pueblo. Pedimos que nos tratéis como prisioneros políticos, porque somos humildes soldados que cumplimos órdenes y nada más...

-Ya sé que no sois de mi pueblo; lo revelan vuestros rasgos, vuestros huesos, manos y actitudes. Pero eso lo dejamos para después. Lo que quiero saber ahora es qué son esos tubos y cuál era vuestra orden.

La luz del cielo se apagaba, bajaba la temperatura y con la caravana lista para partir, Elhamin ordenó encender las antorchas y abrigarse, pero los arrestados permanecían en la misma posición.

-Vamos a partir y vendréis como prisioneros de guerra, no como presos políticos. -dijo Isman.

-Si os parece más prudente -intervino Elhamin- podríamos acampar y esperar a que estos dos hablen hasta por las orejas, pero no me confío para nada de esta región ni de lo que pueda haber en este bosque. Hemos oído rugidos de leones y no es bueno quedarse...

-Estoy de acuerdo. Es mejor aprovechar la noche y llegar cuanto antes a Tekmatis. Allí veremos qué intenciones tienen estos infiltrados.

Los tubos se pusieron en una carreta menor, evitando romper los hilos de metal que los unían y cuando Isman ordenó la partida, los extranjeros fueron subidos a la misma carreta que contenía los tubos, pero muy bien atados de pies, manos y cuellos, imposibilitando el menor movimiento. Elhamin ordenó que dicha carreta, conducida por un soldado y otro atrás con los presos, fuese escoltada por cuatro jinetes y que éstos marchasen a retaguardia, unos doscientos pasos detrás de la carreta y la misma distancia debían tomar los de la carreta, respecto al resto de la caravana.

-Habéis hecho bien -decía Isman a Elhamin- en disponer la carreta, los presos y esos objetos que parecen peligrosos, aislados del resto, pero sinceramente me preocupa que tengan que ir dos hombres de los nuestros juntos con esos aparatos o lo que sean. Me recuerdan a los cartuchos de caña que tenían los pueblos de Oriente, con los que producían grandes erupciones de fuego...

-Sí, pero esto me parece más peligroso, porque son de metal. He leído en el Templo de Ham-meri-em-Num que el Hombre-Hiena destruyó a muchos pueblos con el gran conocimiento de los metales. Proyectiles de metal impulsados por fuego, rayos como los del cielo que lanzaban con una flecha sin arco... El Uas de los dioses parece que era de metal.

-Así es, Elhamin, me temo que esos hombres son enviados por los sirvientes del Hombre-Hiena, la encarnación de Seth. Necesito recuperar vitalidad y volver a la disciplina del Ka para salir al mundo de Anubis. Tengo que viajar como fantasma a todos los puntos del Sator y porque temo que nuestra tierra está acechada y en gran peligro. Hace tiempo tengo preocupación por ello, pero como estoy luchando contra el espectro de la preocupación, a veces cierro mi oído interior a los avisos del Lah (*).

(*) [*Lah, es el Alma, Ka es conjunto mental, astral y vital, y Bah es el cuerpo físico*]

---

La noche transcurría sin la habitual tranquilidad del desierto que tenían a la izquierda y con la presencia de incontables misterios perceptibles hasta para los más insensibles. El bosque se iba evitando, manteniendo una distancia que apenas lo definía por momentos con la silueta de los árboles contra el firmamento estrellado. Demasiados ruidos extraños en la lejanía del desierto; algunos menos extraños pero preocupantes, como rugidos de leones, ladridos de hienas y un hecho naturalmente más misterioso que todos los sonidos del desierto. Un enjambre de abejas en plena noche asustó a los caballos y lógicamente también a los hombres.

-¡Deteneos todos! Permaneced en plena quietud y silencio. -ordenó el Faraón y en voz baja dijo a Elhamin- Parece que alguien me está queriendo decir algo importante.

Momentos después no se oía ni un casco de los animales, pero junto con el profundo zumbido de las abejas, se oyó el traqueteo de la carreta con los presidiarios, desde la que no habían escuchado la orden. Uno de los soldados, en medio de la nube de abejas galopó a retaguardia para transmitir la orden, cosa que hizo y continuó para decirla también a los jinetes de retaguardia. Hasta ellos llegaba el enorme enjambre.

Cuando todo estuvo en el más absoluto silencio y sólo se oía el enjambre, Isman se apeó, se quitó la mayor parte de la ropa y caminó alejándose cien pasos hacia el desierto, seguido a prudente distancia de Elhamin, y sentado en el suelo pronunció en voz muy baja algunas palabras que ni el muy culto General pudo entender. Como por arte de magia, la mayor parte de las abejas comenzaron a reunirse en torno a al Faraón, quien permanecía con los brazos algo abiertos sobre sus rodillas, los ojos cerrados y las piernas cruzadas, pronunciando de vez en cuando algún leve sonido ininteligible. Ante los ojos atónitos de su General, su cuerpo desapareció bajo el espeso manto de abejas, del que sólo emergía su cabeza. Así estuvo durante tan largo rato que sus hombres comenzaban a impacientarse. Alguno se acercó al General y al contemplar aquel montículo de insectos con la cabeza del Faraón encima, no pudo contener un suspiro de susto.

-Silencio, -le dijo Elhamin en voz baja- y no os preocupéis, que sabe muy bien lo que hace.

-Es increíble… Bueno, por algo es nuestro Faraón, parece que hablara con las abejas…

-Eso hace... Y ahora a callar.

La situación duró otro buen rato, hasta que una a una, las abejas comenzaron a irse. Cuando aún quedaba la mitad de ellas, el enjambre se elevó repentinamente, desapareciendo en dirección al bosque. Luego el Faraón se puso en pie, casi de un salto y su General no pudo evitar preguntarle si le había picado alguna.

-No, querido Amigo. Si os convertís en abeja, conversáis de igual a igual con ellas. O debería decir con ella… Porque un enjambre tiene una gran conciencia de unidad. Pero dejemos eso ahora, que hay novedades interesantes y no muy buenas…

Elhamin iba a apearse para dejar su caballo al Faraón, pero él extendió el brazo para que le ayude a montar en el mismo caballo.

-Ya sabéis cuál es nuestra regla desde que existe Ankh em-Ptah…

-Así es Maestro, me hacéis un honor montando conmigo.

Al llegar y montar su propio caballo, Isman ordenó una rápida reunión en círculo, a la que fueron llamados los soldados de retaguardia. Sólo quedaban excluidos los dos de la carreta con los presos.

-Escuchadme bien, Hermanos míos. He tenido a mi disposición miles de ojos por un buen rato, aunque no tengo tiempo a explicaros mucho. Lo cierto es que estamos en problemas difíciles de resolver. El Hombre-Hiena está haciendo cosas en un lugar que está a dos días de aquí, de modo que la región puede estar muy vigilada por sus secuaces. He visto que los traidores Eloiás y Ankanaél son realmente hienovitas. Han sacado esos tubos que permanecían ocultos en los subsuelos de alguna parte, desde la época de los antiguos combates entre los hijos de Seth y los Hekanef que instruyeron a nuestro pueblo. Estaban en el Templo de Hathor esperando la oportunidad para traerlos a esta región. No sabemos si son peligrosos para nosotros directamente, o si pueden explotar como las cañas de Azum, pero sospecho que los traidores sólo querían llegar a esta zona y separarse de la caravana, para desviarse adentrándose a esa… ciudad o lo que sea que el Hombre-Hiena tiene cerca de aquí.

-Entonces -dijo Elhamin- estarán muy frustrados, porque irán bien atados hasta Tekmatis, a menos que ordenéis otra cosa.

-Vendrán con nosotros y en Tekmatis veremos qué hacemos con ellos y con esos tubos. El Sacerdote Raikan sabe mucho sobre la historia de los Hombres-Doses y sus aparatos, pero dudo que supiera que tenía éstos bajo sus pies en Hathor. Ahora será mejor que marchemos en silencio. Necesito el pensamiento concentrado para que mis amigas puedan hacerme ver cualquier peligro que nos aceche.

El General sabía por anteriores experiencias, que el Faraón solía conectar bien con los animales, controlar algunos procesos del clima y otras facultades que sólo los grandes Sacerdotes pueden alcanzar, pero después de ver cómo se reunía con las abejas sin que ninguna picase a nadie, estaba más tranquilo, pensando en que ciertamente, tenía a su disposición millares de ojos de estos insectos que por alguna misteriosa razón, habían salido en plena noche a interceptar a la caravana.

La hora previa al amanecer era la más fría y en esta ocasión no lo fue, porque corría un viento cálido y suave del Sur, pero traía un olor que inquietó a hombres y animales. Con las primeras claridades del cielo, oteando hacia el desierto, se divisó una llamarada que duró un instante y luego una columna de humo muy lejana. Isman y su General detuvieron la caravana para separarse unos dos mil codos, hacia un promontorio bastante elevado desde el que pudieron otear el horizonte más lejano. Elhamin sacó de su alforja un tubo de metal cónico con cristales en los extremos y miró por el extremo menor hacia el horizonte.

-¡Bien!, -exclamó Isman- veo que aún conserváis ese aparato requisado a los hijos de Seth en Argabay,

-Así es, Faraón. Han pasado ya… casi cincuenta años, pero lo he cuidado mucho. Me ha sido útil en muchas ocasiones. Incluso cuando salga Râ os mostraré lo que puede hacer…

-¿Aparte de mirar muy lejos?

-Sí, y no falta mucho, pero mirad la columna de humo.

-¡Por todos los dioses! -exclamó Isman- ¡Es como si ardiera toda una ciudad enorme! Y debe estar tres veces más lejos que el horizonte…

-No creo que haya allí ninguna ciudad, a menos que la hayan fundado hace poco tiempo, pero daría mi vida por ir y explorar esa zona. Debe haber menos de un día de marcha. Vuestras abejas os indicaron bien el lugar, porque desde aquella parada, sería el camino más corto a partir de la línea del bosque.

-No digáis más, Elhamin, que os conozco... Pero además de una imprudencia temeraria, sería muy peligroso para el resto del grupo quedarse con la mitad de los hombres.

-¡Ni la mitad, mi Faraón! Con cuatro jinetes, un poco de equipo y agua, podríamos ir en menos de un día con su noche, regresando a la vera del bosque, paciendo a los caballos, repostando agua y volver en un día cortando por… ¿Tenéis mucha prisa por llegar a Tekmatis?

-Lo lamento, Hermano mío, pero no puedo permitir que vuestro afán explorador os nuble la razón. No sólo es peligroso ir donde puede estar el Hombre-Hiena o sus secuaces, sino que tenemos a dos de los suyos con nosotros, más esos aparatos…Os quedaréis con las ganas, pero os garantizo que no será por mucho tiempo. En Tekmatis idearemos una estrategia e iremos cuando sea oportuno.

-¿Iremos?.. No, mi Faraón, eso sí que sería de vuestra parte una verdadera imprudencia. Si os conectáis con los insectos y los chacales igual puedo ser vuestros ojos y oídos en esa exploración. Os juro que haré lo que indiquéis, pero Vos no deberíais exponeros.

-Lo pensaré. Pero tened en cuenta que todo lo que pase en Ankh em-Ptah es más cosa mía que de nadie. Veremos eso luego, ahora volvamos a la caravana y sigamos la marcha.

-Esperad, que esto no quiero mostrarlo a los porteadores. Lo saben algunos de mis soldados, pero es mejor no mostrarlo.

Tomó una hoja de papiro de su anotador y apuntó el tubo hacia el sol, que comenzaba a despuntar en el horizonte. Al incidir los rayos por el tubo, el punto de luz en el papel lo incendió en unos momentos, con lo que el Faraón quedó bastante pensativo, para comentar mientras descendían por la cuesta del promontorio.

-Durante los últimos cuatro mil años hemos batallado contra los hijos de Seth que sobrevivieron al último gran desastre, nuestra nación se ha enfrentado esporádicamente a ellos en más de cien grandes batallas. Ellos desarrollaeon en el pasado muchas ciencias de la materia, armas terribles, carros sin caballos que asustan con el estruendo y corren cinco veces más de prisa, proyectiles de metal que llegan muy lejos, mezclas químicas que se convierten en fuego en un instante y pueden quemar un oasis muy grande con una sola de esas cañas de fuego, así como tienen esos tubos para ver lejos… Pero siempre que han intentado invadirnos, lo único que han conseguido es unir más a nuestro pueblo, acercarnos más a nuestros Amados Dioses y enseñarnos -a su pesar-, lecciones sobre los valores que realmente importan. Han perdido cincuenta vidas por cada uno de nuestro pueblo. Y nosotros usamos palos, amonkas, espadas, ondas y piedras, hachas, lanzas, arcos y flechas…

-Entiendo lo que decís. -respondió Elhamin sinceramente- Y la verdad es que me hacéis sentir un poco avergonzado, alardeando de este cacharro que sólo sirve para ver un poco más lejos, cuando Vos contáis con miles de ojos... Entiendo que nuestras armas han sido siempre la unidad, la valentía, la astucia, las capacidades de los Sacerdotes y el saber que defender nuestra tierra es mucho más que una obligación. Pero si además de eso, tuviéramos armas como el enemigo...

-Ese es ahora mi dilema, Elhamin. Tenemos leyes y honor y cuando combatimos respetamos a los enemigos, tras la batalla curamos a sus heridos... Ellos en cambio rematan a los suyos, pero dejan agonizar a los nuestros. Estamos orgullosos y felices de ser como somos aunque nos tomen por tontos. ¿Verdad?

-Sin dudarlo, Faraón. La presencia y ayuda de los dioses atestigua la corrección y sabiduría en el obrar de nuestra gente desde que existe nuestro pueblo.

-Pues entonces... ¿Seguiríamos siendo como somos, si usáramos armas como las de ellos, que no diferencian a un soldado de una mujer preñada, de un anciano en su casa o un inocente niño?

-Os entiendo, Maestro. Desde ya que no podríamos usar armas así, ni aún teniéndolas, quizá. Usaríamos armas menores.

-Y entonces, en una escala menor, con esas armas muy ingeniosas y potentes... ¿Seguiríamos siendo inteligentes y efectivos en la lucha o nos confiaríamos a los aparatos de guerra?

-Me habéis transmitido claramente vuestro dilema, Faraón. Y tanto que creo que tengo para varios días de meditación. Ciertamente es un dilema de los grandes... No obstante, pienso que militarmente, lo importante es quién tenga las armas y cómo la use.

-Bueno, dejemos el debate para otro momento. Ahora ordenad marcar este lugar, para llegar hasta aquí y luego hacer unas trescientas *cuerdas* (*) hacia atrás, hasta llegar a una posición más cercana a ese humo...

(*) [*La cuerda tiene 52,5 metros. 300 cuerdas son algo más de 15.750 metros*].

La caravana continuó sin novedades, sin descuidar ni un momento el control de los presos que en ocasiones lloraban y hablaban entre ellos en otro idioma. Una rueda encajada entre rocas tapadas por la arena y algunos comportamientos raros de los caballos, produjeron demoras y obligaron a agudizar los sentidos. Algunas abejas volvieron a rondar al Faraón y tras un nuevo contacto con ellas, sin bajar de su caballo, Isman ordenó continuar a la mayor velocidad posible y al amanecer comentó a Elhamin que no se detendrían, por más duro que fuese el calor del día.

-Y creo que hacemos bien, -respondió el General- porque la Estrella del Perro está muy alta. Miradla, todavía luminosa cuando el cielo está claro.

Apenas hace días que hemos festejado la entrada del día largo y los calores ya empiezan a ser bravos. Ayer fue difícil descansar pero hoy no aguantaríamos bien en nuestras tiendas. La cuestión es que lleguemos antes de abrasarnos y los caballos aguanten esta arena…

-Si no llegamos a poco de pasar el medio día, tendríamos que arriesgarnos a acampar en el bosque. -dijo Isman señalando la verde cortina que seguía extendiéndose a la derecha- Pero es una opción que prefiero descartar si estamos cerca. El camino por la selva acaba en un flanco de la ciudad, pero por este lado creo que deberíamos aparecer frente a las puertas. No hemos descendido en el nivel que lleva al valle, así que seguramente apareceremos sobre los riscos del lado Sudeste.

-Ya cerca de Tekmatis quizá no sea peligroso acampar en la foresta…

-Os equivocáis, querido General. Habiendo visto lo visto, con Seth y sus acólitos haciendo cosas extrañas cerca, la ciudad estará vigilada día y noche. Lo que me trae aquí es una cuestión de alargar la vida física, para poder educar al recién nacido, pero sospecho que nuestra visita ha sido providencial. A veces pienso que Sekhmet no da puntada sin hilo…

Pasado el medio día, el calor se hacía agobiante y se ordenó caminar para no agotar a los caballos. Caminar en la arena floja, aún para los grandes cascos de los animales, representaba un esfuerzo considerable. Isman estaba por ordenar dirigirse al Norte, buscando la jungla que estaba a diez cuerdas, cuando alcanzaron una serie de promontorios desde donde divisaron el profundo y enorme Valle de Tekmatis. A unos doscientos *Ankemtras* más abajo en nivel, envuelta en una bruma de arena fina y rocío que anunciaba el duro calor canicular, divisaron las altas murallas de una ciudad. Pero más allá, apenas visibles tras la bruma, la imponente figura de dos gigantescas pirámides tan grandes como las que Elhamin y el Faraón conocían, cerca del Delta del Nilo. Más allá de las murallas de la ciudad, otras pirámides de menor tamaño, que el viento dejaba ver por momentos, al empujar los bancos de niebla. El recinto amurallado estaba dividido en dos áreas bien diferenciadas: Una conteniendo el sector urbano y mucha vegetación y otro con pocas casas y muchos campos de labradío, aunque también en el exterior abundaban los campos de cultivo con palmeras, cereales y hortalizas.

-Por fin, mi amada Tekmatis - dijo un soldado que cabalgaba justo detrás del Faraón.
-Por vuestra expresión, Numisem -dijo Isman- no me cabe duda que habéis nacido o vivido mucho tiempo aquí…
-Así es, Maestro. Cuando tenía casi veinte años, vuestro cocinero Hempotepet vino a dar unas instrucciones a los arqueros y no pude

resistirme a seguir el camino militar, pero tras diez años, por fin vuelvo a verla y mi Alma se estremece. Mis padres estarán muy alegres…

-¿Alguien más ha nacido o vivido en Tekmatis? -preguntó en voz alta el Faraón para seguir un momento después- Veo que nadie más necesitará permiso especial, así que Vos tendréis tres días libres de obligaciones y podréis visitar a vuestros familiares.

-Gracias, Faraón, pero vuestro General sabrá donde estoy, quedo disponible en cuanto me necesiten.

### Capítulo III - La Ciudad Amenazada

Comenzaron a descender con cuidado entre las zarzas y rocas de la cuesta, mientras los carros y cuadrigas debieron dar un rodeo para encontrarse todos en un camino frente a las puertas, aún lejanas.

La ciudad estaba amurallada por los flancos con grandes bloques de adobe, formando paredes de cuatro codos de espesor y unos quince codos de alto, pero en la puerta principal y algunos cientos de codos a cada lado, sus megalitos de granito rojo y gris, así como basaltos negros de veinte codos de largo por ocho de alto, repletos de grabados y jeroglíficos, destacaban por su grandeza y belleza, incluso sobre los templos-ciudadela de Hathor, Horus y otros de similar aspecto. La enorme figura del Faraón en actitud bélica derrotando a sus enemigos, como en muchos otros templos marcaba en ambos lados del frente, con su insistencia, la necesidad de destruir a los "enemigos del Faraón"…

-Estamos a unos quinientos Ankemtras (*) -dijo el Faraón- y ya resulta impresionante, pero no me parece muy normal que nadie nos salga al paso. Según recuerdo, aunque la ciudad se halla al borde de la línea de vegetación, como una extensión de la selva boscosa, hay un ancho camino que la separa del bosque y había unas torres de vigilancia por aquí cerca y también del lado del desierto…

(*)[ *El "Ankemtra" equivale a 1,047901 metro pero por razones prácticas se usaba más la mitad, el "codo", (0,5239505 m.) Herméticamente se escribe la inicial en mayúsculas por la importancia que tiene en la Geometría Sagrada*]

-Eso era antes, Faraón. -dijo el joven Numisem- Se ve que hace mucho que no venís. Hace más de diez años que se abandonaron las torres, porque fueron asaltadas por gente del Poniente. Ahora están en las mismas murallas y cada día salen al menos dos patrullas a rodear la ciudad. También se agrandó el camino que la separa de la selva y el Sacerdote Uasnum mandó a construir túneles defensivos muy largos, que no sé muy bien hasta dónde llegan.

-Pero si Tekmatis tenía ya muchos túneles… -dijo Isman

-Sí, Faraón, pero Uasnum los considera como algo sagrado y casi nadie los conoce. Los nuevos recorren el perímetro exterior de la ciudad y… No sé cómo, pero Uasnum sabrá utilizarlos si llegara el momento.

-Bien, -comentó el General- esperemos que jamás sea necesario usarlos, pero también a mí me intriga que ninguna patrulla nos salga al paso, estando tan cerca de la ciudad…

Apenas acababa de decirlo, cuando un grupo de más de cien hombres armados al completo y apuntando con sus arcos salió de la floresta.

-¡Nadie se mueva! -gritó un Comandante mientras Elhamin también ordenaba quietud total a sus hombres.

-¿Es que acaso no reconocéis a vuestro Faraón, excelente arquero Ankemtatis? -dijo Hempotepet.

El hombre quedó un momento atónito y respondió…

-Nunca he visto a mi Faraón, pero al grandioso Hempotepet y su voz de trueno lo reconocería incluso si nos encontramos en las tierras de Anubis. Soy Ankemtatis, Comandante de las tropas de Tekmatis y supongo que el Faraón vendrá en alguno de esos carros…

-No, estimado guerrero, yo soy vuestro Faraón. -respondió Isman bajando de su caballo. El Comandante hizo una seña con su brazo, abriendo y cerrando dos veces los dedos de su mano, cerrando luego el puño y al instante todos los arqueros formaban una línea y tomaban rodilla en tierra con la cabeza baja.

-Ordenad descanso a vuestros hombres. -continuó el Faraón y saludó militarmente al Comandante, para luego extenderle la mano, mientras impartía unas indicaciones- La carroza que viene atrás con dos hombres atados, son prisioneros de mucho cuidado, traidores infiltrados de origen no muy claro. Vienen con ellos unos artefactos que representan un serio peligro. Que los soldados míos que los escoltan, y los que Vos designéis, se hagan cargo de los presos, directamente a un calabozo. En cuanto a esos raros cartuchos… Es mejor no llevarlos dentro de la ciudad, sino…

-Permitid que os interrumpa, Faraón -dijo Ankemtatis- pero sé de un lugar perfecto para guardar cualquier cosa peligrosa. Es un escondite que tenemos las patrullas, dentro de la floresta, a cincuenta cuerdas de aquí y donde nadie tocará nada porque muere quien entra sin conocer…

-Muy bien, Comandante, haceos cargo, pero advertid a los soldados que se mantengan alejados de esas cosas, que me temo que sean cañas de fuego. Este es mi General Elhamin, a cuyas órdenes quedará toda la ciudad en lo militar en cuanto me reúna con Uasnum.

Tras las debidas presentaciones y la transmisión de las órdenes, un pelotón partió con la carreta de los artefactos por un costado de la ciudad y la caravana fue escoltada hacia la puerta principal, que con unos gritos de señal del Comandante comenzaron a abrirse. El inmenso portal, con aspecto de madera y herrajes, era en realidad una "puerta rastrillo" pintada que disimulaba la consistencia real, de pesada piedra que comenzó a subir lentamente, con un sonido apenas audible. Las cuatro salientes que a cada lado encajaban la roca rectilínea contra las correspondientes canaletas de las paredes, estaban bien engrasadas.

-No recordaba esta mole tan grande -dijo el Faraón- porque mis visitas anteriores fueron muy cortas, pero ahora que la veo desde abajo… Debe ser la más grande que hay en todo nuestro país.

-No conozco todo el país -respondió Ankemtatis- pero si hay portales más grandes ya quisiera verlos. No sabemos cómo los Hombres-Dioses construyeron estas cosas que apenas podemos cuidar y conservar.

-Yo sí que conozco casi todo el país, Comandante -dijo Elhamin-y os aseguro que hay cosas más grandes e impresionantes en él, pero no portales de este tamaño. ¿Habéis estado en la Fábrica de Poder?

-No, General. Y sinceramente que lo que he escuchado es tan maravilloso que estoy deseando ir. Pero aquí mismo también estamos descubriendo cada cosa, que Uasnum me ha convencido de quedarme a proteger este lugar hasta que me tome las vacaciones.

El primer patio, de doscientos codos de ancho, daba al templo principal, con grabados similares a los del frente exterior. A la derecha, los altos muros de adobe y a la izquierda varias construcciones pétreas altas. A los soldados que no habían estado allí, les hacían recordar el enorme complejo de Sekhmet en Karnak. Más allá, las pirámides, aún poco visibles por la reverberación del extremo calor de la atmósfera.

-¿Serán más grandes que la pirámide de la Luz?

-No lo sé con certeza, Elhamin -respondió Isman- porque cuando vine por última vez, hace más de treinta años, aún no se había terminado de quitar la arena que escondía su base… ¿Qué me decís, Comandante?

-Que no conozco la Pirámide de la Luz, Faraón, pero el Sacerdote Uasnum se ha esmerado mucho en limpiar la pirámide Gris y hemos movido tierra, piedras y arena como para llenar un país. Tiene 365 codos y un poquito más, o sea los días del año considerando incluso la pequeña diferencia de algunos Râdnies. ¿Es así de grande la Pirámide de la Luz?

-Y más, querido Ankemtatis, -dijo Isman- pues aquella tiene 440 codos, casi exactos en cada lado. Lo que los Hekanef asignaron a la esencia de la piedra en vibración, según la matemática de Baalbek.

-Cuando acabe mi servicio anual, Faraón… Ya sé dónde iré si no hay eventualidades, durante las vacaciones. No sabía que La Luz era tan grande, pero dicen que hay muchas cosas de los dioses por esas tierras.

-No creo que aquí haya poco por descubrir, -replicó Elhamin- y Uasnum debe tener serias razones para manteneros a su lado, teniendo en cuenta que recién acaban de descubrir la base de la pirámide. ¿La otra es más pequeña?

-No sabemos, General, porque aunque parece cercana desde aquí, la pirámide Negra está a buena distancia. Hemos explorado algunos de sus recovecos y los hierofantes usan la cámara secundaria para los heridos y los enfermos y la principal para las Ascensiones, pero me temo que habrá que trabajar mucho para llegar a su base. El Sacerdote está trabajando duro para recuperar algunas cosas de los antiguos constructores y creo que si lo logra, el trabajo será más fácil. Pero mejor os lo cuenta él mismo. Acompañadme a las habitaciones de descanso, luego os llamaré para ir a la sala de reuniones del Concejo de Tekmatis. ¡Menuda alegría tendrá Uasnum con vuestra visita!

El grupo fue acompañado hasta unas pequeñas casas de madera, de forma piramidal, cubiertas por fuera con finas losetas de cerámica. En el centro, un agujero similar a un aljibe, con una pequeña barandilla de madera. Un sistema para refrigerar el ambiente que se usaba en muchas casas. El Faraón y su General fueron hospedados en una y los demás en otras, en un predio rodeado de palmeras.

-Parece -dijo Elhamin- que están tan entusiasmados con las pirámides que los arquitectos no han tenido otra idea que hacer así las viviendas...

-Sí, es curioso... Ya nos dirá algo más Uasnum.

-Bien, pero no vamos a presentarnos tan desaliñados como venimos, así que bañaos Vos, que luego lo haré yo. Os preparé las ropas de Faraón, que hace tiempo que no las usáis. Siempre vais vestido de modo tan sencillo que sólo destacáis por vuestra áurea personal.

Un largo rato más tarde, cuando el sol ya no castigaba con extrema dureza, el Faraón y su General, acompañados por el Comandante, se reunieron con Uasnum en un inmenso patio detrás del Templo principal, donde las altas palmeras dispersas por todo el terreno hacían más soportable el calor. Una formación de tres mil soldados ocupaba el costado derecho y al otro lado se hallaba casi toda la población de Tekmatis, unas treinta mil personas adultas. Los niños fueron llevados aparte, sentados a la sombra de una gran muralla, donde tenía lugar el encuentro, para que pudieran conocer y estar más cerca del Faraón, pues representaba un honor que no tendrían muy a menudo.

www.piramicasa.es

Uasnum se hallaba delante de los niños y avanzó hacia Isman con los brazos abiertos y los ojos en lágrimas. Se fundieron en un abrazo y conversaron un buen rato en voz baja. El General, el Comandante y los dignatarios de la Asamblea se mantuvieron a varios pasos de ellos. Los hombres, antiguos amigos, volvieron a abrazarse varias veces y quitaban discretamente las lágrimas de sus mejillas. La escena resultó tan conmovedora que mucha gente entre el público no podía menos que dejar fluir el silencioso llanto. Los Sacerdotes y gente del pueblo más entrenados en la vista de lo sutil, tuvieron ocasión de ver la interacción de dos áureas, quizá entre las más potentes de todo Ankh em-Ptah.

Luego el Faraón, haciendo gala de su poderosa voz, se dirigió a todos con un esperado discurso:

-Amado hijos de la tierra de Ankh em-Ptah: Hoy es un día feliz para mí, porque veo que Uasnum sigue tan enérgico como cuando nos vimos por última vez, hace ya treinta años, y cuenta con una población que le merece. Sin embargo, al enterarme ahora del peligro que ha surgido con los misteriosos ejércitos del Hombre-Hiena, es grande mi preocupación...

...Pero recuerdo ahora que justamente, el "yo preocupado" es uno de mis mayores enemigos, uno de los que figuran en los grandes grabados que nos legaron los Grandes Constructores Hekanef, que ahora son Hombres-Primordiales y otros son Ascendidos. Como en esos grabados, he de cogerle por los pelos y cortarle la cabeza a mi preocupación. Os pido hacer lo mismo, cada uno de vosotros y no tener "preocupación" por lo que pueda ocurrir, sino la determinación firme de luchar cómo, dónde y cuándo haga falta para proteger Tekmatis y todo nuestro país. Hasta ahora no tenemos que lamentar grandes incidentes, pero hay que estar muy atentos. He venido por razones de salud y de Estado. Espero que no os moleste que mi presencia se prolongue por algunos meses...

La multitud no le dejó terminar, estallando en aplausos y gritos de algarabía. Isman, siempre tan bien recibido en todas partes, no podía imaginar que la multitud le adorara, que festejara de tal manera su presencia. Levantó los brazos pidiendo silencio para continuar hablando.

-No sé qué os habrán contado de mí, pero seguramente mi amigo Uasnum ha exagerado injustamente mi imagen ante vosotros. Sólo soy un Ankemtamita más, con la única diferencia de la responsabilidad adquirida y de tener que extremar la dureza con los enemigos interiores. Y ya sé que se supone que el Faraón es un inagotaaaable manantiaaaal de sabiduríiiiia, -y alargaba graciosamente las palabras- pero os equivocáis. Vuestro Faraón no dice que sea un ignorante; al contrario, hay que estar agradecidos por lo que se sabe, porque es la más importante riqueza de una persona como de un pueblo. Pero os digo que a veces me siento el más ignorante de los hombres. Lo que me hace inmensamente feliz, es saber que nuestros Sacerdotes cumplen aún con las enseñanzas y las sugerencias de los Hombres-Dioses constructores, y que Uasnum, el más apartado del país, lo hace de modo tan ejemplar. Por pedido de Uasnum y porque es un placer para el Alma, no porque sienta que sea necesario, voy a seguir el protocolo de examen a los niños como si fuese el inspector de enseñanza. Por favor, venid ante vuestro Faraón los que hayáis cumplido seis años y aún no tengáis siete.

Unos cien niños corrieron hacia el Faraón y se aproximaron con él a un grupo de frondosas palmeras. Bajo su sombra, a una indicación formaron un semicírculo sentados en el suelo.

-A ver… ¿Alguien sabe -dijo Isman- cuáles son los tres atributos de lo Divino y qué es lo Divino?

Todos los niños, sin excepción, levantaron entusiasmados sus manos para responder.

-A ver Vos. -dijo señalando al azar a una niña- Responded…

-¡Qué pregunta fácil, Faraón! -respondió la niña poniéndose en pie- Divino es el *Ser* que Soy Yo, pero está en Todos y en Todas las Cosas. Su color es el rojo y su fuerza es el *Amor*. El segundo atributo es la *Conciencia*, que se da cuenta de quién soy y reconoce a todos los demás como seres separados en la materia del mundo, pero unidos en el Ser Verdadero. Su color es el amarillo y su fuerza es la *Inteligencia*. El tercer atributo es la *Voluntad*, su color es azul y su fuerza es el *Poder*.

-¡Excelente!... ¿Y tenéis bien claro lo que significa todo eso?

-¡Clarísimo, amado Faraón!, mi maestra nos hace meditar y explicar las cosas, incluso con algunos de los jeroglíficos más complicados que han logrado traducir los Sacerdotes… Podría explicarlo con…

-Magnífico, querida, pero ya veo que si os dejo hablar, me quitáis hasta el puesto de Faraón, ja, ja, jaaaaa

La niña se sentó y cuando acabaron las risas de la multitud, Isman preguntó a otro niño:

-Por favor, decidme donde están los peores enemigos del Imperio de Ankh em-Ptah. ¿Cuáles son esos enemigos grabados en los muros más grandes de los Templos y las entradas a las ciudades?

-Igual que a mi compañera, me hacéis preguntas muy fáciles, Faraón, así no vale… Bueno, pero tengo que responderos. Los peores enemigos están en el Ka de las emociones, dentro de uno mismo, porque nos roban el Amor, la Inteligencia y el Poder. Al Amor lo transforman en odio, roban la inteligencia del Ka del pensamiento y la hacen estupidez y a lo sumo, astucia. A la Voluntad la transforman en malos deseos o en ganas de no hacer nunca nada. Esos enemigos son invisibles para uno mismo, pero todos los demás pueden verlos en nuestras palabras y en nuestras acciones. Hay que aprender a ver dentro de uno mismo y eliminarlos.

-¡Muy bien, excelente! ¿Podrías explicarlo en otras palabras?

-¡Claro, Faraón, y con muchos ejemplos! Por ejemplo...

-¡Muy bien, muy bien! -interrumpió al niño- Ya veo que no os faltan recursos verbales y sabéis muy bien la lección más importante. La cuestión ahora es que lo practiquéis durante toda la vida. Pero hay una pregunta que me interesa… Quizá deba hacerla a los adultos, pero veamos… Vos, pequeño. -dijo Isman señalando a uno de los chicos en medio del grupo- ¿Por qué Uasnum ha tenido la idea de hacer esas casas con la forma de la pirámide?

-Eso no me lo han enseñado en la escuela, Faraón. Eso lo sabe todo el mundo. Es que dentro de nuestras casas no se pudren los alimentos ni nada, tenemos más fuerza, se duerme muy bien y no podemos enfermar de las pestes de los pantanos…

-¡Excelente!, ¡Excelente!... No puedo menos que estar asombrado, porque eso no lo sabía. Querido niño, habéis revelado a vuestro Faraón algo extraordinario. Igual lo hubiera hecho vuestro Gran Sacerdote, pero he tenido la suerte de preguntarlo primero a un niño de Tekmatis, porque Uasnum me habría dado una respuesta tan laaaarga como el Nilo… Este examen ha concluido y no me sorprende nada respecto a la educación de los niños. Sólo me sorprende el tema de las casas, que ya me explicaréis más cosas, querido Uasnum. Y a vosotros, niños. ¿Qué preguntas debería haceros que os resulten difíciles?

Los chicos comenzaron a hablar entre ellos, pero momentos después todos levantaron una mano.

-Empezad Vos, por favor… -señaló Isman al más cercano.

-Si preguntáis de matemáticas, o del lenguaje, o de geografía de Ankh em-Ptah, o de la historia, a veces no recordamos, pero las cosas de la Llave de la Vida son el Conocimiento Sagrado, el cuerpo mismo del Gran Osiris, y nos las enseñan nuestros padres y luego también en la escuela.

-Muy bien… ¿Y Vos qué opináis? -preguntó a una niña.

-Es que esas cosas son demasiado importantes, Faraón. Mi padre me enseñó que lo que está en los libros se puede aprender en cualquier momento, que no todos pueden aprender algunas cosas y a veces no hace falta saberlo, pero la enseñanza de Osiris escrita en los Templos y que enseñan los Sacerdotes, es lo Sagrado, todo el mundo debe saberlo y entonces hay que aprenderlo para aplicarlo durante toda la vida... Por esos son las cosas de Ankh em-Ptah (*)

(*) [*Recordemos que "Ankh" significa textual y literalmente "Llave de la Vida" y "Ankh em-Ptah" significa "Llave de la Vida en la Esencia Divina", de lo cual deriva por distorsión verbal el nombre "Egipto"*].

El gesto con los brazos abiertos de la niña, diciendo con una sonrisa las frases finales, como quien dice lo más obvio del mundo, causó una risa general a la que el Faraón se unió con una carcajada, al tiempo que estaba a punto de derramar nuevamente las lágrimas.

-Amados Hermanos pequeños, como Faraón me siento muy orgulloso, feliz de tener un pueblo así educado. Tenéis un futuro tan extraordinario como vuestro presente, si la educación sigue siendo tan buena...

Saludó a todos con el brazo en alto, se dio la vuelta y mientras se dispersaban la población y la formación militar, se alejó con Uasnum hablándole en voz baja.

-El futuro de estos niños, de nuestra Patria, querido Hermano mío, me preocupa. Tengo ese enemigo terrible que públicamente he confesado, pero aún así, observando y reprimiéndolo, me acosa. Me hace imaginar a todos estos niños teniendo que vivir bajo la esclavista vara de Seth.

-Os comprendo Faraón y no sé si vale de algo que os diga cuánto he trabajado para combatir ese enemigo interior y evitar que se haga más grande que el mismísimo Hombre-Hiena. Vos sois el Faraón y yo sólo vuestro fiel servidor y discípulo, pero si consideráis que puedo serviros en este asunto...

-¡No me pidáis que os lo ordene, Uasnum! Simplemente soy vuestro hermano y si podéis ayudarme y queréis hacerlo, no dudéis. Decidme todo lo que tengáis que decirme, olvidad que soy vuestro Faraón, sólo aceptad ser mi Maestro en todo cuanto os sea posible.

-Entonces, Maestro, haré todo lo que considere necesario, os veré como a un discípulo más. Contad con ello si así os sirvo mejor.

- Eso es, amado Hermano, y para empezar, ya os he dicho cual ha sido el motivo de mi visita, pero esto de las casas... Me tiene muy intrigado. ¿Es que pueden ser igualmente efectivas para alargar la vida como las grandes pirámides que nos legaron los Hekanef?

-No tanto, Isman, no tanto... O al menos yo no lo creo todavía. Han de pasar muchos años para ver si la gente vive más tiempo con juventud. Pero lo seguro es que vivirá con más salud y para muchas otras cosas, sí que bien vale la pena el trabajo que cuesta construirlas. Como bien os ha dicho la niña, nada se pudre en ellas, se duerme mejor, no se contraen enfermedades de los pantanos, pero también las heridas se curan a una velocidad increíble. Los ancianos con huesos deformados se han curado totalmente, hace unos cuatro años empezamos a construirlas y ya vive en ellas más de la mitad de la población… Pero las Grandes Pirámides son más efectivas en algunas cosas. De todos modos, ya sabéis que no sólo hay que curar el cuerpo físico, sino las causas en el Ka, como hemos hecho siempre. Pero algunas enfermedades no desaparecen cuando se las elimina del Ka, porque el Bah tiene una memoria que no se borra tan fácilmente. Las pirámides tienen esa maravillosa cualidad de borrar la memoria dolorosa del Bah. (*)

(*) [Bah= Cuerpo físico; Ka=Cuerpos astral, mental y vital; Lah=Alma]

-¿Creéis que servirían para asegurar la Ascensión?

-No lo sé, Faraón, pero estoy con esa idea. Sin duda las pirámides de los Hekanef tenían que ver con ello, por eso el escrito en vuestra casa, en el recinto de Sekhmet y en tantos otros sitios, el poder de las pirámides se relaciona tanto con la Ascensión. Aunque no fuese así el poder que tienen nuestras casas, con hacer que todo el pueblo esté sano hasta la vejez, ya vale mil veces el esfuerzo en construirlas. Algunas son sólo de madera y cerámica fina, otras de madera y planchas de caliza, pero hacerlas tan potentes como las de los Hombres-.Dioses… Es difícil. Creo que el tamaño tiene relación. Por eso las habrán hecho tan grandes.

-¿Y no puede ser que las hayan construido así de grandes como para perdurar en el tiempo y no fuesen destruidas por Seth y sus secuaces?

-Sí, Faraón, también lo he pensado, pero creo que sólo podríamos saberlo si algún Hombre-Dios vuelve a visitarnos. A veces he logrado comunicarme con Sekhmet, que aparte de Anubis, parece ser la única Diosa Ascendida que ha regresado para protegernos, pero no me atrevería a preguntar esas cosas, motivadas a veces por el deseo de perdurar, en vez que por el Amor hacia los demás… No quiero decir con esto que el motivo de vuestro viaje pueda estar motivado por el mero deseo… Os conozco muy bien, Faraón.

-Decís bien, Uasnum. Yo francamente no deseo perdurar en este cuerpo, pero tengo que instruir a mi sucesor y es muy pequeño, mientras que yo he acumulado muchos años.

-Ya sabéis que no son años acumulados -dijo el Sacerdote- lo que nos hace viejos, sino ese maldito desbalance en nuestra semilla de vida, y las enfermedades, los enemigos interiores… Vos estáis tan jovial que nadie puede imaginar al veros que hayáis pasado los doscientos años…

-¡No exageréis, Uasnum!, aún me falta casi un año para cumplirlos…

-¡Vaya exageración la mía, ja, ja, jaaa! Os hacéis un viaje desde el Templo de Sekhmet y la mayor parte, según me han dicho, en vez de ir en la carreta seguís a caballo y hoy ni siquiera habéis parado para comer... Viviréis para educar a vuestro sucesor, amado Faraón.

-Y hablando de edades... ¿Qué edad tenéis Vos? Hace treinta años os recordaba como mayor que yo, pero no lo...

-Es que lo soy -respondió con naturalidad el Sacerdote- Y bastante. He cumplido doscientos veinticuatro hace sólo unos días. Y aunque mis ocupaciones no me permiten estar dentro de la Pirámide Negra todo el tiempo... Si Sekhmet os ha sugerido rejuveneceros aquí, le agradezco infinitamente, porque tendré con quien conversar en la sala central de la pirámide. Bueno... Sala central no sé, aún no está desenterrada al completo ni bien explorada por dentro...

-No sólo me lo sugirió porque sean las más cercanas a mi casa, sino porque me advertía de las actividades que hemos comprobado en las dunas del Sur y que me ha confirmado vuestro Comandante. ¿Habéis pensado en una expedición a la región?

-Bien sabéis que soy el más curioso entre los curiosos. -dijo el Sacerdote- y que si no combatiera contra el "yo curioso" cada día, ya la habría hecho yo mismo. Dejo al demonio de la curiosidad que se cebe en las excavaciones, en la limpieza de las pirámides, pero justamente Sekhmet, en esos breves momentos que tengo de contacto lúcido, me previno respecto al Sur. Me dijo que esperase, que llegaría la ocasión. Y parece que vuestra presencia aquí determina esa ocasión...

- Pero no creo que os haya dicho de ir personalmente...

-¡Ni a Vos, Faraón! ¿Qué sentido tendría que vayáis a correr riesgos?

-No hay vida sin riesgo, Uasnum, así que iré, pero debo empezar con el rejuvenecimiento lo antes posible. Unos cuántos días de encierro en la pirámide y allí hablaremos mientras tanto, de organizar una expedición.

-¡Maestro, Comandante, Faraón!... -decía un soldado que se acercó a ellos- Ha ocurrido una desgracia... Los prisioneros que trajo el Faraón...

-¡Continuad, decid qué ocurre!

-Sí, Faraón... Es que... se han ahorcado mutuamente. Bastó un momento de dejarlos encerrados donde estaban, pero sin vigilancia... Hicieron con tiras de sus vestidos, sendas cuerdas que ataron muy astutamente, para que uno asfixie al otro y ninguno pueda echarse atrás.

-Debisteis dejarles las manos y pies atados... -dijo Uasnum- Que no vuelva a ocurrir algo así. Anotadlo para vuestro jefe y toda la tropa...

-Por favor, Uasnum, no os preocupéis. -intervino Isman- No se ha perdido mucho. No les habríamos sacado más información. Disponed el sepelio para que sus Almas sean bien orientadas y aprendan la lección de la vida y de la muerte. ¡Que Anubis les juzgue y les guíe!

-Tal como hacemos siempre, Faraón. Ya habéis oído, soldado, que vuestro jefe prepare todo y que el Sacerdote Esmir se encargue de hablar con los difuntos hasta que lo haga Henutsen.

-¿Henutsen? -preguntó con cierto sobresalto Isman.

-¡Oh!, sí, seguramente la recordáis… Si no falla mi memoria Vos mismo la enviasteis hace años, siendo aún una niña muy pequeña. Yo apenas recuerdo aquello, pero la niña… Es una Sacerdotisa y luchadora increíble… Ahora perdonad, que debo organizar algunas cosas…

Uasnum ordenó al Comandante que preparara todo para la comida y descanso del Faraón y sus compañeros de viaje, pero éste ya lo había hecho, así que les invitó a pasar a una amplia estancia anexa al Templo, donde ya se encendían las velas. El personal del servicio se movía como participantes de una gran fiesta y para ellos realmente lo era, porque recibir al Faraón, al Maestro entre los Maestros, Jefe de los Sacerdotes, al hombre que había sido elegido por el Gran Concejo, formado por quienes representaban por elección en Asamblea a cada aldea, a cada pueblo y cada ciudad, era como recibir en casa al padre de la familia más grande. En gran medida, el padre de todos y cada uno de los ciudadanos. Era el Elegido por los Elegidos de los Elegidos del pueblo.

Mientras la cena discurría con espectáculo de música, danza y canto, el Faraón y Uasnum no dejaban de hablar de asuntos de Estado, de la educación de niños y adultos, planes agrícolas y de la amenaza exterior cada vez más evidente, con ataques de hombres con armas extrañas.

-El último ataque, -decía el Sacerdote- hace cuatro días, fue el más grande hasta ahora y costó la vida a cinco de los nuestros. Ankemtatis consiguió repeler la invasión y el enemigo tuvo más de cuarenta bajas. Parece que no saben usar bien sus armas. Hemos podido capturar las de los muertos y resulta que en vez de flechas, disparan bolas de metal a una distancia mucho mayor, quizá cuatro veces mayor que las flechas mejor lanzadas. Pero aún así, nuestros arqueros y lanceros les repelieron porque para recargar demoran el doble que los arqueros.

-¿Qué número de enemigos?

-Unos quinientos, pero nuestra tropa era de cuatrocientos retenes en ese momento, así que mientras iniciaban el combate, otros dos mil se sumaron al momento. Fue una paliza para ellos. Ahora la ciudad está evidentemente amenazada y no son las hordas desérticas primitivas de Askarnam. Por eso ahora el ejército está en retén permanente... Una buena noticia, Isman, es que hacemos buenas migas con los gigantes BerArBer y dentro de unos días vendrá uno de sus jefes, a quien prometí hacer acompañar hasta vuestra casa, pero se sorprenderá al saber que no tendrá que adentrarse tanto en nuestro país para hablar con Vos...

-Habéis hecho muy bien, Uasnum. Los BerArBer son gente muy dura y desconfiada, pero en los raros encuentros que hemos tenido con ellos, han sido honorables a pesar del recelo. Era como si alguien les hubiera metido cizaña contra nosotros, pero al conocerlos, no ha habido refriegas ni enfrentamiento alguno jamás. Sería bueno tenerles como aliados. Me han comentado que practican algo parecido a nuestros ejercicios...

-Así es, Faraón. Practican el "RunAr", muy parecido y con los mismos significados. Parece que son una tribu venida de las tierras del extremo Norte, más allá del mar del Norte. Y el contacto se produjo porque rescataron a un pelotón nuestro, que fue a explorar hacia el Poniente y se perdieron en la jungla. Nos los trajeron cuidados y bien alimentados.

-Sí, es posible que sean Ingavirgotchs, su enorme estatura, piel tan blanca, cabellos y ojos claros, parecidos a los Primordiales... Puede que sean originarios de la región de Norte y Poniente donde según algunos mapas había islas que desaparecieron con la Atlántida o antes de ella...

Elhamin se había acercado al Faraón pero sin interrumpir permaneció a su lado hasta que Isman acabó de hablar y le preguntó si ocurría algo.

-Perdonad, Faraón, pero os vemos hablar en vez de comer. Os vemos trabajar en vez de disfrutar del espectáculo...

-¿Sabéis de lo que hablamos? -preguntó Isman haciéndose el tonto.

-¿Vais a negar que hablábais de trabajo? ¡Si al menos hablaseis de mujeres, de música, de la comida...! Entonces pensaríamos que estás descansando un poco...

-Pues no, querido, nos habéis pillado trabajando en horas no adecuadas. Y tenéis razón en llamarnos la atención. Estos artistas merecen nuestro respeto y para hablar ya tendremos muchos meses.

El espectáculo bellísimo de baile, con músicos que lograron distraer las mentes inquietas del Faraón y de Uasnum y llevarles a una especie de meditación en lo bello, duró un buen rato. Cien parejas de bailarines les deleitaron con una sucesión de danzas dramáticas, otras eróticas y algunas representaban el largo proceso de la *Katarisis*. Al acabar, ambos hombres sintieron la flojedad del relax, que bien estaban necesitando.

-Si lo deseáis, Faraón, desde esta misma noche pasamos a dormir en la cámara de la Pirámide Negra de Tekmatis. Hay lugar para vuestro General, que parece que también lo necesita.

-Y también mi cocinero Hempotepet, que sufre deformación de los huesos. -decía el Faraón mientras se levantaba con cierto esfuerzo- Elhamin hace un rato que se ha dormido, pero seguro que lo hará mejor en la pirámide. Voy a despertarle ¿Hay que andar mucho?

-Caminando, -respondió el Sacerdote mientras hacía señas al personal- unos dos mil pasos largos, pero no los daremos porque hay carruajes muy cómodos. Y antes, a los servicios, porque no podréis hacer vuestras necesidades de aguas mayores dentro de la pirámide y no saldréis de ella hasta mañana muy tarde.

El carruaje era un lujoso cuatro ruedas con un tiro de seis caballos y una carcasa cerrada, con el interior acolchado y cojines por todas partes.

-¡Magnífico carro, Uasnum! -dijo Isman- Más acolchado que el que me han hecho en Karnak y casi nunca lo uso.

-Y apenas lo uso yo, Faraón. Mandé a construirlo así para llevar a los heridos, por eso puede que halléis alguna mancha de sangre…

-A esta hora y con el licor que hemos bebido, creo que vuestro Faraón no tiene la vista tan eficiente para diferenciar una mancha en el tapizado.

Llegar a la cámara de Ascensiones de la Pirámide Negra, resultó complicado. Subieron una escalera exterior de madera con doscientos peldaños, luego descendieron por un pasillo estrecho no muy empinado, de unos trescientos codos, para pasar por una serie de galerías más estrechas y muy bajas. Finalmente, accedieron a la cámara más repleta de jeroglíficos que hayan conocido el Faraón y Elhamin, conocedores de todo Ankh em-Ptah. La estancia cuadrada, de 33 codos de lado, parecía preparada para algunas comodidades, con bancos de piedra en todo el perímetro, donde Uasnum había hecho poner colchones de pluma y cojines. En el centro, un tanque de piedra de ocho codos de largo por cinco y medio de ancho y cuatro de alto, se hallaba destapado y su tapa estaba apoyada en un costado. En una estantería había comida, velas, cántaros con agua, mantas y diversos artículos. En otro estante, una gran cantidad de papiros, algunos enrollados y otros formando libros.

-Así que esta es la cámara de las Ascensiones -comentó el General- Algo parecido a la pirámide de la Luz y las otras que están cerca de ella.

-Así es, Elhamin, -respondió Uasnum- pero aquella es más pequeña y rectangular y con un tanque mucho más pequeño. Y sus paredes no están cubiertas de jeroglíficos como ésta, si mal no recuerdo.

-Recordáis bien, Uasnum. Pero eso tiene una explicación, o al menos tenemos una idea que puede ser…

-No me dejéis ahora con el suspenso, Isman.

-Según creo, esa cámara no es "la cámara", sino una especie de mecanismo. Así como están las pesadas puertas rastrillo de las cámaras anteriores, pienso que esa es una antecámara, no la verdadera cámara oculta. Puede que pasen milenios antes que se sepa cómo funciona, si estamos en lo cierto y la Amada Sekhmet no nos lo quiere decir. Así que nos quedamos con suposiciones que no podemos comprobar.

-Si estar encerrado aquí me va a curar la deformación de los huesos, -dijo Hempotepet cambiando el tema- no extrañaré mi arco ni la cocina.

-No lo dudéis, -respondió Uasnum- aunque esos problemas no se resuelven totalmente con sólo unos pocos días aquí. Es preciso estar más tiempo. Creo que al menos un año entero, Isman, porque vuestro cocinero no es tan viejo como nosotros, pero tampoco es muy joven… Ya sabéis que el ansa vieja no se cocina al primer hervor. Los que viven en las casas pirámides están bastante tiempo dentro, entonces demoran cerca de un año en curar los huesos cuando son algo viejos.

-¿Y las fiebres de los pantanos?

- ¡Eso se cura en días, Faraón! Incluso las gangrenas se curan aquí en días o semanas y en las casas, los que viven en ellas no las pueden contraer, no se pudre la carne viva ni la carne para comer… Bueno, no se pudre nada. Hemos preparado un almacén de carne seca donde ya hay para alimentar al país entero si hubiera una catástrofe…

-Hempotepet se quedará aquí cuanto necesite  dijo Isman- y aunque le echaré de menos cuando tenga que volver, pero él lo hará después, dispuesto a vivir muchos años al servicio del nuevo Faraón. ¿Habéis escuchado Hempotepet…?

-Elhamin y vuestro cocinero duermen ya profundamente -dijo Uasnum- y deberíamos hacer lo mismo, dejar el Ka tranquilo y no querer conversarlo todo en esta noche. No sé si es mi deseo o una intuición, pero creo que os tendremos más tiempo y no una corta visita.

Dio vueltas un gran reloj de arena de madera y natrón y dejó a mano una vela, el yesquero y una antorcha, apagando luego todas las velas. Muchas horas después se despertó y preparó desayuno a los otros durmientes, que demoraron un buen rato más en terminar de despertar.

.-Apenas puedo mover los brazos… -decía Elhamin, que fue el primero en reaccionar- No recuerdo haber bebido más que un trago de licor…

-No ha sido el licor, General. -respondió Uasnum mientras le alcanzaba una taza de té frío y bollos de pan crujiente- Es el efecto de la pirámide, especialmente durante las primeras noches. Os deja tan relajado, mientras su poder va mejorando toda la esencia de vuestra materia corporal, que muchos lo confunden con el cansancio. Pero es justamente lo contrario al cansancio. Habéis dormido tan profundo que el cuerpo está todavía durmiendo y demorará poco rato en despertar, pero luego estaréis muy energéticos y vitales.

-Y mis huesos parece que me dejarán dormir un rato. Pero si seguís hablando creo que me desvelaré. ¿Es que no pensáis dormir?

El Sacerdote lanzó una carcajada y finalmente dijo:

-No, Hempotepet, ya hemos dormido mucho. Ese reloj indica al bajar toda la arena, que han pasado veinticuatro Râdnies, así que ya pasamos el medio día. Según parece, nadie se ha despertado ni un momento.

-Os estoy escuchando, -habló el Faraón desde su posición horizontal- pero no estoy seguro de haber dormido… Creo que antes me desmayé y ahora apenas si puedo hablar. ¿Nos habéis emborrachado, Uasnum?

-¡Oh, no, Faraón! Ya expliqué a vuestro General que es el efecto de la pirámide, en especial para quien no está acostumbrado. Eso que sentís debisteis haberlo sentido antes, porque habéis ido a las pirámides del Norte y conocéis sus efectos.

-¡Si, claro!... Pero nunca había pasado tanto tiempo dentro.

-Bien, en cuanto querráis moveros, vamos a salir, os mostraré algunas cosas y volvemos aquí, para hablar del plan de exploración.

## Capítulo IV - La Exploración de Darsum

-Tengo cuatro mil soldados, un Comandante excelente y algunas… armas secretas, -decía el hierofante mostrando a Isman y a algunos de sus soldados un almacén en medio del cuartel- pero ya sabéis que los hijos de Seth tienen armas poderosas. Estas son las capturadas…

-Y hay algunas precauciones, -decía Ankemtatis- como manejar con cuidado, que no se pulse esta cola de metal, que produce el disparo, hasta tener definido el blanco; no acercar demasiado a nada metálico la parte de atrás porque con las mayoría de los metales el arma queda casi pegada y cuesta despegarla, y hay que tener la parte posterior siempre lejos del cuerpo, salvo cuando se dispara. No sabemos si esa fuerza que atrae el metal puede hacer daño al cuerpo.

Sobre una larga mesa había una serie de armas extrañas, algunas parecidas a cornetas, otras como cajas con una fina prolongación.

-Me comentasteis que el último ataque fue un grupo de quinientos enemigos… ¿Tenéis idea del número total de esa fuerza hostil?

-Poca idea, Faraón. Deducimos que son menos que nosotros, porque ya habrían atacado masivamente. No creo que ese ataque fuese de mera exploración. Por la parte de la selva intentaron penetrar la muralla con unos explosivos, de esos que hacen con cañas, carbón y tierra amarilla, pero ya sabéis que los adobes son muy grandes y muy resistentes.

-Bien, pero hay que averiguar más. Tenemos que hacer esa expedición. En unos días la luna empezará a esconderse y debemos aprovechar la oscuridad total. Si no tenéis inconvenientes, dirigiré yo la expedición.

-A mi me parece una imprudencia, Maestro, -intervino Elhamin- pero ya sé que no vais a tener en cuenta mi opinión.

-La tengo en cuenta, General, pero sabéis que no podría quedarme.

Tres días después, mil soldados y cincuenta porteadores partían hacia la desconocida región del Sur, con una caravana de cincuenta cuadrigas ligeras, diez grandes carros de provisiones y diez cuadrigas de carga. La mitad de los soldados iba en camello y el resto a caballo. Bordearon durante dos días la línea de selva y desierto hasta ubicar el punto que habían marcado los viajeros días atrás, pero continuaron hasta donde calcularon como el sitio más cercano de la humareda que vieron. Un pequeño porcentaje de la expedición, ocupando puestos como soldados, eran mujeres, aunque era difícil diferenciarlas por las abundantes ropas, los turbantes y el armamento de arco cruzado, carcaj y espadas.

-¿Quiénes son esos que van lejos del grupo? -dijo Elhamin señalando a una veintena de jinetes en camello que apenas se veían- Además es curioso que la mayoría parece llevar un parche en un ojo. ¿Son tuertos?

-Me extraña, General, -respondió Isman- que no recordéis a los guerreros de las sombras. Ellos usan un parche en un ojo durante el día y lo cambiaban al otro ojo para ver en la noche. Nos causaron muchos problemas, pero parece que dejaron de hacer eso porque es una práctica con riesgos... Imagino que éstos son de los nuestros...

-Aún no es momento de sorprenderos mucho, General, pero no os preocupéis. -respondió Ankemtatis- Se dejan ver porque acamparán cerca, pero son una de nuestras armas secretas. Dejadme un hueco para daros las sorpresas. No os disgustará, lo garantizo...

El Faraón también estaba algo inquieto con la presencia de aquel grupo apartado, pero las palabras del Comandante le dejaron tranquilo. El General ordenó hacer una batida de exploración previa de la jungla en una extensión de mil codos de profundidad, por dos mil codos de ancho, tomando diversas precauciones. Al no hallar ningún peligro, salvo una leona que ante el número de soldados huyó con sus cachorros, se abrieron y limpiaron algunos claros para instalar los carros, armar campamento y esconder las cuadrigas y monturas.

Al anochecer se dispuso el descanso de esa noche y un día completo, para iniciar la travesía de exploración a la noche siguiente, ya que comenzaba la fase de luna nueva y el desierto estaría en la máxima oscuridad. El día resultó muy caluroso pero las hamacas instaladas entre los árboles permitieron un descanso profundo. Al pasar la hora más cálida, pero mucho de antes de ocultarse el sol, el Faraón y Elhamin ya estaban preparados para la definitiva incursión de la exploración, compuesta con los camelleros delante, los jinetes a caballo detrás y a retaguardia de la formación las cincuenta cuadrigas, cada una con un conductor y un arquero, llevando provisiones de agua y algo de comida.

Uasnum quedaría a cargo del campamento con pocos hombres y se asignaron cien puestos de mensajería intermedia, con jinetes a caballo, que se irían ocupando a razón de dos mil Ankemtras entre cada uno, distancia que podía recorrerse al galope en muy poco tiempo o incluso escucharse cuando el viento lo permite, manteniendo así comunicados rápidamente el frente y la retaguardia. Tendrían que marchar a paso forzado para aprovechar la oscuridad, pues la arena no es terreno de cabalgata rápida y calculaban una distancia de mil *cuerdas* hasta la posición del enemigo, cualquiera fuese su hábitat, ciudad o cuartel. Era una distancia para recorrer caminando en un mínimo de una tarde con su noche muy completa, pero los camellos podrían hacer el recorrido en la tercera parte del tiempo.

La orden de silencio se notó, apenas se dejaba oír el suave pisar de los camellos en la arena. Las *latrias* (*), correajes, armamento y estribos se acomodaron de tal manera que no se escuchaba ni un leve choque de metales. El Faraón iba al frente, pese a la recomendación de Elhamin.

(*) [*Las latrias (no confundir con "latría" o "fiestas espirituales") es un guardamonte de cuero, colocados en la correa del estribo para proteger las piernas del jinete. A veces lleva partes metálicas, de malla o de simple chapa. La palabra se mantuvo tal cual entre vikingos, ostrogodos y modernamente durante la época medieval, pero también en oriente.*]

-A este paso deberíamos llegar a media noche. -dijo Isman.

-Sí, Faraón, -respondió el General- pero creo que los camellos y caballos no aguantarán mucho este paso. Igual, si hemos calculado bien el sitio, habrá tiempo aún disminuyendo el ritmo. Y aunque falta mucho, voy a enviar cuatro jinetes a vanguardia, a un punto de oído de distancia. No sea que nos pille alguna sorpres. Recién me informaron de rastros de alguna patrulla con pocos caballos sin herradura. Huellas de varios días, que se han cruzado con las nuestras… por suerte no hubo viento…

-Estuvieron cerca de nosotros, cuando las abejas me advirtieron de un peligro que convenía evitar, por eso apuramos el paso hacia Tekmatis…

Los cuatro camelleros aceleraron hasta galopar para tomar posiciones de vanguardia y luego mantener las distancias ordenadas, lo cual daba más seguridad al grueso de la tropa. Apenas si conversaron Elhamin y el Faraón, pues era preciso estar muy alertas, en tierra tan desconocida.

Por fin, como habían calculado en cuanto a posición pero ya cerca del amanecer, el jinete de vanguardia más próximo regresaba a todo galope.

-La vanguardia permanece quieta, General -dijo el soldado- y ha hecho tres aullidos de chacal, o sea que se requiere vuestra inspección.

-Bien, soldado -respondió Elhamin- recuperad y mantened la posición. Y Vos, Faraón… Os lo ruego, manteneos a salvo, pase lo que pase. Y vos, Ankemtatis, escoged cincuenta jinetes en camello para la avanzada. Y Vos, Ebsekhet, encargaos de traer hasta este punto la mitad de las cuadrigas, en el mayor silencio posible, sin cargas de agua ni comida y con los arqueros preparados. Ya es hora de ir desvelando el misterio…

La tropa escogida avanzó a paso lento hasta la posición del primer explorador, quien señaló al General una forma lejana, apenas contrastada contra el horizonte todavía estrellado.

-General, -dijo Ankemtatis- tenemos algunos hombres que casi pueden hacerse invisibles en el día; más aún en la noche. Si la idea es hacer un acercamiento táctico...

-Disponedlos, Comandante, pero primero dejadme avanzar un poco en solitario, mientras ellos se preparan.

Elhamin se adelantó trescientos codos, detuvo el camello y le dio tres palmaditas en el costado izquierdo del cuello. El animal, magníficamente entrenado se quedó estático. Elhamin se puso de pie sobre la montura y extrajo de su bolsa el largavistas, que le permitió divisar con claridad el perfil grisáceo de una construcción con almenas. Tras una observación cuidadosa, avanzó quinientos codos más, para tener mejor idea del entorno. Luego volvió con los demás y después de comprobar con un pañuelo que el rumbo del viento lo permitía, expuso la situación:

-Sin duda lo que se ve... ¡Ah, Faraón, no podíais quedaros un poco más atrás! Veo que no vale la pena gastar palabras al pediros cuidado.

-¿Y perderme las novedades? Hablad, y en voz más baja.

-Roguemos por Ankh em-Ptah que no os ocurra nada y os informo: Es una fortaleza de unos cien codos de ancho y puede que tenga más o menos lo mismo de profundidad... Quiero decir, de largo hacia atrás, porque lo que se dice "profundidad"... Me temo que tiene mucha. Puede haber subterráneos, a juzgar por una oquedad que se divisa a unos cien codos a la derecha, contra unas rocas no muy altas. Si es una cueva separada de la fortaleza, seguramente está comunicada por un túnel... Es lo que yo habría mandado a construir. Sólo vi una figura moviéndose entre las almenas y no creo que sean confiados y descuidados; puede haber trampas. ¿Están listos esos hombres "Invisibles", Ankemtatis?

-Tanto que habéis pasado a su lado sin que lo notara ni el camello que montáis, General. -dijo orgullosamente el aludido, señalando al frente.

Elhamin se volvió pero no podía ver nada. El Comandante imitó con la boca un siseo de serpiente y veinte hombres se pusieron en pie, dispersos justamente por donde había pasado Elhamin, pero aún así apenas se veían malamente sus siluetas.

-Sí, están muy bien preparados. -dijo el Faraón, que tampoco se había percatado de los movimientos de los soldados al tomar sus posiciones- Ya sólo podría detectarlos el enemigo si tuviese el olfato de un chacal.

-Ni aún así, Faraón. -continuó Ankemtatis- Tienen el cuerpo cubierto con pieles muy finas y bien curtidas, con el color de la arena pero bañado en sales de alumbre y hierbas preparadas por Uasnum, para que huelan a piedras de azufre. Por eso no los percibió el camello. Además llevan tres tubos de natrón con otros perfumes. Uno para que no los detecten los cocodrilos, otro para ahuyentar a los felinos y uno para que hasta los chacales huyan, porque van a oler a serpientes si lo usan. Ya sabéis que el chacal puede con una, pero cada hombre huele a un nido de cobras. ¿Imagináis qué pasará si se topan con la caballería enemiga?

-¡Muy interesante!, pero que no lo hagan ahora, porque nuestros animales nos dejarían tirados...

-No os preocupéis, Faraón. Los tubos de natrón pasado por horno son muy difíciles de romper, -dijo mostrando uno no mayor que un dedo- llevan una tapa muy ingeniosa, como los gusanos de metal que abren las puertas rastrillo de las grandes pirámides... No se abren por accidente

-Muy bien, -intervino el General- pero es momento de ponerse en marcha. Tienen unos mil doscientos codos hasta el muro.

A una señal del Comandante, imitando el sonido del viento, los apenas visibles parecieron ser devorados por la arena y se esfumaron.

-Ahora sólo es cuestión de esperar. -dijo Ankemtatis- Los Invisibles van dispersos pero en formación ordenada, si es necesario caminan con las puntas de los dedos de pies y manos.

El Faraón miraba las pocas estrellas que permitía ver la fina cortina de niebla nocturna y aprovechaba para meditar sobre la preocupación. No era momento para conversar nada ni para sumirse a pleno en sus pensamientos, pero tuvo que hablar.

-A alguien que lleva el baldón de la preocupación, -decía en voz baja al Comandante- estas esperas y la incertidumbre son algo angustioso.

-Quedaos tranquilo, Faraón. -le respondió en un hilo de voz- Todos vuestros ejércitos tienen infinidad de trucos y sabiduría para la guerra, pero en Tekmatis estamos muy lejos, lo más apartado de Ankh em-Ptah, así que hemos tenido que perfeccionar todo y más. Recordad que fuisteis Vos quien ordenó venir a instruirnos con el arco a Hempotepet, al herrero Sinuteb en las artes del metal, a Arara en el uso de los dardos con tubos, al mismo Uasnum le disteis como destino Tekmatis porque sabíais que era el más instruido en todas las ciencias. También fuisteis Vos quien envió a enseñarnos los trucos de la noche a la Sacerdotisa de Anubis...

-Por cierto... ¿Qué ha sido de ella? No he tenido más noticias.

-La habéis tenido a tres codos. Al salir es la última de la formación, luego la primera en la avanzada y quien entrena y dirige a su grupo, del que ahora viene la mitad, mientras la otra mitad es la custodia invisible de Tekmatis. Cuando llegabais del viaje, su grupo os detectó medio día antes, apenas salía Râ. No estuvieron seguros de si erais amigos o enemigos porque veníais sin alardes y con la vestimenta reglamentaria tapada con vuestras capas blancas, pero os siguieron más de cerca que lo que imagináis y nos mantuvieron informados de la presencia de una caravana. También detectaron una patrulla diferente, que cruzó vuestro camino poco después. Henutsen es un regalo de los dioses…

-De haberlo sabido, me habría gustado saludarla antes de esta misión tan arriesgada.

-Lo haréis, Faraón. La veo cuando se lo pido expresamente, cuando oficia en el templo en un funeral o cuando ha ocurrido alguna Ascensión a la Luz, en cuyo caso es quien se encarga de la riesgosa tarea de destapar el tanque y hacer la comprobación. Su arte no es sólo nocturno, es una maga de primera magnitud, una mujer increíble, y como guerrera es más eficiente que mis mejores veinte hombres y que yo mismo.

-Apenas recuerdo su rostro de niña tímida… Sí, siempre muy tapado con el cabello. Henutsen era pequeña aún cuando la envié a Tekmatis bien custodiada y no volví a verla desde entonces. Envié mensaje a Uasnum y la dejé a su cargo… ¡Hace casi tres décadas!

-Es muy bella, -decía Ankemtatis con cierto rubor en la voz- pero sus ojos son más bellos aún e infunden terror si mira con fijeza, por eso agacha la cabeza, así que no os dejéis sorprender. Ni sus propios soldados, que ella misma elige con gran cuidado, pueden mirarle más que un momento. Además… Creo que tiene una pareja, así que...

-¡Descuidad, Ankemtatis!, descuidad… Así son los elegidos de los dioses, amigo mío. Almas muy poderosas que nos honran siendo de nuestro país y nuestro pueblo…

-¡Me sorprendéis, Faraón! Habláis como si fueran muy diferentes a Vos. Hasta se os quiebra la voz… ¿Acaso no sois también como ellos, el elegido de Sekhmet?

-¡Ah!... Sí, querido Comandante, pero mi tarea es más fácil, es de este mundo, no como la de Henutsen, que consiste en vivir la mitad del tiempo en los territorios de Anubis, diluyendo los Ka de los enemigos que ella misma aniquila, ayudando a los que mueren, amigos o enemigos, para que las Almas vuelvan a la inocencia del sueño y reencarnen donde sus afinidades les lleven, o que vuelvan a la vida aprovechando el mismo Ka de las emociones, si pesa menos que la pluma. Es tarea para las personas más especiales que hay en este mundo y puede que en otros.

-Pero Vos también podéis y sabéis hacer todo eso. ¿O no?

-Sí, hermano, pero muy diferente es aprender y hacer algo así algunas veces, que hacerlo como Sacerdote cada día…

-Sigo sorprendido, Faraón. Vos vivís cada día de vuestra vida ocupado en las cosas de Ankh em-Ptah, como el control de las escuelas, de los ejércitos, de los alimentos, buscando agua o minerales con el heka y el nejej, esos atributos de los que nunca os despegáis… (*)

(*) [*El heka y el nejej son las dos varillas de zahorí de los Faraones, con las cuales hallaban agua, minerales o determinaban el mejor terreno para cada semilla, entre otras utilidades conocidas hoy como radiestesia o geobiología*]

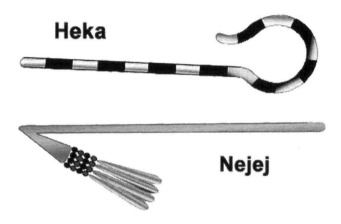

-No os sorprendáis tanto, Ankemtatis, que finalmente, por mucho que nos preparemos somos simples Seres, no más importantes que una brizna de hierba o una piedra. El más pequeño grano de arena que podéis ver, contiene todo un universo insondable.

-Comprendo, Faraón, pues los Ocho Kybaliones y sus ramificaciones infinitas son enseñados en los oficios de Toth y cuando no estoy de guardia penetro en los mundos sutiles al oír la enseñanza de boca de Uasnum. Pero también es importante nuestro presente porque es único a cada paso, y en el ahora hacemos valoraciones. Si no las hiciésemos, no sabríamos de quién debemos aprender, ni quién debe guiarnos, ni en quién confiar, ni a quien servir o a quién debemos proteger con prioridad.

-Es muy cierto lo que decís, Comandante.…

Continuaron la conversación un rato, hasta que apareció ante ellos como un espectro brotando de la tierra, una figura cuya voz apenas audible, dulce y suave estremeció el Alma del Faraón.

-Hay trampas peligrosas Comandante, pero las evitaremos. Sólo os ruego que me dejéis un momento a solas con el Faraón, si él lo permite.

-¡Por supuesto! -dijo Isman- Será un momento, Comandante.

En cuanto Ankemtatis y los que estaban cerca se retiraron, el Faraón y la mujer se fundieron en un abrazo silencioso, que rompieron tras un buen rato de llorar juntos.

-Perdonad que no os saludara antes, Faraón. ¿Sigue vigente el secreto de nuestra relación?

-¡Oh, no, querida niña mía!, ya no hay peligro. He sabido que sois una gran Sacerdotisa, una gran guerrera, una gran mujer... Me llenará de orgullo presentaros formalmente como mi hija ante todo Ankh em-Ptah. Los peligros que determinaron nuestra separación ya pasaron hace unos años, cuando por fin descubrimos a los asesinos de vuestra madre, que fueron infiltrados en el Templo de Hathor, donde algo está fallando gravemente en la seguridad hasta hoy; sin embargo preferí la prudencia y Sekhmet me sugirió enviaros a Tekmatis. Gran parte de mi Alma siente ya un alivio enorme al veros de nuevo.

-También estoy muy feliz, padre mío, pero ya hablaremos. Hay que resolver esta misión...

-Sí, sí, cariño de mi Alma. Vamos con nuestros guerreros...

-Hemos inspeccionado todo el entorno de la fortaleza, -explicaba Henutsen- descubriendo todas las trampas colocadas por el enemigo, y hemos comprobado que efectivamente son obras del Hombre-Hiena. Los símbolos del esclavista están disimulados en unos grabados bastos, pero ahí están. La cueva parece profunda. Sólo exploramos unos diez codos, porque hay varios guardias y tuve que hacer peripecias para entrar sin ser vista. De ahí parte un túnel que parece comunicar con la fortaleza. Sin embargo, por detrás de la misma hay un hueco que parecía una trampa, pero resultó ser muy profundo. No sabemos hasta dónde llega. Podemos hacer otra inspección mucho más a fondo, pero tendríamos muy poco tiempo. El amanecer nos pondría las cosas más difíciles.

-¿Cuánta provisión tenemos sin volver al campamento, Elhamin?

-Suficiente para un día completo, Faraón, pero ya sabéis cómo está dispuesta la comunicación. Podríamos retroceder doscientas cuerdas, hasta los últimos promontorios que pasamos, como para quedar fuera de la vista enemiga, incluso aunque tuviesen… Aparatos para ver a lo lejos. Mientras tanto, mandamos a pedir provisiones.

-Me parece buena estrategia, -decía el Faraón- porque aunque podríamos escondernos en aquellos altos del Este, no sería posible reabastecernos y si cambia el viento tendríamos que hacer menos ruido que un mosquito al caer muerto. Además, no vendría mal un descanso y encarar la situación bien despejados.

Se puso en marcha la operación de regreso y cuando llegaban al lugar adecuado las primeras claridades iban cambiando el paisaje. El sistema de un puesto de mensajería cada cuatro mil codos (unas cuarenta cuerdas) permitió comunicar en sólo tres Râdnies a Uasnum el pedido de cinco cuadrigas de carga, con alimentos, tiendas para acampar al sol y una reserva completa de flechas, para preparar el ataque a la noche siguiente. Después de los primeros cuatro puestos de mensaje, con el viento a favor apenas si se movieron los jinetes, pudiendo transmitir el mensaje en clave con unos pitos de sonido agudo hechos con cerámica. Pasado el medio día llegó el refuerzo de víveres, tiendas y armas.

-Ha sido necesario un paso atrás, -decía Elhamin- pero la suerte sigue de nuestra parte, ya que el viento sigue del Sur pero trae este regalo de niebla que quita el agobio del calor y hace invisible cualquier movimiento. Además, garantiza que no habrá lluvia, aunque en estas circunstancias, no sé si es mejor o peor… En fin, que me voy a dormir un rato.

No era el temible viento de arena, sino una calima fresca y no muy densa, que impedía la visión a más de tres cuerdas. Henutsen, como siempre invisible, se acercó a su padre y él pudo verla mejor, con sus ojos verdes brillantes como esmeraldas, su ropa de cuero arena, un arco pequeño de metal atado a una pierna y una cerbatana en la otra, con una daga en la pantorrilla y otra más larga en la espalda. Un aspecto tan bello como temible. Le abrazó y en voz muy baja conversaron:

-Os ruego que aún no digáis nada sobre nuestro parentesco. No es por desconfianza de nuestra gente. Tengo motivos más personales.

-Si la prudencia y la intuición os lo dicen, hija mía, me privaré del orgulloso anuncio. Con saber que sois mi hija y que vuestra madre estaría tan orgullosa como yo…

-Lo estaría, padre, lo estaría, pero ella ha vuelto a la vida a poco de morir y tiene otras circunstancias. Vos deberíais saberlo y pensar en tener otra pareja. Ya me he enterado de que sois de esos Sacerdotes tan dedicados que olvidáis que también sois un varón.

-Claro que lo sé, cariño, saberlo y decirlo es fácil, pero...

-Debo irme, os cuidaré… -dijo mientras besaba la mejilla de su padre y desapareció como siempre. Un momento después se acercaba Elhamin.

-Isman, están todos durmiendo menos la guardia. Me ha parecido que orabas o canturreabas… ¿No pensáis descansar un poco, o mejor aún, volver al campamento con Uasnum y quitarnos la preocupación por Vos?

-¿Irme?, no querido hermano, y menos ahora que me están cuidando un espíritu invisible pero materialmente más temible que el enemigo…

-Espero que no estéis delirando, Faraón. En cualquier caso, tened vuestras armas a mano.

-Las tengo, Elhamin, las tengo a mano porque también siento que debo proteger a mis espíritus protectores.

-A veces me cuesta entenderos, Faraón, pero os conozco bastante y me pregunto: ¿Qué será lo que traéis entre manos?

Al caer la noche, la neblina continuaba cubriéndolo todo y el viento seguía desde el Sur. Aún así, cuidando el silencio, se dispuso la táctica según se había planeado desde un rato antes. Los Invisibles harían una nueva exploración, más a fondo y marcando las trampas enemigas, que eran fosos de dos codos de ancho, largo diverso y cuatro codos de profundidad, alternados en un área de cien codos alrededor de la cueva y las murallas, con finos palos puntiagudos en el fondo y tapados con telas con pegamento de brea y arena, para pasar desapercibidas incluso a pleno día. Sin la habilidad del grupo especial, los primeros soldados de Elhamin habrían caído, delatando con sus últimos gritos el ataque.

La primera acción fue mimetizarse, quitando toda la ropa innecesaria a pesar del frío nocturno. Si bien no quedaban tan "invisibles", casi todo el ejército usaba una muda interior de calzón, chaqueta gruesa ajustada y sandalias, todo de color arena. El acercamiento y destape de los pozos entre la muralla y la cueva se hizo muy rápidamente, explorando también el promontorio de la cueva por todos los lados. Mientras un soldado avisaba al General de lo hecho, cincuenta arqueros ocuparon posiciones en el promontorio de la cueva y otro tanto en el flanco izquierdo. El grueso se mantenía a prudente distancia, uniendo a toda la tropa una línea de órdenes a "punto de vista-oído", que en esta circunstancia de tal oscuridad, eran seis codos. Así los soldados podían ver apenas al siguiente, pero en caso de duda la orden se acompañaba con una vocal pronunciada guturalmente en tono inaudible a más distancia.

El Faraón, para alivio de todos, por la insistencia de Elhamin, accedió a quedarse a un mínimo de mil codos del teatro de batalla, listo para organizar en caso necesario a los caballistas, que en una emergencia podían requerirse para repartir las monturas a los jinetes. También se encargaría el Faraón de encender una hoguera si fuese preciso, dirigir la retaguardia y las maniobras de los carros, que aunque no entrarían en la zona de los pozos, podrían los arqueros alcanzar con sus flechas hasta las almenas de la torre y enfrentar al enemigo si salía de la fortaleza.

La maniobra de ocupación del promontorio con Ankemtatis al frente, servía de apoyo a los soldados de Henutsen, que ya comenzaban a descubrir un tramo de pozos-trampa por el flanco izquierdo de la fortaleza, mientras ella y siete más hacían la peligrosa exploración del pozo trasero, usando largas cuerdas, aparejos y una escala también hecha de cuerdas. Una luz apareció entre las almenas de la torre, cuya altura rondaba los veinte codos, más alta que los muros que tenían unos quince. El Comandante hizo un sonido de viento y los arqueros relajaron sus brazos, comprendiendo que quien estuviese allí de guardia, iría muy confiado para llevar un celemín, ya que cualquier llama, por pequeña que fuese, no sólo impedía totalmente ver hacia fuera de los muros sino que también delataba su posición. Había sido un descuido fatal para la fortaleza y muy afortunado para el ejército del Faraón.

.Alguien habló con dureza al que portaba la luz y éste la apagó de inmediato. El idioma era extraño a los Ankemtamitas, pero era evidente el llamado de atención en tono militar. Se oyeron gritos de mando y en unos momentos aparecieron sobre la torre y sobre un sector de almenas de la muralla, decenas de figuras. Elhamin, frente al muro y cuerpo a tierra, como todo el flanco izquierdo y la fuerza central, alcanzaba a ver con su largavistas que eran más de veinte soldados armados con arcos y unas alabardas cortas. Dio una orden con la mano, que se transmitió en momentos a todos, para quedar estáticos. No importaba en qué posición les sorprendiera la orden, incluso si estaban a línea visual del enemigo, pues el menor movimiento podía ser visto, mientras que un hombre estático puede pasar completamente desapercibido, a menos que hubiera alguna luz potente que le alumbre.

Sólo los arqueros de Ankemtatis estaban de pie o rodilla en tierra, pero a cubierto sobre el promontorio y entre sus rocas, mientras que el resto estaba totalmente estático y confundido con el terreno. El enemigo había detectado algo o por simple seguridad había dispuesto una guardia reforzada tras la violación de seguridad de un soldado muy "iluminado" que seguramente sería castigado con toda severidad.

Cada hombre se sumía en su capacidad para soportar la tensión y permanecer como estatua, lo que no era demasiado difícil gracias al constante entrenamiento. Todos sabían que la próxima orden no sería visual, sino una "A" gutural para el avance, una "U" para retirada o una

"O" larga para atacar desde la misma posición. Debían permanecer con los ojos cerrados o mirando al piso.

Un hombre bien entrenado en observación nocturna podría distinguir el blanco y el brillo de unos ojos a más de cien codos. Pasaron cerca de dos Râdnies y sólo el General oteaba el escenario tapándose con las manos el entorno de los ojos para evitar ser visto. Nada parecía cambiar y aunque algunos hombres se movían sobre el muro, la guardia forzada continuaba. Alguien tocó el pie suavemente a Elhamin y al darse vuelta se encontró con Henutsen. Ella le hizo unas señas indicando que había que abortar el ataque y retroceder para estudiar la nueva situación.

Como el General insistiera con la mirada, Henutsen le cogió el dedo, señaló todo el escenario y la fortaleza y luego le cogió el brazo completo. Debieron esperar tres Râdnies más hasta que la vigilancia pareció relajarse porque se efectuaba un cambio de guardia. Nada de voces estridentes, sino palabras tranquilas, propias de una formal transmisión de órdenes. Era el momento.de empezar a replegarse y así lo hizo Elhamin, indicando a la tropa el retiro. En el más absoluto silencio como al tomar posiciones, se retiró a retaguardia. Henutsen desapareció, pero unos têmposos después se encontró con ella y Ankemtatis. Continuaron en silencio hasta reunirse con el Faraón y la princesa pudo explicarse:

-La fortaleza es apenas un dedo visible, no el cuerpo del enemigo, que parece enterrado a más de treinta codos, pero muy vivo. El hueco es como suponíamos, un ascensor con sistema de rastrillo, que se ha roto, pero lo han dejado como respiradero. Lo que hay abajo es como una gran fábrica de quince codos de alto. Tiene entre una y dos cuerdas de ancho, con columnas que se pierden en la distancia, con gente trabajando maderas, piedras y otras cosas que no conozco. Algunos grupos están comiendo o descansando. Creo que son más que nosotros, muy bien armados con esas lanzaderas de bolas. Al salir observamos varias luces más al Sur, como a… ¿Dos mil codos, tres mil…?

-El caso -intervino el Faraón- es que no sabemos qué hay allí abajo ni cuántos son, ni hasta dónde llegan esas instalaciones. Debimos haber hecho una exploración circunvalando en varias cuerdas más toda la zona hacia el Sur, pero la noche es corta para eso…

-¿Cuánto demoraríais -preguntó Elhamin a Henutsen- en explorar toda la zona con el mismo sigilo, aunque sea a nivel del suelo?

-Quedan seis Râdnies de oscuridad. Tiempo demasiado justo para hacerlo, sólo para intentar hallar otras entradas y averiguar si hay otras instalaciones más grandes. No sé si sería posible pero en cualquier caso, deberíamos retroceder otra vez hasta el campamento medio.

-Comida y agua no faltan -dijo Elhamin- y es preferible posponer cualquier acción. El repliegue desde ya que es inevitable ante esta incertidumbre... En marcha, Comandante, vamos a ordenar el silencioso repliegue, mientras nuestros mozos van llevando las monturas hacia el Norte. Es preferible cabalgar desde más lejos y evitar tropel y relinchos.

Prácticamente se repitió lo de la noche anterior, llegando con las primeras luces del alba al campamento que habían dejado montado. Para algunos suboficiales la situación era frustrante, pero para el Faraón, el General, el Comandante y la guerrera Henutsen, una tranquilidad el no haberse precipitado a lo que hubiera sido una batalla algo peor que incierta. Los invisibles se encargaron de volver a tapar los pozos-trampa.

Otro día más, durante el cual el calor fue soportable y Elhamin ordenó a todos dormir todo lo posible. Era necesario estar muy descansados. Durante la siguiente noche, los Invisibles de Henutsen se dividirían en cinco grupos de cuatro soldados cada uno y Elhamin indicó en un mapa hecho por él mismo, cuál sería el territorio a explorar. Avanzarían hacia el Sur, desde las inmediaciones de la fortaleza y a una distancia no mayor del punto de oído entre cada grupo. El punto de oído con el viento reinante no pasaría de diez cuerdas, así que esto suponía cubrir un frente de una extensión reducida, pero orientados por las estrellas se fijaron los puntos de dirección para abrir un abanico y cubrir más terreno. Debían hacer la exploración a paso normal en cuanto fuese posible, avanzando al Sur durante un cuarto de la noche, enviando a un soldado a cada lado para comunicarse con el resto, en caso de hallar algo interesante. Los dos grupos de los flancos enviarían un soldado en tal caso y Henutsen iría en el grupo central.

Los simios dibujados por Elhamin, señal de extremo peligro al estar de pie y con un cuchillo en cada mano, no eran una mera representación de peligro, sino que como orden militar, indica realizar toda la operación extremando precauciones. Le llamaron Darsum al sitio, porque eso decía en una especie de placa que encontraron los soldados en un muro.

Llegar a la fortaleza representada con un pequeño cuadrado en el mapa, requería unos cinco *Râdnies,* así que mucho antes de ponerse el sol, el grupo partió hacia su terreno de exploración. Las mochilas de cuero curtido al mismo modo que las ropas, iban cargadas con agua porque la marcha sería muy larga. Ya de noche, cerca de la fortaleza Henutsen ordenó a dos grupos desplazarse por el Este y ella con los demás por el Oeste, dando un rodeo bien amplio para reunirse a cinco cuerdas más allá del respiradero tras el fuerte. Rato después cumplían a la perfección el plan, ordenándose la distribución planificada para explorar la desconocida tierra al Sur de la fortaleza.

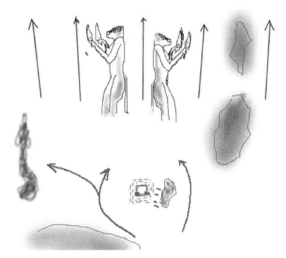

## Capítulo V - La Noche de la Batalla

En el campamento, la tropa aprovechaba la noche para descansar, pero algunos noctámbulos como el Faraón y los jefes militares repasaban planes alternativos, algo alejados del resto.

-Os noto un poco adormecido, Faraón…

-Repaso mi estado, General, porque hace mucho que no salgo del cuerpo físico con el Ka. Y ahora sería muy importante hacerlo.

-Pero la preocupación es un obstáculo… ¿No es así?

-Así es, Elhamin. Y más sabiendo que Henutsen… y su grupo están en algo tan peligroso. Paradójicamente, cuando más necesario es salir con el Ka, los demonios interiores lo impiden... Pero lo intentaré, ya que mis amigas las abejas no pueden llegar a esta región tan apartada del agua y los vegetales. Además, tengo cierta duda sobre si salir con el Ka para uso de guerra es ético, aunque combatir al enemigo es demasiado importante. ¿Hasta dónde es lícito usar poderes de Sacerdote?

-Sin embargo, Maestro, deberíais estar tranquilo, sabiendo que el grupo de Henutsen es tan efectivo como hemos podido comprobar.

-Sí, son realmente efectivos, pero hay algo que prefiero mantener en secreto, aunque no para vosotros, Elhamin y Ankemtatis. Si no os lo digo, me puedo deshidratar por los ojos... Henutsen… Es mi hija.

El trío se mantuvo en silencio hasta que Ankemtatis habló en voz baja.

-Comprendo vuestra profunda preocupación y sinceramente, Faraón, os aseguro que también tengo razones para sentir de la misma manera.

Nunca me ha dicho quién es su padre ni su madre... Os había comentado que Henutsen... No sé cómo deciros esto...

-No hace falta de digáis más, querido mío. Lo sospeché cuando me advertíais... En estos días que hemos compartido reuniones, mesa y marcha, os he conocido lo suficiente. Lo que os cuesta decir, es para mí una gran noticia. Sois un joven noble, sano de cuerpo, mente y espíritu, valiente como ella... ¡Que todos los dioses la protejan y también a Vos!

-En especial Anubis es quien lo hace, Maestro. -dijo Ankemtatis- Es dueña y señora de la noche, deberíais haber visto como le siguen los chacales. Ahora mismo seguro que los que se encuentren cerca, están obedeciendo sus órdenes... O mejor dicho, sus amables pedidos, porque habla con ellos como si fuesen sus hermanos de leche.

-Así es como se habla con los animales. -dijo el Faraón- Los brujos, los esclavistas, les dan órdenes bajo amenaza, dominan a los seres de los Reinos Menores, pero los magos no hacemos eso, sino que les tratamos con el debido respeto, como que son nuestros Hermanos...

-Tras estas noticias tan magníficas, -intervino Elhamin- me iré a dormir. Los Invisibles volverán dos Râdnies después de asomar el sol, sea cual sea la novedad y quiero estar descansado para entonces. Recomiendo hacer lo mismo, porque insistir a la tropa en que descansen lo necesario y no hacerlo nosotros, es algo irresponsable.

Las palabras de Elhamin fueron debidamente atendidas y cuando llegaron Henutsen y los suyos se hallaban todos en condiciones de claridad mental para atender las novedades.

-Es como temíamos -explicaba Henutsen- respecto al subterráneo, ya que acaba a unas diez cuerdas más allá de la fortaleza. Hasta ahí en una anchura de una cuerda y media. Hay otros ascensores aún funcionales, uno cerca del centro y tres al final, pero tres cuerdas más allá hay dos más, que llevan a túneles estrechos. Esos dos no están funcionales, también los usan de respiraderos y pude entrar por uno que no es muy profundo. Lleva a un túnel y de ahí a otros huecos que sí van muy profundo, con escaleras hasta unos almacenes donde tienen toda la comida y casi allí mismo, al lado y apenas un codo más abajo tienen los lavabos y servicios bien instalados donde hacen sus necesidades porque hay un pequeño río subterráneo. Por eso no hay letrinas en el exterior. Por ese túnel se llega a una gran fábrica de metales de más de una cuerda de ancho y dos o tres de largo, con tres grandes crisoles y una chimenea no muy alta, que por fuera parece un cono natural de piedras erosionadas... Alrededor hay chimeneas pequeñas, que sobresalen diez codos y son los respiraderos del horno de la fundición y de los crisoles.

No tienen más de dos codos de diámetro y tienen tapas de metal cónico, para que no les entre la lluvia. Esas son las luces que veíamos; cuando los crisoles están llenos de metal fundido y hacen las coladas… Si tienen esa industria alejada de todo, deben tener algún plan a largo plazo…

-Eso puede haber sido también, la luz y el humo que vimos durante el viaje. Allí es donde fabrican las armas y proyectiles y todo el metal que producen. Ahí es donde preparan la destrucción de nuestra Patria. Este sitio, Darsum, es posible que fuese construido también por los hombres-dioses para procesar metales, nada más.

-Seguramente, Faraón. -respondió Henutsen- Imagino que cuando los crisoles trabajan al máximo, despedirán mucho humo y resplandor. Pero no es posible ver a más de 7.500 cuerdas… Eso debió ser otra cosa…

-Henutsen, -dijo Elhamin- deberíamos hacer un buen plano, lo más aproximado posible a la situación real. Pongámonos en ello. ¿Habéis podido valorar su poder defensivo?

-No hay guardias apostados en el interior, como que no imaginan que pudiéramos haber entrado, pero hay guardias por todas partes en el exterior, dos, tres y hasta cuatro en cada agujero y un pelotón de diez en la chimenea. Pero están poco entrenados para la vigilancia.

-¿Están bien armados? -preguntó Ankemtatis.

-Tienen esas armas muy efectivas, pero lo serían más en nuestras manos. Más que guerreros parecen mercenarios, es decir de esos que van a la guerra por codicia y pillaje, sin suficiente entrenamiento. No me extraña que les diéramos una paliza al atacar Tekmatis. Seguramente serían efectivos sólo con sus espadas en lucha en campo abierto.

-¿Habéis podido calcular el número total de gente?

-Sí, General, más o menos la misma cantidad que nosotros. La batalla en el exterior les daría ventaja, porque tienen la fortaleza, algunos pozos trampa alrededor de los ascensores… Sería fácil destaparlos todos y caminar entre ellos, pero difíciles de esquivar si atacamos a caballo. Las cuadrigas serán inútiles para el combate en casi todo el territorio, porque la arena se hace más fina, con muchas partes con piedras sueltas. Cinco cuerdas más allá de la chimenea, comienza un oasis con vegetación baja y una extensión que desconocemos por ahora. Dos de los míos han ido a explorar y volverán más tarde. Ahí tienen establos y otras instalaciones menos importantes porque hay pocos cuidadores No hemos visto ni una mujer, ni niños. Un ejército de baja moral, que parece venido de muy lejos, pero no del Sur, porque tampoco hay negros.

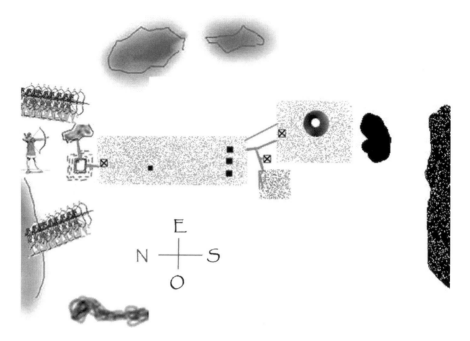

-Ahora la cuestión -decía Elhamin- es si debemos atacar y destruir a toda esa ralea, Faraón. La decisión es vuestra, porque el plan para hacerlo no será difícil perfeccionarlo. Lo tengo claro en parte...

-¡Y yo! -agregó Ankemtatis- aunque incluso con variantes, porque podemos sitiarlos, tomar posiciones y combatirlos uno a uno cuando quieran salir, o también obligarlos mediante el fuego... Sólo que no tenemos mucha madera disponible. Habría que quemar cuadrigas...

-No creo que tengamos material suficiente para incendiar mucho...

-Os garantizo que sí, General. -dijo Henutsen- Destrás de la chimenea hay un charco de brea de media cuerda de diámetro. De ahí sacan el combustible para los crisoles. Sólo habría que tomar la fortaleza y todos los agujeros a la vez, podríamos ir echando brea, usando sólo unas telas como mecha. No podrían salir y se ahogarían adentro. La falta de aire haría que la brea produzca muchísimo humo. Una muerte horrible, pero...

-Usaríamos la mitad de los odres del agua para echar la brea. -decía Elhamin- Habría que preparar todo después de tomar el fuerte y aniquilar la guardia de los pozos y la chimenea. Ciertamente, una muerte horrible. Pero también lo es por una flecha en el cuello o una espada en el torso...

-La cuestión, -intervino Isman- ya que tenéis claro que el enemigo ha sido tonto al encerrarse como ratas pero no proteger mejor el exterior, es si vamos a aniquilarlo sin piedad, sin posibilidad de rendirse. Cegar mil vidas de un golpe no es algo a tomar a la ligera. Ni siquiera siendo los hijos de Seth, quienes no tendrían consideración alguna con nosotros.

-Incluso hay otra forma más piadosa. -dijo Henutsen- Si consigo hacer algo para taponar el río de la despensa, se inundará toda esa zona y se quedarán sin provisiones, porque es la parte más profunda del complejo. El arroyo tiene sólo dos pasos de ancho y de profundo hasta mi rodilla, pero el agua corre de prisa, con buena pendiente. No tardaría ni un Râdnie en anegar todo el almacén de despensa y empezar a llenar la zona de los crisoles. Si eso se inunda, quedará todo inutilizado. Si les impedimos salir, echando brea ardiente de a poco, podrán elegir entre morir ahogados o quemados. Los ascensores se pueden mantener arriba si les sorprendemos inmediatamente después de un cambio de guardia, con lo que sólo habría que luchar en las entradas que tuviera la fortaleza, el pozo que hay inmediatamente detrás y los dos pozos del fondo.

-¿Y cómo se puede impedir que bajen los ascensores? Si cortan las cuerdas los harían caer. -decía Isman.

-No, pad… Digo, Faraón. Los tienen bien encajados y bastaría una espada para trabarlos. Con una espada en cada costado no habría manera de hacerlos bajar. Podría bajar con algunos de los míos y producir la inundación, y volver a la superficie antes que se den cuenta. Sólo tendría que encontrar el modo de taponar el arroyo. Pero eso es lo difícil. La fuerza del agua podría con tapones de madera y no he visto ni mucha madera ni piedra suelta por allí como para hacer un tapón.

-Eso no sería problema. -intervino Elhamin- Según habéis explicado, la gran sala acaba y sólo parten de ella dos túneles hacia la sala de los crisoles. O sea que es fácil aislar esa parte del sector de almacén y también está separado el sector de los crisoles…

-Así es, General.-respondió Henutsen- Si pudiéramos contenerles para que no pudieran acceder a los túneles, tendríamos dividido los sectores ocupando pocos hombres. Cierto, pero eso sería bastante difícil, a menos que hiciéramos una barrera de fuego, lo cual nos pondría en peligro de ahogo también a nosotros…

-Decidme Henutsen. -preguntó Ankemtatis-¿Se podrían introducir unos cuántos bloques de piedra, para llevarlos entre dos hasta el arroyo? Todo sin que fuesen descubiertos antes de colocarlos y hacer la inundación. Comprenderéis que no todos pueden entrar y salir como Vos...

-Sí, sería posible… -respondió Henutsen tras meditar un momento- Pero habría que infiltrar a unos treinta hombres, dispuestos a matar a quien aparezca por el túnel, sin dejarles ni gritar. En la zona de los crisoles puede que haya poca gente, pero en la sala grande hay muchos y parece que la mayoría duerme cerca de los túneles.

-Entonces, una vez reducida la guardia, -continuó Ankemtatis- ya controlando todo el exterior y sin que se alerten los de adentro, habría que usar un hueco de ascensor vacío para bajar unos… veinte o treinta bloques… ¿Qué distancia hay hasta la chimenea? Y además, ¿servirían las piedras que forman ese cono y otras cercanas?

-Sí, Comandante. -respondió ella- Hay muchas piedras grandes y aunque algo erosionados ahora, eran bloques bien cortados. Así que deben pesar menos que un hombre. Con las barras limoneras de las cuadrigas se pueden transportar. Sólo hay unos trescientos codos entre los pozos y la chimenea. Pero bajarlos por el pozo es más complicado…

-Se puede hacer -dijo Elhamin- con unas cuerdas, un par de ruedas y los varales de una cuadriga. Un malacate para el peso de hasta tres hombres no es difícil. El factor más preocupante sería tener a raya la entrada a esos túneles, desde la sala mayor como desde la fundición…

-Perdonad que os interrumpa, -dijo el Faraón- pero aunque no soy un estratega como vosotros, se me ocurre algo que puede ser útil… ¿Qué pasaría si se echa brea ardiendo por la chimenea?

-Es para pensarlo, Faraón. -respondió Elhamin- Si bien abajo es justamente un horno, puede que se produzca un desastre, pero habría que echar muchísima brea y no creo que diera el tiempo. Sin embargo, si echásemos agua por los respiraderos de los crisoles… Entonces sí que se produciría un desastre. Casi todos los metales fundidos explotan si se les echa agua… Y ahora mismo, los hay.

-Bien, -intervino Ankemtatis- entonces si hacemos eso, los que estén en la fundición morirán si están muy cerca y el resto huirá hacia la sala mayor. Pero ese movimiento puede ponerles en alerta, mientras que la mayor sorpresa sería inundarlos. ¿Qué opináis?

-Olvida la idea de echar agua a los crisoles, -dijo el Faraón- que si todo sale bien, es posible que los usemos nosotros, pero si inundamos la zona, no sé cómo vamos a recuperarla… Pero eso lo resolveríamos después. Ahora debemos dar coherencia a todas las alternativas que hemos visto y para eso Elhamin es el hombre perfecto.

-Me tenéis en sobreestima, Maestro, pero ya que así lo creéis, voy a ordenar las ideas en dos planes…

-¡Henutsen! -decía una mujer que aparecía junto a ellos, sorprendiendo a todos menos a su jefa- Ya hemos explorado todo el oasis…

-Hablad Hekamet

-Faraón, General, Comandante... Os comunico que el oasis tiene un diámetro de unas cien cuerdas. Hay algunos sitios cultivados y un lago. Tienen unos trescientos camellos, doscientos caballos, cien cuadrigas y treinta grandes carros, algo parecidos a los nuestros pero de mayor tamaño. Hay un total de veinte hombres en el oasis. He robado un camello, le he dado toda la vuelta al oasis y un poco por dentro; luego he venido por el Este. En las pequeñas montañas del Este hay una torre de vigía con unos diez soldados. No sé que pueden estar haciendo por allí.

-Seguramente -respondió Elhamin- se trata de un mero puesto de vigía. No han considerado un ataque desde Tekmatis o al menos no lo han tomado seriamente, pero han pensado en una avanzada desde nuestros fuertes en el Nilo, a pesar del desierto imperante y la zona de pantanos, más peligrosa que la selva del Norte. ¿Tampoco hay rastros de vigilancia buena al Sur del oasis?

-No General. -respondió la joven- Ni rastro. Hay una senda marcada sobre las piedras, pero no es la propia de unos soldados yendo a un puesto regularmente. Han pasado carros por ahí, pero hace muchos días. A unas cien cuerdas hay un cráter, un agujero de una cuerda de diámetro del que sale algo de humo, como si hubieran quemado hasta la piedra... De allí volví hacia el Este y mi visita a las montañas fue porque vi rastros hacia ellas y hacia la fortaleza

-¿Y todo eso habéis podido ver en tan oscura noche?

Henutsen lanzó una carcajada y luego explicó:

-Todo mi grupo está entrenado con un ojo para ver de día y el otro para ver de noche, pero Hekamet, que ve muy bien de día, ve mejor que los gatos en la noche y es así de nacimiento.

-¿No tiene ciertos riesgos esa práctica, Henutsen?

-Sí, Faraón, los tiene, pero es porque para funcionar bien los ojos cuando se entrena así, hay que hacer una dieta especial y tener en cuenta la luna. Pero esos secretos sólo se revelan a los Guerreros de Anubis, así que si queréis saber más, tendré que preguntarle a él...

-Por el momento nos bastará con que vuestro grupo siga siendo tan efectivo. -dijo Elhamin- Ya tendremos tiempo de hablar esas cosas. Ahora toca perfeccionar el plan.

Las conversaciones continuaron hasta definir un plan con varias alternativas según lo que sucediera. Pasado el medio día, el calor ya se dejaba notar, a pesar del viento que empezaba a soplar del Sur-Oeste.

-Como me imaginaba ayer, -dijo Isman- tendremos esta noche viento favorable. Es algo más cálido de día pero será más fresco por la noche y si Anubis nos lo pone mejor, cambiará desde el Este, entonces vendrá con mucha arena y aunque nos resulte un tanto molesto, el ruido y la arena tendrán a la guardia más descuidada. Aún así, los Invisibles de Henutsen tendrán que hacer la primera parte. Tenemos más de media tarde para dormir. Soñad con el éxito.

El desplazamiento nocturno comenzó tal como dos noches antes, con tiempo calculado para llegar en plena oscuridad a la zona de la fortaleza. Y tal como había pedido el Faraón a Anubis, el viento de la noche resultó muy favorable, provenía del Este como a lo largo del día, sólo que traía niebla, pero lo justo para ver a corta distancia y poder desplazarse con seguridad, sin la molestia que produce la arena. La fortaleza a menos de cien codos, parecía lejana, pero los arqueros colocados entre los pozos trampa que los Invisibles habían vuelto a descubrir parcialmente, fueron usados como trincheras desde las que podrían acertar a los centinelas en cuanto fuesen visibles sus figuras.

La luz de las estrellas y la niebla tan fina formaban el escenario perfecto para no errar ni una flecha. La dispersión se hizo como antes, pero con mayor cercanía a los muros. Un grupo pudo entrar a la cueva y en el mayor silencio neutralizar a dos guardias medio dormidos que había fuera y otros cinco que roncaban dentro. Les golpearon fuertemente y les pincharon con plumas mojadas en soporífero. Les amordazaron con girones de sus propias ropas, ataron sus manos y pies con rodeo al cuello, pero igual no despertarían hasta el día siguiente.

La cueva resultó ser almacén y arsenal muy grande. La entrada al túnel quedó libre para ser explorada y Henutsen lo hizo con toda rapidez, para descubrir que antes de llegar al interior de la fortaleza había una parte medio derrumbada, sin embargo por ahí pasaban habitualmente los soldados enemigos para ocupar el puesto de guardia sin tener que exponerse a la superficie. Diez hombres quedaron a cargo del túnel, para neutralizar a los que vinieran a hacer relevo. Esa zona estaba asegurada. Henutsen y los suyos, siguiendo las directivas del plan, fueron hasta el pie de las murallas. Henutsen oía atentamente el caminar de los soldados que se hallaban en la cara Norte y Este y cuando calculó que estaban alejados de esa esquina, lanzó una cuerda con un garfio envuelto en cuero grueso y algo más fino en las puntas, de modo que apenas hizo algún ruido tapado por el aullido del viento. Escaló con la agilidad de una pantera y al quedar sobre la muralla se echó al suelo.

Desde su posición apuntó con la cerbatana al soldado más próximo. El disparo le dio en la cara y el cachetazo que se dio él mismo, introdujo más aún el dardo envenenado. Repitió la operación con el otro que se acercaba y momentos después ambos estaban en el suelo. Henutsen siguió por la cara Norte, luego la del Oeste del fuerte y finalmente subió las escaleras para hacer lo mismo con el soldado que estaba en la torre.

A una señal suya, tras verificar que el gran patio de la fortaleza estaba vacío, el resto de su grupo escalaba por los cuatro costados y tendían una escala en cada muro, por las que comenzaron a subir los cien soldados que se harían con el fuerte. Unos pocos bajaron las escaleras y exploraron rápidamente el único túnel que unía el fuerte con la sala mayor, donde se hallaba la tropa enemiga. Bastaría con ir reduciendo a los guardias cada vez que hicieran un relevo, pero descubrieron que era posible sellar el túnel con sólo cortar los gruesos cabos de una puerta rastrillo que sólo podía operarse desde el patio exterior. Se prepararon para ello, pero esperarían el momento oportuno, para no dar ninguna alarma hasta que se llevara a cabo el resto del plan. El intento de huída por ese lado se le frustraría con un par de sablazos a las cuerdas. Esa entrada entre la fortaleza y la sala quedaba totalmente asegurada.

-El veneno de los dardos les dormirá toda la noche -decía Henutsen a los soldados- y puede que parte del día, pero igual atadles bien de pies y manos, con pasada al cuello, para que no puedan moverse y amordazad sus bocas. No deben emitir ni un quejido antes de tiempo.

Un grupo exploraba un túnel que salía al Oeste y casi se enfrenta con los propios compañeros que se hallaban en la zona medio derrumbada. El fuerte y la cueva estaban asegurados, de modo que el grupo de la cueva se integró con el del fuerte. Mientras tanto, otros cien soldados en camello se hacían cargo del oasis, yendo al sector dando un largo rodeo por el Oeste. La orden era exterminar drásticamente al enemigo en el exterior si no había alternativa o aletargar a los que se pudiera si no había riesgo de ruidos, gritos o reacción, porque una alarma podría desbaratar todo el plan y obligar a una batalla desordenada. Si todo se hacía conforme a lo planeado, los que estaban en el exterior no perderían sus vidas, y los del interior podrían elegir entre la rendición o la muerte.

Cincuenta soldados fueron enviados a las montañas del Este a dar cuenta de los vigías que descubriera Hekamet, mientras los Invisibles, inmediatamente después de dejar el fuerte asegurado, se dirigieron a la zona de la chimenea y esperaron al cambio de guardia, lo que les daría unos cuatro Râdnies para realizar toda la operación, ya que era más o menos el tiempo que duraba cada turno de guardia. Los que quedaron entorno a la chimenea y en los ascensores fueron también dormidos con dardos, porque resultaban en extremo silenciosos y efectivos. Cada uno que caía al suelo, lo hacía después que su compañero había recibido el suyo sin sospechar que los cachetazos que se da la propia víctima no eran a causa de un insecto. El grueso de la tropa se dividió en tres grupos y uno tomó posiciones en la chimenea para comenzar a acarrear los bloques de piedra con las parihuelas, mientras otro grupo, comandado por Ankemtatis, llenaba con brea los odres de cuero en el negro charco.

Apenas empezaban a hacer eso cuando por el Oeste, llegaron cinco cuadrigas que habían rodeado el promontorio de la cueva, aportando los cántaros y ánforas disponibles, a fin de tener una buena cantidad de brea en los ascensores y en los huecos donde ya no los había. Tanto Elhamin como Ankemtatis oraban a los dioses para que no fuese necesario usar la brea. El tercer grupo, comandado por Osireteb, se dispuso como guardia en todas las entradas, con su armamento listo para cualquier incidencia.

Elhamin y unos ingenieros habían preparado un malacate, con el que empezaron a bajar hombres y parihuelas, siguiendo a Henutsen que tuvo que neutralizar a dos soldados que encontró al aparecer en el túnel. Se dispusieron diez soldados a cada lado del túnel, a los que se había vestido con turbante redondo y modificado sus sayales, para parecer lo más posible a la vestimenta del enemigo. Sólo el correaje reglamentario de la cintura les distinguiría. Un detalle que pasaría desapercibido para los enemigos que entraran a los túneles, aunque a esa hora normalmente sólo lo harían medio dormidos, los que fuesen a hacer sus necesidades a los lavabos, ya que todos dormían, se acababan de hacer los relevos de la guardia y no había trabajo en marcha en el sector de los crisoles.

Cuando se dio el aviso correspondiente, comenzaron a bajar los bloques. En poco más de un Râdnie habían llevado al almacén treinta y cinco bloques, mientras que los soldados de los túneles aportaron seis cadáveres de los que despertaron para ir a los lavabos. Elhamin había descendido antes de bajarse los últimos bloques y comenzó con sus hombres a colocarlos en la salida del arroyo. Tras la primera fila, ordenó bajar más bloques mientras seguían haciendo el improvisado tapón. Aunque se le revolvía el estómago, luego de que Henutsen pusiera la mano en el corazón de cada cadáver enemigo e hiciera un breve ritual, utilizaba los cuerpos para trabar los bloques, evitando a su vez que los cuerpos pudieran flotar. Ponían las piedras formando un arco, a fin de que resistieran mejor la presión del agua. Luego cerraron el arco hacia adentro, formando un cuarto de esfera para tapar la parte superior, mientras el agua comenzaba a inundarlo todo. Los cuerpos de los enemigos, más otros tres que traían a último momento, sirvieron para tapar los resquicios mayores, ya con el agua a la cintura. Poco faltaba para comenzar a inundarse el almacén, cuando por fin subían por el agujero del ascensor, quedando Elhamin y Henutsen al último.

Una vez arriba trabaron el ascensor que estaba allí para reducir el número de fugas de humos y se prepararon para la siguiente fase. Todo estaba listo para atacar a los que subieran por los otros dos ascensores y el del centro del campo. En cada uno cabían sólo cuatro personas, que por escapar primeros, serían justamente los únicos que podrían elegir morir o vivir, sin que su decisión dependa de sus jefes. Se encontrarían solos frente a todo un ejército. Si los jefes no impedían salir a la gente, podrían hacerlo todos en la medida que la inundación les diera tiempo a salir ordenadamente. Alrededor del pozo del centro, aparte de arqueros en espera, se formaron cincuenta soldados dispuestos cada uno con un odre de brea, para el caso de tener que derrumbar el ascensor y reforzar ese punto como de ataque. El Faraón, avisado por fin de que la situación estaba controlada según el plan, sin incidentes que dieran la alarma antes de tiempo, galopó a caballo hasta la zona del pozo central donde se encontró con Elhamin, Ankemtatis y Henutsen.

-Está todo listo, Faraón. -dijo el General- Se han inundado los lavabos y ahora mismo se está inundando el almacén, cuyo techo está más bajo que el piso de los túneles. No creo que nadie sea capaz de sumergirse y resistir bajo el agua para llegar al arroyo y romper el tapón que hemos hecho. Si alguien lo intenta, se dará cuenta que la presión del agua no le dejaría volver hasta evacuarse toda, cosa que incluso dudo porque el arroyo sigue aportando caudal. La salida del túnel que da al fuerte será sellada con la puerta rastrillo en cuanto intenten salir por ahí, ya que no han tenido la precaución de hacerla levadiza también por dentro. Los agujeros están rodeados de hombres preparados con brea y mechas…

Mientras explicaban al Faraón toda la situación y éste inspeccionaba la zona, preguntó si era imprescindible dejar trabado un ascensor.

-No es imprescindible, -respondió Elhamin- pero la fuga de humos alargaría las cosas. De todos modos, sólo usaremos la brea en caso que consigan impedir la inundación… Comprendo que deseáis salvar al menos cuatro vidas más… Podemos dejar que suban esos cuatro que en cualquier momento lo harán porque mientras hablamos, el agua debe estar inundando la zona de crisoles. Luego habría que retener el ascensor arriba, al igual que a los otros, para que el humo no salga.

-Que así se haga. Que traigan los carros desde el oasis. A medida que hagamos prisioneros, serán atados de pies y manos, depositados en los carruajes y seguimos con el plan.

-Os agradecería -dijo Ankemtatis- que me comentaseis al respecto porque ocupado en mis preparativos no atendí ayer a esa parte. Y además, no imaginaba que el plan saldría tan bien como hasta ahora.

-Si se entregan sin presentar resistencia, -respondió Elhamin- les llevaremos hacia la tierra de Kem-Dolah luego de arrestar a sus jefes, Allí empezaremos a dispersarlos en pequeños grupos bien alejados. Desde allí podrán viajar hacia el Sur y si sobreviven a las tribus negras que se comen a los extranjeros, se integrarán con ellas o seguirán más al Sur. En cualquier caso, dejarán de ser un peligro para Ankh-em-Ptah.

-¡General!, ¡Comandante! -llamaba un soldado- ¡Los ascensores se están poniendo en marcha! Ya han descubierto que están inundados.

-¡Encended las antorchas! -ordenó Elhamin- ¡Que el enemigo comprenda que no puede resistir! Al menor atisbo de agresión, que vuestras flechas no tengan compasión. Y si el agua entra en los crisoles... Quizá Anubis deba recibirnos a nosotros también...

Corrieron hacia el ascensor más cercano, uno de los tres del fondo y al llegar, los cuatro hombres que acababan de salir entregaban sus armas ante la multitud de flechas que les apuntaban.

-¿Alguno de vosotros tenéis rango militar? -dijo el Faraón sin recibir respuesta- Bueno, se ve que ni entendéis nuestra lengua. ¡Atadles y dejad que baje el ascensor! Les iremos capturando a medida que salgan.

-Y deberán hacerlo rápido, porque el agua no demorará en llenarlo todo- dijo Elhamin- ¡Numisem!, encargaos de poner el malacate de recambio en el pozo que está cerca de la fortaleza. Por allí también podemos ir haciendo rescate.

Lo siguiente tuvo lugar sólo por la compasiva y ética orden del Faraón, de permitir al enemigo ir saliendo por los cuatro ascensores disponibles, aunque no era posible dejarles salir por la gran puerta rastrillo del fuerte, que fue derrumbada y sellada. Una salida en masa habría significado batalla o huída incontrolable, en cambio por los ascensores, salían a razón de cuatro o cinco soldados por turno, demorando dos têmposos cada descenso y subida. Los soldados del Faraón usaban las mismas ropas del enemigo para hacer improvisadas correas y dejarles atados.

-Cada dos têmposos, -decía el Faraón- son capturados dieciséis enemigos, atados y subidos a los carros. Si son cerca de mil hombres, serán más de sesenta turnos, así que demoraremos... Unos ciento veinte têmposos; o sea entre dos y tres Râdnies. ¿Será suficiente tiempo antes que empiecen a morir ahogados? ¿Y no estallarán los crisoles?

-Hay tiempo, Isman. -respondió Elhamin- A medida que el agua sube, aumenta la presión y disminuye la entrada del arroyo. Y los ascensores no necesitan llegar hasta el piso y son subidos antes. Sólo tenemos que cuidar que los nuestros aten bien a los presos. Los crisoles, no sé...

Todo marchaba muy bien y calculaban que había sido apresada la mitad de la fuerza enemiga, cuando un soldado comunicó que algo raro ocurría en el interior, porque el agua no seguía subiendo o incluso podría estar descendiendo. Se acercaron al hueco y vieron que efectivamente, nadie subía por el ascensor. Momentos después recibían noticias desde los otros huecos, ya que el drenaje de personal había cesado.

-¡Permaneced muy atentos! -gritó el Faraón- ¡Comenzad a vaciar los odres con brea, pero sin encenderla! Esperaremos su reacción.

-Al menos se ha salvado la mitad. -comentó Elhamin asomado al pozo- Esperemos que la otra mitad…

No pudo continuar la frase porque un proyectil le dio en el cuerpo y le lanzó hacia atrás. El Faraón y los que estaban cerca le sacaron del sitio y le alejaron unos pasos.

-No es grave… -decía Isman mientras el General abría los ojos- os ha dado en el hombro y ha salido por el omóplato. ¡Que venga Nefandeg!... Sois el primer herido, mi fiel hermano, pero os garantizo que evitaré cuanto pueda que haya otros. ¡Seguir echando la brea por los agujeros sin ascensor!... ¡Si presentan resistencia, no tendremos piedad!

La orden se cumplió inmediatamente y por los tres huecos vacíos comenzaron a echar el negro combustible. Luego, cuidando de no asomarse y exponerse a los proyectiles enemigos, lanzaron unas cuantas mechas embreadas y encendidas con los yesqueros.

-La brea encendida sobre el agua -comentaba Ankemtatis a los soldados- es del todo imposible de apagar, pero cuesta encenderla. ¡Insistid con las mechas, usad de vuestras ropas si es necesario…!

-Nuestro General se recuperará, -le comentó Isman al acercarse- y ya está camino al campamento con el médico, pero hay que pensar en esas ratas poco inteligentes. No echéis más brea cuando encienda la que hay.

-Ya está ardiendo, mirad… -dijo Osireteb- Pero no os asoméis, Faraón, que siguen disparando enloquecidos esos proyectiles…

-¿Alguien habla nuestra lengua? -gritó el Faraón echado cuerpo a tierra junto al pozo sin asomarse.

-Yo hablo… -respondió una voz desde el interior- Vamos a subir…

-¡Nada de "vamos"!. Subirá uno solo, desarmado y desnudo... -gritó Isman- dirigíos al ascensor más cercano… Y vosotros, cuidaos y permaneced muy alertas.

El Faraón se apresuró a correr junto a Ankemtatis hacia el ascensor y recibieron a un hombre, desarmado y desnudo como se ordenó, en cuyo rostro demacrado brillaban los ojos con la ira de una fiera que evitaba ser derrotada. Al no ver ni uno de los tantos soldados que habían salido por los ascensores, quedó atónito.

-No habíamos escuchado nada desde abajo, ni habíamos caído en la cuenta de que se trata de un ataque. -decía el hombre mirando a todas partes viendo sólo soldados de Ankh em-Ptah apuntando con sus lanzas y flechas- Suponíamos que habíamos sido inundados por accidente. Comprendimos la situación al comenzar a caer la brea... ¡Habéis aniquilado a la mitad de nuestro ejército!

-No, no lo hemos hecho... -.respondió el Faraón- Les hemos apresado a medida que salían. Toda vuestra gente está sana y sin ningún herido. Están en aquellos carros y serán deportados. Ahora decidme quién sois, qué rango tenéis y qué hace vuestro ejército en nuestras tierras.

-Me llamo Kahasi, provengo de una tribu de la tierra de Mode, muy al Norte. Soy Comandante de tropa y estoy a las órdenes del General Eshom, que no habla vuestra lengua. Sobre lo que hacemos aquí, tendréis que preguntarle a él, aunque también seguramente sabe que tiene órdenes que cumplir. No creo que sepa más que eso.

-¡Mode!... Al norte de Obheres -exclamó Isman- ¿Alguien más habla la lengua Ankemtamita?

-Creo que mi hermano y yo somos los únicos que la hablamos.

-Por los símbolos que usáis, -dijo tocando un tatuaje en el pecho del soldado- veo que sois enviados de Seth. No tenéis patria ni otro interés que el oro y los placeres de la vida, aunque os cueste vivir en un infierno, con la esperanza de algún día ser libres... Pero habéis elegido mal el camino. Podemos daros la posibilidad de vivir, pero nos os lo pondremos fácil. Ahora bajaréis y diréis a vuestro jefe cómo es la situación. No sólo somos el doble que vosotros, sino que también tenemos todas las armas requisadas, carruajes y caballerizas. El resto de vuestra fuerza puede elegir morir ahogados por el agua, el fuego o el humo. Hay setecientos soldados dispuestos a seguir echando brea y fuego, más otros trescientos como apoyo armado, cuidando de los quinientos presos atados y listos para partir. Mi General ha sido herido y es la única baja temporal que tenemos. A una orden mía, seguirá cayendo brea ardiendo por todos los huecos. Contaré hasta trescientos desde el momento en estéis abajo y si el ascensor no ha subido al final de la cuenta, con vos y vuestro General rendido y desnudo también, me veré obligado a acabar con todas vuestras vidas. Rendición incondicional, salida ordenada y lenta como hasta ahora... ¡O muerte!

El Faraón contaba lentamente, todo el ejército permanecía atento, tenso, intentando no pensar en lo peor. Faltaba poco para llegar a la cifra determinante cuando el ascensor comenzó a subir. Los dos hombres desnudos salieron de la caja y fueron rápidamente revisados por los soldados por si escondían alguna cosa entre sus piernas. Abrieron las manos y se postraron de rodillas. Isman se sentó en el suelo y les invitó a hacer lo mismo. El Comandante Kahasi sirvió de traductor en la conversación, en las explicaciones iban dándose lenta y claramente, por párrafos, intentando que el jefe enemigo entendiera.

-Dice mi jefe que por qué habéis perdonado la vida a nuestros soldados y por qué pretendéis nuestra rendición en vez de aniquilar totalmente nuestra fuerza.

-Soy el Faraón de Ankh em-Ptah y esta tierra está destinada por los dioses a ser la escuela de toda la humanidad mortal. Nuestra misión, el sentido de nuestra existencia, es la liberación de la esclavitud en todas sus formas. Estamos dispuestos a vivir, a morir o matar en la custodia de nuestra misión. Pero hacemos lo posible por no cegar vidas. Vosotros también sois parte de este mundo, aunque por la circunstancia seáis ahora nuestros enemigos. Sería largo y complejo explicaros el porqué de todas las cosas, pero en síntesis, no somos asesinos. Somos Guerreros, hijos de Râ al igual que todas las criaturas que pueblan este mundo y todos los infinitos mundos que existen. Vuestro dios, en cambio, os da mandamientos retorcidos, os mantiene en la ignorancia, os dice que él es el único dios, que debéis adorarle y temerle más que a nada. Os mantiene esclavos, os manda a combatir sin piedad, asesinando a mujeres y niños si no pueden esclavizarles. Y os mantiene trabajando sin descanso, sin daros más enseñanza que la necesaria para ser un ejército obediente pero violento y sometido.

-Dice que si vuestros soldados no son esclavos, entonces qué son.

-Son Guerreros conscientes y combaten a mi lado con el mismo Amor que yo lo hago. No lo hacen por esclavitud ni por intereses particulares, sino por la seguridad de todo el pueblo. Tienen mujeres o esposos, son madres o padres la mayoría de ellos. Llevan una vida feliz y además de entrenarse muy bien como militares, duermen en sus casas con sus familias. Saben lo que defienden, y esto es su abundancia material, su modo de vida y todos los valores del espíritu, que aprenden desde que son muy pequeños. En esta tierra, todos tienen igual oportunidad de llegar a ser jefes militares, Sacerdotes o incluso Faraón, según tengan algunas generaciones en nuestro país. Todos los que tienen tres generaciones de ancestros en Ankh em-Ptah, varones y mujeres, tienen que hacer un tiempo de vida militar. Algunos comprenden que no son aptos y otros sienten que formar parte del ejército es su mayor vocación, pero todos, sin excepción, tienen un tiempo de prueba. Así todos, incluso los menos aptos, estarán dispuestos a defender a su pueblo. Se les enseña que un guerrero de verdad, no es un asesino, por eso no cumplirán órdenes que no estén conformes con su espíritu. ¿Cómo podría ordenar la ejecución de vuestra gente cuando hay posibilidad de neutralizaros sin mataros?

-Dice que igual matáis, porque hay cadáveres flotando en el agua cerca del almacén y que no confía en que hayáis perdonado la vida a todos. Quiere ver a los prisioneros que decís que están vivos...

-Si no fuese como os digo, no estaríamos conversando, pero igual veréis a los presos. ¡Traed aquí uno de los carros con los prisioneros!

Mientras conversaban cosas, que resultaban casi incomprensibles para los embrutecidos hijos de Seth, un carro con treinta prisioneros fue traído al escenario por un grupo de soldados.

-Allí les tenéis a algunos. Todos los carros vuestros serán usados para ir a las tierras del Sur y dispersaros por grupos. Si ordenáis que continúe la rendición, vuestros hombres dejarán de tragar humo, que mientras hablamos están más cerca de asfixiarse.

-Dice que no hay rendición, que prefiere la muerte... -dijo el intérprete mientras el General escupía al Faraón.

-¿Y qué opináis Vos, Kahasi? Ya no estáis a órdenes de él. Por su vano orgullo no habría dado un pelo por vuestra vida ¿Os obedecerían los demás?

-Comprendo, Faraón. -respondió el soldado mirando con desprecio a su jefe- Y como quiera que seáis mi enemigo, os agradezco la oportunidad de vivir y permitir vivir a mis compañeros entre los que tengo algunos amigos y un hermano. Lamento que el General Eshom no comparta mi comprensión. Haced con él lo que os parezca, pero os ruego la oportunidad de hacer rendir a mi gente y salvarles.

El viaje, las marchas y contramarchas, idas y venidas, las demoras, la exploración minuciosa, la gran maestra llamada "Paciencia" y la planificación meticulosa con la disciplina y la coherencia, habían dado sus frutos. Diecisiete muertos en un ejército enemigo de mil hombres armados con potentes armas, y un solo herido en la propia tropa.

Durante el resto de la noche, los soldados medio ahogados fueron saliendo, entregando las armas apenas subían a la superficie, siendo como el resto, bien atados y subidos a los carros. Mientras tanto, Isman ordenó un mensaje urgente a Uasnum para que llegase hasta allí con todas las provisiones y carros. Le esperarían para iniciar un viaje muy largo por la tierra de Kem-Dolah, apenas conocida, y explorar de paso, al menos en una línea, el territorio desconocido del Sur de Ankh em-Ptah.

El General Eshom y su Comandante no irían en ese viaje, sino que fueron llevados por diez soldados a Tekmatis. A uno por peligroso en extremo, incluso si se le soltaba muy lejos, al otro porque podría servir de alguna manera al Faraón, ya que necesitaba luego aprender esa lengua extranjera que hablaban los que muchas veces se infiltraban en los templos y poblaciones. Nehoc, el hermano de Kahasi, hablaba muy bien la lengua de Ankh em-Ptah, así que éste sería llevado como intérprete. Se le prometió que no sería dispersado con los otros, sino que se reuniría con su hermano en Tekmatis. Los que regresaban se llevaban tres carros con las raras armas y proyectiles requisados.

-Sin duda, la mejor batalla de mi vida, General ¿Cómo estáis?

-Mejor de lo que parece, Faraón. Según Nefandeg debería ir con los prisioneros a Tekmatis, pero al decirle que sólo consentiría que él me atienda y que entonces debería ir a Tekmatis conmigo… Pues dice que la herida puede tratarla, que no se infectará, que trae un buen botiquín…

-O sea que tampoco queréis perderos el viaje, buen médico. En todo caso sois el mejor médico aquí y vuestros discípulos no son ni la mitad de sabios. Os necesito en este viaje, pero mi amigo y hermano, estaría mejor en la Pirámide Negra, reponiéndose como corresponde porque me temo que no será ésta la última batalla contra este enemigo. Estos mil soldados, sospecho que son sólo la avanzada de un plan mayor.

-Eso es seguro, Faraón -respondió Elhamin disimulando su dolor- y por eso es preciso que os acompañe en la exploración más al Sur. Quedarme en la pirámide vendría de maravilla para esta herida, pero me mataría el horror de perderme este viaje… Ya me conocéis…

-¿Qué decís, médico?, ¿Podéis garantizar que el General se curará y podrá soportar el viaje?

-Sí, Faraón. El proyectil de hierro no ha dejado más que un agujero limpio. He revisado esos proyectiles y por su peso parece hierro, pero es que ni siquiera se oxidan. Ni son como las puntas de flecha de plomo, que dejan partículas. Se disparan con esas armas con tanta fuerza que ha atravesado hasta el hueso como si fuese papiro…

-Ya averiguaremos más sobre eso, Nefandeg, pero ahora decidme más sobre mi General. Es posible que viajemos veinte o treinta días, si las provisiones son suficientes… Y también es puede que haya combate. No sabemos qué podemos encontrar. ¿Cuánto tiempo tendremos que llevar como herido a un General cabeza dura capaz de explorar el inframundo sin siquiera pedir permiso a Anubis?

-No os preocupéis Faraón. Si en diez días no tiene fuerza su brazo para empuñar el arco, que Horus y Sobek me retiren su confianza. Sólo requiero la promesa del paciente de que hará todo lo que le diga y no haga nada que no le autorice a hacer hasta que esté curado.

-Tenéis mi promesa, Nefandeg, y también Vos, Faraón. No es la primera vez que soy herido en batalla y conozco las limitaciones.

-Entonces cumplid vuestra promesa -dijo Isman- y no bajéis del carro si no es para hacer lo que nadie puede hacer por uno...

## Capítulo VI - Las Tierras al Sur de Ankh em-Ptah

La marcha se inició dos noches después, con un poco de luz de luna, que aunque era sólo un fino semicírculo bastaba para que los exploradores pudiesen ver cualquier prominencia en el desierto horizonte nocturno. Durante cuatro jornadas de marcha, sólo avistaron y eventualmente exploraron algún promontorio, sin hallar nada fuera de lo normal en la monotonía del desierto. Los días no fueron tan calurosos como los precedentes, de modo que animales y personas aguantaban mejor y pudieron aprovechar las mañanas. Sin embargo, los odres que habían llenado con brea no pudieron ser bien lavados, así que se disminuían a la mitad las raciones personales. Los cántaros cargados en los carros iban siendo agotados y hubo que racionar al máximo. Al quinto día de marcha Isman estaba pensando ya en sacrificar algunos animales para alimentar con su sangre a los hombres, cuando un avanzado de vanguardia se presentó ante él.

-¡Gran Maestro!, he hallado algo que puede ser... No sé, tal vez un oasis, un espejismo, pero es diferente a todo lo que he visto en la lejanía. Parece una muralla, pero tan larga que no la creo posible y si lo fuera...

-Bien, soldado. Haremos alto aquí mismo. Ya es casi medio día, así que acampamos y más tarde, con menos incidencia del sol podréis ver mejor antes de acercarnos a lo que sea. ¿Qué distancia calculáis?

-Si no es un espejismo, unas cien cuerdas desde el punto donde llegué. Cincuenta cuerdas más desde aquí.

-Descansad y decid al carretero que os de bastante agua a Vos y a los Invisibles. Haremos una marcha de reconocimiento desde media tarde.

Cabalgó hasta el carruaje de su General y le comunicó la noticia.

-Os recuerdo que tengo un cacharro que puede seros útil...

-No sólo venía a veros por saber de vuestra salud, Elhamin. Os prometo que lo mantendré en secreto cuanto se pueda. También me llevaré vuestro camello, que es el mejor entrenado para estar quieto.

Henutsen y su grupo, junto con el explorador y el Faraón, partieron en camellos pasada la media tarde y en menos de un Râdnie estuvieron donde fue avistada la muralla. Ya sin el sol tan arriba, pudieron descartar que fuese un espejismo, porque aunque era una línea fina, iba de Sureste a Noroeste y se diferenciaba tanto del cielo como del terreno. Isman pidió a todos permanecer en el sitio y se adelantó algo más de dos cuerdas. Dio tres palmadas al cuello del animal y subió a la montura. Ya de pie extrajo de la bolsita el largavistas y mientras oteaba a lo largo de toda la muralla, consiguió ver un oscuro punto moviéndose sobre ella. Ajustó un poco más la vista girando una sección del aparato y ya no tuvo duda alguna. Permaneció largo rato observando todo y regresó con los suyos.

-Es una situación complicada, Henutsen. Cuatro de los vuestros se quedarán aquí y partirán en cuanto anochezca, para rodear lo que hay allí. Que inspeccionen sin riesgos innecesarios. Sólo debemos saber si es ciudad o cuartel, el perímetro aproximado y si hay agua fuera de los muros. Volvemos al campamento.

Esa noche evitarían hacer fuego porque desde aquellos muros podría verse, ya que no había promontorios bien elevados, mesetas ni zonas altas. Sólo dunas que de seguir el viento habrían cambiado de lugar en un rato más. Así que en oscuras, con sed y sin poder cocinar, se repartieron raciones frías y comenzaron a deliberar sobre un carro el médico, Elhamin, el Faraón, Ankemtatis, Henutsen y Uasnum.

-No he podido ver ni el inicio ni el final del muro, -decía el Faraón-así que no tendremos ni idea hasta que regresen los chicos de Henutsen. Tenemos provisión de agua para dos días racionada al extremo y un largo muro levantado con grandes adobes pequeños. No es obra de Ankh em-Ptah. No estamos en las mejores condiciones para preparar batalla, ni podemos quedarnos. Pero ahora hay que esperar.

-Los prisioneros -dijo Ankemtatis- se sueltan por turnos para que descansen de las ataduras, pero ya están empezando a sufrir y a veces no obedecen la orden de silencio. Hay riesgo de amotinamiento.

-Eso no debe ocurrir, Comandante. -dijo Elhamin- Al menor indicio tendréis que obrar con toda dureza, separar, amordazar y quitarles los descansos a los insurrectos.

-Lo sé, General, pero la sed vuelve loca a la gente. Ellos no tienen la disciplina y resistencia de nuestros soldados.

-Eso es bueno para nosotros, Ankemtatis. -reflexionó Elhamin- Si nosotros estuviésemos en su lugar ya habríamos organizado una resistencia inteligente y dado vueltas las cosas.

-La comida es abundante todavía -intervino Uasnum- y no será necesario racionarla por tres días más. Después de eso habría que racionar, pero el agua es lo que preocupa. Estamos en la región de Aarikanis, donde no hay referencias de oasis, aguadas ni manantiales. Sin embargo esa ciudad debe tener agua...

Ya casi era de día cuando aparecieron los Invisibles a comunicar.

-Hemos rodeado la ciudad. -dijo uno de ellos- El muro de este lado es muy largo pero los otros tres lados son menores y forman un trapezoide. No hay agua fuera de los muros. Cuando nos encontramos los cuatro al otro lado, pudimos escalar un sector poco vigilado del muro. Parece que antiguamente fue una ciudad parecida a Tekmatis, con construcciones ahora en ruinas. Hay al centro un pequeño oasis, unas quinientas casas de barro y palmas, pero parece que hay mucha madera y el terreno cultivado no es muy abundante. No hemos visto camino hacia ningún sitio y todo el contorno es arena, de modo que no sabemos hacia dónde van o vienen, pero sin duda que los cultivos no son suficientes y todo lo que hay allí, no puede provenir de un oasis tan pequeño. La guardia que hay a lo largo de todo el perímetro, no parece mejor que los que acabamos de vencer. Hemos escuchado llantos de niños y ladridos de perros, así que no es sólo cuartel. Debe haber unas mil personas o poco más en total. No es posible saber si los efectivos militares son mayoría o minoría.

-Ankemtatis, -dijo Isman momentos después- ordenad una partida de cinco hombres al Sur y algo al Este, evitando acercarse a la ciudad, cinco al Poniente y cinco al Naciente, con agua para un día y una noche completa. Mitad del tiempo de ida y la otra mitad para la vuelta. Ya no hay tiempo para enviar carros de regreso y traer agua desde la fortaleza de Darsum. Si no encuentran agua nos apoderaremos de esta ciudad, pero prefiero evitarlo cuanto sea posible.

La espera se hizo larga. Transcurrió todo el día sin incidentes pero con ansiedad. El control de los prisioneros se hacía más difícil porque algunos intentaban comunicarse para generar un motín y debieron ser apartados del resto, amordazados, sin comida y sólo se les suministró la ración de agua. Poco antes de la noche tuvieron otro incidente y el Faraón llamó a Nehoc para que transmitiese un corto mensaje.

-Decidle a los prisioneros que a partir de este momento, el menor intento de motín, la más mínima señal de desobediencia o ruido y serán muertos de inmediato. ¿Habéis escuchado Láter Elhamin?

-Alto y claro, Faraón. -respondió Elhamin que ya permanecía sentado en el borde del carro- Ya mismo daré la orden. ¡No más incidentes!

El hombre, escoltado por dos centinelas fue a dar el comunicado, mientras Elhamin e Isman intercambiaban una sonrisa cómplice. Llamarle Láter (un rango igual a Comandante o General, pero que está a órdenes de éste) era la contraseña que tenían entre ellos para ocasiones así, que indicaba que no debía cumplirse la orden dada.

-Según lo acordado, siempre que no haya incidentes graves, claro.

-De acuerdo, Faraón. -dijo Elhamin- Pero que Ankemtatis esté alerta porque si el hambre despierta los demonios interiores, la sed lo hace más rápido. ¿Qué haremos si los exploradores no traen novedades?

-Seguiremos hacia el Sur o tomaremos la ciudad. Ya no podemos volver a Darsum pero tampoco estamos en condiciones de batallar. Menos aún habiendo allí mujeres y niños, y con un prisionero por cada hombre nuestro. La única alternativa es seguir hasta la jungla de Kem-Dolah, que si no hemos calculado mal estará a dos días de marcha.

-Hace tanto tiempo que no enviamos expediciones a esa región que no podemos estar seguros, -comentó Elhamin mientras manipulaba un aparato de metal con ruedecillas graduadas y pequeñas varillas- pero concuerdo en que no puede haber más de dos días desde aquí. Sin embargo, si mis mapas estelares están correctos, estamos a sólo seis días y medio del Nilo. En las actuales condiciones podríamos llegar hasta el Valle de Nut, algo al Norte del Valle de los Diez Colosos. En cuanto oscurezca y pueda ver las estrellas estaré más seguro, pero en cualquier caso os ruego considerar esa posibilidad.

-La tendré en cuenta, Elhamin, pero vamos a seguir haciendo uso de la paciencia. Hay que esperar a los exploradores.

Aún no era medianoche cuando regresó uno de los soldados que habían ido al Sur, con la novedad de haber encontrado un sector con promontorios pequeños, vegetación dispersa y agua en pequeñas pozas a ocho Râdnies de marcha, hacia el Sureste de esa misteriosa ciudad.

-¿Habéis comprobado que es bebible?

-Seguro, Faraón y muy buena. Mirad mi camello, ha bebido para diez días y yo otro tanto. Y luego he venido al galope. Los otros se han quedado preparando leña y explorando un poco más el entorno. Si no vuelvo a buscarles, se quedarán esperando allí.

-¡Excelente noticia! Podrán quedarse, pero adelantaos y asegurad como vigía la marcha, porque allí vamos. Demoraremos unos veinte

Râdnies. Hay que aprovechar lo que nos queda de noche para evitar la ciudad sin tener que dar un rodeo demasiado largo. Ankemtatis, disponed cinco soldados que se queden con provisiones y agua para los otros exploradores, que aún demorarán en regresar y que se reúnan con nosotros. El viento ha parado y no volverá a soplar hasta mañana, de modo que podrán seguir nuestras huellas.

El nuevo campamento se hizo casi un día entero después, con toda la tensión disipada. El agua resultó muy buena, la leña abundante para no padecer frío como en las noches anteriores. Los exploradores abarcaron una amplia zona, asegurando que no había rastro de movimiento, salvo de unos pocos chacales y pequeños animales del desierto. La comida, aún abundante, se repartió primero entre los prisioneros y luego a la propia tropa. El descanso por turnos de las ataduras se hizo más completo y largo, permitiendo a los presos comer con comodidad. Los exploradores, tras medio día de sondeo al Sur, regresaron porque habían llegado al comienzo de las vastas y densas junglas inexploradas, sin avistar seres humanos, pero con abundante caza

La caravana se desplazó al día siguiente hasta ese borde de selva y a lo largo de ella, durante veinte días de marcha hacia el Poniente y un poco al Sur. Fueron dejando grupos de diez prisioneros, con elementos mínimos para la supervivencia. Un cuchillo, un arco y un carcaj de diez flechas por cada grupo, se dejaba a un Râdnie de marcha antes de soltar a los liberados que debían regresar para cogerlos. Luego la división entre el desierto y la frondosidad seguía hacia el Oeste, para varios días después ir al Noroeste. Otros veintitrés días de marcha y por fin, el último de cien grupos de prisioneros, fue dejado en la orilla de la selva.

Calculaban estar muy lejos hacia el Este, a unos treinta días de marcha hasta Tekmatis. Elhamin miraba las estrellas con su aparato al tiempo que decía al Faraón que si por él fuese, no dejaría de ir hacia el Sur, al Naciente y hacia todos lados, con un espíritu de explorador incansable.

El ejército, aliviado de la carga que representaba cazar a diario para alimentar a los prisioneros, cuidándoles y cuidándose de ellos, siguió un día más al Norte, hasta donde Elhamin calculó que estarían exactamente en el punto medio, al Poniente de Tekmatis. Si estaban bien hechos los cálculos y sólo había desierto para el regreso, deberían pertrecharse muy bien para soportar semejante travesía. Hicieron un campamento de siete días, en los cuales llenaron todos los cántaros, odres e incluso lavaron con agua y arena de un arroyo, los odres que habían contenido brea. Nefandeg había encontrado unas tierras blancas que mezcladas con agua caliente y cenizas, limpiaban cualquier cosa dejando el cuero impecable tras varias enjuagadas.

La ración individual duraría cinco días, pero los cántaros existentes no serían suficientes en caso de no encontrar ningún oasis. Con arcilla, sal y natrón que encontraron en un abundante depósito natural, hicieron botijas que cocieron en un horno improvisado, lo que permitía llevar la mitad de los carros, cargados con agua. Sólo dos de los caballos habían muerto pero los camellos y demás caballos podrían resistir si se viajaba de noche la mayor parte. Los días ya empezaban a ser frescos y aprovechaban las mañanas, se detenían a medio día y volvían a partir al anochecer.

Demoraron tres días más de lo calculado, pero llegaron todos sanos a Tekmatis. El prisionero Nehoc fue llevado a la celda con su hermano, como se le había prometido. Ni un muerto en batalla; dos animales como única pérdida, una exploración importante del desierto del Poniente, en la que no hubo encuentro, como era de esperar con gente de Askarman, ni con los BerArBer por cuya región tuvieron que pasar. Sin embargo, al llegar encontraron una comitiva de quince hombres y un embajador de los BerArBer, que esperaban al Faraón desde hacía varios días y estaban a punto de marcharse. Durante dos días atendió a los huéspedes, con los que se hicieron tratados de ayuda mutua y al explicar Isman la política del país, dijeron que era prácticamente la misma que la de ellos, así que comunicarían a su rey la propuesta de interacción con Ankh em-Ptah. De aceptarlo, el Faraón dispondría un cuerpo especial de Sacerdotes para enseñar a los BerArBer todo respecto a la doctrina de Osiris e Isis, así como lo más sagrado, la enseñanza de Maat, al tiempo que aprenderían mucho de ese pueblo capaz de sobrevivir en el más seco desierto, exclusivamente dedicado a la evolución de las personas y pueblos.

-Esta gente, -decía Isman a Uasnum- me parece que tiene más para enseñarnos que para aprender de nosotros. Son como salvajes primitivos en cierto aspecto, pero al mismo tiempo es como si ya supieran todo lo que iba a decirles. ¿Qué opináis?

-Esperemos que su Inteligencia y su Amor sea tan grande como su tamaño corporal. A juzgar por sus espadas, tienen una metalurgia muy desarrollada y un sentido especial de la estética, que también se refleja en sus ropajes. Eso no lo tiene un pueblo salvaje... Pero dejemos eso ahora, Faraón que a Vos y al General, os toca un buen tiempo de reposo y rejuvenecimiento en la Pirámide Negra, o en la Pirámide Gris, que ambas tienen muchos secretos por enseñaros...

### Capítulo VII - Los Túneles Secretos de las Pirámides

-Lo único que realmente echábamos en falta, Hempotepet, -decía Isman días después, mientras contaban sus aventuras al cocinero y le acompañaban en la cocina del Templo de Anubis- han sido las comidas hechas por vuestras manos y la energía de estas pirámides, que por cierto, parece que os están haciendo efecto...

-¡Y no os imagináis cuánto, Faraón! Haberme licenciado para que yo continúe curándome aquí, es algo que agradezco aunque me haya perdido vuestro periplo de ochenta y nueve días. No sólo porque durante los primeros días dejé de tener dolores y... ¡Mirad mis manos, ya no tienen deformaciones!... También mis huesos han resistido las andanzas en los túneles que me dijo Uasnum que podía explorar con cuidado. Y no ha sido poco lo que hemos descubierto.

-Ya nos mostraréis, Hempotepet, -dijo Elhamin- pero cuidad que no se os queme ese sofrito, que los cocineros de Tekmatis pueden ser una competencia brava y no me gustaría decir que el nuestro vale menos...

-Lo tengo todo controlado, General.... -decía mientras revolvía una especie de sartén que ya echaba algo de humo- Casi siempre, pero con el entusiasmo de oír vuestras aventuras y las ansias de contaros lo que he descubierto... Bueno, no se ha quemado, el pescado está casi listo, así que si os apetece, después de comer os llevo a los laberintos que hay entorno y debajo de las pirámides.

-Estoy ansioso por ello. -dijo francamente el Faraón.

-Pero considerad que son cuatro días, y otro tanto de vuelta...

-Os dejo al mando de la expedición, Hempotepet...

-Gracias Faraón, entonces os dejo un momento porque he de pedir materiales, alimentos y mochilas para la andanza. Si estáis descansados ya de vuestro largo viaje, iremos caminando hasta la pirámide, para bajar la comida antes de entrar. Por cierto, también he dirigido la excavación del entorno, tal como el Sacerdote me pidió y ha sido algo magnífico. ¿Quiénes iremos en la expedición?

-Ankemtatis deberá quedar a cargo de la ciudad, -dijo el Faraón- si a Uasnum le dan los huesos para acompañarnos...

.-Ni lo dudéis, Faraón. Iría aunque tuviera que hacerme cargar.

-Entonces vamos Vos, Elhamin, Uasnum y yo. Pero preguntad a la jefa de los Invisibles si quiere venir.

Rato después llegaron el cocinero y Henutsen.

-Gracias por invitarme, Faraón. No me perdería por nada del mundo una expedición de éstas, y menos a vuestro lado.

Los cinco expedicionarios partieron rato después, bien pertrechados con alimentos, mochilas, bastones, cuerdas y dos antorchas cada uno.

En un carrito se llevaría brea que había ya cerca de la Pirámide Negra, en cuyo interior comenzaba uno de los misteriosos túneles. Al llegar se sorprendieron de la gran obra realizada.

-No me imaginaba -dijo Elhamin a Hempotepet- que también tuvieseis habilidades como maestro de obras…

-¡Claro que las tengo, General! Vuestro padre fue gran constructor, gran militar y no sólo me enseñó el manejo del arco… Trabajé mucho con él antes de entrar al servicio.

-Me habíais contado que le conocíais, pero no imaginaba… Y veo que no habéis aprendido poco, ¿Cuánta arena y escombros habéis retirado?

Uasnum mismo se había quedado anonadado al rodear la Pirámide Gris y hallar la vista de la Pirámide Negra totalmente descubierta.

-¡Habéis hecho en menos de noventa días, lo mismo que yo habría hecho en casi dos años!

-Sí, Sacerdote, pero vuestro ingeniero Adecamis es quien tiene el mérito del adelanto. Encontró en un tramo subterráneo, una máquina para llevar con carros todo lo que haya que llevar, ha copiado el sistema poniendo a los herreros a trabajar durante varios días y ahora toda la arena y la piedra se llevan bien lejos, como veréis cuando lleguemos. Los carros tienen ruedas de hierro, que se desplazan sobre un camino hecho también con hierro y afirmado con maderos. Ensamblando hasta cinco carros, bastan cuatro bueyes, un hombre que dirija y tres que le ayuden, para llevar lo mismo que cien hombres con los capazos. Y no se entierran los carros en la arena, como ocurre con las cuadrigas y los otros carros.

Fueron acercándose a la zona de obras, donde un grupo de hombres y mujeres seguía cargando los carritos con los últimos escombros, para alejarlos de la zona de la pirámide, mientras el orgulloso cocinero y arquero venido a ingeniero seguía explicando.

-Los hombres dejaban los capazos en los carros y luego había que vaciarlos, pero se me ocurrió que para descargar, podía encargarle al herrero que hiciera unas bisagras, para que con una base doble del carro se pudiera dar vuelta y arrojarlo todo. No resultó muy bien al principio, pues quedaba todo cerca del camino de hierro. Luego Adecamis arregló eso haciendo los carros más altos, para que con una canaleta móvil se arrojara los escombros más lejos del camino.

-Por lo que se ve -comentó Isman- ha resultado bien. Si ha calculado Uasnum dos años para esto, ha sido ocho veces más rápido y seguro que menos agotador. Imagino que ya sabéis las medidas de la pirámide.

-Y ahí viene lo más interesante, Faraón. Tiene 440 codos por lado, o sea del mismo tamaño que la Gran Pirámide de La Luz. No parecía tan grande, pero es que está como veis, en la parte más baja de esta meseta. Y si no estoy delirando, aquella montañita también es una pirámide, sólo que la hicieron con piedras con mucha sal y se derrumbó, desgastada por el viento y la lluvia. Tened en cuenta que cuatro mil años acaban con los bloques de piedra de natrón gris rápidamente. En cambio estos bloques negros pueden durar... No sé, miles y miles de años. También hemos descubierto una galería un tanto extraña, parecida a la galería mayor de la Pirámide de la Luz y también con aparatos de piedra, pero tiene en su extremo una cámara más pequeña que la de La Luz y parece estar al centro justo de la construcción. El efecto curativo es mucho mayor que en la cámara que conocéis, así que hice arreglos para pernoctar allí...

-Muy bien, Hempotepet, cuanto antes estéis curado, mejor, porque aunque no carecemos de grandes arqueros, casi todos discípulos que habéis formado bien, me gustaría contaros entre los instructores de nuevo y en el menor plazo posible. Por lo que os hemos contado, ya habréis comprendido lo que os digo.

-Claramente, Faraón. Ahora, si lo deseáis, comenzamos el paseo por los túneles, tal como... Bueno, no sé si debería decirlo, pero es que ha sido la mismísima Sekhmet quien me dió indicaciones para encontrar lo que encontré, urgiéndome luego para comunicarlo a Vos. ¿Me creéis?

-¡Claro que os creo! No es preciso que Vos me juréis nada. Y nadie en Ankh em-Ptah pronunciaría el nombre de Sekhmet en una falsedad.

-¡Por supuesto, Faraón!, pero me refiero a si no creéis que estoy delirando o me he pasado con los licores...

-No, Hempotepet, sois un hombre cuerdo y cabal, no un borracho.

Subieron a la entrada de la pirámide, pero en vez de dirigirse por el túnel que conectaba las cámaras interiores, descendieron por un hueco más estrecho y perfectamente cuadrado, por el que pasaron habiéndose quitado las mochilas. Al salir a una cámara pequeña, desde la que partía un túnel igualmente estrecho, decía Hempotepet:

-Ahora viene lo difícil. Hay que bajar caminando hacia atrás. Podéis poneros las mochilas, pero no uséis la cuerda, que para bajar no es útil pero es imprescindible para subir al regreso. Yo iré adelante y la única antorcha será la mía, o no se podrá respirar. Es preferible bajar a ciegas. Contad hasta cincuenta antes de que alguien me siga y luego contad hasta veinte entre cada uno, así no os abalanzáis unos contra otros. Si alguien se detiene a respirar, avisa y todos nos detenemos.

El descenso por un plano inclinado de 33 grados, parecía no acabar. Hasta la joven Henutsen notó el esfuerzo físico agotador. Había que afirmarse con las manos para no rodar cuesta abajo, a pesar de que Hempotepet había mandado a colocar unas largas tablas con finas maderas como travesaños para facilitar la caminata y evitar resbalones.

-Disculpad que no lo haya puesto más fácil -decía el cocinero- pero costó un buen trabajo poner estas tablas.

-No parece que esto termine por ahí cerca… -comentó Henutsen.

-Sólo son setecientos treinta codos, -respondió el cocinero- o sea unos cuatrocientos codos en vertical, pero ésta es la parte más dura. Lo demás se hace caminando y puede que una parte… No sé… Sigamos bajando.

La llegada al fin del túnel fue un gran alivio, sobre todo porque la estancia resultó de la altura de dos hombres, casi veinte codos de ancho y treinta de largo, desde la que partía otro túnel estrecho, pero también bastante alto como para ir con comodidad.

-Ahora no podréis quejaros, -decía Hempotepet- que nueve codos de alto por ocho de ancho, dan para ir relajados. En alguna parte hay que caminar con cuidado, porque hay pequeñas fisuras por donde entra agua, la piedra es resbalosa y en otras partes se han formado costras raras, como una dentadura. Esto es, según percibo, mucho más antiguo que la Pirámide Negra.

Avanzaron durante un buen rato sin obstáculos, hasta encontrar un sector de túnel transversal, donde discurrían los rieles de los que el ingeniero Adecamis copió medidas para hacer el pequeño ferrocarril que se usó en la limpieza exterior de la Pirámide Negra. Había algunos tramos de vía férrea, pero tan oxidados que apenas se podía deducir la forma original. Entraron al sector para ver lo que quedaba de las vagonetas, evidentemente de un metal mejor que las vías, con sus ruedas que apenas habían perdido algo del color gris.

-Los herreros -explicaba Hempotepet- han intentado estudiar estas ruedas pero no han determinado qué metal es. No han podido abollarlas ni romperlas, ni siquiera pudieron fundirlas en los hornos donde hacen las herraduras que no se herrumbran. Es una lástima que no se hiciera el camino de hierro con el mismo material, porque estaría intacto.

-Cabemos los cinco en una caja de éstas y sobra sitio para más cosas; podríamos intentar…

-Es lo que imaginaba, Elhamin -replicó Hempotepet-. Pero ya no hay camino de hierro; está inservible. Además, no es por este túnel que he previsto el paseo, sino por el que veníamos y hay un tramo más adelante, también con estos vehículos, que circulaban hasta más lejos de donde he llegado yo. Si fuera el caso, cogeríamos uno más adentro.

-Si no tenéis tanta ansiedad por caminar cargando las mochilas, hagamos una prueba. -dijo Isman y comenzó a empujar uno de los carros- Ya veis que no sólo son ligeros, sino que tampoco pesa mucho empujarlos y pueden andar sin necesidad de la guía de hierro. La grasa que tienen las ruedas, a pesar de lo antiguo, parece que estuviera fresca y si no hay declives muy pronunciados, podríamos empujar un carro con más equipos y unas buenas provisiones. Creo que invitaremos a más gente. Más que un paseo, será una expedición en toda regla, intentando llegar hasta el final de los túneles…

-Me encanta la idea, Faraón, pero si yo anduve cuatro días de ida y otro tanto de vuelta, serán más de cuatro mil cuerdas… Para seguir adelante hasta no sabemos dónde, habría que llevar más pertrechos y propongo en ese caso invitar a unos… No sé… ¿Diez personas?

-Dejadme pensar… -dijo Isman reflexionando un rato- Henutsen, como sois la más joven, dejaréis aquí la mochila y volveréis arriba. Que Osireteb quede como jefe interino de la ciudad y Numisem como su segundo al mando. Decidle a vuestro… Ankemtatis, que venga, junto con diez de los Invisibles, armados para combate, pero con cuerdas como para escalar montañas. Cargaréis con todo lo que podáis traer y que el ingeniero haga un sistema de roldanas para acelerar la bajada y subida de personas y equipos. Nosotros iremos llevando estos carros a la sala de la rampa y allí nos encontraremos.

Descubrieron que los carros tenían un sistema de dirección, con una pequeña palanca que podía moverse a derecha e izquierda, así como otra palanca para frenar las ruedas. Podían empujarse o tirar de una barra de enganche con bastante comodidad.

-Por favor, amigos, subid todos al carro, que haré de bestia de carga - decía Isman y en un momento estuvieron arriba los cuatro.

-El esfuerzo -decía el Faraón mientras tiraba y tomaba velocidad- es escaso. Las ruedas son finas pero parece imposible que sean tan duras. ¡Coged las palancas, que esto va muy rápido y me cuesta frenarlo!

Detuvieron el carro y fueron a buscar tres más para llevarlos al inicio del túnel transversal, pero encontraron muchas, eligiendo las mejor conservadas. Elhamin halló una máquina extraña y les llamó para intentar esclarecer aquel misterio. Dedujeron que sería para tirar de los carros sin esfuerzo animal o humano, pero tras probar moviendo con cuidado todas las llaves y palancas, no pudieron entender cómo funcionaría aquello.

Sólo cabían dos ocupantes en el asiento y el resto era un armatoste metálico puntiagudo por delante, con partes muy oxidadas en lo que parecían los mandos.

Cuando se cansaron de explorar el artefacto sin resultado alguno, Isman dijo que por el momento, no podrían comprender más, pero tirar o empujar los carros cargados significaba un pequeño esfuerzo de un hombre, ahorrando la caminata a cinco, o llevando una gran cantidad de agua y demás provisiones. Demoraron un día los preparativos y pasaron allí la primera noche, durmiendo lo suficiente. Cuando estuvieron listos para partir, distribuyeron los turnos de actividad. Se formaron cuatro grupos, asignando un carro a cada uno. Henutsen había elegido entre su grupo tres varones y siete mujeres. En cada carro iban tres personas, pertrechos en buena cantidad y se rotarían los conductores por turno, es decir de quien debía tirar o empujar. El ruido resultaba algo molesto al principio, pero poco a poco se fueron acostumbrando.

-Haced el favor, Faraón -decía Ankemtatis- de permitirme ocupar vuestro turno. Me siento muy incómodo en un carro tirado por el mayor Maestro, cuando deberíais ir en un carro faraónico…

-¿Queréis que me quede lisiado por la pereza y la falta de ejercicio o que asista a vuestra boda con mi hija sostenido con muletas? Pues no, querido yerno… Para Vos, ante todo, soy vuestro suegro, así que ya sabéis… ¡Disfrutad!, ja, ja, ja, jaaa.

-¡Qué ocurrencia, Faraón!... Bueno, el próximo año pasaréis el Heb-Sed, así que el ejercicio no os viene mal, pero igual me siento incómodo.

-Tirar de un carro es nada comparado con las obligaciones y asuntos de administración de Ankh em-Ptah, así que dejad que me divierta un poco y no me hagáis hablar, que entonces sí que me cansaré antes. Cantad para tapar el ruido de estas ruedas o contad algo interesante…

Hempotepet se puso a cantar una canción marcial, cosa que hacía muy bien. La marcha se amenizaba con chistes, bromas, canciones y conversaciones en ratos de descanso y cambio de turno de conductor. Afortunadamente, el aire era bueno y en algún momento hubo corriente de aire, aunque no encontraron ni una pista de respiraderos o galerías laterales. Al segundo día de marcha debieron detenerse para romper estalagmitas en el piso y en algún punto las correspondientes estalactitas, que resultaban muy peligrosas para la cabeza de algún distraído. Luego dejaron todos los escombros amontonados a la orilla.

El trabajo duró tres Râdnies y pudieron continuar. Llegados al sitio que había marcado Hempotepet, hicieron un descanso para comer y dormir.

En algunas partes, la vía férrea estaba algo más conservada, pero en la mayor parte no había más que una mancha marrón rojiza y un pequeño desnivel de un palmo de ancho y dos dedos de profundidad a cada lado, donde intentaban mantener encajadas las ruedas de los carros para evitar volcar o desviarse hacia las paredes.

-Hasta aquí, cuatro días de marcha y comenzamos a explorar zona desconocida y seguramente con miles de años sin transitar. -decía Hempotepet- de modo que os ruego, Faraón, que no vayáis adelante. Ni Vos, Uasnum, ni Vos, Elhamin. Sois demasiado necesarios para Ankh em-Ptah, así que por favor, dejadnos que os cuidemos un poco…

-¡Vale Hermano mío!, ¡Qué pesados sois con los cuidados de vuestro Faraón! En mis nueve batallas no he recibido un flechazo, ni una herida en las caídas del caballo o de la cuadriga. Pero os lo agradezco y tenéis algo de razón. Pro iré en el segundo grupo. ¿Os quedáis a gusto?

-Cierto Faraón, -dijo Hempotepet- pero más tranquilo estaría si tuvieseis la amabilidad de ir en el último, pero ya sé que eso es pedir demasiado.

-Como insistáis, os relevo del mando de la expedición y ordeno que os lleven los fantasmas del inframundo, que os den de comer escorpiones y os hagan lavativas con aserrín de palmeras.

Todos rieron un rato y el Faraón aceptó ir en el segundo carro. Antes del primero, iba ahora un Invisible como explorador, dos cuerdas más adelante y otro a una cuerda. La precaución valió la pena, porque en algunos tramos hallaron zonas muy resbaladizas, donde los frenos de los carros no resultaban muy eficientes. En otras partes, curvas, pequeños declives, algunos derrumbes en que debieron acomodar los escombros para poder continuar. Sin los vigías de vanguardia habrían encontrado situaciones muy accidentadas. Los cuatro carros fueron revisados al hacer cada descanso, hallando que las ruedas no parecían haber sufrido el menor desgaste ni mellas, aunque en algunos sitios fueron sobre pequeñas piedras que parecieron hacer peligrar el paso.

Durante los períodos de descanso, no hubo quien no aprovechara a hacer al Faraón toda clase de preguntas, hasta que el sueño vencía a los preguntones, pero el Mayor Sacerdote de Ankh em-Ptah, que en ningún momento mostró menos resistencia que los más jóvenes, a pesar de sus casi doscientos años, ni aceptó las varias ofertas de ocupar su lugar en el puesto de conductor, seguía respondiendo cuanto le preguntaban. Era el último en dormirse, aunque no siempre el primero en despertarse, tampoco era el último en estar en pie. En una de las cinco ocasiones de charlas, el tema fue la historia de Ankh em-Ptah, cosa que interesada a todos, en especial al Faraón, a su General y a Uasnum.

-¿Tenéis idea, Faraón, cuando fue construida Ankh em-Ptah por primera vez? -preguntó Neferank, la más joven del grupo.

-No tan claro como me gustaría, pero lo que sabemos con relativa certeza es que hace trescientos mil años o más, hubo una civilización avanzada, con muchas máquinas, armas y herramientas de gran poder, con conocimientos que nosotros tenemos pero no aplicamos para la guerra ni para expandirnos políticamente. Esa civilización se llamaba Mu y estaba compuesta por varias razas. Una raza muy parecida a la nuestra, otra de Negros que habían venido del mundo más grande bajo nuestro Amado Râ, otros de ojos muy rasgados y grandes, ancestros de los que hoy viven en el Oriente lejano, aunque modificadas sus semillas de la vida para poder vivir en este mundo… Estos vinieron del mundo que vemos como la estrella de la mañana y la tarde, y otros llamados hombres rojos, que vinieron de un mundo llamado Erk, que ya no existe y sus pedazos giran en torno a Râ…

…Los sabios de esa civilización de hace trescientos milenios, al final de la misma tenían mucho conocimiento práctico para muchas cosas, pero empezaron a olvidar el Conocimiento Sagrado, sin el cual ninguna humanidad ni persona puede ser feliz. Así que se hicieron infelices, como esos enemigos que dispersamos por las tierras del Sur, que no pueden ni convivir entre ellos sin un orden estrictamente militar, que sólo buscan placer material y no pueden vivir en una sociedad armónica...

-Me dieron mucha lástima aquellas gentes, -dijo Henutsen- ya que los mencionáis… ¿No se podrían haber incorporado a nuestro pueblo?

-No, querida mía. Mil hombres en esas condiciones, sin mujeres, sin una formación desde niños que les permita comprender las cosas esenciales y sin siquiera saber una palabra de nuestra lengua, habría sido poner en peligro a todo nuestro pueblo. Dispersarles para que se encuentren con las tribus de la selva o sobrevivan en ella era lo único que podíamos hacer para que sigan su camino y nuestra Patria esté a salvo. No sólo hay que aprender las lecciones de la vida en los Templos, sino principalmente en la vida misma, y aquellos hombres tendrán que morir y volver a la vida muchas veces para aprender lo más elemental. Algunos monos conviven con nosotros, como lo hacen los caballos, los camellos, los animales que comemos, les instruimos, les utilizamos con respeto y aún cuando les sacrificamos para comer, al agradecerles con todo nuestro corazón, ellos evolucionan, mejoran como Almas pero ellos carecen de sentimientos retorcidos. En cambio esa gente tiene que pasar las pruebas de la supervivencia, porque si compartiésemos con ellos desde lo más mínimo hasta la totalidad, siempre querrían más, y más, sin dar nada a cambio, exigiendo nuestra sumisión, sometiéndonos a la esclavitud... O a nuestra aniquilación. Por eso, os confieso, no sé si hemos hecho lo correcto para salvanguardar a nuestro pueblo.

-Por favor, no quería quitaros del tema histórico, pero gracias por responderme. Os ruego seguir contando sobre aquella gente de Mu.

-Imaginaos a personas como esos enemigos, pero con armas y herramientas muy poderosas, aunque sabiendo usarlas, no como estos que se confiaron sólo al poder de esos disparadores de bolas metálicas, creyendo que en manos inexpertas pueden ser más efectivas que nuestras flechas o cerbatanas... Pues aquellos hombres de Mu estaban muy confiados, creyendo que su poder les hacía invencibles, que con sus "muletas tecnológicas" eran más poderosos que los hombres puros y hasta más poderosos que los Primordiales... Pero finalmente lucharon entre ellos por el poder, es decir por ser más poderosos que los demás, en vez de prepararse para servir mejor a los demás... Y cuando se dieron cuenta del error, ya era tarde. Una guerra entre dos facciones, con armas capaces de quemar con el fuego más caliente grandes extensiones del mundo, acabó con unos y otros. Eso ocurrió hace unos trescientos milenios, pero los pocos supervivientes se rehicieron, nuevamente formaron pueblos racialmente separados, lo cual dejó tiempo a la Naturaleza para que los Aznugos fueran desapareciendo...

-¿Qué son los Aznugos? -preguntó alguien.

-Los hombres que fueron creados como esclavos, modificando las semillas de la Vida, es decir el esperma o los óvulos, sin respetar las reglas escritas por Min en el Templo de Sekhmet y en los Templos de los Gigantes del Sur. Los Aznugos fueron cincuenta razas diversas, pero todas se fueron extinguiendo. Incluso hasta nosotros tenemos partes de las semillas de los dioses y de los Aznugos. A estos les hacían grandes y fuertes, pero con la inteligencia del burro. A otros los hicieron mezclando las mejores partes de la semilla de cada raza, así tuvieron genios en algunas cosas, pero con cuerpos débiles, para poder tenerlos sometidos, dependientes, incapaces de liberarse. También hicieron cosas así con los vegetales, creando plantas que no daban semillas, para que los pueblos no pudieran ni alimentarse sin depender de sus caprichos. Crearon también animales monstruosos para infiltrar unos pocos huevos en las ciudades y que el enemigo se encontrara de un día para otro con predadores terribles. Nuestros cocodrilos son apenas los descendientes pequeños de aquellos monstruos. Y mucho antes de la época de Mu había ocurrido lo mismo. Puede que muchas veces. Al final la Naturaleza, tras cada derrumbe de esas humanidades corrompidas por la estupidez y los demonios interiores de cada individuo, termina arreglando las cosas, mientras los hombres tienen que volver a aprenderlo todo. En esas ocasiones, los que sobreviven son los más salvajes, los menos civilizados, los que viven apartados y al menos saben hacer fuego con cualquier cosa como nosotros, o curtir y coser cueros para abrigarse…

-Entonces eso -dijo otro de los Invisibles de Henutsen- decís que puede haber ocurrido muchas veces en el pasado…

-Así es. Y puede que vuelva a ocurrir muchas veces más. Así que las Almas evolucionan en los ciclos de la Vida, pero así como algunas han de volver a encarnar muchas veces para aprender y finalmente escapar de la mortalidad mediante la Ascensión, las civilizaciones crecen y decaen, según la Ley de Ritmo o Ley de Ciclos, durando según lo que el conjunto haga con la Ley de Vibración. Si los humanos elevan la vibración y, purifican sus emociones y respetando la Enseñanza Sagrada, entonces llega un momento en que desaparecen todos, pasando al Reino Natural Superior, el de los Cristalinos. Pero volvemos a la historia de Mu: Pues quedaron grupos en varias tierras del mundo separadas por grandes mares. Algunos conservaron muchos conocimientos y aprendiendo del gran error cometido, formaron una nueva humanidad, a pesar de sus variados defectos. Después, hace unos setenta u ochenta mil años, una humanidad como la nuestra, quizá mejor y adelantada en maquinarias y aplicaciones de la ciencia, hizo la segunda construcción de Ankh em-Ptah porque que la primera fue más antigua aún.

-¿Y qué ocurrió con esas civilizaciones? -preguntó otro.

-Esa gran civilización sufrió los mismos procesos de decadencia que la de Mu, pero un grupo de sabios que no pretendía ser más poderoso, no sólo estaban inspirados por Isis, que representa a la Ciencia en general y sus aplicaciones materiales, sino también por Maat, que representa la Ciencia Sagrada. Decidieron crear esta escuela para toda la Humanidad, que es todo este país. Luego hicieron lo mismo en otras tierras, que estaban exactamente al otro lado de esta esfera que es el mundo, pero se hundieron en el gran mar poco tiempo después de acabado de construir todo. Entonces en otras tierras que están entre aquellas tierras sumergidas y nosotros, construyeron algo muy parecido a Ankh em-Ptah y aún existe. Su Faraón envió una comitiva de exploración hace mucho tiempo, en la época de Hatsab Enin, hace ya unos dos mil años, cuando se estaba reformando y reparando un laboratorio destruido en una de las guerras contra los Hijos de Seth y de ello hay constancia allí mismo, en el laboratorio de Hathor, aquel que a veces queda aislado por el Nilo.

Estatuilla Zapoteca

Isla Elefantina Faraón con un Rey zapoteca

-¿Y aún existe esa gente? -preguntó Hempotepet.

-Según las referencias, existe, conserva grandes pirámides, tiene mucho parecido con nosotros y tiene problemas como los nuestros para mantener la Enseñanza Sagrada. Lo primero que buscan los esclavistas en cualquier época, es acabar con las culturas, con los Conocimientos

Trascendentes, por eso Los Ocho Kybaliones han sido escritos en todos nuestros Templos en esas enormes piedras, para que los conservemos y no perderlo, para que sea más difícil su destrucción. Aún así, al perderse los idiomas hablados, resulta difícil y hasta tedioso traducir todo, pero al menos a los esclavistas les resulta más difícil de quemarlo todo y tarde o temprano, si lo conservamos, podemos recuperar ese conocimiento, en gran parte ayudados por seres como Sekhmet, Anubis, Jum y Bastet, pero volviendo más atrás en el tiempo… Todo fue bien hasta hace treinta mil años, en que otro grupo de delirantes y locos por alcanzar poder sobre los demás, decidieron destruir Ankh em-Ptah y casi lo logran. Lanzaron proyectiles de un fuego que quema hasta las piedras y con ello desaparecieron algunas pirámides y varios Templos. ¿Habéis viajado al Norte, donde se encuentra la pirámide acodada en el ángulo con que los dioses describen a las partículas más pequeñas del natrón verde?

-Yo sí. -respondieron Henutsen y algunos más.

-Entonces habréis visto que aún hay piedras calcinadas como fundidas. Pues cerca de allí cayó uno de esos proyectiles. Y muchos que estaban a punto de hacer su Ascensión, y otros que ni siquiera estaban cerca, se horrorizaron y se metieron en los tanques ascensionales, y murieron sin Ascender. En el Templo subterráneo de Agoser, donde hay más de veinte tanques muy grandes para hacer la Ascensión en pareja, se metían varios a la vez… Un desastre, porque bastaba uno que no hiciera su Ascensión para que murieran todos. Aunque volverían a nacer pronto, esas Almas debieron esperar a que las cosas volviesen a la normalidad, para luego superar el demonio del miedo, que se había apoderado de ellos de tal manera, que en sus siguientes encarnaciones les costaba vencerlo y cuando parecía que lo lograban, volvían a caer en el terror al acercarse a los tanques donde habían muerto por contaminación de materia no ascendente, o por la radiación del Fuego Sagrado de los que empezaban a Ascender y se quemaban antes de lograrlo…

    Isman tuvo que suspender la explicación porque uno de los Invisibles lloraba sin consuelo y cuando pudo calmarse pidió disculpas y explicó:

-Habéis dado a mi Alma una gran paz, Faraón, porque nunca pude entender por qué el sólo acercarme a los tanques de Ascensión de Tekmatis me hacía aterrorizar. Perdonadme Vos, Uasnum, porque no os pregunté, tal como debería haberlo hecho hace mucho tiempo.

-Y seguramente os lo habría explicado, pero quizá sin la claridad que lo ha hecho el Faraón, al contar toda la historia. ¿Me permitís hacer una lectura de vuestro pasado personal?

-¡Por supuesto Uasnum! El que no os haya preguntado por pudor, no significa que no tenga en Voz una confianza tan grande como hacia nuestro Faraón o hacia cualquiera de los que estamos aquí.

El Sacerdote se acercó al muchacho, se sentó junto a él y le colocó su mano en la frente, para luego respirar profundamente varias veces. Durante un buen rato permanecieron todos en profundo silencio, hasta que Uasnum terminó la práctica. El joven se había quedado dormido.

-Está claro. Ha hecho una Ascensión incompleta, pero no ha sido en las épocas a la que se refería el Faraón, sino algo más reciente. Ha sido en el Valle Escondido de la Criptas de Memnon, donde los Hekanef dejaron varios tanques de Ascensión en más de trescientas cuevas. Ya hablaremos de cómo superar ese terror.

-¿Y qué ocurrió después, Faraón? -preguntó una de las Invisibles.

-Hace veintiocho milenios, la Humanidad estaba otra vez poblando gran parte del mundo. Y otra vez surgieron las disputas por el poder. Otro desastre y otro comienzo, pero parece que el desastre fue más natural que provocado por las armas de los hombres. Un nuevo ciclo de evolución a partir de cero, que acabó con un diluvio que inundó al mundo entero hace cinco mil años, cuando los hombres intentaron apoderarse de la naturaleza del mundo, provocando lluvias o sequías a voluntad... Creo que el cansancio ya es notable para todos, así que dejamos la historia para otro momento... Durmamos para continuar luego.

La siguiente jornada fue casi igual a las anteriores, con leves cambios en los turnos, porque Uasnum se retrasaba un poco. No quería ceder el puesto, pero los jóvenes lo convencieron, pretextando que necesitaban hacer más ejercicio que él. Pero sólo le libraron de un turno, porque el anciano sólo necesitó un poco de descanso para continuar durante el último tramo del recorrido. A la mitad del sexto día de viaje, el Faraón extrajo el Heka y al apuntar con él hacia el rumbo que llevaban, sintió que el destino final estaba cerca, de modo que propuso no detenerse a comer. Cuando calculaban que estaban ya cerca del final del día, hallaron una sala enorme, de más de dos cuerdas de ancho y seis de largo, donde había grandes aparatos metálicos. Allí acababa el túnel, en apariencia. Un arco de diez codos de ancho y siete de alto separaba esa sala de otra más grande aún, también con máquinas, vagonetas y pequeños montículos de un mineral que resultó desconocido para todos. Entre las paredes de la mina y en los mismos montículos hallaron vetas de oro y pepitas del tamaño de un puño, abandonados como si fuese escoria.

El Faraón extrajo su Heka y comenzó a pasearse por la zona, comentando que le parecía que más abajo y por encima había más cosas, pero no conseguía determinar de qué se trataba. Preguntaba a su Nejej si lo importante eran más minerales, pero sus cascabeles no sonaban. Luego preguntaba si el sitio era peligroso y los cascabeles cantaban. Preguntó si había más gente debajo y nada, pero al preguntar si había gente arriba, el brazo tembló muy levemente y eso indicaba que sí, pero lejos. Tras algunas preguntas que no obtenían respuestas claras en su método de zahorí, guardó los instrumentos y ordenó preparar las comidas, porque el día había sido largo, sin almuerzo y no habían parado más que unos momentos en los cambios de conductor.

Hallaron herramientas cuyo funcionamiento les era desconocido, pero no sus aplicaciones a juzgar por los grandes cinceles de sus extremos, sin duda para perforar la piedra, que en muchos sitios mostraba la marca de esas herramientas. En un extremo de la sala mayor, hallaron lo que parecía un ascensor similar a los que había en la fortaleza enemiga de Darsum, pero si lo era, su caja sería mucho más grande y metálica, no de madera. Todo indicaba que el hueco seguía hacia arriba, pero no sabían si podía ir hacia abajo también, ni cómo se accionaba el ascensor.

-Esto es una puerta. -dijo Ankemtatis- Seguramente se abre desde adentro, o con algún mecanismo...

Hicieron algunas pruebas con los dispositivos que había en una caja con hilos metálicos, pero no hubo resultado. Exploraron todo el entorno y no encontraron continuidad al túnel.

-Es evidente, -reflexionaba Isman en voz alta- que extraían metales aquí y lo llevaban a Tekmatis, pero por lo escaso del declive del túnel, no debemos estar muy lejos de la superficie, sin embargo tuvieron que hacer un túnel de más de seis mil cuerdas de largo... Tenían un gran cuidado con el exterior, o les resultaba muy fácil hacer estas obras...

-Al parecer -intervino Henutsen- los bloques más pequeños que cubren la Pirámide Negra fueron extraídos de esa zona que pasamos hace un día. Es el único sitio donde hemos visto esa piedra tan dura. Además, creo que si les era fácil hacer túneles, son caminos más seguros, firmes e invariables que los de la superficie. Ni lluvia, ni viento, ni enemigos...

-Y si mi orientación sigue funcionando bien bajo tierra, -comentó el General mirando un objeto que llevaba siempre consigo- estamos a seis días de camino al Norte de Tekmatis, en plena región de selva, cerca de los pequeños desiertos de sal, más o menos a la altura de Gebelik.

-¿Tanto hemos andado? -Preguntó Uasnum algo escéptico.

-Sí, -intervino el Faraón- hemos andado mucho. Seis días, con un esfuerzo bien repartido, con estos carros que tirar de ellos pesa menos que llevar una mochila cargada... No lo parece cuando nos lo pasamos tan bien, pero sí que hemos andado unas 6400 cuerdas.

-Así es. -dijo Elhamin- Muy recto, con pocas curvas, recuperando el Norte en los pocos desvíos...

-Creo que Elhamin tiene razón, -dijo Isman- pero me intriga un poco cómo hace para calcular el Norte sin estrellas, sin vientos, sin paisaje. Si pudiésemos subir por ese ascensor, nos sacaríamos las dudas. ¡Queda tanto por descubrir en nuestra propia Patria! Vamos Elhamin, contadme qué hacéis para orientaros...

-Es con este artilugio, Isman. Justamente iba a mostraros...

-¡Mirad esto, por favor! -gritó uno de los invisibles en un extremo de la sala, alzando unos tubos de metal con hilos- Es diferente a las demás herramientas...

-¡Dejad eso en el piso con mucho cuidado! -gritó Isman- No sería raro que esas cosas exploten... Son como los que llevaban los espías que se suicidaron en Tekmatis... ¡Y debe haber más de un centenar!

-Aquí hay huellas recientes, y son de pies descalzos. -dijo una de las mujeres de Henutsen- Y aunque el polvo puede conservarlas mucho tiempo, no lo haría por miles de años... Os ruego no os acerquéis, para que pueda trazar un seguimiento de todas las huellas.

-Eso es. -dijo Henutsen- Debemos quedarnos quietos porque Azalema es la mejor rastreadora que podáis imaginar.

Rato después de transitar las dos salas con gran cuidado y dos antorchas, la mujer dijo con la seguridad de un perito:

-Han sido cuatro personas descalzas. Dos muy grandes y los otros de mi peso o poco más, pero uno de los menos pesados tiene una pierna defectuosa y una forma de andar muy peculiar. También reconocería al más grande, que sin duda es al menos de la estatura del Faraón o como mínimo, la del General Elhamin. Ese grandote tiene los pies chupinos, o sea con las puntas hacia adentro. La pisada es más marcada hacia afuera, así que debe tener las piernas algo arqueadas. Si los viera, podría reconocerles en el acto. No han cargado mucho peso hasta que han dado toda la vuelta y creo que se han llevado cosas desde ese sector donde están los tubos peligrosos. Sin duda, las huellas finales son las que están más cerca del ascensor, aunque se pierden en ese montón de huellas nuestras, así que han salido por ahí. No hay otra salida, pero aunque la hubiera, las huellas lo dicen todo...

-Tenemos que hallar la forma de subir a la superficie por aquí.

-Lo haremos Faraón. -dijo Neftes, uno de los Invisibles, acercándose con una barreta metálica- Si han entrado y salido recientemente otros también lo haremos nosotros. Creo que esto servirá para abrir esa caja...

Efectivamente, la barreta sirvió para abrir la puerta, que se desplazó hacia arriba, pero en vez de hallar una caja de ascensor, lo que tenían ante ellos era un abismo insondable. El muchacho y el Faraón abrieron sus brazos impidiendo a los demás que se acercaran.

-Si os vais a asomar, hacedlo con cuidado porque ni siquiera hay dónde aferrarse. -advirtió Neftes asomándose con cuidado portando una antorcha- Veréis que este ascensor se desplaza por unos hierros a cada costado del hueco, igual que los cercanos a la Pirámide de la Luz.

-Pero está claro -dijo Elhamin- que este funciona, parece nuevo, no como aquellos que fueron abandonados hace miles de años. Podríamos quedarnos aquí unos años, esperando que alguien baje...

-No será necesario, si estos aparatos funcionan. No tienen herrumbre. -decía Hempotepet- ¿Recordáis la máquina aquella que quizá tiraba de los carros?... Pues tenía adelante una cosa exactamente igual a esa. Eso conecta con hilos de metal al ascensor y debe producir el poder de los Hekanef, la energía brillante para mover las cosas, como los Uas de los Dioses... Creo que sólo debemos ir intentando, con cuidado...

Durante un rato estuvieron estudiando el aparato y finalmente las manos de Ankemtatis obraron el prodigio. Abrió una portezuela que apenas se diferenciaba en la compleja carcasa y siguió el entramado de cables hasta un pulsador. Pidió a todos que se alejen y lo apretó. Como no hubo resultado, movió una pequeña palanca y el aparato comenzó a vibrar con ligero sonido que fue aumentando en agudeza y disminuyendo el volumen hasta quedar en un fino silbido apenas audible.

-Siento un cosquilleo en las manos... -dijo Ankemtatis- Y esto produce un poco de calor. Será mejor que no lo toquemos más. Ahora que parece que funciona, probemos con esos pulsadores...Estoy seguro que esto produce energía y aquellos botones hacen bajar o subir la caja...

-Se oye algo. ¡Ahí viene! -exclamó Henutsen- pero será mejor que nos preparemos, por si viene gente armada...

-¡A escondernos todos y luego apagad las antorchas! -dijo Elhamin- Si nadie viene, intentaremos subir o bajar, pero si viene alguien, es mejor que no encuentren a nadie.

Cuando estaba terminando la frase, se dio cuenta que sólo él, Uasnum y el Faraón eran aún visibles y con las antorchas encendidas. Momentos después, a poco de apagar toda luz, la caja del ascensor se detuvo frente a la puerta. Tenía su propia puerta y se abrió como un biombo de pliegues, mostrando el interior iluminado, pero nadie apareció en ella. Esperaron un buen rato antes de salir de sus escondites y comenzar a explorar el interior de la caja.

Sus paredes estaban cubiertas de grabados que describían el trabajo de hombres y máquinas, unos de mayor tamaño sosteniendo unos extraños objetos, que recordaron a varios de los presentes, los muros de las criptas del Templo de Hathor. Lo único que no parecía propio de un templo, aparte de ser todo metal, era un cuadro con dos líneas de diez botones cada una y unos símbolos desconocidos, diferentes en cada pulsador. En el techo, cuatro puntos redondos emitían una luz potente.

-Parece que cabemos todos y hasta diez más... -comentó Isman- Y ya que podemos ir todos, vamos a establecer el rol de acción. Elhamin al mando... Después que yo... Si os dejo el mando pleno me dejáis a retaguardia. Pues no. Elhamin, Ankemtatis y yo, en la puerta con antorchas y espadas. Los Invisibles detrás en vuelo de ansas, con los arcos preparados y Uasnum con Hempotepet agachados al fondo. Si nos ocurriese lo peor, tendréis que haceros los muertos y sobrevivir para volver Hempotepet a Tekmatis y haceros cargo de la ciudad. Y Uasnum iría a Karnak para haceros cargo de Ankh em-Ptah hasta nombrar a Arkanis como mi sucesor.

-Pero Faraón... -dijeron a coro varias voces.

-¡No hay "peros"! Es una orden y no hay discusión.

Elhamin y Ankemtatis se miraron como hablando con los ojos. Ambos sabían que en caso de hallarse enfrentados a un enemigo, debían anteponer sus cuerpos al del Faraón y empujarlo hacia atrás.

-Todo está listo -dijo Isman mirando de reojo sobre sus hombros- Por favor, Henutsen, prueba con el primero de esos pulsadores.

### Capítulo VIII - Enemigos acuartelados.

Cuando entraron prepararon las antorchas por si la luz del ascensor no fuese constante y la muchacha apretó el dispositivo, la puerta que habían abierto a fuerza de palanca se cerró y luego la de la propia caja, dejando sólo una mirilla a modo de ventana.

Inmediatamente, casi cayeron todos al suelo. La caja subía con una buena velocidad haciendo un sonido parecido al del aparato que habían accionado antes. La mirilla permitía ver unas franjas pintadas de diversos colores cada cierto intervalo, sin lo cual no sabrían muy bien si iban hacia arriba o hacia abajo. Pasaron dos sitios que parecían bocas de túneles y luego otra vez las franjas de colores. El sonido se hacía más grave e indicaba que estaban deteniéndose. La expectación aumentaba y las manos se aprontaban a un combate.

-Me estoy acordando de nuestros prisioneros Kahasi y Eshom, que les pillamos saliendo del ascensor… -comentó Elhamin.

 -Pero nosotros no estamos desnudos ni desarmados. –dijo Isman en un tono como para bajar las tensiones, al tiempo que guardaba la espada y usaba el Nejej, determinando que nadie les esperaba arriba.

Luego permanecieron en silencio durante un tiempo interminable, hasta que se detuvo el ascensor y se abrió la puerta automáticamente. Tras seis días sin ver el sol, Râ les recibió con sus últimos destellos en la cima de un montículo pétreo. Nadie por los alrededores inmediatos, pero Elhamin ordenó cuerpo a tierra. Más abajo y por todos lados, pequeñas casuchas entre los árboles y algunos hombres armados que recorrían la zona. No se veía mujeres ni se oían niños ni perros. Más a lo lejos, un denso tramo de selva y poco más allá, la línea que indicaba el comienzo del desierto que separaba las Selvas Intermedias, entre el Desierto Largo y el Desierto Blanco. Râ se ocultaba y el grupo salió del ascensor y se echaron rodilla en tierra; luego algunos exploraron por detrás de las instalaciones del ascensor para encontrar el mismo panorama.

-Parece que, nadie nos ha visto ni imaginan que alguien pueda llegar desde debajo. -comentó Elhamin- No sé cómo hemos dejado sin explorar esta zona tan cercana, aunque el oasis no sea muy productivo. Este ascensor ha estado cubierto por la roca como cosa natural, pero nadie ha subido a este promontorio hasta que lo ha hecho el enemigo y ha encontrado este tesoro para sus planes… ¿Os parece que volvamos abajo y exploremos qué más hay en el subterráneo, o esperamos la noche y nos dirigimos al Naciente para llegar a Gebelik?

-Ya que estamos aquí, -respondió Isman- me parece prudente explorar los subterráneos, porque lo superficial ya lo conocemos, aunque no conocíamos este asentamiento. Debemos estar a unas mil quinientas cuerdas de Gebelik, a sólo dos días viaje. Allí tenemos ya barcos rápidos y volveríamos a Karnak en cinco días más.

-Entonces, -intervino Ankemtatis- deberíamos bajar ahora, porque el sol se esconde y la luz del ascensor podría delatar nuestra pre…

No acabó la frase porque la puerta del ascensor se cerró y dejaron de percibir el leve sonido que producía el mecanismo.

-Aquí hay otro aparato de esos, Henutsen. -dijo uno de su grupo- Si es como creo, hay que hacer lo mismo que hicisteis allí abajo, poner a funcionar esta cosa y además, es seguro que tiene una especie de reloj que hace que todo se pare cuando pasa un rato sin usarse…

-Muy bien, veamos si es así…

El mismo procedimiento y la puerta del ascensor se abrió. Entraron todos y Henutsen operó el último pulsador. Esta vez no sintieron que caerían al suelo, sino que perdían peso durante unos momentos, para luego normalizarse, aunque veían por la mirilla que bajaban tan rápido como antes habían subido. Pasaron la zona de franjas, luego las dos bocas de túnel, después reconocieron la amplitud de la sala donde habían iniciado la subida, por la oscuridad, ya que la luz del ascensor no reflejó pared alguna. Otra zona de franjas y se fueron sucediendo dichas zonas, con túneles o cuevas oscuras.

-Hay veinte pulsadores -decía Isman- y habéis apretado el último de la otra fila, así que no me extrañaría que tengamos un rato de viaje hasta el nivel más profundo…

Y así pareció ser porque demoraron unas quince veces más que en la subida. Antes de detenerse el ascensor Isman procedió con su Heka y al igual que en la subida, se tranquilizó y también los demás se relajaron. Nadie les esperaba abajo. Todo estaba en la más profunda oscuridad.

-No salgáis aún, por favor. -dijo Isman- Primeramente, que lo haga Azalema y vea si ha habido movimientos recientes por aquí.

La muchacha encendió dos antorchas y salió estudiando todo, en especial el piso. Después de alejarse unos cuántos codos, dijo a los demás que podían salir del ascensor.

-Por aquí no hay nada, salvo estos enormes aparatos que llevarán aquí milenios, pero se conservan en perfecto estado, según parece, gracias a la extrema sequedad. Los únicos rastros son de las ruedas de las máquinas, pero son tan antiguos… Hay muy poco polvo acumulado, porque la roca es de las más duras, como las de la cubierta de la Pirámide Negra, pero hay lo suficiente como para marcar cualquier pisada. Y es tan fino que vería en él la huella de una mariposa. No veo ningún rastro que indique que aquí caminó alguien en muchos milenios.

-No os acerquéis demasiado a las máquinas. -dijo Isman- No confío en que aún puedan funcionar, pero no sabemos cómo lo hacen y no parece que se hayan herrumbrado como las otras que hemos visto. ¿Creéis que deberíamos seguir explorando o no tenemos suficiente comida y agua?

-En los carros tenemos comida y agua para diez días, pero aquí hay túneles para explorar ocupando un ejército. Os propongo que volvamos a

Tekmatis, que averigüemos quiénes son esas gentes que viven allí arriba... Y que dominemos a ese afán explorador que nos corroe...

-¡Increíble que lo digáis Vos, Elhamin! -exclamó el Faraón- Pero tenéis toda la razón. Dejaremos esto para otra exploración más completa y metódicamente preparada. También a mí me pesa irme de aquí sin llegar al fondo de cada túnel, pero pueden ser mil días de viaje. Vamos a ver sólo las entradas en cada nivel, si no tenéis mejor idea o propuesta.

-Por mi parte, -intervino Uasnum- propongo descansar un poco y luego aprovechar la noche para atravesar la zona poblada sin ser vistos, aunque la luz del ascensor, justo en la parte más alta, nos podría delatar.

-Toda luz puede apagarse -dijo Isman- y ya veremos cómo.

El grupo volvió al ascensor luego de dar una última vuelta a la sala, muy llena de maquinaria, aparatos, herramientas incomprensibles con excepción de los grandes cinceles de los que salían cables y tubos. Fueron repasando botón a botón, todos los niveles y demoraron en ellos casi tres Râdnies, para descubrir que sólo había señales de visitas en los cuatro primeros túneles desde arriba hacia abajo y hasta donde tenían los carros. Estos fueron llevados más adentro del túnel, de modo que si alguien entraba a ese nivel, no los vieran. No podrían cargar con todas las provisiones, así que dejaron allí las no perecibles, como las carnes y frutas secadas en las pirámides, que podrían durar siglos sin alterarse. Prepararon las mochilas individuales hasta el límite de peso, dejando un margen adecuado para cargar agua en las varas de parihuelas, a fin de que dos personas, aparte de sus propias mochilas, pudieran llevar una ración de agua mayor que las individuales.

Asignaron los turnos de guardia y durmieron la mitad de la noche. La última imaginaria de cinco turnos dados les despertó en su momento y salieron hacia el exterior. Para entonces, la habilidosa Henutsen había logrado encontrar un pequeño punto entre los grabados del ascensor, que al hacerle presión apagaba y encendía la luz, así que no había riesgo de que les viesen al aparecer en la parte superior del montículo.

Cuando lo hicieron, no faltaría mucho para el amanecer, pero era la mejor hora para burlar cualquier vigilancia. Apenas se oyó algún remoto balido de cabra y nada más. Henutsen dirigió al grupo porque era quien mejor se orientaba según lo que recordaba del paisaje en la ascensión anterior, pero se mantenía a una cuerda más adelante y los demás a veinte Ankemtras entre sí. Fueron evitando las construcciones y llegaron sin encuentros indeseables al límite del desierto, justo cuando empezaba a clarear el horizonte. La dirección hacia Gebelik no se podía calcular con exactitud, pero con seguridad deberían seguir hacia el Naciente durante al menos dos días. La marcha no fue dura porque el día estaba fresco y de a ratos muy nublado pero sin lluvias. A la noche acamparon en unos socavones de los escasos promontorios que hallaron y continuaron viaje sin incidentes durante casi todo el siguiente día. Por fin encontraron las primeras casas, no muy cerca del Nilo, donde hallaron un antiguo templo muy derruido que les indicó dónde estaban.

-¡Pero si estamos en Gavelade!, -exclamó el Faraón- En tres o cuatro Râdnies estaríamos en Gebelik, pero aquí podremos descansar mejor. Vamos al cuartel militar.

-Será un placer volver a ver al ahora General Unaptis, hijo de Serapis el armero. -dijo Elhamin- Le envié a este pueblo porque es experto en el cultivo de las maderas para los arcos ¿Os acordáis de él?

-No puedo conocer a todo el mundo, Elhamin, pero su nombre me resulta familiar. -respondió el Faraón.

-Pues es quien en la batalla de La Piedra, herido tras salvar mi vida y sin poder levantarse, enroscó el látigo en la pata de vuestro camello y le hizo caer para que las flechas enemigas no os dieran en la espalda...

-¡Por Sekhmet!... Me habría pasado la vergüenza de la vida de estar frente a quien me la salvó en una batalla y aunque ordené su ascenso, no recordar su nombre, bendito de todos los dioses... ¡Unaptis!...

-Quizá que no, porque él nunca supo que había salvado al Faraón.

-Pero yo sí que lo supe... No olvidaré jamás su rostro y de haberme presentado y no recordar su nombre... ¡Qué vergüenza!

-Hace casi medio siglo, Isman. Pero os comprendo. Siento la misma gratitud por todos los que me salvaron la vida; fueron más de diez y algunos la perdieron al salvar la mía. De algunos, nunca supe sus nombres. ¡Benditas sean sus Almas, que merecen como nadie volver a nacer en esta Ankh em-Ptah tan maravillosa como es ahora!

-Y de seguro que lo han hecho, Elhamin, aunque la Naturaleza sea tan piadosa de borrar la memoria de las vidas anteriores en más de la mitad de las personas. ¿Vos no habéis recordado nada todavía?

-Como recordar, no, pero esas sensaciones... A veces empiezo a recordar, pero como bien decís, la Naturaleza es piadosa. Quizá tengo miedo a recordar cosas que me avergüencen... Sí, creo que es por eso que cuando empiezo a recordar algo, salto hacia atrás como si hallara un áspid entre las nubes de la memoria.

-¿Sabéis que casi todo lo que podemos hoy criticar, es porque ya lo hemos conocido, comprendido y superado?

-Sí, claro, estudiamos eso siendo niños, pero una vez que se ha superado tanto que hasta se ha sufrido lo mismo que hemos hecho sufrir a otros, agotando el Karma por la vía dolorosa, es tal la repulsión hacia lo indebido que no quisiéramos haber cometido jamás un error en el pasado, ni siquiera en otra vida... A veces me pregunto hasta cuándo vamos a estar naciendo y muriendo... Me pregunto  si acaso las vidas que hemos cegado, una a una tengamos que repararlas sufriendo lo mismo... Ya sé, no me miréis como quien escucha a un tonto. Es que por más que uno sepa el porqué y para qué, el haber matado sigue doliendo. Y aunque asuste el pensar que podría ser que uno tuviera que morir tantas veces como haya matado, me gustaría que ocurriese de una vez, que me maten todas las veces seguidas y sufrir lo mismo. ¿No habría sido mejor no matar jamás?

-Sois el mejor soldado de Ankh em-Ptah, querido Hermano Elhamin, pero estáis hecho un burro en asuntos del Karma. Os voy a castigar por ello, tendréis que asistir de ahora en adelante a todas las clases para párvulos que se dicten en los Templos donde andemos Vos y yo.

-¡Vaya castigo! Es más bien un premio, porque os obliga a llevarme a todas partes y es justo lo que me hace falta, ja, ja, jaaa. Tengo tantas preguntas que por pereza o por no molestaros no os he hecho...

-Pues para que vayáis un poco más aliviado, escuchad: La gran diferencia entre un Guerrero como Vos y un asesino, es justamente ese dolor. El asesino no lo siente, o consigue taparlo. Algunos hasta son capaces de disfrutar. Ya podéis imaginaros cómo es la diferencia. Y no os preocupéis, que el Karma no funciona así. Ptah no es un castigador que hubiera diseñado una Ley tan terrible como la de los hijos de Seth, que dice *"Ojo por ojo, diente por diente"*, aunque en alguna extrema situación pueda valer. Elhamin, os lo digo muy seriamente... Me gustaría que emprendáis de una vez el Camino del Mago. Vuestro corazón lo sabe todo porque está limpio, pero vuestra cabeza está un poco vacía de conocimiento. No vais a ser Faraón, porque Sekhmet tiene ya su elegido, pero sois joven aún y podríais ser un Sacerdote del Concejo...

-¿Habiendo matado en las batallas a tantos que he perdido la cuenta?

-Mirad a Uasnum, miradle bien... Ese hombre que tenéis caminando a vuestro lado, con cara de bueno y tranquilo, en realidad lo es. Pero os aseguro que ha matado a más enemigos que Vos. ¿Qué decís Uasnum?

-Que es así, Faraón. Y sé lo que dice el General... Ya sabéis que también fui General, aunque por pocos años. Pues en ese tiempo, querido Elhamin, tuve que cegar más vida que Vos, porque fue esa la época más difícil, en la que si no fuese por nuestra fiereza en el combate,

Ankh em-Ptah sería un Meri em-Kabah. Es decir Amadores del Ka y el Bah, olvidando el Lah. (*)

(*) [**Meri** es querido, amante o amador. **Em** es una preposición que puede usarse como "de" como "a o "en". Ka es el cuerpo astral, Bah el cuerpo material y Lah es el Alma, por lo tanto los Meri em-Kabah son los amantes de lo emocional ilusorio y lo material, en perjuicio de lo espiritual y lo ético. Modernamente se llama "materialismo", pero que incluye la emoción morbosa, el sexo sin Amor, la "ilusión de Maya" o el "espejismo" que aparta a las personas de la Realidad del Ser.]

-¿Y cómo nos definiríamos los habitantes de Ankh em-Ptah en ese sentido? -preguntó Elhamin mirando al Faraón y a Uasnum.

-Nuestro pueblo -respondió Uasnum- es "Kabdah" que significa "por encima del Ka".

-Y también -añadió Isman- sigue la BahKaLah, que es la enseñanza para armonizar el cuerpo material, los cuerpos que componen el Ka y alcanzar la Consciencia del Lah, que está representada en Horus...

Los demás miembros del grupo habían formado una piña alrededor del Faraón y Elhamin, pero no para protegerles, porque caminaban entre agricultores, canteros, albañiles, curtidores y una multitud de gente feliz que daría su vida por proteger a su Faraón, además irreconocible con su atuendo más propio de un carretero. Se apiñaban para escuchar con entusiasmo la conversación, que el General interrumpió amablemente.

-Ya tendremos más tiempo para hablar de estas cosas y os agradezco las respuestas, pero a las puertas del cuartel, es mejor que nos concentremos en el Bah... Aunque no perdamos de vista lo otro.

Azalema miraba con gran atención las piernas de todos, para ver si identificaba el hombre con una pierna defectuosa o a uno muy alto con las piernas arqueadas, que dejaran sus claras huellas en el túnel, pero no vio ninguno con esas características entre los más de cien hombres que ocupaban la guarnición.

Al presentarse ante los soldados, éstos quedaron muy sorprendidos por la aparición de una comitiva tan pequeña mandada por el General Elhamin, al cual conocían varios de ellos, junto al Sacerdote Uasnum que algunos también reconocieron.

-¡General! -dijo un centinela adoptando una posición de cuerpo recto, mirando con extrañeza- ¡Qué grata sorpresa volver a veros!

-Le decía, justamente a... este porteador mío y a mis amigos, que me habían salvado la vida muchas veces. Pues este centinela es uno de ellos. ¿Pero aún sois soldado sin rango?

-Y con mucha honra, General. Es que estoy haciendo el sacerdocio y ya sabéis que es difícil llevar ambas carreras a la par…

Elhamin abrazó a su recordado salvador y saludó a los demás centinelas, entraron al cuartel y el pelotón tan extrañamente vestido con ropa de cuero ajustada y color arena no pasaba desapercibido. Habían acordado mantener en secreto la presencia entre ellos del Faraón, ya que debían descubrir si había infiltrados en la zona, aunque era casi imposible que los hubiera en el cuartel.

Elhamin hizo una inspección general durante la siguiente mañana, para disimular la causa de su presencia y mientras todos descansaban o comían se reunió con algunos de sus colegas de rango similar.

-Tengo noticias -dijo Elhamin al General Unaptis- de un asentamiento de extranjeros a dos días de marcha desde este sitio hacia el Poniente. ¿Sabéis algo al respecto?

-¡Creía que veníais por eso! ¿Cómo os habéis enterado, entonces? He mandado un mensaje al Faraón hace tres días… Deberíais haberos cruzado con la barca del mensajero Vonis Rekes…

-Hemos venido por tierra, no por el Nilo. Muy por tierra…

-Pues habría que volver a enviar mensaje al Faraón, o estará muy preocupado, porque al recibir el mensaje y no contar con Vos para… Aunque si sabe que veníais hacia aquí, comprenderá que igual os ibais a enterar de las novedades. Lo saben ya todas las guarniciones desde aquí hasta Karnak, pero hemos pedido que no se expanda la novedad al pueblo, al menos hasta que Vos o el Faraón lo hagáis público. Bueno, el tema es delicado, porque hemos encontrado a dos sujetos que se hacían pasar por labradores, pero llevaban unas cosas que hemos tenido la prudencia de confiscar y he ordenado guardar en sitio seguro. No sabemos lo que es, pero seguro que recordáis las cañas de fuego…

-Se de lo que habláis, Unaptis.

-Entonces ya me diréis más sobre eso, pero os digo lo hecho: Cuando aparecieron esos sujetos, que identificó un Sacerdote como ajenos a Ankh em-Ptah, los interrogamos y encontramos esos tubos muy extraños entre sus pertenencias. Hablaban bastante bien nuestra lengua, casi como los Sacerdotes, como si la hubieran estudiado mucho, pero parecían desconocer algunas cosas fundamentales para nosotros, así que como no hablaron ni conseguí determinar su origen, pregunté a los barqueros. No habían cruzado el Nilo en ninguna parte cercana, entonces dirigí una expedición al Poniente y encontramos un poblado muy extraño, a dos días de marcha, justo donde acaba el Desierto Medio. Tienen cultivos, animales… Todo parece un poblado civil. Podrían ser tribus de Askarnam o de los BerArBer, pero no hay niños ni mujeres. La milicia debe ser de unos tres mil a cuatro mil hombres, viviendo en casitas muy precarias. Han evitado que parezca un cuartel, pero con dos días de observación cuidadosa no quedó dudas. Están alrededor del único promontorio alto de la región…

-Esperad, Unaptis. -le interrumpió Elhamin y se dirigió a los demás- Os voy rogar, camaradas, que me dejen solo con vuestro General. Pero no os vayáis muy lejos, que posiblemente deba llamaros.

Al salir los demás oficiales, siguieron conversando en intimidad y Elhamin explicó casi toda la verdad a su colega y subalterno. Tras indagar sobre la confiabilidad de sus oficiales, les llamaron y contaron también a ellos todo lo ocurrido, así como el hecho de que en el grupo, el que parecía un simple porteador, era alguien especial al que debería presentar formalmente. Fue a llamarle para continuar en su presencia las deliberaciones pero aprovechó que estaba todo el grupo reunido, así que tras breves conversaciones se trasladaron todos los expedicionarios y el grupo de oficiales de la guarnición a una estancia mayor.

Al llegar al recinto y empezar a ocupar lugares alrededor de una gran mesa, Elhamin ordenó a un guardia que enviaran camareros a servir bebidas y algo de comida, y luego se ordenó el cierre de servicios para deliberar en secreto. Unaptis se fijó en el porteador. Sin duda recordaba ese rostro, pero no acertaba a dar con el recuerdo completo. Ya servido todo el grupo y también los oficiales de la guarnición de Gavelade, Uasnum pidió silencio y cedió la palabra al General.

-Unaptis, -dijo Elhamin- este que parece un porteador, es el hombre al que una vez hicisteis caer de su camello cuando una lluvia de flechas le hubiera dejado como un cedazo… Pero… os lo dirá él.

-Unaptis. -intervino Isman - Os debo la vida. Vuestra valentía ya me es conocida. Habíais salvado a un simple soldado. Yo no valgo más que un soldado o un porteador, pero mi gratitud es tan grande que si no la digo haría un río de lágrimas. En aquella ocasión no os pude agradecer, había que seguir luchando, os llevaron herido y no tuve oportunidad. En esta ocasión debo seguir siendo para todos un simple porteador, pero Elhamin me ha pedido que os revele la verdad porque descarta que entre oficiales haya indiscreciones. Humildemente y para serviros, soy vuestro Faraón…

Los oficiales saltaron de sus asientos y se cuadraron militarmente, sin que nadie dijese una palabra, por lo que Isman continuó:

-Por favor, sentaos, ya os digo que soy simple soldado, porteador o lo que sea necesario. Pero como Faraón os ordeno el más absoluto secreto en cuanto a mí. Nadie debe saber dónde me encuentro.

-Ya podéis comprender -siguió Elhamin- la responsabilidad que tenéis, y no sólo se trata de guardar en secreto absoluto la presencia aquí de nuestro Faraón, sino todo respecto a ese cuartel enemigo que parece un poblado. Si la población se enterase antes de tiempo, andarían con desconfianza, sus días serían largos y amargos hasta que el problema se solucione. ¿Es posible que haya algún infiltrado entre los soldados?

-De ninguna manera, General. -respondió Unaptis- Doy fe de todos los que están aquí o en Gebelik, porque llevo yo mismo los registros. Los más recientes incorporados son cincuenta hijos e hijas de Gebelik, de familias conocidas. Ya sabéis que admitimos en el ejército sólo a gente de estirpe labriega, de constructores o lo que sea, pero sólo con cuatro generaciones en Ankh em-Ptah y nunca con tres, por más méritos que se posea. Lo que no podemos controlar siempre, es el personal de servicios, o los porteadores… Incluso el personal de los Templos, a veces es de poca confianza, porque muchos Sacerdotes no llevan disciplina militar y se confían demasiado a sus poderes. Al menos en mi región, hasta podemos confiar en los barqueros, que también son de familias conocidas hasta la cuarta generación y llevamos un registro puntual.

-Muy bien, Unaptis, -dijo el Faraón- siendo así me dejáis tranquilo respecto al personal militar, pero como os habrá contado Elhamin, ya fueron detectados dos espías que llevaban esos tubos a la guarnición enemiga que vencimos en el Sur. Ahora os vais a preparar para un enfrentamiento similar y cuento con que también vais a poder expulsar de Ankh em-Ptah a esos tres mil o más hombres con la menor cantidad de bajas que se pueda… Por ambas partes…

-Conozco el protocolo y los métodos, Faraón. Podéis estar tranquilo en eso también. Sólo que por las distancias, sería mejor llevarles hacia el desierto del Norte y dejarles al Naciente o al Poniente, como digáis.

-Eso lo decidiréis junto con Hilarión, que como sabéis, no sólo gobierna bien, sino que conoce todas las tierras del Norte y más allá del mar. Pero os dejaré un Comandante como testigo de operaciones tal como lo dicta el protocolo. A Ankemtatis lo necesitamos en el Sur… Dejaremos a un Invisible, a elección de Henutsen, y le nombraré Comandante.

-Vos, Azalema. -dijo Henutsen sin dudar ni un momento- Tenéis todo lo necesario para ser una excelente Comandante y además será bueno que permanezcáis cerca para encontrar a los sujetos de las huellas…

-Quedarme aquí como Comandante -dijo Azalema entre sonriente y sin aliento- me resulta un honor grande e inesperado, pero que acepto con entusiasmo. Sí, Maestra, estoy preparada...

-Azalema, -dijo Isman- vendréis con nosotros a Gebelik y os haréis cargo de dirigir las tropas de refuerzo, volviendo a Gavelade sólo cuando nuestro grupo haya partido hacia Karnak.

-Permitidme, Henutsen... -intervino Unaptis- Hay dos sujetos que ya están presos y que fueron el detonante de nuestro descubrimiento, es posible verlos ahora mismo, si os parece oportuno.

Azalema fue con un oficial a ver a los prisioneros, mientras la reunión continuaba, pero regresaron con la novedad que ninguno de los dos sujetos eran los buscados.

-Contábamos con que los cuatro que dejaron huellas al llevarse los tubos, fuesen esos de las piernas defectuosas y los dos que se suicidaron en Tekmatis, pero está claro que hay más.

.-Así es Faraón. -intervino Ankemtatis- Ninguno de aquellos suicidas tenía defectos evidentes ni eran tan grandes ni tan bajos. Ya hay un cuadro de seis espías. Si hay dos mil enemigos en ese poblado, debe haber un número de espías de al menos diez o doce. Lo que no entiendo es el recorrido de los tubos. ¿Venían de ese poblado-cuartel hasta aquí para llevarlos a Karnak y de allí a la fortaleza de Darsum?

-Eso es, Ankemtatis, -decía Isman- porque no sabían del túnel que lleva hasta Tekmatis y aunque lo supieran, habrían topado con el cierre que abrió Hempotepet y miles de carros de arena si conseguían abrirlo... Así que lo hicieron por la vía más lógica. Viajaron hasta aquí, luego hasta el Templo de Hathor en barco, donde han tenido los tubos poco tiempo. Por tierra sería largo y peligroso. Se les dio la cosa servida cuando se enteraron de nuestro viaje hacia Tekmatis... Pero les salió mal. Lo que no termino de entender, es qué habrían hecho con esos tubos en Darsum si seguramente ni sabrían usarlos, como no lo sabemos nosotros.

-Pues eso, Faraón, -respondió Elhamin- creo que lo sabrían en Darsum, ya que entre la gente que dispersamos, algunos saben mucho de metales y sus procesos. De todos modos, tenemos presos a los jefes en Tekmatis. Ya les haremos contar cosas sobre eso.

-Dudo que les sequemos alguna información. -respondió Isman- Ahora, queridos míos, debemos preparar nuestra partida hacia la lejana Tekmatis, pasando por Karnak y aprovechando a visitar mi casa. Resultará más largo viaje que por el túnel, pero más seguro que volver por allí, hasta que Unaptis haya cumplido lo suyo. Si no me equivoco, tenéis aquí menos de mil hombres disponibles, y unos cinco mil en Gebelik, pero hay que asegurar la victoria lo más incruenta posible, así que mientras subimos por el río, designaremos otros cinco mil hombres raleando un poco las fuerzas a lo largo del Nilo. Esperad hasta que lleguen esos cinco mil soldados y recordad que tenéis que tomar primeramente el ascensor, el promontorio donde se ubica… En fin, que tenéis que poner tres mil hombres en esa zona para evitar que huya alguien por ese agujero. Copiad los planos que ha ido haciendo Elhamin.

-Os comprendo perfectamente, Faraón, pero debo deciros que el General Amenhaton de Gebelik es quien debería recibir vuestras órdenes. Yo estoy bajo su mando.

 -Si me permitís, Faraón…-intervino Elhamin.

-Sois quien debe decidir. Adelante. -respondió Isman,

-Gracias, pues entonces, Unaptis, daré yo mismo las órdenes al pasar por Gebelik, pero quedáis Vos al mando de esta operación porque no quisiera que Amenhaton descuide Gebelik ni los territorios a la orilla del mar del Naciente, Ya tiene él bastante tarea con eso y se quedará casi sin gente. Así que quedáis al mando provisional de toda la Región Media al Norte de Gebelik, con Azalema como Comandante. Los cinco mil soldados de refuerzo harán algo de once mil en total, pero nadie volverá a su cuartel hasta que la operación sea concluida con total seguridad.

## Capítulo IX - El Pueblo y el Juego del Poder

Durante el día de descanso y preparativos, el Faraón, vestido como un porteador, salió en solitario a dar una vuelta por el pueblo, que tenía unos siete mil habitantes, aunque su fundación principalmente se hizo para instalar un cuartel y custodiar los extensos cultivos de árboles frutales y de madera muy dura, con los que se hacían las ruedas de los carros, los arcos y las vigas y remos de las barcas. Un carpintero que trabajaba en un taller muy grande, estuvo muy dispuesto a responder las preguntas de un porteador que supuestamente se encontraba en su día de descanso.

-Dicen que estas maderas son las mejores del país. ¿Es cierto?

-Los árboles de esta región dan las maderas más dura que jamás se haya conocido. Los Sacerdotes no saben por qué y a veces han creído que los agricultores tendrían algún secreto que no quieren decir, pero eso es una tontería. En Ankh em-Ptah no se guardan muchos secretos. Si empezamos a secretear las cosas no irían bien. Se tiene secretos con el enemigo, no con el paisano, con el vecino o con los Sacerdotes, que siempre están intentando enseñar todo lo que saben, incluso a los de cabeza más dura, como yo.

-¿Y Vos que la trabajáis no tenéis ninguna idea, una suposición...?

-Ideas tengo, pero nada que pueda probar. -decía el hombre sin dejar de tranajar con formones, martillos y cepillos de garlopa- He trabajado con maderas de todo el país y de las que suelen traer de las selvas del Sur. Incluso con los cedros de Oriente que dicen que estacionan en sales de Azogue y aguas mágicas. Pero ninguna es tan dura como este cerezo que usamos para los arcos, las arpas, los rayos de las ruedas de cuadrigas... No, amigo; si Vos que sois porteador queréis un carro bueno, no dudéis en pedirlo aquí. Supongo que tendréis alguno...

-Sí, y no me extrañaría que la madera fuese la de aquí, pero está hecho en Karnak...

-Si vuestra autoridad local... ¿Karnak? ¡Oh, claro! Allí reside nuestro Faraón. Intentamos siempre enviar lo mejor a Karnak. ¿Imagináis que un día suba el Gran Sacerdote Isman a un carro o una cuadriga y se le rompa una rueda? Él daría con su culo en el suelo, aunque seguramente se curaría rápido, pero la vergüenza que pasaría el que lo fabricó, el que hizo las ruedas y el que aportó la madera... Sería demasiada vergüenza hasta para el más irrespetuoso.

-¿Creéis que el Faraón merece tantas atenciones?

-Hace unos treinta años le vi con mis propios ojos y escuché su discurso. Más que discurso fue una clase magistral. Yo estaba con ocupaciones y no participé mucho, pero él se fue con la gente a comer, a conversar con todo el mundo como uno más. Casi todos los Sacerdotes son así, y los militares, pero alguno se cree ser más que los demás porque tiene un cargo. Mantiene cierta... Lejanía ¿Me entendéis? El Faraón no es así. Estoy seguro que si viniese por aquí haría lo mismo, se pondría a jugar con los niños, a consolar a un enfermo si lo hubiera. Creo que ese hombre es muy... Pero... Si Vos vivís en Karnak o vais por ahí algunas veces, seguramente lo habréis visto y sabréis más que yo.

-Sí, es cierto. Le conozco bastante bien. La verdad que no le caen mal las cosas bien hechas, pero él ha dicho que todo debe ser perfecto para todos. Y no le gusta mucho que le hagan atenciones especiales.

-Igual me supongo que tendrá muchos sirvientes y le cuidarán bien.

-Sí, claro que le cuidan y es lógico. Él también cuida de todos y trabaja de Faraón, que no es precisamente estar sentado en un sillón de vitalidad dando órdenes, como lo representan los antiguos grabados de los Hekanef. De hecho tiene uno que le fabriqué yo mismo y no tiene tiempo a usarlo. Hasta podría pasarse por aquí un día de estos y si no le conocéis, ni os daríais cuenta que es él.

-Pues si se pasase por aquí, se comería las mejores tortas de semillas de cerezo que podáis imaginar. Con lo justo, mezcladas con harina de trigo, que si se pasa la cantidad, puede hacer daño. Y perdonad que no me haya dado cuenta antes, que poco hospitalario he sido. Con la conversación y el trabajo, no os he preguntado si habéis comido ¿Me acompañáis en el almuerzo? El vino es de Ankharan y las tortas son de trigo muy cernido, semilla de cerezo con miel y pasta de dátiles...

Mientras comían, conversaron diversas cosas y el hombre pidió al forastero que le cuente cómo es el país más allá de Karnak, a lo que Isman dio algunas descripciones generales bien explicadas de lo poco que se conocía al Sur de Karnak, donde Aswan, a algunos días de marcha, era la última ciudad importante. El carpintero apreció aquellos comentarios como quien recibe el mejor regalo.

-Os pregunto porque he ido sólo una vez hasta Karnak pero no conozco más allá, -decía el carpintero- y justamente de Aswan me han llegado unos planos de este modelo de barco que estoy construyendo ahora mismo. Se puede desarmar y luego transportar para armar en otro sitio en sólo dos días... Pero os pregunto por otra razón... Es que también conozco todo hacia el Norte, incluso algunas tierras en la Hellás, más allá del mar, pero no conozco bien el Sur y es como un misterio con el que suelo soñar. Hace mucho tiempo que tengo sueños que se cumplen durante el día o unos días después... Y también sueño con unas remotas tierras que estarían más allá de Aswan...

-¿Y son sueños agradables esos respecto al Sur? -preguntó Isman.

-¡No, al contrario! Al final son buenos, pero siempre sueño con una guerra, con muchos muertos cuyos cuerpos bajan por el río ensuciando las aguas del Nilo... Una vez soñé que se hundía la barca en que iba el Faraón y había que rescatarlo de las aguas. Otra vez soñé que le veía muy preocupado, durante todo el sueño... Casi todo el sueño, era la preocupación del Faraón. Y fue tan vívido que llegué a pensar que el Faraón debe estar realmente preocupado. En realidad lo sigo pensando, cada vez que recuerdo el sueño... Pero bueno, queda una torta entera y yo no puedo comer tanto, así que adelante, que mañana mi mujer hará más. No vamos a esperar que venga el Faraón a comerla, ja, ja, ja, jaaa.

-Cierto, si no viene, él se lo pierde. A veces pienso que vuestro Faraón no es tan bueno como se piensa y quizá no merezca tanto estas delicias.

-Perdonad... Pero no me ha gustado lo que habéis dicho. "Vuestro" Faraón, en vez de "Nuestro". ¿Es que sois extranjero? ¿Qué derecho creéis tener para decir que nuestro Faraón no merezca lo mejor?

-¡Tranquilo, hermano mío! No os enfadéis, aunque sinceramente me alegra vuestra reacción. Pero no penséis mal. No soy extranjero. Sólo quería... Bueno, perdonad, pero sólo quería escucharos... Es que soy muy allegado al Faraón.

-¿Entonces sois espía a su servicio? -dijo el hombre confundido y casi decepcionado.

-No, tampoco soy espía. Los espías del Faraón hacen su trabajo en las fronteras, no con el pueblo. Por vuestra reacción diría que cualquier hijo de Ankh em-Ptah es un espía al servicio del Faraón... Lo que él merezca, claro que será lo mejor, pero ha dicho muchas veces que él no merece nada que no tenga hasta el último paisano de Ankh em-Ptah. Y os aseguro que así es su convicción... He abusado de vuestro tiempo y vuestra comida, pero os aseguro que un día vendrá el Faraón a vuestra casa exclusivamente a comer estas tortas hechas con tanto amor...

-Si le veis y se lo decís, decidle, para su conformidad, que mi mujer no las hará para él con más amor de lo que pone cada día al hacerlas para mí. Y será la verdad... Aunque siendo para el Faraón seguramente pondrá una mesa más bonita. Y Vos estáis invitado cuando lo queráis.

Isman saludó al hombre con un abrazo y partió buscando conocer más de cerca a su pueblo. Sería la centésima vez que lo hacía, pero nunca se había sentido tan en conflicto con su preocupación. Su pueblo amado no le daba más que satisfacciones. Mientras meditaba para destruir ese "enemigo interior", el "Yo preocupado" que le costaba combatir, se cruzó con un grupo de soldados, uno de los cuales iba desarmado y discutiendo con otros cinco, que parecían conducirle detenido. Les siguió por un tramo de la calle, escuchando lo que uno decía al desarmado:

-Nuestro pueblo lleva cuatro milenios de aprendizaje y más de cien guerras contra enemigos que salen de cualquier parte, de fuera de Ankh em-Ptah y a veces de adentro, buscando cambiar las normas políticas y económicas que nuestros Sacerdotes y Faraones han ido ajustado casi a la perfección a las Leyes Naturales enseñadas por los Hekanef, es decir los Hombres-Dioses que construyeron nuestro país. ¿No os dais cuenta que estáis haciendo una cosa absurda, que de extenderse entre tontos como Vos, puede hacer tontos a los demás?

-¡Tonto sois Vos! ¿Qué daño puede hacer estimular el ingenio con esas fichas del Juego del Poder? -respondió el aludido.

-¡Ni siquiera son fichas! Nuestras fichas sirven para llevar la cuenta de nuestros servicios, de cuántos Heqats produce cada agricultor, de cuánta madera producen los hacheros... Y todas vuelven al Regente, para no gastar metal innecesariamente, para que cada uno lleve buena cuenta de lo que produce. Ni siquiera las cuentan los Regentes cuando se devuelven, a menos que haya que racionar algo para repartir con justicia lo que se produce en poca cantidad. ¡Pero sólo tienen el valor representativo de nuestro trabajo!... Nadie cambia una ficha por nada, no sirven para cambiarse por nada y ya casi ni siquiera se usan si no es para que los agricultores lleven cuenta de su producción cada año.

-¿Os vais poner a explicarme lo que todo el mundo ya sabe? ¿No os dais cuenta vosotros, habláis de lo que sabéis pero no entendéis lo que significa el Juego del Poder? ¡De eso no sabéis nada!

Los soldados se miraron entre ellos algo confundidos y uno de ellos habló tras unas reflexiones.

-Nuestros jefes y los Sacerdotes nos han explicado muchas veces que los hijos de Seth intentarán siempre pervertir la economía que nos hace un pueblo fuerte, creando unos valores artificiales con los que se supone que se puede ser más listo, más feliz y más poderoso según se fuese más inteligente, así sólo los inteligentes tendrían la autoridad en todo. ¡Así que los tontos como nosotros estaríamos sometidos a los caprichos de los listos como Vos! Y en vez de tener Faraón, tendríamos un... Poderoso astuto... Unos pocos listos tendrían todo el poder, todo lo bueno, mientras que la gran mayoría sería... como decirlo... ¿Escaso? ¿Hambriento?, ¿Débil?

-"Pobres", es la palabra. -intervino Isman- ¡Pobres!, como los campos de sal y roca negra, que no dan agua ni hierbas. Disculpad, soldados... Soy un porteador que acompaña al General Elhamin ¿Le conocéis?

-¡Claro! -exclamó uno de ellos-¿Quién no conoce a nuestro mayor General y osaría llevar estas ropas y estas armas? ¿En qué podemos serviros? ¿Os habéis perdido en las calles de Gavelade?

-No me he perdido, pero no pude evitar oír vuestra conversación con este compañero vuestro y pensé que no sería una imprudencia por mi parte, explicaros algunas cosas, ya que por mi ocupación he podido recorrer todo Ankh em-Ptah, escuchando a los Sacerdotes, casi tanto como el General Elhamin y algunas veces, al mismísimo Faraón...

-Ahora mismo -respondía otro de los soldados- llevamos detenido a este tonto que se cree listo, porque el General Unaptis ha dado orden de detener y reeducar a la gente que se pone a jugar al Juego del Poder... Y ahora que lo pienso, si Vos estáis por aquí... ¿Es que el General Elhamin nos honra con su presencia en Gavelade?

-Así es. Ha venido con un grupo pequeño y está en vuestro cuartel, pero nos ha dado permiso para pasear hasta media tarde y no creo que dé una presentación formal en esta ocasión, salvo la inspección que hizo a la tropa de guardia. Creo que podríamos beber algunos zumos en una taberna y con gusto le explicaría a vuestro compañero, lo mismo que explican los Sacerdotes y el hasta el propio General Elhamin.

Dudaron un poco, pero finalmente los convenció de que no había nada de malo en demorar el arresto formal del soldado. A poca distancia había una taberna pública, donde les sirvieron zumos de piña, dátiles y un refresco hecho con miel, agua y cebada. Isman pidió cerveza.

-Vos que no estáis de servicio, podéis pedir cerveza o vino, que seguro que no estará nada mal... ¿Cómo es vuestro nombre?

-Osireteb... -respondió Isman sin titubear, porque había previsto que le preguntarían su nombre y él mismo había hecho un ruego popular mediante un bando, muchas décadas atrás, que no pusiesen su nombre a los niños como homenaje al Faraón, ni como nombre provisorio, tal como era costumbre, hasta que la persona tenía edad suficiente para elegir su nombre. Los Isman que había en el país, eran pocos varones ya ancianos, nacidos antes de su nombramiento o muchos años después. El ruego no fue para conservar su nombre como especial, sino para facilitar que los niños eligiesen su nombre definitivo sin estar ligado al del Faraón, cosa que se hacía a los diez o doce años. Le resultaba desagradable mentir, pero dadas las circunstancias, sintió que ahora debía hacerlo.

-Nosotros no bebemos cerveza ni vino estando de servicio, porque ya sabéis que tiene esa esencia que se sube a la cabeza, pero Vos, un carretero que además no estáis de servicio, os recomiendo la cerveza oscura, que es muy buena en estas tierras...

-Imagino -dijo Isman- que estando delante del porteador de vuestro General, no os atreveríais...

-¡Por Osiris, Osireteb, que no os había tomado por un alcahuete! Y no importa que el General estuviese aquí o en el otro lado del mundo. Si tenemos el honor de ser soldados del Faraón de Ankh em-Ptah, es porque tenemos conciencia y disciplina... Además, el tabernero no serviría esas bebidas espirituosas ni a su padre si fuese un soldado uniformado... Pero bueno, comprendo que siendo un porteador, no entendáis lo que significa ser soldado.

-Me encanta oíros hablar de esa manera, no sabéis cuánto...

-Pues no vamos a esperar nuestras bebidas para oíros decir lo que queríais explicar a nuestro compañero, que también nos interesa...

-Muy bien, -decía Isman- porque antes de quedar formalmente arrestado, sería bueno que vuestro compañero conozca una historia que viene de lejos, hasta muy cerca. No la haré larga. Hace cinco mil años, cuando los Hombres-Dioses reconstruyeron Ankh em-Ptah, dejaron escrita la historia de Aztlán, que habéis estudiado en la escuela, como terminada mil años después de la reconstrucción. Lo que no se ha enseñado lo suficiente, es que los Aztlakanes llegaron a gobernar el mundo entero, pero cayeron en la esclavitud de unos pocos hombres muy astutos, que impusieron una forma de vida basada en un valor sin valor alguno, es decir en unas piezas de metal como las fichas del Juego del Poder, que ni siquiera eran de oro. Y aunque lo fueran, el oro es útil pero nunca tanto como el alimento, las telas, los animales, el agua, el aire... La Consciencia del pueblo quedó atrapada en esas fichas falsas... Y llegó un momento en que ni siquiera usaban ya esas fichas llamadas denarios, que no servían para nada, pero que sin ellas nadie tenía nada, ni siquiera comida. Tras cambiar la economía distributiva por una economía de valores artificiales, imaginarios, cambiaron los denarios por un sistema de datos que controlaban con unas máquinas, como las que están pintadas en el Templo Sekhmet de Abydos, donde se explica cómo la consciencia de las personas se fue pasando a las máquinas, a los meros datos y terminaron todos esclavos de unos pocos que las sabían manejar o de unos dirigente políticos que nadie había elegido. En esa época vivía mucha gente y era imposible administrar tantas fichas que para colmo, la gente fabricaba por todas partes aunque estaba prohibido. Encima que las fichas eran falsas porque no representaban trabajo, había otras fichas más falsas todavía, si cabe. Finalmente, para evitar las falsificaciones, tenían un sistema donde los denarios y los datos eran toda la abundancia, pero quien no pudiera demostrar que los tenía, era pobre, aunque trabajase todo el tiempo.

-¿Cómo se puede crear una economía con fichas sin valor, datos y máquinas? -decía uno de los soldados mientras el tabernero llenaba la mesa con jarras y pequeñas tortitas de cereales- La economía se crea administrando lo útil... Como estas tortas que hay de mil clases y tienen como diez componentes venidos de diversas tierras y están al alcance de todos en todas partes, desde los almacenes públicos hasta los sitios más apartados o las tabernas y bares. Nos lo explican en la escuela pero creo que la mayoría no hemos podido comprender del todo esa historia.

-Por eso -dijo Isman- he dicho que no se enseña lo suficiente. Algunos de los Hombres-Dioses, convertidos en hijos de Seth, que en realidad eran nuestros ancestros, aunque había varias razas, crearon un control de economía esclavista que ni siquiera usaba fichas sin valor de trabajo, sino simples datos, pero no fichas, y que tampoco representaban trabajo, servicio o bien material alguno. Les llamaban "virtudes". Era como decir: Osireteb tenía tantas virtudes en algún lugar de aquellas máquinas y las podía cambiar por cualquier cosa y todas las cosas tenían un grado de valor de tantas "virtudes". Los más listos, haraganes perezosos, que tienen el demonio interior que les hace someter a otros a sus caprichos, conseguían más virtudes que los que estaban ocupados en trabajar, labrar la tierra, criar los animales o producir cualquier cosa realmente útil. Tantas virtudes tenía uno, más parecía valer, porque más poder tenía sobre los demás, aunque no había virtud alguna ni en la persona ni en el sistema. Ni siquiera era ya en un pedazo de metal.

-Entonces -dijo un soldado- esto del Juego de Poder es igual, sólo que estaría empezando con lo de las fichas sin valor en relación a ningún producto ni servicios, ni... ¿Pero cómo puede luego la gente, creerse que se trata de algo más que un simple juego? Entiendo que puede parecer bueno y después ser muy malo, pero habría que estar loco para creerse que el Poder alcanzado mediante el juego, en el que sólo se tienen unas fichas sin valor, puede ser algo real...

-Sin embargo -continuó Isman- la gente empezó a tomarse el juego como algo muy importante. Ya sabéis que no es tan malo jugar por divertirse, pero aún hay ciertos problemas con los que quieren vivir jugando. Con este asunto ya no era un inocente juego, pues se suponía que ganar más denarios o virtudes les marcaba como más inteligentes ante los demás. Pero el demonio esclavista que se iba apoderando de la gente, les hacía creer que ser más listos les hacía "superiores", en vez que más responsables hacia los demás. Y más aún cuando los denarios fueron reemplazados por virtudes para la mayoría de las cosas. A tal punto que poco a poco empezaron a cambiar vacas por virtudes, comida por virtudes, armas por virtudes... Algunos hasta llegaron a robar cosas para cambiarlas por denarios o por virtudes.

-¿A robar cosas? -decía el detenido- Eso se hace con el enemigo...

-Y no sólo empezaron los robos entre paisanos... ¡Sino entre los miembros de las propias familias! Lo que no sabía la gente, era que los administradores de las virtudes que aparecían como moderadores de un simple juego, divertido y útil porque hacía a la gente más inteligente... Eran unos pocos genios del engaño que en nombre de Seth, deseaban apoderarse del mundo entero. Trasladaron al plano mental todos los valores, en vez de mantenerlos en la realidad de la vida, así que los Sacerdotes, militares, regentes, incluso sus faraónes, se tuvieron que someter a los mandatos de los moderadores del juego, que con engaños matemáticos, se iban quedando con bienes materiales de toda clase.

-¿Y cómo pensaban esos dirigentes? ¿Eran poco listos? -preguntó el soldado arrestado-¿Acaso no los elegía la gente?

-Cuando los dirigentes cedieron, algunos engañados y otros se hicieron cómplices de los moderadores, por miedo o por codicia, hasta se pudo cambiar tierras, minas, barcas y templos, por esas "virtudes".

-¡Pero esos no son objetos de particulares! -exclamó otro.

-Claro que no, -continuó Isman- pero ya podéis imaginar lo que pasa si la gente depende de un valor artificial, algo que no tiene más fundamento que los caprichos de un "moderador" que no es soldado, ni Sacerdote, ni Regente, ni Faraón, sino alguien que nadie elige directa ni indirectamente para gobernar. Como luego las tierras pasaron a ser propiedades de particulares, se tuvieron que establecer derechos de riego, controles para que unos no roben agua a otros... Controles para que no roben denarios o virtudes o documentos de propiedad, y el gobierno sólo era un cómplice de los moderadores del Juego de Poder, quienes finalmente ponían como gobernantes a sus secuaces. Entonces tuvieron que hacer leyes y más leyes, en vez de tener como nosotros una ley general y una ley militar adecuada lo mejor posible a las Leyes Naturales y los jueces determinan por reglas de sabiduría. Ellos tuvieron que crear miles de jueces, porque vivían en constantes disputas, incluso entre vecinos y parientes...

-¿A tal punto de desorden puede llegarse con ese juego? -dijo otro de los soldados- ¡Es una locura!... Vivirían temiendo unos de otros... ¿Y quién hacía tantas leyes? ¿Un Faraón dedicado sólo a hacer leyes?

-A ese desorden y más. Toda clase de crímenes y robos. No conozco muy bien cómo era el sistema, ni cómo se las arreglaban para hacer tantas leyes, pero los soldados como vosotros, en vez de ser parte del pueblo, de estar alistados para proteger al pueblo y al país, eran siempre de otros pueblos, no de donde tuvieran que actuar porque estaban para reprimir a los que no se atenían al Juego de Poder. Y en vez de ser soldados como vosotros, lo eran por lo mismo que se movía todo lo demás, ese valor artificial, sean falsas fichas o virtudes. Imaginaos que en vez de proteger al pueblo, como esposos, hijos y padres en Ankh em-Ptah, se hagan ejércitos de orientales o de las tribus del Sur...

-¡Pero eso es impensable, Osireteb! -dijo el soldado detenido.

-Así lo explica la historia del Libro de Askaruma Edda, que versa sobre todo el pasado del mundo, la política y otras cosas... Incluso las armas, cuando el Juego del Poder quedó instaurado, ya no estaban en manos del pueblo, sino que se podían cambiar por denarios o virtudes, así que se convirtió en una industria de particulares, que para ganar más virtudes, tenían que promover su uso, es decir asesinatos y venganzas, asaltos entre personas, con el sólo objetivo de robarse entre ellas los denarios...

-Me parece que a este detenido, nuestros jefes le van a colgar de...

-No os apuréis soldado. -dijo Isman- Que se lo estamos explicando para evitar que estas cosas ocurran aquí... Como podéis imaginar, sembrando un poco de cizaña entre los pueblos, se fabricaban armas para cambiar a todos por virtudes. Los pueblos caían en la trampa sin comprender que los que fabricaban las armas y los que manejaban las virtudes eran aliados. Había revueltas sociales, como es lógico, entonces prohibieron a los civiles tener armas para que no se puedan defender ni de los ladrones ni de los gobernantes que eran más ladrones. Sólo los criminales y los ejércitos tenían armas...

-Nosotros no tenemos esas prohibiciones, aunque moderemos su uso entre los civiles en algunas ocasiones. -dijo un soldado.

-Claro, pero es que muchos se daban cuenta de que se vivía ya en la esclavitud, entonces instauraron un ciclo de supuestas elecciones, pero sin Asambleas, de modo que los moderadores presentaban a cuatro o cinco de sus empleados como supuestos revolucionarios benefactores, pero con dos métodos o supuestas "ideas políticas" diferentes y opuestas, como los del Agua y los de la Tierra. Unos decían que los gobernantes debían asegurar el bienestar del pueblo acumulando virtudes y administrándolas, mientras los otros decían que cada uno debía arreglárselas como puedan y a eso le llamaban "libertad de acción", así que el pueblo acababa entretenido y dividido, enfrentado entre dos cosas que no tienen nada que ver con la ciencia de la política. Todos los supuestos elegidos prometían que acabarían con la pobreza y las injusticias creadas por la falta de virtudes... Unos decían que el Estado debía administrar todo y se auspiciaba la pereza, porque al final no se trabajaba por Amor, sino para ganar virtudes o denarios...

-Perdonad… -dijo el arrestado- ¿Es que acaso podríamos llegar a eso con el Juego de Poder? ¿Realmente es posible?

-Claro que es posible. -respondió Isman- La energía mental y la energía del trabajo se transfierían a esas virtudes o denarios, se concentraba en eso que resultaba, como ahora a Vos, una necesidad de adquirir fichas. Pero no os dais cuenta que es fácil para los moderadores del Juego, decir *"No hay más fichas"*. Retiraban cierta cantidad de fichas de circulación y todos se asustaban y se producía una crisis tan ficticia como las virtudes pero todo el mundo quedaba en la pobreza, y la gente creía que elegía algo. Luego crearon una serie de servicios que regulaban todo con leyes y más leyes, como si no fuesen perfectas las Leyes de Toth. Si para conocer las Leyes básicas del Mundo y la Naturaleza necesitáis ocupar hasta vuestra adolescencia y no nos alcanza la vida para aprender todo lo que deriva de ellas, ya os podéis imaginar lo que significa para un pueblo, vivir sometido a infinidad de leyes inventadas por gente que ni respetaba ni quería conocer las Leyes Naturales, y que además, cambiaban las normas cada pocos años…

-Si no fueseis un porteador del General Elhamin, -interrumpió uno de los soldados- hablando cosas que más o menos nos ha explicado el Sacerdote Olekram, cualquiera diría que estáis mal de la cabeza. No se puede creer, porque no se puede entender que la civilización de los Hombres-Dioses hubiera podido ser el colmo de estúpida… Pero perdonad mi interrupción, seguid, por favor.

-Así las cosas, -siguió Isman- los denarios y las virtudes pasaron a ser como la sangre del cuerpo social, intoxicada por la codicia creada en la mayoría, controlada por unos pocos, como una droga que no sirve para nada, pero sin la cual nadie tenía para comer, ni vestirse, ni un burro, ni un camello, ni tierra para cultivar, ni agua… Ni la gente podía sentarse en una taberna si no llevaba denarios encima o si no tenía virtudes que pudiera demostrar ante una máquina. Por eso unos sabios que se dieron cuenta de cómo acabaría aquello, crearon Ankh em-Ptah. No para ese pueblo tan atontado cuyas suertes estaban echadas, sino para los pocos que se daban cuenta de la trampa en que habían caído, una realidad llena de engaño. Se producían guerras por el poder, así que también pensaron los sabios honestos, que había que preparar una buena herencia no sólo para los supervivientes, sino también para los que vinieran después, cuando toda la gran civilización estuviese acabada. Había que conservar lo más importante, que es la Sabiduría Sagrada… Así es como nuestro pueblo resultó heredero de esta Gran Escuela, al igual que otros pueblos más allá de las tierras y mares conocidos…

-¡Imaginaos con este calor -decía otro soldado- que no lleváis esas fichas y el tabernero no pusiera zumos, comida o lo que os haga falta! ¿Me permitís que lo diga en otras palabras y con algunas cosas que aprendí en la escuela, para ver si hemos entendido bien la historia?

Todos, incluso Isman, aprobaron enfáticamente pidiendo al soldado un pequeño resumen de lo entendido y éste comenzó.

-Unos listos muy listos inventaron en la civilización de Aztlán, un juego que se hizo de interés social o algo así, con fichas que no eran como las nuestras, porque no representaban trabajo ni objeto alguno, ni un capazo de trigo u otro bien material. A cada cosa se le puso una cifra que podía variar. Los que conseguían más fichas según esas variaciones, eran más listos que los otros. Algunos habían caído en la trampa y se convirtieron en instrumentos de Seth, fabricando con metales, esos objetos que parecerían el mejor amuleto. Quien tuviera más de esos, alcanzaba mayor poder. Al principio se hacía como juego, con el pretexto de que servía para aumentar la inteligencia más que cualquier otro y además se suponía más justo porque daba más a los más trabajadores, cosa que era mentira. ¿Incluso daba más poder que los juegos de guerra?

-Incluso más, -afirmó Isman- porque las guerras a partir de ahí, fueron más abundantes, al aumentar la codicia de los hombres. Y además, las provocaban los mismos moderadores del juego, para mantener a la población en una cantidad limitada de personas. Porque con las reglas establecidas por el Juego de Poder con valores falsos, no hay mundo que alcance para vivir. Grandes extensiones de tierra pasaron a ser de unos pocos, mientras otros se hacinaban en ciudades en las que no se podía ni respirar. Como comprenderéis, no es "inteligencia" lo que se aumenta con esos juegos, sino su hermana más pobre y traidora, que es la astucia, o sea Inteligencia sin Amor. Y ya sabéis que los astutos van perdiendo poco a poco la inteligencia auténtica y acaban mal por ser perseguidos o porque se vuelven idiotas, en una encarnación o en la siguiente. Luego esos pueblos ignorantes claman a su dios por las tristezas de tantos niños que nacen atrofiados, sin saber que es sólo el producto de sus propias acciones... Continuad, soldado, por favor, que vais muy bien.

-Otro pretexto para imponer una economía basada en objetos sin ningún valor real, es que la abundancia podía ser llevada en la bolsa, fácilmente, sin que sea necesario transportar trigo, ropa, minerales o todo lo que se tiene que transportar. Pero eso es una de las más grandes tonterías, porque nadie come denarios ni virtudes. Y nosotros, que no usamos ni denarios ni virtudes, tenemos trigo y variados frutos en todas partes, bebidas en todas partes, animales en todas partes para el que lo necesite, barcas para ir a todos los sitios por donde pasa el río, riqueza real y abundante en todas partes y no necesitamos andar llevando fichas para usar lo que necesitemos. Y si unos listos quisieran ahora hacernos esclavos de Seth, lo único que podrían hacer, ya que les hemos derrotado siempre por las armas y la sabiduría, es hacernos caer otra vez en las trampas de los Juegos de Poder, llevándonos a usar un valor artificial que ellos controlarían y que nos privarían de todo lo bueno que disfrutamos. En vez de que si una casa resulta buena en su construcción porque los canteros o los albañiles descubren un sistema mejor, se desparrame la noticia para que todos los demás lo hagan mejor aún, resulta que no se podría hacer porque las piedras hay que cambiarlas por denarios o virtudes, el tiempo de trabajo, lo mismo, las cañas, el barro, la cal, los ladrillos, los carros, los andamios, los... ¡Todo, todo, todo!... Habría que estar cambiando todo por virtudes o denarios que sólo los más listos con los números y el engaño de las fluctuaciones del valor, manejadas por los moderadores, pueden reunir en suficiente cantidad. Resulta impensable que la gente que se cree lista, confíe en un sistema de economía tan insustancial, que transformaría a los hombres en codiciosos, ya no de un mejor cuchillo, una mejor casa, una hamaca mejor o un mejor carro, sino de fichas sin valor real... He terminado.

-Así es, soldado. -dijo Isman- Veo por los rostros de vuestros compañeros, incluso por las lágrimas de éste que lleváis arrestado, que la cosa ha quedado bien comprendida. Con valores artificiales, lo que es del Estado, es decir "de todos", acaba quedando "privado" para todos, siendo cada cosa de cada uno, sólo tendríamos privaciones. Un ejemplo: En Ankh em-Ptah ni la sequía, ni la excesiva lluvia, ni las plagas han conseguido jamás producir pobreza en ningún sitio porque el Estado reparte equitativamente todo, y a veces ni siquiera interviene el Estado porque la gente corre a salvar a los que tengan algún problema. En algunos casos cuando me he enterado de algún desastre y he... ido por mandato del General o del Faraón con la ayuda necesaria, ya estaba todo arreglado por la gente, ayudada por los que estaban más cerca. Pero si se extendiese el Juego de Poder, el verdadero Poder, del que hoy goza el pueblo, quedaría en manos de gentes que nadie conoce. Cada uno sólo querría salvarse a sí mismo y como mucho, a su familia. Aunque se hicieran acopios a modo de parches, las cosechas perdidas serían un desastre para el agricultor y nadie le ayudaría. Cada uno ahorraría virtudes para cuando se hiciese viejo... Más le valdría tener muchas, porque la gente en vez de cuidar a los viejos, les arrojarían a las calles en vez de tenerles como nosotros, honrados, protegidos y queridos en asilos mejores que nuestras casas hasta sus últimos días.

-Como veo que sabéis mucho, Osireteb, -dijo otro soldado- y tenéis más camino andado que nosotros, debo aprovechar para preguntaros... Disculpad que os saque del tema. ¿Hay alguna razón práctica por la cual mantengamos a los ancianos al cuidado de jóvenes y médicos, en vez que mantenerles en nuestras casas, incluso cuando están sanos?

-Claro que la hay. Los hijos jamás deben cuidar a los padres y así lo determina la Naturaleza. Incluso en las familias mejor educadas, hay en el Ka del pensamiento, leves resentimientos ya olvidados, tanto de los padres como de los hijos, pero que a los hijos les pesaría más porque cada uno debe hacer la propia vida, no la de los padres. Ningún animal en la Naturaleza cuida de sus padres, porque no es Ley de Vida hacerlo. Pero no somos animales, así que otras personas deben cuidarles por nosotros. Entonces se les cuida con todo lo mejor y como sabéis, los jóvenes voluntarios van de a dos por cada anciano a hacerles mejor la vida y aprender de ellos, además, los hijos no suelen ser médicos y aunque lo sean, la vida de ellos no suele ser compatible con lo que les queda de vida a los padres. Sin embargo ya sabéis que las mejores ideas de los Regentes y de los jueces de las Asambleas de las Calles, las extraen de las reuniones en las Casas de Ancianos. Los hijos y nietos les visitan y disfrutan de ellos sin tener que sufrir verles en la decrepitud. En ellos y con ellos aprenden los médicos a luchar contra la muerte y al menos dos de cada diez, hacen Ascensiones al Reino Natural de los Cristalinos, que son peligrosas para los habitantes de una casa cuando ocurre allí. Por eso los asilos tienen esos tanques en la piedra, lo más parecido posible a los que nos dejaron los Hombres-Dioses, los Hekanef.

-Ya veo, Osireteb, que sois más instruido que la media, así que os aprovecho, si me lo permitís... ¿Por qué en algunos lugares donde la gente es más ignorante, hay más enfermos aunque comen lo mismo, beben la misma agua limpia, la misma cantidad de cerveza y tienen el mismo aire? ¿Acaso hay defectos de nacimiento que determinan los dioses, como dicen algunos?

-Es raro encontrar a alguien enfermo, pero es cierto lo que decís. En algunos casos, la semilla de la vida se degenera, como en las plantas, entonces un hijo sale con un defecto notable. No es culpa de nuestros dioses ni de nadie, a menos que haya culpa en el recién nacido, que trae de vidas anteriores. En esos casos, ya sabéis que las leyes son bastante tolerantes. Los padres pueden pedir al sacerdote que mate al niño en un caso extremo de invalidez, si aún no tiene diez días de vida, para que vuelva con un cuerpo mejor y él puede hacerlo o no, según su saber, o pueden afrontar el reto que significa criar a un niño defectuoso. Pero eso ocurre en uno cada cientos de miles de nacimientos. Ciertos grupos familiares o pueblos algo aislados donde hay poca instrucción es donde hay más enfermos y estoy enviando… Digo… llevando más médicos que curan el Ka… Quiero decir que les llevamos por orden del Faraón... Los médicos tienen tres grados principales. Los del Bah curan sólo el cuerpo material y son los más solicitados en las batallas o los accidentes, pero luego aprenden a curar el Ka, entonces curan también los pensamientos, emociones y la energía de la Vida. Luego están los médicos sacerdotes, que son los más expertos y curan el Lah, o sea el Alma, la memoria divina que vuelve a la vida después de la muerte. Creo que todo esto ya lo sabéis… Bien, pues los médicos que tratan el Ka están haciendo campañas con las que apenas hay enfermos en el país. Prácticamente, es imposible enfermar si hay consciencia y Katarisis, o sea purificación de las emociones. ¿Por qué nunca se enferman los soldados?

-Yo creo, -dijo uno de ellos- que es porque el entrenamiento es tan duro que sólo quedamos los que tenemos buena salud de nacimiento.

-Y yo os aseguro -dijo otro soldado- que la salud es secundaria, porque quedamos reclutados sólo los que tenemos gran vocación y hacemos lo que nos gusta… ¿Quién se perdería una campaña, un viaje, una patrulla de exploración descubriendo nuevas cosas, porque le duelen las tripas? ¡Unas sales amarillas de Ankhara, una cagadera y estamos curados!... Si están bien la cabeza y las tripas, está todo bien… Una pregunta más y dejo de agobiar ¿Por qué se mueren los viejos si están sanos y felices? Mi padres, por ejemplo, están en el asilo porque ya no tienen fuerzas para trabajar y casi ni para caminar, pero sí la tienen para cantar, para hacer el amor, para ayudar a los jardineros…

-Y así estarán, seguramente, -dijo "Osireteb"- hasta agotar la Energía de la Vida sobre la que sabemos poco. Si han seguido el Camino de la Cobra como se enseña en los Templos, no morirán, no dejarán cadáver. De lo contrario, morirán de vejez, que aunque nos parece normal por verla en casi todos los seres del mundo, es una enfermedad; la única que no hemos aprendido a combatir del todo, pero os aseguro que el Faraón y algunos sacerdotes se ocupan en ello. Todavía hay dos de cada diez Ankemtamitas que en vez de morir asciende al Reino Cristalino y es posible que ese porcentaje aumente, si se mejora la educación…

-Al menos, -agregó el que había preguntado- no nos tenemos que preocupar por los cuidados durante la vejez. Según mis padres, están viviendo la etapa más feliz de la vida, aunque sea la última…

-Entonces, es que están alcanzando la sabiduría del tiempo, han vivido y viven con Amor en equilibrio y eso es bueno. Pero hora, enlazando con el tema anterior… ¿Os imagináis, si se imponen los Juegos del Poder, qué ocurriría con los ancianos que no tienen nada para cambiar por virtudes ni denarios? Y además, me pregunto… ¿Qué pasa con las fichas y virtudes de los muertos? ¿Quién se queda con ellas? Si se heredan, ¿Cuántos hijos de familias pobres estarían esperando que mueran sus padres para poder comer y vestirse?

-¡Terrible, terrible…! amigo porteador, pero este ignorante no sé si lo ha entendido. -dijo uno dando una colleja al compañero arrestado.

-Pareciera haberlo entendido muy bien… -replicó Isman- y no ha podido contener sus lágrimas en todo este rato. No creo que llore por temor a la reprimenda que le espera…

-¡Lo he entendido!... Claro que lo entendí, porteador. Igual no me voy a librar del castigo que corresponda, pero bien merecido lo tengo. Me habéis demostrado que soy un ignorante… pero ahora no tanto. Os lo diré… Ya sea el soldado o el porteador, o el limpiador, el barquero o el agricultor, tenemos en nuestro país un verdadero Poder. Porque todos intervenimos en forma directa o indirecta en las elecciones y en las decisiones, hasta el punto que los Generales, como el Concejo de cada provincia, deben obedecer a las Asambleas de la Calle, y hasta el mismísimo Faraón debe rendir cuentas al Concejo y mostrar en el duro Heb-Sed que puede a mano desnuda contra un toro, que es capaz de sortear los laberintos de las serpientes y que sabe todo sobre el pueblo. Sí, camaradas, lo he comprendido. Estaba cayendo en el truco inmundo de los hijos de Seth. ¡Y me estaba creyendo más listo que los demás!... Ciertamente, si siguiésemos por ese camino, mi anciano padre, que es poco inteligente… Bueno, quizá más inteligente que yo, podría perder su casa, el campo que trabaja desde hace años y nos ha dado tanta abundancia, así como el derecho a sacar de los almacenes todo lo que haga falta, incluso cuando la lluvia y la piedra arruinaron la cosecha. Y cuando nazca mi hijo, si ese Juego de Poder sigue vigente, podría perder todas las fichas, como ya me ocurrió una vez, y si de ello dependiese no tendría nada para cambiar por leche, por comida… A vuestra pregunta, os diré otra treta con la que me han engañado: Me dijeron que las fichas que uno tenga, cuando muere se las quedan los hijos. Pero ahora que lo he entendido, si uno no tuviera ninguna, los hijos quedarían sin nada… Si no entendiese lo que me habéis explicado o no fuera cierto que me haya dado cuenta de los mil engaños que encierran las fichas falsas, cierto que me merecería padecer la más inmunda pobreza, como el que se pierde solo en el desierto y le acechan los chacales esperando que esté medio muerto para comerle as tripas...

-Los chacales -dijo Isman- no son tan peligrosos. Nunca serán la causa de vuestra muerte y si tenéis esa oportunidad y les habláis, os indicarán por donde volver a casa. Los hijos de Seth no se pueden comparar con ningún animal, salvo la hiena hocicuda que lo representa, de las que ya casi no hay porque se comen a sus crías. Ni siquiera los cocodrilos, que sólo tienen un primario instinto y comen para alimentarse, serían capaces de tener esclavos. Imaginad lo que pasaría si en vez de tener en todas partes todo lo necesario, posadas para dormir, tabernas para comer y beber lo que se quiera en todas partes, casi como en vuestra propia casa, barcas para cruzar el río, almacenes donde retirar la ropa que os haga falta, instructores, sacerdotes y médicos para curaros o para resolver cualquier confusión que tengáis… Resulta que todo lo que disfrutamos por el legítimo derecho de pertenecer al país, cualquiera sea el sexo, edad o grado de inteligencia y capacidades, con tal abundancia que nada se niega ni a los extranjeros, sólo podría tenerlo quien se convierta en hábil acaparador de denarios o de esas falsas virtudes.

-Lo he entendido, Osireteb, lo juro. -dijo el amonestado- Comprendo que luego todo el pueblo tendría miedo a no tener lo básico, y cada uno desearía tener más y más cosas, en vez de ser mejor y vivir tranquilos como vivimos, porque al final las cosas son más reales que las virtudes o denarios con que se consiguieran, incluso si se es hábil para conseguir suficientes. Y surgiría algo parecido a la codicia. No por algo llamativo, sino por todas las cosas, incluyendo hasta la comida… ¡Por los dioses, que me muera ahora mismo si no es verdad que lo he entendido…!

-Me alegra ver que realmente lo habéis comprendido. Ahora vais a perdonarme, pero quiero continuar mi paseo un rato más. Ya que vosotros vais al cuartel, por favor decidle al General Elhamin que su porteador regresará al final de la tarde.

-Muy bien, Osireteb. Sin duda, aprovecharemos para agradecerle que decida sobre este "listo" sin castigarle con guardia doble, después que el General Unaptis le dé una buena patada en el trasero.

-Elhamin suele llevarse por mis consejos… Id directamente con él y decidle lo que ha ocurrido y que su porteador le ruega que perdone a este insensato que ha recobrado la sensatez, aunque le amoneste…

El arrestado le dio un abrazo y agradeció su implicación en el asunto. Isman sintió en su corazón la franqueza del arrepentido y observando sus colores etéreos se quedó tranquilo sobre la comprensión manifestada. Saludó a los soldados estrechando sus manos, entró al local para despedirse del tabernero agradeciendo lo fresco y gustoso de la cerveza y continuó calle abajo, conversando con varias personas. Ya casi de noche regresó al cuartel y se encontró con el grupo listo para cenar con el Sacerdote Olekram y el General Unaptis.

-No imagináis, Isman, -decía Elhamin risueñamente- como me he reído esta tarde, con los soldados que me enviasteis. Como son de la confianza de Unaptis, les dije quién sois. El arrestado no sabía si reír o llorar, mientras decía *"He abrazado al Faraón, he sentido su poderoso corazón contra mi pecho. Ni yo mismo lo creo, pero voy a morir de vergüenza..."*

-Bueno, espero que no le hayáis castigado duramente.

-Pues sí. Bien duramente... -intervino Unaptis- No es de los gustan demasiado de la pluma, pero tendrá que escribir con lujo de detalles su encuentro con el Faraón. Una vez que yo lo apruebe, tendrá que escribirlo cien veces y repartir el escrito como bando del Comando por todas las tabernas de Gavelade. La sentencia está a la espera de vuestra aprobación. ¿Habéis pensado algo mejor?

-No es que me guste mucho la idea... Pero si es útil, que sea. Queda claro, es que los hijos de Seth están probando nuevamente la táctica de pervertir los valores mediante fichas sin valor. Habrá que disponer un grupo inteligente que encuentre a los moderadores y ya seguramente habrá una especie de escalera de falsos moderadores, usando a los más tontos que se creen los más listos entre nuestro pueblo. No será fácil llegar a los verdaderos causantes, pero hay que moverse rápido. De los cinco que trajeron al arrestado los dos más bajitos y el de cabeza más grande, son adecuados para hacer espionaje. Muy listos, patriotas y con acento de Sur, de modo que seguramente no serán muy conocidos aquí.

-Efectivamente, Faraón; sois muy observador. Nadie les conoce porque son de Ankaran, han venido para completar los cursos de fabricación de armas, con excelentes recomendaciones de sus jefes. Esos tres sabrán infiltrarse bien entre los jugadores de esa aberración. Y sabemos que un solo hombre eficiente es capaz de averiguar mucho más del enemigo, con menos riesgo. Os garantizo que antes de emprender la campaña contra los del Oeste, habremos descubierto a sus infiltrados aquí ¿Creéis que hay relación entre esa gente y el Juego de Poder en Gavelade?

.-Más que creer, estoy convencido. -respondió Isman- Recordad que los hijos de Seth suelen hacer esas infiltraciones cuando tienen una fuerza militar suficiente para tomar el poder por la fuerza, una vez que han desestabilizado a la población. Ya ha ocurrido así en todas las guerras que hemos tenido, aunque no debemos descartar que inventen trampas cada vez más refinadas. ¿Cuánto hace que habéis detectado el inicio de los Juegos de Poder?

-Muy poco, Faraón. Lo han hecho sigilosamente. Cuando lo hemos sabido, hace unos cuarenta días, había unas mil personas involucradas en el juego. Aún les habría llevado un año involucrar a más de la mitad del pueblo de Gavelade y otros dos años para una desestabilización real, por eso es preocupante que haya semejante asentamiento. Supongo que cuentan con más medios y fuerzas que las que conocemos y por eso han adelantado la presencia armada.

-Deducís bien Unaptis. Cuentan con esos tubos, que seguramente son para hacer grandes explosiones, no sabemos si algún otro tipo de arma, y cuentan con esos subterráneos que habrán explorado muy bien hasta el tercer nivel. No han llegado hasta la Pirámide Negra de Tekmatis, o han llegado y creyeron que acababa sin salida, pero cuentan con un sitio donde es posible esconder miles de personas. Bajando unos veinticinco por vez, unos tres mil en una sola noche. Recordad que debéis asegurar el ascensor antes que nada.

La mañana siguiente amaneció lluviosa, lo que permitió a los viajeros apreciar las bondades del empedrado cuidadoso que se había hecho en las calles de casi toda la ciudad, con bloques de caliza de dos palmos de largo por uno de ancho y con pequeñas estrías. Nada comparables a los dejados por los Hombres-Dioses, pero de una artesanía que llevó miles de horas de muchísimas personas que en sus ratos libres colaboraron con los canteros y albañiles. Ni charcos de barro, ni resbalones ni caídas y el agua de la lluvia apenas se veía, porque iba sumiendo por unos agujeros a los costados de cada calle, cuya calzada era abovedada. Algunas tan anchas que podían cruzarse tres carros de carga sin chocar.

Llegaron al puerto, donde un grupo de soldados les esperaba para llevarles a Gebelik. Allí pasaron también un día en reuniones con sus mandos militares y los Sacerdotes, pero como no existía riesgo aparente de infiltración en esa ciudad, el Faraón hizo presentación formal ante los representantes de las Asambleas de las Calles, que estaban formadas por todos lo que quisieran participar, pero lo habitual es que estuviesen presentes los representantes de las diversas cofradías de pescadores, telares, carpinteros, albañiles, canteros, agricultores, taberneros, herreros, etc. Isman lucía, a especial pedido de Elhamin, su vestimenta oficial de Faraón en estilo militar, menos lujosa que su indumentaria sacerdotal, que el General siempre llevaba consigo, incluso en las incursiones y exploraciones, aunque Isman hacía mucho tiempo desistía de usarlas.

El General Amenhaton explicaba al Faraón y a su grupo en una Asamblea de la Calle, bajo las frondosas palmeras de la Plaza Mayor:

-En Gebelik las mujeres sin oficio fijo, que suelen ser las madres más prolíficas, han formado una cofradía encargada de hacer encuestas diversas que sirven al Concejo. Así que el Concejo y la Regencia están ayudados y a la vez exigidos por las madres de la ciudad. Eso produce muy buenos resultados, como las calles que se están empedrando, igual que en Gavelade. Y no creáis que es poca exigencia, porque aunque en el Concejo poco menos de la mitad son mujeres, el papel de las madres llevando estadísticas ha sido un buen ajuste para muchos asuntos.

-Como es lógico, -respondió el Faraón- ninguna buena madre ha de querer para sus hijos un país deficiente. En Karnak hace tiempo que las mujeres, madres o no, llevan la mayor parte de las Regencias, pero aquí donde se hace la mayor producción agrícola y hay tanta necesidad de gente en el campo y el ejército, es muy bueno que lo hagáis así.

-Por cierto, -dijo Amenhaton- ahora que habláis de Regencia, ya tengo previsto dejar el puesto en manos de esta grandiosa mujer que tengo en gran estima y así poder dedicarme mejor a las tareas pendientes desde aquí al Mar de Naciente. Por favor, Râbahka, os presento ante el Faraón.

Una joven muy bella y con gesto firme se acercó al grupo y se presentó al Faraón. Al darle la mano, Isman tuvo que reprimir un gesto de profundo desagrado. La muchacha se presentó formalmente pero el Faraón no pudo responderle. Inclinó respetuosamente la cabeza y retiró la mano rápidamente. Luego miró a la mujer observando profundamente sus cuerpos sutiles, con el mayor disimulo posible mientras le decía.

-El puesto de Regente es estratégicamente, uno de los cargos más delicados, por lo que comprenderéis que os haga algunas preguntas…

-Las que debáis hacer, Faraón. -respondió ella.

-¿Qué edad tenéis?

-Veintiocho años.

-¿Dónde habéis nacido y sido criada?

-Nací en Alkabira, un pequeño pueblo más al Norte de La Luz y viví allí y en otros pueblos cercanos. Hace un año decidí venir a Gebelik.

-¿Vuestros padres son del mismo pueblo?

-No. Ellos han vivido cerca de La Luz hasta que se casaron.

-¿Y cuáles han sido vuestros estudios?

-Aparte de los estudios generales, me especialicé en estadísticas y logística. Por eso he pedido el cargo de Regente.

-Hasta aquí, -dijo el Faraón tras unos instantes de reflexión sin dejar de mirar el áurea de la mujer- sólo habéis dicho la verdad en la primera y en la última pregunta. No habéis nacido en ningún sitio de Ankh em-Ptah ni vuestros padres son originarios de este país... Como habéis estudiado estadísticas, pero tampoco en nuestro país, quizá no sabéis que mentir al Faraón lleva una pena a mi elección, que puede incluir la de muerte...

La mujer miraba alternativamente y con el rostro compungido a Amenhaton, a los soldados que estaban a su lado, a los Sacerdotes, los miembros de Concejo de Gebelik y al grupo de Isman. Negó con la cabeza, juntó las manos y miró hacia abajo como pensando a toda prisa qué excusas poner, pero Isman volvió a hablar, rompiendo el silencio expectante de las más mil personas que se hallaban allí reunidas.

-Habéis podido engañar al General Amenhaton y a todo el Concejo y Sacerdotes de Gebelik, lo cual dice cuán bien preparada estáis para cumplir vuestro rol de combate. Pero al Faraón no se le puede engañar fácilmente. Sois una enemiga de mi país y desde este momento estáis bajo arresto. Además voy a daros dos opciones. Si volvéis a mentir, pediré a Amenhaton que haga las averiguaciones correspondientes, y una vez hechas y confirmadas mis palabras sobre que mentís, tendrá la orden de ejecutaros por ahogo de agua. Si decís la verdad, salvaréis la vida, quedaréis prisionera y dispondré de vuestro destino dentro de un año, que en cualquier caso os prometo que no será pena de muerte, a menos que cometáis otro delito estando en prisión...

La mujer se dio por descubierta, se acercó a Faraón y se arrodilló con gesto lloroso y al echarse al suelo, en un rápido movimiento de su mano hacia los tobillos, levantó su vestido y sacó de un pequeño carcaj atado a la pierna, un puñal que lanzó directamente a la garganta del Faraón. Pero los reflejos de Isman no habían disminuido con la edad y su ropaje oficial incluía brazaletes de plata que cubrían desde la muñeca casi hasta el codo. El movimiento reflejo de Isman hizo rebotar el puñal que un soldado cogió en el aire, mientras Elhamin, Ankemtatis y otros dos soldados saltaban para ponerse entre la mujer y el Faraón. Luego Henutsen y las siete mujeres de su grupo rodearon a la peligrosa infiltrada y la desnudaron, quitándole otro puñal que llevaba en la otra pierna, así como un pequeño frasquito de natrón que llevaba en su corpiño. La hicieron vestir y le ataron las manos con lazo a un tobillo y al cuello, de modo que no pudiera moverse mucho.

-Ya veo que no vais a hablar, pero igual voy a preguntar... ¿El lugar de donde venís está tras el Desierto Oriental del Norte de Ankh em-Ptah?... ¿Vuestro jefe está en el poblado del ascensor que lleva a los túneles?... ¿Vuestra misión era apoderaros de los almacenes de Gavelade y de

Gebelik?... ¿Ibais a atacar estas ciudades en cuanto tuvieseis en vuestro poder todo el alimento y las reservas de armas?... ¿Hay más de cien infiltrados como Vos en la región?... ¿El Juego del Poder que estáis instaurando tiene relación con vuestro plan?... ¿Habéis asesinado ya a alguien en esta ciudad?...

La prisionera miraba con odio y soberbia al Faraón sin que éste dejara de observar con gran esfuerzo y concentración sus cuerpos sutiles, mientras hacía cada pregunta esperando la reacción a cada una, que nadie vería con una vista normal.

-Bien, Amenhaton, vuestra estimada Râbahka es una soldado muy bien entrenada por los hijos de Seth. Su boca no se abrirá, pero su Ka no sabe mentir, porque sólo controla emociones cuando posee el control de la situación externa. A las preguntas que he formulado, sus colores han sido más exactos indicadores que los ibis anunciando el flujo del Nilo.

-Y doy fe de todo ello. -dijo un Sacerdote y lo confirmaron varios más que también podían ver los mundos sutiles- No ha sido detectada porque nos confiamos, pero el fracaso le ha hecho perder los estribos.

-Me siento profundamente avergonzado, Faraón…

-¡No, Amenhaton! No sintáis vergüenza, y tampoco vosotros, hermanos del Concejo, ni nadie debe sentir que ha fallado. Esta mujer es el colmo de lo hipócrita. Incluso a mi me habría engañado si no fuese porque estoy en extrema atención al descubrir el poblado-cuartel del enemigo.

-¿Qué más habéis podido saber con vuestras preguntas? -preguntó un Delegado de una Asamblea.

-Que efectivamente, proviene de la tierra de Obheres, que ahora ocupan los hijos de Seth, después que destruyeran hace algunas décadas el Imperio de Baalbek, que fuera Hermano nuestro y cayó con las mismas trampas que ahora nos pone Seth a nosotros. También está claro que su jefe está en el poblado clandestino de Poniente y que atacarían cuando estuvieran en sus manos los almacenes. Ahora mismo hay que revisar la lista de encargados y ayudantes en ellos. Ciertamente, hay más de cien infiltrados en la región y ya ha asesinado al menos a tres personas. Respecto al Juego del Poder, sabe que sus jefes lo organizan, pero ella no tiene relación con esa parte del plan.

-Entonces me diréis que debemos hacer, Faraón, -dijo Amenhaton- pero en privado. Sobre los tres asesinatos que comentáis, al menos comprendo la muerte de dos personas que podrían haber ocupado la Regencia. Parecía que hubieran enfermado pero nada pudieron hacer los médicos y hubo una alarma general, pero no hubo más casos.

-¿Los habéis envenenado, Râbahka?... Pues sí. Seguramente el frasco que llevaba era para eso... ¿Ibais a envenenar también a Amenhaton?

-¡No!, a él no... Es mi... -dijo la mujer y calló de repente, como comprendiendo que decía una imprudencia.

-¿Que soy vuestro qué? -dijo el General acercándose a ella, pero Isman le retuvo y le dijo:

-¡No os preocupéis! Sus colores son para mí, más claros que una confesión hablada y firmada. Ya sé que Vos habéis confiado en ella de buena voluntad, queriéndola como si fuese vuestra hija. Ha sabido usar muy bien sus armas, pero se acabó. Mantenedla prisionera hasta que decida qué hacer con ella y permitidme cerrar esta reunión...

No terminaba el Faraón de hablar, cuando la mujer consiguió sacar con la boca, algo del brazalete que llevaba en la parte superior del brazo. Masticó unos instantes mientras una de las Invisibles intentaba impedirlo, pero ya era tarde. La infiltrada se había envenenado y cayó al suelo. Tras confirmar su muerte, el Faraón ordenó tener el cadáver en prisión hasta que la descomposición demostrara que no estaba cataléptica.

-Lo que dispongáis, Faraón, -dijo el militar- ya sabemos que la muerte se puede fingir con esencia de bayas del tatín de los pantanos. Y ahora, si nos brindáis un discurso, toda esta gente estará más que agradecida.

-Ahora mismo he decidido cambiar de planes y tenemos que reunirnos en privado después -.dijo Isman en voz baja- porque he comprendido más sobre el enemigo y sus métodos.

Mientras Isman daba el discurso, Azalema llamó a algunos de su grupo y con una acción muy rápida prendieron a un sujeto que la joven identificó con seguridad, como el de la pierna defectuosa cuyas huellas en el subterráneo eran muy claras. El Faraón observó los sucesos desde la tarima pero viendo todo bajo control continuó hablando.

-Hace unos meses -decía el Faraón- tenía gran preocupación porque sentía que Ankh em-Ptah se encuentra amenazada. Pensé muchas veces que era sólo ese "yo preocupado" que como demonio de mil brotes se empeña en renacer dentro mío. Hoy no siento menos la pesada carga de la preocupación, pero lamento que tenga tanto fundamento. Hace apenas unos meses hemos vencido a una tropa enemiga y lo hemos hecho casi sin sangre. Sólo mi General Elhamin resultó herido, diecisiete muertos entre los más de mil enemigos y luego hemos esparcido a toda esa gente por las tierras de Kem-Dolah, al Sur de Darsum. Ahora no seremos tan piadosos y cuidadosos en el combate... Las circunstancias son apremiantes, pero tened en cuenta, Amados Hermanos míos, que sólo podríamos caer como Baalbek, si nos dejamos arrastrar a sus trampas y promesas de mayor felicidad. Nos esperan días de mucho hacer y sufrir, posiblemente de matar y de morir, pero Ankh em-Ptah fue construido por Hombres-Dioses que padecieron las jugarretas de los hijos de Seth, y nos dejaron bien claro cuáles son sus métodos, para que no caigamos en las mismas trampas. También nos dejaron las claves y nos dibujaron grabadas en las piedras la Enseñanza Sagrada, donde se nos muestra cuáles son nuestros mayores enemigos, que están dentro de nosotros mismos, a los que debemos aniquilar para que ningún enemigo externo pueda hacernos mella. Toda forma de Odio, que nada tiene que ver con la Furia, toda forma de Miedo, que nada tiene que ver con el instinto de conservación y todos los demonios de los Vicios, que no tienen que ver con los placeres controlados. Esos son los peores enemigos. Los externos, debemos combatirlos, pero aunque lo que digo lo saben ya los niños, es bueno recordarlo en todas las edades. Ayer he recorrido las calles de Gavelade y no ha habido tiempo para hacer lo mismo aquí, sin embargo estoy convencido que el resultado habría sido el mismo: La profunda alegría de comprobar que la gente se respeta a sí misma y a todos, que aunque hay gente menos inteligente que tiende a caer en los juegos tramposos de Seth, la mayoría está dispuesta a hacerles recobrar la cordura. Gracias a todos por hacer que mi trabajo de Faraón esté tan lleno de satisfacciones, que puedo llevar las cargas de la preocupación con la fuerza necesaria, sabiendo que por este pueblo no temería enfrentarme a las más temibles hordas de demonios del inframundo.

Un rato después, comunicaba a su grupo y al General Amenhaton los detalles del cambio de planes que había comentado escuetamente en la Asamblea, temiendo que pudiera ser escuchado por infiltrados.

-Ahora es momento de mostrar el panorama a la población, Hermanos, porque el enemigo está preparado para atacar en cualquier momento. Sin embargo no deseamos que los espías que tienen en nuestras calles puedan dar la alarma y avisarles, de modo que Vos, Amenhaton, ordenad un bando que será leído sólo a los militares, Sacerdotes y personal de vuestra confianza, luego mandaréis un control total de las barcas, que a partir de ahora sólo están accesibles al personal militar y las que lleguen serán retenidas en averiguación de todos sus pasajeros, antecedentes y procedencia. ¿Tenéis algún envío de suministros que no pueda esperar?

-No, Faraón, -respondió Amenhaton- Nadie necesita nada urgente y si lo hubiese esperaría, esta operación es de extrema importancia. Los barcos de paseo también son muchos en esta época, pero dispongo de personas adecuadas para ese control. No obstante, sería bueno dejar que los barcos de paseo continúen su viaje y no despertar sospechas.

-Bien, entonces vais a preparar mil cien soldados que controlarán inmediatamente el Oeste de Gavelade, junto con los casi mil que dispone Unaptis. Un hombre cada sesenta codos y cubrirán una línea de algo más de mil cuerdas, para evitar que nadie pueda entrar ni salir desde o hacia el Oeste. Al mismo tiempo enviad a pedir refuerzo de mil soldados a cada ciudad que cuente con más de dos mil, tanto al Sur como al Norte. Así tendremos más de diez mil en menos de cinco días. Poneos en marcha con eso y esta tarde seguimos hablando.

Las órdenes fueron cumplidas de inmediato y después de la comida de medio día volvió a reunirse todo el grupo del Faraón y la Plana Mayor de Gebelik, ante quienes continuó exponiendo el plan.

-Amenhaton seguirá custodiando la ciudad, pero Azalema, que iba a ser Comandante de Unaptis, lo será pero permaneciendo en Gavelade o acompañando su campaña de control mientras atacamos.

-O sea, Faraón, -dijo la Azalema graciosamente- que me dejáis a retaguardia… Pero bueno, al menos ser Comandante es mejor que ser una simple rastreadora. Perdonad, Faraón. Seguid…

-Ahora os quedaréis aquí, esperando los refuerzos. En cuanto estén reunidos los llevaréis a Gavelade, pero las barcas han de desembarcar las tropas a cincuenta cuerdas al Sur y al Norte de Gebelik, para que no sean perceptibles por los espías o no puedan calcular el número de efectivos. Que los embarcados aparenten estar en situación de paseo, sin cascos, corazas ni armamento visible. Luego desembarcarán todas las tropas a esa misma distancia de Gavelade y el grueso total se reunirá a cien cuerdas al Oeste de la ciudad. Ankemtatis, Uasnum y Hempotepet volverán a Tekmatis a caballo por el subterráneo, cuando tengamos el control de esa zona porque sobra sitio en el ascensor y en los túneles.

-O bien haremos que los caballos tiren de los carros, que será más cómodo todavía. -dijo Uasnum.

-Eso, muy bien pensado. -respondió Ankemtatis- porque en vez de seis días demoraremos dos, podremos llevar agua abundante y será un paseo en comparación con la venida. Pero primero hay que combatir contra esa gente y esperemos que no puedan hacer uso de armas avanzadas.

-Por eso también es importante -decía Isman- que no tengan aviso y operemos con el factor sorpresa a favor. Henutsen y los nueve Invisibles que dispone ahora, tendrán la misión de investigar lo mejor posible ese asentamiento, pero sin correr riesgo de ser descubiertos. Marcharéis esta misma noche a Gavelade, comunicaréis a Unaptis los planes y luego marcharéis a inspeccionar al enemigo, calculando llegar cerca de ellos en plena noche. Tenéis luna menguante, así que os será propicia...

-Eso no es problema, Faraón. -respondió Henutsen- Igual haríamos de día si fuese preciso, pero con menguante será óptimo. Necesitaremos sólo una noche para estudiar todo el poblado. Lo que no podemos predecir es si hallaremos su arsenal o si descubriremos qué clase de armas tienen reservadas. Eso llevaría una noche más...

-Lo que sea, tenéis que comunicarlo cunto antes. En pocos días nuestro ejército estará listo y debemos atacar con urgencia, porque los espías que no se reporten, si tienen órdenes de hacerlo con regularidad, serían un aviso para ellos, o si alguno burla la barrera de control, peor.

-Lo entiendo, Faraón. -Ya sabéis que somos gente efectiva. Iremos a disponer nuestra partida inmediatamente.

Henutsen abrazó a todos los miembros del grupo y finalmente a su padre, a quien dijo al oído en un susurro.

-Cuidaos mucho, Faraón, que tendréis que estar sano para mi boda y no demoraremos mucho en anunciarla.

Todo lo planeado se efectuó con absoluta puntualidad y en dos días se tenían mapas del poblado. Cinco días más tarde, doce mil hombres efectivos pertrechados para la batalla, se hallaba a cien cuerdas al Oeste de Gavelade. A retaguardia, quinientas mujeres hacían la enfermería.

Decía el General Elhamin a la tropa reunida a unas diez cuerdas del comienzo de la zona vegetada:

-No será posible parlamentar con el enemigo, porque a la primera alarma se concentrarán en la zona del ascensor, que es por donde podrían huir o hacerse fuertes. Tampoco es posible neutralizarlos de a poco, ni reducirlos incruentamente de modo alguno. Habrá batalla, sin duda, pero tenemos diferencia de casi cuatro a uno. Los demás detalles ya os lo he dejado claros a vuestros Comandantes y jefes de sección. ¡Que los dioses de Ankh em-Ptah guíen vuestra acción, y que Anubis reciba con Amor a los caídos de ambos bandos!

La caballería, con tres mil jinetes, se lanzó a toda carrera por el sector menos cubierto de casuchas, hacia el centro, donde se hallaba el promontorio del ascensor. Detrás, cien cuadrigas con un conductor y un arquero, cargadas de flechas, aseguraría el pertrecho para la batalla en el centro del cuartel enemigo. La infantería formó en herradura pero sin dividirse, al Este del poblado-cuartel y comenzó a avanzar desde los extremos por la foresta, de modo que las fuerzas enemigas no pudieran retirarse por ningún lado, quedando sólo la opción de retirada hacia el

Oeste, al temible Desierto Blanco, que no podría ser cruzado sin preparación minuciosa de víveres y agua.

En medio del avance, guiado por Elhamin, quien convenció al Faraón ya con ruegos y súplicas que se quedase a retaguardia, la infantería se dividió en el centro formando dos círculos de acción, rompiendo por completo la ya desorganizada defensa enemiga.

En menos de dos Râdnies la batalla concluyó con la rendición del enemigo. Debido al factor sorpresa y la mala prevención de guardias de los clandestinos, sólo la caballería en su rápido avance tuvo que ir asestando flechas a los hombres que salían al paso. Pero la infantería iba sorprendiendo a los pequeños grupos en sus chozas, que ante la diferencia numérica y acción decidida sólo podían rendirse o caer.

Un rato más tarde, los casi tres mil enemigos supervivientes habían sido reunidos en un sector a cinco cuerdas del ascensor, donde se reunía el Faraón con la Plana Mayor.

-Informe de bajas, Ankemtatis, por favor. -dijo Isman.

-Lo traerá enseguida la jefa de las enfermeras, Faraón. Respecto a nuestras cuadrigas, quince muertos y doce cuadrigas rotas. Espero que no tenga tantas bajas la infantería…

-¿Armas extrañas encontradas?

-Ninguna, Faraón. Hay que revisar más los subterráneos, pero parece que no las tienen. No les dimos tiempo ni a formar para el combate. Les hemos pillado sin siquiera haber previsto un plan de alarma y defensa. Son gente aguerrida, pero con mandos incapaces, como en Darsum.

-Al menos allá tenían una situación más crítica. -dijo Elhamin- Aquí se podrían haber defendido mucho mejor, pero si tenían un plan de acción, no tuvieron tiempo a ejecutarlo. La sorpresa ha sido total.

-Permitidme presentarme, Faraón -dijo una mujer que vestía casi como un soldado- Soy Anumin, la jefa de enfermería y os traigo el informe de bajas y las medallas de los caídos. Los enemigos: Han caído muertos trescientos treinta y dos y trescientos doce heridos. De los nuestros, incluyendo la caballería, cuarenta y cinco muertos y unos cien heridos.

-Vos os haréis cargo de las ceremonias con los muertos y Unaptis debe preparar el éxodo para toda esta gente. Los heridos serán llevados en carros y los demás irán a pie. Ya tiene sus órdenes al respecto. Ankemtatis, Uasnum y Hempotepet, ya podéis preparar vuestra marcha, pero antes quiero que escojáis cien soldados y hagáis un reconocimiento muy minucioso de los túneles. Como son amplios podríais hacer la mayor parte a caballo, pero mucho cuidado con lo que encontréis. Nada de tocar aparatos, como los tubos, las máquinas… Y por cierto, que os encargo estudiar las armas requisadas en Darsum porque me temo que vamos a tener que aprovecharlas. En fin, que cuando nos reencontremos en Tekmatis desearía encontraros sanos y alegres, pero antes de eso, debo pediros un refuerzo de tropas que enviaréis al puerto de Aswan. Que sean dos mil soldados y si es posible, entrenados con las armas enemigas, pero sin despreciar el arco y la flecha. Creo que con los dos mil restantes que contáis, Tekmatis estará bien defendida.

-Por favor, Faraón, decidme algo más sobre lo que haremos en Aswan. -inquirió Ankemtatis.

-Querido mío… Llevamos mucho tiempo guerreando contra obheritas y otros hijos de Seth. Con ellos, cuando creáis que pensáis mal, es que pensáis bien. Cuando creéis que son peligrosos, es que lo son mucho más. Cuando veis como en este caso, un hacha, hay que buscar la mano que la empuña y hallaréis un arsenal. Mirad nuestros mapas y veréis Darsum y Gavelade. Amenhaton ha tenido leves escaramuzas por el Este. Hay que pensar como el enemigo. ¿Cómo atacaría Ankh em-Ptah? Me temo que el hachero está al Sur, que apenas conocemos, porque un ataque de sólo cuatro mil hombres, los de Darsum y al Este unas avanzadillas, jamás nos podrían derrotar. Los hijos de Seth llevan dentro de sí una legión de demonios, pero no son tan tontos como para no saber que con cinco mil hombres no se puede contra un pueblo de casi un millón, donde hasta los niños combatirían por amor a su Patria.

El Faraón regresó con Henutsen y los Invisibles a Gavelade, donde permanecía Azalema como Comandante. Mientras ellos estaban en la campaña, la muchacha había descubierto todo respecto al sujeto arrestado en la plaza. Un carro conteniendo extraños tubos, ocultos de la misma manera que los encontraran en el viaje del Faraón, fue localizado y tres carreteros más fueron apresados. Por pedido de los Sacerdotes que habían testimoniado la eficacia militar de la mujer, Isman asignó en forma permanente la Comandancia a Azalema, a órdenes de Unaptis, quien por el momento tendría muchos días de marcha llevando un ejército enemigo al exilio en las tierras de Obheres o al Noroeste, según vieran la conveniencia consultando con el General Hilarión, al mando de los ejércitos del Norte. Isman se despedía de Unaptis, cuya tropa tenía un largo recorrido que hacer, dándole las últimas indicaciones.

-Llevaos al menos seis mil hombres y a medida que avancéis, id enviando pequeños pelotones de exploración para el caso que hubiese cuarteles enemigos como ese y asegurad la comunicación del río reforzando las tropas bien armadas en las barcas. A vuestro regreso haced lo mismo en la ribera Este, que no sería raro encontrar más asentamientos similares. En cuanto a Vos, Azalema, espero que ser Comandante ahora, no os parezca un relego a la retaguardia...

-¡No, Faraón! Es en cualquier caso un honor muy grande, aunque me prive de la compañía de Henutsen y del resto de Invisibles. Pero bueno, cada uno debe aceptar lo que el destino le depara y en este caso, me siento agradecida y orgullosa. Ya sabéis que por vuestro pedido, sería soldado, rastreadora o Comandante en el inframundo, si con ello sirvo a Ankh em-Ptah. Además, ya me había dicho Henutsen que estoy preparada para formar nuevos Invisibles...

Abrazó a la muchacha que no pudo evitar un llanto silencioso, y ella hizo lo mismo con todos los miembros de su grupo, acompañándoles a la barca que les llevaría aguas arriba, hacia Karnak. Tras seis días de navegación con un viento en contra que no pudo cambiar, el Faraón volvió a su casa. Allí fue toda una sorpresa su aparición sin aviso, que motivó una gran fiesta, pero lo que más alegró al Faraón fue que el Sacerdote Akhmadi estaba a punto de casarse con la sacerdotisa Ankhana y que ambos, con pretexto de su casamiento, adoptarían en padrinazgo simbólico a la pequeña Meri Septenheka, que era el nombre provisorio de la secreta futura Faraona de Ankh em-Ptah. La niña estaría con sus padres, pero bajo constante visita de los Sacerdotes, protegida y enseñada por los más sabios y confiables cercanos al Faraón.

-"Querida por los Magos del Norte" -decía Ankhana mientras dejaba a la niña en brazos del Faraón- es un bonito nombre, y se debe a que sus padres tienen ascendencia de BerArBer, cinco generaciones atrás, que fueron incorporados a nuestro país sin la menor mancha en su conducta.

-Justamente -comentó Isman- los BerArBer se reunieron conmigo en Tekmatis y es posible que se incorporen a Ankh em-Ptah. Por esa y otras varias razones, debo volver allí. En fin, que esta niña preciosa me acaba de bautizar. Ahora me llamo Isman el Meado, así que os la devuelvo para que la cambiéis, y yo debo hacer lo mismo.

Sin contenerse las carcajadas, ambos marcharon por diferentes pasillos del Templo y rato después el Faraón se reunió una vez más con Sekhmet en su capilla, donde pasó el resto del día y casi toda la noche. Al Salir, Zoser y otros sirvientes que estaban estudiando, dejaron todo y se deshicieron en atenciones con su Maestro, al que vieron compungido, triste, con los ojos llorosos y un gesto mezcla de dolor y firmeza. No sabían si estaba más furioso o más bien dolorido.

-Oídme bien, futuros Sacerdotes. Dejaos de atenciones a mi persona y atended lo que os digo: A partir de ahora, dejaréis vuestros estudios y os prepararéis militarmente como nunca antes. Los servicios de esta parte del Templo los consagraréis a vuestros sucesores en la escala de estudios. Nuestra Patria corre un gran peligro, pero no quiero que nadie tenga temores, sino la firme convicción de que se hará todo lo necesario para protegerla. Decidle al General Elhamin que os aliste en la escuela militar nuevamente, porque vais a quedar a órdenes del Comandante que él designe para Karnak, pero en cualquier caso, la protección del Templo estará en vuestras manos. Yo debo partir pronto hacia el Sur.

Les abrazó como era habitual, pero no les transmitía ternura, sino la confianza y gratitud que sólo puede tenerse en los espíritus fuertes.

## Capítulo X - La Exploración del Sur

El Regente General Menkauris, Jefe de Sacerdotes en ausencia del Faraón, envió un bando urgente a todo el país para que en cinco días se presentaran en Karnak todos los Regentes de región y Delegados de las Asambleas Mayores y Cofradías para definir en el mayor secreto posible una campaña militar, e informaran al pueblo de lo acontecido para que cada uno haga las consultas necesarias en las Asambleas de las Calles.

Diez días después estaba reunido el Concejo de Karnak, la Plana Mayor militar, los Regentes convocados y los Delegados, en la plaza posterior del Templo, donde cabían las más de quinientas personas bajo una enorme carpa que les cubría del frío reinante. Debían decidir los siguientes pasos. Una vez comprobado por los Comandantes que no había ninguna posibilidad de que alguien fuese un infiltrado en la reunión, el Faraón comunicó todas las novedades abierta y completamente, planteando la necesidad de una campaña de exploración masiva muy bien pertrechada de las tierras del Sur. No explicó que una de las más importantes razones de su preocupación eran los sueños de un carpintero naval de Gavelade, pero tampoco era necesario, ni hizo comentario alguno sobre su larga conversación con Sekhmet. Había una ciudad con mujeres y niños de origen desconocido al Sur de Darsum, así como una casi total ignorancia de lo que pudiese haber en las tierras de Sabeons (*), al Este de Kem-Dolah y al Sur de Aswan, así como el origen del Río Tormentas que desemboca a unos días de marcha al Sur de Aswan. (*) [*Sabeons: Significa "leones" o "Rey de los Leones"*]

-Me temo -decía Isman al Concejo- que la dispersión de prisioneros por las tierras de Kem-Dolah, aunque fue hecha a lo largo de una gran distancia, haya sido un gran error mío. He pensado tardíamente, que si toda esa gente conocía la existencia de un cuartel cerca del Nilo, más allá de nuestra Patria, hayan callado el asunto para volver a reunirse poco a poco en algún sitio que debemos descubrir en caso que exista. Por eso he pedido al General Elhamin que prepare la más grande expedición jamás realizada, utilizando los doscientos navíos de que disponemos aquí, más treinta barcas ligeras de exploración, más un ejército de tierra con los veinte mil soldados que tenemos a partir del Sur de Gabrawi.

Podríamos reunir el doble, -comentó uno de los Sacerdotes- y así asegurar más el éxito de vuestra campaña.

-Lo hemos meditado, querido Hermano, -continuó Isman- pero no podemos dejar sin buena protección las ciudades. Es de temer que haya más frentes que defender. Hay dos días de navegación desde Gabrawi hasta Gebelik, unos siete mil hombres de retén en ese tramo y podríamos contar con las tropas de esa región, pero no podemos dejar a Unaptis y a Amenhaton sin esa reserva que pueden necesitar si se encuentran otros asentamientos o avanzadas por el Norte. También contamos con dejar una fuerza de dos mil hombres de Tekmatis, que es la mitad de su ejército. La otra mitad vendrá con nosotros y ahora tienen armas nuevas que están aprendiendo a manejar. Estarán llegando a Aswan para esperarnos allí en tres o cuatro días más. En total, serán más de veintidós mil hombres. Partiremos en cuanto el General Elhamin tenga todo organizado. Si tenéis alguna objeción o algo que agregar al plan, es ahora el momento de ejercer vuestro derecho de decisión…

No hubo objeciones, sino ajustes de planificación y la campaña fue tomando mejores ideas y factores que quedarían controlados para reducir los riesgos y asegurando una buena logística. Sin embargo se plantearon varias cuestiones que requerían un análisis de perspectiva. Se ordenó el encarcelamiento inmediato de todos los extranjeros sospechosos de espionaje y un Sacerdote expuso sus reflexiones:

-En caso de que los expulsados en vuestra campaña anterior hayan conseguido reunirse nuevamente y sean otra vez un riesgo para el país, o bien que el número de enemigos y sus fuerzas sean tales que no podáis disponer una deportación segura… ¿Cuál es vuestra idea?

-En el primer caso -respondió Isman- no habría un segundo perdón, pero siendo esos hombres de varias razas, resultará difícil reconocerles y diferenciar de cualquier otro grupo a los expulsados. Para averiguarlo deberíamos hacer una infiltración y no es fácil. Su lengua es para nosotros un enigma, no tenemos gente preparada para hacer como ellos, infiltraciones cuidadosas. Sin embargo, el número de tropa enemiga que encontremos nos dirá lo que debemos hacer. Desde ya, en la región de Aarikanis, lindando con Kem-Dolah, hay una ciudad que tiene mujeres y niños, y no sé qué haremos con ellos. Dependerá de sus conductas lo que hagamos, pero con el enemigo que temo encontrar, de acuerdo a todo lo ocurrido, no puede haber perdón alguno. Si estoy en lo cierto con mi sospecha que bien comparten Elhamin y todos los Generales, razón por la cual decidimos así la campaña y no una dotación de exploradores, habrá grandes combates. Siempre fuimos magnánimos al extremo con el enemigo, pero me temo que ello haya sido un error y si es así, el daño que tendríamos sería muy alto. No nos podemos permitir más riesgos con un enemigo artero, invasor por infiltración y por las armas, máxime cuando están usando técnicas dejadas por los Hombres-Dioses.

-Y ya sabemos -intervino un Delegado de Asamblea Mayor-lo que produjeron aquellas guerras con esos artefactos de incontrolable poder. Aún podemos ver en muchos sitios de Ankh em-Ptah las piedras calcinadas por el fuego de esas armas que se usaron hace más de treinta mil años y que más recientemente, hace cuatro mil años acabaron con Aztlán. Estamos muy cerca de correr el mismo destino de aquellos insensatos, pero nuestra culpa en ese caso, sería por omisión, por creer que el enemigo merece perdón, nueva oportunidad, consideraciones… Cuando ellos no tienen ninguna. He hablado de esto con más de tres mil personas de todas las cofradías y delegados de Asambleas. Aunque nadie censura la humanitaria actitud del Faraón, no hubo ni uno que estuviera en contra de una campaña de exterminio del enemigo.

-Desde mi punto de vista, -continuó Isman- ésta no será campaña para hacer prisioneros o expulsar a los enemigos de Ankh em-Ptah. Con ellos hay que hacer lo mismo que con los enemigos interiores, porque su arma más peligrosa son las tretas para estimular los enemigos interiores de nuestro pueblo, con el Juego de Poder, que pervierte la economía; la amenaza constante, con la que se estimulan los miedos; la infiltración, el asesinato y la calumnia, sembrando la desconfianza entre compatriotas y entre amigos y familia. Y esto lo digo especialmente para los Sacerdotes del Concejo, porque sé que muchos de vosotros contactáis con nuestra Amada Sekhmet. Su recomendación, hecha después de esclarecer mi mente con su luz, es que apliquemos la más drástica acción, porque de ello depende que sigamos existiendo como Nación, dejando toda la benevolencia y justicia con las Almas enemigas, en manos de Anubis.

Varios Sacerdotes hablaron entre ellos, se reunieron rápidamente cerca del Faraón y uno de ellos le dijo en voz alta para que todos los reunidos escucharan.

-Ya me conocéis, amados compatriotas, y sabéis que yo, Menkauris hijo de Merakh el barquero, no he llegado a ser Faraón porque Isman me ha superado en todo lo que un hombre puede superar a otro. De no haber sido porque él ha hecho mayores méritos, es posible que yo hubiera sido vuestro Faraón. Siempre sentí el gran alivio de saber que hay alguien más preparado que uno; que al dormir, hay alguien velando por lo que uno más ama. Pero nunca lo sentí tan poderosamente como hoy. Por esa razón, he de pedir dos cosas. La primera, a vosotros: Es que autoricéis sin dilaciones y apoyéis con vuestro voto, que la decisión del Faraón sea realizada plenamente, para obrar sin piedad ni consideración contra este pérfido enemigo que nos amenaza. En dicho caso y con vuestro voto, como representantes que somos de toda Ankh em-Ptah, este Concejo asume la responsabilidad de la muerte de todos los enemigos posibles, así como las bajas que cueste a nuestra tropa, de modo que nuestro Faraón pueda emprender esta campaña sin remordimiento alguno, toda vez que sabemos lo terrible que es para él, ser causante material de la muerte, aún del más despreciable enemigo. Si guardáis medio Râdnie de silencio mientras meditamos, será señal de aprobación, de voto a favor de una campaña inmisericorde y en lo posible definitiva ante los peligros que nos acechan. Si alguien interrumpe, en su pleno derecho presentará moción razonable en contra. Ahora ruego silencio, meditación profunda y que Sekhmet ilumine nuestra mente y nuestro corazón.

Nadie habló, el silencio era total en toda la plaza. Apenas si a lo lejos se oían los juegos de los niños que estaban en los patios de las escuelas del Templo, tras los gruesos muros de la plaza. El Sacerdote Menkauris dejó pasar algo más de un Râdnie completo antes de proseguir.

-Habéis visto, Faraón, que este Concejo, representantes de todas las Asambleas y Cofradías, donde se encuentra representada toda nuestra Patria, así como los mandos militares, asumimos la carga de todo lo que hagáis, delegando en Vos la más absoluta confianza. Pero dije que tenía otro pedido y éste es para Vos: Que como Faraón nadie os puede dar órdenes, pero que como hombre, os atengáis a las órdenes de posición en combate que os dé vuestro General…

-¡Ja, ja, ja, jaaaa! -estalló Isman en una poderosa carcajada- Eso os lo ha pedido decir él… ja, ja, jaaa.

-Cierto, Faraón. Pero sólo ha interpretado lo que todos nosotros os pediríamos. Y os aseguro que nadie en el mundo, si algo os pasara, os lloraría tanto como él.

-¡Y mi hi…! Bueno, mi pueblo todo… ¡De acuerdo! Me atendré a las órdenes de posición que me dé Elhamin. Lo prometo y podéis estar tranquilos. Si los dioses desean que yo siga siendo Faraón hasta que pueda preparar a mi sucesor, darán las señales pertinentes…

En el mismo momento en que acababa de decirlo, se produjo un fuerte temblor de tierra, de los que muy raramente ocurrían, tal que apenas podían recordar el último, alguno los más ancianos.

-Si no escucháis las indicaciones de vuestro General, -dijo luego de un rato Menkauris- al menos escuchad a los dioses, que más claro no os lo pueden decir. Ahora sí hemos acabado, que mientras preparáis vuestra campaña debo asegurarme que el temblor no haya provocado heridos y seguramente he de tranquilizar al pueblo, diciéndoles que no han de perder a su Faraón en mucho tiempo.

## Un ejército de 22.500 efectivos.

Cinco días más tarde, seis mil soldados de infantería, dos mil montados y doscientos cincuenta -de a dos- en cuadrigas, formaban la mitad de los efectivos en la ribera oriental del Nilo y otros tantos con la misma disposición se hallaban diez cuerdas más adelante, pero luego de dos días de marcha, al llegar a Edfu esa mitad sería trasladada en barcas a la ribera occidental. De ese modo la tropa que cubriría el lado occidental del río, ahorraba los dos días de marcha que requeriría rodear el gran meandro del Nilo al Norte de Karnak.

4.000 hombres embarcaron en veinte navíos para hacer el viaje por el Nilo; otras quince barcas más rápidas con doscientos hombres tenían roles de vigilancia de vanguardia, a fin de evitar sorpresas a la caballería y la infantería. Los azafes de infantería de cien hombres cada uno más un subcomandante, iban formando un cuadro de tropa de impresionantes dimensiones. Los varones y mujeres formaban por separado, siendo los azafes femeninos una tercera parte del ejército. En total, 22.500 efectivos dispuestos para explorar y enfrentar los peligros que el Faraón daba cada vez por más reales

La logística terrestre representada por doscientos carros para cada mitad del ejército, dada las distancias que recorrerían, no quedaría a retaguardia sino que iría inmediatamente detrás de la caballería, delante de la infantería y sin civiles, siendo los propios infantes los carreteros.

-¿Y las comunicaciones cómo están, Elhamin? -preguntó Isman. ¿Hay suficientes cetreros?

-Menos de lo que me gustaría para este caso, Faraón, pero son diez cetreros de élite al mando del mensajero Meremnut. Son el sistema de correo más efectivo, ya que los halcones están entrenados para oír el nombre de cualquiera de los diez e ir en su búsqueda. Si se les da una indicación adecuada porque se sabe ubicación u orientación, hallan al destinatario en un cuarto de Râdnie a un día de marcha. Y con tres halcones que lleva cada uno, será difícil que fallen en algún momento. Igual me hubiera gustado contar con más, pero las vigilancias del Este hacen necesarios muchos más en aquellas regiones.

-Los detalles los conozco, pero no sabía que tenemos diez cetreros tan relacionados entre sí para esta función.

Por todas partes se oían canciones, himnos y risas. La tropa iba en perfecto orden de marcha, pero no parecía consciente que su destino era una guerra. Sin embargo, nadie desconocía que podía ser su último viaje. Todos y cada uno, mujeres y varones, componían el ejército más consciente que hubiera existido jamás en varios miles de años en todo el mundo. No eran grandes conocedores de los más profundos misterios de la metafísica, pero nadie ignoraba lo necesario para vivir feliz, en una sociedad repleta de valores por los que estaban dispuestos a matar o morir sin pestañear. La mayoría había participado en combates defensivos, pero nadie había participado jamás en una invasión a tierras extranjeras o territorios desconocidos fuera de su propia Patria.

Los exploradores habían reunido todos los mapas posibles, copiados en las bibliotecas. Había indicios de que Ankh em-Ptah acababa muy lejos al Sur, pero sólo había referencias endebles. Esta campaña, sin embargo, no sólo era de exploración, sino para enfrentar a un enemigo del que se conocía casi nada, salvo por los hechos anteriores y en última instancia, para saber hasta dónde alcanzaba la herencia dejada por los Hekanef hacía decenas o centenas de milenios y que cinco milenios atrás, antes de su propia y absurda extinción, la habían reconstruido los más sabios para mantener la Llama del Conocimiento Sagrado.

Esta vez, por orden del General Elhamin, el Faraón debía viajar en un carro cómodo para mantenerle fresco y descansado, pero como era de esperar, cada vez que Elhamin iba a verle al carro, el Faraón no estaba.

-¡Vaya promesa la vuestra! -dijo Elhamin, al alcanzarle cabalgando casi a la vanguardia- Espero que ante situaciones de combate...

-¡Os haré caso, Elhamin!, pero ahora sólo marchamos. Acompañadme, que me ha parecido ver algo en ese carro, razón por la que salí del mío. Sólo llevamos dos días de marcha y ya están ocurriendo cosas raras...

En un corto galope se hallaron al lado de uno de los grandes carros techados que llevaban provisiones. Isman pidió al carretero que se detenga y al abrir la cortina trasera, los rostros de dos jóvenes de no más de trece años aparecieron entre los cestos y cajas, asombrados al ser descubiertos nada menos que por el Faraón.

-¡Faraón! -exclamó uno de ellos- ¿A qué se debe el honor de que nos visitéis en el carro?

-El honor se debe a que no estáis incorporados en el ejército. Sois apenas unos críos que deberíais estar en la escuela... Y a Vos os conozco... ¡Sois el hijo del Sacerdote Menkauris! Si os dejase venir en esta campaña, se olvida que soy el Faraón y me cuelga de las orejas. Ahora tendré que disponer una barca para que os lleve de vuelta a Karnak. Vamos, salid del carro. ¿En qué estabais pensando al colaros en una caravana que va a la guerra?

-No os será difícil adivinar, Faraón. -dijo el otro- No somos indiferentes a lo que ocurre. Como es lógico, no nos dejaron entrar a la reunión del Concejo, pero nos damos cuenta de que algo muy importante sucede. Todos saben que hay una guerra en ciernes pero nosotros también somos responsables por lo que ocurra a Ankh em-Ptah...

-Cierto, Faraón. -decía el otro- Tenemos instrucción militar muy básica, pero somos hábiles para escondernos, buenos arqueros y sobre todo, buenos nadadores. Aunque vuestra tropa tenga miles de hombres muy entrenados, dos más no vienen nada mal. ¿Cómo podríamos estar en la escuela pensando en los estudios, sabiendo que nuestro Faraón no cuenta con nosotros en su campaña...?

-Ya veo que vais a resultar muy buenos oradores, pero no soy tan buenos para esconderos y de lo demás... Ya tendréis ocasión de demostrarlo dentro de unos años. Ahora, venid conmigo.

-Pero Faraón...

-¡No hay "peros"...!

-Dejadlos conmigo, Faraón, -dijo Elhamin- que estamos llegando a la Casa de Horus. Dispondré la barca rápida para regresarlos. Mientras, podéis revisar los demás carros, que los críos suelen tener compinches.

Mientras Elhamin hacía llamar a uno de los mensajeros que con su barca rápida de ocho remos por banda, recorría la formación naval y las costas a gran velocidad comunicando a las tropas, Isman inspeccionó todos los carros con ayuda de algunos soldados y encontraron otros cuatro polizones, uno de ellos con menos de diez años. Al igual que sus compinches, quería participar en la expedición a toda costa y hasta se puso a llorar cuando se le ordenó ir a la barca para regresar a Karnak.

Tras el transporte de la mitad del ejército de tierra al otro lado del río, con dos días de marcha sin incidentes, se estableció el campamento en las afueras de Aswan y en la ribera opuesta, donde les esperaban los dos mil soldados de Tekmatis a las órdenes de Ankemtatis. Entre todos y al mismo tiempo, con un despliegue de organización impecable, se realizó el desembarco de todo el material para pasarlo a una igual cantidad de barcos más nuevos que estaban en un puerto a una hora de marcha más arriba de la Gran Catarata de Aswan.

-Nuestros carpinteros han proyectado estos barcos -comentaba a Isman el General Gibured, a cargo de la fuerza naval- de tal manera que en caso de hallar alguna catarata en nuestra campaña, la expedición podrá continuar navegando. A medida que demos de baja los viejos barcos, se irán haciendo con este modelo que puede desmontarse por completo en menos de dos días y al día siguiente montarse río arriba. Sólo tardaremos ahora seis días para pasar todos los barcos aguas arriba. En un año podremos reemplazar toda la flota.

-No será necesario esperar tanto, Gibured, pues un carpintero de Gavelade estaba haciendo uno con los planos enviados desde aquí.

-Excelente, Faraón, porque además son más estables, navegan en aguas menos profundas, llevando la misma carga que los tradicionales, que van quedando obsoletos. Ahora seguiré con el operativo, mientras os dejo con Ankemtatis, que al parecer tiene también novedades…

-Como habéis pedido, Faraón, -decía Ankemtatis abrazándole mientras una multitud se encargaba del transbordo- he traído todas las armas enemigas. Son casi mil y mis hombres aprenden a usarlas con maestría en poco tiempo. Si no se tienen con la firmeza justa, pueden romper un hombro, porque el impulso de las bolitas es poderoso. Recuperamos los proyectiles al ensayar, disparando a fardos de hierba cubiertos con cuero, así que tenemos cien por cada arma, pero algunos lo traspasan todo. Hemos fabricado unas pocas, de hierro con carbón, pero se rompen al chocar contra las piedras y otras no salen disparadas. Hay que hacerlas con tamaño muy preciso. Estas no se rompen ni se funden y son más pesadas que las que fabricamos de prueba. Una flecha de Hempotepet atravesaría a dos hombres juntos, pero estas bolas pueden matar a cinco o seis hombres que estén cerca y en línea. Es una suerte que los que enfrentamos hasta ahora, se confiaran sólo al poder de estas armas.

-Y ya que habláis de Hempotepet… No le he visto.

-Le he dejado al mando de las tropas en Tekmatis. Además de seguir curando sus huesos en la Pirámide Negra… ¿Quién mejor que él para entrenar a los que se quedan y custodiar la ciudad junto a Uasnum?

-Habéis hecho bien. -decía Isman mientras estudiaba la forma y detalle de una de las armas metálicas de arrojar bolas de hierro.

-Y perdonad que os saque del tema militar, para preguntaros por mi querida... Por vuestra hija. ¿Es que no ha venido?

-Está en la otra orilla, instruyendo a diez personas para incorporar a los Invisibles y también están buscando en la ciudad los cueros y cosas necesarias para hacer esas ropas... Pero os aseguro que está deseando estar en vuestros brazos. Ahora decidme más sobre estas armas...

-Algo que no ha descubierto el enemigo, es que esa parte que parece un dibujo más -decía Ankemtatis mientras apretaba una parte del arma y la corría con movimiento preciso- es una puerta de cámara donde caben treinta proyectiles. No es necesario hacer como ellos, de poner cada bola en la corredera tras cada disparo y meterla hacia atrás. Al disparar cada uno, el siguiente sale de la cámara y está listo para ser disparado. O sea que se pueden disparar treinta por têmposo (*) en vez que de a uno como hacían ellos, demorando más que nosotros para disparar cinco flechas...

(*) [Un têmposo son 37,5 segundos]

-Así que si lo hubieran descubierto, las palizas que sufrieron en Tekmatis, en Darsum y en Gavelade, nos las habrían dado ellos... Esperemos que sigan sin descubrirlo. ¿Quién se dio cuenta de esto?

-Un soldado, por accidente, probando las bolitas hechas por el herrero. No era la medida perfecta y en vez de salir, casi revienta el arma. El chico quedó con la mano algo estropeada, pero no se dejó curar hasta que comprendió cómo funciona esa cámara. Se le ocurrió que podía ser sólo para llevar proyectiles, pero cuando disparó el primero, la siguiente bola se colocó sola quedando lista para disparar. Metió otros y al probarlo...

-No perderá la mano... ¿Verdad?

-¡No, Faraón! Sólo perderá un dedo si el médico no hizo costuras buenas, pero por favor, no penséis en eso, que estamos a punto de un enfrentamiento más grande que los que hemos vivido antes. Imagino que vuestro General Elhamin y Vos habéis producido ríos de sangre...

-Cierto, Ankemtatis, pero es igual. Duele cada uno y más si es de los nuestros, aunque sea un dedo y... Vamos, que tenéis razón. No debo sensibilizarme sino todo lo contrario y prepararme para lo peor. En el peor de los casos, este gran descubrimiento sólo habrá costado un dedo. Pero que los nuestros no se confíen en la superioridad de las armas.

-Se los tengo muy recalcado, Faraón. Podéis estar seguro que nos caerán en el error del enemigo. También debo deciros que hemos descubierto algo interesante. Las bolitas pueden atravesar un madero duro de dos palmos de espesor, pero es posible protegerse con nuestros escudos normales de cuero grueso, desviándolas como hacemos con las flechas enemigas, inclinando la defensa. Si me permitís pedirle al herrero un refuerzo metálico para los escudos, serán más efectivos todavía.

-Bien. Pedidle a Himhopep que haga lo posible, si dispone de suficiente metal. Y ennegrecido como él sabe, para que no haya brillos delatores…

-Otra cosa, Faraón… Hemos descubierto uno de los motivos de las fallas del enemigo en muchos disparos. Estas armas pueden mojarse y funcionan igual, pero la arena y el barro son un problema. Les hicimos estas fundas de cuero fino porque se deben mantener muy limpias. Nuestro enemigo no tuvo en cuenta eso. También hemos aprendido que cada treinta o cuarenta disparos hay que sacudirlas contra el suelo con suavidad, golpeando la culata y sin bolitas dentro. Así, con alguna energía de la tierra es como funcionan.

-Me recuerda a los Uas, que los dioses hacían funcionar golpeando la punta en doble uña contra el suelo… Sólo que aquellos disparaban rayos o permitían elevar objetos.

-Pues esto, Faraón, sin duda funciona con los mismos principios, pero no me he atrevido a desmontar una completamente. Pero lo haré en estos días para conocer más. Decidme si tenéis alguna otra orden.

-Ahora hay que descansar, que nos esperan muchos días de marcha hasta donde el Nilo entra en Ankh em-Ptah. Si encontramos terreno libre en la tierra de Sabeons, tengo intención de explorar entre diez y quince días de marcha, más allá de la tierra de los Leones, también siguiendo las márgenes del Nilo. Allí habrá mayor abundancia de caza, pero selvas más espesas. Esta noche os ruego reuniros conmigo y Elhamin para conversar sobre ello, aunque no podemos hacer muchos planes aún. Al menos definiremos cuánto tiempo descansaremos aquí.

------------

Mientras cenaban con el Faraón Elhamin, Ankemtatis, Henutsen y la Plana Mayor compuesta por los cuatro Generales y los siete Comandantes, se repasaban planes y detalles.

-Las marchas de la infantería -decía Elhamin- son bien soportadas por la calidad de las sandalias con suelas más duras y lazos más gruesos que los que teníamos antes, así como el equipo aligerado de los soldados, que sólo llevan diez flechas, una cuerda, espada y la pequeña tienda de campaña hecha con telas más finas. Las mallas de hilo de metal tejido las llevarán siempre puestas. No sabemos en qué momento podemos tener que entrar en combate. El grueso de provisión de flechas, lanzas y demás elementos los llevan los carros y cuadrigas, pero creo que igual deberíamos dejar un par de días de descanso.

-Calculamos el cansancio de la tropa según la complexión media, pero tras las labores y marchas, están algo cansados hasta los más fuertes. - decía el Comandante Omar - Ya habéis escuchado que más de la mitad del tiempo nadie canta durante la marcha...

-¿Y la moral de la tropa?

-Como siempre, Faraón. Inquebrantable aunque hubiera que forzar marchas y combatir ahora mismo. Pero si pudieran descansar...

-Entonces está decidido que saldremos dentro de tres días. -respondió Isman resueltamente- Habrá algo de lluvia fina y calima sobre el río, así que viajaremos frescos y las barcas de exploración no serán vistas fácilmente. ¿Cómo van los nuevos Invisibles, Henutsen?

-Aún crudos, Faraón. Sin embargo, sólo llevan unos días y ya andan haciendo travesuras a sus compañeros. Es señal de gran entusiasmo. En dos días más tendrán sus ropas reversibles, algunos accesorios y podré ponerles en parejas con los veteranos para practicar...

-¿Ropas reversibles, decís? -preguntó un Comandante.

-Eso digo. Nestra ropa es reversible. Un lado se usa de día porque parece arena. Incluso puede parecer madera y hojas con sólo rociarnos o pintarnos con pintura que luego se lava con agua. El otro lado, como la veis ahora, está teñido de gris oscuro que se ve negro de noche, pero se confunde con todo cuando hay calima o luces pobres como las matutinas y vespertinas. Lo demás son ejercicios, posturas, saber moverse, quedar estático, aguzar al extremo el oído, controlar que el corazón no haga mucho ruido, usar bien los perfumes, enterrarse en la arena en un momento y sin levantar polvo, e incluso la cabeza si es preciso, llevar como veis, un parche en un ojo en el día y en la noche pasarlo al otro... Aunque eso es una práctica más compleja y de cuidado.

-Estaría bien -dijo un Comandante- que todo nuestro ejército tuviera esa preparación. Un ejército casi invisible, sería "casi invencible".

-Ya lo he hablado con mi pa... Con mi Faraón. Será necesario que la instrucción promedio se alargue un año más y no todos sirven para ello, aunque algunos, como los que tengo en instrucción ahora, parece que hubieran nacido con la mitad de las cosas aprendidas...

-Ya está bien del secreto familiar, Henutsen. -dijo Isman- Aquí las cosas están reveladas y Vos no sois precisamente la niña indefensa que llevé hace tres décadas a Tekmatis. Podéis llenarme de orgullo diciendo que sois mi hija. Y Vos, Ankemtatis, podéis hacerme feliz diciendo que sois mi futuro yerno. Camaradas, sabedlo todos. Estos dos que se batirán en combate junto a nosotros, van a casarse cuando acabemos derrotando al enemigo. Y seguramente me darán nietos preciosos…

-Ahí os equivocáis, padre de mi corazón. -dijo Henutsen ante la sorpresa de Isman- Pero no os desilusionéis, que Ankemtatis y yo lo tenemos muy claro. Sentimos una responsabilidad muy grande sobre la protección del pueblo de Ankh em-Ptah, así que serán nuestros hijos, los hijos de los agricultores, de los barqueros, de los soldados… Todo niño nacido en Ankh em-Ptah, será para nosotros como un hijo, como lo son para Vos, aunque tenéis una hija. Espero que no os sintáis defraudado…

-¡Nada de desilusión! -respondió Isman abrazando a Ankemtatis y a su hija- ¿Qué más puede pedir un Faraón? Me hace profundamente feliz saber que cuando deba dejar el puesto en otras manos, mi sucesor contará con semejantes guerreros para protegerle, esta Sacerdotisa para custodiar sus viajes de aprendizaje con el Ka por el territorio de Anubis, servidores que también sentirán como si fuesen sus padres…

-Podríais pedirle a los dioses -dijo Ankemtatis- que definamos y ganemos esta campaña rápidamente, así podemos casarnos. Y no es porque tenga prisa por ser yerno oficial del Faraón, os lo aseguro.

La risa fue general y después de una pequeña celebración por la noticia de la relación familiar del Faraón y la próxima boda, siguieron hablando sobre los detalles de la marcha. Aunque habría dos días por delante, se dispuso la estrategia de exploración, cotejando los mapas que cada uno había conseguido reunir de diversos archivos, ya que la región apenas había sido explorada por algunas decenas de expediciones y muchos datos no concordaban.

-Tenemos entendido -decía Elhamin- que Ankh em-Ptah termina a un día de marcha desde el Valle de los Diez Colosos, sin embargo mirad este mapa donde tenemos marcada la frontera a más de veinticinco mil cuerdas más al Sur de los Diez Colosos. Son unos cuatro o cinco días de viaje aguas abajo, quizá el doble aguas arriba. Se llama Meri em-Râ y la marca corresponde a pirámides. La región de Tombizara, que significa "Estrella Caída", abarca incluso esa zona de pirámides, según otros mapas que he visto antes.

-Cierto, -decía Isman- pero apenas sabemos del Nilo hasta poco más allá de los Diez Colosos, nada conocemos a ambos lados de las riberas, más que algunos cientos de cuerdas y en algunas zonas, ni un paso más que lo que alcanza la vista desde el río. Sabemos que las tribus negras viven un poco más allá de los Colosos, desde hace al menos dos mil años sin que hayamos establecido relaciones con ellos, sin haber visitado los templos y pirámides que hay y no sería cosa de reclamar derechos de territorio a esas gentes.

-Muy de acuerdo. -dijo el Comandante Mertinetis- Lo que podemos hacer, si no encontramos resistencia enemiga, es alcanzar Meri em-Râ ofertando la pertenencia a Ankh em-Ptah a los pueblos que encontremos por el camino, si son pacíficos. Sería como guardarnos las espaldas...

-La idea no es mala, Mertinetis, -respondió Isman- pero el problema es que esa gente, aún la más pacífica, está en un estado ten lamentable que practican el canibalismo, según la mayoría de las referencias de los exploradores, que aunque son antiguas, no es muy probable que hayan evolucionado una vez caídos en semejantes atrocidades. No obstante, si estáis dispuestos a presentar al Concejo una moción de adopción masiva de esa gente, si les encontramos... Por mi parte apruebo una exploración pero después de haber asegurado todo el territorio desde la frontera precaria marcada aquí, a un día de marcha al Sur de los Diez Colosos, hasta donde comenzamos a dejar a los prisioneros de Darsum.

-Además, hay que analizar qué haremos con esa ciudad de Aarikanis.

-Así es, Ankemtatis, pero para eso dispondríamos sólo de dos mil hombres. El resto puede dispersarse en abanico cubriendo mil cuerdas a cada lado del río. Eso es un día de marcha, así que podríamos enviar una partida de cinco exploradores cada cincuenta cuerdas, para que al primer aviso podemos cerrar en pinza sobre cualquier asentamiento. De ese modo bastarán cien hombres a cada lado y a caballo las noticias llegarían a nosotros en menos de medio día. Y eso sin contar con los halcones...

-Nada nuevo, Faraón, -comentó Elhamin- y ese procedimiento ha dado buen resultado siempre. Así se hará. No habrá lugar de reunión de los exploradores, pero sí una parada al llegar a la altura de los Diez Colosos, o sea dentro de seis o siete días. Les haré relevar cada dos días y luego de esa parada decidiremos si enviar gente a Aarikanis.

-De acuerdo. -decía el Faraón mientras con otros Comandantes y sus Láteres ajustaba más detalles de la distribución de provisiones.

Los dos días de descanso no lo fueron para el Faraón, los Invisibles de Henutsen y la Plana Mayor, que debían tener todo a punto para el día señalado. Salieron exploradores a caballo desde de la noche anterior, hacia el Sur a las posiciones asignadas. Zarparon las barcas rápidas y luego comenzó la movilización general. El día comenzó como lo había vaticinado Isman, con calima suave y llovizna intermitente.

Transcurrieron seis jornadas normales de marcha sin novedad, hasta que el grueso de las tropas se encontró frente a dos gigantescos templos de los Diez Colosos, apenas conocidos por unos pocos. Uno de ellos, con cuatro colosos sentados de más de media cuerda de altura, esculpidos en la roca viva. Pero resultó que todo el promontorio estaba hueco, cosa que desconocían porque una roca tapaba completamente la entrada. Un soldado se dio cuenta que debería poder abrirse, porque una punta superior tenía una hendidura por la que salió un murciélago. Miró atentamente y vio que salían otros, así que llamó a Ankemtatis que recorría inspeccionando el sitio. Siguieron la fina marcha entre piedras de la "Puerta Divina" que también se llama "puerta falsa" y que no sabían por qué los Hombres-Dioses las hicieron en todas partes.

-Llamad a Himhopep y a todos los que tengan conocimientos de ingeniería y construcción. -dijo Ankemtatis a uno de sus Láteres.

Al explorar más minuciosamente aquella obra, el experimentado Ingeniero Himhopep, exclamó:

-¡Es una falsa puerta falsa! Al menos ésta, no tiene nada de falsa o es doblemente falsa. Necesito que traigáis al carpintero y al herrero. Que vengan con andamios, cuerdas y todos los elementos de hierro más grandes que tengan, para hacer palanca y para picar piedra.

El Comandante encontró pequeñas diferencias de coloración en algunas partes del borde de la obra, las marcó con un lápiz de carbón e indicó que comenzaran a picar allí, mientras él hacía lo mismo más arriba, subido a un improvisado andamio de casi ocho codos de alto. En poco más de tres Râdnies de duro trabajo, con las indicaciones de Himhopep, bajo la mirada expectante del Faraón y la Plana Mayor, se abrieron cuatro huecos sellados con mortero, dejando al descubierto respectivas palancas metálicas que no mostraban signo alguno de deterioro. Ataron a ellas unas cuerdas de cuarenta codos de largo

-Ahora, -decía el Comandante Himhopep- os ruego retiraros lejos. Nos vamos a jugar la vida cuatro personas, aunque lo haremos con cuerdas. No sabemos qué ocurrirá al tirar de estas palancas. Puede que la puerta se abra, que se vaya hacia adentro, que venga hacia afuera o que estos colosos despierten y... No quiero imaginar nada más.

Los más de quinientos asistentes salieron del islote chapoteando en el brazo poco profundo del río, mientras los cuatro hombres se prepararon para jalar de las cuerdas al mismo tiempo, a una orden de Himhopep. Cuando procedieron, las palancas salieron de los huecos, quedando atadas a las puntas de las cuerdas. Un instante después se oyeron cuatro golpes sucesivos y un sonido estruendoso acompañó el desplazamiento de la puerta hacia adentro, que giró sobre goznes de granito en parte cubiertos de metal. Luego de un rato de silencio y la salida de bandadas de murciélagos, con varias antorchas, Himhopep pidió al Faraón que le permitiera hacer una exploración previa. Autorizado, pero con el Faraón tras sus talones y ambos atados con cuerdas, entraron el Templo.

El interior resultó una soberbia obra de arte, con dieciséis galerías completamente cubiertas de grabados y jeroglíficos en alto y bajo relieve. Estuvieron unos tres o cuatro Râdnies contemplando los grabados bellamente pintados y mientras poco a poco lo hacía toda la tropa, turnándose en relevos para que asistieran los que estaban en la ribera opuesta, dejaron a un grupo de dibujantes reproduciendo con extremo detalle todo el contenido de los muros, las columnas y los dinteles, tanto del interior como del exterior del Templo.

-Seguramente, -decía luego Himhopep al Faraón- el otro templo ha de tener similar condición. Suponíamos que eran sólo estatuas, pero veo que tardaremos mucho en saber todo lo que contiene Ankh em-Ptah. Si estos gigantes no se han molestado, los seis colosos en la entrada del otro han de contemplar nuestro trabajo y con sus permisos podemos ver si también la puerta es una falsa puerta falsa. ¿Qué decís, Faraón?

-No sé si ellos os darán permiso, -dijo Isman- pero desde luego que el mío lo tenéis. Ya va a caer la noche, así que podéis dejarlo para mañana, si vuestra impaciencia no es tan grande como la mía.

-De acuerdo, Faraón. ¿Cuántos días vamos a quedarnos aquí?

-No está decidido aún. Seis días de marcha merecen al menos dos días de descanso, pero eso lo sabremos mañana.

El día siguiente se ocupó en hacer el mismo procedimiento con la puerta del otro templo, que era algo más pequeña, de unos cinco codos. Ocurría casi lo mismo, pero al abrirse la falsa puerta uno de los goznes cedió y la enorme roca se derrumbó partiéndose en varios pedazos. Se pensó en buscar algún modo de repararla, pero las moles de semejante tamaño y peso dejaban impotentes a los más expertos ingenieros. El interior no era menos bello que el otro y rápidamente el Faraón y algunos pocos Sacerdotes que ocupaban puestos militares intentaron durante largos ratos leer, con entusiasmo pero con pena por la limitada comprensión de los símbolos, las enseñanzas dejadas en esos muros tan antiguos como todo lo construido en Ankh em-Ptah.

Casi enajenados del mundo ante la importancia de lo descubierto, Isman, Henutsen, Ankemtatis, Elhamin, Himhopep y otros miembros de la Plana Mayor se reunieron para comer cuando todo el personal ya había almorzado hacía rato. Era casi media tarde. Acababan de comer cuando un bedel les traía los informes de las exploraciones que había ordenado Elhamin sobre el entorno y en abanico, hasta una distancia de cien cuerdas hacia el Sur y cien cuerdas a ambas riberas del Nilo.

-Una familia vive a veinte cuerdas de aquí. -decía Meremnut, bedel y correo de exploradores - Crian ganado y cultivan la tierra, pero hace años que nadie les visita. No les falta nada esencial, pero ya no tienen calzado y sus ropas son muy rudimentarias, apenas si tienen unos pocos cuchillos muy gastados y usan piedras para hacer sus herramientas de madera. Al decirles que el mismísimo Faraón dirige esta campaña, no nos han creído y las mujeres se han reído de nosotros. Dicen que hay varias familias dispersas hacia el Sureste y Oeste, pero raramente cerca del río porque hay muchos cocodrilos en la época de Nestiej, que empieza dentro de unos días. Dicen que hace unos días sintieron que la tierra se movía y el agua del río casi desapareció. Por eso casi no hemos visto a los hijos de Sobek todavía... Si necesitáis algo más, estaré en la tienda roja.

-Gracias, bedel, nada más por ahora... ¿Habéis comido?

-No, Faraón, pero si me voy a la tienda roja es porque mi mujer es Espiria, la Comandante de la Tercera Tropa de Infantería, así que tengo órdenes de ir a comer con ella cuanto antes...

-¡Ja, ja, jaaa, os manda en la casa y en el trabajo! -dijo Elhamin- Sin duda que estáis muy bien mandado, no me extraña que seáis el bedel de exploradores, ja, ja, jaaa

-Cierto, General, -respondió el bedel al marcharse- pero si supierais como cocina, hasta Vos haríais lo que ella diga.

-Y además, -agregó Henutsen- ese hombre puede decir que tiene una de las mujeres más hermosas del país.

-¡Y que lo digáis Vos, amada mía! -exclamó Ankemtatis- Con razón es tan efectivo como explorador, detallista y rápido. No le falta quien le tenga las riendas bien cortas...

-Dejando esos asuntos que viviréis vosotros mismos dentro de poco tiempo... -decía Isman- es curioso lo del temblor. Los animales son muy sensitivos y cierto es que ya deberíamos haber visto muchos cocodrilos en estos días, así que puede que les haya afectado...

Al día siguiente, el Faraón y los suyos dejaron descansar a todos y se fueron a visitar a los habitantes de la comarca.

-¿Habéis visto movimientos de naves o personas? -preguntaba el Faraón a cinco niños que tallaban maderas para hacer flechas y lanzas en un cobertizo, mientras que Elhamin interrogaba a las mujeres que le servían leche y miel. Ankemtatis hablaba con los tres varones adultos de la familia, a quienes llevó al campamento y les entregó algunas largas cuerdas de fibras muy fuertes, redes de pesca, tres caballos jóvenes, tres camellos, sandalias, cuchillos y herramientas que uno de los carpinteros de campaña siempre llevaba repetidas y no las necesitaría. Más tarde se reunieron los tres e invitaron a la Plana Mayor para cotejar la información.

-Según los niños, -dijo Isman- sólo han visto pasar hace tiempo, aguas arriba y hacia abajo algunas barcas con pocos hombres, vestidos con túnicas grises cortas y turbante redondo. Más o menos las ropas que lleva el enemigo. Hace algo más de dos Khabeds (*) pasó una gran caravana a algunas cuerdas al Oeste, pero no se acercaron a la zona de granjas. Sólo los vieron los niños, que buscaban una cabra perdida.

(*) [Un Khabed son treinta días. Un mellu son diez días. El año se llamaba "renpet" y tenía doce "Khabeds" divididos en tres mellu de diez días cada una. El octavo día del mellu se dedicaba a la meditación, el noveno a las cuestiones de política y de Estado, como la Asamblea de la Calle, que solía terminar en fiesta y el décimo al descanso. El calendario alcanzaba 360 días y el renpet se completaba con cinco días especiales llamados jeriu-renpet, generalmente dedicado a fiestas, las bodas o actividades de las cofradías profesionales].

-Los hombres me dijeron exactamente lo mismo. -dijo Ankemtatis.

-Y también las mujeres, -agregó Elhamin- ninguna diferencia en las respuestas. Estas personas son confiables. Parecen entusiasmadas con la visita, en vez que reticentes como suelen ser quienes permanecen mucho tiempo aislados. Dicen que las familias que viven más al Este les proveen de algunas cosas, pero con lo que les ha dado Ankemtatis podrán vivir un poco mejor. Habrá que enviar visitas más asiduamente.

-Pero esos cinco niños -decía Isman- ya deberían estar recibiendo más educación que la que pueden darles sus padres. Y en los templos hay escritos sobre cuyo tema apenas sabíamos algo. Son demasiado importantes, así que al regreso dejaremos una dotación militar hasta enviar gente que desee vivir aquí. Esta región lleva demasiado tiempo abandonada de la mano del Estado y eso es injusto.

-Tomamos nota, Faraón. -dijo Ankemtatis tras cambiar miradas y gestos con Henutsen- Vuestra hija y yo hemos hablado de que luego de casarnos nos gustaría ser Regentes e instructores en alguno de los pueblos pequeños más alejados de Ankh em-Ptah, ya que sabemos la importancia de atender los sitios aislados.

-Pues este sitio estará a vuestra disposición, una vez resuelta la campaña, la boda y con la aprobación del Concejo de Karnak. Luego ya sabéis que la gente de la región será quien tras dos Khabeds, decida si permanecéis como Regentes. En cambio, sobre vuestro puesto militar, esta noche pediré a la Plana Mayor que apruebe para ambos el rango de General, aunque lo seréis formalmente con la aprobación del Concejo…

-¿Algún motivo especial para esos nombramientos, padre?

-Sí, Henutsen. -respondió Isman con el rostro sonriente- El motivo es que Elhamin me lo ha recomendado después de la batalla de Gavelade, insistiendo durante nuestro viaje hacia Karnak y también esta mañana. Dicha recomendación no carece fundamento. Lleváis mucho tiempo haciendo todos los méritos habidos y por haber. Los soldados os quieren y respetan, vuestra disciplina es encomiable y algunos de los Generales de esta campaña me han hecho excelentes comentarios sobre vosotros. Esas observaciones, como la proveniente del viejo General Arkanis, que tiene tantos méritos como Elhamin, que ha sido Comandante General y nadie en nuestra tierra ha vivido tantas batallas como él… Pues no se puede desoír. He tenido que sopesar si deciros esto podía ser demasiado para estimular mi orgullo personal, pero es la realidad.

Henutsen y Ankemtatis se tomaron las manos y abrazaron al Faraón.

-Ya está bien, jóvenes, -dijo Isman mirando a los demás reunidos- que estamos en reunión de campaña y estos aguerridos hombres van a llorar de emoción como nosotros. No les ablandemos los corazones, que ahora mismo debemos endurecerlos.

-No viene nada mal -decía Elhamin- ver una familia faraónica dando el mejor ejemplo. Lejos de ablandar nuestros corazones, ello nos dará fuerza para combatir con más ahínco a quien ose destruir el Amor, la Inteligencia y la Voluntad en equilibrio que impera en nuestra Patria.

-¡Que así sea!, -respondió Isman- porque en días más, cuando los dibujantes y escribas hayan replicado en papiros todo lo que contienen los templos, se enviarán dos hombres a Karnak con esos documentos y nosotros seguiremos nuestra campaña hacia el Sur. Iremos hasta Meri em-Râ porque hay que asegurarse de que no hay preparativos enemigos contra la Patria y porque estoy convencido que los Hekanef no construyeron pirámides tan al Sur, sin que hubiera motivos importantes.

Pasaron dos días en preparativos, pero los escribas demorarían más en hacer el delicado trabajo de transcribir toda la información esotérica y científica de los Templos, en reproducciones en color, forma y tamaño.

Los soldados que Henutsen entrenaba, cinco varones y otras tantas mujeres, eran todos delgados, de estatura levemente inferior a la media pero con excelente estado físico y mental. Las pruebas que la ahora

General ordenó a los nuevos reclutas del grupo especial, se efectuaron con gran sorpresa para el Faraón. Henutsen le pidió que les buscara en el desierto, a pleno día. Isman caminó dos cuerdas al Oeste sin ver ni oír absolutamente nada. De repente, alguien le chistó y se volvió, para encontrarse a uno de los Invisibles novatos justo detrás de él, con algo extraño en el contorno de los ojos, simulando asestarle una puñalada. En vez de ello, le dejó una flor del río prendida de su ropa y le señaló para que mirara hacia Occidente. Al hacerlo, Arfaneba (otra Invisible) hizo lo mismo, colocando otra flor y señalando a sus espaldas, pero al volverse hacia Oriente, el primero había desaparecido. Apenas alcanzó a ver un pequeño movimiento en la arena y fue a "pescar" al que parecía que se estaba escondiendo, pero la mujer le retuvo del brazo mientras le decía.

-¡Esperad Faraón!, Imaginad que sois un enemigo y os acercáis a un Invisible que no se ha escondido bien o no lo hizo a tiempo... ¡Podéis hacerlo bien real, que no es el Faraón sino una piedra!

Arrojó un pequeño pedrusco sobre el punto donde estaría enterrado su compañero y dos puñales salieron de la arena para volver a quedar ocultos en un instante. La curiosidad infatigable de Isman le llevó a ver en el sitio un poco más de cerca. Un pequeño tubo hecho con caña, apenas visible, más fino que un dedo meñique, era todo lo que veía.

-Imagino que esa es la treta para respirar...

-Así es. Pero no os acerquéis más... ¡Haceos visible, Nurib!... -dijo la mujer mientras su compañero se ponía en pie como nacido de la arena- Lo llevamos en la boca cuando puede que sea necesario en la arena o en el agua. Es un ángulo recto de lados iguales y un apéndice, para no poder tragarlo por accidente. Nuestros gorros se cierran así, para que ni basuras del agua ni arena nos entren en los oídos, pero este cuero tan fino es resistente y a la vez permite que pase el sonido gracias al curtido que tiene. Esta banda se coloca rápido si hay que taparse los ojos y como veis, es tan fina y transparente que puede verse a través de ella, pero lo suficientemente dura y a la vez flexible como para no romperse. Aunque se le cambie la forma, vuelve a su forma original.

-¿Qué material es éste? -preguntó Isman sumamente intrigado.

-Uno de los secretos de vuestra hija. Así que no os puedo decir...

-¡Pero soy vuestro Faraón!, los secretos militares no son para mí ni para el General Elhamin en ningún caso...

-Lo sé, Faraón, pero es que no os puedo decir más porque vuestra hija no nos ha revelado nada. Es a ella a quien debéis preguntar.

-¡Ah!, bien... Ya veremos si me dice algo.

-Creo que por hoy, -decía Henutsen apareciendo también como un espectro a pleno sol- habéis tenido bastante prueba de que los nuevos del grupo están preparados, al menos en cuanto a invisibilidad en el desierto, que es la más difícil ¡Y en sólo nueve días de entrenamiento!

-¡Y buenas pruebas! Realmente me habéis dejado muy satisfecho, hija, pero ahora vamos a caminar en solitario... -decía mirando hacia todas partes sin ver a nadie, ni a los dos que debían estar muy cerca.

-¡Atención, Invisibles, formad conmigo! -gritó Henutsen y momentos después estaban los diecinueve invisibles formando con ella, salidos de la arena como un tornado del simún- Podéis ir a descansar, que tengo una conferencia privada con el Faraón.

-¿Podéis revelar a vuestro Faraón cual es el secreto tenéis con el material que usáis para ver a través de él sin daño para los ojos?

-¡Ah, era por eso!... Creía que deseabais hablar de mi boda, ja, ja, ja... Bueno, a mi Faraón se lo contaría por obligación, pero a mi padre se lo voy a contar por pura confianza... -decía ella tocando suavemente la nariz de Isman- En el Templo de Anubis de Tekmatis encontré una enorme cripta que sólo conocen Uasnum y dos de los Sacerdotes, porque no ha sido completamente explorada y porque hay cosas que deberíamos mantener en cuidado especial. Es peligroso entrar y habrá que hacer obra previa, pero hallé una gran cantidad de cajas de madera conteniendo unas telas como cortinas, algunos retazos y hasta ropas transparentes... Mi primera idea fue un poco sensual... Pero eso no se le cuenta a un padre. Luego encontré unos pedazos más duros, apenas más gruesos que las telas. Como el natrón pero muy transparente y algo flexible. Lo más impresionante es que al doblarlo no se rompe. Así que con toda la paciencia del mundo, porque resulta difícil de trabajar, fabriqué anteojeras, como las que se usan para dormir al sol, pero como son transparentes sirven para enterrarse en la arena sin peligro para los ojos. Uasnum hizo unas pruebas con el material y me ayudó a fabricar más, tratándolas con agua hirviendo para darles la forma justa, con el borde plegado para encajar en la cara sin molestia para los párpados.

-¿Y hay mucho de ese material?

-Tenemos dos para cada Invisible y debe haber suficiente como para fabricar quinientas más, pero hemos mantenido el secreto. No hay para todo un ejército. De las otras hay para cubrir de cortinas transparentes todos los portales de un templo como el de Karnak pero no son tan gruesas como para moldearlas como esto, que si no se las expone al calor del agua hirviendo, no pierden la forma y para cortar el material hay que usar una sierra muy fina. El otro más fino también es muy resistente y cuesta mucho cortarlo; se podría usar como anteojeras haciendo un armazón de metal, pero no tuvimos tiempo de ponernos en ello. Como cortinas, no sé para qué servirían, son totalmente trasparentes...

-¿No habéis pensado que las tiendas de campaña podrían tener un trozo a modo de ventana y mirar sin que entre la arena durante el simún?

-¡Qué buena idea, padre!, ¡Ni salir para mirar cuando hace frío! No trajimos nada de eso ni me quedan más anteojeras, que por suerte había guardado en mi mochila al salir de Tekmatis para explorar el túnel, pero en cuanto vuelva, confeccionaré algunas tiendas con ventanas. ¿Sí?

-Sí, hija, pero sólo para los Invisibles. Hay que tener cuidado con los materiales raros, que pueden tener gran utilidad, pero también hacernos dependientes de sus ventajas, olvidando los más elementales principios de la supervivencia, en la vida militar y en la civil. Seguid guardando el secreto, excepto con Elhamin. Con él consultaré sobre las ventajas puede darnos algo así, cuando es limitada la cantidad y no sabemos si dejaron los Hekanef algún escrito para fabricar más. Voy entendiendo eso de las ropas transparentes en los grabados de Abydos y otros templos...

-Estamos de acuerdo, Faraón. Ya sabemos que no son meros dibujos. Y me alegro que mi grupo os haya sorprendido en la maniobra, como era de esperar. ¿Qué proponéis?

-Ahora repasaremos los planes porque vamos a quedarnos casi todos varios días más, pero pienso enviaros a los Invisibles en una exploración meticulosa y arriesgada, por tierra y por río. En adelante la jungla es espesa, así que resulta difícil explorar sin riesgo de encontrar al enemigo o a otros pueblos muy de repente, sin apenas tiempo para reaccionar o comunicar novedades. Un grupo pequeño y eficiente es mucho más recomendable en la jungla, pues un ejército avanzando todo junto hace demasiado ruido y humo. Doy por hecho que estáis preparados.

-Si me dejáis algo más de tiempo, porque he exigido mucho a todos y están algo cansados, partiremos a la jungla. Sin embargo sería preferible esperar. Los nuevos y aún los veteranos han tenido poco entrenamiento en la selva, aunque os hayan mostrado su gran habilidad en el desierto.

-Entonces esperaremos un poco más. No soy yo quien debe hacer el plan de exploración. Vos conocéis al grupo y sus capacidades, así que os lo dejo a Vos, con la sola indicación de revisar minuciosamente todo el río y hasta doscientas cuerdas a cada lado. Enviaréis un mensajero cada medio día e iré poniendo vigías y correos para acelerar las comunicaciones, así como una barca rápida, también cada medio día de avance. Nosotros avanzaremos con un margen de dos días de retraso, para no dar alarma alguna a quien tengamos delante. Aquí debemos usar tambores y silbato que se oyen a más de medio día de marcha. Cuando vuestro grupo necesite descansar, porque ahora llevaréis la parte más agotadora de la campaña, lo comunicáis y nos detenemos. Nada de exigiros en exceso durante la exploración, que las exigencias son para el tiempo de entrenamiento. Os quiero a todos muy despiertos, descansados, lúcidos y con muchas ganas de continuar hasta Meri em-Râ, lo cual sólo será posible si cada día o noche descansáis lo suficiente.

-Será de noche, padre. Y en las ramas más altas que alcancemos, porque en esta jungla hay animales peligrosos y no nos alcanzarían los perfumes para evitarles en tan larga campaña. Si Elhamin está en lo cierto con respecto a las distancias, vamos a demorar unos ciento cincuenta días, o sea cinco Khabeds para hacer la exploración bien minuciosa. ¿Tenéis prevista la logística para tanto tiempo?

-Ya lo hemos calculado así y conversado con los Generales, de modo que efectivamente, podemos hacerlo. Cinco barcas viajarán y volverán continuamente desde las ciudades para de proveernos. Fui a Tekmatis a rejuvenecerme, pero ya veis que no podrá ser hasta poco antes de hacer el Heb-Sed. De todos modos, esta campaña parece que me da ánimos, fuerzas y el entusiasmo me quita años de encima. Lo único lamentable, es que también atrasará vuestra boda.

-¡De eso no os preocupéis! Tenemos mucha vida por delante y tanto a mí como a mi amado nos entusiasma esta campaña como a Vos. No creo que haya nadie entre los veintidós mil quinientos que estamos en ella, que no tenga el ímpetu de explorar nuevas tierras. Os aseguro que los que aún están del otro lado del río esperando turno para ver los templos de los Diez Colosos, están ansiosos como niños...

-Así es, hija, pero debo confesaros que no creo que dure mucho el entusiasmo. Estoy seguro de tener enfrente, escondido por ahí, a una fuerza enemiga superior a lo enfrentado hasta ahora. No imagináis cuánto deseo estar equivocado, pero Sekhmet no advierte sin motivos.

-¡Ni Anubis, padre! Yo también estoy advertida. Por eso haremos una exploración tan cuidadosa que no dará alarmas ni correremos más riesgo de lo estrictamente necesario. Podéis confiar en mí... Bueno, eso ya lo sabéis. Pero dadme al menos cuatro días más, que mi gente está bien preparada para el desierto, pero la jungla es como otro mundo.

-De acuerdo, hija. A nadie le disgustará la idea, os lo aseguro. Pero quiero preguntaros algo... Supongo que vuestro entrenamiento y las habilidades que se despliegan, no sólo tienen fundamento en trucos, la ropa que se confunde con la arena o la niebla, o esas anteojeras...

-Sé lo que vais a preguntar, padre. Claro que no se trata sólo de eso que es puramente material, trucos y habilidades, sino que también hay una preparación mental. Algunas personas como los soldados que he elegido tuvieron la suerte de teneros como Maestro a Vos, a los Sacerdotes Hemetis, Olekram o a Uasnum, en las clases de la Ley de Mentalismo. Mucho de lo aprendido lo han ido practicando durante sus actividades militares, así que con una buena base, lo demás es fácil. Si accedierais a entrenaros conmigo, Vos mismo, con todo lo que sois capaz y lo que sabéis, seríais un Invisible en sólo una semana.

-Ya quisiera yo disponer de una semana entera para dedicarme a cosas como la que proponéis, querida mía, pero comprenderéis que vuestro padre tiene el tiempo bastante limitado. Sin embargo, después de esta campaña, espero disfrutar de un buen descanso en Tekmatis, donde fui a pesar de lo que creía que eran muchas obligaciones... No fui a La Luz porque eran más días de viaje y ya veis cómo han ido las cosas. No imaginaba hasta que Sekhmet me dejó entrever algunos atisbos del futuro, los peligros que están acechándonos. Si no hubiera descubierto Hempotepet el túnel aquel de la pirámide, claramente con ayuda de Sekhmet, yo estaría tan confiado, rejuveneciendo allí, mientras el enemigo... Bien, ya sabéis el resto, así que pasemos al futuro inmediato. Durante estos cuatro días, aunque no sea suficiente, me gustaría participar de la instrucción que dais a vuestro grupo. Al ser un novato total, no sé si sería demasiado estorbo...

-No, padre, no seríais ningún estorbo. Necesitamos en las prácticas un enemigo supuesto, de modo que estamos buscando siempre a los hábiles, diestros, para nada descuidados y en lo posible con la mejor preparación militar, para que se expongan a nuestras travesuras como si fuesen el enemigo. Creo -decía con una pícara sonrisa- que Vos podríais poneros al nivel de novato y aprender en estos días varias cosas.

-Entonces comenzaremos esta tarde.

Henutsen y el Faraón convocaron a los Invisibles después de la comida y tras un par de Râdnies para hacer la digestión mientras conversaban la teoría, se pusieron en marcha hacia la cercana jungla. El Faraón llevaba un arco con flechas cuyas puntas eran de una pasta de arcilla y savia roja de algunos árboles, que al golpear en un cuerpo absorbían el impacto sin causar herida. Mientras se preparaban las flechas, Isman cogió unos trozos más de pasta y los metió dentro de su carcaj. En vez de espada, llevaba una caña pero iba vestido igual que los demás, con ropas miméticas bien hechas, dibujadas con hojas y palos grises. Mientras hacía algunos chistes con su hija, ella hizo una señal a su espalda y en un instante estaban caminando solos. Los demás Invisibles habían desaparecido.

-Hay que tener cuidado, padre, que aunque hemos explorado la zona y no hay enemigos cerca, la selva tiene sus propios peligros y éstas son más espesas que las del Norte.

-Cierto, hija, hay muchos que creen que la selva es como un jardín, sin sospechar los peligros que acechan en el agua, los árboles, los charcos… Creen que sólo son peligrosos las serpientes y los leones, olvidando las plantas que envenenan al tocarlas…

En un momento, cuando habían caminado ya unas cuantas cuerdas por la espesura, se dio cuenta que las últimas palabras no fueron escuchadas por Henutsen… O al menos no la veía por ninguna parte.

-Bueno, -dijo en voz baja- Ahora no sé si estáis o no estáis. Que empiece el juego, cuyas reglas no conozco, pero supongo que debo encontraros o bien defenderme de vosotros…

Una flecha pasó silbando muy cerca de él y golpeó en un árbol, de modo que se echó al suelo ágilmente. Preparó su arco y calculando el ángulo de la flecha, observó atentamente para ver al menos una señal del arquero. Un mínimo movimiento entre la espesura le invitó a disparar, pero resultó ser una trampa para hacerle tirar la flecha y perder el tiempo de recarga. Quien la había lanzado salió por el otro lado del árbol, a unos veinte pasos, disparando certeramente sobre su pecho. El golpe fue menor que el de un puñetazo, pero la marca roja que dejó daba testimonio de haber sido alcanzado.

Nadie más fue visto durante un rato, pero difícilmente fuera visible Isman, que luego de una buena carrera de más de dos cuerdas y luego arrastrándose bajo unos enormes helechos que lo cubrían todo, se escondió entre las raíces de un inmenso árbol. Entre ellas encontró un hueco y al fondo un punto de luz. Apenas cabía, pero consiguió meterse en él y escarbar lo suficiente como para ver al otro lado. Así que tenía vistas hacia dos puntos y aunque no podía utilizar el arco, podía usar la cerbatana que siempre llevaba consigo, con dardos sin punta que hizo rápidamente con la misma pasta de las flechas.

Era posible que hubiera despistado al grupo, pero conociendo cómo hacían los rastreos, estaba seguro que no tardarían en pasar cerca de él. La espera fue larga, porque la paciencia en combate como en la caza es fundamental y el grupo de Invisibles operaba como si en toda la vida no tuvieran otra cosa que hacer que esperar el momento oportuno para actuar. Cada paso era pensado y medido, así que cuando estuvieron cerca de él, no se enteró. No estaba esta vez Azalema para seguir su rastro, pero otros dos tenían muy cercano el nivel de entrenamiento y el gran árbol les pareció un lugar probable como objetivo. Las pistas eran dudosas porque Isman aprovechó la hojarasca para borrar sus huellas, pero luego de un rato de exploración del entorno por todo el grupo, Henutsen se acercó lo suficiente para ver que había huecos entre las raíces. Evitó ponerse frente a ellas y subió a un árbol cercano.

Mientras el resto del grupo se hallaba expectante, estático y vigilante, ella alcanzó las ramas más altas hasta poder cruzar al árbol grande. Allí ató una cuerda en una de las ramas más bajas. Extrajo unas bolitas de la bandolera que llevaba atada al pecho y se deslizó por la cuerda hasta quedar a un codo del hueco. Dejó caer un poco de saliva sobre la bolita y la arrojó al hueco del árbol, para volver arriba inmediatamente. Al llegar a la rama se sentó en ella y preparó el arco, mientras un denso humo iba saliendo del hueco. Unos momentos después salía Isman, arrastrándose y con la cerbatana lista, pero no vio a nadie a quien disparar. En vez de eso, recibió veinte flechazos casi al mismo tiempo.

-¡Vaya cazadores! ¿Veinte flechas para abatir a un viejo Faraón?

-No, padre, pero es obligación dispararlas cuando la presa nos ha hecho sudar en grande. Habéis sido muy hábil y hemos demorado medio día en daros caza. El mejor colaborador que hemos tenido no ha durado más de medio Râdnie, incluso cuando le hemos dado buena ventaja.

-No tan así, porque al empezar ya recibí la primera flecha, que si fuera sin pasta me habría perforado el hombro. ¿Qué es lo que habéis echado en el hueco que casi me ahoga?

-Es una bolita de sal parecida al natrón, pero que las prepara en su laboratorio Uasnum; no conozco la fórmula. Al mojarla, aunque sea con un poco de saliva, comienza a echar humo. Si se hacen grandes o se echa mucha agua, explotan. Espero no haberos ahogado demasiado...

-No, estoy bien, pero si me quedo ahí dentro, me desmayo. Me habéis acorralado como a una rata. Pero el orgullo de contar con un grupo tan eficiente es más grande que la vergüenza. Ya está por hacerse de noche, así que me parece oportuno volver...

-Vos podéis volver, padre, pero nosotros necesitamos aprovechar la noche para continuar el entrenamiento. Igual dormiremos un buen rato y nos vemos mañana. Dadle un abrazo de mi parte a Ankemtatis.

Transcurridos los cuatro días de extensión del plazo, Henutsen dijo al Faraón que aunque la preparación no era lo suficiente que ella habría deseado, su grupo podía garantizar el éxito de su trabajo de exploración en vanguardia tal como se había planificado.

-Durante el día de ayer -decía Isman a la Plana Mayor la tarde antes de la partida- el grupo de Invisibles en maniobras se aventuró en barca rápida unas setecientas cuerdas hacia el Sur, a fin de evitarnos algún encuentro desagradable. Han encontrado una catarata y será necesario repetir la maniobra de transbordo completo, pero hay un problema y es que la tierra parece haber cambiado no hace mucho tiempo. Para subir los barcos y el material, habrá que dar un rodeo de diez cuerdas a cada lado del río. ¿En cuánto tiempo podría efectuarse, General Gibured?

-Como habéis visto, la anterior la hicimos en tres días completos para desembarco y desmonte, pero antes de seis días estaba todo en condiciones de navegar. Con la práctica obtenida por mis hombres y las correcciones que hice a la organización sobre la marcha, si llegamos en la noche de mañana y comenzamos en la mañana temprano, bastarán dos días y medio, más lo que se tarde en abrir caminos para ir la parte superior del terreno y luego dos días para montar los barcos otra vez. Si no fuese por ese camino que hay que hacer, antes de la noche de siete días ya se podría navegar, aun considerando todos los retrasos posibles.

-Entonces, como no es desierto como en la catarata de Aswan y el camino a cada lado será largo, habrá que enviar en barcas rápidas los hombres suficientes para hacer el trabajo. Los Invisibles tendrán el tiempo justo para asegurar la zona...

-Lo hemos hecho. -dijo Henutsen- Podemos asegurar que no hay nadie en mil cuerdas más allá ni en torno a la cascada. En realidad, en estos días de maniobras hemos asegurado el camino como estando ya en plena exploración. También hallamos zonas de ribera sin demasiada espesura, con bosque que permitirá el avance rápido de la tropa. Pero sólo contaremos con la provisión de los barcos, porque los carros no pasarían por algunos sitios, a menos que se abran caminos...

-Eso no supone demasiadas complicaciones -dijo Gibured- porque mis carpinteros tienen experiencia y herramientas muy buenas. Si no se les da otra función, abrirán camino en la selva casi al paso de avance. Luego se les transporta en barcas rápidas, se les deja dormir lo suficiente... En fin, que sólo deberíamos ocupar dos mil personas para poder avanzar con los carros también, ya que transportar las piezas de los barcos y las provisiones sin carros, se puede, pero requeriría todo un sacrificio.

-Y me parece que llevamos en ellos lo necesario para la campaña al completo, -decía Isman- así que haremos eso. Ocupad esos dos mil hombres. No quiero prescindir de los carros. Si es necesario alargar los tiempos, tampoco importa mucho. Disponed de mil soldados más para asegurar la tranquilidad y haced el camino por donde veáis conveniente.

## Capítulo XI - La Batalla de las Cataratas

Seis días más tarde estaba todo preparado para una nueva salida desde un puerto improvisado aguas arriba de la catarata, mientras que las barcas rápidas conducidas por los Invisibles habían reportado que no había más cascadas y el río resultaría navegable al menos por dos jornadas más. Los carros y cuadrigas irían sólo por la ribera izquierda, al Este del río, ya que había menos espesura y el terreno parecía más firme en toda la extensión explorada. Aún no salía el sol cuando una de las barcas, con Henutsen a bordo ordenó detener la partida para conferenciar con la Plana Mayor. Los tambores tocaron cuatro veces cuatro golpes y luego un silbido, lo que ordenaba la reunión.

-Hemos avistado una flota de diez barcos a dos días aguas arriba, o sea que demorarán un día en llegar hasta aquí. Aunque no pudimos saber más, pensamos que pueden estar bien armados. Es probable que sean enemigos, porque visten como los que hemos conocido, pero me he dado prisa por venir a avisar. Dos Invisibles por cada ribera exploran más arriba y dos de mi grupo vendrán luego con más novedades, pero habrá que rogar a Sobek para que les proteja. Ya hemos empezado a ver cocodrilos y la única forma de espiar a los barcos es metiéndose al agua. Una barca rápida baja a la misma velocidad que los barcos sin dejarse ver, para recoger a los nadadores en cuanto tengan confirmaciones.

-¿Habéis calculado cuánto personal traen? -preguntó Isman.

-Son barcos muy grandes, -respondió Henutsen- parecen precarios, no muy rápidos, anchos, de tres velas pero recogidas, ahora no tendrán viento a favor hasta que cambie la estación. Están hechos para poco calado, como para llevar mucho personal. Un cálculo que puede ser lejano a la realidad, es que van unas mil personas en cada nave. Hemos visto que algunos llevan las armas de las bolas metálicas. Si toda esa gente las tiene y descubrieron cómo disparar de continuo, representan una fuerza muy peligrosa. Ya sabéis que demorarían los treinta primeros disparos lo mismo que cuatro o cinco flechas nuestras.

-Pero sería interesante saber si traen refuerzos de tierra. -comentó uno de los Generales-

-No hubo tiempo para ello, pero lo dudo. En cualquier caso, habrá que esperar a saberlo porque los que envié por las riberas no tendrán tiempo a regresar hasta dentro de dos días.

-¿Imagináis alguna manera de conferenciar con ellos y evitar el simple enfrentamiento? -dio el Faraón.

-Sería demasiado riesgoso para quien lo hiciera, pero a la vez, un riesgo muy grande para toda la campaña. Sería en cualquier caso, un aviso de nuestra presencia aquí.

-Estáis en lo cierto, General Merensob, pero ya sabéis que donde estamos es por ahora una zona de frontera. ¿Y si no son los enemigos que creemos?, ¿Y si no tienen una intensión contra Ankh em-Ptah?

-Entonces habrá que preparar una buena emboscada, aunque traigan refuerzos por tierra. -comentó Gibured- Una vez acorralados y que tengan claro que somos más poderosos, o que podríamos serlo, sólo entonces pedirles conferenciar.

-¿Acorralar a los barcos y a la vez hacerlo con la fuerza de tierra? Lo veo complicado. -replicó Isman- Pero se me ocurre hacer algo para conferenciar sin mayor peligro que para el conferenciante enviado…

-¡Ni se os ocurra, Faraón! -exclamó Elhamin- ¡Ni se os ocurra!

-Veo que estáis desarrollando la comunicación mental, General…

-Nada de eso, Faraón. Es que os conozco mucho, pero que mucho, mucho… Y sé que no tenéis pensado mandar a nadie a lo que puede ser una muerte después de tortura. Vamos, que leo vuestros ojos…

-No iré como Faraón, lógicamente. Sólo verán a un campesino pescando a la orilla del río.

-¡No conocéis su lenguaje! ¿Cómo pensáis conferenciar? -preguntó Henutsen nerviosamente.

-Un campesino es raro en esta región desierta, pero puede haberlo y en tal caso es de esperar que hable sólo nuestra lengua, que sólo sea uno de nuestro pueblo, circunstancialmente solo y aislado, como los que están en los templos de los Diez Colosos. Hay poca distancia y podrían haber ido contra ellos, porque seguramente saben que esa gente vive allí... No les consideran un peligro...

-Pero eso puedo hacerlo yo, Faraón. Os ruego me lo permitáis.
-¡Y yo! -dijeron varios de los presentes.

-De ningún modo Ankemtatis, ni Vos, Hilaris, ni Vos, Henutsen, ni Vos Elhamin, ni Vos, Gibured. Sois todos demasiados jóvenes y no sería normal que alguien con vuestras edades esté pescando en el río en un sitio tan alejado de todo. Debe ser uno que pueda parecer más viejo de lo que es. Y ese soy yo. Vos, Merensob, que inmediatamente vais a enviar el informe al Concejo de lo que ha ocurrido hasta ahora, os quedaréis sólo con doscientos hombres. Pero como os he dicho, sois todos demasiados jóvenes para el riesgo de parlamentar...

-Por eso digo, aquí el más viejo soy yo, aunque no lo parezca...

-Estáis descartado, Arkanis. Vuestras responsabilidades militares y como escriba son demasiadas. Si algo me pasara, tendríais que reemplazarme como Faraón interino.

-¡Justamente! ¿No es mejor que vaya yo y se pueda contar con un Faraón que no sea interino?

-Isman tiene razón, Arkanis, pero el tema es otro, ¿No sería mejor una vieja, que además de vieja es mujer y para esa gente las mujeres valen poco o nada?

-¡General Meritetis! De vieja tenéis poco. Os faltan como diez años para llegar a mi edad.

La mujer, de cuerpo tan grande como bello y rostro tan suave como firme a pesar de su edad, lanzó una estruendosa carcajada, se puso en pie y acercándose al Faraón le dijo:

-¡Claro, no llego a tener doscientos años, sólo ciento noventa... Y uno! Vamos, Faraón, que debéis aprender a ser perdedor alguna vez. No podéis negar que tengo razón porque además de aparentar más años que Vos, he sido actriz y puedo engañar mucho mejor, he sido sacerdotisa y tengo mis buenos trucos... Y algo que Vos no tenéis...

-¡Mejor no os pregunto...! -dijo Isman esperando una broma.

-Pero os lo diré igual, Faraón. Soy capaz de matar a sangre fría a un enemigo de Ankh em-Ptah, cosa que vos no habéis hecho jamás. Cada muerte os ha dolido y duele en vuestra conciencia, aunque hayan sido muchas. Yo no he matado a mucha gente, pero no tengo esa empatía que tenéis Vos. Cuando dejé el puesto de sacerdotisa a Ankhana para enrolarme en el ejército, fue por vocación, pero también por inspiración de Sekhmet. Ahora sé que quizá estoy viviendo mis últimos ratos de felicidad en este cuerpo con el que tanto he gozado la vida… Porque ha llegado el momento de cumplir mi gran misión personal. No me importa morir o seguir luchando con este cuerpo viejo. Todo lo que soy se lo debo a Ankh em-Ptah y os juro que volveré a nacer en este país, al menos mientras exista algún enemigo al acecho. Ahora os ruego, Faraón… ¡Dejadme ir! Sé lo que debo hacer. Un barco enemigo echará el ancla para recoger a una vieja pescadora. Si no son un peligro veréis una bandera blanca en el acrostolio del primero que aparezca y podréis conferenciar. Si por el contrario, entonces… Puede que no os guste lo que veáis y en ese caso descargaréis toda la Furia de Sekhmet contra el enemigo.

El Faraón, que la escuchaba al mismo tiempo que le parecía ver a la mismísima Sekhmet encarnada en ella por momentos, abrazó a la mujer sin poder contener sus lágrimas. Ella tampoco pudo evitar el llanto, besó las manos del Faraón y continuó hablando pero con una notable frialdad.

-En una barca rápida estaré en posición justo a tiempo en algún sitio donde la corriente les permita echar anclas, pero debo hacerlo rápido. Tengo mi ropa de paisana en mi mochila y no hay tiempo para más. Os dejo a todos mi Amor Profundo y a Sekhmet mi Alma. ¡Ankh em-Ptah!

-¡Ankh em-Ptah! -gritaron todos, estirando sus brazos derechos en respuesta al saludo, mientras Meritetis salía a toda prisa de la tienda.

-¡Henutsen! ¿Podéis vigilar como se desarrolla la acción?

-Claro que sí, padre. Lo haré con los dos que me quedan hasta que vuelvan los demás de mi grupo. Yo le llevaré al lugar más adecuado.

-De acuerdo, poneos a la obra. A los demás, no hay tiempo para mucho preparativo así que os daré la idea general. Ankemtatis: vuestros mil hombres equipados con las armas nuevas se adelantarán en otras barcas y desembarcad a veinte cuerdas aguas abajo del sitio que escojan mi hija y Meritetis. La mitad de los… ¡Boleros!, sí, les llamaremos boleros a los que arrojan esas bolas, para entendernos … Pues la mitad en cada ribera y bien parapetados, para evitar los disparos enemigos lo mejor posible. Elhamin dispondrá de los detalles y el resto de la infantería que permanezca en similar posición, pero a cinco cuerdas aguas abajo. Los arqueros que se posicionen unos pasos detrás, pero que estén atentos a disparar solamente cuando el enemigo deba recargar las armas. No tendrán tiempo a más de cuatro flechas en ese momento. Los de la margen oriental estarán a diez cuerdas más abajo, para evitar el cruce de disparos porque las bolitas llegan muy lejos. Los navíos también deben zarpar ya y se ubicarán a cuatro cuerdas de aquí echando anclas, a ambos lados del río, en una distancia entre uno y otro, no mayor que la mitad del largo de los barcos. Si uno es incendiado, los hombres podrán saltar a tierra y seguir disparando desde allí. No se levarán anclas en ningún momento, porque un descuido o pocos remeros disponibles pueden llevar a un barco hacia la cascada. Las posiciones se mantendrán hasta nueva orden. Si hay ataque por tierra, cosa hasta ahora improbable pero no descartable, actuará la caballería, que avanzará ahora mismo, pero simpre a diez cuerdas de la orilla.

Momentos después el despliegue era vertiginoso. Los Generales daban órdenes a sus respectivas tropas, los Comandantes revisaban el cumplimiento de cada acción, los navíos se colocaban en las posiciones asignadas por Gibured, las tropas de Ankemtatis embarcaban para desembarcar donde calculó Henutsen el posible avance enemigo y cuando la "vieja" Meritetis tomaba posición a la orilla del río vestida de paisana, aparecía la barca rápida trayendo a los nadadores.

-Ya lo tenemos claro, Henutsen, -gritaba desde la barca uno de ellos- son poco menos de mil por barco, pero vienen al menos cinco más tras los diez que vimos antes. Tienen rampas de desembarque y movimiento rápido, cuerdas y poleas para abordaje y todos los hombres que vimos tienen esas armas nuevas, pero llevan sólo veinte remeros por banda y los timones son muy malos, si les dañamos no podrán maniobrar.

-Venid uno a coger esta barca y volved con el Faraón, pero primero comunicadle esas cosas a Ankemtatis, que estará cerca de aquí y a Gibured, que estará en la Capitanía. Es el primer barco nuestro que encontréis. Yo me quedaré en tierra por aquí, con estos dos…

-Bien, -le decía el que saltaba a la barca- pero no os metáis al agua si podéis evitarlo, que nos hemos librado por los pelos, o gracias a Sobek. Ya están viniendo cocodrilos y aunque pequeños, son muchos.

-Entonces tengo una idea… -decía Gibured al Faraón y al joven que informaba sobre los barcos- Voy a hacer colocar cuatro arponeros en respectivas barcas rápidas, para que lancen arpones con cuerdas e intentar enredar los timones de los barcos enemigos, al tiempo que voy a enviar a cincuenta hacheros por orilla. Si hay tiempo, echarán al agua unas balsas y cuantos troncos puedan, que les dificultarán las maniobras, en cuanto dierais la señal de ataque.

-De acuerdo, General, pero hacedlo rápido, porque según estoy calculando, no habrá mucho margen. Las medidas son urgentes.

El General indicó las tamboreadas y silbidos y cuatro barcas estaban en poco rato al lado del barco. Saltó a una barca menor e indicó a los de las otras lo que debían hacer. Los carpinteros colocaron rápidamente los lanzadores de arpones, improvisaron afustes, malacates y roldanas para las cuerdas. En escasos têmposos tuvieron todo listo y zarparon para colocarse a veinte cuerdas del barco de Capitanía. Todo estuvo listo apenas momentos previos a que aparecieran ante los ojos de Meritetis, Henutsen y los suyos, los barcos de la flota enemiga.

-¡Desapareced, Invisibles! Si alguno os ve, se desbarata el plan.

-Hasta pronto, Meritetis…

-¡Hasta Siempre, hermanos de mi Alma!

Como se había previsto, el primer barco enemigo aminoró la marcha, aunque llevaba pocos remeros y no era tan fácil detenerse. Una pequeña chalupa fue a recoger a la mujer y la trasladaron al barco. Los Invisibles siguieron la acción caminando escondidos entre la vegetación. No podían oír lo que hablaban, pero hubo un momento de forcejeo entre Meritetis y el que parecía ser capitán. Se oyeron carcajadas y siguió el intento de conversación. Luego apareció sobre la cubierta otro hombre, justo en un momento en que la corriente acercaba el barco a la orilla. Entonces Henutsen y los suyos escucharon en su lengua aunque mal hablada:

-Así que de Ankh em-Ptah… País que conocerá terror, miedo y mucha muerte… Ja, ja, ja, jaaa. País de Faraón débil que no quiso matar mil guerreros, porque cree que puede todo. Sí, se cree más que todos y deja vivir enemigos para que digan que es grande, que es bueno, ja, ja, jaaa.

Meritetis respondía en voz más baja y no pudieron escuchar, pero lo siguiente que escucharon fue:

-Y Vos, mujer tan… que se cree más, como el Faraón, que puede andar sola, pescando en el río… Necesitáis a los mil hombres de este barco para ser mujer- Y luego continuó en su idioma, con lo que los demás comenzaron a reír.

-Preparad las cuerdas largas, -dijo Henutsen- vamos a unirlas. Vamos a meternos al agua y atar sus remos. Los tres siempre juntos, un nudo corredizo desde el primer remo de proa y seguimos hacia atrás. Se darán cuenta cuando tire del último y ya estarán imposibles de desliar.

Sus dos compañeros le siguieron mientras acomodaban en los brazos las cuerdas y se lanzaron los tres de cabeza al agua, nada más llegar a la orilla, con lo que nadie les vio desde el barco. Realizaron la operación prevista tan rápido que nadie advirtió lo que ocurría hasta que faltaban sólo los dos últimos remos por atar. Un cocodrilo apareció cerca de ellos y Neponisis lo acuchilló rápidamente y volvió hacia Henutsen y Neftes, pero al intentar atar el penúltimo, el marino que lo llevaba advirtió los movimientos en el agua, hizo un zarandeo del remo mientras gritaba y golpeó en la cabeza de Neponisis, a la que partió el cráneo y Henutsen apenas si dudó un instante, al ver la imposibilidad de hacer nada por la herida, que además, estaba siendo atacada por tres cocodrilos.

-¡Sigamos Neftes! -gritó al otro compañero mientras ataba el remo de tal modo que el remero ya no podía moverlo. El de atrás intentó también golpearles, pero no les pudo alcanzar, Henutsen tiró de la cuerda hasta que el conjunto quedó tan bien liado que no podrían ni mover los remos con algún efecto hasta que los sacaran para desenredarlos. Salieron hacia la orilla escapando de los cocodrilos por instantes. El barco se ladeó a babor y finalmente encalló dos cuerdas más abajo, mientras Henutsen y Neftes veían con rabia cómo el cadáver ensangrentado y sin cabeza de Meritetis era colgado del trinquete del navío.

Corrieron por la ribera esquivando la espesura durante un buen rato, hasta que llegaron a la barca rápida de vanguardia conducida por Mertinetis y gritaron las terribles novedades. La barca dio la vuelta anunciando con las señales sonoras de tambores y silbidos, "Guerra Declarada". Una bandera roja con un círculo negro se izó en cada mástil a medida que recibían las noticias. El barco enemigo había logrado desencallar y se acercaba, con el cuerpo ensangrentado y desnudo y de Meritetis degollada, hecha un trapo en cruz sobre el palo del acrostolio.

Los cuatro arponeros tuvieron apenas oportunidad, gracias al viento del Norte, a ponerse tras los primeros cuatro barcos enemigos, mientras los proyectiles hirieron y mataron a algunos de la tripulación. Aún así, los cuatro cumplieron su cometido de lanzar sus arpones y enredar los timones, que dificultaron las maniobras de las naves, que quedaron a merced de los disparos de las tropas de Ankemtatis desde ambas riberas, chocando entre ellos y haciendo casi imposible la estabilidad de los tiradores enemigos sobre las cubiertas.

En el avance, imposible ya de controlar con los remos ni con el bogar desesperado, los capitanes intentaron remontar el río soltando las velas, lo que resultó más nefasto para ellos, pues los arqueros de Ankemtatis lanzaron sus flechas incendiarias con mayor efectividad. Los cuatro barcos se convirtieron en antorchas flotantes mientras los ocupantes se iban lanzando al agua o cayendo muertos por los disparos de los "boleros". Los cocodrilos comenzaron un inmenso y macabro festín.

Las barcas arponeras quedaron a la deriva, con varios ocupantes heridos y algunos muertos, pero no habían quedado unidas con los barcos enemigos, de modo que varios de los soldados que se hallaban en el barco de Capitanía lanzaron garfios y las pudieron recuperar. No había tiempo para sepultura formal de los muertos, de modo que con la anuencia del Faraón, Gibured ordenó tirarles al río, recuperar a los heridos y ocupar las barcas nuevamente, pero esta vez no buscarían enredar los timones y remos, sino usar los poderosos arcos lanzadores de arpones, para lanzarlos encendidos, ya que alcanzaban una distancia mucho mayor que las flechas de los arqueros.

-Esta vez -decía Isman a los tamboreros y los silbadores- no quiero prisioneros. Dad la orden.

Se oyó desde muy lejos esa orden que jamás había dado el Faraón anteriormente. Un redoble, silencio, tres silbidos prolongados y así tres veces, dejaban bien claro que la batalla no tendría otro fin que todos los enemigos muertos, cualquiera fuera la circunstancia, aún en el improbable caso que ofrecieran rendirse. Los barcos que avanzaban un poco más arriba no corrieron mejor suerte que los primeros, aunque tuvieron tiempo a desplegar velas y comenzaron a detener la marcha. La infantería del Faraón avanzó por las márgenes y se transmitió la orden de lanzar los palos que tenían preparados los hacheros, por lo que los remeros no podían ejecutar correctamente las órdenes y uno de los barcos se quedó sin timón. Las arponeras pudieron esquivar los palos y los disparos, acercándose lo suficiente como para convertir a los seis navíos en algo igual a los cuatro anteriores, con el precio de sangre de sólo dos de los cinco tripulantes que ocupaban una de las arponeras.

Los remeros habían colocado sus escudos de frente e inclinados. En cambio los arponeros fueron alcanzados por las bolas de metal y cayeron al agua al mismo tiempo que los arpones daban en sus respectivos blancos. La barca tuvo que volver porque con tres hombres no se podía manejar el gran arco y disparar el arpón, pero las otras tres tuvieron la ventaja de que el humo les cubrió y aunque avanzaron esquivando palos, rampas de desembarco caídas y remos abandonados en sus horquillas, se acercaron a los dos restantes haciéndoles arder más de prisa, ya que los arqueros de Ankemtatis habían iniciado el fuego en ellos.

Desde los últimos barcos del Faraón, amarrados en las riberas, se pudieron ver como las cuatro naves enemigas anteriores, junto con los supervivientes escasos, que se debatían con los cocodrilos, eran llevados por la corriente hacia la catarata. El General Merensob, a quien se encargó la retaguardia y línea de comunicación con Karnak, envió rápidamente cien soldados por cada ribera para exterminar a los enemigos que pudieran alcanzar las orillas o estuvieran nadando con posibilidad de sobrevivir. Esta vez las órdenes eran claras y aunque hubiese querido, no había posibilidad de salvar a nadie.

Mientras ocurría todo esto, que sólo duró tres Râdnies, Gibured envió a colocar los seis arpones disponibles en otras tantas barcas rápidas y se reemplazaron los hombres caídos sumando uno a cada barca, con lo que la flotilla se convirtió en la fuerza más estratégica y efectiva, a pesar de ser producto de la improvisación del General. El personal de las diez barcas, atracadas a la vera de la Capitanía, recibió orden personal del Faraón de no correr riesgos acercándose demasiado.

-Os quiero a todos vivos y sanos. Vuestra acción no debe doleros, porque mi orden es exterminar de una vez al enemigo. Si en vuestro avance veis tropas enemigas en las orillas, volved inmediatamente a dar aviso y no intentéis nada que os ponga en peligro.

-¡Entendido, Faraón! -gritó el Comandante Mertinetis, que dirigiría las barcas, zarpando mientras Isman dio las órdenes pertinentes para que se avisara a la caballería que debía dirigirse más al Sur, pues habrían al menos cinco barcos más en camino, que al ver de lejos los incendios seguramente intentarían con más posibilidades una retirada.

Como él imaginaba, los barcos intentaron volver, pero el flujo de la corriente era fuerte y siguieron avanzando, aunque a menor velocidad y cuando llegaron donde se hallaban las primeras avanzadas de las tropas de Ankemtatis, al iniciarse los disparos desplegaron velas y se acercaron a la orilla, retrajeron remos y lanzaron las rampas de abordaje poniendo al personal en tierra, comprendiendo que las naves de adelante habrían sido vencidas y sería difícil no correr el mismo destino. Por momentos, el viento Sur dejaba de soplar y la retirada enemiga fue imposible.

El fino oído de Ankemtatis reconoció la avanzada de la caballería y detuvo el avance de los suyos a una cuerda del primer barco.

-¡Deteneos! ¡Dejemos a la caballería hacer lo suyo o nos llevarán por delante! Bedel, corred con bandera blanca y decidles que se vayan, que la infantería será más efectiva, pero tienen que dejarnos el terreno libre, permaneciendo a nuestra retaguardia...

En pocos instantes desapareció el bedel y apenas vieron a algunos hombres disparando contra la caballería en una parte boscosa, se oyó la orden de retirada. Al irse la caballería, él avanzó con sus boleros hasta llegar donde el primer barco estaba vaciándose. Rápidamente, los arqueros incendiaron el barco, mientras los otros disparaban a todo el que salía de la nave. El capitán, evidentemente sorprendido, cometió el gran error de intentar zarpar nuevamente. Quedaron en la costa sólo unos puñados de hombres dispersos que cayeron bajo los disparos de la infantería, pero en el barco descuidaron la rampa, que quedó extendida gracias a un tiro certero que mató al operario. La pesada plancha, una vez apartado el barco, no pudo ser izada y el barco, incendiado y ladeado de babor, quedó a la deriva, pasto de las llamas y los disparos. Por el frente, a una cuerda y media de la costa, los hombres de Ankemtatis se abrían paso por la espesura y unos pantanos costeros para intentar acercarse a los cuatro barcos más alejados, cuando se encontraron con la caballería al mando del General Hilaris. El recién ascendido a General le pidió al montado que reemplazara los jinetes.

-¡Si dejáis los caballos a mis hombres, que llevan estas armas más efectivas, a caballo lo serán más aún porque hay que llegar hasta los barcos que están más arriba!

-Mejor que eso, Ankemtatis. Tengo en este lado los mil jinetes que necesitáis. Que mis hombres lleven los caballos y los vuestros montados atrás, así los tiradores sólo se ocuparán de apuntar.

-Sólo dispongo de quinientos boleros, porque los otros están del otro lado del río, pero los otros quinientos jinetes llevarán a los arqueros.

El General ordenó la urgente formación y a medida que aparecían en la línea adecuada, los infantes saltaban a los caballos. En pocos têmposos, los casi mil jinetes llevaban a los infantes, lo que les permitió alcanzar posiciones frente a los cinco barcos atracados y combatir antes que hubiera una dispersión total del enemigo, en cuyo caso el combate habría sido mucho más difícil y de consecuencias menos favorables o imprevisibles. Por otra parte, los escudos más grandes, cuadrados y acorazados de los infantes, protegían mucho más al dúo que los pequeños escudos redondos de los jinetes.

Mientras tanto, el grueso de la infantería siguió avanzando aunque no pasaron de combatir con el primero de los barcos y pronto llegaron las diez barcas rápidas. Mientras el enemigo se debatía con los disparos y flechazos desde tierra, las barcas atacaron por donde sus capitanes no esperaban. En uno de los barcos se izó una bandera blanca, pero mientras, el enemigo seguía disparando.

-No es posible la rendición -decía Ankemtatis a Hilaris.

-Ya lo sabéis, Ankemtatis. -le decía Hilaris mientras le retenía para evitar que fuese al frente como era lo habitual- Ellos no dejan de disparar, ni desean rendirse los de los otros barcos. No hay más perdones para los enemigos. Pero quedaos aquí que se os necesita sano. Os aseguro que esto no es todo. No sabemos si hay más barcos y no hemos visto tropas en tierra, pero estoy seguro que no lanzarían sólo por barco, una campaña que apenas podría llegar hasta la catarata. Desde ahí, deberían seguir a pie hasta Ankh em-Ptah, y no creo que contaran sólo con el recurso del pillaje en la pequeñas aldeas de Los Diez Colosos...

-Lleváis razón, General. Creo que el Faraón deberá esperar más tiempo, antes de seguir hacia el Sur. Y es una suerte que aún el enemigo no haya descubierto que las armas pueden disparar treinta veces...

No podían ver sus propias bajas porque los árboles tapaban casi todo el panorama desde ese punto, pero se acercaron a la costa y vieron las del enemigo, que teñían de rojo las aguas, lo que resultaba espantoso al oírse los gritos de los que caían al río heridos o medio quemados. Algunos que lo hacían sanos, eran devorados por los hijos de Sobek. Los que saltaban a tierra eran mayoría, pero una parte caía enseguida por las flechas o por bolas de metal. Las naves incendiadas habían quedado fondeadas, ya por anclas o por las propias rampas de desembarco y las llamas las deshacían. Mertinetis ordenó formación de las diez arponeras para ir río arriba, intentando perseguir al enemigo colaborando así con la caballería, pero dos de los barcos en llamas se soltaron y fueron a la deriva. Se dio cuenta del riesgo para los barcos propios que -como el de la Capitanía- estaban amarrados en la vera occidental más abajo, por donde el río tenía más profundidad y algunos de los palos y restos de los otros barcos, encallados en los islotes a flor de agua, podrían acercar demasiado las teas flotantes. Inmediatamente ordenó la persecución de los barcos y con los garfios y cuerdas las guiaron hacia el centro del cauce. Las cuerdas se quemaban y había que volver a lanzar garfios.

-¡Se acabaron los garfios! gritaban desde las otras barcas.

-¡Usad el arpón, lanzadlo bajo la línea de flotación! -respondió él, que también se había quedado sin garfios, mientras iba río abajo hasta la nave de Capitanía para reponer arpones y cuerdas para sus barcas.

La idea resultó excelente, porque el arpón así clavado quedaba muy por debajo de las llamas y la cuerda casi toda en el agua. La operación tuvo que repetirse con los restos de otros dos de los barcos y finalmente con los pocos maderos del último.

La batalla por tierra duró el resto del día y no se dio tregua durante la noche porque gran cantidad de enemigos consiguieron alejarse al desembarcar. Perseguirlos y aniquilarlos fue tarea conjunta de infantería y caballería. Más de cuatro mil hombres debían ser hallados y aniquilados, sin permitirles reagruparse ni volver a sus cuarteles o comunicar con la posible fuerza de tierra. Los exploradores confirmaron que no había fuerzas enemigas en el lado oriental del río hasta al menos doscientas cuerdas hacia el Sur y el Este, así que tanto infantería como caballería se colocaron en el lado occidental y avanzaron en abanico. En los barcos se dejaron a los cuatro mil imprescindibles en caso de una posible aparición de nuevos barcos desde el Sur. De modo que antes de la operación que deseaban fuese la última en esta batalla, se hizo la formación sobre el terreno más despejado, a ochenta cuerdas del barco de Capitanía.

-No podemos consentir que escape ni uno sólo de nuestros rivales - decía el Faraón ante la gran formación utilizando una especie de corneta que usaban los marineros- porque bastaría uno para dar alarma a los suyos si los hubiere y es demasiado probable que los haya. Según este parte de numeración, están formando diecisiete mil ciento sesenta y ocho efectivos y cuatro mil doscientos en los barcos y quinientos boleros de Ankemtatis en la margen oriental, que se quedarán allí por ahora. Así que tenemos que lamentar seiscientas treinta y dos bajas, entre ellas la Generala Meritetis, primera víctima en batalla y al parecer con ella, mi hija Henutsen y sus compañeros Neponisis y Neftes. Los Generales Elhamin y Arkanis dirigirán el barrido de esta región y el bedel Meremnut es designado en este momento Comandante, por su labor tan perfecta, que ha mantenido la comunicación tan efectivamente entre los barcos, los exploradores y las tropas. Los diecisiete Invisibles, en ausencia de Henutsen, quedan a cargo de quien vosotros mismos elijáis y vuestras órdenes son adelantaros de a dos con cada división en abanico, para marcar los puntos a los exploradores y a los Generales. Hermanos míos, que la victoria os corone, el campo es vuestro. ¡Ankh em-Ptah!

-La cacería está harto justificada… -decía Isman rato después al General Gibured mientras repasaban mapas e informes de logística sobre la cubierta del barco. Pero no podía seguir hablando. Su llanto, silencioso como el de un niño arrepentido, contagiaba a su General.

-Sí, Faraón, os comprendo, pero cuánto mayor sería la amargura de nuestro llanto, si por omisión y por humanitarismo, perdonásemos a los más crueles y asesinos enemigos de Ankh em-Ptah. Si me permitís, sin ánimo alguno de criticar vuestra acción, que hubiera sido idéntica a la mía en iguales circunstancias, dejar esos mil hombres en libertad, aunque los desparramaseis por las selvas del Sur, ha sido una lección inolvidable. Si no combatierais tan férreamente a vuestros enemigos interiores, ya sabéis lo que pasaría, pero a veces hay que recordar que los enemigos exteriores merecen el mismo tratamiento. Sin odio, pero sin misericordia, porque la blandura misma es como un demonio interior si os dice que podéis impunemente, dejar que el enemigo externo arrase vuestro país. ¿Acaso creéis que ellos, llevados por una legión de demonios interiores que les inducen al pillaje, la matanza, la destrucción y la perversión, merecen mejor trato que los demonios interiores vuestros? Disculpad mi intromisión, Faraón, pero aunque estoy seguro que muy bien sabéis sobre todo esto, creo que debo decíroslo.

-No decís nada nuevo, Gibured, pero no imagináis cuanto me ayudan vuestras palabras. Vuestro llanto acompañando al mío, dice cuánta nobleza hay en vuestra Alma. No tengo conversación más o menos profunda o aún las más simples y banales, ya sea con un Sacerdote, un General, un carpintero, un talabartero o cualquier persona de nuestra Patria, que no me inspire el más Profundo Amor hacia Ankh em-Ptah y la más firme resolución de defenderla al costo que sea. He perdido a mi hija y ese es el costo personal más grande que se me puede pedir...

-Llorad, Faraón. Llorad conmigo, pero al mismo tiempo deberíamos calmarnos un poco, porque alguien ha visto a vuestra hija desde que uno de los Invisibles se encargó de la barca en que llevó a Meritetis hacia su fin. Fue ella la que desde la costa dio aviso de Guerra Declarada a la barca de Mertinetis, y para eso ya estaba Meritetis muerta y el barco enemigo encallado. No es seguro que vuestra hija haya muerto...

-Un soldado reconoció las ropas y los restos de un cadáver flotando hacia la catarata con cocodrilos entorno, cuando aún no había enemigos en el agua. Además hay quinientos boleros de Ankemtatis en esa orilla y les habrían visto. Pero da igual que fuese mi hija o cualquier hijo de Ankh em-Ptah. Si mi hija apareciese, me sentiría aliviado en parte, porque sólo sería a otro compatriota a quien habría de llorar. Si fuese mi hija, Anubis la recibirá con honores, pero mi sangre tendría ese dolor especial...

-Por el momento Anubis tendrá que esperar para recibirme...

-¡Henutsen! -gritó Isman al aparecer la muchacha por la escalera de cubierta. Se fundieron en un prolongado abrazo que interrumpieron largo rato después, al llegar Neftes, con una pierna atada a un palo.

-¡Decidme, qué os ha pasado, dónde habéis estado...!

-Lamento vuestra preocupación, padre, pero consideramos importante explorar lo que encontramos. Neponisis ha muerto. Fue la segunda víctima de la batalla. Los barcos no son la única fuerza que viene contra Ankh em-Ptah. Neftes cayó en un pozo tras comunicar la declaración de guerra, porque escuchamos a los hombres que hablaron con Meritetis antes de asesinarla... Al intentar sacar a Neftes, también caí por el borde embarrado, pero comprendimos que no era un pozo hecho por el agua.

-Antes de continuar, -intervino Gibured- decidnos si habéis comido. Yo estaba justo por pedir la cena, pero con vuestra presencia será toda una celebración, a pesar de que nuestro ejército se encuentra ahora en la dura y terrible tarea, persiguiendo a los enemigos desembarcados.

-No nos vendría mal alimentarnos un poco, pero también agradeceré que venga un médico y vea a Neftes. Le he hecho un entablillado por prudencia, pero puede que tenga algún hueso roto.

Nefandeg apareció mientras les servían la cena. inspeccionó la pierna del muchacho dijo que no había rotura, sino una dislocación de la rodilla. Le acomodó los huesos con hábiles apretones en los sitios adecuados y ordenó reposo total por quince días.

-Si estuviésemos cerca de alguna pirámide, -decía el médico- os ordenaría reclusión en ella durante cuatro días, pero no habiendo ninguna, al menos hasta que lleguemos a Meri em-Râ…

-Y me temo que eso deberá esperar más de lo que el Faraón y todos nosotros quisiéramos. -replicó el muchacho.

-Me lo estaba temiendo, -dijo Isman- pero ahora vamos a comer. No es bueno comer y hablar estas cosas, sobre todo las malas del futuro a esperar. Hablemos del pasado y el presente, que no nos ha ido tan mal.

-No tan rápido, señores, que no he terminado mi visita. -dijo el médico.

-¿Os quedáis a comer con nosotros? -dijo el Faraón entusiasmado.

-¡Oh, no, Faraón!, Ya he comido. Es que no se me escapa de que vuestra hija también requiere descanso, porque casi escucho su corazón desde aquí, sin necesidad de mis instrumentos. Miradle bien, Faraón…

Isman comprendió al médico y fijó la vista en los planos sutiles. No era un especializado en medicina, pero comprendió muy bien que el cuerpo sutil de Henutsen estaba muy desvitalizado por la fatiga, ya que sus actividades eran las más intensas de todas las personas de la campaña.

-¡Tenéis razón, Nefandeg! Así que ahora, Henutsen, os ordeno dos días de descanso intensivo.

-¿Me ordenáis como padre o como Faraón?

-Como ambos, coged la orden de quien respetéis más.

-De ambos, de mi padre y mi Faraón. Ahora quiero agregar que hay que demorar el viaje al Sur y puede que esta campaña sea muy larga, pero no os preocupéis. Ya nos dijo el barquero que las bajas nuestras son unas seiscientas, pero las del enemigo son más de quince mil…

-Eso, -interrumpió Gibured- si contamos con que nuestro ejército acabe con todos los desembarcados que han escapado.

-¿Están todos mis Invisibles?

-Están los diecisiete, hija...

-Imagino que los habéis puesto como rastreadores de vanguardia.

-Sí, claro. Y he designado como Comandante al bedel Meremnut, que junto con sus exploradores y mensajeros, los Invisibles harán un estupendo trabajo. Sólo espero que no se topen con fuerzas enemigas de tierra mientras buscan a los desembarcados.

-Eso... Bueno, -decía Henutsen- ahora tomemos un tiempo para cenar, que luego tenemos toda la noche para conversar.

Henutsen y Neftes les relataron después lo oído en el barco enemigo y lo que hallaron, al buscar una salida del hueco donde habían caído.

-Encontramos otro hueco más pequeño, cuadrado, de bloques de piedra y aunque cabíamos con riesgo, sopesamos el intentar salir, con la posibilidad de que desembarcaran los encallados, o explorar eso...

-No desembarcaron. -agregó Gibured- El sitio es una ciénaga, así que desencallaron el barco y acabamos con ellos... Continuad...

-Bajamos una soga con una piedra y comprobamos que era el triple de mi estatura, nada más; pero un bloque estaba casi desprendido y al tocarlo un poco se cayó y hubo un pequeño derrumbe. Preparamos antorchas y nos metimos. Caminamos un poco agachados unas veinte cuerdas en dirección Sur, pero no hemos explorado en la dirección Norte. Encontramos una serie de salas de mina, no tan grandes como las que Gavelade, ni hallamos muchas herramientas, pero también se ha trabajado extrayendo mineral. Dimos un vistazo rápido y como sólo había una continuación de túnel muy derrumbado y peligroso, ya pensábamos en volver, cuando escuchamos voces. Permanecimos a la espera y cuando se hizo silencio exploramos a pesar del riesgo de derrumbe. Encontramos otras salas. Una está mejor acondicionada y repleta de armas, tanto de las que arrojan bolas como arcos, flechas, lanzas y espadas como para un ejército muy grande. También hay pescado seco, carnes saladas, baúles con grano, surtido de cueros y herramientas para una logística muy completa. No hay ni un ascensor en la zona, así que todo eso debe haber sido entrado desde más al Sur, pero encontramos una guardia que podrían ser decenas de hombres en un sector más amplio del túnel, a tres cuerdas de allí. Neftes no podía más y demasiado aguantó con la rodilla así, de modo que volvimos por donde habíamos entrado. Era demasiada gente para mí sola. Pero salir por donde caímos no resultó fácil. El Nilo ha crecido y estaba empezando a escurrir agua, con más peligro de derrumbe, así que tuvimos que obrar con paciencia y facilitar el derrumbe poco a poco, desde abajo. Al salir encontramos a los infantes de Ankemtatis que nos dieron algunas de las novedades.

-Así que ahora -dijo el Faraón- la cuestión es descubrir por donde llevaron los pertrechos al subterráneo y a cuánta gente suponen proveer.

-Los de los barcos no han parado en esa zona -dijo Gibured- ni han hecho amague de detenerse. No sabían que hay cataratas, o pensaban desembarcar justo en este sitio en el que estamos, que es el último adecuado para hacer puerto antes de caer por la cascada…

-Pero los pertrechos almacenados allí abajo, -continuó Henutsen- no pudieron llevarse desde este sitio porque habríamos visto algún camino o signos de paso, sino de algún amarradero más arriba. También hay que ver que el río viene desde el Sur-Oeste en este tramo, mientras que el túnel se dirige al Norte y un poco al Este. Puede haber una comunicación más, abierta hacia aquella zona.

-Entonces descubrirán algo los hombres de Ankemtatis, que tienen orden de abanicar esa región de Tombizara hasta mil cuerdas al Sur y otras tantas al Este. Hasta que regresen, en la tarde o la noche de mañana, no sabremos qué hay por ahí.

La impaciencia empezaba a mellar el ánimo de Isman. Los mensajes del frente occidental eran cada vez más tranquilizadores, pero de los quinientos infantes al otro lado no había noticias. En la madrugada, dos días después, apareció por fin un mensajero y comunicó que habían encontrado caminos por la región de Tombizara y una escaramuza con unos doscientos enemigos, a los que habían abatido completamente, a un costo de doce bajas propias. La Comandante a cargo ordenó al mensajero hacer la comunicación y pedir refuerzos, porque se temía que hubiera más efectivos, ya que había huellas de camellos y carros, pero el combate fue sólo contra una sección de infantería.

-Así que un día completo de marcha hacia el Sudeste. -reflexionaba en voz alta Isman- ¿Y sobre el río?

-Nos desplegamos por donde hallamos rastros, Faraón, así que se quedaron solamente cinco hombres explorando la ribera.

-Con vuestro permiso, Faraón. -decía el Comandante Meremnut- Creo que podemos dar por concluida la campaña occidental contra el grueso de los desembarcados. Pero vine personalmente para recibir vuestras órdenes, porque los Generales Arkanis y Elhamin desean que permitáis ampliar el radio de exploración...

-¡Si, claro!, Nada menos que Elhamin… Bueno, pero si habéis oído a Arkanis estar de acuerdo con él, pues que sea. Decidle a Elhamin que ya conozco su pasión exploradora, pero sólo se quedará Arkanis con mil jinetes en esa exploración, que no debe pasar de dos mil cuerdas en abanico. Luego volverá hacia el punto de encuentro que será el lugar de embarque que os indicaré. Comunicadles que hay más cosas que explorar al otro lado del río y Elhamin agradecerá que no le deje al margen... Estáis medio muerto de hambre, pero contad las hazañas de vuestra esposa Espiria y lo sucedido al oriente mientras desayunáis. En un Râdnie Gibured desplazará diez barcos para pasar tropas y las casi mil caballerías restantes al otro lado. Que estén todos los efectivos disponibles a medio día, donde atracó el último barco enemigo.

-Permitidme -dijo Henutsen- ir con el Comandante Meremnut, porque ya he descansado bastante y es hora de unirme a los míos.

-¡Henutsen!, -exclamó Isman- si aún estáis por aquí... Pero si no os he visto en dos días.

-Sí... Es que estuve descansando... Bueno, lo cierto es que estuve paseando por ahí...

-Querida mía, no necesitáis mentir a nadie y menos a vuestro padre, así que volved con vuestro Ankemtatis, o con vuestro grupo... Es decir, seguid "paseando por ahí".

Las órdenes se cumplieron con tal cronometría que a medio día, apenas acabadas las maniobras de atraque de los diez barcos, la caballería aparecía y justo detrás, la infantería. El transbordo de tropas ocupó toda la tarde, pero el terreno al otro lado no presentaba grandes obstáculos y la luna ayudaba con su primera noche de menguante, así que varias horas nocturnas se aprovecharon para el desplazamiento, acampando finalmente en una especie de valle no muy grande, redondo, cubierto de árboles grandes y sombríos pero con muy poca vegetación baja. El Faraón pensó ordenar descanso de un día completo porque los esfuerzos en tantos días de movilizaciones  y combates  eran grandes, aunque la tropa no presentaba signo alguno de flaqueza. Pero los quinientos efectivos de la Comandante Espiria estaban posiblemente, enfrentándose a un enemigo más numeroso y ya requerían relevo. Ella ni ningún Comandante habrían pedido refuerzos sin un motivo muy justificado, así que a media mañana estaba toda la tropa en movimiento.

Se desplegó un nuevo abanicado de exploración compuesto por los dos mil ochocientos jinetes disponibles, ya que mil habían quedado con Arkanis y doscientos habían caído en combate, casi todos con sus caballos. El objetivo era alcanzar cualquier cosa extraña en tres jornadas de avance al Este, al Sur y siguiendo el recorrido del río, lo que debía dar en algún momento con el sitio por donde entraron a los subterráneos los pertrechos descubiertos por Henutsen y Neftes. Al mismo tiempo, se debía hallar a la Comandante Espiria y su tropa. El grueso avanzaría directamente al Sur, de modo que los mensajeros apuntaron en sus mapas las localizaciones. La exploración a caballo fue rápida, debido a la vegetación boscosa alta y escasa a nivel de suelo, así como a grandes áreas semidesérticas.

Antes del anochecer, un jinete llegaba al encuentro de la avanzada, indicando que la Comandante Espiria estaba manteniendo batalla contra un número indeterminado de enemigos a medio día de marcha.

-Los nuestros están rodeados -decía el mensajero- pero en buena posición defensiva en una olla circular de piedras. Los grupos dispersos de caballería están avisados, así que salvo los que van hacia el río, el grueso ha dejado la exploración para socorrerles. No me vió el enemigo, pero tampoco pude saber si hay más del otro lado de la olla, que debe tener cuatro cuerdas de diámetro. Si deseáis enviar cuadrigas, es posible hacerlo porque la mayor parte del terreno es transitable para ellas, con cuidado en partes de pedregullo grueso y vegetación más espesa.

-De todos modos -decía el Faraón mientras llegaban otros jinetes que recibía el General Elhamin- no podemos esperar que resuelvan solos, así que los quinientos infantes "boleros", cuatro mil arqueros, doscientos cincuenta cuadrigas y yo acompañaremos vuestro regreso para situarnos en el frente lo antes posible.

-El "y yo", podéis olvidarlo, Faraón, -intervino Elhamin- a menos que hayáis olvidado que vuestro lugar en combate lo designo yo, por orden del Concejo y aceptación vuestra...

-Ya acepté días atrás quedarme en la Capitanía... ¿Y queréis que me quede aquí, otra vez a retaguardia?

-Nada de eso, Faraón. Los exploradores de la ribera encontraron lo que me comentabais antes, relacionado a lo que descubrió Henutsen. Así que mientras voy a machacar al enemigo al Sureste, Vos tendréis un interesante trabajo al Suroeste, cerca del río. Mirad el mapa y escuchad a este mensajero y decidme si esto es "retaguardia"... El sitio está a dos días de marcha de aquí, lo mismo que demorarían los barcos.

-¡Vaya! Estos tenían muy preparada su campaña, sin duda. ¿Por qué tendrán ese puerto allí y no más abajo de la catarata? Esa pregunta me ronda la cabeza... ¿Pensarían desmontar también los barcos o es que no sabían que existe esa cascada?

-Francamente, también nos hemos hecho todos, la misma pregunta, pero el caso es que hay un puerto pequeño, sin señales de astilleros...

-O sea que los barcos no los construyeron allí -reflexionaba Isman- por lo que habrá más al Sur, más cuarteles, ciudades, astilleros... Y a todo esto, no hemos visto ni una de las tribus negras oriundas de esta región.

-Cierto, Faraón, -decía Elhamin- pero no sería raro que los hubiera exterminado este enemigo despiadado. Los Comandantes Omar, Diva, Daverdis e Intelia son los que más se alejaron en la región que ahora explora Arkanis y tampoco han encontrado ni rastros de la gente negra.

-Sobre los barcos, si me permitís, Faraón, -intervino la Comandante Etherisis que se había mantenido silenciosa y pensativa- es posible que fuesen desmontables pero no les hemos dado ocasión de hacerlo, sin embargo deberían haber previsto hacer camino como hicimos nosotros, por los costados de la catarata. De modo que creor que desconocían esa cascada por ser demasiado nueva. Creo, también por algunos árboles y rocas que vi cuando abríamos camino, que la tierra se ha hundido hace muy poco tiempo, quizá cuando el temblor...

-¡Cierto, Etherisis! -exclamó Isman llevando sus manos a la cabeza- No había olvidado el temblor, pero no se me había ocurrido pensarlo. La gente que vive cerca de los Diez Colosos nos lo refirió, el agua faltó durante un día... Los cocodrilos aparecieron más tarde de lo habitual...

-Pero justo para darse el festín con el enemigo... -agregó Elhamin- Sí, Faraón, esa gente desconoce la existencia de la catarata y ello puede resultarnos útil, si no ha sobrevivido ninguno y siguen sin saberlo.

-Si hubiéramos sabido nosotros de ese desconocimiento, no les hubiéramos enfrentado, sino que habría bastado esperar a que fueran cayendo uno a uno... Pero no tiene caso pensar en lo que habríamos hecho, sino en lo que hay que hacer ahora. Ankemtatis, Elhamin y los que designéis, partid a socorrer a Espiria y nos encontraremos en el puerto enemigo. Enviaré un mensajero a Gibured, para que se ponga en marcha mañana y permanezca con los barcos donde le esperen nuestros vigías.

-No necesitáis los vigías para informarle, sino para asegurar la zona. Podéis mandarle este mapa que han hecho los exploradores. Así se pone en marcha en cuanto lo reciba y espera en este punto, donde hay una cala segura, a menos de trescientas cuerdas del puerto enemigo.

## Capítulo XII - El Castillo y un Gran Campamento

Mientras casi la mitad de las fuerzas se enfrentaban contra una tropa enemiga numerosa al Sureste, Isman encontró un camino fácil de transitar durante dos días de marcha y se reunió con Gibured en el punto marcado, donde permanecieron en descanso relativo un día completo para recuperar fuerzas, mientras los Invisibles hacían como siempre, el magnífico trabajo de inspeccionar muy de cerca el cuartel del enemigo. Sólo les separaba un día de navegación por el río o medio día de marcha por tierra. Los exploradores encontraron el camino que unía el puerto, con el frente que se hallaba en batalla, por lo que se dispuso una dispersión de tropas, a fin de asegurarse que no pudieran comunicar los combatidos y los del campamento.

-No será fácil alcanzar el castillo que tienen allí. -decía Henutsen un día después, mostrando los mapas levantados- Hay unas tres mil personas en campamentos dispersos entre el río y la ciénaga, pero hay un único puente hasta la isla, que atraviesa la ciénaga y el brazo de río. El castillo tiene al menos seis cuerdas de largo y tres o cuatro de ancho. Está sobre un promontorio en esta isla que debe tener al menos veinte cuerdas de ancho y no pudimos llegar hasta allí. Los cocodrilos abundan y es impensable ir a nado. También hay ahora once barcos como los que liquidamos o quizá mayores y quince barcazas un poco más pequeñas. Tengo la sensación de que hay mucha más gente. Sólo para llenar esos navíos, unos quince mil hombres. Pero un ejército tan grande debe tener detrás un pueblo de mujeres y niños...

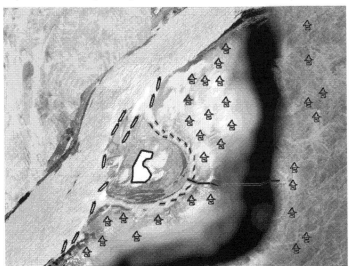

-Sí, claro, -replicó Isman- y me gustaría saber en qué condiciones les tienen. Los Grakios de Hellás y los Lobunos no admiten a las mujeres en sus ejércitos, pero ellos tienen honor y disciplina, son tan eficientes como nosotros y aborrecen la esclavitud... Pero esta gente es una horda violenta, indisciplinada, sucia, desorganizada, mandada por alguien a quien no le importa cuántos mueran, salvo por el costo de reposición, como si fueran objetos. Ningún pueblo con valores, ningún líder que ame a un pueblo formaría un ejército así...

-Por lo que pude escuchar a los que asesinaron a Meritetis, son de los mismos a los que perdonamos y dispersamos, así que deben ser los de Obheres, los mismos destructores de Baalbek.

-Así es hija. Y el hecho que se encuentren tan al Sur de Ankh em-Ptah significa que han navegado por el Mar de Naciente y deben haber desembarcado más o menos al Este de aquí, aunque puede haber más de diez mil cuerdas hasta la costa marina... Creo que han preparado la campaña por río sin contar con las cataratas, mientras han establecido el poblado de Aarikanis como soporte para los que vencimos en Darsum, al mismo tiempo que entraron por el Norte para situarse cerca de Gavelade. Hasta ahora les venimos parando los pies pero sin la ayuda de Sekhmet no nos habríamos enterado, hasta que estuvieran arrasando todo. Los que generan los Juegos de Poder con una economía falsa, son el segundo frente de batalla, por si les falla el primero y también les hemos logrado detener por ahí. ¡Que los dioses nos sigan asistiendo!

-Lo hacen, padre. Sin duda. Ellos construyeron Ankh em-Ptah y ha sido bien cuidada y utilizada su creación durante cuatro milenios. Defenderla de los ataques y perversiones de las ideas es lo más fácil si no dejamos vencer a los enemigos interiores. Pero volviendo al cuadro de situación, también está claro que han de haber establecido contacto con Aarikanis por algún camino que no hemos hallado. Puede que el General Arkanis lo haya encontrado, pero no tenemos novedades de él desde hace días.

-He enviado cincuenta arqueros a buscarle desde aquí enfrente, por el otro lado del río y otros tantos al Norte, porque deberían haber regresado a la anterior posición de los barcos y es de desear que no haya tenido más trabajo que encontrar y eliminar enemigos dispersos. Si ha hallado el camino que puede conducir a Aarikanis, seguramente lo seguirá hasta el puerto enemigo y no quisiera que llegara sin saber que estamos aquí.

-Veo que vuestra ubicación en el teatro de operaciones es mejor que la mía. No perdéis detalle... Quedo a la espera de vuestras indicaciones.

-Por ahora, hija mía, no podemos hacer nada mejor que esperar mientras repaso algunas ideas, aunque ninguna sirve si no tengo toda la información de lo que ocurre con Arkanis y con las tropas al Este.

Pero no duró mucho la espera, porque rato más tarde se presentó un bedel con las novedades.

-Se encontraron pocos enemigos más, y un camino que empezamos a seguir, cuando los arqueros que habéis enviado nos avisaron de la situación. Ha sido otro acierto vuestro, porque estábamos a punto de ir a la posición anterior en el río. El General Arkanis espera órdenes.

-Que permanezca donde está, pero escondido. Que envíe gente aquí a buscar provisiones`para tres días. El enemigo está al final de ese camino, pero de este lado del río y según parece, confiado y desinformado. No queremos que eso cambie, así que eviten hacer fuego. Que sus patrullas no se alejen de su posición. Según sea la situación, le enviaré refuerzos.

El Faraón mandó a llamar a Himhopep para resolver algunas ideas sobre el próximo combate.

-No soy más que un ingeniero y tengo poca idea estrategia militar, Faraón, así que no sé en qué puedo ayudaros.

-Creo que podéis ayudar mucho. Entre Gibured y Vos habéis hecho el diseño de estos barcos que se pueden desmontar y volver a armar en el mismo tiempo, así que no me cabe duda que sabréis hacer una rampa o un vehículo, un carro, cualquier cosa que pueda llegar hasta el castillo enemigo pasando la ciénaga que le rodea. La cuesta es abrupta, pero no es terreno escabroso. La caballería podría subir si atraviesa la ciénaga…

-Estamos terminando un modelo pequeño de catapulta potente, tengo a los carpinteros en plena faena, pero dejadme los mapas del terreno y un tiempo para poner a trabajar mi cabeza, Faraón. Voy a consultarlo con Gibured, que entre ambos quizá podamos ofreceros alguna idea.

Antes de caer la noche aparecieron varios exploradores avisando que las tropas que habían combatido al Este aniquilaron a una fuerza de más de dos mil enemigos, con un costo de ciento veintitrés bajas propias y setenta heridos, entre ellos la Comandante Espiria.

-Se trataba, -decía Elhamin- evidentemente de un convoy de tropas y suministros provenientes del Mar de Naciente. No enviaron exploradores y avanzaban confiados. Ahora disponemos de veinte carros más, llenos de pertrechos normales. No hemos hallado armas, pero sí una gran carga de proyectiles, que a los boleros de Ankemtatis les vendrán muy bien.

-Es extraño… -decía el Faraón- que no hayan descubierto el modo de disparo repetitivo y que traigan los proyectiles por el Mar del Naciente. Que no fabriquen nada de eso aquí, también es raro y no sabemos si saben que Darsum ya no les sirve. ¿Qué habrá pasado con esa gente que vive en Aarikanis, al Sur de Darsum? Pero dejemos eso ahora… Decidme qué ha pasado con la Comandante Espiria.

-Se encuentra bien, la herida fue en el brazo y sólo le impedirá disparar el arco, pero ya está practicando con un "bolero". Nuestros muertos han debido abandonarse en una tumba común en el campo de combate, pero los más de seiscientos anteriores han quedado muy desparramados en la ribera, bosques y selva. Vuestra hija está haciendo un funeral ahora. Ha convocado a todas las Almas de los nuestros y del enemigo, para dejarles en las sabias manos de Anubis. Creo que aún podemos asistir...

En unos momentos, la Plana Mayor y una buena parte de la tropa se hallaba en torno a un improvisado altar hecho con maderas, donde una pequeña estatua de Anubis le representaba y Henutsen decía lo que con diferentes palabras escuchaban casi siempre tras cada batalla:

-Amado Anubis, Regente de la región del Ka, Jefe de los Jueces del Inframundo y Maestro de las Almas. Os rogamos que ayudéis a los nuestros a volver a la vida en perfecta armonía y a los enemigos que lo hagan en sus tierras de origen, con la experiencia que les permita recomponer sus ideas para formar una mejor sociedad. Los que deban permanecer en el Inframundo, que lo hagan para aprender, no para sufrir. Que los arrepentidos y los que quieran comprender la diferencia entre el bien y el mal, en función de la intención que les mueve, sean guiados a las escuelas de la experiencia indolora para que sean *Libertadores*, en vez que *Esclavistas*. Los que por su inocencia y altruismo merezcan alcanzar estados de Mayor Gloria, que lo hagan libres de culpas, que sean Luz de Consciencia Eterna en el Reino de los Seres Cristalinos. Que las Almas que entran en vuestro Reino con el Ka, alcancen en todos los casos, el Equilibrio Perfecto de la Trinidad en Ptah, con su Ser, su Consciencia y su Voluntad, para que su Amor, Inteligencia y Poder se manifiesten en la Vida que deban vivir, en este mundo o el que sea. Gracias Infinitas, Amado Anubis.

El total de las tropas se hallaba reunido, de modo que los bedeles y enfermeros aparecieron en la tarde confirmando la numeración de los efectivos. Elhamin fue el encargado de hacer los partes y presentar resúmenes al Faraón y la Plana Mayor.

-Faraón, contando con Vos y los exploradores en sus puestos de vanguardia que acaban de hacer los relevos, el total es de 21.730 personas, de las cuales mil están con el General Arkanis al otro lado del río, noventa y tres están heridas e imposibilitadas de combatir con un mínimo de eficiencia. Ciento quince heridos leves pueden hacerlo, pero les he asignado puestos de menor esfuerzo en los barcos. El enemigo aún desconoce nuestra presencia y al parecer ni sospecha que su convoy del Este no llegará nunca. El total aproximado de bajas enemigas, ronda los diecisiete mil hasta el momento.

-General Merensob, volveréis con toda vuestra retaguardia, que no cuenta en el frente de campaña, patrullando e informando hasta Karnak.

No quiero que sufran por la sangre que lleva el río. Cuidaos con la catarata, ya sabéis que debéis desmontar las barcas y bajarlas con cuidado. Ahora espero que Himhopep y Gibured tengan buenas ideas, ya que se les ve con rostro entusiasmado.

-Así es, Faraón. -respondió el ingeniero- Pero no sólo tenemos la idea, sino parte de la operación ya en marcha. Vuestra hija ha intervenido en nuestro plan y nos ha dado algunas ideas más. Los quinientos hombres más eficaces con las herramientas y la pintura están preparando los barcos para que sean casi invisibles. Las velas se están pintando como piedra y vegetación. Estos artistas lo están haciendo muy bien. Si os gusta este plan, los esconderemos un poco más abajo, donde el río se divide en dos pero el brazo menor no podría ser navegado por los barcos enemigos, que son muy grandes. Allí permaneceríamos mientras la caballería y la infantería atacan a los que están acampados. Nuestra fuerza es muy superior en número, pero la ciénaga es todo un problema y el combate se mantendría con ella de por medio. Sin embargo, los carpinteros están haciendo unas barcas casi planas que si se ensamblan unas con otras, formarán un puente flotante. Si logramos que el enemigo intente una huída en los barcos, lo harán sin duda río abajo, pero dejaremos que pasen. Luego les perseguiremos. Nosotros sabemos dónde hay que parar, pero ellos parece que no…

-¡Irán directo a la catarata!, con su más de una cuerda de altura…

-Así es, -intervino Gibured- pero habrá que hostigarles desde las riberas durante un día entero, que es lo que tardarán en llegar allí si se inicia el ataque de madrugada. No hay que darles tregua ni dejarles oportunidad de acercarse a la costa. Nuestros barcos serán mucho más efectivos yendo aguas abajo y detrás de ellos…

-Esperad, por favor. Creo haber captado la idea y me parece muy buena. Sin embargo no hemos considerado la posibilidad de que se atrincheren en el enorme castillo de la isla, al menos la mayoría de sus infantes. Y no sabemos si ese castillo tiene otras salidas subterráneas, que por lo que conocemos de Ankh em-Ptah, es muy probable…

-Ahí es donde entramos los Invisibles, padre -decía Henutsen- y al menos unos quinientos infantes. Mis chicos han descubierto ayer lo que en principio creían que era un templo, pero resulta que hay una entrada a los túneles que habíamos encontrado Neftes y yo más al Norte. El lugar está a medio día de aquí y es del mismo tipo de túnel. Los míos burlaron a la guardia sin producir ninguna baja y pudieron explorar varias cuerdas al Norte y al Sur de la entrada. Hallaron una sala con algunos pertrechos, aunque menor que la hallada antes. Hemos explorado toda la línea de ribera y no hay caminos recientes ni rastros de movimiento, además, la entrada es demasiado pequeña como para entrar carros, de los que hay huellas en el túnel. De modo que se trata de una cadena de almacenes subterráneos que han estado llenando y preparando para esta campaña. Lo más lógico es que todo haya entrado por el castillo, que sin duda es antiquísimo a juzgar por sus megalitos…

-¿Entonces la idea es que Vos, con vuestro grupo y quinientos infantes, exploraréis el túnel para tomar el castillo?

-Eso es, padre, pero esperamos allí una resistencia, por eso necesito tanta gente. Cuando hagamos una señal, vosotros atacaríais el campamento. Eso les cogería por todos lados y si conseguimos que no puedan acceder al castillo, las tropas comenzarían a embarcarse y esa sería su perdición.

-Decidme, Gibured, ¿Cuántos hombres caben para embarcar hacia el Norte en cada barco?

-Aguas arriba no podríamos pasar de doscientos hombres, pero aguas abajo, más o menos el doble y con ciertos riesgos, quinientos.

-Pues serán cuatrocientos por barco. Ni uno más…

Después de un largo rato de ajustes a la idea, dijo el Faraón:

-Ahora recompongamos el plan. Hay medio día de marcha hacia el Norte, hasta la entrada más cercana del túnel. Otro medio día para recorrerlo hacia aquí y directo al castillo. Vais a salir mañana muy temprano con mil infantes. Descansaréis en el subterráneo para estar en el castillo por la noche, pero esperaréis hasta las horas del amanecer, para pillarles en la hora de sueño más profundo y hacer las señales de fuego que serán más visibles. Pero hay dos mil quinientas cuerdas hasta las cataratas por los meandros del río. O sea tres jornadas de marcha muy rápida, así que al mismo tiempo que vosotros, saldrán por barco cuatro mil infantes, que irán siendo ubicados en ambas riberas, a razón de doscientos infantes, cada doscientos cincuenta cuerdas, o sea algo más de dos Râdnies de marcha entre cada grupo, disparando contra los barcos cuando sea propicio para no permitirles atracar en ninguna parte. Tendrán mucho cuidado de no herir a los que estén del otro lado del río, aunque no debería haberlos si lo hacen bien; por eso deben ir alternados. Cuando pasen los barcos enemigos, cada grupo les perseguirá por la orilla, siendo relevados por el siguiente grupo, pero los que estén menos cansados continuarán cuanto puedan. Gibured regresará con los diez barcos ocupados, para esconderlos en las calas de una isla que está más o menos a medio camino entre este sitio y la catarata.

-Correcto, Faraón. -agregó Elhamin- Así, los cuatro mil hostigadores de la costa serán reforzados por los mil jinetes de Arkanis, ya que la mayor probabilidad de intentos de desembarco, está del lado Poniente, con menos ciénagas y más sitios donde esconderse. Una vez que el enemigo haya caído por la catarata, habrá que perseguir como antes hasta el último superviviente si lo hubiese. Luego el punto de reunión de tropas, será más arriba, donde estuvimos atracados antes, para traerles hasta el castillo, que una vez conquistado será nuestro nuevo fuerte.

El plan se efectuó como siempre, con la cronometría perfecta que facilitaban los expertos mensajeros y exploradores, a veces ayudados por los veloces halcones mensajeros. Un total de cuatro mil infantes y mil jinetes harían su labor por la ribera. Mil infantes de Ankemtatis armados con boleros estarían llegando con los Invisibles al castillo por los subterráneos, mientras el Faraón disponía de quince mil setecientos efectivos para atacar el castillo, cuando al menos tres antorchas fuesen lanzadas desde lo alto de los muros.

Durante la noche, dos días después, con la vanguardia cuidadosa de los exploradores adelantándose y marcando cada paso, se llevaron las veinte balsas de madera que podían usarse como puente sobre la ciénaga, para permanecer a sólo seis cuerdas del campamento del enemigo. No se instalaron catapultas porque era preferible la acción directa y silenciosa sobre las tiendas, sin dispersión previa del enemigo. La caballería compuesta por dos mil ochocientos jinetes, quedó también dispersa en abanico, pero a veinte cuerdas en la retaguardia, a fin de evitar la alarma que pudiera causar algún relincho, fuera de las escasas caballerizas que poseía el adversario.

Râ comenzaba a teñir de azul la negrura del horizonte, pero aún brillaban las estrellas, cuando tres antorchas cayeron desde la alta fortaleza. Henutsen no había fallado. La orden del Faraón a las tropas, fue seguida de la orden de Elhamin al Faraón:

-La retaguardia es vuestro sitio, ahora más que nunca, Isman. Podéis ir con ese carro a aquel promontorio y desde allí observar la batalla con mi largavistas. Tomad, es vuestro, pero no os quiero ni cerca del frente...

El Faraón obedeció a regañadientes al General mientras la infantería arrasaba las tiendas enemigas donde se hallaban dormidos hasta los guardias que debían velar atentos. Los infantes, al igual que la caballería, tenían orden de proceder sin piedad, pero en el mayor silencio posible, a fin de aprovechar al máximo el factor sorpresa. En el campamento interior los retenes estarían aún más relajados, confiados a la supuesta protección del campamento exterior y la ciénaga, así que la silenciosa acción permitió utilizar el puente, dejando los pontones fabricados por el ingeniero, para servir a la caballería. El caos en el campamento fue total y la alarma sonó cuando ya la caballería entraba estrepitosamente en el campamento interior. Tanto por la sorpresa como por la ausencia de apoyo desde el castillo y las antorchas que los infantes del Faraón pegaban a las tiendas, los jefes enemigos ni siquiera tuvieron tiempo de ordenar la retirada hacia los barcos, sino que ocurrió espontáneamente. En tal urgencia los más de dos mil soldados que pudieron escapar lo hicieron en su mayoría sin siquiera llevar sus armas.

Desde el castillo, donde algunos pretendían hallar defensa, en vez que apoyo les llovían flechas y proyectiles de metal. Se hizo también evidente que en los barcos estaban sus numerosas tripulaciones, porque zarparon en cuanto fueron comprendiendo la situación de ataque masivo, incluso dejando a más de un centenar de hombres que fueron exterminados por la caballería o se arrojaban al río, donde encontrarían una muerte más espantosa, en las fauces de los cocodrilos.

Desde lo alto de la fortaleza, Henutsen daba voces avisando que todo estaba controlado allí dentro y abriría las puertas en cuanto se asegurara desde afuera que no quedaba ni un solo enemigo con vida. Se dio aviso al Faraón y tomó posesión del castillo, donde la invasión había costado pocas bajas propias para exterminar a más de doscientos adversarios. A medio día se había efectuado el recuento de tropas y las bajas de la infantería eran siete, con ninguna baja en la caballería. El total de cadáveres enemigos, aparte de los más de doscientos que los infantes de Henutsen habían abatido en el castillo, era de trescientos diez.

-Ha sido una verdadera masacre, -decía Elhamin mientras recorría la zona con los Generales, algunos Comandantes y el Faraón- mucho más rápida y total que lo esperado, pero no menos triste. Calculamos que escaparon menos de cuatro mil en los barcos, entre los que estaban en tierra y los que pernoctaban en las naves. Un ejército realmente grande, aunque habéis visto que ni siquiera los guardias exteriores cumplían con su función. Ahora viene la dura tarea de recoger los cadáveres. Ya me diréis si alimentar a los cocodrilos un poco más o hacer una pira...

-Los hijos de Sobek -respondió Isman- han tenido bastante. Se hará una pira para los funerales. No se distinguirá a los nuestros en el fuego y que Anubis haga las diferencias... Nadie comerá hasta la noche y la cena será ligera. Llevamos muchos días de exigencias y hay que descansar el cuerpo por dentro, por fuera y los cuerpos sutiles. Que todos beban sólo zumo y agua y los médicos determinen si alguien debe comer ahora. Al terminar las tareas generales y armado el vivac, que el descanso sea hasta media mañana. Que las guardias sean en lo posible, voluntarias.

-Una triste y dolorosa victoria, -dijo el Faraón a la Plana Mayor y a la tropa formada en el playón interior del castillo- pero es preferible que sea así. Hemos perdido a veintinueve héroes y esperemos que no debamos lamentar más perdidas en la segunda parte del plan. Quizá no sepamos nada hasta dentro de dos o tres días, porque todos los cetreros están sirviendo a los barcos de Gibured y a las tropas de las riberas. Luego que Henutsen realice los funerales como es debido, haremos repaso de pertrechos y antes de caer el sol pasaré revista. El General Elhamin dispondrá las guardias, vigilancia en un radio de cien cuerdas en abanico y un relevo total de los exploradores, que han llevado la parte más fatigosa en toda la campaña. Todo el personal no asignado a tereas de guardia y exploración, pasará a descanso con la organización prevista.

Tres días más tarde, el General Gibured llegaba con la tropa de tierra y todos sus barcos al puerto del castillo, anunciando que el plan había resultado absolutamente impecable.

-Querido Faraón y Camaradas, regreso lamentando cuarenta heridos pero ninguna baja mortal propia. El enemigo fue perseguido y hostigado con los cuidados indicados por el Faraón. Creo que no ha escapado ninguno. Falta que regresen ochocientos infantes que hallaron la entrada a los túneles que encontró Henutsen más al Norte. Algunos conocían la posible ubicación, así que una vez cumplida su parte al pasar los barcos, se dedicaron a buscar el sitio. Han enviado mensaje de que tuvieron escaramuzas con los pocos guardias que encontraron y seguirán por el subterráneo para llegar hasta aquí. Puede haber más tropa en los túneles y la Comandante Prinpoisis se asegurará de que no quede nadie, pero también hay carros y pertrechos que no nos vendrán mal, tanto si seguimos hasta Meri em-Râ, si continuamos la campaña en actividad bélica, o ambas cosas. Respecto a mis barcos, necesito dos días para reparaciones y debo decir que la idea de camuflarlos ha sido magnífica.

Un grupo de treinta jinetes fue enviado por el túnel a encontrarse con los infantes de Prinpoisis, lo que les resultó providencial, porque sorprendieron por retaguardia a todo un azafe de guardias que estaban encargados de los túneles y presentaban resistencia difícil de vencer por los infantes en un sector estrecho. Además, con los caballos pudieron tirar de varios carros cargados de armas y suministros hallados. Un día después llegaron las tropas por el túnel y los planes se repasaron de nuevo. El merecido descanso de todos duró siete días, tras los cuales el Faraón volvió a dirigirse a la mayor parte de las tropas en formación.

-Si no hubiésemos sido guiados por Sekhmet -decía Isman- desde hace ciento ochenta días y no se hubiese hecho esta campaña, así como el descubrimiento y represión del enemigo en Darsum y en Gavelade, en este momento Ankh em-Ptah estaría siendo arrasada sin piedad, robada, incendiada, violada, asesinados niños y adultos por igual, por esa fuerza que hasta su exterminio superaba los treinta y cinco mil efectivos y no sabemos si hay aún miles de hostiles dispersos al Oeste y al Sur. Ha sido en extremo doloroso haberles exterminado, pero mucho menos doloroso que si no lo hubiéramos hecho, porque habríamos tenido que lamentar la desaparición de muchas de nuestras ciudades. Aunque la tropa es una horda indisciplinada, el que lleva los mandos ha hecho un buen plan. La catarata les habría causado retardos y cientos de bajas porque su exploración fue metódica hasta antes de aquel terremoto providencial para nosotros. Pero no les habría impedido llegar al menos hasta Aswan. Nuestra campaña nos ha costado ochocientos sacrificios heroicos, uno de los nuestros por cada varias decenas de enemigos, pero aún nuestras familias no están seguras, así que me encuentro en el dilema de dividir las fuerzas, yendo una parte a la ciudad clandestina de Aarikanis, o bien continuar todos juntos hacia el Sur. Ahora al terminar de leer los nombres de los héroes que despedimos, marcharéis a continuar vuestro descanso, todos menos los relevos de guardia, vigías y exploración, así como la Plana Mayor que continuará reunida conmigo…

## Capítulo XIII - Un Suspiro en el Viento…

Comenzó a leer la lista de bajas y por más que intentaba evitarlo, su voz se quebró varias veces. Una soldado de la primera fila de un azafe femenino, no pudo contener el llanto que se hizo audible para Isman. La miró, le pidió con un gesto que se serenase y cuando acabó la lectura se acercó a la mujer. Ella exhaló un suspiro en el viento y pidió disculpas.

-Todos hemos perdido a estos hermanos, -le dijo Isman- pero en mi corazón siento otra razón para vuestro llanto. Quizá sea bueno que digáis lo que os sucede, aunque si lo deseáis, me lo decís en privado o bien calláis como es vuestro derecho y nadie puede obligar a nadie a decir las causas del dolor del Alma.

-Os lo diré, Faraón -dijo ella esforzándose por calmarse- porque quizá hay otros que como yo, necesiten vuestra sabia respuesta… Nunca antes había matado a nadie. En estos días he matado a más de cincuenta hombres… ¿Qué soy ahora, Faraón?, ¿En qué me he convertido?...

-Os habéis convertido en una verdadera Guerrera de Ankh em-Ptah, querida hermana. -decía Isman en voz más baja, casi al oído y abrazando a la joven intentando calmar su llanto desesperado- Y ahora dejadme que os demuestre algo…

-¿Hay aquí alguien con el corazón tan recio, -continuó el Faraón en voz muy alta usando la corneta marinera- el Alma tan firme y la convicción tan absoluta, que no haya llorado, sufrido o soñado arrepentido después de matar por primera vez en combate?... ¿Nadie?... Os ruego recordar y decir con sinceridad. Si alguien es tan fuerte como los dioses, para no llorar al producir una muerte, al menos la primera vez, quiero conocerle...

El silencio era total. El Faraón tomó amablemente el brazo de la mujer y caminando a lo largo de las filas, iba preguntando a cada uno.

-¿Habéis llorado cuando matasteis por primera vez?...

Todos respondían afirmativamente y la mayoría lloraba al recordar.

-Y Vos, soldado, que se os ve tan poderoso, grande, recto y duro como vuestros músculos... ¿Habéis llorado alguna vez por el enemigo muerto?

-¡Sí, Faraón, siempre! ¡Os ruego perdón por ello! -gritó el hombre que pretendía mantener secos sus ojos ya vidriosos.

-¿Cuántas batallas lleváis y cuál fue la primera?

-Cuatro antes de esta campaña, Faraón. Las dos últimas en La Luz, las última en que intentaron invadir Karnak y con Vos en Gavelade...

-¿Lleváis la cuenta de las vidas que habéis quitado?

-No, Faraón, pero más de treinta, antes de esta campaña.

-¿Os habéis acostumbrado ya, soldado, sabiendo cuán artero y despreciable es el enemigo?

-¡No es posible acostumbrarse, Faraón!- respondió el hombre que en ese momento aflojó el llanto contenido y bajó la cabeza- Disculpad si mi espíritu no es tan fuerte como os gustaría... Sé lo que es el enemigo, pero siguen siendo personas... Perdonad, Faraón...

-¿Volverías a matar a cualquier enemigo que amenace Ankh em-Ptah, a pesar del dolor que os produzca?

-¡Claro que sí, Faraón!, ¡Eso no podéis dudarlo! -gritó con más fuerza que antes, mirando a los ojos de su Faraón.

-Ya veis, querida mía. -dijo Isman a la mujer pero en voz alta para que escuche toda la tropa- La diferencia entre nosotros y el enemigo, es justamente esa. Ningún Guerrero podría matar sin sufrir por la muerte causada, pero ninguno dudaría en hacerlo cuanto sea necesario para defender la Patria, la Familia, a los hijos y vecinos, a los amigos, a los que nos educan y preparan para ser la Luz del Mundo. Abrimos las puertas al extranjero que viene en paz, pero no tenemos miedo al invasor. Le combatimos y si es necesario, le matamos, pero lo sufrimos, lo lloramos. Sentimos que somos UNO con TODOS, incluso con el enemigo, al que amamos. Si no lo amásemos no le lloraríamos. Le amamos y respetamos a pesar de que él no lo haga. ¿Se le puede expulsar?, pues se le expulsa. ¿No se le puede expulsar?, pues se le mata... Ya tenemos la terrible experiencia de lo inútil que resulta perdonar al invasor. Desde ahora, en ningún caso se "negocia" con el enemigo... no hay condiciones; se mata o se muere, pero no se negocia nada. Aún así, en cualquier caso, se le ama. Ellos no saben a quién sirven. Nosotros sí. En eso nos diferenciamos de los idiotas violentos. ¿Vos sabéis a quién servís?

-Claro que lo sé, Faraón. Sirvo a Ptah que es la esencia en mí, en Vos, en Todos y en Todo, por sobre todos los dioses y todas las cosas del mundo. Sirvo a Ankh em-Ptah porque es la Patria de mi pueblo, la Escuela del Alma y de los Pueblos del Mundo y hago todo mi servicio bajo vuestra guía y vuestras órdenes.

-¿O sea que no me servís a mí?... -le dijo Isman y la mujer le miró con cierta extrañeza, pero ella le respondió sonriente:

-No tengo el privilegio de ser vuestra esposa ni asistente de cámara, en cuyo caso os serviría con gusto. Pero aún así, Vos sois sólo el que da las órdenes para servir mejor entre todos a quien Vos también servís.

-No me sorprende vuestra excelente respuesta... -respondía Isman con una amplia sonrisa- Hablaremos en privado si os apetece. De lo contrario podéis marchar a vuestra tienda. ¡Atención!... ¡Rompan filas!

El Faraón se dirigía a la sala mayor del castillo cuando entre las tropas que se dispersaban, la mujer se abrió paso hasta él.

-Disculpadme un momento, Faraón... Respecto al "privilegio de ser vuestra esposa", imagino que lo habéis tomado como una broma. No quería ofenderos, era sólo un ejemplo de formas de servicio...

-¿Ofenderme?...-respondió Isman riéndose- No, en absoluto, pero me ha hecho gracia. ¿Tenéis un marido e hijos que lloren con Vos?

-No, Faraón. Tuve marido pero murió en la invasión de Karnak.

-¿Cuál es vuestro nombre?

-Enhutatis

-Bien, Enhutatis, ¿Fue eso la causa de que no habíais combatido antes y el porqué de incorporaros al ejército? ¿Qué edad tenéis?

-Ciento sesenta, Faraón... Pero no fue por su muerte. Ya estaba en el ejército, a órdenes del General Hilarión, en La Luz, haciendo aún mi entrenamiento básico cuando ocurrió lo de Karnak. Mi esposo también era soldado y fue de los primeros en caer. Me incorporé al ejército porque siempre quise hacerlo, desde niña, pero como también me gustan otras cosas como la pintura, la fabricación de cerámica y otras labores artísticas, estaba bien. Pero un día comprendí que era tanto o más militar que mi esposo. Para él fue una de las mayores alegrías que compartiera su vocación. El General Arkanis nos prometió que al terminar mi formación, nos destinaría al sitio que eligiésemos. Íbamos a pedir que nos destinaran a Kom Ombo, para hacer juntos la carrera sacerdotal de medicina a la vez que la carrera militar... Perdonad, os estoy dando lata y además creo que os esperan...

-Lo segundo es cierto, pero escucharos no es ninguna lata. Vuestra voz me conmueve. Me gustará volver a escucharos en otro momento. Por cierto, no pensé ni un momento que tuvieseis más de ochenta años. Sois muy bella por dentro y por fuera. ¿Me permitís un abrazo?

Se abrazaron y luego se miraron a los ojos, como escrutándose las Almas. Ambos mantenían la vista fija hasta que las lágrimas de uno y otra empezaron a fluir. Volvieron a abrazarse brevemente y el Faraón se dirigió a la sala donde le esperaba la Plana Mayor.

-Dividir las fuerzas no me parece oportuno. -decía Elhamin rato más tarde, con los mapas sobre una mesa- Si enviamos un grupo no muy grande de exploración a caballo, podrían llegar a esa ciudad en cinco o seis días, así que estableceríamos una docena de postas, que harían una comunicación en menos de tres días hacia cada extremo de la línea, más lo que avancemos nosotros hacia el Sur. He hecho mapas bastante precisos y he preparado la guía para orientarse con las estrellas, pero lo mejor lo he hecho con este instrumento hallado entre los pertrechos enemigos de Darsum y yo tengo uno parecido. El disco indica los cuatro puntos cardinales y en medio una aguja de dos puntas, pero una de las puntas indica siempre al Norte. No comprendo estos símbolos, pero seguro que son números. Me bstó agregar al aro exterior, este otro aro que me hizo un herrero muy instruido, con trescientos sesenta marcas...

-¿Una por cada día del año oficial?

-No se relaciona con eso, Gibured -respondió Elhamin- pero sería largo explicarlo, porque cierto es que también las matemáticas de Baalbek se usaban para medir el tiempo, pero esto no se basa en los días del año. Volviendo a este instrumento, hay noventa marcas en cada cuadrante, que es lo que puede ver el ojo con facilidad y es como los que usan los geómetras combinados con unos tubos para localizar los puntos de referencia. Sin embargo esto funciona a la perfección para orientarse, incluso si no hay estrellas ni nada. ¿Recordáis que no me equivocaba en la orientación del túnel de Tekmatis a Gavelade?

-¡Claro que lo recuerdo! -dijo Isman- Iba a preguntaros más veces, pero al final me quedaba con la intriga.

-Es que con esto ocurre lo mismo que con mi largavistas. Mientras no tenemos instrumentos como éste, el instinto nos guía, con más o menos error, pero una vez que uno se acostumbra a este objeto, ya se hace muy difícil confiar en el instinto. Sin embargo, en situaciones como ésta, donde hay que mandar a un grupo a recorrer grandes distancias en la línea más recta posible, es de una utilidad y precisión incomparable, que sin duda pone a salvo muchas vidas evitando riesgos de pérdida por desorientación. Espero que no tengáis reparos en que vuestro General y en este caso los soldados, lo usen. Hay más entre los pertrechos.

-No sé como habrá llegado eso a manos del enemigo, pero seguro que no lo inventaron ellos. -comentó Isman- De cualquier manera, en este caso no podemos despreciar el valor de la técnica. Ordenad una partida de ciento veinte jinetes para doce postas de diez hombres cada medio día de marcha y cien más para completar la línea hasta Aarikanis, pero que en ningún caso se acerquen demasiado. Sólo deben proteger a cinco Invisibles que inspeccionarán la ciudad como lo hicieron antes, a fin de comprobar que las cosas no han cambiado. Si han obtenido refuerzos, puede que haya que volver, pero lo más probable es que hayan descubierto que los hombres de Darsum ya no están y no se atrevan a atacar Tekmatis ni ningún otro sitio.

-Tenéis razón en que los de Obheres no inventaron este aparato y dudo que hayan inventado algo, aparte de los Juegos de Poder y las trampas de Seth. -decía Elhamin- Y especialmente a Vos, Gibured, os interesará esto, que puede seros muy útil para la orientación en el mar. Según se menciona en un libro que leí en La Luz, los genios de Baalbek descubrieron que el perímetro de un hexágono de lados iguales, es exactamente seis veces el radio de la circunferencia circunscrita. Así que resulta fácil hacer cálculos, como los que hacen los que fabrican las ruedas de nuestros carros. Basta dibujar en la plantilla del círculo, un hexágono. Como en Baalbek usaban el antiguo sistema de los Hombres-Dioses, basado en el número sesenta y no como nosotros, que contamos de a diez como nuestros dedos, o veinte, o cinco para otras cosas, pues ellos dividieron cada lado de los seis, en sesenta marcas, o sea trescientas sesenta en total. Igual puede que hayan aprendido eso de los Hekanef, cosa que han pasado por alto enseñar en Ankh em-Ptah.

-Es una pena -dijo Isman- la pérdida de ese magnífico imperio. Su debilidad fue no hacer una campaña como la nuestra ahora.

-Y dadas estas circunstancias, -volvió a hablar Elhamin- creo que lo más prudente sería disponer una avanzada de exploración a más distancia hacia el Sur, antes de movilizar a toda la fuerza.

-Por mi parte, os doy la razón, -respondió Isman tras reflexionar unos momentos- ¿Estáis de acuerdo los demás?

Todos aprobaron la sugerencia luego de reexaminar los mapas y se dispuso que al día siguiente sólo avanzaran tres barcas rápidas hacia el Sur, aprovechando que el viento del Norte aún sería favorable durante lo que quedaba de la estación fría.

-Pero además mejoraré algo para las barcas. -añadió Gibured- Les hicimos esas velas dibujadas que tan bien las ocultaron del enemigo y ahora les haré pintar los cascos de ese gris tan... tono medio, como las ropas de los Invisibles y llevarán redes de pesca. No sé si eso será convincente en caso de hallar enemigos, pero al menos no parecerán soldados nuestros porque irán vestidos con las ropas que quité a unos cuantos cadáveres y mandé a lavar...

-¡Excelente precaución! -dijo Henutsen- Nosotros hemos hecho lo mismo y tenemos para disfrazar a cien personas. Pero ahora que lo pienso, aún podrían llevarlas los que vayan a Aarikanis...

-No será mala idea, pero... -intervino Ankemtatis- Si no alcanza la ropa de los cadáveres, hay para vestir a más de mil en tres de los carros que traían del Este. También he de deciros que no había armas nuevas en ellos, pero entre lo traído por Prinpoisis de los almacenes del túnel, hay setecientas cincuenta "boleras" y doscientas bolitas para cada una.

-Entonces -dijo Isman- dispuesto que las lleven todos los jinetes que van hacia Aarikanis y que vayan vestidos como enemigos. Habrá que tener algún cuidado para no confundirles... ¿Alguien ha visto a un enemigo con turbante azul?... Pues yo tampoco. Y como hay velas azules, que se hagan inmediatamente los turbantes necesarios. Puede pasar como si fuesen una sección especial de su ejército... Mientras el enemigo no les pregunte nada en su raro idioma... Si lo hicieran ya sabéis cómo se les debe responder...

-Respecto a la exploración por tierra, -dijo el General Arkanis- mis años me reclaman más descanso, pero enviaré a las Comandantes Intelia y Unitis para que hagan un abanico de tres días de marcha al Sur, cubriendo a caballo otros tres días hacia cada lado del río. Los esposos Meremnut y Espiria se encargarán de las comunicaciones, ya que con esos halcones y caballos tan bien entrenados, nadie sería más eficiente.

Se oscurecía el cielo tras la caída del sol cuando Isman, nocturno por naturaleza, salió a dar un paseo mientras la mayoría iba a dormir. La noche caía cuando llegó a la zona de las escaleras. El soldado de guardia en el acceso al muro, desde donde se podía ver todo el entorno de la zona, le pidió identificarse mientras apuntaba con su bolera.

-¡Alto! Nombre y número...

-Ante esa voz, más que identificarme debería inclinarme en una solemne reverencia...

-¡Faraón!... ¡Qué agradable sorpresa volver a veros!

-En esta oscuridad, más que vernos, podemos escucharnos. Si no os causa malestar alguno, id a buscar un relevo y me acompañáis un rato. De lo contrario, os ponéis en posición de firme y no os molesto. Sólo quiero mirar el cielo desde lo alto de las murallas...

-¡Busco relevo y os acompaño de inmediato!, ¡Gracias por el honor!

Tres horas después las estrellas brillaban más que nunca para dos Almas que aunque nunca estaban solas, ahora lo estaban menos aún. Iban a despedirse para ir a dormir cuando un soldado llamó al Faraón porque lo buscaba el General.

### Capítulo XIV - La Isla de las Pirámides

-Tenemos novedades poco agradables, Faraón... Lamento arruinar vuestro paseo...

-Sin rodeos, Elhamin.

-Las barcas han encontrado otro puerto enemigo a tres días de marcha por tierra, dos días aguas arriba. Estaban a punto de regresar ayer, cuando vieron un promontorio que calcularon en tres cuerdas de alto y pensaron que podía ser una pirámide. Al acercarse un poco más, vieron humo en la parte superior. Escondieron las barcas en una isla para explorar a pie y descubrir que hay otro cuartel, con al menos cinco barcos grandes y una docena de naves menores. Una barca regresó y las otras están a la espera de órdenes y para servir a los exploradores de tierra.

-Pues habrá que ampliar la exploración y conocer bien el entorno en tres días de marcha desde allí. Ya sabéis el método y las precauciones...

-Me he anticipado, Isman. Lo he mandado a hacer ya, así que está toda la caballería movilizada en ello. Gibured ya está cruzando la gente necesaria al otro lado del río y vuestra hija ha dispuesto los Invisibles que le quedan para la inspección más fina. Os recomiendo continuar con vuestro paseo, porque está claro que seguiremos combatiendo y se os necesita tan lúcido como siempre. Pero os lo debía comunicar...

-Con Generales como Vos, no parece que yo sea muy necesario. Os presento a Enhutatis, que tendréis que relevar de su puesto en forma definitiva, porque ya sabéis que en campaña nunca he querido tener ayudante de cámara, pero esta noche he cambiado de opinión…

-¿Y me vais a quitar a unas de las más valientes y terribles entre las guerreras de mi tropa?... Bueno, también he de deciros que me deja más tranquilo el saber que el Faraón tendrá alguien que le defienda muy de cerca… Y me ayude a reteneros a retaguardia…

-¡Esto es conspiración!, -dijo Isman entre carcajadas- ¿Lo negáis?…

-Rotundamente, negativo, Faraón… -respondió ella y agregó con cierta picardía- Pero sin duda que aceptaré sugerencias del General.

-Y sólo falta que me pongáis esencia de jazmines en el carro... Ahora, hablando en serio, esperaré despierto más noticias por si es necesario tomar decisiones. Decidme, si acaso lo tenéis ya todo en vuestros mapas: ¿Cómo es el territorio?

-Voy haciendo poco a poco con la información que traen, pero la región tiene en la ribera Oeste, muchos árboles de buena madera y hay sectores donde es evidente la tala masiva. Es muy probable que allí tengan el astillero donde hicieron todos los barcos que hemos combatido. La ribera oriental es de pocos bosques y algo de desierto.

-¿Y de qué lado está el promontorio?

-A siete cuerdas de la ribera oriental, pero el puerto está en la orilla opuesta.

-Gracias, Elhamin. Enhutatis y yo iremos a dormir, pero no dudéis en despertarme ante la novedad más insignificante, si es que acaso me duermo un rato…

A media mañana empezaron a llegar noticias, informes del terreno y lo que habían averiguado los exploradores y los Invisibles. En la cima del promontorio, que sólo podía escalarse por el Sureste, había un puesto de vigía con una construcción pequeña, para albergar a veinte o treinta personas, pero desde allí la visual era magnífica y había sido una suerte que no fueran avistadas las tres barcas que descubeiron esa posición. Las velas y el casco pintados habían impedido que les descubrieran, pero era muy difícil acercar los barcos más grandes o un desplazamiento diurno de tropas, sin que se percibieran a más de cien cuerdas.

-Hay mucha gente, como en el puerto anterior, pero la tropa parece más disciplinada. -decía Elhamin a la Plana Mayor poco antes de la noche- Hay un astillero en la orilla occidental y se ha descubierto un poblado civil muy grande en un claro de la selva, a un día de marcha desde el astillero. Los exploradores han cubierto la distancia a caballo en medio día y han sido vistos, pero la idea de disfrazarlos con las ropas del enemigo, ha resultado. No hubo reacción alguna, aunque parece que les ha llamado la atención los turbantes azules. Lo más interesante de ese poblado, es que son varios miles de personas pero apenas hay varones. Las mujeres, niños y mucha gente negra están trabajando la tierra en condiciones deplorables. Unos pocos varones armados les controlan como a animales. No será difícil reducirles y liberar a esa gente, pero es preferible planificar todo antes de lanzar la operación, además habrá que pensar qué haremos con ellos, averiguar su procedencia...

-Entonces -dijo el General Arkanis- les podemos dejar para el final. ¿Cuánta gente hay en el astillero y alrededores?

-Unos cuatro mil quinientos efectivos armados -respondió Elhamin- acampados al Sur del promontorio. Hay tro campamento del otro lado, al Sur del astillero, con un millar de soldados. Casi todos infantes, pocos caballos, pero también hay muchos varones y mujeres negros trabajando como esclavos en lo que parecen ser carpinterías y fábricas de sogas, preparación de alimentos y otras factorías. Pueden ser otros dos o tres mil esclavos. Los Invisibles vigilan y hacen mapas para diferenciar sus tiendas, de las que ocupan los soldados.

-No podemos hacer nada todavía. -dijo Isman- Hay que esperar con paciencia hasta tener todos los datos de terreno, números, posiciones, armamento y rutinas del enemigo. Además prefiero saber qué ocurre en Aarikanis, porque si hubiese habido una movilización grande hacia allí, Tekmatis estaría en peligro y habría que dejar esta zona por el momento. No vendrá mal un buen descanso de varios días a la tropa.

Siete días más tarde los informes de todos los mensajeros y los exploradores estaban completos y por fin podrían tomarse decisiones.

-Las novedades de Aarikanis son favorables. -decía Elhamin- Unas tres mil personas se hallaban en esa ciudad, de modo que no han incorporado mucho más de lo que había y más de la mitad son mujeres y niños. Entre ellos, mayoría de raza negra. Trabajan la poca tierra útil para cultivos y al cortarse las comunicaciones no tienen provisiones. Nuestros enviados combatieron a los exploradores que han salido de allí y a un pequeño grupo que interceptaron al volver de Darsum, donde hallaron el sitio devastado, como lo dejamos. Si esa gente no recibe alimentos, morirá de hambre en unos días o intentarán ir hacia el Sur. Las órdenes en ese caso, es combatir sólo si es posible sin mujeres ni niños de por medio.

-Es tranquilizador -intervino Isman- pero no vamos a dejar eso sin resolver. Que un mensajero avise al Concejo para que envíen tropa y alimentos. Ahora centrémonos en nuestro próximo objetivo hacia el Sur.

-La situación del astillero es ya conocida, pero lo que no sabíamos es que a poco menos de un día de marcha río arriba, hay otra catarata y esa no parece nueva como la de abajo. Un brazo del río sale hacia el Este, justo antes de la cascada y vuelve a él a unas trescientas cuerdas más abajo, formando con el meandro, una especie de isla de 120 cuerdas de ancho por 250 cuerdas de largo. Y esto os va a gustar... Hay dos pirámides en el extremo más cercano de la isla. Esas son las que indican los mapas. No son tan grandes como las de la Luz o Tekmatis y están muy derruidas. Aún así, hay indicios claros de que son pirámides...

-Dejaremos por ahora la investigación histórica. Y ya sabéis que es mi pasión, pero por favor proseguid con las novedades.

-De acuerdo, Isman, pero el caso es que si hay pirámides, es que aún estamos en Ankh em-Ptah, es decir en pleno derecho histórico de defender estas tierras... Todo el interior de esa isla es de bosque espeso y allí se encuentran unos cientos de soldados y alrededor de tres mil personas en condiciones de plena esclavitud labrando los campos, que según parece están en su segunda etapa de laborío. Hace poco más de un año que están ahí. Es un lugar rico en antiguas palmeras de dátiles, pero los cultivos de ananás, plátanos y muchas otras frutas son nuevos. Del lado Sur de ese brazo están los campos de cereales, ocupando gran superficie y sólo hay doscientos soldados o poco más. A la otra orilla del río, que por su forma allí es al Norte, hay una guarnición de más de dos mil hombres. Tenemos que considerar que pueden sumar unos siete u ocho mil efectivos entre los del astillero y los de más al Sur.

-¿Entonces hemos dado con el origen principal de los insumos de ese ejército y con su astillero?

-Eso parece, Faraón. -continuó Elhamin- Fueron exterminados durante estos días, unos trescientos exploradores y mensajeros enemigos. Su instrucción militar es tan escasa que no ha logrado huir ninguno para dar avisos. Sus mandos siguen sin conocer nuestra presencia aquí, pero debido a la ausencia de regresos, han empezado a enviar otros grupos de exploración mejor armados y más numerosos. En poco tiempo sabrán que todas sus fuerzas hacia el Norte han dejado de existir.

-Probablemente -dijo Gibured- cuentan con que la expedición mayor que encontramos haya llegado a Los Diez Colosos o por ahí. En ese caso no les extrañaría la falta de noticias durante mucho tiempo, pero más o menos sería ya el tiempo de recibirlas, por más indisciplinados y desorganizados que sean sus mensajeros.

-Tenemos ya todos los datos necesarios para actuar -dijo Isman- pero es preciso hacer un plan muy elaborado. Que los dibujantes y escribas hagan copias de los mapas y listas de datos para cada General y cada Comandante, así cada uno hace un plan durante lo que resta del día. Mañana a media mañana volveremos a reunirnos y los iremos compaginando para extraer un plan definitivo.

-Nuestras fuerzas -decía Elhamin al día siguiente- son suficientes para emprender esta parte de la campaña si las racionamos bien. A las bajas en combate debemos agregar dos mensajeros que han desaparecido en una posta a medio camino a Tekmatis. No es probable que sea por captura enemiga, sino porque allí abundan los leones, panteras y otros grandes felinos, aparte de las serpientes de diversa clase. Un hombre muerto en accidente de navegación y una víctima de las fiebres, que por ahora no es epidemia gracias a los cuidados de Nefandeg y sus cincuenta auxiliares médicos. De modo que en este momento, la cifra de nuestros efectivos es de 21.696 con el Faraón incluido, pero hay que restar cuarenta y dos heridos y doce enfermos bajo cuidados médicos.

-Vamos a usar números más redondos usando la matemática del diez, General. -dijo el Faraón- así empezamos con el plan.

-De acuerdo. Descontamos a los imprescindibles de los barcos, que son 4200 hombres y actuarán en su momento de acuerdo al plan que resulte, así como a cien imaginarias de cuartel que serán los enfermos y heridos. Tenemos, gracias a los caballos capturados al enemigo que venía del Este y unos pocos del túnel de suministros, un total de 5500 monturas, pero he asignado con los que había, quinientos jinetes para mantener la situación en Aarikanis hasta que el Concejo se ocupe. Entonces hay cinco mil montados y 11.900 infantes, de los cuales, con las boleras recuperadas tras las últimas batallas, suman tres mil quinientos tiradores que Ankemtatis está entrenando y por eso se encuentra ausente en esta reunión. Si me falta algún dato que mencionar, me lo decís.

-Veamos vuestro plan, Elhamin, que todos tenemos uno y cada uno lo descartará o ajustará ideas al vuestro.

-Pues el mío, Faraón, es el siguiente. Si infiltramos gente entre los esclavos para que colaboren, estaría bien, pero ya sabemos que eso es muy peligroso porque la gente con miedo no acepta que uno lo libere sin más, así que habría que considerarles un estorbo y no una ayuda...

-Totalmente de acuerdo. -respondió el Faraón- Ya tuvimos algunas experiencias en ese sentido y el ánimo del esclavo no cambia de un momento a otro, sobre todo cuando ha estado así durante años.

-Pues entonces es cuestión de aniquilar al enemigo punto por punto en cada posición, sin que tengan muchas posibilidades de reaccionar las demás, o al menos impedir que puedan reunir las fuerzas en un frente organizado. Tenemos el número más grande al Sur del promontorio que llamaremos "el Cono", con unos 4500 hombres y no sería fácil evitar que el resto se entere de un combate, a menos que se eliminen las barcas menores y se ataque primero el campamento de la vera al otro lado. Un combate nocturno, rápido y contundente contra mil soldados, siendo nuestra fuerza muy superior, podría hacerse sin que se enteren los otros.

-Antes que eso, -dijo Isman- habría que tomar el Cono, porque desde ahí se harán las señales y eso puede hacerse con ayuda de los Invisibles.

-Mi plan era diferente, -intervino Arkanis- pero lo descarto desde ya, al entender mejor la situación. Sin embargo sería prioritario tomar esa posición en el Cono, sin que los de abajo se enteren hasta por lo menos el día siguiente, después de haber eliminado a los mil del otro lado...

-Si entiendo bien la idea -interrumpió Giburéd- mis barcas rápidas pueden hacer un transbordo después de la batalla occidental, para que los cuatro mil quinientos del lado oriental se encuentren rodeados por tierra y por río... Ninguna nave enemiga podrá dar el soplo a los que están más al Sur y además deberíamos evitar que esos cuatro mil quinientos llegasen siquiera a los barcos... Incluso podríamos usarlos nosotros mismos si les capturamos durante la noche...

La conversación continuó hasta muy tarde, posponiendo la comida para pensar mejor con el estómago vacío, pero el plan quedó definido y tras hacer los ajustes hasta el mínimo detalle posible, se distribuyeron las órdenes. Al día siguiente muy temprano empezó la movilización de tropas, que demoraría tres días en estar en posición cerca del enemigo.

El General Giburéd llegó con todos sus barcos hasta doscientas cuerdas del astillero, justo donde llegaron los que habían descubierto esa posición y no podría pasar de allí sin ser visto. Pero tampoco podrían pasar los barcos más grandes aguas arriba en plena noche, debido a que el Nilo en esa zona está dividido en muchos islotes pequeños, con una isla mayor al centro y peligrosos rápidos que sólo podían sortear las barcas menores. Calculó que de día podría pasar, pero no sería necesaria la intervención de las naves, que además llevaban la mitad de los pertrechos del ejército. La tropa avanzó sin dificultades, evitando hacer fuego, incluso de día porque desde el promontorio frente al astillero podría verse el humo a pesar de los altos árboles.

El Faraón, a pedido no sólo de Elhamin, sino también del modo más delicado pero al mismo tiempo poderoso, se tuvo que quedar a retaguardia, dejando que los Comandantes y Generales dirijan las batallas. Luego de pedírselo Henutsen, el ruego vino de Enhutatis.

-De acuerdo, de acuerdo... Me quedaré a prudencial distancia. Es la primera recomendación que me hacéis, pero como estoy seguro que no será la única... La seguiré a cambio de que permanezcáis también Vos a retaguardia, al lado mío si queréis, pero no estaréis un paso más cerca del frente que yo.

-Es justo, Amado. Estaré a vuestro lado por la eternidad, si me lo pedís.

-Nunca sabe uno cuándo puede llegar lo que le complete y le haga feliz... Ahora que os he encontrado, mi vida será mucho mejor a pesar de estos combates infernales, a condición de que la vuestra también, y ruego a todos los dioses que no permitan que os pierda.

Cuatro mil infantes cruzaron el río para encargarse de mil enemigos acampados en la vera occidental. Lo harían de noche, del modo más silencioso posible, atacando sólo las tiendas que Henutsen había marcado en los mapas. Las otras eran de esclavos y resultaba mejor que ni siquiera se despertasen. Al mismo tiempo, quinientos arqueros y mil infantes provistos con boleras, dirigidos por Ankemtatis, pero guiados por dos Invisibles, aniquilaron a unos doscientos soldados que se dormían cerca del camino de acceso al Cono. No usaron las boleras sino los arcos, mucho más silenciosos. Evidentemente, era la dotación completa para la guardia de esa noche en el promontorio. Luego subieron para sorprender y a otros treinta que se hallaban arriba. Una vez conseguida la posición, se hizo una única señal con una antorcha encendida y apagada rápidamente. Pasaría por un descuido de los soldados vigías. No empezarían a enviar tropa extra hasta la mañana siguiente, para ver qué pasaba arriba, a menos que se cometiera algún error y alguien pudiera dar la alarma, pero ello no ocurrió, con lo que dicha posición se hizo casi inexpugnable. Inmediatamente se posicionaron cerca del acceso al Cono y formando un anillo a diez cuerdas del campamento, los 6400 infantes restantes. Las otras boleras habían sido distribuidas entre ellos, pero el mejor uso lo harían los que se hallaban en la cima del Cono, ya que desde el borde, aunque con cierta precaución para no rodar en la peligrosa cuesta de más de cuatro cuerdas hasta la base, tenían una vista completa del campamento enemigo.

Ankemtatis había elegido a los hombres de vista más aguda para entrenarles, porque si bien con el arco podía alcanzarse una distancia de tres cuerdas, las boleras enviaban las bolitas de metal a tal distancia que se perdían si no daban en el blanco. La más exigente de las pruebas que les hizo a los soldados, consistía en darle a un melón a una distancia de cinco cuerdas. Sólo era visible un punto, pero los soldados capaces de acertar a tres cuerdas con el arco no tardaron en hacer blanco sin fallar un tiro con esas armas tan eficientes, con las que sólo tenían que ubicar el punto del blanco entre dos pequeños anillos encima de la cuna del arma, sin importar lo lejos que estuviese. Sólo se escuchaba en algunas partes una música de percusión, pero no tenían claro de dónde provenía. Alguien estaba de fiesta y mientras el resto ya dormía, muchos estaban muertos y la operación se realizaba según los planes.

El General Gibured avanzó con las quince barcas rápidas, a las que había agregado los potentes arcos arponeros que tan buen resultado dieron en la batalla naval. Aprovechando la oscuridad de la noche, en cuando vieron la señal de la antorcha extinta, las barcas se posicionaron a sólo dos cuerdas del astillero mientras Henutsen con cuatro Invisibles disponibles eliminaron a los guardias de los barcos. Vestidos como el enemigo por encima de sus ropas, se acercaron hasta los barcos uno a uno, sin levantar sospechas. Cuando todas las naves estaban sin sus centinelas, comprobaron que nadie las ocupaba en su interior. Sólo uno de los barcos estaba ocupado, al parecer por la Plana Mayor enemiga o parte de ella. Unos músicos tocaban tambores y panderetas; mucha percusión sin melodía. Los Invisibles inspeccionaron el entorno pero no era fácil llegar hasta la cubierta de la nave sin ser vistos. Había al menos treinta soldados en ella y no era momento de alertar a los jefes.

La línea de comunicaciones, de un hombre a cada cuerda, pasó la información en forma de un solo silbido similar al de los halcones y entraron en acción la mitad de los hombres de Gibured, que se hicieron con todas las naves, excepto la ocupada en la fiesta.

En el momento adecuado, zarparían dejando en el astillero sólo al barco mayor. Ese momento llegó con el primer destello de Râ. La fiesta había acabado poco antes y los cuatro mil infantes que habían enviado al campamento occidental comenzaron a embarcarse en los barcos incautados para ser transportados al otro lado, donde la infantería se cerró sobre el campamento enemigo sin entrar en él, tal como se había ordenado, permaneciendo a una cuerda de distancia, para que los boleros de Ankemtatis comenzaran su metódica cacería. Los que intentaban escapar del cerco, eran aniquilados por la infantería y los que pudieron pasar por algún resquicio entre las tropas se encontraban con la caballería, en la parte exterior del anillo. Los que intentaron huir hacia las barcas, las encontraron llenas de soldados del Faraón.

A media mañana no quedaba un solo enemigo con vida, nadie había escapado hacia el Sur porque en ambas márgenes se había establecido la mayor fuerza para evitar eso y a medio día se formó la totalidad de las tropas en el lado oriental, en un bosque de altos árboles dispersos un poco más al Sur de donde se encontraba el campamento arrasado. Sólo quedaron en el Cono cien vigías, uno de ellos portando el largavistas de

Elhamin, para avisar de cualquier novedad. Doscientos exploradores mantenían la vigilancia en torno en un radio de cien cuerdas.

-Lamentamos -decía el Faraón- cuarenta y dos bajas. El enemigo ha perdido más de cinco mil quinientos efectivos, incluyendo a cuarenta de sus jefes, que murieron borrachos tras su fiesta y apenas si se enteraron que Anubis les recibiría tan pronto. Después de leer los nombres de nuestros venerables hermanos muertos, precederemos a limpiar este campo del mismo modo que antes. Pero no habrá hoguera porque aún hay una fuerza que combatir más al Sur y un poblado al occidente. El trabajo sería arduo y harían falta miles de árboles. Sobek y sus mascotas estarán hoy de fiesta nuevamente. Los mil soldados muertos anoche al otro lado del río, quedarán ahí para regocijo de chacales y otros hijos de la selva. Hoy habrá descanso general, pero cuatro mil voluntarios que aún tengan fuerzas y ánimo, deberán ir conmigo al poblado occidental…

-Disculpad, Faraón, -interrumpió Elhamin- pero me ofrezco voluntario para reemplazaros en esa labor. Ya sabéis que tengo cierta prioridad…

-No hace falta que digáis más, hermano mío. Os hice una promesa y voy a cumplirla. Me quedaré aquí. Podéis marchar con los voluntarios. ¡Que levanten un brazo los que aún tengáis fuerzas para medio día de marcha y combate! -tras unos momentos Isman tuvo que cambiar la frase- Bien, entonces que levanten un brazo los que estén demasiado agotados para continuar… ¿Nadie está cansado después de una noche de andanzas y medio día de combates?

-Hemos tenido campañas, Faraón. -intervino Gibured- Bien sabéis que nadie ha venido a descansar. Dejad que Elhamin elija a los más fuertes. Los heridos son los únicos que no podrían ir y están siendo atendidos.

-De acuerdo. Entonces, General Elhamin, llevaos con Arkanis toda la caballería, excepto los cincuenta montados que necesitamos para exploradores y mensajeros. Ya conocéis la orden de aniquilar hasta el último soldado enemigo, no se acepta rendición alguna. Luego liberad a los esclavos y si están necesitando auxilio, se los darán los infantes que llegarán después, a su paso y con algunos médicos.

-Permitidme, padre… Os recomiendo enviar la mitad de los médicos y carros con alimentos, porque esa gente está famélica. Si hubieseis visto lo que nosotros, no habríais podido pensar con frialdad. Hasta tuvimos el impulso de precipitarnos contra los centinelas…

-Gracias por el detalle, Henutsen. Ya le habéis oído, Comandante Etherisis. Preparad tres carros para que Gibured los cruce al otro lado y llevaos quinientos infantes. Daos prisa, para llegar antes de la noche.

-Respecto a la caballería, -intervino Arkanis- creo que sería exagerado mandarla casi toda. Sólo son algunos cientos de infantes enemigos…

-No, Arkanis. Prefiero que os llevéis toda la fuerza posible, porque mientras más fuerzas, menos riesgo de bajas propias y con estos planos que han hecho los exploradores, podréis atacar con la precisión de un medico operando los ojos, evitando el estorbo de los esclavos y evitando cualquier daño para ellos. Además, mi plan respecto a la guarnición enemiga del Sur, es que vais a atacarla mañana a media tarde, cuando os lo indiquen los mensajeros. Tenéis desde el poblado esclavo la misma distancia que desde aquí. La infantería saldrá en la mañana temprano, para encontrarse con Vos y el ataque a esa posición será rotundo y directo. Gibured y sus cuatro mil doscientos desembarcará en el extremo de la isla grande y se encargará igualmente de ese sector.

-Parte de mis tropas -intervino la Comandante Diva- tienen a los esclavos reunidos al otro lado del río y esperan órdenes. El olor de los cadáveres no tardará en hacerse insoportable en esa zona…

-Pues que les ayuden a hacer una gran fosa y les preparen para quemarlos mañana, después que hayamos abatido a las tropas en Sur y no sea problema hacer una enorme hoguera. Que sólo trabajen los que estén en condiciones humanas de hacerlo. Reuníos con ellos y seleccionad al personal. Imagino que les estáis alimentando y algunos médicos atendiendo…

-Así es, Faraón. -respondió Diva- Son casi cuatro mil bocas, pero las despensas de los barcos capturados están repletas, parece que estaban a punto de zarpar para proveer a los que ya no necesitan más que la justicia de Anubis. Ha sido excelente proceder el no destruirlos. La moral de esa gente está muy bien, lloran como niños, no pueden creer que dejarán de ser esclavos. Son casi todos varones negros y temen por sus mujeres y niños que están en el poblado que se liberará mañana.

-Decidles que pronto van a reunirse con los suyos… Luego les atenderemos para ver donde podrán quedarse.

-No creo que quieran marcharse lejos, son de esta región.

-Muy bien, Diva, están en vuestras manos. Que en tal caso son ahora gente de Ankh em-Ptah. Aunque habrá que enseñarles que es preferible estar muerto, antes que esclavo. Y de ambas, ya conocen la peor parte.

---------------

-Está muy nublado -dijo Gibured al Faraón durante el desayuno en la cubierta del barco enemigo, ahora usado como cuartel de la Plana Mayor- y estas nieblas densas y bajas dificultarán un poco la navegación, pero el enemigo no nos podrá ver. Estos montículos de aquí, al Este de la guarnición, son suficientes para tapar la vista y podré atracar cerca de la punta de la isla, casi frente a las pirámides Sólo habrá que enviar unos cuantos infantes disfrazados para eliminar a los vigías que seguramente habrá allí y en los montículos de la ribera derecha.

Al terminar el desayuno, salieron de la cabina del barco justo en el momento en que los primeros rayos de Râ reflejaban en los mástiles. La movilización comenzó inmediatamente y se hizo según los planes. A medio día el Faraón y Enhutatis estaban armados con sus corazas porque aun respetando la palabra dada al Concejo y a Elhamin, considerarían "retaguardia" a una cuerda detrás de la infantería. Sin embargo, la insistencia del General les hizo acceder a quedarse en el barco y permanecer como centro de operaciones junto con Gibured.

-Vuestro General nos toma por gente blanda... -dijo Enhutatis en broma- cuando me ha mandado al frente sin dudarlo en más de una ocasión. ¿Es que ahora sólo mira por vuestra seguridad o al verme vestida como mujer se olvida que soy la "valiente y terrible soldado"?

-Un poco de ambas cosas, querida mía. Antes erais soldado, pero ahora sois alguien más cercano al Faraón, y bien sabe Elhamin que mucho sufriría el cuerpo si a la cabeza la destruyeran o le dañaran cualquier parte...

-Pues le comprendo. Y comprendo también que estar a vuestro lado es una responsabilidad más difícil de afrontar que una batalla... Anoche hablabais dormido y aunque me pareció una falta de ética permanecer e iba a retirarme, me dijisteis que me quedase. Pero ya había escuchado lo suficiente para saber que hablabais con mi Gran Maestra Sekhmet.

-No recuerdo nada de eso...

-No importa, así son los sueños. A veces simples imaginaciones de nuestra mente, otras son recuerdos, otras veces auténticas vivencias en el territorio de Anubis. En cualquier caso, sonreíais feliz. Como si nada os preocupase. Luego hablabais de una niña pequeña...

-Desde ya os aviso que no tengo intención alguna de dejar progenie porque mis responsabilidades... Creo que lo entenderéis, porque...

-Y desde ya os aviso -le interrumpió ella- que no deseo tener hijos de la carne, porque mis responsabilidades son las mismas que las vuestras, aunque mi papel sea el de soldado, de ayudante de cámara, de cocinera del Faraón o de grumete limpiadora de cubierta del barco menos importante de Ankh em-Ptah. Mi vida ha sido muy mágica y lo seguirá siendo. Mi difunto esposo me acompañaba por esa línea, la de elevar la serpiente hasta la Corona Solar… Supongo que debo dar por hecho que el Faraón lleva esa línea hace mucho tiempo...

-Unos ciento ochenta años que la inicié. Igual nació mi hija Henutsen hace treinta y ocho años, aunque nunca supimos cómo es posible…

-Dice un escrito de Askarnuma Edda -memoraba Enhutatis- que una gota del Agua de la Vida contiene tantas pequeñas serpientes como renacuajos un lago, pero que basta una para fecundar a una mujer, aunque para que ello ocurra, la mujer ha de desearlo… ¿Os ocurre algo?

-¡Claro!, eso es… Las "pequeñas serpientes" que contienen el Agua de

la Vida… Son las famosas "semillas de la Vida"… Y las he visto miles de veces, dibujadas en los muros de Karnak, justo al lado de mis aposentos. Al lado de las escrituras que explican la acción del dios Min cuando no se derrama el Agua de la Vida. Creía que representaba un cántaro, pero no… Se trata de las "pequeñas serpientes"… ¡Me habéis dilucidado algo muy importante!

-Claro que es importante… Pero no imaginaba que mi Faraón no sabría cómo es eso. Debéis haber leído todos los antiguos escritos…

-Es que como siempre digo, Enhutatis, no terminamos nunca de aprender. Y aunque no es pretexto válido, os diré que mi memoria sobre esos escritos se acentuaba en las enseñanzas de historia y la política…

-Disculpad, Faraón. -interrumpió un mensajero subiendo a cubierta- Hay noticias importantes.

-Hablad, por favor.

-Los exploradores del Este han observado una caravana grande que viene desde el Sureste. Unos dos mil soldados de infantería y traen a tres o cuatro mil como esclavos. Vienen cinco carros grandes y sólo los caballos que tiran de ellos. Les vimos a tres días de marcha desde aquí y he galopado yo mismo medio día y toda la noche haciendo relevo de montura en todas las postas, así que demorarán dos días más en llegar.

-Bien, mensajero… Dadme tiempo a pensar… En esa zona está al mando el Comandante Omar… Ya saben que no deben dejarse ver, así que decidle que abran el abanico de exploración y lo vuelvan a cerrar a diez cuerdas detrás de la caravana...

-Ese es el procedimiento habitual, Faraón. Es lo que están haciendo ahora mismo.

-Cierto, es innecesario que les ordene lo que ya saben. Esto de tener tropas y Comandantes tan eficientes y bien entrenados, hace que luego uno pase por idiota, pero me deja muy tranquilo... Podríais decirle a Omar que he recibido el mensaje y esperamos al enemigo, pero... ¿Sabéis en qué condiciones traen a los esclavos?

-Atados, Faraón, como animales. He visto caer a alguno y le han matado allí mismo...

-Entonces no os marchéis. Vais a esperar hasta que acabemos con las guarniciones y centinelas en esta región, para guiar a las tropas por el camino más recto. Les saldremos al encuentro, no podemos dejar que la gente que traen, pasen dos días de martirio. ¿Cómo es el terreno?

-En gran parte vegetación baja, pocos árboles y una parte de duro desierto, pero es fácil perderse si no se conoce. He sido mensajero entre los exploradores, así que podré guiar a las tropas y hasta indicar los mejores sitios para emboscadas.

-Debéis tener el trasero como la ropa lavada en piedra. Descansad el resto del día aquí, que antes de la noche tendréis que montar de nuevo.

Pasada la media tarde, la mayor parte de las tropas se reunieron en una explanada frente a las dos pirámides. Se asignaron mil jinetes para quedarse del otro lado del río y explorar en abanico y mil reforzarían a Omar en su exploración cuidadosa para no ser percibido por el enemigo.

-De no ser por las miles de muertes producidas, que no dejan de ser un profundo dolor en el Alma, -decía el Faraón a la tropa- estaría muy feliz, porque los Generales y Comandantes acaban de informar que hemos tenido doscientos diez heridos recuperables, pero ninguna baja propia en este último ataque a las fuerzas de Seth. Ninguno de sus sirvientes ha escapado con vida pero aún hay más. Como estas batallas de hoy han sido leves en comparación con las anteriores, no voy a pedir voluntarios porque se ofrecerían hasta vuestras pulgas si las tuvieseis. Así que el General Elhamin tomará las 2500 monturas disponibles, con armamento de boleros para interceptar al enemigo...

-Perdonad la interrupción, Faraón... -dijo Elhamin- Es que ahora tenemos cuatrocientas monturas más, aunque la mayoría camellos que en esta región, ya sabéis...

-Buena noticia, Elhamin, pues serán 2900 montados contra dos mil esclavistas, más el refuerzo de los mil quinientos que estarán con Omar. ¿Os parece suficiente para una batalla en emboscada?

-Superándoles por más del doble, más que suficiente, pero si seguimos la regla de superioridad numérica como garantía, es preferible que actúe la infantería también. La cuestión es si pensáis más en evitar bajas propias, o evitar la muerte de unos esclavos en un día más de camino...

-Sois el espejo de mi Alma, Elhamin. -respondió Isman- Haceos cargo y contad también con la infantería, usando mejor la caballería en la exploración de entorno a cuatro días de marcha. A retaguardia quiero al menos... ¿Cuántos carros hay disponibles?

-Ahora son más de cien disponibles en lo inmediato, Faraón, pero si esperamos que lleguen los otros... -respondió Ankemtatis.

-Alcanzan para actuar sin esperas. Que esos cien carros vengan detrás de nosotros. No vamos a traer caminando a esa gente que estará muy maltrecha. Con los montados más los de Omar, será suficiente para completar cualquier acción. Dejad aquí sólo los necesarios para la custodia y la mitad de la gente de Gibured. Con esa catarata ahí, sólo seguirán adelante las barcas rápidas y los barcos desarmables, pero eso será después de la tarea inmediata. Decidme, Nefandeg... ¿Os quedan veinticinco médicos para asistir a los esclavos que trae la caravana?

-Sería desatender demasiado a los que tenemos aquí. Entre los que están en el poblado liberado, los heridos y esta gente de la isla... Y nadie habla nuestra lengua, lo que hace más difícil cuidarles porque no pueden responder a ninguna pregunta médica. Podría ir yo, con dos auxiliares...

-Pues hacedlo. Elhamin elegirá entre mandarme mensajeros cada medio Râdnie o permitirme seguir a la infantería y ¡Lo prometo!, Enhutatis y yo nos quedaremos a una cuerda a retaguardia...

-Bien, Faraón, pero a cuatro cuerdas... Dentro de un Râdnie partimos.

Durante toda la noche y parte de la mañana siguiente, marcharon diez mil infantes al encuentro de la caravana de esclavos. El mensajero guía había calculado el sitio de encuentro y lo confirmó con las postas que encontraban a su paso, pero mientras marchaban advirtió al Faraón que sería en terreno llano, casi desértico.

-Es preferible un lugar donde la infantería esté a cubierto para disparar, mientras que la caballería pueda cortarles la retaguardia.

-Entonces -dijo el mensajero guía- podríamos parar a diez cuerdas más adelante si siguen el camino más lógico hacia el astillero, pero si quieren ir a la isla de las pirámides, habría que interceptarles a unas doscientas cuerdas, donde tendrán que pasar por un cañón estrecho en cualquier caso. No creo que den un rodeo de tres mil cuerdas por el escabroso terreno que hay al Oeste... Pero vamos muy justos de tiempo.

-Gracias, mensajero. ¡Elhamin!, que se avance a marcha forzada y envía un jinete disfrazado para averiguar...

No terminó la frase porque Enhutatis le señaló un jinete que galopaba hacia ellos. Traía la novedad de que el enemigo estaba acampado todavía a medio día de marcha. Calculando lo que demoró en llegar y suponiendo que comenzaran a movilizarse desde su avistamiento, demorarían medio día más.

-Así que podemos hacer esas doscientas cuerdas... -dijo el Faraón- Pues adelante. No les veremos aparecer hasta la tarde y tendremos el sol a nuestra espalda.

## Capítulo XV - Otro Suspiro y Más Guerra en el Sur

El sitio elegido era perfecto y la infantería tomó posiciones entre las rocas a ambos lados de los promontorios que definían esa parte del camino a lo largo de veinticinco cuerdas. Habían calculado que la caravana con todo el personal y los carros no superaría las quince cuerdas de largo, así que quedarían encerradas a retaguardia por la caballería, que se mantuvo oculta tras los promontorios cercanos.

La emboscada tuvo efecto similar a la última batalla, por la sorpresa como por la rapidez, la precisión de los disparos de flechas y de bolas que no erraron ningún blanco y sólo una quinta parte de la tropa tuvo ocasión de disparar. Los que lo hicieron, apenas dos o tres veces. La caballería impidió que algunos esclavos intentaran huir por retaguardia, confundidos por la situación y asustados por el número tan grande de gente armada que se encontraron tras caer el último de sus esclavistas.

-¿Alguien habla la lengua Ankemtamita? -gritó el Elhamin.

-Yo la hablo... -respondió una mujer que llevaba una especie de morral y una mochila- Soy Ankemtamita... O lo era, cuando joven... Hay otros que también la hablan, pero menos que yo.

-¿Podéis decirles que no hay nada que temer y serán liberados?

-Se los diré, aunque la mayoría hablan lenguas que no conozco.

-No importa. El tono más dulce y tranquilizador que podáis, será tan efectivo como las palabras. Se les dará alimentos y agua, les verá un médico y luego se les llevará en carros a donde sea necesario. Hacedlo y luego seguimos hablando nosotros.

-¿Cómo os llamáis y cómo es que estáis esclava? -le preguntó Elhamin cuando ya todos estaban acampados y siendo atendidos.

-Hetesferes. Hace unos… No sé, era muy joven. Una tribu de negros invadió mi aldea para llevarse a los niños y a las mujeres, asesinando a todos los varones. Vivíamos un poco más al Sur de los Diez Colosos ¿Conocéis donde es?

-Sí, hemos pasado por allí. Contadme más de vuestra vida, pero mejor venid conmigo. Os llevaré ante el Faraón…

-¡¿El Faraón?!... ¿El Faraón en persona está aquí?

-Sí, claro, él dirige esta campaña.

Hetesferes se postró ante el Faraón, que le hizo levantar y le invitó a sentarse con él y Enhutatis para compartir la comida.

-Mis padres, -contaba Hetesferes- me decían que sólo el Faraón podría sacarnos algún día de la ignorancia, que era nuestro peor mal. Nada nos faltaba, éramos felices, pero en mi aldea no había escuelas, estábamos muy lejos de Karnak o cualquier otro sitio más poblado… Había gente de otros pueblos, que fueron llegando poco a poco y aunque eran todos muy ignorantes, nunca había problemas entre nosotros, hasta que aparecieron las tribus negras del Sur, matando a los varones en una sola noche y llevándonos a mujeres y niños. En la tribu me tenían para trabajar y el hombre al que me entregaron me violó y golpeó muchas veces, como hacían con todas las mujeres, incluso de la propia tribu. Cuando les ocurría a ellas, descargaban la rabia con las extranjeras, así que teníamos verdugos en los varones y en las mujeres. Intenté escapar varias veces, pero me perdía y esa gente sigue el rastro hasta de la serpiente. Cada intento representaba una paliza y después una violación. Tuve un hijo al que el padre mató porque era demasiado blanco…

-Llorad lo que queráis y si deseáis, lo dejamos para otro momento.

-No, Faraón, está bien. -decía la mujer con la voz quebrada- Ya ha pasado… De eso hace más de treinta años, pero necesitaba decirlo a alguien. Empecé a practicar cálculo de distancias, memorizar la ubicación de las cosas, hacía mapas de los árboles en mi cabeza, para recorrer el bosque cercano a oscuras, con los ojos cerrados. Aprendí a no caminar en círculos y a no dejar rastros. Hace unos años conseguí escapar, pero me encontré en la selva con unos hombres que hablan otra lengua, los que habéis matado hoy. Volví a ser esclava y me llevaron a un pueblo que está a cinco días de marcha de aquí, desde donde veníamos en este viaje infernal. No me han maltratado ni matado de hambre porque me necesitan para hacer dibujos. Esa gente trajo después como esclavos a la tribu de la que fui esclava. Así que una parte de los que ahora estáis alimentando, unos quinientos, son tan terribles como los que habéis combatido. Del resto no sé nada y como habéis visto, la mayoría son negros, pero hay otros. Los negros más negros, bien oscuros, son mejor gente y han querido rebelarse muchas veces, pero los han reprimido y han asesinado a los cabecillas. Creo que son muy nobles, porque han intentado ayudar a otros, incluso pasando hambre al compartir la comida.

-Habría que hacer una buena selección y analizar qué se hace con cada grupo. -dijo Enhutatis.

-Así se hará, querida mía. Esta noche descansará todo el mundo y mañana volveremos a la isla de las pirámides. Y Vos, Hetesferes, ¿Podríais hacer dibujos de todo lo que conocéis?

-Sí, puedo, porque al volver a ser esclava y esta vez de un ejército más difícil de burlar, lo único que evitaba que y misma me quitara la vida, era una mujer con cara de leona que había visto en una estatua y se me aparecía en sueños como si fuera mi madre, mientras que a la que me trajo al mundo apenas la recuerdo... Así que la dibujé y me di cuenta que me gusta dibujar. Luego un anciano negro de otra tribu, a poco de haber cambiado de dueños, me enseñó muchas cosas, como el manejo de los números, las proporciones sagradas, la forma de medir distancias y cómo fabricar papiros y hojas para hacer láminas y las tintas mejores para cada una. Gracias a eso, mi trabajo era siempre con relación a dibujos y mapas. Durante estos dos años me llevaron a muchos sitios e hice mapas para ellos. Aparte de estos que debía entregar en unos cuarteles que deben estar a un día de aquí, creo que me acuerdo de muchas cosas que podría dibujar, conozco gran parte de esta región.

-¡Perfecto! -dijo Isman- Pero no será hoy. Esos cuarteles ya no existen y se ha combatido con la misma contundencia que habéis visto. Miles de enemigos han sido aniquilados desde aquí hasta Ankh em-Ptah, a lo largo del río y hasta cuatro días de marcha a cada lado.

-Quizá no sepáis que también hay un tramo de camino subterráneo entre la montaña de Olkam, donde seguramente habéis vencido entonces, y un gran refugio subterráneo que llega hasta muy cerca de Los Diez Colosos...

-¡Claro!... Mi hija Henutsen, ésta que viene aquí, encontró ese túnel, pero... Hija mía, ¿Cuánto se ha explorado hacia el Norte en la entrada por donde caísteis con Neftes?

-Unas pocas cuerdas, padre. Está peligroso por los derrumbes, así que quedan tramos para explorar cuando volvamos...

-Esta es Hetesferes y dice que llegan hasta cerca de Los Diez Colosos. Creo que no podremos esperar mucho para enviar tropas a ver eso, pero en cualquier caso, la prioridad la tenemos ahora en esta región infectada de guarniciones de esclavistas.

-Es posible -dijo Hetesferes luego de saludar a Henutsen- que haya una guarnición grande en aquello del Sur, porque las salas que tiene el sector que he mapeado totalmente, estaban acondicionadas para guardar pertrechos y alojar una gran cantidad de personal. Seguramente estarán esperando que las tropas que habéis combatido lleguen a un día de marcha al Sur de los Diez Colosos, para hacer el suministro final antes de la Gran Invasión de la que hablaban…

-A un día de marcha hacia aquí, hay una catarata -dijo Enhutatis- pero es posible que no figure en vuestros mapas.

-No hay ninguna catarata… He recorrido el río cuando era niña, al menos hasta la montaña cónica de Olkam… Y fui hace cerca de un año a revisar mapas del río con el que estaba encargado del astillero.

-Pues ahora la hay. -dijo Isman- Ocurrió un temblor de tierra poco antes de la crecida del Nilo. Nosotros no conocíamos ni Los Diez Colosos, salvo por referencias, pero nos encontramos con la cascada, que debió producirse entonces.

-¡Claro que hubo un temblor de tierra! -decía Hetesferes- Lo causó una emanación de fuego de la tierra, a poco más de un día de marcha, al Este del poblado cuartel. En los días anteriores vimos cocodrilos marchando en grandes grupos aguas arriba…

-Pues no sé cómo será eso del fuego de la tierra, pero ya sabéis que el río ha cambiado. -explicaba Isman- Los derrumbes en los túneles seguramente se han debido a lo mismo. Ahora descansad. Y a propósito de esa mujer con cara de leona… Se llama Sekhmet.

Mientras la mujer reaccionaba llevando sus manos al corazón con un llanto profundo y silencioso al oír el nombre, como un mantram capaz de tocar el Alma, Isman le observaba en los planos sutiles. Elhamin se acercó y le ofreció llevarle a dormir en uno de los carros cerrados. Luego regresó junto a Isman y Enhutatis.

-Me ha parecido un tanto… especial… No sé… ¿Qué opináis?

-Ciertamente lo es, Elhamin. Como que es digna hija de Sekhmet, aunque hay mucho que enseñarle… Y cuando le llevabais al carro, he visto su cuerpo más sutil, el Lah… Y el vuestro. Creo que no hay en el mundo un maestro mejor que Vos, para enseñarle todo lo necesario.

-¡Faraón!... ¿Tan... transparente soy? Si el enemigo tuviera vuestra vista hace rato que nos habría liquidado.

-Si el enemigo tuviese mi vista, no sería nuestro enemigo porque vería. Ellos sólo ven el Bah. Ni siquiera son conscientes del propio Ka en ninguna de sus tres manifestaciones. Pero ahora, General, luego de felicitarnos por permanecer tan obedientes a retaguardia, os recomiendo manteneros también lo más lejos posible de los peligros, porque intuyo muy fuertemente que alguien os va a necesitar mucho...

-No os entiendo, Faraón...

-Claro que entendéis. -respondió Isman guiñando un ojo- Alguien "un tanto especial... muy especial".

El día siguiente amaneció nublado y fresco, lo que facilitó la marcha hacia lo que llamaron la "Isla de las Pirámides". Nefandeg y sus ayudantes hicieron la debida selección rápidamente y la mayoría de los esclavos liberados fueron llevados en los carros porque su estado era deplorable. Poco antes de la noche, con toda la región controlada, se efectuó la reunión de Plana Mayor.

-Muchos no habrían llegado vivos con un día más de marcha.

-Cierto, Faraón. -decía Arkanis- El problema ahora es qué haremos con ellos. Estamos tratando de relacionar intérpretes, para conseguir comunicarnos con cinco pueblos diferentes de los que no sabemos nada y apenas hay algunos que entienden las lenguas de otros. Sólo veinte hablan nuestra lengua y no muy bien, así que hay que darles tiempo.

-Por lo que me dice Hetesferes -intervino Elhamin- y este mapa que acaba de hacer, aún hay que enfrentar a una fuerza muy grande...

-Por favor, Elhamin, -interrumpió Isman- invitad a Hetesferes a la reunión. Os garantizo a todos que es confiable y podemos hablar en su presencia como ante una aliada importante.

-En el poblado, que está del otro lado del río, -decía la mujer tras las presentaciones- viven los esclavos, que ahora serán otros cuatro o cinco mil, pero hay unos diez mil hombres distribuidos en cinco cuarteles. Dos en la ribera Norte y tres en el Sur. Hay cinco o seis días de andada desde aquí, dependiendo del ritmo de marcha. Este punto del mapa es el poblado, pero tuve la inspiración de hacer mapas que no me habían mandado a hacer y los hice disfrazados de dibujos de flores. Si quitáis los colores rojos y amarillos, dejando los demás, tenéis los marrones que son los promontorios, en los negros los cuarteles y uniendo los azules tenéis el río. Los puntitos a cada lado simulando abejas o mariposas, equivalen a un azafe, que son en su ejército ciento cinco hombres. Al poblado no lo dibujé aquí, sino en este otro dibujo de un barco. Las líneas negras son el poblado y sus casuchas y barracas; el resto es para esconder los trazos…

-Ha sido una obra inteligente. Nadie adivinaría que un dibujo con tanto arte contiene planos, datos y mapas. ¿Por qué habéis tenido la idea? -preguntó Gibured- ¿Pensabais que un día podría serviros para algo, o por mero gusto artístico?

-Soñé con… Mi madre leona… -dijo temiendo no ser comprendida.

-¡Sekhmet! -exclamaron varias voces.

-¿Es que la conocéis? -preguntó Hetesferes sorprendida- Bueno, la vi cuando era muy pequeña, en una estatua, en un Templo que hay en el Valle de los Leones, a dos días de navegación al Norte de los Diez Colosos. Es lo más al Norte que he estado… Nunca creí mucho en los dioses, salvo en Ptah, que es la esencia de todas las cosas… Pero apenas si les conozco. No sé si son dioses buenos o malos.

-No os preocupéis por eso. -intervino Elhamin- Os prometo que voy a enseñaros todo lo que pueda sobre los dioses y lo que deberíais haber aprendido en una escuela de Ankh em-Ptah. Por recomendación del Faraón, seréis si aceptáis, mi… Ayudante de Campaña. Pero ahora sois libre y dueña absoluta de vuestra vida y destino. Si aceptáis tendréis rango de soldado especializado, pero las responsabilidades son muy grandes y el compromiso también, así que pensadlo bien…

-¡No necesito pensarlo, General! Mi gratitud hacia vosotros es tan inmensa como el mundo, pero no sólo os debo gratitud. Es la alegría que me produce oír lo que me habéis dicho, lo que me hace deciros que seré para Vos todo lo que deba ser… Si sirviéndoos sirvo a Sekhmet, entonces es como si yo misma lo fuera…

La mujer bajó la cabeza mirándose los brazos y el cuerpo, mientras Isman le observaba en los planos sutiles. Fue sólo un instante, pero la presencia de Sekhmet poseyendo el cuerpo de Hetesferes, se hizo visible incluso para quienes no ven la radiación del Ka. Ella quedó tan sorprendida como los demás, con excepción del Faraón, que en vez de sorprendido se sentía protegido y agradecido a la Madre Leona.

-No cabe duda, -dijo Gibured pasado el momento de sorpresa- que nuestra Sekhmet no cose las velas con hilos flojos…

-Ni hace un carcaj sin buena correa… -comentó Enhutatis.

-Ni teje guantes para una sola mano.-dijo Isman mirando a Elhamin con cierta picardía.

-Os enseñaré también todo lo que sé, y creo que juntos podemos servir mucho mejor al Faraón.

-Decid mejor a Ankh em-Ptah, Elhamin. -le corrigió Isman- Vuestra flamante Ayudante de Campaña ha de comprender que servir a alguien de rango superior es sólo una forma retórica. En Ankh em-Ptah se sirve primero al propio Ser, que es Ptah dentro de uno mismo, es decir a la propia conciencia. Luego se sirve a la Patria, que es la Familia Mayor y después a la familia de cada uno personal. Incluso si no comprendierais el sentido de Ptah os podéis servir sólo a Vos, mientras no sea a costa de sumisión de otros, porque la esclavitud se pena con la expulsión y, como se ha decretado en esta campaña, con la muerte. ¿Sabéis qué motivos tiene ese pueblo extranjero para tanta movilización de fuerzas?

-Nunca me lo dijeron, Faraón, pero no es difícil adivinarlo. Quieren apoderarse de todo, tener esclavo a todo el mundo. Adoran a un dios al que llaman Seth, y dicen que es el único y que todos los demás dioses son malos o no existen... He estado esperando el momento oportuno para luchar contra mis esclavistas y ese momento ha llegado. He visto cosas que hacen, que no quisiera contar en esta reunión.

-Podéis hablar, Hetesferes, -le dijo Isman- os lo ruego, porque es preciso saber todo lo posible respecto al enemigo.

-Cada vez que nace algún niño entre las pocas mujeres de su pueblo, hacen ceremonias extrañas alrededor de una estatua de madera que tiene forma de hombre con cabeza de hiena cornuda. A muchas de las niñas recién nacidas las violan y luego las queman en sus rituales. Con sus enemigos... Mejor no caer en sus manos porque les torturan hasta morir. Tienen muchas formas de torturar. Desprecian a sus hembras, las tratan como esclavas, pero las cuidan mejor a las madres cuando tienen varones. A los bebés les hacen incisiones, a modo de pacto de sangre con su dios. Creo que su pueblo está muy lejos de aquí. He escuchado hablar de que ya no tienen suficientes barcos o están todos ocupados, y por eso hicieron ese astillero que habéis tomado. No pueden construirlos más arriba porque hay una catarata más abajo del poblado, como veis en este mapa, aparte de esa catarata de allí. Suponían, como yo hasta que me lo dijeron, que no había más cataratas hasta Aswan, que es hasta donde pensaban llegar en barco.

-Entonces habéis aprendido su lengua... -dijo Arkanis.

-No del todo. Sólo he aprendido a entender lo que dicen, pero no sabría hablarla bein ni entiendo mucho de la escritura, salvo los símbolos militares y lo referente a los mapas. Sinceramente, no me gustaría tener que aprender el idioma de los asesinos y esclavistas... Creo que por eso ni he intentado hablar como ellos Tampoco quieren enseñarla, pues prefieren que algunos de los suyos aprendan las lenguas de sus esclavos, así pueden conversar sus asuntos sin preocuparse de que alguien les escuche. También tienen algún precepto religioso impuesto por su dios, porque creen que son seres superiores y su idioma es el único que consideran sagrado.

-¿Y entonces cómo habéis podido aprender? -preguntó Ankemtatis.

-Porque ya había aprendido siendo esclava de los negros, que a veces ganaba tiempo haciendo como que no entendía algo. Hice lo mismo con ellos, pero no tardé en darme cuenta que ellos no enseñan su lengua, así que les hice lo mismo. Hablaba inventando palabras, de modo que creyeran que mi idioma no era muy Ankemtamita. Además, me necesitaban mucho y siempre estaba con ellos y aunque no me enseñaran nada, el escucharles y ver lo que hacen, las palabras repetidas cada vez que se refieren a algo… No me gané la confianza de los jefes, pero creyeron que si me trataban mejor, les sería muy útil, así que empecé a preguntarles con señas y repitiendo sus palabras. Al final algunos jefes me empezaron a enseñar y terminé por entender unas cuantas cosas, lo suficiente para deducir el resto.

-Os comprendo, -replicó Arkanis- pero sería muy bueno que en vez de odiarles, intentaseis recordar su idioma y hasta ensayar a hablarlo. Si no me equivoco mucho, debe ser un dialecto de Baalbek y sería de enorme utilidad conocerlo mejor. Ya veis las complicaciones que tenemos por no conocer las lenguas de la gente que hemos liberado. Imaginad un momento cuán importante es saber lo que habla el enemigo…

-Prometo que intentaré recordar todo lo posible si el General Elhamin me ayuda en ello, así también él aprende hasta donde yo sé.

-Hace tiempo que debí aprender eso. -dijo Elhamin- Pero ahora es mejor que sigáis con las descripciones, para saber a qué atenernos.

-Lo que entendí, es que piensan enviar todos los barcos con tropas por el río, arrasando todo hasta el mar y desde allí hasta la Hellás y hasta todas las tierras, a medida que su pueblo se haga más grande. Al igual que mis primeros captores, el lema que tienen es matar a todo varón mayor de cinco años, salvo los que necesiten para trabajar si no son suficientes las mujeres y niños. Dicen que Seth les ha prometido ser los dueños del mundo.

-¿Hay muchas mujeres de su pueblo en el asentamiento del Sur?

-Unas seiscientas. Casi todas están preñadas pero trabajan igual que los esclavos. Sólo las tienen para parir soldados. La única educación que dan a los niños, es la de matar y nada más que matar. A veces se matan entre ellos en los entrenamientos, que son brutales, por eso no les dejan entrenar mucho y se limitan a hacer guardias y controlar a los esclavos.

-No me extraña en absoluto. -comentó Henutsen- Por eso son tan ineficientes y ni las tribus salvajes del Sur de Aarikanis son tan indisciplinadas con las guardias y desorganizadas en el ataque.

-Hasta ahora, -dijo Isman- hemos tenido la suerte de que sea así, pero bastaría que nazca entre ellos un líder poderoso y con más sentido militar que ansias esclavistas, para hacer de esa fuerza un ejército realmente temible. Es cuestión de tiempo, así que adelante con más detalles de la región, Hetesferes.

-Como veis en este mapa, el río hace un meandro muy grande, así que se tarda más para recorrer esta parte en barco, que hacerlo a pie directamente hacia cualquier sitio en esta otra parte. No sé si hay tropas numerosas en todo ese tramo, pero lo seguro es que hay dos puestos de guardia que se relevan cada varios días en estos puntos. Son por lo menos veinte azafes en cada puesto, o sea dos mil cien hombres. Debido al recorrido tan largo, son siempre un mínimo de mil hombres en movimiento por esas zonas, pero no llegan hasta aquí. Es probable que guarden algún secreto y por eso no me han permitido ver mucho en esa parte del río. El primer puesto está a cuatro días desde aquí y el segundo a seis días. El meandro es tan grande que se tardaría lo mismo en llegar al puesto más lejano a orillas del Nilo, que al cuartel principal.

-¿No tenéis idea, entonces, qué tipo de secreto pueden tener, como otro astillero a pesar de la catarata, fábricas de armas o cosas así?

-La mayoría de las armas vienen desde otras tierras, pero las que fabrican en el poblado que es el cuartel principal, no son muy buenas, porque las hacen los esclavos y muchas veces liman demasiado la madera de los arcos donde saben que se partirá si lo usa un hombre demasiado fuerte, o hacen puntas de piedra para las flechas con una incisión casi invisible, pero que impide dar en el blanco con exactitud. Alguien consiguió envenenar la comida y murieron más de cien soldados, entonces dispusieron que la tropa coma la misma comida de los esclavos y que estos coman primero... No lo han tenido fácil, pero son muchos y tienen armas como esa que lleváis ahora vosotros...

-Pues son todas secuestradas tras los combates con ellos.

-¡Eso es, Faraón!, -exclamó Hetesferes- ¡Ese es el secreto de la zona del gran meandro!... Perdonad, no sé muy bien si estoy diciendo una tontería, pero les he visto cargar unos objetos muy raros en unos carros muy bien hechos, con mucha lana y cueros en el interior, como para llevar bebés sin que se golpeen... Si no sabéis lo que es, será porque no los habéis visto, entonces es que los llevan a esa zona...

-¿Se trata de unos tubos de metal con un extremo en punta, como una saeta sin emplumado? -preguntó Elhamin.

-¡Si, General!, como de un codo de largo y otros más grandes. Les manejaban con extremo cuidado, como si fuesen muy frágiles y valiosos, del mismo modo que los artesanos manejan los jarrones de alabastro...

-Sin duda que son valiosos... -dijo el Faraón- pero creo que no sólo son frágiles, sino extremadamente peligrosos. Las cañas de Azum que hemos conocido, pero como las que mencionan los escritos antiguos, que podían destruir templos y casas, matando a muchos, incluso durante años después de producirse su explosión, porque la energía del rayo quedaba latente en las piedras. Las que fabricaban los que lucharon contra los Baalbekios, no más grandes que un rollo de mensajes, no eran tan terribles, pero igual explotaban como un rayo matando a varios hombres. En cualquiera de los casos representan un peligro muy grave.

-Y me temo, -agregó Elhamin- que son demasiado pesados como para ser lanzados con un arma pequeña. Por la forma, no creo que lo hagan con catapultas, sino con armas como las boleras, pero más grandes...

-Disculpad que interrumpa, Señores. -dijo entrando el Comandante Meremnut- pero hay noticias importantes. ¿Espero?

-¡Entrad, adelante! -le indicó Elhamin- Ya estábamos extrañados de que no viniesen las noticias de exploración.

-Pues son las siguientes: A cuatro días de marcha a pie, río arriba, hay una fuerza enemiga de más de tres mil hombres, sin poblado civil, en vivac, pero sólo como línea de frontera o de contención. A cada lado del río y perpendicular a él, hay cincuenta puestos, con treinta hombres cada uno y a menos de una cuerda entre cada puesto.

-Eso es, -intervino Hetesferes- este puesto que marqué en este mapa regional. Si el otro puesto tiene la misma disposición, es para ocultar incluso a sus propios soldados lo que sea que estén haciendo. Entre ambos puestos es donde deben estar llevando los tubos.

-¿Cuántos tubos de esos calculáis que han llevado? -preguntó la Comandante Unitis.

-No lo sé, Comandante. -respondió Hetesferes haciendo memoria- Sí recuerdo que han sido dos carros la primera vez, tres la segunda y creo que otros dos en el tercer envío. Sólo una vez vi como los ponían con tanto cuidado, pero no creo que vayan más de treinta tubos en cada carro. Pero no sé si sólo se trata de los que yo he visto... La mayor parte del tiempo he estado viajando y haciendo mapas. Imposible saberlo.

-Meremnut... ¿Quién está al frente de la exploración en esa zona?

-Mi esposa, Faraón. Si todo va bien antes de media tarde alguno de sus halcones estará conmigo y tendremos más informaciones.

-Y no podremos tomar decisiones -comentó Isman- hasta que las tengamos, porque habrá que seguir haciendo los ataques sistemáticos y aprovechando que el enemigo no se entere de cada uno hasta que le llegue su turno... Volvamos a los mapas.

-Entonces, -decía Elhamin- hay según estos, unas tres mil cuerdas por el río entre cada puesto de línea de contención. ¿Es correcto?

-Es correcto, General. -respondió Hetesferes- Pero hay menos de dos mil cuerdas a pie. Además, el río en toda esa parte tiene rápidos que demoran mucho a las barcas y si han llevado esas cosas en carros es porque resulta más seguro. Hay un camino muy recto...

-Os pregunto a todos -dijo el Faraón- ¿Cómo atacaríais esas líneas de contención, siendo unos tres mil hombres en cincuenta vivacs en línea de treinta hombres cada uno?

-Si me permitís, -decía Arkanis- primero os doy la lista de personal, para saber con lo que contamos y algunas novedades. Disponemos de 21.654 efectivos en lista, a los que debemos agregar dos de los perdidos en las postas a Aarikanis, que han regresado esta mañana, no muy sanos, pero a salvo. La cadena hacia esa región se ha desmantelado y están todos los nuestros de regreso, sin bajas y algunos heridos leves. Ha habido combate con los pocos soldados que había y los civiles han sido devueltos a la ciudad. Eran esclavos, pero ahora las provisiones les serán suficientes hasta que podamos asistirles dentro de unos meses. Mis subcomandantes determinaron que aquella ciudad no representa peligro por el momento. También hay que agregar a la lista a Hetesferes, ahora Ayudante de Campaña de Elhamin. Total 21.657 incluyendo al Faraón. Ahora tenemos 5.925 monturas, 4.200 navegantes con Giburedo y 11.532 entre infantes, comandancia y el Faraón.

-Vamos entonces con vuestra idea, Arkanis. -dijo Isman- Hasta que lleguen noticias del Sur, hay tiempo a pergeñar un plan de ataque.

-Esperad, por favor... -interrumpió Meremnut desde la entrada de la tienda, con un gran halcón sobre el hombro y desenvolviendo el rollo que traía atado a su pata- Acaba de llegar el mejor de los hijos de Horus. Os leo textualmente: *"Puesto de mil quinientos soldados a cada lado del Nilo.*

*Igual disposición que el anterior. Distancia de dos mil cuerdas. Entre medio, puesto en isla de cuarenta cuerdas de largo con pocos soldados en casas grandes. Veinte carros cortos. Diez barcas para un azafe cada una en isla, ningún barco en los dos puestos de contención. Imposible ver más. Recomendamos venir Invisibles".*

-Gracias, Meremnut, -dijo Isman- Tenemos claro el panorama y es como sospechamos, un lugar que intentan proteger por río, sin prever el riego de visitas por tierra por el lado occidental. Continuad, Arkanis.

-Para seguir con el propósito que indicáis, de continuar sistemática y silenciosamente, propongo un avance de seis mil infantes a cada lado del río, en línea y a dos cuerdas de distancia, formando azafes de ciento veinte hombres, o sea una diferencia numérica de cuatro a uno.

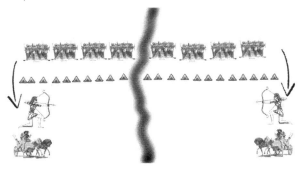

-Es decir, -agregó Elhamin- ataque directo a cada vivac y simultáneo en toda la línea. Concuerdo con el plan de Arkanis. El resto que es de 3700 infantes, podría situarse un poco más al Sur y más allá la caballería, impidiendo que salga ni un solo hombre a dar parte a los de la isla. ¿Alguien propone algo mejor o arreglos a este plan?

-Que sea un Râdnie antes de aclarar, -dijo Henutsen- porque aparte de sorprenderles en el sueño más profundo, si alguno escapa tardaría un día entero en llegar hasta la isla del secreto, ya que no tienen barcas para hacerlo por el río.

Después de varios ajustes, se dispuso un breve ensayo para el día siguiente y en la tarde comenzaron los preparativos de la movilización, que iniciarían días después. Se desmontaron todas las barcas rápidas para llevarlas más arriba de las cataratas y se les podían sumar otras, fabricadas con la gran cantidad de madera disponible en el astillero y cinco barcos a medio construir. Tres días más tarde, el Faraón se hallaba un poco impaciente y revisaba todos los trabajos.

-Necesito al menos un mellu completo -le decía Gibured- para que dispongáis de cuarenta barcas ligeras pero suficientes para cien hombres cada una, y para que podamos desmontar y trasladar todos los barcos nuestros. Así tendríamos cuatro mil en las barcas rápidas y hasta cinco mil en los barcos, para seguir río arriba.

-Y yo podría hacer las catapultas que tengo en proyecto. -agregó Himhopep- Serán más efectivas y ligeras…

-No llevaremos catapultas, ingeniero. -respondió Isman- No hay fortalezas que asaltar, sino campamentos en los que conviene evitar la dispersión caótica. Con nuestra ventaja numérica y avance sistemático, es preferible actuar como la guadaña, segando las espigas sin que se enteren las demás hasta que les toca el filo.

-Bien, Faraón, ya sabéis que sé más de diseños que de estrategia. Pero os interesará saber lo que estoy instalando en la catarata y creo que os vais a quedar todos impresionados. ¿Venís a verlo?

Isman y su "Ayudante de Cámara" quedaron sorprendidos al ver el despliegue de ingenio y la actividad humana, construyendo enormes estructuras de madera a la orilla del río y un puente que lo atravesaba.

-Son diez cuerdas de puente pero está casi listo y firme. -Les decía orgullosamente el ingeniero- No hay un solo clavo que se pueda herrumbrar con el tiempo; todo madera. Durará muchos años y si se mantiene con los aceites adecuados, lo conocerán nuestros bisnietos.

-¿Cuánta gente tenéis trabajando aquí? -preguntó Enhutatis.

-Más de ocho mil, casi todos los esclavos liberados. Ahora que nadie les tiene bajo el látigo, ni se les niega la comida y se les invita como voluntarios, sin obligación alguna, parecen un hormiguero justo antes de la tormenta. Algunos son excelentes carpinteros y ya os pediré licencias para que se queden con nosotros, si lo autorizáis.

-Bien, -respondió Isman sin salir de su asombro- ahora explicadme para qué es esta obra. Un puente vendrá muy bien a los que se queden a vivir aquí, pero nosotros tenemos otras prioridades… Y lo habéis hecho sobre la catarata, en vez que en aquel estrecho más arriba donde el río no alcanza las cinco cuerdas de ancho…

-¡Oh, claro!, os explico. No es posible hacer un puente sobre aquel estrecho porque el río es profundo y rápido. En cambio aquí están esas cinco islas donde nunca llega el agua, en que apoyamos los puntales del puente sobre piedras ensambladas. Aunque llegase en alguna crecida extrema, el agua no les rompería con esa forma triangular que están reforzando con piedras como si cada pilar fuese una fortaleza. Pero lo más importante, respecto a nuestras prioridades, es que no pensaba hacer un puente para transitar de una ribera a la otra, sino que en cuatro días más, veréis que no necesitaremos desmontar las barcas rápidas ni los barcos grandes… Las subiremos de dos maneras si ambos sistemas funcionan. El primero y al que más confianza le tengo, es usando esa gran pileta redonda que veis allá. Caben barcos más grandes que los que hay aquí. El agua del interior se puede regular, permitiendo que entren los barcos, abriendo y cerrando los desagües a voluntad. Los barcos entran, la pileta se cierra, el agua sube… Y el barco queda a nivel del agua río arriba. Se abre esa compuerta de este lado y el barco sale a navegar aguas arriba. Igual podremos bajarlos al regreso, con una ganancia muy grande de tiempo, pues la obra ya estará aquí esperándonos. A nosotros nos ahorraría en esta campaña, con tantos barcos que subir, sólo tres o cuatro días, que es poca diferencia con subir los barcos desmontados, pero aparte de eso, la navegación por estos nuevos territorios bajo el control de Ankh em-Ptah, será mucho más rápida desde ahora.

-¡Ya… entiendo! -respondió Isman- Sois un verdadero genio. Sólo espero que funcione.

-Si no funcionase la pileta, funcionará un brazo que debemos instalar en el puente, con el que será posible subir las partes de los barcos sin desmontarlos totalmente y colgando de correas, como en el astillero. Pero si funciona la pileta, el brazo igual se usará para barcas pequeñas.

-Con ese ingenio podríais construir templos con bloques tan grandes como los que hicieron los Hekanef, o arreglar los que están derruidos…

-¡No exageréis, Faraón! Bastante hacemos con los ingenios éstos y podemos levantar hasta diez akhebdes (*) a algunos codos de altura, pero transportar ese peso es muy diferente. No hay ingenio de madera capaz de levantar los treinta y hasta ochenta akhebdes que pueden pesar muchos de los bloques de las pirámides y obeliscos. Incluso para llevar bloques que pesen lo que nuestros barcos, tendríamos que construir carros con muchas ruedas, y caminos de increíble resistencia para ellos. Por ahora, Faraón, ruego a los dioses que funcione esta humilde obra.

(*) [*Un akhebde era un metro real cúbico calculado según el peso del agua, así que rondaba la tonelada. La medida de la que hoy deriva el metro era muy poco usada: "Ankh em-Râ" o "Ankemtra" (La Llave de la Vida en el Sol) y el tema tiene implicaciones astronómicas y matemáticas demasiado extensas que los Lectores pueden investigar*]

-Sí, Himhopep, de lo contrario todos estos días y los que quedan para terminar, serán días perdidos. Mientras tanto, tenemos que ir a resolver el tema de la comida, que en parte está dependiendo de la caza, porque la pesca con tanto cocodrilo merodeando, no resulta fácil. Seguid con la obra sin más distracción. Y es cierto que nos habéis impresionado…

Los trabajos se prolongaron por un total de trece días, mientras que una parte del personal cazaba a la vez que exploraba, otros pescaban y las provisiones se regularon gracias a la abundancia de aves, manadas enormes de búfalos salvajes que hallaron los exploradores y un amplio sector de jungla al Oeste, repleto de frutos silvestres. La pesca tampoco fue mala a pesar de los peligrosos reptiles, que también empezaron a formar parte del menú, ya que se hacía desde los barcos. Los alimentos excedentes se procesaban con sal o se conservaban dentro de ánforas repletas de miel. El asunto dejó de preocupar al Faraón.

Ahora la preocupación estaba en si funcionaría el enorme tanque cuyas paredes estaban formadas por miles de troncos unidos, con un espesor de cuatro codos y que permitiría a los barcos pasar de un nivel del río, al de más arriba. Todo el personal que no estaba asignado a la vigilancia exterior, miraba desde las orillas con gran expectación. La primera barca rápida, con sólo dos tripulantes, fue conducida al tanque y tras ella se bajó la enorme compuerta formada por grandes maderos engarzados con palos menores, con piedras en la parte inferior y un complejo sistema de cuerdas y poleas, movidos por un aparato de ruedas dentadas que requería de varios hombres para funcionar. Al cerrarse, el agua comenzó a llenar el tanque con el barco adentro y cuando estaba casi lleno, abrieron la compuerta del otro lado y salió la barca a navegar río arriba. Himhopep era asistido por diez ayudantes que accionaron las poleas cuando el barco estaba a prudente distancia, fuera del canal que conducía el agua al tanque. Por unos desagües en la parte inferior, el agua comenzó a salir. Subieron la compuerta y se aceleró el flujo, para repetir la operación con un barco más grande. El éxito fue el mismo, aunque demoró un poco más. El proceso llevaba mucho menos tiempo y personal que el desarme, ya que en vez de siete o más días, se demoró menos de tres días ocupando sólo un centenar de hombres.

Mientras se cumplía con impresionante éxito esa labor, se repitió el ensayo de la batalla prevista y los Invisibles enviaron mensaje de que todo seguía igual. Sólo habían ocurrido dos relevos parciales en las líneas de contención, pero los Invisibles no habían podido ingresar a la isla donde se hallaba el misterio que el enemigo pretendía mantener. A mitad de la tarde del día fijado para la partida, se inició la marcha, para llegar al sitio adecuado cuatro días después. Seis mil infantes y quinientos montados en cuadrigas, lo hicieron por la orilla opuesta. Los barcos acompañaban casi al mismo paso la movilización, a fin de dar el suministro al ejército. Durante la tarde del día marcado, se tomaron las posiciones según lo planeado y los Invisibles se encargaron de hacer de guías pasada la media noche, para que cada grupo de ciento veinte arqueros, tomaran las posiciones enfrentadas a cada grupo de vivac enemigo y a una cuerda de distancia.

-Decidme, Ankemtatis, si veis más conveniente usar los arcos o las boleras para atacar las tiendas.

-Los arcos, Faraón. Las flechas hacen menos ruido y también son efectivas, mientras gastar las bolitas que no podemos fabricar, cuando ésta debe ser una operación tan drástica, rápida, a corta distancia y con tales diferencias, me parece innecesario.

-Bien pensado, Comandante, pero mantened a vuestros mejores tiradores con las boleras, por si fuese necesaria más efectividad.

Las tiendas eran de tela fácil de atravesar por las flechas, así que se avanzó silenciosamente, después que durante parte de la noche, los Invisibles y exploradores más sigilosos liquidaran a los imaginarias. La orden inicial de ataque no la daría el Faraón ni ningún General, sino un Invisible desde cada punta de los vivacs. Uno en cada orilla del río y uno en cada punta exterior, es decir a unas cincuenta cuerdas *(2625 metros)* a cada lado de la ribera. La tienda más cercana al agua, por precaución con los cocodrilos, estaba a más de una cuerda del río. Los Invisibles calcularon los tiempos según lo ensayado, pero no habiendo sido descubierto ningún movimiento, esperaron un poco para dejar margen a los arqueros que no hubieran visualizado su objetivo. Henutsen encendió la primera antorcha subida a un promontorio, para que pudiera ser vista por sus compañeros, que hicieron lo mismo un instante después.

Los azafes de arqueros avanzaron a la carrera inmediatamente, y se situaron a cuatro codos de sus respectivos objetivos, disparando sus flechas. El ruido del tropel de menos de cincuenta pasos, no dio tiempo más que a unos pocos a salir de la tienda a ver qué pasaba. Ciento veinte flechas en cada tienda donde dormían casi hacinados treinta hombres, acabaron con más de la mitad. Las siguientes tandas de disparos hicieron el resto. La caballería se lanzó por los flancos, para el supuesto que algún soldado lograse escapar, pero aunque patrullaron hasta que el sol ya estaba alto, no encontraron a nadie y las Comandantes Etherisis y Diva que mandaban la caballería, ordenaron el regreso a las tiendas. Henutsen realizó los funerales y se arrojaron los cuerpos al río. Elhamin, apenas terminada la acción, de llevar todos los cadáveres a la orilla, ordenó la retirada urgente de todas las tropas, a excepción de treinta arqueros por cada tienda, que debían permanecer en ellas, porque los exploradores de vanguardia avisaron del avance de un relevo pleno. Otros tres mil hombres debían correr la misma suerte que los que estaban en las fauces de Sobek, venían por el Sur-Este a medio día de marcha.

Se ordenó a la caballería del lado occidental, retirarse hasta un bosque diez cuerdas al Sur y permanecer hasta nueva orden, pero la infantería fue cruzada toda al lado oriental en barcas rápidas. Las barcas se retiraron también aguas abajo para ocultarse en una pequeña isla. A los del lado oriental los envió tras unos promontorios rocosos, bajos pero suficientes para ocultarles junto a la caballería. Ankemtatis dirigiría la acción en las tiendas, así que eligió a los grupos armados con boleras. Como no podía esperar que llegase la tropa y no hallara imaginarias alrededor de las tiendas, preparó cien disfrazados con ropas enemigas para que el enemigo se acercara confiado, pero hicieron unos turbantes normales, ya que los azules despertarían sospechas entre los del relevo.

-Vienen todos por oriente, -decía Isman a la Plana Mayor, pero la mitad debería cruzar el río y no hay barcas. No podremos combatirles sin riesgo de dispersión y puede que vengan también por el río…

-Si se les espera como ya está preparado, -respondió Ankemtatis- no importará mucho. Con las boleras podemos liquidar a la gran mayoría antes que se den cuenta y la caballería es suficiente para perseguirles.

-Seguramente, -dijo Isman- vendrán las barcas que tienen en la isla del secreto, en cuyo caso no sería sólo atacar a esos tres mil, sino impedir avisos… Habrá que salirles al encuentro. Vos, Gibured, tened todo listo para atacar con las barcas.

-Permitidme ajustar el plan, Faraón. -intervino Elhamin- Los que vengan a relevar la parte oriental lo harán dividiéndose en ese cañadón que vemos allá, porque es como un cauce natural. Hasta el ganado espantado lo haría dispersándose en ese punto. La distancia al embarcadero es de unas treinta cuerdas, más o menos la misma que hay hasta el punto de bifurcación. Y no hay mejor lugar para embarcar, así que mil quinientos enemigos lo harán casi al mismo tiempo que el relevo oriental llega a las tiendas. Es suficiente para que no escuchen nada, ni se enteren de la situación, si el viento sigue desde el Suroeste…

-Pues entonces lo seguirá haciendo… -dijo Isman con la seguridad más absoluta.

-¿Lo garantizáis, Faraón? -preguntó Elhamin.

-Lo garantizo. Y si necesitamos que venga con niebla, así será.

-¡Sería lo ideal! -exclamó Gibured- Podría acercar las barcas y prepararlas para el combate sorprendiendo al enemigo en pleno cruce.

-Contad con ello y seguid definiendo el plan. -afirmó Isman- Ahora debo retirarme y estaré con vosotros antes de comenzar la batalla. La niebla durará lo justo y se irá cuando no quede ningún enemigo vivo.

Mientras Isman se alejaba para mantenerse en soledad a cuatro cuerdas del sitio de reunión, los planes se ajustaron con la habitual precisión. Cuando todo estuvo listo, se tomaron posiciones. Ankemtatis con sus hombres en las carpas y cien disfrazados, que de lejos darían la impresión de total normalidad. Las barcas rápidas habían alcanzado el total de cuarenta, como prometiera Himhopep, armadas con arpones que alcanzaban las ocho cuerdas *(420 metros)* y preparadas para cincuenta arqueros, aparte de dieciséis remeros. Se mantuvieron a tres cuerdas al Norte, ocultas en un brazo del río bordeado de grandes árboles.

Aún demoró tres Râdnies en aparecer el relevo y el sol había pasado el cenit. Al llegar a unas treinta cuerdas del campamento, se dispersaron los grupos tal como había previsto el General Elhamin. Un grupo fue a ocupar sus puestos en las tiendas, mientras el otro iba al Sur. Elhamin y los demás Generales con excepción de Hilaris que estaba con la caballería en el Oeste y Giburéd con las barcas, observaron la marcha de ambos grupos y el raro fenómeno de una calima densa que se acercaba desde el Suroeste. El Faraón apareció en ese momento, para decir a los Generales que Giburéd tenía sus órdenes y no se preocuparan por los que iban a cruzar el río.

La orden de Ankemtatis era dejarles llegar muy cerca, antes de sorprenderles, pero en vez de desplazarse hacia el sur para rodear un terreno de grandes piedras, encararon por entre medio de ellas, lo que no permitiría una sorpresa en las tiendas. El Faraón ordenó entonces el ataque directo de la infantería escondida tras el promontorio en cuanto saliera el último enemigo de entre los peñascos. Un mensajero avisó a Ankemtatis el cambio de planes y su orden de ataque en cuanto escucharan los gritos y demás ruidos del combate, que empezaría a sólo dos cuerdas de las primeras tiendas al extremo occidental. Envió mensaje a todas las tiendas y los mensajeros corrían a toda prisa para avisar hasta la última cerca del río. Casi un Râdnie tardaron en llegar la mayoría de sus hombres para formar sobre la última tienda, justo cuando el enemigo estaba en la posición esperada.

-¡Quitaos los disfraces! -ordenó a sus soldados- De lo contrario podríamos confundiros, porque atacaremos en unos momentos. Ha sido en vano el disfraz, pero valía la precaución. Estad preparados…

Al salir los soldados del pedregal, su jefe les mandó a formar para mantener el orden en medio de la calima. Los Generales estaban a sólo una cuerda de allí, cuerpo a tierra sobre una gran roca y a media cuerda de altura sobre aquella formación. Cuando Elhamin dio orden de ataque, la infantería les pilló por un flanco, formados y casi apiñados, mientras Ankemtatis lo hizo frontalmente. Las filas de arqueros rodilla en tierra se mantuvieron, con dos filas detrás que se reemplazaban en cada tanda. Tras los primeros estragos, Ankemtatis hizo lo mismo, pero en vez de flechas eran ráfagas de proyectiles de metal, disparados por una fila rodilla en tierra y otra de pie. Algunos intentaron regresar y buscar refugio entre las rocas que dejaron atrás, pero la caballería rodeó el pedregal, lo hizo a tal carrera que el ataque fue simultáneo y les cortó la retirada. Una masacre que se completó en medio Râdnie sin que ningún enemigo pudiera escapar, pero por seguridad se dispuso una batida de en un radio de diez cuerdas. El viento y la calima impedían que todo lo ocurrido fuese escuchado por el otro grupo de relevo que marchaba a embarcar.

-Ankemtatis, -decía el Faraón- Llevaos a todos hombres de las tiendas hacia el embarcadero, pero no os acerquéis. Dejadles zarpar y esperad atentos. Vuestra misión es impedir que vuelvan a tierra...

-Con esta calima puede suceder cualquier cosa, así que cinco de mis hombres irán a la vanguardia disfrazados de enemigos.

La guarnición enemiga permanecía en el embarcadero esperando sus transbordadores y envueltos en la niebla cada vez más espesa. Los exploradores de Ankemtatis les avistaron, retrocedieron y se quedaron cuerpo a tierra vigilando los movimientos, mientras en la otra orilla los Invisibles y gran parte del cuerpo de exploradores formaron un línea de órdenes a punto de oído, de media cuerda entre cada soldado, para dar aviso a Gibured. Cuando aparecieron las diez barcas desde el Sur mucho rato después, Henutsen esperó a que empezaran a embarcar y el aviso en forma de ululación de búho puso en marcha las cuarenta barcas, que según había calculado Gibured, debían hallar al enemigo en medio del río, perpendicular a la corriente.

Los remeros bogaron con un ritmo marcado sólo por golpes de palos, que apenas se escuchaban hasta la proa, a fin de mantener el sigilo al máximo. La niebla no dejaba ver a más de una cuerda, así que la sorpresa fue tan absoluta como estaba previsto. Las flechas llovieron sobre las barcas en que los transbordados desprevenidos apenas podían moverse y cuarenta arpones volaron con antorchas crepitando. En la orilla de destino, la caballería al mando de Hilaris contribuyó con una lluvia de flechas que hizo dudar a los tripulantes que intentaban ganar la costa, así que cuando quedaba menos de la mitad de los hombres vivos en cada barca, cuatro barqueros intentaron regresar al embarcadero y las otras tomaron dirección al Sur. Aguas arriba, con la mayoría de sus remeros muertos y con viento Suroeste, apenas si avanzaban.

Las que volvían al embarcadero se encontraron con las ráfagas de bolas de metal, mientras el fuego les hacía zozobrar. Las otras cuatro no corrieron mejor suerte, aunque tardaron más en ser aniquiladas, tanto por las barcas de Gibured que les perseguían de cerca, variando a babor y estribor para ofrecer ángulo a los arqueros, así como el hostigamiento de Hilaris desde la orilla occidental. Los arponeros volvían a lanzar sus enormes flechas incendiarias y dos barcas zozobraron poco después. Las otras dos consiguieron mantenerse a flote y dirigirse hacia la costa oriental, pero en una de ellas, el incendio de la vela mayor plegada, era una antorcha muy delatora. Ankemtatis mandó a formar en columna de a cuatro y se dirigió con su tropa en dirección al Sur, en previsión de algún fugado. Al ver la tenue luz que por momentos pintaba de anaranjado la calima, comprendió que sería una barca incendiada. Había que impedirle llegar a tierra, pero al llegar tan cerca como para verla bien y comenzar a disparar, el tripulante viró hacia el centro del río y unos cien hombres conseguían desembarcar en una pequeña isla a menos de cincuenta pasos de la costa e intentaron refugiarse entre la floresta. La barca que le seguía también atracó allí, pero las de Gibured la alcanzaron con sus arpones y comenzó a arder, obligando a la tripulación a hacer lo mismo que los otros. Ambos barcos ardían y el fuego permitió ver por momentos, cómo los desembarcados corrían, saltaban, caían y gritaban de terror…

-¡Han caído en una trampa! -dijo Ankemtatis a sus hombres- La isla es un nido de cocodrilos…

Cuando las barcas terminaban de arder y sus restos se hundían en el remanso, en la orilla de la isla sólo se veía el horrible espectáculo de los cocodrilos devorando los pedazos de sus presas. El cuadro se hizo más visible momentos después, porque el viento cambió hacia el Noroeste llevándose la niebla. Desde las barcas se avisó el fin de la batalla y las tropas volvieron a la zona de vivac. Henutsen pidió que participaran todos de una meditación para limpiar las turbias emociones del combate. El Faraón anunció que no había bajas propias que lamentar, sino ciento treinta heridos y pocos graves. Sin embargo, todos lloraron la muerte de los enemigos, salvo aquellos que no participaron por encontrase en las tareas de organización de los esclavos liberados y unos quinientos exploradores que mantenía la vigilancia metódica de la región.

-Las barcas que no regresarán a esa isla misteriosa, -decía a la tropa el Faraón- serán un aviso de que algo ha pasado, así que no podemos esperar hasta mañana. Hay un día de marcha y si partimos ahora, llegaremos cerca antes del amanecer. ¿Qué disponibilidades tenemos para desplazarnos por barco, Gibured?

-Cuarenta barcas rápidas que pueden llevar 3200 hombres y ya se han terminado de subir por la catarata hasta los barcos más grandes capturados al enemigo. Hemos subido sólo los que están en buenas condiciones y los que se han terminado de construir. Así que en total disponemos de treinta y tres barcos, como para embarcar siete mil hombres en condiciones seguras. Con los de las barcas menores, algo más de diez mil hombres en total. Si les dejamos un poco menos de comodidad, puedo embarcar toda la infantería, pero recordad que los tengo muy cargados de provisiones.

-Pues entonces, Gibured, los carros pueden llevar los pertrechos así que vais a descargar las provisiones no imprescindibles, para embarcar a toda la infantería.. ¿Podrán dormir durante la navegación?

-Sí, Faraón. Los mapas de Hetesferes se confirman mutuamente con los datos que van recabando nuestros exploradores y todo este tramo hasta esa isla es navegable. Podrán ir cómodos para dormir. No tardará en hacerse de noche, pero llegaremos antes del amanecer.

-Ankemtatis… ¿Cuánta armas boleras habéis recuperado?

-La mitad de los que hemos vencido en tierra las llevaban, así que tenemos un total de 5750 boleras y más proyectiles de los que pueden cargar los infantes. Por las reacciones en este último combate, siguen sin saber que pueden disparar de modo continuado las treinta bolas.

-Y esperemos que sigan sin saberlo. -dijo Isman- Ahora decidme, Elhamin, cómo estamos con los carros y cuadrigas.

-Seguimos con nuestras quinientas cuadrigas y sus dos caballos cada una, porque las pocas que tenía el enemigo, no valen ni para juegos de niños cuando pasan por muchas piedras. Sus ejes son de un metal ligero y tan duro como los de las boleras, pero las ruedas son frágiles. Ni un aprendiz de nuestros carpinteros las haría tan mal. En cuanto a los carros, hay más de los que podríamos llevar, pero cada uno requiere cinco caballos. Sólo hay quinientos caballos para ellos, así que estamos movilizando cien carros muy cargados de pertrechos y provisiones…

-Es decir, -continuó Isman- que la abundancia nos acompaña. Gibured y Elhamin, disponed que embarquen todos los hombres posibles y que queden cien retenes al cuidado de esa carga. Ya volveremos a por ella. Ahora hay que darse prisa en llegar a esa isla y ver qué están haciendo allí, antes que manden a explorar por las barcas que no regresan.

-No vendría mal llegar otra vez con niebla y sorprenderles…

-Cierto, Gibured. -decía Isman mirando a Elhamin- y puedo hacer que haya niebla, pero para ello necesitaré ir con vosotros.

-Isman, me miráis como niño pequeño reclamando dulces… Pero prometedme que iréis en el barco de retaguardia…

-Iré con él -intervino Enhutatis- así que os prometo retenerlo en el último barco... cuanto me sea posible.

-Ya que está eso zanjado, Elhamin, que los carros y caballería lleguen a la zona de la isla tranquilos, pero sin pérdida de tiempo. Si las medidas de los mapas concuerdan… ¿Qué es esto tan al Sur, Hetesferes?

-Lo que veis, Faraón. Pirámides. Son cuarenta y tres. Y hay otros promontorios muy desgastados por el tiempo. Aunque parecen naturales también podrían ser pirámides. Pero las cuarenta y tres están intactas, de bloques muy bien cortados que apenas se ven en algunas partes, porque un mortero muy duro les recubre casi completamente. Un poco más al Este puede que haya más, pero no pude explorar mejor el sitio.

-¡Interesante!... -exclamó Isman- Pero ahora, Hetesferes, demos prioridad a la campaña. ¿Recordáis todo el camino por la vera del río?

-Completamente, salvo el sector misterioso, Faraón, y de ambos lados. Recorrí la zona varias veces. Aquí tenéis más mapas, aunque os debo ir indicando los significados de símbolos paso a paso…

-Bien, iréis con Elhamin, así que los mapas servirán para vosotros y para los exploradores que deben asegurar la vanguardia en todo momento, ya que no contaréis con la infantería en vuestro viaje.

Rato después, con el plan bien definido, los barcos zarparon al tiempo que la caravana de Elhamin partía, calculando que estaría frente a la isla del misterio antes del medio día. La infantería embarcada debería afrontar la batalla, a menos que se dispusiera otra cosa. Tres barcas rápidas y cinco jinetes en la ribera, mantendrían la comunicación entre el Faraón y Elhamin. Los halcones de Espiria y Meremnut harían la mensajería en el frente del río. Meremnut iba con Henutsen y diez Invisibles en la primera barca vigía, y su esposa en el barco con el Faraón. Los tripulantes de las naves permanecieron en atención extrema avanzando durante la noche, mientras la infantería dormía para enfrentar la batalla durante la mañana, aunque los exploradores continuaban enviando mensajes sobre la escasa tropa visible y la quietud en el sitio de destino.

La barca de Meremnut llegó aún de noche cerrada, a un sitio desde donde podían ver el leve resplandor de una pequeña hoguera y Henutsen pidió atracar para desembarcar cinco de los suyos sobre la margen occidental. Luego ella con los demás, lo harían en el extremo de la isla. El Faraón no veía la escena porque llevaba un rato en la popa del barco de retaguardia, haciendo silenciosas oraciones a los elementos naturales. Millares de abejas revoloteaban entorno suyo y Enhutatis, aunque había sido advertida de las rarezas del Faraón, no podía creer lo que veía. Se mantuvo al lado del timonel, que también se hallaba muy sorprendido pero ella lo tranquilizó.

-Son cosas raras del Faraón, que algún día aprenderemos todos, pero ahora estad atento sólo al timón y las indicaciones del piloto.

-Sí, Enhutatis, pero es que el piloto está más atento y prevenido por las abejas que a la navegación…

Ella corrió hacia el palo mayor, subió la escalerilla y ayudó al piloto a corregir la posición de la vela mientras le explicaba que las abejas no harían daño a nadie, que era un enjambre relacionado al Faraón. Ya estaba deteniéndose la flota y el piloto ordenó echar el ancla. El viento del norte que había ayudado a la navegación cesó de repente y fue reemplazado por una leve brisa del sur, más fresca y húmeda. La niebla prometida aparecía como de la nada envolviéndolo todo. Los Invisibles investigaron la zona tal como lo habían hecho algunos de ellos días antes, sin notar cambio alguno. En cuanto regresaron a la barca, se recogieron a los desembarcados y enviaron sus mensajes al Faraón, Isman dio la orden de ponerse a cubierto y esperar.

-Tengo la sensación de que algo importante ocurrirá en breve. -le decía Isman desde el barco a Gibured que bajaba y subía a lo largo de la flota en una barca rápida- Permaneced muy atentos, especialmente los vigías. La niebla durará hasta pasado el medio día, pero es preciso que no nos vean, ni vean las barcas vigías.

-No os preocupéis. Están ahora al amparo, tras dos islotes muy forestados a seis cuerdas del extremo de la isla. Nuestro primer barco está a unas veinte cuerdas de ellos hay un recodo del río, que además tiene árboles altos. Esperaremos vuestra orden.

## Capítulo XVI - Las Armas de Seth

El aire se calentaba a medida que Râ trepaba el firmamento y la niebla se hizo más tenue, lo que permitió a los vigías contemplar un espectáculo que extrañaría al resto de la flota. Un fuego de extraordinario tamaño a gran distancia por Occidente. Una humareda inmensa reemplazó poco a poco el resplandor rojo-anaranjado del fuego y una nube con forma de hongo se levantaba por encima de unas pocas nubes normales.

-¡Eso es lo que vimos en Darsum, cerca de Tekmatis! -dijo Isman.

-¿Y qué es lo que puede causar eso? -preguntó Gibured.

-No lo sé, no encontramos allí más que unos hornos muy altos, que podrían haber echado una bocanada así en algún momento… Pero en esa zona, según nuestros exploradores, no hay nada… Hay que esperar un poco más. Sólo debemos permanecer sin ser vistos.

-Os he preparado la infusión que pedisteis, Isman.

-Gracias, Enhutatis. Ahora quedaos a mi lado en pleno silencio. Esto requiere total tranquilidad. Vos, Gibured, ordenad el desembarco de toda la infantería. La mitad a oriente con Arkanis, la otra mitad a occidente con Hilaris. Que Ankemtatis reparta cinco mil boleros sólo en el lado oriental y se quede con los restantes repartidos sólo en las barcas rápidas. Que ambos grupos en tierra rodeen la isla, preparados para ataque o defensa, esparcidos a razón de un hombre cada dos codos y si es posible, a cubierto. Si esto es lo que creo, estar en los barcos no es seguro. Nosotros desembarcaremos también, sobre la margen oriental…

Apenas dadas las órdenes, un fragor lejano pero de incalculable potencia llegaba desde el Oeste.

-Ese es el sonido de la explosión. -dijo Isman- Será mejor que os deis prisa, General. Tendremos el tiempo justo.

Mientras Gibured navegaba rápidamente repartiendo las órdenes, Isman bebió la infusión y se quedó un rato en silencio, con los ojos cerrados. Enhutatis no le notaba ni respirar. Se preocupó pero guardó absoluto silencio. Por fin Isman abrió los ojos e indicó al capitán de su barco que atracara para descender y establecieron el campamento en tierra, sobre un promontorio casi pegado a la ribera, que dominaba la región, pero arbolado como para mantener ocultos a los quinientos hombres que acompañaban al Faraón. Momentos después llegó Elhamin que se había adelantado a su caravana por el Norte, a la que ordenó permanecer tras el promontorio cuando llegaran y ascendió a la cumbre.

-¿Habéis visto esa explosión, General?

-Muy lejana, Isman. Por el tiempo en llegar el sonido, unas mil cuerdas. Parecida a la que vimos en Darsum… Aquella estaba mucho más lejos... Eso debe haber arrasado una zona muy grande.

-Sí, pero allá estaban los hornos. Esa zona está justo en el límite de lo andado por los exploradores. Espero que no haya ninguno por allí.

-No, Faraón. -dijo Espiria mientras recibía en su brazo un nuevo mensaje en las patas de un halcón- Retrajimos la exploración del frente hace dos días… Mi halcón dice que vuestra hija está en camino y que abandonemos los barcos… Ya me diréis un día, cómo hacéis para adelantaros a los acontecimientos… ¿Qué haremos ahora?

-Esperar, Comandante. Sólo hay que esperar un poco.

-Y yo que he recorrido también toda esa zona… -decía Hetesferes- Os aseguro que sólo hay promontorios de rocas, muy pocos árboles y nada de importancia. Me llevaron a reconocer ese territorio hace unos cien días, para poner unas marcas de pintura en las piedras.

Al medio día la niebla continuaba igual, tenue pero persistente sobre la isla y alrededores, abriéndose a la altura donde se hallaba la flota. Por eso pudieron ver otra detonación como la anterior, sobre la misma dirección, pero calcularon que sería a unas ochocientas cuerdas, o sea un día de marcha a pie. Momentos después llegaba Henutsen.

-¿Os ha sorprendido la explosión de fuego, padre?, pues a nosotros no tanto, porque hemos visto de qué se trata. Imaginad una bolera, pero cien veces más grande, montada sobre un carro, a la que le meten uno de esos cilindros que ya conocemos. Alguien acciona una palanca y sólo se oye un silbido como de cobra y una parte del arma que va hacia atrás. Hay cinco más, pero parece que aún están aprendiendo a usar eso, porque el primer disparo lo hicieron tras dar muchas vueltas, discusiones entre ellos… Y resultó con la muerte del que movió la palanca. No sabrían que el arma retrocede como las boleras, pero es como una patada de veinte caballos en un solo golpe.

-¿Cuál es el total de la tropa?

-Se ha incorporado un pequeño grupo y ha aumentado a unos ochocientos en total.

-¿Y en la línea del Sur?

-Los exploradores del Sur -continuó Henutsen- confirman que hace dos días hubo un relevo en la línea de contención, a un día de marcha desde aquí, pero los relevados no volvieron al cuartel, sino que han quedado apostados allí. Ahora hay unos cinco mil quinientos efectivos.

-Podremos con ellos, pero primero hay que apoderarse de todo lo que hay en esta isla. La niebla no nos cubrirá mucho tiempo más. Elhamin, prestadme el largavistas. ¿Habéis establecido ya, la línea de comandos?

-Con un hombre cada media cuerda, Faraón.

-Bien. -continuaba Isman mientras observaba con el aparato- Que Ankemtatis se prepare para el ataque a la isla desembarcando en el extremo más cercano cuando Meremnut reciba la orden. Ahora, que la infantería del lado occidental comience a disparar sus flechas sobre la isla, indiscriminadamente, haciendo cinco tandas y luego se retiren hacia el Norte y alejándose del río, hasta quedar frente a nosotros pero a diez cuerdas de la ribera. Sus flechas sólo alcanzarán la isla, pero los boleros alcanzarán no se sabe cuánto, así que deben empezar a disparar cuando los de la otra orilla no estén en la línea de tiro. Que la barca vigía de la señal cuando estén preparados.

Cuando las órdenes estuvieron dadas hasta los extremos de las formaciones, una lluvia de flechas cayó sobre las tropas de la isla e intentaron repeler el ataque, pero la mayor parte buscó refugio en la construcción central y en los pocos árboles. Mientras las flechas les caían ya en la tercera tanda, algunos consiguieron reaccionar como para disparar las armas que abatieron a unos pocos arqueros tras el brazo del río de poco más de una cuerda de ancho. Al cumplirse la quinta tanda, la fila se desplazó a la carrera como se había ordenado y el enemigo dejó de disparar. Quedando los últimos arqueros fuera de la línea de tiro de sus compañeros del otro lado del río, comenzaron simultáneamente a disparar con Ankemtatis, que recibía la orden de atacar sin desembarcar. Las bolitas, a ritmo de un disparo a cada mútlica, atravesaron hasta las paredes en algunas partes de la construcción. Era tal la ráfaga que nadie asomaba la cabeza en la isla, hasta que nada parecía moverse.

Se ordenó detener el ataque y Ankemtatis pudo desembarcar para arremeter con sus setecientos cincuenta hombres, que desplegándose por la isla sólo se limitaron a abatir a los pocos que quedaban y a rematar a los heridos. Aún así, la escasa resistencia hallada en la parte más alta, un promontorio rocoso donde estaban instaladas las armas, se cobró once vidas y el mismo Ankemtatis fue herido en una pierna.

Cuando uno de sus soldados dio la señal de posición tomada con una antorcha revoleada, atada a una soga, Isman ordenó a Gibured y a los demás Generales que embarcaran a toda la tropa nuevamente, con la misma distribución que la noche anterior, para descansar hasta nueva orden. Antes de atacar la línea de vivac a un día de marcha al Sur, debían inspeccionar con gran cuidado la isla entera y dejar un día de descanso a toda la tropa, especialmente a los tripulantes de los barcos, que llevaban muchos días durmiendo en turnos cortos. Las barcas condujeron a la infantería del lado occidental al oriental, que cargaba con nueve cadáveres y a Ankemtatis herido leve. Se retrajo a toda la línea de exploración, excepto a los que estaban al Sur, cerca del vivac enemigo.

Los barcos más grandes llegaban tras una navegación dificultosa por algunas corrientes imprevistas y el aumento del caudal del río. El Faraón mandó a formar a los disponibles para intercambiar informes.

-Tengo una mala noticia, Faraón. -informó la Comandante Daverdis-Vimos una barca de cinco remos por banda al final de la batalla. Les disparamos con las boleras, pero siguió río arriba con mucha rapidez.

-Eso no es bueno. Deberíamos descansar antes de enfrentar la próxima batalla, pero esto cambia los planes. Demorarán medio día por lo menos, en informar a los del Sur. Lo hablaremos luego.

Ante la tropa formada cerca del embarcadero frente a la isla, Isman y Henutsen celebraron los funerales de los soldados caídos. A las bajas propias se les incineró en una hoguera, mientras los cadáveres enemigos serían dejados a merced de los cocodrilos, que no tardarían en infestar la isla cuando la abandonasen. Acabado el funeral, la infantería pasó a los barcos, la caballería quedó veinte cuerdas al Norte, donde Elhamin había hecho acampar a los carros y la Plana Mayor fue a la isla en una barca.

-Está claro -dijo Elhamin- que estuvieron a un pelo de lanzar uno de esos explosivos, porque llegaron a apuntar el arma hacia los barcos...

-Si lo hubieran hecho, -agregó Hilaris- a juzgar por lo que hemos visto, no habría quedado nadie vivo en toda esta región, ni ellos...

-Ankemtatis, -dijo Isman- deberíais estar en un carro, al cuidado de los médicos con los demás heridos. ¿Qué hacéis aquí?

-Estoy bien, Faraón. Dice Nefandeg que ha sido sólo un rasguño. Me ha puesto estas vendas y tablas y puedo caminar.

-De acuerdo, permaneced con nosotros. No vendrá mal vuestro conocimiento sobre estas armas. Himhopep y Vos os encargaréis de llevar todo el material a la orilla Este, sobre aquel montículo cercano al campamento. Hay que estudiarlas y desarmarlas todas menos una. Representan un peligro extremo para el mundo entero. Etherisis, encargaos de llevar al promontorio todo el material de campamento necesario para que trabajen con las armas.

Antes de la noche, con extremo cuidado, fue desarmada la primera de las armas, con ayuda de un herrero que fabricaba llaves y herramientas especiales para cada parte cuya función comprendían. Hetesferes hacía planos detallados de cada pieza por si el Faraón decidía armarlas en algún momento. Cayó la noche y debieron continuar al día siguiente. Por la mañana, las reglas de madera de Hetesferes se reemplazaron por reglas de metal que fabricaron el herrero y los ingenieros con gran conocimiento de las matemáticas. Ello le permitió completar los planos mientras se desarmaba al final del día, la penúltima de las terribles armas.

-Buen trabajo, Hetesferes, -decía Isman viendo los planos que ella le presentaba- pero ruego a los dioses no tener que usarlos nunca.

-Mirad estas ruedas, Faraón. Son del mismo metal, que los herreros no pueden ni marcar con sus herramientas, pero son muy ligeras, cubiertas con este material más blando que la madera, pero que vuelve a su posición aunque le intenten meter un clavo. Andaría por un pedregal sin atascarse en ninguna parte. ¿Se desarmarán todas?

-Dejaremos armada sólo una, que llevaremos con nosotros para el caso hipotético de necesitarla. Sólo se justificaría si el enemigo tuviese más armas como éstas, o si debiéramos definir una batalla con rapidez. Aún así, intentaríamos por todos los medios posibles la batalla inteligente como hasta ahora, destruyendo al enemigo sin los efectos destructivos para la naturaleza que esto podría causar. En los escritos antiguos se describen estas cosas que me resultaban casi incomprensibles; no podía hacerme una idea de cómo los Hombres-Dioses llegaron a hacer que ardiera casi todo el mundo. Ahora sabemos cuánta locura se desarrolló con la ciencia de Isis sin Maat y el conocimiento sin consenso de Osiris… En vez de un Horus, produjeron los dragones de fuego que representan los hombres del Oriente lejano… Guardad esos planos donde nadie más que Vos y yo tengamos acceso a ellos. Aunque el metal que les compone no sea fácil de producir, puede haber muchas cabezas infectadas con los demonios de Seth, que intenten reproducir esos monstruos en el futuro.

-Lo comprendo perfectamente, Faraón, y mientras dibujaba, me preguntaba si no sería mucho mejor pintar el paisaje o hacer de modo falso los planos, para que no fuera posible fabricar estas cosas. Pero decidí hacerlos tan perfectos como me fuera posible porque confío en vuestra sabiduría. Hubiera podido asegurar que diríais los que decís.

-Antes de tomar una decisión, prefiero consultar con todos vosotros, hermanos míos. Escucho vuestras opiniones.

-No contéis con la mía, Faraón. -respondió inmediatamente Arkanis- La decisión que tengáis pensada será siempre la más sabia, así que no me he detenido a pensar en el asunto.

-Deberíais hacerlo, Arkanis. Si algo me ocurriese, habría que elegir un Faraón reemplazante en campaña y mucho sospecho que el candidato más votado seríais Vos.

-¡Entonces eso está hecho! -respondió Arkanis entre carcajadas- ¿Me imagináis manejando el clima como hacéis Vos, hablando con las abejas para ver lo que hace el enemigo en la distancia? No, Faraón. En ese caso, vuestra hija está mucho mejor preparada. Mi voto sería para ella.

-Me honráis mucho, Arkanis. -respondió Henutsen- Pero no estoy tan cualificada militarmente. Mis tareas son muy específicas, no tengo la sabiduría sobre estrategia ni la preparación como Sacerdotisa, salvo para los oficios propios de Anubis. Un Faraón ha de ser el Mayor Sacerdote, Juez Sabio, el más eficiente y completo Militar y hábil estratega.

Demasiadas cosas, que sólo Vos, Elhamin e Hilaris podrías reunir, además de nuestra amada y recordada Meritetis... No habéis llegado a Generales del Faraón por capricho de nadie...

-Y yo, -intervino Elhamin- tengo de Sacerdote apenas lo elemental, de modo que no puedo entrar en lista. Hemos de cuidar al Faraón...

-Está bien, hermanos, -interrumpió Isman- no sigáis, que aún estoy vivo y Elhamin se empeña demasiado en que siga estándolo, así que volvamos a los asuntos que nos ocupan. Ya veo cuan hábilmente os habéis escaqueado de dar respuesta a qué hacer con las armas...

-No era mi intención. -dijo Hilaris- Yo tengo una opinión y Vos decís si vale o no. No sabemos qué más tiene el enemigo. Militarmente son un fiasco, pero han hallado armamento de los Hekanef y están aprendiendo a usarlo. Eso es algo que debemos impedir, como lo estamos haciendo, pero no podemos dar por hecho que lo único que han conseguido sea las armas. Mi opinión, es que hay que seguir destruyéndoles, pero es preciso descubrir todas las armas que hayan encontrado. Luego, como con éstas, mi opinión es que hay que dejarlas desmontadas, pero conservarlas de tal modo que no puedan ellos rescatarlas ni volver a armarlas. Los planos de Hetesferes y el arma que aún está disponible, deberían quedar en las manos del Faraón para ser destruidos o utilizados rápidamente sin que puedan caer en manos enemigas. Eso es todo.

-Antes de que sigáis, -intervino Ankemtatis- hay unas pequeñas piezas que puede quedarse el Faraón, el resto de las armas es inútil sin ellas. Además, que hay dos clases de cilindros que se disparan. Unos alcanzan un codo y hay más de trescientos de esos, pero los dos que han disparado son más grandes y hay cien. Los pequeños se disparan por el tubo de abajo del arma y los grandes por el tubo de arriba. Según lo narrado por los Invisibles que pudieron ver el momento en que dispararon, creo que podría hacer un ensayo, como para no quedarnos sin saber cómo se usan. Me parece importante, tanto por si tenemos que usarlas, como por si tenemos que enfrentarnos a ellas o si debiéramos en algún momento sabotear esas armas en manos del enemigo.

-No estaría mal un ensayo, -dijo Isman- pero no con los tubos grandes, sino con los pequeños y sólo si tenéis la total seguridad de que podréis controlar eso sin dañar a nadie.

-Podríamos apuntar al mismo sitio que ellos. -dijo Hilaris- Ya no habrá nada vivo por allí y vemos si los tubos pequeños son igual de poderosos.

-¿Alguien más desea opinar? -preguntó Isman y esperó un rato- Como nadie más opina, la orden es hacer el ensayo propuesto por Ankemtatis.

Si vale la pena, nos quedaremos con una y guardamos las demás en un socavón donde estamos acampados, a mitad del promontorio. Ese socavón lo harán los soldados más confiables para guardar secretos...

-Elegir esos soldados, Faraón, -dijo Elhamin- será extremadamente difícil. Diría que no es posible hallar uno solo que no estuviera apto para proteger con su vida un secreto ordenado por un superior. Ni que digamos entonces, si lo ordena el Faraón en persona...

-Me alegro si así fuese, Elhamin, pero recodaréis que estuve con unos soldados en Gavelade, que arrestaban a un compañero encandilado por los Juegos del Poder. Ya sé que es una excepción bien rara, pero que cada Comandante elija veinte entre su tropa, incluyendo a Mertinetis, que se ocupará de las barcas. Himhopep determinará el mejor lugar. Mientras él se queda con tres barcas y doscientos sesenta hombres, el resto nos prepararemos para aniquilar la línea de contención al Sur. Podemos partir esta noche para estar allí de madrugada y proceder como la vez anterior con el vivac, si sigue estando igual.

-Sí y no, Faraón. -intervino Espiria- Como veis en este mapa, todo igual desde el último informe en cuanto a personal. Hay cinco mil quinientos hombres y no tres mil, pero han ubicado las tiendas en otra distribución, así que hay allí cuatro mil hombres del lado oriental y los otros mil quinientos siguen en el lado occidental. Las tiendas han sido colocadas dispersas, entre pequeños arroyos que abundan en el sitio. Muchas están en zonas elevadas, como véis en el mapa, y otras a varios codos de desnivel, de modo que se hace muy difícil el ataque con infantería y casi imposible hacerlo con cuadrigas. La caballería no podría tampoco atacar organizadamente, así que una batalla con la misma contundencia que lo hemos hecho antes, es imposible.

-Eso hace que variemos todo, -dijo Isman- porque además, casi seguro que ya saben de lo ocurrido aquí. Vamos a hacer ese ensayo Ankemtatis. Y Vos, Espirira, ordenad que se retraigan las líneas de exploradores y que incluso los que vigilan de cerca al enemigo, regresen con nosotros inmediatamente. Ese vivac está muy difícil de atacar...

-Tenemos a los vigías casi encima de ese campamento y dos líneas de exploradores que se mueven en zigzag. No puedo retraer a toda esa gente en menos de un día...

-Pues tienen ese plazo. -respondió Isman- Dejad dos líneas de vigías a cuarenta y veinte cuerdas de aquí, y hasta cinco cuerdas hacia ambos lados del río. De aquí al Este, también cuarenta cuerdas en abanico. Será suficiente para detectar al enemigo en caso que estuviera acercándose. Avisadme cuando no quede nadie a menos de cuatrocientas cuerdas del enemigo. Gibured, Vos dispondréis la guardia en el río, también a cuarenta cuerdas de aquí, como máximo.

Un rato más tarde, en el nuevo campamento con el material bélico fuera de la isla, Ankemtatis y Henutsen preparaban un disparo de prueba con el arma, preguntando a los Invisibles su opinión sobre la posición del tubo al disparar, que al parecer apuntaba un poco hacia arriba.

-Deberíais ver esto, Comandante. -le dijo uno de los geómetras que les ayudaban, mientras le acercaba unas láminas metálicas halladas entre los cilindros- Creo que es para medir la inclinación del arma según la distancia que quiere alcanzarse. Son comprensibles los gráficos, con sus curvas y parábolas, pero no puedo entender los símbolos.

-Llamad a Hetesferes, -ordenó Ankemtatis- que ella quizá sepa algo, pero evitad estar cerca del arma con cosas metálicas, porque algunos metales se pegan como en el caso de las boleras, pero con mayor fuerza. Me costó mucho despegarme al acercarme con la coraza puesta.

-Puedo comprenderlo porque son números. -dijo Hetesferes rato después, viendo las láminas- Apenas leo un poco del idioma, pero sí los números, porque para hacer mi trabajo me los tuvieron que enseñar. Esto de aquí equivale… a cuarenta y ocho Talkemtras. Un Talkemtra son mil Ankemtras, unas veinte cuerdas. Entonces por cuarenta y ocho, son unas novecientas sesenta cuerdas, más o menos una jornada larga de marcha a pie. A esa distancia llega el proyectil si se dispara con esta inclinación.

-Pues coincide con lo calculado por nosotros… -dijo Elhamin.

-Y también coincide con la distancia que hay hasta el campamento del Sur. -agregó Isman- Vamos con ese ensayo de una vez, que creo que haremos al enemigo lo que pensaban hacer con Ankh em-Ptah.

Himhopep inspeccionó todo el aparato. Ankemtatis movía una manivela según un dibujo indicativo en el metal, hasta que una luz roja apareció en la culata del arma y ató la cuerda en el extremo de la palanca correspondiente al tubo inferior. Colocaron unos soportes de madera al carro, para evitar que se moviera al disparar. Pusieron un tubo en la cámara y la cerraron con la llave que la dejaba hermética.

-Vamos a esperar un poco, porque con el sol de frente casi al horizonte, no veríamos bien la explosión. -dijo Elhamin- Esperaremos a que caiga la noche completamente. También nuestro cálculo con estas vistas, será más exacto que de día. Mientras tanto, allí viene Mertinetis con la comida, así que aprovecharemos a cenar…

Tal como habían previsto, el disparo hizo retroceder el arma y el sonido producido fue muy parecido al de un potente golpe de remo en el agua multiplicado por diez, luego como el arrastrar de una rama por el suelo, y un instante después un agudo silbido y finalmente el silencio.

-No parece que haya salido el cilindro ni producido ninguna explosión. -dijo Isman oteando el horizonte, al igual que Elhamin con su largavistas.

-Esperad, -respondió Ankemtatis- que si el cálculo está bien hay que esperar que el proyectil recorra lo que nosotros caminando todo un día…

-Sí, padre, -dijo Henutsen- esperad con paciencia. Entre el disparo que vimos y la explosión pasaron algunos têmposos. Más o menos lo mismo que entre el fuego y el estruendo.

Se mantuvieron todos en expectante silencio hasta que por fin, en la lejanía se observó la explosión.

-Menos potente que las de los ensayos enemigos.

-Cierto, Faraón, -dijo Elhamin- pero aún así, suficiente para acabar con todo en un radio de cinco o diez cuerdas en torno al punto de caída. ¡Ahora recuerdo! ¿Os acordáis del cráter que reportó una de las Invisibles al Norte de Darsum, y que lo vimos al pasar luego por ahí? Ya sabemos bien el destino que tenían los tubos que descubrimos a los carreteros aquellos… Y seguro que hay una máquina de estas entre las ruinas de Darsum…. Tenéis tan buen cálculo como yo de las distancias, así que decidme el vuestro.

-Algo más de mil doscientas cuerdas. -dijo Isman.

-Pues yo he calculado las mil, -respondió Elhamin- así que rondará las mil cien cuerdas.

-No tenemos tiempo para ir al sitio y confirmarlo, pero necesito que Ankemtatis vea si es posible ajustar la puntería en función de las distancias con mayor precisión.

-Algunos disparos más, Faraón, y lo tendremos resuelto.

-Ben. Tenemos hasta mañana a medio día, cuando nuestra gente haya regresado, pero os quiero bien despiertos y descansados. Acabad cuanto antes y los no imprescindibles aquí, id a dormir ahora mismo.

Momentos después oían el estruendo lejano, con menor intensidad que los anteriores, pero daba idea del poder destructivo. Las siguientes cuatro explosiones no fueron escuchadas por la mayoría, que se hallaba en el profundo sueño, pero sí por Merensob y sus barqueros, que con cinco barcas y cien hombres regresaba con las novedades de la retaguardia.

-Ya me extrañaba vuestra ausencia, General. ¿Venís con toda vuestra tripulación?

-Así es, Faraón, pero las novedades... Hemos visto el río infestado de cadáveres y cocodrilos haciendo un festín como jamás lo habrán tenido. Nos preocupamos al poder diferenciar cuerpos despedazados, pero el mensajero me ha puesto al corriente de que han continuado las victorias. Hallamos un vigía que enviasteis a Darsum y le dieron por muerto en combate. Está herido y en recuperación en esa barca, pero cerca de Los Diez Colosos sorprendimos a tres individuos cargando tubos a una chalupa, como para cruzar al lado occidental. Empezaron a dispararnos con las armas esas pero pudimos matarles. Exploramos diez cuerdas a cada lado pero no encontramos a nadie más. He retraído la línea de comunicación, por si era necesario sumar gente a vuestra fuerza.

-¿Qué habéis hecho con los tubos?

-Los traemos aquí, Faraón. No sabía muy bien qué hacer con eso, que me pareció peligroso, pero finalmente opté por acelerar la marcha y llegar hasta Vos. Son cincuenta cilindros. ¿Para qué servirán?

-Esas explosiones que habéis visto y escuchado... Se trata de eso. Explotan con una fuerza terrible y se lanzan con un arma que estaba instalada en esa isla. Decidle a vuestros hombres que lleven los tubos con gran cuidado a Ankemtatis, que está aún allí haciendo ensayos. Yo necesito ir a descansar y os recomiendo hacer lo mismo, porque luego de lo que haremos mañana, debéis restablecer la línea de comunicación. Hemos tenido ochocientas sesenta y cuatro bajas, pero el enemigo más de cincuenta mil. Vuestros hombres serán más útiles patrullando el río como habéis hecho, pues no descartamos que queden supervivientes enemigos rondando por las riberas.

El Faraón y Enhutatis, en uno de los carros cerrados, conversaban sobre el dilema de usar o no esa arma contra el enemigo.

-Seguramente, -decía Isman- el campamento ha sido dispuesto por azar, más que por mera estrategia, pero ha quedado del modo más difícil para atacarle, en un terreno que hace imposible un ataque rápido y simultáneo a todas las tiendas. Por mejor que organicemos el combate, dejaríamos allí mucha sangre nuestra...

-Por otra parte, querido mío, no demorarán en movilizarse, ya para atacar o bien para retirarse al cuartel, que según estos mapas les queda al Noroeste, a un día y medio o dos de marcha.

-Si así fuese y pudiésemos pillarles en plena marcha, tendríamos algo de ventaja, pero aún así, son un número muy elevado y por más rápido que nos movamos, sufriríamos muchas bajas. Aunque considero esas armas como algo que no deberíamos usar...

-Por favor, tened en cuenta que también las boleras son armas de los Hekanef y ellas, aún teniéndolas el enemigo, nos han dado una ventaja que ha evitado la muerte de miles de nuestros hombres. Importa qué armas se tenga, pero más aún las motivaciones que se tenga para usarlas. Y las nuestras no son otras que defendernos, aunque debamos atacar y matar sin miramientos.

-Así es, cariño; no habríamos tenido la misma victoria sólo con las flechas, lanzas y espadas. Ahora dejadme unos momentos; intentaré comunicarme con Sekhmet. Necesito más que nunca su orientación.

Enhutatis salió del carro y fue a caminar entre los puestos de guardia. Su nuevo rol de compañera del Faraón no le alejaba en absoluto de sus amigos y compañeros. Mientras conversaba con sus camaradas, Isman se relajó profundamente, para salir con su Ka de las emociones y entrar al mundo psíquico de los Maestros Ascendidos. Allí le recibió ella, con su aspecto tan temible para los seres de escasa consciencia, con su rostro de leona infinitamente más perfecto y bello que el de las estatuas que la representaban, su cuerpo perfecto de mujer y su áurea luminosa, que generaba un fondo oscuro, como si su radiación dejase en la total opacidad cualquier otra forma de la luz. Se abrazaron como madre e hijo y dialogaron con la misma naturalidad que lo harían dos personas en el mismo nivel de existencia.

-Habéis pensado atacar con lo mismo que ellos tramaban destruir por completo Ankh em-Ptah. Lleváis la victoria con menos de mil muertos entre los hijos de Ankh em-Ptah y habéis enviado 52.432 Almas enemigas al territorio de Anubis. No deberíais tener remordimiento por eso. Sabéis bien que es un enemigo con el que no se pueda razonar, ni van a cesar en sus planes de destruir lo único que impide a Seth hacerse con el dominio en esta parte del mundo. A veces vuestros escrúpulos os hacen comportar como un niño temeroso de dañar a los demás, y aunque es una virtud hasta cierto punto, os entorpece la misión de vida.

-En mi conciencia y mi mente, lo sé, Amada Sekhmet, pero en mi corazón no dejo de sufrir por esa gente, sabiendo que aún les debo seguir aniquilando. Ruego a los dioses que el imperio hermano de los Aztlakanes al otro lado del Mar Mayor, tengan la misma ayuda que nosotros para combatir a los hijos de Seth, que seguramente siempre intentarán pervertirles también. ¿Existe aún ese imperio de Aztlán?

-Sí, claro que existe. -respondió Sekhmet- Y tiene los mismos problemas que Ankh em-Ptah, tal como decís. No pasará mucho tiempo hasta que podáis conocerles y compartir experiencias y conocimientos con ellos. Ahora debéis cumplir vuestra misión de vida, que es por una *parte defender esta tierra y por otra, sobrevivir para educar a vuestra sucesora. Dadas las circunstancias emergentes, no habéis podido aprovechar aún el poder de las pirámides una vez más.*

-Lo que me extraña, Sekhmet, si me permitís la pregunta, es por qué me habéis enviado a rejuvenecer en Tekmatis, cuando sabíais que lo que debía hacer era una campaña militar por el Darsum, por Gavelade y ahora ésta…

*-Con vuestro "yo preocupado" que por entonces era más fuerte que vuestra conciencia… ¿Cómo os hubiera afectado que os dijese lo que estaba pasando?*

-¡Cierto! Lo comprendo, Madre, lo comprendo. Creo que he combatido a ese parásito al mismo tiempo que al enemigo externo. Pero no del todo. A veces dudaba si era la preocupación o había algo de intuición…

*-Ambas cosas, querido mío, pero mientras un falso yo está como apoderado de vuestra personalidad, es difícil que la intuición funcione bien.O simplemente no podéis diferenciar si lo que pensáis es producto de la intuición o de ese demonio interior. Lo sabéis, pero es más fácil ver esas cosas en los demás que en uno mismo. Tenéis aún un importante combate externo, contra mucha voluntad de las conciencias enemigas en juego, por lo que no puedo ayudaros mucho, pero os recomiendo que no os dejéis dominar por la blandura emocional. Ya habéis hecho dos expulsiones de enemigos, pero si bien los de la primera han sido combatidos nuevamente, los de la segunda, en Gavelade, están regresando y dañando a muchos de nuestros hijos. Por el momento no penséis en ello, pero tened en cuenta que perdonar la vida del enemigo exterior, suele ser como perdonar a los enemigos interiores y viceversa. Usad las armas que sean necesarias sin remordimiento alguno. Bien sabéis que lo importante no es el arma, sino lo que motiva su uso y calculando muy bien su poder y consecuencias. Pero os recomiendo no permanecer donde haya detonado alguno de los cilindros. La radiación que produce la explosión perdura por muchos días. Si el enemigo hubiera podido usarla, no habría dejado una piedra sobre otra en Ankh em-Ptah, ni un niño vivo, ni un perro, ni un escarabajo, porque Seth sabe muy bien que es imposible someter a esclavitud a un pueblo como el nuestro, que preferirá estar muerto antes que esclavo. Hetesferes, con su escasa instrucción, lleva dentro esa consigna que marca su dignidad y estuvo siempre haciendo sabotaje esperando el momento para hacerlo más efectivo, en el momento más adecuado. Cuando estuvo por quitarse la vida, lo pensaba hacer no por su condición de esclavitud, sino por creer que no podría nunca destruir al esclavista.*

-Tendré en cuenta todo lo que me habéis dicho, como siempre, Amada Maestra. Ahora me gustaría preguntaros por algo personal…

*-Podéis confiar en Enhutatis como en vuestra propia sombra. No es vuestra primera vida juntos. Estáis reunidos nuevamente porque tenéis afinidad, pero también los mismos objetivos trascendentales También podéis confiar en Hetesferes, que para hacer que le incluyeran en la caravana de esclavos tuve que actuar muy de cerca sobre la voluntad de su jefe esclavista, lo que me resulta más desagradable que a Vos herir o matar. Ahora volved con vuestra mujer y sed felices mientras seguís combatiendo al "yo preocupado" ese que no sois Vos y que me impide deciros más cosas útiles sobre las perspectivas del futuro. Ya sabéis que las profecías no se pueden decir a los miedosos… Y aunque seáis el más valiente de los hombres, aún con el pretexto que sea, el "yo preocupado" es una forma del demonio del miedo.*

Al regresar a su cuerpo, otra explosión tuvo lugar y no pudo resistir la tentación de visitar a Ankemtatis y estar al tanto de las novedades. Salió del carro y encontró a Enhutatis esperándole a unos pasos de allí, envuelta en una manta. Se abrazaron y fueron al promontorio donde se hallaba el arma. Mientras caminaban, el lejano horizonte se iluminó con otra explosión. El Comandante Mertinetis les invitó bocadillos de dátiles, coco y semillas de hinojo maceradas, en masa horneada, a la que añadía miel al momento de servirlos, y una infusión para calentarse, porque la humedad hacía notar el frío por las noches.

-Habéis llegado justo al terminar. -dijo Ankemtatis- Podemos dar por terminados los ensayos y garantizar que sólo necesitamos saber la distancia exacta a la que deseáis apuntar. El error sería de una o dos cuerdas como mucho, en caso de no ver el objetivo, pero la explosión abarca mucho más. Si le vemos, corregimos en el siguiente disparo. Himhopep y los geómetras son extraordinarios y con las traducciones de Hetesferes nos ha quedado todo muy claro.

-Ahora será cuestión de que ella y los exploradores se pongan de acuerdo en fijar la distancia al vivac enemigo…

-Casi está hecho, Faraón. -respondió Hetesferes- Aunque falta que lleguen los vigías que estaban cerca del vivac, seguramente con más detalles del terreno y las distancias, que tendremos antes de medio día.

-Entonces, si no podéis hacer más nada, iros todos a dormir. Dejad todo tal cual está y descansad. Os quiero lúcidos cuando Espiria me avise de la distribución de su gente lejos del enemigo. No habrá toque de diana habitual, Elhamin, dejad que duerman todos cuanto se pueda.

Sólo la guardia en tierra y en los barcos permanecía despierta por turnos de tres Râdnies. El amanecer fue silencioso como la noche y eso extrañó a Isman que despertó temprano, contrariamente a su costumbre. Se asomó por la ventana del carro y volvió a permanecer con los ojos cerrados. Enhutatis ya se había levantado y momentos después trajo un desayuno de tortas de harina, dátiles en almíbar y mango frito envuelto hojas de masa, con infusiones, que disfrutaban sentados frente a la hoguera que les había preparado un centinela.

-Es raro que no se escuchen pájaros. La noche también ha sido muy silenciosa, sin grillos ni ningún otro sonido.

-Sí, querida, pero aunque no conozco el clima de esta región, creo que presienten una tormenta muy fuerte. Este nublado es muy denso y ya debería verse algo de Râ. Creo que no tardaremos en tener noticias. Si llueve, los halcones no suelen hacer muy buen trabajo.

-¿Podríais manejar nuevamente el clima como antes?

-Lo he hecho hace un rato, pero hay cosas en la Naturaleza que no debemos tocar demasiado. Esta tormenta es muy necesaria para la Madre del Mundo, así que sólo he conseguido demorar el aguacero. Tendremos justo hasta medio día y espero que los dioses ayuden...

Justo en ese momento llegaba Espiria con novedades:

-Todo el personal de vanguardia está en los puestos asignados, a las distancias ordenadas, excepto uno con un halcón que está río arriba, para informar si hay más tropas en movimiento. Este último vigía informa de una columna de más de dos mil soldados avanzando hacia aquí por la ribera oriental desde poco después de la media noche. Los demás han quedado en el campamento, que no han recibido más tropas ni han hecho preparativos de marcha.

-¿Tenéis nuevos mapas y detalles?

-Los traen los últimos en abandonar sus posiciones; no demorarán en llegar porque envié caballos y por eso hemos acelerado la retracción de la vigilancia de vanguardia. Hablando de ello, allí se acerca alguien...

Un jinete a todo galope traía los mapas, que entegó a Ankemtatis, Elhamin y Hetesferes. Cambiaron opiniones con los geómetras durante un rato hasta que estuvieron casi seguros de las distancias aplicables.

-Son unas novecientas treinta cuerdas. -dijo finalmente Hetesferes- Si se disparan siete proyectiles, calibrando el arma para caer a unas diez cuerdas entre cada una, como en este mapa, quedaría cubierta toda esa zona de vivac. El problema es que el cálculo de distancia de los exploradores puede tener error de veinte cuerdas y hasta más...

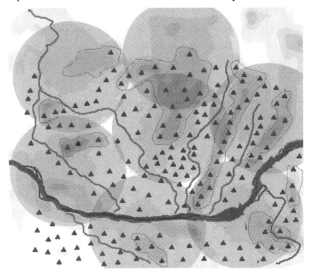

-Es decir, -respondió Isman- que pueden quedar ilesos todos. ¿Qué pasaría si se dispara uno de los proyectiles más grandes?

-Que entonces la dispersión importará poco. -dijo Elhamin- Como vimos en las explosiones de los dos disparos de ellos, más de un salto de pulgar (*) a casi mil cuerdas, representa una zona de ciento cincuenta cuerdas de diámetro, más o menos. Por muy errado que esté el cálculo no quedará nada vivo aunque estén dispersos...

(*)[*Un salto de pulgar es la distancia relativa entre dos puntos observados poniendo el pulgar en uno, mirando con un ojo, que al cerrarlo y abrir el otro nos dará la sensación de distancia, la cual será relativa a la distancia real que hay entre el objeto y el observador. Los artilleros expertos que prescindían de los sistemas de goneometría actuales, tenían hasta principios del siglo XX tal capacidad de cálculo que acertaban un disparo de cañón a cinco kilómetros con un error máximo de dos metros.* ]

-Y además tenemos dos mil soldados que caminan hacia aquí desde hace unos diez Râdnies. Estarán demasiado cerca de nuestros vigías si es que no han superado su línea. Preparad inmediatamente el arma para lanzar un proyectil grande. Hay que asegurar la situación.

Momentos después, Himhopep y Hetesferes terminaban el cálculo de alza (inclinación vertical) y deriva (dirección en horizontal). Cerró la puerta del dispositivo de carga mientras Ankemtatis ataba la cuerda a la palanca de disparo y jalaba en cuanto se hicieron todos varios pasos hacia atrás.

-Habrá que esperar cuatro têmposos, pero los que avanzan deben ser detenidos de otra manera. -decía Isman- Que Gibured parta con todo lo que tenga en los barcos y reemplace dos mil de los suyos por boleros de Ankemtatis. Vos, Elhamin, partid inmediatamente con la caballería y el resto de los boleros, siempre a la vista de las embarcaciones. Avanzad a marcha forzada para ir siempre a tres cuerdas más atrás que el último barco y evitaréis el combate cercano con el enemigo, para que desde los barcos puedan disparar también. Que dos mil boleros vayan a caballo con un jinete, tal como hicieron con Arkanis antes. El resto avanzará a paso de infante, salvo los necesarios para trasladar los carros y el campamento. Comenzamos a movilizarnos todos, inclusive el carro del arma, y tres carros con proyectiles. No podré daros instrucciones de una situación imprevisible, pero creo que tampoco las necesitáis.

-Bien, Faraón. -dijo Elhamin- Pero decidme donde pensáis estar...

-No os preocupéis por mí. Enhutatis sabrá retenerme en el último carro o el último barco. Si me descuido, me enviáis a Karnak...

-¿Cuántos proyectiles creéis que deberíamos llevar, Faraón?

-Los que quepan en tres carros, Ankemtatis. Espero que no sea necesario usar ninguno más, pero no sabemos a qué más deberemos enfrentarnos. Y os hago una advertencia... No debemos permanecer donde ha caído el proyectil, así que si es posible verificaremos los efectos y la extensión, sin quedarnos más de lo necesario porque dura muchos días la radiación. Al parecer es algo materialmente similar a lo que ocurre en las criptas de Ascensión, pero por otras causas; en vez que por Vida Eterna, por muerte absoluta. Es posible que nada crezca allí durante mucho tiempo. Como está incluido el río en el área de impacto, será mejor que recojáis toda el agua posible. No podremos beber de él ni bañarnos hasta estar río arriba de ese punto. Y esperemos que las aguas no queden tan enfermas que afecten a Ankh em-Ptah.

-Desde aquí el agua demora algunos días en llegar a zonas habitadas. -dijo Gibured- ¿Quién os a dicho que la radiación puede enfermar?

-Sekhmet en persona, General. Podéis contar con que es así...

-¡Mirad! -exclamó Ankemtatis al tiempo que se ahogaba su voz y saltaban sus lágrimas- Allí está. El fuego se confunde con las nubes... Parece que pudiera incendiar el mundo... Que Anubis se apiade de esas Almas, si queda algo de ellas...

-Vamos, en marcha, no hay tiempo que perder. -dijo Isman- Os hacía más refractario al dolor, Ankemtatis... Y que Anubis se apiade también de nosotros como permanezcamos mucho tiempo cerca de ese lugar. Voy en vuestro barco, Gibured.

-¡Mejor en carro, Isman! -dijo Enhutatis casi en voz de ruego.

-No puede ser, querida, porque los carros tardarán casi medio día más en llegar. No puedo quedar tan a retaguardia.

Ya en el barco, ella estaba muy nerviosa e Isman intentaba calmarla, abrazándola y acariciando su cara mientras le escuchaba.

-Es que he tenido un raro presentimiento respecto al barco y habría preferido la seguridad de los carros en tierra, aunque demore un poco más el viaje. Vuestro ejército tiene ya las órdenes y no haríais nada nuevo ni siquiera yendo al frente…

-Ya está bien, querida mía, no veo por qué os preocupáis tanto. He hecho buena parte de la campaña en este barco, que va al final de la fila, protegido con doscientos soldados y tres arponeros por banda…

-Da igual, Isman. El presentimiento no saca cuentas… O sí… Tal vez sea sólo que me habéis contagiado ese "yo preocupado" con el que tanto lucháis. De todos modos, aún el barco no ha zarpado y podríamos…

No acabó la frase porque en ese momento se soltaron las amarras, se levó el ancla y comenzó el movimiento. El Faraón la abrazó, acarició su cabeza y la besó con ternura, intentando tranquilizarla una vez más. Ella pareció quedar conforme, pero su rostro no estaba radiante y sonriente.

Era medio día y una fina llovizna convirtió el paisaje en una bella y borrosa escala de grises. El viaje fue sin incidentes durante tres Râdnies, en que Gibured recorrió dos veces la flota en la barca rápida. Justo acababa el General de comunicar al Faraón la ausencia de novedades, cuando desde la orilla la caballería alzó una gran antorcha en vez que la bandera de combate, que no se hubiera podido ver desde los barcos.

-¡Gibured, -decía Isman- mantened la flota avanzando y atacad en cuanto esté enfrentada a la tropa enemiga!

Los remeros de Gibured hacían esfuerzos extremos pero la barca comenzó a recorrer con gran rapidez todos los barcos, en cuyas cubiertas se apostaron los boleros, cubiertos por almenas de madera inclinadas hacia adentro por el lado exterior y cubiertas con láminas metálicas. Los arqueros acostados un poco más atrás, se amparaban en sus escudos inclinados y blindados con una lámina metálica igual que las almenas. Los proyectiles enemigos no tardaron en sonar al chocar contra los escudos, unos pocos de los cuales fueron atravesados, por no estar con la inclinación adecuada, pero la andanada apenas si produjo algunos heridos. Los boleros se asomaron entonces y la respuesta produjo un desastre entre las filas enemigas, que tuvo que ponerse cuerpo a tierra. Una nueva andanada enemiga y tras ella los arqueros dejaron sus escudos para responder con una lluvia de flechas lanzada en parábola, lo que hizo que la posición de cuerpo a tierra de los enemigos les produjera más daño. Las flechas no atravesarían los pequeños escudos redondos del enemigo, pero éstos resultaban insuficientes para cubrirles y la gran mayoría ni siquiera previó que pudieran lloverles las flechas, confiados a que sólo deberían cubrirse de las armas boleras.

La caballería al mando de Elhamin, con un jinete y un tirador por montura, ubicada a sólo dos cuerdas tras un alargado promontorio, no salió porque la eficacia del ataque de los barcos estaba siendo más que suficiente, sin embargo el General, subiendo a una cresta de rocas vio la ocasión para intervenir y definir la batalla lo antes posible.

-¡Infantes, al suelo! -ordenaba Elhamin- Caballería permaneced quieta, infantes avanzad hacia la cumbre y disparad desde aquí pero en posición de cuerpo a tierra. ¡En marcha!

Quedaba de la columna enemiga, poco más de la mitad, tan hostigada y con tantos heridos, que un jefe ordenó replegarse hacia el promontorio del Norte, pero no advirtió la presencia de los infantes que iban tomando cuerpo a tierra allí. Un pequeño cañadón cubrió a los fugitivos, que ya no eran alcanzados por los disparos desde los barcos, pero Elhamin ordenó tomar posiciones sin disparar hasta que empezaran a salir del cañadón. El momento oportuno llegó cuando los últimos infantes se echaban sobre las rocas de la cumbre y a la orden de disparar la masacre fue total en un par de ráfagas. Sólo unos pocos heridos con vida en la fila enemiga, que Elhamin mandó a rematar para que no quedara nadie en agonía. Luego elevó en silencio una plegaria a Anubis, ahogada en profundo llanto.

Elhamin izó la bandera negra con un círculo blanco, que indicaba que la batalla había sido ganada y finalizada. Los barcos atracaron a la orilla, diez cuerdas más adelante, en un puerto que los ingenieros improvisaron extendiendo rampas de amarre. Los infantes tomaron tierra y repasaron todo el escenario de batalla para asegurarse de no dejar agonizantes. Más tarde, con los carros llegando a ese campamento, se reunió la Plana Mayor, con Isman y Enhutatis que fueron los últimos en desembarcar.

-Ninguna baja propia, Faraón. -decía Elhamin- Se están trasladando los cuerpos al cañadón, que se tapará y se convertirá en fosa común.

Todos los rostros estaban compungidos. Las victorias eran tan duras y dolorosas como necesarias. Nadie agregó nada al informe y se quedaron en silencio lago rato. Antes de la noche, se hallaba reunido nuevamente todo el personal de campaña, con excepción de quinientos exploradores y la guardia de los barcos, ante la espantosa fosa común donde más de dos mil cuerpos habían sido colocados con el mayor respeto, con los brazos juntos, cruzados sobre el pecho, apilados de a cinco para que cupiesen en un espacio factible de ser enterrado con las piedras y tierra del lugar. Era una formación que debería enfrentarse al Juicio de Anubis, la mayoría de los cuales podrían escapar de los terrores del inframundo si atendían desde el plano del Ka a las oraciones y discurso que Henutsen pronunció hasta bien entrada la noche, porque aparte de la oración que todos conocían, incluyó en palabras las explicaciones que solía dar a los fallecidos mentalmente, y también había reunido con un llamado especial a los miles de víctimas alcanzadas por la explosión más al Sur.

Como era habitual, habría resultado muy extraño ver algún rostro entre toda la tropa que no estuviese empapado en lágrimas. El Faraón y Enhutatis, abrazados, también lloraban amargamente y sin consuelo el duro peso de la victoria militar. Así había sido todas las veces, pero no había alternativa y lo sabían. En cuanto Henutsen terminó la ceremonia, Elhamin se acercó a ellos habiendo secado su rostro, intentando cortar el llanto y abrazó a ambos, diciéndoles:

-Eran ellos o nosotros, Hermanos de mi Alma. Y bien sabéis que de ser nosotros, el precio que hubiera pagado Ankh em-Ptah, habría sido infinitamente más doloroso, sufriéndolo desde la región de Anubis...

-Lo sabemos, Elhamin. -dijo Isman- Pero gracias por hacernos recordar que es así. No es menos doloroso al Ka de la emoción, pero atenúa el dolor en el Ka del pensamiento y eso necesitamos para seguir adelante. Que comience inmediatamente la obra de sepultura.

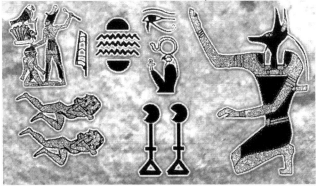

Los miles de soldados, convertidos en sepultureros, acabaron con el trabajo en menos de dos Râdnies. Un escriba hizo mientras tanto, un grabado en piedra que colocó sobre un pequeño montículo al acabarse la obra, que rezaba: *"Con la supervisión de Anubis, bajo el Testimonio de Horus, el trabajo se ha hecho en los tres mundos y el Faraón ha vencido. Su conciencia está por encima de la del enemigo. Aquí se entierran dos mil cuerpos".*

Realizado todo, se dispuso descanso de tres días, en que se revisaron planes, mejoraron mapas y sólo se mantuvo una vigilancia de un día de marcha, con exploradores que se relevaban por tramos. Tras el merecido descanso, se dispuso la exploración en abanico, y de ese modo, al cabo unos días se tendría un conocimiento bastante completo de toda la zona.

-Hemos descansado lo suficiente y han pasado tres días, -decía Isman a la Plana Mayor- así que es momento de continuar, pero tendremos especial cuidado de evitar la zona de la gran explosión. Hace 213 días que Sekhmet me envió a Tekmatis con pretexto de mi necesidad de rejuvenecimiento. En realidad era el comienzo de una campaña de defensa de Ankh em-Ptah y espero que todo siga como hasta ahora o mejor. ¿Tenéis claro todo el plan, Elhamin?

-Por supuesto, Faraón. Volvemos a repasarlo, así que atended todos. Cuatro grupos de tres Invisibles cada uno, irán a las zonas del Sur-Este por cinco días de marcha y el grupo de Arfaneba intentará llegar hasta las pirámides marcadas en los mapas. No creo que puedan cruzar el río, pero si pueden hacerlo, no os entretengáis allí y comunicad novedades lo antes posible. Otro grupo de cinco Invisibles reconocerá la zona del Noroeste, para verificar la próxima posición enemiga, que desde aquí está a unos tres días de marcha de infante rápida.

-Pero dando un pequeño rodeo hacia el Norte, -intervino Henutsen que estaba con todos los suyos en la reunión- para evitar pasar por la zona de la explosión, así que serán unos cuatro días. No digo que no estoy de acuerdo, pero Anubis no ve con buenos ojos esa expedición a las pirámides del Sur...

-Os comprendo, -siguió Elhamin- pero se intentará y si no puede ser, se anulará en su momento. Una expedición de tres mil infantes, diez carros y quinientas monturas, a cargo del General Hilaris reconocerá la región de Tombizara, más al Nord-Este... Y no tengo ese lazo con Anubis, pero también algo me dice que será complicado. Sin embargo lo descartaremos sólo si es de conveniencia evidente.

-Tardaréis, según los mapas, -le decía Isman- unos veinte días en llegar al mar del Naciente si seguís esta dirección, pero es preferible que vayáis primero un poco al Norte, para evitar encuentros con el enemigo al que debemos sorprender nosotros. En esta línea está el camino por donde suelen enviar los refuerzos al astillero y en este punto fue donde tuvo batalla Espiria y aquí donde hallamos a Hetesferes. Id con Espiria como Comandante, para que os guíe mejor en la zona, acelerando la comunicación con sus halcones. Yo me quedaré con Meremnut, porque también necesitamos a los hijos de Horus en estas regiones. Luego intentad llegar hasta el puerto enemigo al que seguramente os conducirán los rastros. Mantened una línea de postas a caballo, de tres hombres cada medio día de marcha.

-¿Dónde nos encontramos o enviamos mensaje si tuviéramos algo urgente que comunicar?

-En este punto, a un día de marcha al Oeste del poblado enemigo al que debemos dirigirnos, vamos a establecer una guardia estática de quinientos efectivos, al mando de la Comandante Diva. Ella será el centro de las comunicaciones de este lado del río. Los Invisibles que exploran el Sudeste, lo tendrán a un día de marcha al Sur de ese poblado, con otros quinientos al mando de la Comandante Intelia.

Los mapas de referencia temporal y de órdenes de acción se iban llenando de símbolos con enemigos muertos de a miles. Las flechas indicaban los rumbos ordenados a las expediciones y los puntos de reunión o centro de informaciones.

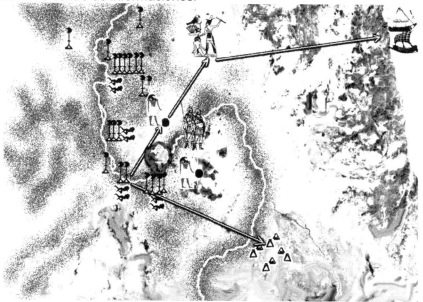

A menos de un día de marcha estarían sobre el lugar del impacto del proyectil, pero el Faraón ordenó que nadie se acercase a menos de trescientas cuerdas de ese punto. En ese tramo, el río discurre de Noreste a Sudoeste, así que en esa dirección se dirigirían por tierra, pero dando también un rodeo. La movilización de la expedición de Hilaris comenzaría junto con el despliegue de Elhamin y los demás, para separarse en el punto marcado donde dejarían el grueso de carros y Diva establecería el centro de comunicaciones del Norte. Gibured dejaría a tres mil hombres en los barcos y al mando de la flota a Mertinetis, quien debía avanzar con el Faraón hasta donde él indicaría, a trescientas cuerdas del lugar peligroso.

-Sigo sin estar satisfecho y tranquilo respecto a vuestra posición y los riesgos que pretendéis correr, Faraón. Sólo han pasado tres días y habéis advertido Vos mismo de no acercarnos...

-Es preciso que lo haga, Elhamin. Debo ver con mis propios ojos los efectos de esas armas. Para eso tengo mi Heka y el Nejej que me indicarán si estoy en riesgo o no. No creo probable que el enemigo, viendo la explosión, se aventure a ir a ese sitio, a pesar de las órdenes de relevo que tuvieran...

-No me confiaría tanto en ello. -respondió el General con tono de gran preocupación- Recordad que aún debe haber en el cuartel del poblado unos diez mil hombres, si es que no se han sumado refuerzos desde la última vez que estuvo Hetesferes...

-Por lo que hemos visto, -agregó Gibured- son tan desorganizados como audaces sin conciencia, lo que les hace más imprevisibles que a un ejército disciplinado. Además, deben tener al menos una serie de mandos, sino una cadena de comunicación...

-Y en caso de que alguien haya logrado escapar de la explosión, sin duda habría dado aviso... -agregó Arkanis.

-¡No me ayudéis tanto, Generales...! -respondió Isman- ¡Con lo que me cuesta convencer a Elhamin, echáis más picante al guiso!

.-Disculpad, Faraón, -replicó Henutsen- pero no es sólo Elhamin el preocupado. Al menos dejad a todos marchar a la par de los barcos, que por tierra o por río no pasaremos de la distancia que recomendáis.

Isman repasó los diversos mapas, mientras calculaba distancias y reflexionaba calculando también la dispersión de las fuerzas y la prolongación del tiempo de marcha si no acortaban camino.

-De acuerdo. -dijo por fin- Queridos míos, os agradezco el Amor que ponéis en la preocupación, pero con la mía es bastante. No abusaré de la vuestra, así que vendréis a la par de los barcos por la vera del río, aunque eso suponga medio día más de marcha. Y para seros del todo honesto, diré que no os faltan razones en vuestras posturas.

-¡Gracias, Faraón! -exclamó Ankemtatis- No imagináis como nos tranquiliza vuestra decisión.

-¿Tanto como para curar vuestra pierna del todo?

-Estoy curado, Faraón. Si acaso rengueo un poco es para no forzar todavía la rodilla… Dispondré la mitad de los boleros en los barcos y la otra mitad en tierra. Por cierto… Ya disponemos de más de ocho mil boleras y más pertrechos para ellas. En estos tres días, la instrucción ha sido intensa. Los talabarteros están haciendo fundas para todas.

-Bien, pero no olvidéis que los arcos podemos fabricarlos siempre y en cualquier lugar con palos, tripas de animales o fibras de plantas, que no requieren ayuda de las fábricas de los Hombres-Dioses; que las flechas se reponen con piedras y palos y que pueden decidir una batalla si hay que hacer que los proyectiles lluevan. ¿Sabéis ya que alcance tienen en disparo inclinado las boleras?

-No, Faraón. Nos ha faltado tiempo para ello. Hemos tirado un poco, pero van tan lejos que aún no las vemos caer. Quizá el viento las desvía mucho. Como bien decís, si hay que hacer que los proyectiles lluevan, las flechas siguen siendo lo más adecuado para eso. No temáis que quedemos dependientes de las armas que no podemos fabricar. Lo recalco hasta el cansancio a toda la tropa.

-Me alegro que lo hagáis, aunque las usemos lo mejor que se pueda. Si no las tuviésemos, ya habríamos inventado modos mejores de anular su efecto. Las guerras no las ganan las armas, sino los hombres…

## Capítulo XVII - La Desaparición del Faraón

Al día siguiente, despuntando la claridad, se inició la movilización. Los cinco grupos de Invisibles habían partido la media noche anterior y poco después los relevos de los exploradores, de modo que se mantendría la mejor información posible sobre el terreno. Dos barcas rápidas habían zarpado para explorar el río, también con la consigna de no pasar de un punto indicado por Isman en los mapas, calculado a trescientas cuerdas del lugar de riesgo de radiación. Cuando la flota y la tropa de tierra llegaron hasta allí, hallaron que el río se dividía en tres brazos, tal como había consignado Hetesferes en los mapas, debido a dos grandes islas cuya vegetación muy frondosa y alta, y sus recodos, no permitían ver a más de dos cuerdas río arriba. Isman estaba en la cubierta de una barca rápida, apuntando alternativamente con el Heka y el Nejej a la zona. Preguntaba en voz muy baja:

-Mi humana persona pregunta a Vos, Lah, memoria eterna de las vidas del Ser, si estamos corriendo riesgo en este lugar… Sí, vale… Ahora os pregunto ¿Es la radiación de la que habló Sekhmet lo que nos pone en peligro?... ¡No! ¿Entonces cuál es la causa? ¿Es natural? ¡No!... ¿Es humana? ¡Sí!

-¡Faraón! -exclamaba el piloto de la barca- Señales desde tierra, enemigo a la vista.

-¡Deberíamos ir a tierra, Isman! -decía Enhutatis en voz de ruego. Elhamin ha levantado bandera roja y punto negro...

-¡Que se adelanten los barcos con los boleros! -dijo Isman- Piloto, a retaguardia...

Apenas acabada la frase cuando algo cayó muy cerca de ellos y levantaba una columna de agua. Momentos después, otro proyectil cayó y atravesó la cubierta de la barca, llevándose consigo a un remero.

-¡Catapultas en la isla! -gritó el piloto- ¡Nos hundimos!

Dos proyectiles más de gran peso cayeron sobre la cubierta y la nave comenzaba a zozobrar. Los quince remeros, el piloto, Isman y Enhutatis se lanzaron al agua procurando llegar a la orilla, pero los cocodrilos cubrían la pequeña playa a la que pensaban llegar. Isman los alcanzó a ver y gritó con fuerza que regresaran. Los demás repitieron la orden pero tres de los remeros no alcanzaron a oírla, por lo que fueron comida de los reptiles un momento después. A pesar de los disparos de catapultas, otra barca rápida avanzó para rescatar a los náufragos y uno de los barcos mayores, casi tan rápido como la barca, se colocó aguas arriba más cerca de la isla, pero también fue alcanzado por algunas rocas que lanzaban desde ella. Los boleros disparaban sin cesar y las otras barcas dispararon sus arpones incendiarios, con lo que cesó la lluvia de piedras.

Desde la barca rápida que quedó a cubierto por el barco, se tendían las manos a los náufragos, que llegaban hasta ellas con los cocodrilos a punto de alcanzarles. Ya no se veía a nadie más en el agua, pero Enhutatis gritó el nombre de Isman varias veces, sin respuesta.

-¡Buscad al Faraón! -gritaba desesperadamente- ¡Todas las barcas, buscad al Faraón...!

Mientras tanto, desde la orilla el ejército disparaba sobre las islas, pero a ciegas, calculando los puntos por donde habían visto partir los proyectiles, que eran rocas del peso de un hombre o poco menos.

-¡Son al menos diez catapultas y no podemos verles! -gritó Elhamin- ¡Ordenad a Gibured que todos los barcos retrocedan diez cuerdas!

Los tamboreos y silbatos, así como los voceros desde tierra con sus banderas, hicieron las señales pertinentes y momentos después la flota retrocedía, con una barca hundida y dos barcos averiados como para obligar a abandonarlos a la brevedad posible. Tres barcas rápidas seguían buscando al Faraón, moviéndose para no presentarse como blanco fácil, mientras sus arponeros intentaban sin éxito, acertar en las posibles ubicaciones de las catapultas. Algunas habrían sido afectadas por las grandes flechas incendiarias, porque disminuyó la frecuencia de los disparos, pero el Faraón no aparecía.

Tras algunas rocas cayendo demasiado cerca de la barca que rescató a los náufragos, el piloto decidió replegarse y ordenó cesar la búsqueda, que por lo visto no daría resultados y se ponía en riesgo a mucha gente.

-¡Disculpad, Enhutatis!, no podemos seguir buscándole y si ha sido golpeado el agua le habrá llevado río abajo. ¡Seguimos buscando mientras retrocedemos!

-¡Mirad bien!, ¡Mirad con atención! -gritaba ella mientras saltaba de una banda a la otra oteando el agua, luchando a la vez con sus lágrimas que le nublaban la vista.

Los remeros apuraron la barca escapando a los proyectiles por tan poco que rompieron algunos remos, mientras desde los barcos y desde tierra los disparos de boleras continuaban sin resultados visibles.

La barca llevó a los rescatados a tierra, unas quince cuerdas más al Norte y luego el piloto navegó hacia uno de los barcos de pertrecho porque debía reponer con urgencia los remos rotos. Mientras, Enhutatis imploraba a los dioses que ayudaran a encontrar a Isman, corría por la orilla del río sin saber qué hacer y en sus idas y venidas, Hetesferes la vio, corrió a su lado y la abrazó, intentando tranquilizarla. No conseguía que se calmara, de modo que se puso a buscar junto con ella, por si aparecía, pero los cocodrilos seguían a los trozos de los cuerpos caídos y algunos animales se acercaban demasiado a la ribera.

-¡Que Sobek le proteja! -gritaba Enhutatis- ¡Que Sekhmet le cuide y no deje que muera!

-¡Sekhmet, Sí, Amada Sekhmet!... -dijo Hetesferes- Voz me habéis ayudado, sois la Madre Viviente de Ankh em-Ptah… No dejéis que…

-"*Está vivo, -escuchó en el interior de su cabeza- en una isla con el enemigo, pero no está fuera de peligro. Haced que se suspenda el ataque a las islas…*"

-¡Seguidme, Enhutatis!, -gritó mientras corría hacia la posición donde estaba Elhamin, a cuerda y media más al Sur- ¡Está vivo!, ¡Está vivo pero debéis suspender el ataque a las islas! -Seguía gritando mientras corría exhausta-. ¿Me entendéis, Elhamin? ¡Suspended el ataque a las islas!

De inmediato, el General ordenó cesar el hostigamiento a ciegas, tanto desde tierra como desde los barcos. Las banderas blancas con un círculo azul indicaban permanecer atentos pero sin atacar.

-¡Ya está hecho, ahora decidme qué ocurre!

-El Faraón… está en una de las islas… -dijo Hetesferes tras tomar un poco de aliento- No me preguntéis más por ahora, pero hay que esperar. Confiad en lo que os digo…

Se sentó en el suelo y Enhutatis, tan extrañada como el General, le vieron cerrar sus ojos e inspirar profundamente mientras se relajaba.

-¡Esperad… Sólo debéis esperar…! -decía mientras los demás le miraban y Arkanis, Diva y Etherisis, los más entrenados en la visión del mundo del Ka, pudieron ver a la mismísima Sekhmet arrodillada al lado de Hetesferes, hablándole al oído, mientras ella repetía en voz alta, con los ojos cerrados, de modo textual lo que escuchaba.

*-Debéis dejar que el Faraón haga lo que está haciendo. Hace tiempo que no ejercita la muerte del enemigo con sus propias manos. La furia del Faraón es necesaria más que nunca y sólo debéis dejarle hacer. Estad alertas, porque habrá que rescatarle cuando veáis ondear su tocado azul en la isla más cercana al lado Sur, por el lado occidental.*

Hetesferes abrió los ojos y miró a todos sin terminar de creer lo que ella misma experimentara conscientemente. Elhamin ordenó a la tropa retirarse a una cuerda de la ribera y estar atentos a los cocodrilos que la infestaban, porque podrían lanzarse sobre la infantería. Indicó a las mujeres que se quedasen allí y corrió acompañado de algunos soldados hacia la altura de los barcos, mientras ordenaba al vocero hacer señas a una barca rápida. La más cercana lo recogió un rato después para llevarle con Gibured, a quien ordenó disponer el rescate del Faraón, que aparecería por la orilla occidental de la isla.

Elhamin no permitió a Gibured ni a Mertinetis acompañarle, sino que subió a la primera de las cinco barcas que avanzarían lo más cerca posible de la orilla Sur. Los remeros bogaron con el ritmo que el propio Elhamin les marcaba con un palo, a fin de evitar demasiado ruido. Las catapultas habían dejado de disparar, mientras él repasaba con su largavistas la floresta. Al ver algo que se movió entre las ramas del árbol más alto en la isla, pidió el arma a un bolero. Apuntó y disparó una ráfaga de treinta tiros, para ver momentos después con el largavistas, cómo un soldado intentaba descender y luego caía, muerto o herido.

-¡Le he dado a un vigía! -exclamó- Ese ya no dará nuestra posición a las catapultas. Estad atentos, acercaos poco a poco a la derecha… Eso es, ahora hacia el centro, entre la isla y la ribera... ¡Allí está!, ¡Adelante! ¡A rescatar al Faraón!

Los dieciséis remos, sin indicación alguna de ritmo, actuaron como si tuvieran al más experto mutliquero marcando su bogar. Elhamin sintió que la barca galopaba sobre las aguas y a pesar de ir a contracorriente en el estrecho brazo, estuvo en pocos momentos al alcance del Faraón, que saltó a ella como si todo estuviese acordado previamente.

-¡Perfecto rescate, General!, ¡Os recomendaré para un ascenso!

-¡A retaguardia, remeros, -decía Elhamin- ahora hay que ponernos a salvo todos!... Y Vos, Isman, no podéis ascenderme más, a menos que me mandéis al Reino Cristalino, pero yo debería haceros descender al rango de "Aspirante a Faraón", por desobedecer la orden de manteneros a salvo. ¿Quién os mandó a adelantaros a la flota?, ¿No podíais usar vuestro Heka desde la retaguardia? ¿Y qué hacéis con esas ropas del enemigo? Si la mismísima Sekhmet no nos hubiera avisado que ondearíais el tocado azul, os hubiera liquidado yo mismo con la bolera...

-¡Tenéis razón, Elhamin!, por los dioses, que lleváis toda la razón y después me daréis la reprimenda, pero ahora atended: Un impulso me llevó a aprovechar un remanso y acercarme a la isla en vez que ir a la barca de rescate. El barco que la cubrió, también me cubrió a mí y pude meterme en la orilla sin ser advertido. Llegué hasta una catapulta y tras eliminar a los cinco que la manejaban, pude hacerme con una bolera y localizar a los vigías en los árboles. Los he bajado a casi todos, pero los reemplazarán, sin embargo he podido ver cómo están situadas las catapultas y otras cosas en esas islas. También hay algunas barcas ocultas en las calas. Los aniquilaremos desde tierra.

-¿Habéis recorrido ambas islas?

-Claro, luego crucé a la otra isla aprovechando unos maderos y me hice con las ropas del último vigía que derribé. Me guardé el tocado azul y eso me permitió cruzar una línea de catapultas sin llamar la atención, hasta que alguien me llamó a servir con los cargadores de piedras y corrí hacia la orilla. Fue un error, porque debí sumarme y liquidar a ese grupo también, así que me empezaron a perseguir y a vocear a los vigías... Vos debisteis derribar a uno que me tenía a mal traer, no lo localizaba y no me dejaba acercar al agua... Los otros aún deben estar buscándome.

-Así es. Justo a tiempo. No os salvaréis de la reprimenda, Faraón, pero no os la daré yo, sino vuestra... Ayudante de Cámara...

-Bendito seáis, Elhamin, pero no os riáis tanto, que también tenéis ahora quien os ajuste las clavijas... Vamos a tierra, que los barcos se alejen al menos dos mil cuerdas río abajo, o sea hasta el punto de la batalla con la primera línea de contención. Son dos días de marcha por tierra, un día por el río, y las tropas también deben retirarse esa distancia, pero lo harán hacia el Norte, así nos reunimos después.

-¡No pensaréis usar las armas de explosiones!

-No hay alternativa, Elhamin. Allí no sólo hay catapultas. También hay dos armas de cilindros y quizá tengan más, sólo que al parecer, aún no tienen ni idea de cómo usarlas. Están apuntando al Sur, donde no hay nada en los mapas, como si también se preparasen para hacer ensayos.

-.Daremos las órdenes personalmente, Isman, porque no quisiera la menor confusión... -decía Elhamin mientras se acercaban al barco de Gibured- ¿Pero... es necesario alejarse tanto? ¿No bastaría con lanzar un cilindro de los menores? Ya sabéis que sería bastante para hacer que esas islas se conviertan en un infierno y en un radio muy grande...

-Lanzaremos uno de los pequeños, pero ahí puede haber muchos cilindros, aunque sólo he visto las armas. Lo más probable es que todo eso se contagie del fuego y forme una explosión enorme...

-De acuerdo, Faraón, pero mientras voy a tierra para llevarme a la gente al Norte, quedaos con Gibured. Intentaré llegar a esa distancia antes de mañana por la noche, para disparar desde allí, pero será un poco difícil que lo logremos... Además debo avisar a los exploradores...

-Me quedaré con Gibured, pero confiad en Ankemtatis, Himhopep y los geómetras, que si toman bien las referencias podrán dar en el blanco aunque sea de noche... A ver vuestro mapa integral... Pues podéis disparar desde aquí, a sólo ochocientas cuerdas. Estaréis allí antes de esta noche, disparar e inmediatamente continuar viaje hasta este punto de reunión. No habrá nubes ni niebla, así que las estrellas y vuestro aparato de orientación con la aguja, os ayudarán.

-Imagino que luego de la explosión, no os acercaréis a curiosear...

-No, General, podéis estar tranquilo. Enviad a los exploradores la orden de retraerse a vuestra posición inmediatamente, cualquiera sea la situación que hayan encontrado. No debe haber nadie a menos de ochocientas cuerdas de las islas cuando eso explote. Reunid todos los carros medio vacíos y llenadlos mejor, para que algunos sin carga acompañen a la flota por tierra. Después de la explosión dejaremos los barcos y hay que aprovechar los pertrechos que sea posible.

-No os preocupéis por eso, Isman. Hay carros suficientes para casi toda la carga de los barcos. Así se hará. Luego nos reuniremos en mi posición, en este punto del mapa... Desde los barcos, tendréis dos días de marcha. No olvidéis que necesitaremos al menos un par de barcas rápidas para movernos por el río. Quizá algunos deberían arriesgarse y navegar por la zona de peligro. Sólo os ruego que no seáis Vos.

-Entonces, no será, Elhamin. No enviaré a nadie a correr un riesgo que no corriese yo mismo. Tenemos suficientes carros como para llevar algunas barcas y hasta un par de barcos grandes desmontados.

-Con las barcas rápidas será suficiente, pero que lo decida Gibured...

Isman fue dejado con Gibured y Elhamin llevado a tierra. La misma barca llevó a Enhutatis al barco de Gibured, pero antes de zarpar, Elhamin le dijo.

-Ya he reprendido al Faraón, pero su arrojo ha sido trascendental para continuar con las victorias. A pesar del miedo que habéis pasado y la preocupación de todos, ha valido la pena. Sin duda que Sekhmet le ha guiado y protegido. Id con el héroe, que os necesita.

Al subir al barco y caer en los brazos del Faraón, Enhutatis quiso decirle mil cosas, pero no pudo hacer más que besarlo largamente mientras empapaba el pecho de Isman con sus lágrimas.

La flota se retiró río abajo mientras las tropas de tierra hacían lo suyo. Al caer la noche, habían alcanzado las ochocientas cuerdas de distancia y los geómetras hicieron los apuntes para efectuar el fatídico disparo. No se armó campamento, porque deberían seguir viaje inmediatamente. La explosión apenas fue visible, a pesar de las condiciones climatológicas.

-Creo que me he equivocado en este cálculo... -decía un geómetra a Ankemtatis- Es posible que debamos repetirlo, con esta inclinación un poco menor... Ahora que lo repaso todo, creo que ha ido a más de doscientas cuerdas más allá del objetivo... Disculpad mi torpeza...

-Lo importante, Alvalopep, es que os hayáis dado cuenta. Preparemos otro disparo. Tenéis unos momentos para repasar vuestros cálculos.

-Ya lo he hecho, Ankemtatis, por tres veces, por eso me he dado cuenta y ahora deberíamos dar exactamente entre ambas islas...

El segundo disparo fue más notable, pero un instante después, cuando el fuego alcanzaba algo de altura, otra explosión muchas veces más grande tuvo lugar, y luego una tercera... Y una cuarta, que se sumó a las anteriores en momentos, dando lugar a una llama y una nube de dimensiones colosales, que parecía llegar a las estrellas.

-¡Que los dioses nos asistan! -exclamó el geómetra mientras miraba por un tubo metálico que era parte de un aparato complejo- Si no me equivoco, aunque no veo las estrellas que debería ver por este tubo, ahora el fuego está llegando a doscientas cincuenta cuerdas de altura.

-Tal como dijo el Faraón, -comentó Elhamin- había más cilindros allí y han estallado... Hubiera sido bueno capturar todo ese material, pero habría sido imposible sin muchas bajas nuestras...

Una serie de varias explosiones menores, se produjo cuando aún no se había cambiado el color de la gran explosión anterior. Eran tantas y casi simultáneas, que no fue posible contarlas, pero calculó Elhamin que serían al menos cincuenta.

Desde los barcos, que se hallaban ya a más de mil doscientas cuerdas, también observaban las explosiones.

-Esperemos que esto no enferme tanto las aguas como para que Ankh em-Ptah tenga que sufrir un martirio por esta guerra infernal.

-Si así fuese, Isman, -respondió Enhutatis- Sekhmet no os habría permitido hacer estas explosiones.

-Así es cariño, tenéis razón. Y el peor martirio habría sido que todo esto estallara en nuestros poblados, tal como pensaba hacer este enemigo despiadado. De no haber emprendido esta campaña guiados por Sekhmet, no habríamos tenido oportunidad de defensa, la sorpresa habría sido total a lo largo de todo el país e incluso en Tekmatis, que habría sido su campo de pruebas y la habrían destruido con un disparo de estas armas tan terribles. Disculpadme, necesito hablar con Gibured.

-Estoy aquí, Faraón, -decía el General subiendo a la cubierta- ¿Vais a necesitar hablar en privado?

-¡No, en absoluto!, ya que estáis aquí, hablemos. ¿Cuánto vamos a demorar hasta el punto señalado?

-Poco, Faraón. Antes del amanecer estaremos llegando. También quería preguntaros más detalles sobre los barcos... ¿Los vamos a dejar abandonados sin más?

-No, Gibured, pero sólo dejaréis diez por cada barca rápida y dos mil hombres, con cincuenta por barco es suficiente, ¿verdad...?

-¡General!, -interrumpió un soldado subiendo las escaleras- una barca del General Merensob viene con bandera de urgencia.

-Vamos a ver qué ocurre... Quedaos, Faraón. Ya me encargo y luego seguimos hablando.

Poco rato después regresaba, junto con el mensajero.

-No le he dejado continuar, porque ya que estáis aquí, mejor nos cuenta las novedades una vez. -dijo Gibured- Hablad ante el Faraón.

-Hace ocho días, -decía el soldado luego de presentarse- nuestro pueblo ha sufrido matanzas brutales en el Norte. El Concejo emitió en consecuencia, orden de aniquilación total y definitiva del enemigo. Las guarniciones enemigas que fueron enviadas en expulsión hacia el Norte tras la batalla de Gavelade, consiguieron amotinarse y han matado a más de cien de los nuestros y finalmente huyeron, dispersándose por las costas del mar del Norte. En Rakotis y poblados cercanos han asesinado a más de dos mil civiles, muchos de ellos degollados, han puesto a los niños empalados en los accesos. Los Generales Unaptis y Amenhaton consiguieron dar caza a la mayoría de los asesinos, pero algunos grupos han logrado infiltrarse por las selvas del gran Delta del Nilo y toda la zona ha recibido ataques, con cientos de muertes de civiles. El General Hilarión decretó estado de sitio e incorporación a la milicia a todos los hombres y mujeres que tengan la instrucción básica. Mientras tanto…

-¿Sabéis algo de la moral de la población?

-Sí, Faraón. La reacción ha sido tan alta que hasta los niños han querido enrolarse en la milicia, lo que lógicamente el General no ha permitido, pero con seguridad habrá muchos menores de quince años con buena complexión que han engañado a los censores. Nadie quiere quedarse al margen… En eso, podéis estar tan orgulloso como tranquilo.

-Bien, continuad, por favor. -decía el Faraón sin poder evitar el llanto más amargo de su vida.

-El General Amenhaton ha tenido tres enfrentamientos, con muchas bajas, pero ha logrado detener una invasión que se ha iniciado por el Mar de Naciente. El Concejo desea que volváis con la mayor rapidez posible, porque aunque se ha mantenido a raya al enemigo, la situación puede volverse más grave. También desea saber el Concejo, aunque ha recibido mensaje de vuestras victorias, si es preciso que continuéis con la mayor parte de las fuerzas aquí en el Sur. De no ser así, os piden regresar cuanto antes a Karnak y reforzar el Oriente, porque es una región demasiado amplia y difícil de defender.

-Tomad nota, soldado: -dijo Isman mientras el hombre comenzaba a escribir- Hemos aniquilado a una fuerza, hasta ahora, de sesenta mil hombres y les hemos quitado cerca de siete mil armas boleras, que se suman a las que ya tenía Ankemtatis. Hemos liberado a más de ocho mil esclavos, pero también disponemos de armas como jamás se han visto antes, secuestradas al enemigo… ¿Habéis visto las explosiones ocurridas recientemente?

-Las vimos y pensamos en regresar, Faraón. Seguimos adelante porque no consideramos posible volver sin novedades claras, pero tuvimos pavor. Seguramente el Concejo querrá saber qué hemos visto.

-Habéis visto la explosión de un arsenal ubicado en unas islas que ahora deben ser un hoyo inmenso en medio del Nilo. Las explosiones pueden enfermar las aguas por algunos días y aunque esperamos que no llegue el efecto a Ankh em-Ptah, se recomienda hacer provisión urgente de agua. Iréis advirtiendo a todas las ciudades, porque al descender vais con viento Sur, aguas abajo y remos a reventar brazos. La gente podrá hacer provisión y al menos pasar un Khabed sin acercarse al río. Incluso es preferible que no laven ropa en él durante esos treinta días próximos...

-Un instante, por favor... Está anotado todo eso. Continuad, Faraón.

-Ahora mismo es imposible enviar refuerzos, porque tenemos aún más de diez mil enemigos en un poblado más al Sur y he enviado a explorar la zona de Tombizara, por donde el enemigo han estado ingresando tropas y pertrechos a esta región. En cuanto dejemos limpia esta parte del mundo, regresaremos, pero hacerlo ahora sería dejar un puñal enhiesto a espaldas de Ankh em-Ptah. Llevaos estos mapas que me han duplicado los dibujantes, para indicar al Concejo lo conseguido hasta ahora, pero anotad con cuidado esto: El enemigo tiene armas que disparan bolas de metal y eso ya lo saben, pero lo importante es que pueden desviarse igual que las flechas, con una chapa de metal en los escudos que deben ponerse en la inclinación que está indicada en este dibujo. Si consiguen hacerse con esas armas, deben saber de esta otra característica... y sobre todo, mensajero... Estos mensajes son secretos de Estado. Hay muchos espías por todas partes y nadie, salvo los Generales y los notables del Concejo, deben conocer esta situación. Si el enemigo acuartelado en otros sitios lo supiera, estaríamos en grave peligro.

Tras una serie de explicaciones más, el mensajero regresó junto con un soldado de Gibured, que había escuchado todo y llevaba consigo un duplicado de todo lo escrito, con la misma consigna de secreto militar. Irían en barcas diferentes, para asegurar que el mensaje no se perdería por algún accidente. Poco más tarde, en cuanto los dibujantes y escribas volvieron a hacer duplicados, una tercera barca rápida partió con los mismos mensajes en manos de uno de los soldados más destacados en la mensajería. Iría más lento, dejando una buena distancia hasta la segunda barca. Eran muchos días de navegación, con infinidad de riesgos, pero así aseguraban lo mejor posible las comunicaciones.

Llegados más tarde a la posición elegida para situar la flota, el Faraón y Enhutatis fueron despertados para desayunar junto con el resto de los hombres y comenzaron a cargar los carros con todas las provisiones que podían llevar. Al aclarar el cielo, cincuenta carros, doscientos caballos y varios miles de soldados, abandonaban los barcos, listos para partir.

-He dejando dos mil hombres de guardia, -comentaba Gibured a Isman- aparte de los doscientos en las barcas rápidas, provistos todos ellos con boleras y mil proyectiles cada uno, suficiente para defender las embarcaciones, que se mantendrán ancladas de a dos en medio del río, que tiene aquí trece cuerdas de ancho.

- Me parece bien, General. Con seis cuerdas a cada lado y la costa infestadas de cocodrilos, no sería fácil atacarles con grupos pequeños.

-Además, ya sabéis como es Mertinetis. No hay guardia más segura en el mundo que la suya. Después de esta campaña, os voy a sugerir ascenderle a General...

-Llamadle ahora mismo, Gibured, y convocad a reunión en vuestro barco mayor, al menos a cien testigos. No veo necesidad de esperar.

Tras una breve ceremonia, el Faraón hizo uso de sus privilegios como Jefe de Todas las Fuerzas de Ankh em-Ptah, para designar a Mertinetis con el rango de General. Luego el Consejo debía confirmar el nombramiento, pero esa formalidad sólo podría ser negativa si se hallaba incompetente al nombrado, cosa impensable y que jamás había ocurrido.

-Una pequeña demora, pero que me deja más tranquilo, Gibured. Ese hombre ha dado muestras de merecer el rango, aunque no es el único que se ha lucido, pero se queda con una gran responsabilidad, cuidando esos barcos y perdiéndose el resto de la exploración.

-Mertinetis no tiene vocación de explorador, Faraón. A él le encanta la efectividad, la disciplina dura... Aunque en sus descansos, pinta dibujos, hace estatuillas de madera, escribe poemas a una mujer y... En fin, que nadie diría lo terrible que puede ser como Guerrero, ya le habéis visto.

-Tenemos dos días de marcha, Gibured... Habladme un poco de vuestra vida. Os conozco como militar de cinco décadas y jamás he sabido de vuestra vida personal.

-No tengo mucho que contaros, Faraón, la vida militar es un servicio que pretendo dar con la mayor perfección, me gustan los barcos, los diseño, los mejoro con ayuda de Himhopep desde hace tres décadas... Me gusta escribir aunque lo hago poco y voy atrasado con mis apuntes de historia. Tuve una mujer que me esperaba, pero no me acompañaba nunca y un día decidimos que no es posible vivir así. Ella encontró un marido más adecuado y yo sentí el alivio de no ser esperado. Pero tuvimos buenos años y dos hijos que ahora son Comandantes, uno con Hilarión y el otro a cargo del almacén en vuestro Templo en Karnak…

-¡Seti Meremjnum! ¿Es vuestro hijo?

-Así es, pero me extraña que no lo supierais. Casi toca las estrellas cuando le destinaron al servicio allí, para estar cerca del Faraón.

-Nunca me dijo que es vuestro hijo y nunca se lo pregunté. Hemos conversado mil veces, pero como con Vos, nunca de cosas personales, siempre de la metafísica, de la alimentación y sobre todo, de la medicina. A veces he pensado que ha equivocado la vocación, porque aunque tiene excelentes dotes militares, suele ayudar a los médicos y creo que ha salvado más vidas que las que ha cegado…

-Sólo porque no ha tenido muchas ocasiones, Faraón. Ganó el mérito que le permitió elegir destino enfrentándose solo a un pelotón de quince hombres en la segunda invasión de Karnak. Recordaréis que no pudieron entrar en los arsenales y no quedó vivo ninguno…

-Sí, lo recuerdo, pero no sabía los detalles ni quienes participaron en cada sitio… Ya podéis estar más que orgulloso, Gibured.

Los dos días de marcha transcurrieron con tranquilidad. Isman y Enhutatis se iban conociendo más y más. En el carro cerrado, con cinco caballos cuyas riendas llevaba el propio Faraón, las conversaciones eran propias de un maravilloso matrimonio. La tropa pudo entonar cánticos, gracias a la exploración en abanico que aseguraba la ausencia de enemigos en mucha distancia a la redonda. Las canciones de la tropa trataban desde cosas triviales, chistes y bromas, hasta profundos temas metafísicos. Un soldado solía hacer parodia de un sacerdote moderador, lo que no parecía gustar mucho a algunos Comandantes, pero en realidad eran soldados con una misión definida por éstos: Orientar la moral de la tropa, atender a la conducta general e informar sobre la misma personalmente al General o en este caso al Faraón.

-Como siempre, Faraón. -decía uno de estos soldados de control interno acercándose disimuladamente al carro en un descanso- A veces creo que mi trabajo es inútil o es el de un bufón. Me divierte, pero creo inútil informaros lo que no puede ser de otra manera. Nuestro ejército es el mejor del mundo. ¿Os parecería más adecuado que sólo os informara sobre el estado de cansancio?

-De acuerdo, soldado. Mientras todo sea "como siempre", sólo necesitáis informar sobre el cansancio. No obstante vuestro trabajo es más importante que lo que suponéis. Y vuestro censo sobre el cansancio de la tropa es imprescindible, aunque parezca que los Generales o yo mismo podemos apreciar las condiciones. Si os divierte vuestro trabajo de bufón, seguid con ello, que la tropa también lo necesita.

Los exploradores eran enviados hasta cien cuerdas por delante y a los lados de la ruta, abanicando meticulosamente la región, pero no encontraron ninguna actividad, ni rastros recientes de movimientos de tropas. Aprovechaban para levantar mapas de la zona, en que se combinaban partes semidesérticas con bosques donde abundaba la caza. Cuatro oasis permitieron reponer aguas, algunos frutos frescos y descansar en los ratos de mayor calor, que aún siendo época invernal, resultaba drástico por la ausencia de nubes.

Al llegar en la madrugada del tercer día a la posición donde debían encontrarse con Elhamin, les esperaba un grupo de quinientos hombres.

-El General Elhamin, -decía el Comandante Omar- ha decidido ir hacia el poblado enemigo. Lleva casi un día de marcha de ventaja, y se situará en este punto del mapa, a poco más de un día del poblado. Así, mientras avanzamos hacia él, los Invisibles y los exploradores irán estudiando las posiciones enemigas. Me ha pedido informar cuando llegaseis aquí, así que si tenéis algún mensaje, envío el halcón con las órdenes o lo que dispongáis. También debo consignar si la exploración de los grupos de Invisibles que teníais prevista para el Sur y la de Tombizara deben hacerla o se suspenden.

-Por ahora queda suspendido todo el plan de exploración y división de las fuerzas, menos la exploración del entorno y aniquilación de ese cuartel, aunque habrá que estudiar cómo diferenciar y liberar a los esclavos. Elhamin ha tenido buena idea al ganar un día. Ahora vamos a continuar y descansaremos cuando el sol esté en el cenit. Disponed que los relevos de exploración alcancen los cuatro días de marcha desde mi posición. No quiero sorpresas…

## Capítulo XVIII - Asalto al Último Bastión

El encuentro con el campamento de Elhamin se produjo hacia la media mañana siguiente y el Faraón informó a los Generales de las noticias recibidas. Se enviaron quinientos hombres con nueve carros que transportaban tres barcas rápidas, para armarlas a medio día de marcha del poblado, río arriba. Otros doscientos, armarían sólo una barca, a medio día de marcha del poblado, pero río abajo. Sólo cumplirían funciones de retención y prevención, sin intervenir salvo que se les avisara. Luego pasaron a analizar los posibles planes de ataque a lo que parecía la última guarnición enemiga, según todos los datos existentes y las referencias de Hetesferes.

-Los esclavos -decía ella- son traídos por grupos de trescientos o como mucho quinientos soldados, que son enviados regularmente a explorar y someter a las tribus. No hay hasta unos ocho días al Sur, ninguna población grande. No han encontrado ninguna tribu de más de quinientos individuos. Hay diversos asentamientos de gente de diversas razas, que viven con mayor o menor grado de cultura, pero la mayoría son casi animales. Los más temibles y numerosos son muy pequeños, de gran cabeza, caníbales y es posible que más al Sur formen poblados mayores. Los que han sido traídos como esclavos les han resultado tan indomables que los han matado. No sé si ha quedado alguno.

-¿Hay alguien en esa zona de las pirámides?

-Una tribu negra que según dicen ellos, un dios les ordenó cuidarlas y evitar que sean usadas como canteras. Queda muy poca gente en esa zona y los que viven allí son muy cultos. Pero casi todos han sido esclavizados. Uno de ellos fue mi maestro de matemáticas, geometría y otras ciencias. Pero los hijos de Seth no se han molestado en más averiguaciones, no les interesan las pirámides. Sólo les interesa hacer esclavos, así que apenas tuve tiempo a dibujarlas y poco más, con el pretexto de que sirven como referencia geográfica.

-¿Y en la zona que encierra este meandro del Nilo, sabéis que hay?

-Sí, Faraón, una vasta región donde sale fuego de la tierra. Algo parecido a las explosiones que hacen esas armas, pero hechas por la naturaleza del mundo. No vive nadie por allí. Según me contaba mi maestro negro, a quince días de marcha hacia el Sur y un poco al Este, o bien siguiendo la línea del mar del Naciente, se encuentra otra zona igual, pero mucho más grande, con agujeros enormes y muchos sitios donde el fuego emana de la tierra y muchas veces tiembla.

-¿Tenéis idea de por qué se llama Tombizara a la región del Este hasta el Mar de Naciente? -preguntó Hilaris.

.-Dicen los nativos que cayó una estrella hace miles de años, es decir cuando aún poblaban la tierra los Hombres-Dioses. Ellos vinieron y se la llevaron. Es todo lo que he escuchado sobre eso.

-¿Habría algo que indique que existen más campamentos, cuarteles o poblaciones enemigas en la región?

-No, Faraón. Este asentamiento de aquí, es el cuartel general de los esclavistas. Habéis aniquilado todas las fuerzas y campamentos que tenían preparados para la gran invasión desde esta región. No he sabido de otras zonas por donde quisieran atacar, pero supongo que ésta preparación era la más importante. Hice un relevamiento hace tiempo, hacia el Este, de modo que no descartaría que haya fuerzas importantes camino al Mar del Naciente.

-Me pregunto por qué no eligieron otra región donde efectuar todo el preparativo y lanzar con contundencia un ataque contra Karnak, por ejemplo. Si hubiesen hecho eso con más de cincuenta mil hombres, apenas podríamos haberles contenido.

-Sí, Faraón, -respondió Elhamin- pero como bien decís, "apenas podríamos haberles contenido", pero lo hubiéramos podido hacer. En cambio si lo hubieran logrado hacer por el río, sorprendiendo a las ciudades desde el Sur, una a una, habrían llegado a Karnak por sorpresa o con mínimo tiempo para organizar nuestra defensa.

-Además, -intervino Gibured- estoy casi seguro que esas armas tan potentes han estado guardadas por aquí, aunque hubiera cilindros en diferentes sitios de Ankh em-Ptah, que los han ido reuniendo aquí para llevarlos en los barcos…

-No han sabido cómo usarlos, -dijo Henutsen- justo hasta el momento en que les pillamos en el primer ensayo. Pero seguramente sus ingenieros estaban seguros de aprender a usar las armas.

-Y me preocupa -dijo Isman- que también debe haber alguna en Darsum, porque el fuego que vimos era de una explosión, más o menos cerca del fuerte que conquistamos allí, aunque creíamos que sería resplandor de los hornos. Es posible que haya estado guardada en ese sitio que quedó inundado…

-Eso es lo más probable, Faraón. -agregó Ankemtatis- Pero también es posible que las hayan tenido allí y las transportaran hasta aquí justo antes de que los descubriésemos. En cualquier caso, Darsum está fuera de combate, aunque me gustaría volver para explorar el lugar  y ver si es posible aprovechar los hornos. Si el tapón de rocas persiste, será complicado drenar el agua…

-Vamos a dejar Darsum por ahora, -dijo Isman- para centrarnos en la destrucción del poblado enemigo…

-Todos mis Invisibles están explorando su entorno, padre. Además he enviado quinientos exploradores a abanicar en un entorno de doscientas cuerdas a partir del poblado.

-Bien, Henutsen, y creo conveniente no hacer planes completos hasta que empiecen a darnos información, pero sabemos que allí hay unos diez mil hombres y que el ataque a la isla costó cuatro bajas. Tres que alcanzaron los cocodrilos y un remero que se hundió con una piedra de la catapulta. Descontamos a los hombres al mando de Mertinetis en los barcos y nuestros efectivos aquí y ahora son 19.432, menos los quinientos exploradores y los Invisibles, así como los quinientos que están río arriba y doscientos río abajo, armando las barcas. Es decir que les superamos por poco menos de dos a uno.

-Pero no podemos contar con el factor sorpresa, Faraón.

-Así es, Arkanis, por eso no quiero hablar de planes definitivos, sino de supuestos. ¿Sabrán que nos preocupan los esclavos e intentarán tenerlos como rehenes?

-Eso, sin duda. -dijo Elhamin- Bien sabe el enemigo como somos y especularán con ello.

-¿Es posible, Hetesferes, que hayamos liquidado a sus mandos en aquellas islas?, ¿Estarían presentes para los ensayos que harían?

-No lo creo, Faraón. Los jefes no suelen alejarse de sus tiendas, en un socavón en el centro del campamento militar. Aquí he hecho un plano nuevo, quitando las flores y todo lo que disimulaba el dibujo. Esta es la distribución y los Invisibles ya tienen copias. Los círculos grandes son las tiendas de los soldados. Los trazos rectos son las barracas de los esclavos y los puntos negros pequeños son los puestos de vigías, con torres de unos diez ankemtras de altura. Veinte codos, para que os hagáis mejor idea. Los rombos indican barrancos que no se pueden escalar fácilmente. Al Sur, el campo de cultivos, de unos quinientos ankemtras por lado, pero también los árboles dispersos en la región son casi todos frutales. El edificio con forma quebrada es la factoría.

-Así que controlan visualmente todo el panorama. -comentó Hilaris- ¿Y puede que sea difícil hasta para los Invisibles infiltrarse por allí?

-No, General. -respondió Henutsen- No es difícil infiltrarse, incluso de día, pero sí es casi imposible hacer cualquier cosa sin que se note. Mi grupo no podrá hacer por ahora más que observar. De noche sí que podríamos hacer diversas operaciones, como liquidar a los centinelas en las veintitrés torres de vigilancia, pero seguro que hay patrullas y otros puestos de guardia. Tendremos que tener claro cómo y dónde se cruzaría el río. Seis torres de este lado, el resto del lado Sur.

-¿Cuáles son las torres más altas, Hetesferes? -preguntó Isman.

-Las que están rodeando el campamento central, en la parte más alta del promontorio del Sur.

-Y está complicado para hacer un ataque simultáneo, -comentó Arkanis- porque desde las torres de vigilancia más altas, es de donde se debería dar la orden, pero no sería vista desde las posiciones del Oeste y desde el Norte, pues considerad que ahí el río tiene casi doce cuerdas de ancho... A menos que la misma señal se haga desde las torres tomadas, consecutivamente. ¿Tendrían ese sincronismo los Invisibles, siendo que no hay suficientes para todas las torres?

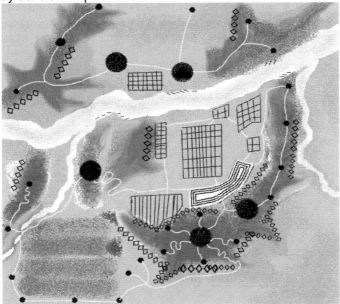

-Claro que sí, Arkanis. No os preocupéis por eso. -dijo Henutsen- Los Invisibles somos ahora diecinueve, pero en algunas de las torres sólo habrá que eliminar a los centinelas, sin necesidad de permanecer allí. ¿Cuántos centinelas puede haber por cada torre, Hetesferes?

-Normalmente uno, pero si están en alerta, pondrán dos, para evitar que se duerman. Tres no caben cómodos, porque la cajas superiores son pequeñas. Y si me permitís, tengo una propuesta... Todos me conocen ahí. Puedo volver simulando haber escapado de vosotros. No sé cómo podría ayudar, pero podría hacer algo estando con los jefes, darles información falsa o lo que dispongáis...

-No me gusta esa idea, Hetesferes. -respondió Elhamin- Y al margen de mis motivaciones personales, porque no quiero arriesgar a mi... Ayudante de Campaña, si sospecharan algo les pondría en mayor alerta aún. No creo que confíen en que les sigáis siendo fiel...

-Pero yo creo -dijo Isman- que podría ser útil. No contactando con los jefes, sino con los esclavos. Si consiguiese que colaboraran...

-No me parece viable, Faraón. -respondió Hetesferes- Algunos han vivido la esclavitud como yo, con los que ahora son sus compañeros de desgracia. Su mundo mental sólo es de ser esclavos mejor o peor tratados, o ser esclavistas; no pueden imaginar una sociedad libre, temerían que cambiar de dueños sea peor... Sólo podría contar con un grupo minoritario, que es el que ha intentado siempre la liberación y el sabotaje. Son quinientas personas o menos. Otros quinientos también están cerca, rebeldes, pero menos confiables. Les consideran peligrosos y les tienen separados del resto, en barracas de este lado del río.

-Eso es una importante ventaja, -dijo Isman- porque os podríais infiltrar sin el estorbo que serían los otros. Eso me hace pensar en la batalla por secciones, o sea atacando primero las guarniciones de este lado del río.

-No necesariamente... -dijo Arkanis- La toma de las torres debería ser simultánea y no tiene caso esperar, para atacar a las del otro lado. ¿Qué tan accesible es el promontorio donde se halla la jefatura, Hetesferes?

-Sólo es accesible por un camino que sale detrás de la factoría y se encuentra entre ella y la guarnición más cercana, en la misma montaña y con un badén de por medio, o bien desde la guarnición vecina. Los lados Sur, Oeste y lo que veis en las marcas con rombos, son farallones abruptos que no escalaría ni un gato, menos para una escalada general.

-¿Y qué hay de las cantidades? -preguntó Isman- ¿Se habrá reducido con los relevos que enviaban a las posiciones que hemos destruido?

-No lo creo, Faraón. -respondió Hetesferes- Las guarniciones de relevo estaban siempre más al Norte y Oeste. No las he consignado en los mapas porque estaban acampadas de modo temporal. Vuestros exploradores podrán confirmar si hay más gente en los alrededores, o si sólo quedan los acuartelados, que es según mis cálculos, lo más probable. En tal caso, contad con que hay diez mil hombres, unos dos mil en cada guarnición. Además, como ya he advertido a los Invisibles, no sólo están las torres, sino las patrullas y los centinelas de los cuatro embarcaderos. Hay seis barcos medianos en cada uno y también es posible que la tripulación permanezca siempre en ellos.

-Si no fuese porque tenemos que regresar cuanto antes a las tierras del Norte y vigilar las costas del Mar de Naciente, -reflexionaba Isman en voz alta- propondría sitiarles y esperar, pero con tantos esclavos de por medio, tampoco sería factible. Serían los primeros en morir de hambre.

-No creo que podamos definir nada -decía Elhamin- hasta que los Invisibles vengan con más información.

-No será muy diferente de la que hay en estos mapas, General, -dijo Hetesferes- a menos que haya algún movimiento. Como no estarán recibiendo noticias de ninguna parte, puede que empiecen a enviar tropas y exploradores en diversas direcciones. Sólo que no podrán hacerlo en barco río abajo, porque hay una catarata a casi un día de marcha del pueblo. Por eso no tienen muchos barcos aquí. Y siendo que no hay nada importante más al Sur, salvo los pueblos de potenciales esclavos que ya quedan a diez o quince días de marcha, creo que cualquier contingente que envíen, irá al Norte o al Oeste.

-¡Eso, cualquier contingente que envíen…! -dijo Isman-  Sitiarles pero sin dejarles saber qué pasa, sería una alternativa interesante, porque les iríamos aniquilando a medida que se separan del poblado.

Todos callaron un buen rato, analizando la propuesta del Faraón, que hasta ahora era no sólo la más viable, sino también la que menos  riesgos directos podía implicar.

-Parece que ha gustado la idea. No creo que envíen grandes grupos, al menos no mayores de quinientos. Si les dejamos salir así, igual puede demorarán en enviar nuevas tropas cada vez, pero tarde o temprano tendrán que hacerlo. Sitiarles de modo explícito, como dijimos, sería nefasto, pero así les obligaremos a moverse.

-Me gusta la idea, Faraón. -dijo Elhamin- Podríamos acercarnos un poco y quedar a sólo medio día de marcha. Entonces nos limitaríamos a perseguir de lejos a los que saliesen, hasta tenerles a suficiente distancia para evitar fugas y advertencias. ¿Qué decís los demás?

Con la aprobación de todos y los ajustes de detalles, más algunas ideas puntuales de los Comandantes, se dispuso una movilización para situar el campamento central a medio día marcha del poblado enemigo. Llegaron casi de noche al sitio escogido por Hetesferes, sobre unas colinas vegetadas con algunos promontorios notables que permitían dominar visualmente buena parte de la región. Allí se ordenó  la distribución de las fuerzas, todas a la misma distancia, que se haría con doce guarniciones de mil trescientos hombres cada una y el campamento central, como número trece.

-Los Comandantes que formarán al otro lado del río: -decía Isman- Omar, Diva, Daverdis, Intelia, Unitis, Prinpoisis y Espiria. De este lado, Etherisis y Henutsen a nuestra derecha y Ankemtatis, Hilaris y Arkanis a la izquierda. Meremnut, estableceréis las comunicaciones con quinientos hombres. No voy a indicaros nada porque sabéis mejor que yo cómo hacerlo. Lo más probable es que cualquier partida enemiga tome camino por este lado del río, pero no podemos saberlo. Haced los seguimientos de tal forma que les sorprendáis a un día de marcha del poblado, como mínimo, y también como condición, que tengáis una diferencia mínima de tres contra uno. El orden de mandos por antigüedad lo tenéis claro, así que no cometáis imprudencias. Omar, Daverdis y Diva cruzarán el río con su gente en la barca que ya debe estar preparada río abajo. Los demás, en las del otro lado. Es posible que el enemigo tenga largavistas como el de Elhamin, así que tened cuidado y no os confiéis a que no puedan veros. Como también sabéis, queda prohibido hacer fuego. Esta es una operación de acecho, seguimiento y ataque. Que Ankemtatis reparta equitativamente a los infantes provistos con boleras. ¿Qué probabilidad hay de que hagan partidas con monturas, Hetesferes?

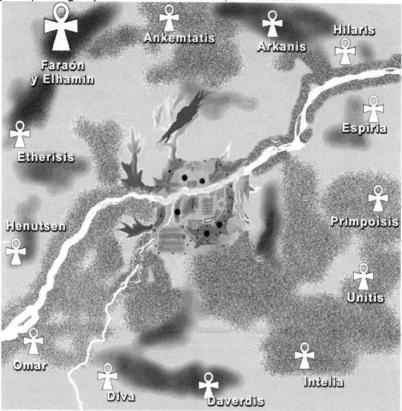

-Muy pocas, Faraón. Tienen pocos animales y casi todos usados en labores agrícolas o para movimientos internos. De este lado puede que tengan unos doscientos caballos y cien camellos o menos.

-Bien. Para eso disponemos aquí de quinientas cuadrigas… Si alguien tiene preguntas, que las haga ahora, porque debemos dormir y estar listos para mañana, si los reportes no indican otra cosa.

La noche transcurrió tranquila hasta poco antes de la madrugada, en que llegó un mensajero.

-Los exploradores río abajo -decía un soldado a Isman- detectaron un movimiento de tropas. Unos trescientos que se dirigen por la ribera de este lado, hacia la zona de la catarata. Llevan tres carros vacíos.

-Buena oportunidad para Henutsen y Etherisis. Hay que ponerse en movimiento ya mismo. Despertad a toda la tropa y aunque hay poco tiempo, desayunad conmigo. Luego guiaréis a Henutsen hasta ellos.

Cuando desayunaba la tropa y reunida la Plana Mayor, llegó otro mensajero advirtiendo de la llegada de mil quinientos efectivos desde el Este, que estarían, al momento de recibir la noticia, a dos días de marcha.

-Bienvenido, mensajero. Venid a desayunar mientras dais las noticias.

-¡Gracias, Faraón, es un honor! La que viene del Este es una caravana atípica. Los hombres visten mallas bien hechas, parecen más disciplinados que los que hemos combatido y traen diez carros. Uno de ellos parece propio de un gran jefe, como el vuestro, ese que tenéis en Karnak y casi nunca usáis…

-Os encomendaré guiar una partida. ¿Hay sólo varones?

-A la vista, sí, pero puede que haya mujeres en los carros, que son todos cerrados.

-Henutsen, Etherisis, Omar, Daverdis y Diva -ordenaba el Faraón- seguid a los que van hacia la catarata. No les sorprendáis antes de descubrir qué buscan por ahí. Mantenedme informado en lo posible, pero que esos trescientos no vuelvan al cuartel. Luego, los que tenéis posiciones al otro lado del río, cruzáis y tomáis las posiciones acordadas. Ankemtatis, Hilaris y Arkanis, salid ya mismo con Elhamin y el mensajero que os indicará para abatir a mil quinientos efectivos. Contra 4.200 es aceptable, pero que Prinpoisis y Espiria se sumen. Siete mil implicará menos bajas propias. Intelia y Unitis pueden ir cruzando el río por Oriente, tomando posiciones hasta que Espiria y Prinpoisis regresen.

-Podemos sorprenderles cerca de aquí, Faraón. -dijo el mensajero- Si se va sobre ellos, a un día de marcha se les hallará, pero traen carros pesados y sólo hay un camino de médanos firmes para ellos. No podrán evitar pasar por un cañadón a medio día de aquí, a unas trescientas cuerdas del cuartel enemigo, en este punto del mapa…

-Para llegar allí habrá que dar un pequeño rodeo…-continuó Isman- porque no quiero que lleguen a verles. A doscientas treinta cuerdas es posible ver una polvareda. Ya lo sabéis, Generales, describiendo un arco, a esperarles ahí desde medio día. Tenéis tiempo a preparar una buena emboscada. No creo que ellos acampen antes, estando tan cerca del cuartel. Les sorprenderéis muy de tarde o casi de noche. Puede que traigan un jefe importante y le necesitamos vivo, siempre que sea posible. No quiero más de cinco prisioneros para intentar sacar información, a menos que se trate de mujeres o niños. Himhopep, preparad unos carros cerrados como calabozos, si es posible con barrotes de metal…

-Imposible sin hacer fuego, Faraón, pero tenemos maderas muy duras pasadas por fuego, que nadie podría limar sin buena herramienta.

-Yo tengo algo que puede servir. -intervino Nefandeg- Vuestra hija me ha dado una fórmula mejor que la mía, de los venenos que no matan pero duermen o dejan sin poder moverse…. Sería muy útil, aunque no puedo garantizar cuales son las dosis adecuadas para que un preso pueda hablar… Los tengo preparados, sólo he de preparar los dardos.

-Ambas cosas en marcha, hermanos míos. -decía Isman mientras estiraba su brazo derecho y exclamaba- ¡Ankh em-Ptah!

Tras el saludo, respondido por todos, Generales y Comandantes salieron en dirección a sus guarniciones. Las tropas se formaron en un momento y comenzaron las marchas. Esta vez no irían con canciones, que podrían escucharse desde lejos, dependiendo de la dirección del viento. Incluso se caminaba por los sitios con tierra o arena, en el modo "ibis", consistente en ir casi de puntillas, a fin de evitar levantar polvareda. Aunque pueda resultar imperceptible para la columna en marcha, una leve polvareda puede ser distinguida por un observador entrenado y con buena vista, diferenciando de la que mueve el viento.

El Faraón no pudo hacer más que esperar noticias y lamentarse de haber dado promesa de permanencia en retaguardia.

-Sin el constante consuelo que me brindáis, Enhutatis, habría sido un martirio quedarme en el campamento. Aún así, mi mente intenta de a ratos, elaborar alguna excusa para ir detrás de Elhamin, o bien a ver qué ocurre con Henutsen, qué van a buscar esos soldados a la zona de la catarata, que llevan carros vacíos…

-Bebed esto, es una infusión tranquilizante que no os dormirá, pero hará más soportable la espera. También yo estoy bebiéndola.

-No será algún derivado de las fórmulas de Henutsen…

-¡Mala broma sería, Faraón! No, son las flores del tilo, esos árboles que huelen tan bien. Me lo ha enseñado Nefandeg, cuando veníamos hacia aquí. Recogí cuantas pude y las he dejado desparramadas para secar a la sombra en un carro cerrado.

-Hace buen efecto. -decía Isman rato después- estoy más tranquilo, pero el "yo preocupado" aparece como una sutil ansiedad. La infusión es muy buena, pero no hay mejor remedio que la auto-observación, amada mía. Y es ahora, lo único que puedo hacer.

Finalmente, Enhutatis le convenció para dormir un poco y el Faraón se sintió en sus brazos, como un niño pequeño, cuidado y querido. Por momentos, su mente no estaba segura si estaba en los suaves brazos de Enhutatis, en los de la madre que lo trajo de regreso al mundo mortal, o en los de la poderosa Sekhmet. De momento se halló más consciente, saliendo de su cuerpo físico, observando cómo su mujer también se durmió profundamente, pero Sekhmet estaba allí, protegiendo a ambos.

-*Vais a dar un golpe casi definitivo en esta campaña, Isman.* -le dijo la diosa, sonriente y con tono cariñoso- *Pero no será el último y deberéis ser tan duro e intransigente con el enemigo, como lo habéis sido hasta ahora. Recordad que no vais a usar nada hecho en Ankh em-Ptah, salvo los arcos. Las armas que os darán la victoria, son como hasta ahora, las que fabricó mi pueblo hace milenios y que iban a ser usadas contra nuestra Amada Patria Arcana, contra vuestro pueblo, que ahora es mío, profundamente mío porque sois como mis hijos. No dejéis al "yo piadoso" obnubilar vuestra mente.*

-Seguiré firme, Madre Leona, pero ya sabéis que mi General me tiene que sostener para que el dolor de las muertes enemigas no me haga débil. He estado a punto de considerar una nueva expulsión, cuyos resultados ya conocemos…

-*Dejad que me ponga en Hermana, no en Madre, así os puedo regañar con más fuerza sin produciros más dolor…* -decía Sekhmet con un tono tan diferente que sorprendió a Isman- *¿Acaso no sabéis que nadie muere?, ¿Habéis olvidado que la muerte también es una lección para el Alma del esclavista, que debe aprender sobre las consecuencias de sus actos?, ¿Acaso vais a seguir actuando como los que desconocen el mundo de Anubis, el plano de los Ka, y vais a obrar como los que creen que con la muerte todo se acaba?*

-Lo entiendo, Amada Maestra, lo entiendo… Se nos ha educado tanto sobre el respeto a la vida, que a veces nos olvidamos que la muerte del que la quiere violar y convertir en infierno de esclavitud, es la única manera de proteger todo lo que merece ser vivido… Lo entiendo y lo sé, Amada Sekhmet, pero agradezco tener a mi lado a quienes me lo recuerdan, como agradezco que estéis desde vuestro plano de existencia, sirviendo en este mundo tan doloroso…

-*Ya sabéis que sólo es doloroso porque vivir en la parte de afuera del mundo, con un cuerpo mortal, es una aberración. Pero para todos los planos de existencia, la experiencia obtenida en esta anomalía de mundo, es demasiado importante. Y hay un ciclo de creación de Almas, que evolucionan sin cesar, de modo que son siempre más de catorce mil cuatrocientos millones de Almas las que deben ser guiadas para que no se pierdan en la oscuridad de la inconsciencia...*

-Me gustaría saber si hay algún momento en que esta anomalía acabará... Creo que alguna vez os lo he preguntado, pero en el duro devenir de batallas y trabajos, me olvido si los habéis respondido...

*-Sí, amado Faraón. Os lo he respondido muchas veces, pero para vuestra mente es difícil retener el concepto. Esta humanidad mortal lleva seiscientos millones de años de existencia y se ha calculado que pueden pasar algunos millones de años más en la cíclica cadena de renacer y volver a morir las civilizaciones. Es una guerra entre el Bien y el Mal, que aunque son algo relativo, la diferencia existe y que las Almas se mantengan de un lado o del otro de esa línea sutil, es lo que definirá que los seres mortales sigan evolucionando y la muerte sea vencida al fin por la Evolución, o determinará que un día se pierdan esos catorce mil cuatrocientos millones de Almas, en una extinción definitiva, como ha ocurrido en otro mundo bajo este mismo Râ.*

-Los esclavistas dicen que están "más allá del bien y del mal"...

*-No, querido mío. El bien y el mal son dos direcciones opuestas. Los que dicen eso, sólo han perdido la capacidad de diferenciar. Vos no la habéis perdido, aunque a veces creéis que es malo tener que exterminar a los que lo harían sin miramiento alguno con los pueblos que no admiten la esclavitud. Pero está bien... Lo malo sería que no os doliese. Y eso lo sabéis muy bien, sólo que debéis aplicaros a Vos mismo el consejo que dais a vuestros soldados...*

-Gracias por aclarar mi consciencia, Divina Maestra...

*-Y os aclararé algo más, sobre las cosas mundanas de la campaña. Por el momento, sería bueno que olvidaseis visitar las pirámides del Sur. Entre los esclavos que en estos días vais a liberar, hay gente que volverá a ellas para cuidarlas. Habladles en mi nombre, que algunos sólo me conocen en sueños, sin haber salido conscientemente con el Ka. Podréis regresar a esta región en unos años y la hallaréis tan renovada que la disfrutaréis, pero tenéis que hacer la recuperación vital con la que conseguí haceros mover al principio. Aquello no era un mero cebo para haceros ir a Tekmatis. Vuestra sucesora os necesita. Ahora descansad...*

Isman volvió al cuerpo, acarició el rostro durmiente de Enhutatis y se durmió. Pasada la media noche llegó un mensajero reportando que habían aniquilado a los trescientos soldados y dos azafes marchaban con los carros secuestrados después que los enemigos los cargaran con un material que ya no resultaba muy extraño.

-¿Tenemos bajas que lamentar?

-Ninguna, Faraón. Ni heridos. -decía el mensajero- Les esperamos a cubierto en un sitio óptimo para la emboscada. En contar hasta diez, no quedaba nadie con vida. Vuestra hija hizo rápidamente los funerales y echamos los cadáveres al río. Luego nos hicimos con los carros. Son dos armas muy parecidas a las de los cilindros, casi iguales, pero más pequeñas. Tenían todo guardado en una cueva que Henutsen ha mandado a explorar por si hubiera más cosas. Y también hay gran cantidad de otros cilindros, más pequeños. Un carro trae las armas y los otros dos, cubiertos de mantas gruesas, están repletos de esos proyectiles, más pequeños pero…

-¿Cómo de pequeños?

-No más de palmo y medio. -respondió indicando con las manos- Pedí a vuestra hija que me permitiera traeros uno, pero no me dejó. Dice que es demasiado peligroso.

-Ya sabéis que una caída del caballo y un golpe… No sabemos qué pasaría, quizá no exploten si no se disparan con las armas, pero ha hecho bien Henutsen en asegurarse que llegaríais de una pieza...

-Vuestra hija y los demás han ido a tomar sus posiciones, pero los dos azafes vienen empujando los carros porque los caballos enemigos murieron en la refriega…

-¡Claro!, vamos a buscar caballos. Os acompañaré…

-Es el pretexto perfecto para salir del campamento. -dijo Enhutatis-No dejáis de estar a retaguardia, pero ¿Os dais cuenta del riesgo que vais a correr trayendo Vos esos carros?

-No más que el que está corriendo toda la tropa y en especial a los que traen los carros, Enhutatis. No os preocupéis, que haremos las cosas con mucho cuidado.

El Faraón, el mensajero y quince soldados salieron a toda prisa. Llegaron antes del amanecer a encontrarse con los dos azafes que no habían dejado de tirar y empujar los tres carros. Ataron los caballos a los varales y al regresar dejaron todo el material sobre un pequeño promontorio, a tres cuerdas del campamento. Elhamin también acababa de regresar y bastante disgustado al enterarse del riesgo corrido.

-¡Vamos, General!, ¡Que más riesgo tenemos con esos carros que hemos traído desde que capturamos las armas...!

-Pero esos carros están acondicionados, Faraón. Mirad qué ruedas de porquería tienen esos... Unas cuerdas más y se caen... Bueno, no voy a machacaros con eso. Os informo que tuvimos diecisiete bajas, a pesar de la excelente condición de lugar y diferencia numérica. Eliminamos a la que quizá sea la mejor tropa que ha tenido jamás el enemigo y traje quince prisioneros. Mientras desayunamos, os cuento más cosas...

-Así que por fin tenemos al mandamás de la región y a su harén...

-Sí, y no dará el brazo a torcer. Pide que le matemos y dejemos vivir a sus catorce mujeres. Los de su guardia personal produjeron la mayoría de nuestras bajas. Mil hombres realmente bien entrenados. Dos de sus mujeres son buenas traductoras y parecen un tanto indiferentes a la circunstancia. Hetesferes ha reconocido al preso porque dice que estuvo aquí hace dos años, cuando fue capturada ella. He tenido que impedir que lo apuñale, porque... Bueno, no es precisamente un buen recuerdo.

-Si decidimos matarle, -respondió Isman- ya sabemos a quién dejar la ejecución. Pero sabéis que eso es improbable. Podemos matar a un enemigo que intente rendirse en combate, pero jamás a un prisionero.

-¿Y si fueran cientos, o miles de prisioneros, Faraón?

-Habría que sopesar las cosas, Elhamin. Ya habéis visto lo que nos ha pasado en el Delta, por dejarles con vida... Pero un solo prisionero, al que además de controlarle podemos sacarle información, le vamos a tratar con mucho cuidado. Será gente despreciable, como todo esclavista, pero el respeto es algo que está dentro de nuestro corazón.

-De acuerdo, Faraón. Ya le tenemos en un carro para él solo. Las mujeres están en los otros. He venido con tres azafes, porque los diez carros traen cosas interesantes, pero el resto de la gente está en las posiciones acordadas para el plan. Enhutatis me ha puesto al corriente de las "pequeñas armas"...

-Sí, y creo que nuevamente nos han dado ellos mismos la solución.

-He pensado lo mismo. Podemos hacer algún ensayo y por eso acabo de mandar a llamar a Ankemtatis, que por suerte dejé en la posición más cercana. Meremnut ya ha organizado su línea de exploración y mensajes así que le reemplazará, y Ankemtatis estará antes de medio día aquí.

-Igual nos arreglaríamos con Himhopep y los geómetras...

-Cierto, Isman, pero a vuestro futuro yerno no le gustaría quedarse al margen y es quien mejor entiende cómo armar los aparatos...

-Vayamos mientras, a ver qué más nos dice el prisionero... ¿Qué traía en los carros?

-Miles de boleras y proyectiles, mantas, pescado en sal y carne seca, betún de la tierra para las antorchas, frutas en miel, cuerdas de fibras buenas, muchas planchas finas de un metal raro, parecido al de las armas, que servirá para hacer escudos excelentes. Ya probé con una bolera y no lo agujerea. Traen botas de cuero, muchos mapas, libros en su idioma, otros en el nuestro… Herramientas de metal muy duro, que Himhopep apreciará mucho… Un carro lleno de cosas de sus mujeres…

-Veo que le habéis dejado sin sus ropas y accesorios…

-Claro, Isman, no podríamos dejarle con un montón de joyas que pueden convertirse en herramientas. Además, si no hubiera volcado su carro al tratar de huir, se habría envenenado o lo habría hecho con sus mujeres. Traía varios frascos…

-¿No pedía que le maten y perdonen a sus mujeres?

-¡Isman…! Os he dicho lo que dijo, no que le creería a semejante gentuza. Sin embargo podemos esperar cualquier cosa de ese sujeto. Sinceramente, no creo que le saquéis más información.

-No perdemos nada con intentarlo. A ver si obligamos a la rendición de sus secuaces.

-¡Me dejáis de piedra, Faraón!… ¿Qué haríais con diez mil hombres preparados para atacar Ankh em-Ptah? ¿Les dejaríais marchar tranquilamente por donde han venido, esperando que nunca regresen?

El Faraón se llevó las manos al rostro, restregándose la frente y a punto de caérsele las lágrimas, le dijo.

-Disculpadme, Elhamin. Bien sabemos que no podemos hacer lo que se me pasa por la cabeza. Sólo debemos liberar a los esclavos y establecer un centro de mandos en la región. En cuanto a ese ejército, dejar a alguien vivo sería mucho peor que tirar por tierra todo lo hecho hasta ahora. No vamos a dejar vivo al enemigo a nuestras espaldas.

-Ni siquiera desarmado, Faraón. Los únicos que no han vuelto para intentar someternos o destruirnos, han sido los que ha recogido Anubis en su territorio. ¡Ninguno de los expulsados ha buscado otro destino, otra tierra, otra cosa en la vida! ¡Sólo han vivido para volver para pervertir o matar a nuestro pueblo...! Se les ha perdonado la vida, se les han dado medios de supervivencia, el mejor ejemplo de altruismo. Han conocido muy bien nuestra cultura, nuestros principios, nuestra ética… Pero la gente llena de demonios en su Alma no puede eliminarlos en una vida. El esclavista lleva esos venenos en el Alma, por lo tanto también en la sangre… ¿Qué os estoy diciendo, Isman, si lo sabéis mejor que yo?

-¡Por favor, hermano mío, -dijo poniendo la mano en el hombro del General- decídmelo cuantas veces haga falta! Gracias por recordarme cada vez que sea necesario, la diferencia entre lo que corresponde hacer y lo que me gustaría... Igual vamos a hablar con este sujeto.

Enhutatis y Hetesferes traían abrazada a una de las traductoras, porque era la que mejor respondía, pero apenas podía caminar. Hacía la traducción de la conversación con tal rapidez, que el Faraón quedó asombrado, pero finalmente no consiguió más que gestos obscenos, burlas y amenazas por parte del prisionero.

-¿Dónde habéis aprendido la lengua? -preguntó a la mujer.

-En mi país, Baalbek. Soy buena para aprender a escribir, leer y hablar cualquier idioma. Hablo el de los Lobunos y el de los Hellanios, los cinco dialectos de Baalbek, el idioma de los BerArBer y algunas lenguas de las tribus negras del Sur. También aprendí lenguas que se hablan muy al Oriente, en la antigua biblioteca de mi ciudad. No sé cómo se pronuncian, pero entendí los símbolos y sé cómo se escriben y lo que significan...

-¿Por qué estáis en el harén de este hombre de Obheres?

-Los obheritas como Elintaakh, -dijo señalando al preso- son de mi país, pero dicen ser elegidos por un dios para formar un pueblo aparte. Un día quisieron hacer una forma de gobierno diferente y los expulsaron hacia el Oeste. Su forma de gobierno resultó terrible, pero consiguieron apoderarse del país. Dicen que el verdadero gobierno se basa en la fuerza y el dominio absoluto, si no, no es un gobierno sino una farsa de tribus primitivas. En Baalbek hay mucha gente que quiere recuperar la anterior forma de vida, así que mi pueblo fue emigrando al Este. Algunos se han asentado entre dos grandes ríos, pero los obheritas odian a los Baalbekios y no dejan de atacarles. Es una guerra que no terminará nunca, porque ese pueblo, con la religión de un dios cruel, en vez que con conocimientos, no es un pueblo, sino una gran secta religiosa.

-Si acaso pudierais elegir... -preguntó Isman- ¿Estaríais con este hombre?

-Yo elegí estar con él. Las otras opciones no eran mejores y una de ellas era la muerte y sólo tengo sesenta años. Hace unos veinte años no tuve mejor elección.

-¿No habéis intentado escapar de él, aprovechando los viajes y sus diversas situaciones?

-Sí, Claro... Varias veces, pero con los pies quemados hace cinco años, seguro que alcanzo a una liebre. -dijo la mujer en tono sarcástico, levantando su falda, mostrando las piernas con marcas de flagelación.

Luego abrió el vestido por el hombro, enseñando las mismas marcas en la espalda- ¿Acaso tenéis vosotros una opción mejor que la esclavitud? Ya no puedo escapar de nadie… ¿También vais a quemarme los ojos?

-Podéis guardaros el tono displicente. -dijo Isman- ¿Cómo os llamáis?

-Ashtarizara es mi nombre y me gustaría usarlo por el tiempo que me dejéis viva. Significa "Estrella Radiante" en vuestro idioma pero me llaman Tepe Kullva (*La que sube a la montaña*), un nombre burlesco… Porque en mi primer intento de huir subí a un zigurat, parecido a vuestras pirámides. No había como escapar. Ahora no puedo ni subir a un carro…

-Bien, Ashtarizara, sois prisionera por ahora, pero no volveréis a ser esclava nunca más. Y os prometo que pronto volveréis a caminar…

-¡Vaya!, entonces me espera la muerte, caminando en los territorios de las Almas. ¿Qué se puede esperar de alguien que dice semejantes tonterías y ha aniquilado sin piedad a más de mil quinientos soldados con una fuerza cinco o seis veces superior? Mejor me callo, que antes de matarme sois capaces de quemarme la lengua, pero os maldeciré igual, con el pensamiento y hasta en el mismísimo infierno… Matadme de una vez, os lo ruego de verdad, sin tortura… Ya he tenido…

-¡Nadie va haceros daño si no lo buscáis! Podéis llorar lo que se os antoje, pero Soy el Faraón de Ankh em-Ptah, este es Elhamin, mi General en Jefe y estas son nuestras mujeres. Aquí no hay esclavos. Nuestro pueblo aniquila sin piedad a los esclavistas.

-¡Eso es pura fábula! -decía la mujer llorando y riendo, confundida, descreída- Nadie en el mundo puede vivir bien sin esclavos. Desde que existe la humanidad, hay dos clases de personas: Los esclavos y sus dueños. Baalbek no lo entendió y sucumbió por ello…

-Es terrible que os hayan enseñado eso, pero lo triste es que siendo esclava, lo hayáis creído. -dijo Enhutatis- Hasta hace unos cuantos días, yo era una simple soldado. Hoy soy la mujer del Faraón. Os aseguro que jamás sería su esclava, jamás se atrevería a faltarme el respeto, a levantar su mano contra mí si no intentara yo matarle o pervertirle…

-¿Es que sois su mujer y no le habéis pervertido? -se burlaba ella.

-Acabad con vuestra risa, -dijo Hetesferes- que no nos hace gracia El sexo para nosotros, no es una perversión, sino algo bello y sagrado. Nadie viola a nadie, nadie lo hace por obligación, sino por Amor. El Faraón os ha dicho que nadie os volverá a hacer daño…

-¿Y pensáis que me voy a creer que éste es el Faraón de Ankh em-Ptah, que se desayuna con hígados de niños? ¿No estáis un poco lejos de donde se supone que vive el Faraón? ¡Menudo palacio tenéis, una tienda de cinco palos!

-Ya basta. -dijo Isman- Me produce tristeza escucharos. Pero aunque no lo creáis, podéis estar tranquilas. Decídselo a las otras prisioneras. No volveréis a ser esclavas ni nadie va a torturaros.

-Ya os decía, Faraón. -dijo Elhamin mientras se alejaban- Podemos tener prisionero a ese... Elintaakh, pero no esperar que colabore en algo ni decir una palabra que nos permita averiguar nada. Será el jefe máximo de esta región, pero sus jefes le cortarían la lengua... Tampoco creo que sea problema por mucho tiempo, aunque no me extrañaría que enviaran tropas si no tienen noticias de él...

-Sí, lo sé. Habrá que establecer un control firme sobre las posibles rutas, en especial el Mar de Naciente. Ya veremos cómo lo hacemos. Que la guardia de esas mujeres tenga siempre médicos y la haga gente instruida en el Templo de Horus-Sobek. Que conversen con ellas. Será difícil hacerles comprender algo, para sacarles de ese estado mental.

-De acuerdo, Faraón. Id a descansar un poco, que os avisaré en cuanto llegue Ankemtatis.

Hacia medio día, reunidos los geómetras, Ankemtatis e Himhopep con unos cuántos soldados alrededor de los carros, el Faraón ordenó comenzar el intento de armado de los lanzadores de cilindros. Antes de la noche estaba montada la primera de las armas.

-Hay diferencias con las otras, -decía Ankemtatis- pero el mecanismo básico es igual. Una de las diferencias, es que se pueden colocar cinco cilindros en esta cámara, pero para la prueba pondremos sólo uno.

-Comenzad cuanto antes, estoy impaciente por definir este asunto.

-De acuerdo, Faraón. Empezamos apuntando directamente al Norte, hacia allá no hay nadie ni nada, casi sin vegetación. Ya se retrajo la línea de exploradores de ese lado. Si anda alguien, no es de los nuestros. Al igual que con las otras, una cuerda me pone a salvo de los retrocesos...

La expulsión del proyectil se verificó con el retroceso, pero la explosión no se vio ni se oyó, aunque dejaron pasar un buen rato.

-¿Es que fue demasiado lejos, -preguntó Isman- o no ha estallado?

-No lo sé, Faraón, pero creo más lo primero. Si llegó a un día entero de marcha, como las otras, y siendo un tamaño mucho menor, es posible que la explosión sea también demasiado menor. Haremos un cálculo de mayor inclinación, para que llegue más alto pero caiga más cerca...

El segundo ensayo resultó en una explosión apenas visible, a unas trescientas cuerdas o menos. Elhamin miraba con su largavistas y coincidió con el Faraón y Ankemtatis en esa distancia.

-Según parece, la explosión no afectaría a más de una cuerda de diámetro. Creo que un disparo directo ya nos podría dar mejores datos porque las explosiones no son tan peligrosas que deban guardarse las mismas distancias que con los grandes cilindros…

-Bien, Ankemtatis, -respondió Isman- pero no quiero todavía que el enemigo acuartelado las perciba. Disparad sobre aquellos médanos rocosos, justo en opuesto al cuartel. Hay unas doscientas veinte cuerdas y podremos ver mejor el impacto si acertáis a la ladera.

Tal como previeran, el disparo directo apenas dio un poco más bajo. El alcance de los proyectiles sin parábola alcanzaba doscientas cuerdas sin desviarse, en un tiempo menor al que tardaba el sonido en llegar.

-La explosión ha dejado un agujero de diez ankemtras, -dijo Hetesferes mirando con el largavistas de Elhamin- pero el fuego no dejaría vivo a nadie en cincuenta Ankemtras… Más o menos una cuerda de diámetro.

-¡Ni en mucho más, dejaría los oídos sanos! -exclamó Ankemtatis que contaba en voz alta- Justo un têmposo y dos mútlicas, o sea doscientas cuarenta cuerdas.

-Es momento de movilizarse. No vamos a correr más riesgos que los necesarios. -dijo el Faraón- Elhamin, envía mensajes a las posiciones. Vamos a disparar sobre el cuartel y posiblemente habrá desbandada en todas las direcciones. Que estén alertas, pero que mantengan las directivas acordadas. ¿Cuánto demorarán en tener lista la otra arma?

-Casi nada, Faraón. El ajuste final lo hago yo, pero a ésta ya la pueden ir cargando a ese carro que tiene rampa y llevándola junto a los explosivos donde decidáis.

-Hetesferes, vuestros son los mapas, decidid con Elhamin el sitio más adecuado para un hostigamiento directo y en lo posible definitivo.

-Es lo que estoy estudiando ahora mismo y creo que éste sería el punto. Mirad el mapa, Faraón. Sobre este promontorio, a quince mil ankemtras de aquí, que son unas doscientas ochenta y cinco cuerdas, quedaríamos del cuartel, justo a las doscientas cuerdas que necesita Ankemtatis para asegurar los disparos porque podrá ver el objetivo.

-¿Pueden subir los carros a esos cerros?

-Sí, Faraón. Conozco bien ese sitio, pero como es el único desde el cual se domina con la vista todo el poblado y los cuarteles, os recomiendo enviar primero una avanzada de vigías, porque pueden haber apostado centinelas para vigilar el Norte.

-Bien, nada menos que con noche de luna creciente... ¿Tenemos por aquí a algún Invisible, Elhamin?

-Por supuesto, Faraón... -oyó Isman a sus espaldas.

-¡Neftes! ¿Qué hacéis tan cerca de mí y tan lejos de Henutsen?

-Vuestra hija nos ha pedido a Isidora y a mí, que no os dejemos nunca sin nuestra protección.

-¿Y dónde...? No os he visto en ningún momento... Bueno...

-Pero en este caso, Faraón, no estáis en riesgo y nosotros podemos encargarnos de asegurar esa posición para instalar el arma. Igual sería conveniente que vengan detrás de nosotros algunos infantes...

-Que Elhamin os dé un refuerzo de cien hombres. No creo que haya mucha gente por ahí pero cerca del amanecer estaremos llegando y será mejor no tener sorpresas. Además, el cerco de las doce posiciones ha de reducirse a doscientas cuerdas; que no pueda escapar nadie con vida, salvo los esclavos. Si es posible, que se les reduzca por el momento para alimentarles y tratarles, pero si no se puede impedir que huyan, que nadie corra riesgos y se les deje marchar. Cada uno sabrá volver a sus casas.

Sólo se dejó en el campamento a los prisioneros con un azafe, ya que no era necesario más personal. Los cien hombres no tenían riesgo que correr porque la región estaba asegurada por retaguardia, pero la caravana requería de todo el personal que no ocupara las posiciones asignadas en torno al cuartel enemigo. Elhamin no consiguió convencer al Faraón que se quedase en el campamento y se tuvo que conformar con que Isman permaneciera con Enhutatis en el último carro, alejado de los primeros, que llevaban el peligroso material bélico.

Los dos Invisibles debieron eliminar a cinco centinelas que patrullaban el promontorio sin establecer allí un puesto fijo de guardia. El camino de ascenso estaba un poco dañado por las lluvias, pero los carros se subieron a la estrecha meseta de no más de media cuerda de ancho. Se bajaron las armas y se instalaron para comenzar el ataque disparando en cuanto el sol permitiera una buena observación.

Al momento de tener todo preparado, con las primeras claridades el Faraón ordenó comenzar sin más dilaciones según un plan que había ido elaborando con Elhamin en el viaje. Los primeros disparos de ambas armas serían sobre los cuarteles más lejanos, uno de los cuales albergaba la jefatura. Se calculó que con cuatro disparos sobre cada cuartel, sería suficiente para aniquilar a todos los que estuviesen en su radio y alrededores. El tiempo para efectuarlos no sería más que de unas pocas mútlicas o a lo sumo un têmposo entre cada disparo, pues se cargaron los cinco proyectiles que cada arma podía contener.

-¡Vais a disparar a la de la derecha, General Elhamin! -le decía Ankemtatis mientras ataba las cuerdas a las palancas de disparo- Yo tiraré a la otra. La zona de la jefatura es vuestra  Antes de volver a disparar, yo apuntaré de nuevo el arma. Si me prestáis vuestro tubo largavistas, el primer disparo me permitirá apuntar el resto…

Elhamin entregó el largavistas y Ankemtatis hizo un par de cálculos y observaciones más. A su indicación, tanto él como Elhamin, ubicado a sólo diez codos, tiraron de las cuerdas y Ankemtatis se mantuvo atento mirando con el largavistas. Le costaba enfocar el aparato para ver el cuartel de jefatura, pero lo halló justo cuando momentos después, estalló el disparo de Elhamin. Una alta columna de fuego, humo y polvareda oscureció lo que observaba. Al mirar a su izquierda, tras un breve espacio más claro, la otra guarnición también había dejado de verse, tapada por un velo anaranjado y gris.

-Hemos dado ambos disparos -dijo Ankemtatis- un poco más atrás del centro de cada guarnición. Se pueden ver las tiendas que están de este lado, que no han sido alcanzadas. Moved la graduación de la derecha del arma, un solo punto hacia abajo hasta que haga "click"… Bien, disparemos de nuevo, General…

Los dos impactos siguientes parecieron producirse en el mismo sitio, pero al comprobarlo Ankemtatis con el largavistas, las tiendas que no habían sido alcanzadas antes, habían desaparecido o estaban ardiendo.

-¡Conseguido, General, pero hay que hacer un "click" hacia la derecha en la llave de graduación de deriva… Debajo de la que movisteis antes… ¡Bien, nuevo disparo…! … Ahora, General, dos click en la misma llave, pero hacia la izquierda… Contamos hasta cinco y… ¡Cuarto disparo!...

-Dudo que quede alguien con vida allí, -dijo Elhamin mirando con el largavistas que le devolvía Ankemtatis- ¿Apuntamos al tercer cuartel?

-Sí, General. Hacedlo como antes, yo la verifico y disparamos. Dos tiros cada uno… Hay que hacerlo con cuidado, para que no puedan ir los proyectiles más allá, o podemos darles a nuestros amigos que están doscientas cuerdas al Sur. Ya sabéis que los disparos llegan muy lejos…

Ankemtatis verificó las miras de ambas armas, dejando una mínima diferencia a derecha e izquierda y dispararon. Ambas explosiones, casi simultáneas, arrasaron con el cuartel del montículo occidental.

-No podemos repetir disparos allí, sin riesgo de que pasen por encima y les demos a Daverdis o a Diva, que deben están justo detrás de esa posición, cerrando el cerco con Omar e Intelia.

-Bien, Comandante. Ellos se encargarán de los que queden con vida por ahí. No veo movimiento alguno en los alrededores, los esclavos no parece que hayan intentado salir de las barracas o la factoría. Pero en los cuarteles de este lado del río, hay movimiento…

-Entonces, General, apuntamos… Y empezamos a disparar sobre ellos, el mismo protocolo de cuatro disparos a cada sector de tiendas.

El campo de cuarteles y poblado era una confusa nube, donde el fuego se mezclaba con remolinos de tierra y humo. Isman, Ankemtatis, Elhamin, Hetesferes y Enhutatis, miraban pasándose el largavistas.

-Hemos repetido el procedimiento, -decía después Elhamin a Isman- agregando disparos sobre los sectores que podrían estar patrullados y sobre las torres de vigilancia. Ahora veremos que hacen los esclavos…

-Saldrán de las barracas cuando esté todo más calmo y no vean soldados… A esta hora deberían estar levantándoles para trabajar.

-Están saliendo, Faraón. -dijo Hetesferes que tenía el largavistas en ese momento- Me imagino la confusión que tendrán. Supongo que los Comandantes estarán avanzando sobre la zona y sabrán qué hacer…

-Sí, Hetesferes. Tienen orden de tenerles en las barracas, repartirles los alimentos que haya allí, sin racionar y Nefandeg acaba de salir con orden de exterminio definitivo a los soldados y socorro a los esclavos. Es todo lo que podemos hacer. Ahora esperaremos a que den señal de que podemos ir a inspeccionar, pero Vos, Ankemtatis, transportad esas armas y sus proyectiles. Mientras tanto, Elhamin, enviad a buscar al prisionero y sus mujeres. Vamos a  acampar aquí mismo y descansar al menos tres días, que todo el mundo lo tiene harto merecido.

-Quizá os interese descansar en el cuartel rendido, Faraón…

-No, Elhamin, -respondió Isman que apuntaba con su Heka hacia la zona destruida por las explosiones- la radiación que producen las explosiones de estos cilindros no es tan fuerte como las otras, pero al menos demoraría dos o tres días en hacerse innocua. Vais a tener que movilizar a los esclavos, para que acampen en las márgenes del arroyo, más allá de los campos de cultivos. Al menos por cinco días. Allí hay más altura y sin riesgo de inundarse como puede ocurrir con este sitio.

-Os ruego dejarlo a cargo de Arkanis, Faraón. Prefiero ir a buscar al prisionero personalmente, si me permitís...

-Bien, Elhamin. ¿Tenéis algún temor en especial respecto a él?

-Sí. Como ya os comenté, no creo que viva mucho. Ordené que le ataran de manos y pies, porque tiene tan poco que perder en la vida, que el suicidio puede parecerle la mejor opción de huída. No lo haría por honor, pero ya habéis visto con los espías, que están muy dispuestos…

-En su medio militar y político, la tortura que tan monstruosa nos parece, es una práctica habitual y seguramente "legal", así que no me extraña que prefieran el suicidio ante la posibilidad de ser torturados. Marchad, antes que el sujeto se ahorque con su propia lengua…

Después de medio día, los mensajeros de todas las posiciones reportaban al Faraón los resultados totales. Había que lamentar cinco bajas propias y nueve heridos, ya que los enfrentamientos con los desbandados tras las explosiones, habían sido más de los esperados.

-Creemos, Faraón, -decía el último mensajero- que no queda vivo ni un enemigo. Sin embargo los siete Comandantes del lado Sur van a demorar en regresar porque han dispuesto una batida por todo aquel lado del río, con la consigna de abanicar hasta la noche. En cuando Râ se oculte, iniciarán el regreso, así que estarán de vuelta hacia media noche o por la madrugada. Si tenéis oposición a esa decisión de vuestros Comandantes, esperan un disparo de vuestra arma contra aquel promontorio de la izquierda. Si no hay explosión, en menos de un Râdnie iniciarán la batida hacia el Sur, formando un semicírculo de medio día de marcha de radio.

El Faraón tomó su Nejej, se alejó  unos cuantos pasos y finalmente dijo.

-No habrá explosión. Ha sido buena idea realizar un buen repaso de la zona. Los bosques al Sur de los cuarteles parecen algo densos y la zona al Este, del otro lado del río, no está muy explorada. ¿Sabéis si los que exploraban la caverna donde tenían las armas han hallado algo más?

-Todavía no, Faraón, sólo han hallado un laberinto algo derrumbado. Iba a hablaros de eso en cuanto definierais la orden de batida. Dice vuestra hija que en la caverna se precisa a Himhopep para ver si pueden escorar la parte derrumbada y explorar sin mayores riesgos.

-Decidle que vaya con Vos y lleve lo necesario. Que Meremnut disponga que al amanecer, todas las tropas y exploradores estén aquí en formación, con excepción de Himhopep, los que necesite y los que designe para quedarse con los esclavos hasta que decidan si volverán a sus hogares, o se integrarán al centro de mando que instalaremos aquí.

Pasada la media tarde regresó Elhamin con los carros del prisionero y los de sus mujeres.

-Lo lamento, Faraón. Os lo dije, me lo temía, pero no sé cómo ha sucedido. Habías dicho que podía ahorcarse con su propia lengua… No se ahorcó, pero de algún modo consiguió envenenarse, aún estando atado de pies y manos. El médico que lo custodiaba no pudo hacer nada. Dice que debe tener una especie de camafeo en una de las uñas...

-No se ha perdido nada, Elhamin. Nos ha ahorrado el trabajo. Hay que revisar muy bien sus pertenencias…

-Se está haciendo, Isman, y hemos hallado cosas que Hetesferes ha podido entender. Otras no tanto, pero si las prisioneras colaboran, podremos leer todos los documentos que traía. Todavía queda por revisar al completo un carro lleno de cosas raras.

-¿Creéis que van a colaborar?

-Si se les deja al menos hasta el final de Ajet (*) para que conozcan y comprendan nuestra cultura, no dudo que colaborarán. Ahora sería posible que ayudaran en algo, pero lo harían sin entusiasmo, sólo por miedo a ser torturadas, lo cual es una tortura en si mismo.

(*) [*Había en aquella época tres calendarios, pero uno de ellos dividía el año en tres estaciones definidas por el Río Nilo. La Primera Estación, el Akhet (o Ajet), era la de la crecida del río, desde mediados de junio a mediados de octubre. La segunda Estación, el Peret, era la de la Germinación, hasta mediados de febrero. La última Estación era el Shemuk, o Día de la Cosecha. En otros calendarios, el Nestiej o "época de los cocodrilos" parece como parte del Ajet, pero es algunas semanas anterior al inicio del Ajet* ]

-No creo que nos digan mucho, así que es preferible esperar, a menos que Hetesferes descubra algo que pueda ser muy estratégico.

-Sin duda que los habrá, pero incluso cuando fueran entendibles, serán como nuestros mensajes, que nadie podría descifrar si no tiene las claves. Podríamos leer una cosa cuando lo que dice realmente es otra muy diferente. También está claro que no tuvieron ni la menor noticia de lo que pasa por aquí y no la tendrán en Obheres si no dejamos escapar a nadie. Espero que tras lo ocurrido en el Mar del Delta, Amenhaton e Hilarión hayan podido cerrar el cerco del Oeste y el Norte.

-Hasta que tuvimos las noticias, -reflexionaba Isman- transcurrieron muchos días. Esta caravana ha venido por el Mar de Naciente... O no han tenido noticias de lo de Gavelade o Elintaakh salió antes que las recibieran... Vamos a olvidarnos de ir a las pirámides del Sur. En cambio vamos a volver a Karnak por el Mar de Naciente. Como vuelven las lluvias con el viento del Sur, tendremos que darnos prisa para que no se nos pierda el rastro de esos caminos que ha hecho esta gente. Reunid doscientos hombres y vamos a inspeccionar el cuartel y las barracas.

Al llegar al cuartel cerca del río, los hombres de Arkanis, Ankemtatis y Etherisis ransportaban los cadáveres de los abatidos por las explosiones, mutilados o carbonizados. Los disparos habían sido tan selectivos que en las barracas no había ningún herido. Arkanis tenía reunidas a todas las mujeres de los enemigos, muchas de ellas embarazadas. Isman ordenó a Nefandeg que se ocupe de ellas con prioridad.

-¿Cómo están moralmente? -preguntó el médico a Arkanis.

-Algunas muy asustadas, otras indiferentes, pero la mayoría festeja lo ocurrido. Son una casta inferior en su sociedad y sus maridos han sido más verdugos que varones, así que no será difícil tratar con ellas. No creo que vean mucha diferencia entre ser esposas o ser esclavas... Sin embargo algunas pocas pueden causar problemas. Nos parece algo imposible que se ame a un verdugo, pero ocurre muchas veces...

-Son una fuerza de trabajo, tanto ellas como los esclavos, -dijo Isman- y no conviene que estén ociosos. Así que Vos, Arkanis, os ocuparéis de que tras dos días de descanso vuelvan a sus tareas los que estén sanos, pero no fabricarán armas. Hay que hacerles entender que ahora trabajan para mantenerse ellos mismos. Los que tengan sus hogares en el Sur, que se vayan si quieren. Hacia el Norte no irá nadie, a menos que tengan familia en los sitios donde ya hemos vencido. Etherisis, Diva y Hetesferes os ayudaran en esa tarea con ellos. En el campamento hay dos mujeres del jefe enemigo que pueden traducir muchas lenguas. La que no puede caminar, se quedará con nosotros. La otra os puede ayudar. Ocupad un soldado cada cinco personas. Si hubiera ataque a un soldado nuestro, el esclavo pasa a considerarse enemigo y se elimina.

-Entendido, Faraón. Podéis dejar todo a mi cargo. Hilaris y Omar os esperan a la vera del río, donde han reunido todas las barcas. Los demás Comandantes y el resto de las tropas están batiendo el Sur, imagino que ya os lo ha dicho el mensajero...

-Sí, y supongo que también mi hija está en esa labor...

-Sí, Faraón. Vuestra hija está batiendo la zona de la caverna donde estaban las armas. Seguramente ha dejado la mayor parte de su tropa abanicando el lugar, pero ella no se va a quedar con la intriga...

Cruzaron en una barca y se encontraron el desolador espectáculo de los esclavos que lloraban y temían lo peor, aunque los soldados intentaban tranquilizarles. Isman mandó a los subcomandantes que les hicieran formar ante él y pidió a Hetesferes que hablara, preguntando quiénes conocían más de una lengua. Algunos, de diversas etnias, se acercaron, tímidos y desconfiados, pero suponían que el saber lenguas implicaba algún mejor puesto como esclavos. Era casi de noche cuando el Faraón, Hetesferes y los improvisados ayudantes, consiguieron hacer entender a todos que ya no eran esclavos, que podían elegir entre quedarse, descansar, trabajar para mejorar sus condiciones de vida allí, o marcharse libremente.

Los negros que Sekhmet le había anunciado, allí estaban, tan débiles como dignos, porque llevaban días sin comer, habían decidido morir de hambre antes que continuar en la esclavitud. El Faraón no tuvo ningún inconveniente con el lenguaje, que Hetesferes conocía bien y uno de ellos, Nepata, era el líder de lo que quedaba de la tribu. Acordaron quedarse lo necesario para reponer fuerzas, recibir toda la instrucción posible y volverían a la zona de las pirámides con un destacamento de quinientos voluntarios. En adelante, su región estaría bajo protectorado de Ankh em-Ptah y aportaría al Imperio solamente el cuidado del legado piramidal de los Hekanef. A cambio, el Faraón se comprometió a enviar regularmente relevo de tropas, maestros capacitados para enseñar la cultura de los dioses y todos los excedentes de artículos que pudieran serles útiles en la región más austral del Imperio.

Los subcomandantes a cargo de la reunión de cadáveres, buscaron al Faraón que con Enhutatis, Elhamin y Hetesferes recorría ya con antorchas la zona tomada. Se presentaron ante Isman para informar:

-Ya los hemos tirado al río, Faraón, e improvisé los funerales lo mejor que pude, en ausencia de Henutsen... Perdonad... -decía el soldado sin poder contener el llanto-. Perdonad, Faraón... Es que he sentido muy cerca el mundo de Anubis, he sentido su presencia... Perdonad mi llanto, Faraón... Os juro que no me hace débil y podéis confiar en mí... Sólo que imaginaba un Anubis terrible, pero… le he sentido, le he visto consolar a los muertos como un padre, no como…

-Os comprendo, soldado. Y bien puede ser terrible para las Almas impías en extremo, pero no para Almas como la vuestra o la de estos pobres hombres sometidos a la esclavitud de la ignorancia y la brutalidad ciega. Estoy seguro que Anubis ha recibido a los que le habéis entregado, con el mismo profundo Amor con que tratamos a nuestros seres queridos. Hará justicia con ellos, sin duda pero también dándoles las oportunidades que no podemos darles nosotros.

-Seguro que así es, Faraón. Hoy ha sido un día muy importante para mí, y más aún por poder confesarlo al Sumo Sacerdote de Ankh em-Ptah. Os ruego nos digáis que debemos hacer ahora.

-Id a decirle a todo el mundo que ubique los campamentos a media altura, ni en la cima de los promontorios ni cerca del río. He tenido una visión de lluvia y crecida mayor de lo normal. Evitad las cumbres porque los rayos caerán en todas ellas… Si, soldado, no me miréis tan extrañado. Es como os digo.

-Y si lo dice el Faraón, no hay nada que dudar… -agregó Elhamin.

-No se ve una nube, -respondió el soldado- pero no pondría en duda la palabra del Faraón, General. Sólo que me sorprende la noticia y estoy pensando en cómo hacer mejor lo ordenado. ¿Qué hacemos luego de establecer los campamentos adecuadamente?

-Descansar, sólo descansar, todos los que os habéis encargado de los cadáveres. Pero antes, lavaos bien todo el cuerpo en el arroyo de los sembradíos, diez cuerdas aguas arriba. Allí no hay cocodrilos, el agua es clara y podréis permanecer bajo la luna un buen rato, ahora que está casi llena. Eso limpiará también vuestros Ka.

-Y Vos, Elhamin, -decía mientras continuaban la inspección y volvían al campamento- enviad mensaje urgente a Mertinetis: Que desmonten todos los barcos que se puedan transportar y los lleven lejos del agua, que amarren muy bien los que no se puedan desmontar y que avisen al General Merensob en lo posible, que el río crecerá mucho más de lo normal. Supongo que se puede hacer con los halcones…

-Sí, Faraón. Hay tres días de marcha, pero hemos dejado dos cetreros entrenados por Meremnut, con dos postas normales entre ellos. Uno con Mertinetis y el otro con Merensob. ¿Cuándo calculáis que podría ocurrir?

-No lo sé, pero en cualquier momento. Puede que pasen días, pero ocurrirá pronto. Y no podré evitarlo. La Naturaleza del Mundo tiene sus necesidades y hay cosas en la que no podemos intervenir.

El siguiente día amaneció muy nublado, algo lluvioso e Isman se despertó con las primeras claridades. Se aseguró de que Henutsen y todos los demás hubieran vuelto al campamento y se acercó a la tienda de Elhamin, que también estaba despierto.

-Imagino, Faraón, que no habéis pegado los ojos hasta saber lo ocurrido con la batida.

-Henutsen duerme, así que debe estar todo en orden...

-Cierto, porque han encontrado y eliminado a unos pocos fugitivos en los bosques. Luego continuaron en abanico y regresaron sin que haya posibles huídos. Han llegado hace poco rato, pero está todo bien...

-Entonces suspended la formación anunciada hasta después de la comida del medio día, Elhamin. Todos han dormido menos de lo suficiente para reponerse de las correrías de los días anteriores, así que dejad solamente la guardia y un círculo de patrulla continua a cincuenta cuerdas. Relevad a los que están con los esclavos y que todos los que no estén en esas labores, duerman toda la mañana.

-Supongo que haréis lo mismo, Faraón...

-Suponéis bien, hermano mío.

Durante el segundo día de descanso, el campamento rebozaba de alegría a pesar de la llovizna permanente. En los grupos de tiendas había fiesta. Hasta muy altas horas de la noche anterior se celebró la serie de victorias, pero todos estaban de fiesta nuevamente desde temprano, aunque el Faraón no había dado por finalizada la campaña.

-A los Invisibles -decía Elhamin- ordené descanso obligatorio, porque han sido los más activos desde que iniciamos la campaña. Sin embargo me han hecho tanto caso como los cocodrilos a las abejas. Himhopep, Ankemtatis y vuestra hija están desde temprano en los laberintos de la caverna cercana a la catarata. Ya he extendido a un día de marcha el círculo de vigilancia, pero esos laberintos me tienen preocupado...

-Es que hay de qué preocuparse... -decía Isman apuntando con el Heka hacia el Este, calculando la zona donde estaría la caverna- Esta noche deben estar lejos de la caverna, porque va a inundarse...

-¿Estáis seguro?

-Totalmente... Agua y fuego... Es algo extraño, pero habrá agua y fuego de la tierra... No deberían estar en esa caverna al final del día.

-Entonces seguid tranquilo y permaneced con la gente, Faraón. Yo iré personalmente a advertirles. Hay más de medio día a caballo y por las dudas me llevaré gente y carros.

-No llevéis carros, Elhamin… Sólo algunos jinetes… ¡A todo galope! No hay nada importante allí. Obligadles a regresar de inmediato…

No terminó la última palabra cuando el General estaba ya dando órdenes a un pelotón para salir a caballo. El Faraón recorría uno a uno los vivacs, cantando, conversando con todos, abrazando a todo el mundo como era su costumbre, pero en el fondo, su pensamiento estaba en la caverna que no había llegado a ver, sino en los estados de visiones que lograba usando el Heka. Luego fue a las barracas a hablar con los esclavos liberados, muchos de los cuales no podían terminar de asumir su libertad, o incluso hubo quien estuviera disgustado por ello, pensando que deberían volver a la miserable forma de vida anterior, en algunos casos peor que la esclavitud que habían llevado con los obheritas. Sin embargo Hetesferes, ayudada por las traductoras de Baalbek, lograban convencerles de que no había razón para el temor y podían quedarse allí. Habría un orden que respetar, disciplina y un trabajo cotidiano, pero sin hambre, castigo ni sometimiento. Las mujeres fueron las más rápidas en aceptar las nuevas condiciones, en especial las que esperaban hijos.

Antes de ocultarse el sol, cuando Isman cruzaba el río para volver al campamento, un temblor de tierra acalló los cánticos y risas. Apenas pasada la sorpresa, una columna de humo se vio en la lejanía, hacia el Sureste. El piloto aceleró el ritmo a los remeros y pronto estuvieron en la orilla, abandonando el barco con dificultad porque las aguas se habían remecido. Isman corrió al encuentro de Enhutatis, que también estaba preocupada porque nadie había regresado aún. La tierra volvió a temblar y la lluvia comenzó a caer en fuertes chaparrones.

-Voy a salir a buscarles… -decía en voz alta Isman, entre truenos, relámpagos y el recio aguacero.

-¡Es una locura!, -le decía Enhutatis- Seguro que están en camino y con el río crecido ya ni se sabe si el camino…

-¡Con más razón!... No puedo permanecer sin hacer nada. -decía tomando su Heka y el Nejej. Apuntó los instrumentos moviéndolos en abanico, en la dirección Sureste y a Nordeste, cerró los ojos y continuó así unos instantes. Colocó los instrumentos dentro de su alforja y corrió gritando órdenes a Espiria y Gibured, a quienes tenía más cerca.

Junto a un grupo de cincuenta hombres, provistos de arpones y cuerdas, corrió hacia el embarcadero, donde las naves estaban en un constante vaivén que apenas controlaban los soldados que habían logrado permanecer en ellas. A pesar de la difícil situación y lo casi imposible de una navegación más o menos segura, zarparon tres barcas de ocho remos por banda. Bogaron al compás que marcaba el propio

Isman como piloto de la primera embarcación y corriente abajo no tardaron mucho en encontrar lo que el Faraón tanto temía. El río había desbordado de tal manera, que abrió un brazo rápido y caudaloso por la derecha. En la gran isla que se formaba al centro, se hallaban atrapados los Invisibles, Henutsen, Himhopep, Ankemtatis, Elhamin y sus hombres.

-¡Medio Râdnie más y no les habríamos visto! gritó Isman e indicó al timonel la dirección. Atracaron las barcas donde calcularon que no había escollos y los rescatados pudieron embarcarse. Los caballos se ataron a ellas para llevarles a nado mientras el Faraón gritaba las órdenes.

-¡Remaréis a la mitad del ritmo! -gritaba Isman- Si algún caballo no nada, el último remero de estribor cortará la cuerda. ¿Estáis todos?

-Podemos cruzar, Faraón. -respondió Elhamin- Habéis llegado en buen momento. ¿Cómo se os ocurrió que podíamos estar en peligro?

.-No lo sé… Una tentación de no permanecer a retaguardia, quizá…

El General lanzó la risa, desahogando también las tensiones de lo vivido recientemente, en que se creía sin posibilidades de sobrevivir. Cruzar a tierra firme fue un duro trabajo que llevó más de un Râdnie, las barcas tiraban de los caballos, que llegaron exhaustos a tierra. Debieron mantenerse remando en cejo, para poder hacer tierra cien cuerdas más abajo, arrastrados por la corriente que iba en aumento.

-¡Sacaremos las barcas, arrastrándolas un poco para amarrarlas en esas piedras! -decía Gibured- No podemos desperdiciarlas…

Tras el intenso trabajo, en el que también colaboraron los caballos a pesar de la fatiga del nado, las barcas quedaron en sitio más o menos seguro y comenzaron la marcha hacia el campamento.

-Nadie iría montado -decía Isman acariciando a los caballos- porque ellos están más cansados que nosotros. ¿Qué pasó en la caverna?

-Que el General llegó y nos hizo salir a toda prisa, -respondió Henutsen- sin dar explicaciones, sin admitir preguntas… Si hubiera demorado en ellas, estaríamos todos sepultados. Empezamos a correr obedeciendo y momentos después teníamos fuego, piedras calientes y agua hirviendo en nuestros talones…

-Estábamos a cuatro cuerdas -agregó Ankemtatis- cuando por la caverna se abrieron paso las llamas de la tierra. Algunos tenemos pequeñas heridas de las piedras que cayeron después…

-Y yo cometí el error de seguir por el camino, -decía Elhamin- en vez de alejarnos y marchar por sitios más altos. No imaginaba que la lluvia y la crecida serían tan inmediatas... Además de daros las gracias, Faraón, quedáis relevado del juramento de permanecer en retaguardia...

Isman por fin soltó la risa sin agregar nada y Elhamin continuó.

-Bueno, es lo menos que puedo hacer en muestra de gratitud, porque además, cuento con Enhutatis...

-¡Ah!, ¡Ya sabía que teníais una aguja de esas... Para marcarme el Norte!, ja, ja, ja, jaaa. Con pedirle a ella que me cuide, lo tenéis solucionado. Ahora démonos prisa, que debe estar como una leona enjaulada y no quisiera que otros se aventuren en buscarnos...

-¡Mirad la isla! -decía Henutsen dos Râdnies después- Es esa, la de los árboles más grandes. Un momento más y estaríamos nadando hacia la catarata, primero nos salva Elhamin y luego...

-No, Henutsen, primero os salva vuestro padre, que fue quien me ordenó correr a...

-¡Ya está bien, queridos míos! -interrumpió Isman- Cada uno ha hecho lo que debía y no hay víctimas que lamentar. Descansaremos unos días más, porque intentar movernos con esta situación, sería una estupidez. Espero que Mertinetis haya recibido el mensaje...

-Y debe haber tenido el tiempo justo. -agregó Elhamin- Volver sin los barcos nos llevaría entre veinte y veinticinco días... Pero habíais dicho que volveríamos por la costa del Mar de Naciente, lo cual implica unos quince a veinte días, sólo para llegar hasta ella... ¿Enviaremos unos cuantos azafes o vamos a movilizarnos todos por esas regiones?

-No volveremos por donde hemos venido, Elhamin.

-¿Es que vamos a volver entonces, costeando el mar...?

-Sí, Gibured. Demoremos más de lo que al Concejo le gustaría, pero debemos completar la campaña por esas regiones que no pueden seguir inexploradas y poner un parche final a las invasiones de los obheritas.

-Ya me parecía... -intervino Elhamin- O sea que la orden a Mertinetis de desmontar los barcos, no era sólo asunto de la crecida...

-Principalmente, sí, pero también porque quizá tengamos que ir a recogerlos. Y os aseguro que no es mero interés exploratorio. Podemos enviar algunos azafes por el río, dejaremos destacamentos donde sea conveniente, pero en cuanto quede todo en orden aquí, salimos hacia el Este. Tenemos ahora esas armas, sobre las que he reflexionado... Quizá no lo suficiente, pero las conservaremos. Y si tenemos que usarlas de nuevo, las usaremos. Eso venía contra nosotros, contra todo lo que Ankh em-Ptah representa... Sólo que hay que tener extremo cuidado, que no se vuelvan contra nosotros mismos por tomar decisiones irresponsables.

-Vuestras decisiones, Isman, han sido a lo largo de toda vuestra vida un collar de aciertos, con algunas "perlas negras" de las cuales no podéis arrepentiros porque la intenció fue sin duda la mejor y todos las apoyamos. Sois un simple humano, Faraón, como muchas veces lo decís, pero habéis actuado siempre como un dios. Ellos también pueden equivocarse. Mientras las decisiones sobre esas armas y todo lo demás en Ankh em-Ptah estén en vuestro poder, las Asambleas de las Calles y los Concejos estarán orgullosos de haberos proclamado Faraón. Hasta ahora jamás ha habido una moción en contra de una decisión vuestra...

-No es tan así, Elhamin. La estupidez que cometí exiliando a los más perversos entre los pueblos del mundo, ha costado muchas vidas de nuestros hermanos. El pedido del Concejo, de regresar cuanto antes, no será sólo porque teman una invasión directa desde el Este, sabiendo como saben de lo que hemos tenido que enfrentar aquí...

-No lo había pensado así, pero justamente, sabiendo lo que saben, más lo que se enterarán de nuestro hacer en esta campaña...

-Por muchos méritos que haga, Hermanos míos, reparar el gran error de perdonar las vidas de todos esos asesinos y perversores, para que vuelvan como lo han hecho, con más odio y ruindad aún, me costará mucho. También creo que he sido muy blando con el tratamiento a los que alientan los Juegos del Poder, los falsos valores de las fichas...

-No podríais haber hecho más, Faraón -dijo Gibured- no os torturéis con ello. No podéis cargar con el peso que corresponde a la conciencia de casi un millón de personas. El propio pueblo también tiene que hacer su parte. Las Asambleas de las Calles están para eso, los delegados son los que deben parar los pies a los que juegan ese estúpido juego de fichas falsas, a los moderadores que los propugnan. Es el propio pueblo quien debe detectar y denunciar a los extranjeros que abusan de nuestra hospitalidad y nuestras puertas abiertas... No podéis estar vigilando lo que tiene que vigilar cada ciudadano.

-Debería poder, Gibured. El problema es que si lo hago, yo mismo estaría violando la intimidad de las personas. ¿Hasta qué punto es lícito y ético que censores y Regentes recaben tantos datos de las personas?

-Hasta ahora, Faraón, que yo sepa, nadie ha tenido que dar datos a ellos de manera obligada, salvo los que quieren entrar en la milicia de manera permanente. Los civiles muchas veces no registran a sus hijos hasta que lo hacen ellos mismos, voluntariamente, ya mayores...

-Y por eso no tenemos un registro de extranjeros como deberíamos tener. Por eso se hace tan difícil a los nuestros, encontrar a los espías, a los moderadores del maldito juego de las fichas, a los que infunden calumnias entre el pueblo, aunque casi nunca se las crean y los rumores se disipen como toda mentira, en la nada. Pero… ¿Qué pasaría si esa gente consiguiese convencer a una buena cantidad de ciudadanos con sus calumnias, como lo están haciendo con el Juego del Poder?

-Comprendemos, Faraón, -dijo Elhamin- pero no puedo deciros qué debéis hacer. Podréis decirme lo que queráis, usarme como espejo para vuestras reflexiones y hasta de alfombra si es necesario, pero soy estratega, no político. Si a veces os llamo a la reflexión sobre asuntos políticos, no es por otra cosa que por lo aprendido de vuestra enseñanza.

-Y siempre habéis sido muy oportuno, General. Seguid así…

-No tanto como Vos al salir a buscarnos con las barcas. Mirad allá…

El grupo caminaba sobre un montículo alargado, desde el que ahora se veía bastante más porque acababa de salir la luna llena entre las espesas nubes que seguían descargado agua sobre la región. Dos barcos, o más bien sus restos, iban a la deriva arrastrados por una nueva ola de crecida.

-Si sigue creciendo así, hasta estas montañas quedarán aisladas…

-No será tanto, Elhamin, pero hay otro peligro y debemos descender un poco, ya mismo… ¡Gibured! -gritaba Isman volviéndose hacia los otros- ¡Bajad inmediatamente, salid de la cima hacia la izquierda!

Habían descendido por el lado contrario al río, evitando acercarse a la bravía corriente, así como los rayos que poco después estallaron justo por donde estarían si hubiesen continuado por la cima. A sólo cuerda y media, dos rayos les dejaron ensordecidos por un rato. El cielo volvió a cubrirse por completo y apenas podían ver por donde transitaban. Isman tomó su Heka y en ocasiones al Nejej, para decidir por dónde deberían pasar, porque al llegar al final del promontorio, toda la zona era una red de arroyos pluviales, algunos de los cuales obligaron a usar nuevamente las sogas y los caballos para poder cruzar sin ser arrastrados.

Cuando llegaron a un promontorio desde el que ya avistaban el campamento, respiraron aliviados al ver que el agua no había llegado hasta él en ningún sitio, por las acertadas indicaciones que dieran Isman y Elhamin para disponer las tiendas y emplazar los carros y monturas.

-Justo antes de salir, -decía Gibured- ordené a unos remeros que saquen de la corriente los barcos que pudieran. Mirad, los han puesto allí. Aunque al tirar de ellos se hubieran dañado los cascos, podremos desarmarlos y llevarlos donde queráis.

-Como siempre, Gibured, habéis sido muy oportuno, Vos también.

Al aparecer el grupo a la vista de las tiendas, Enhutatis corrió hacia el Faraón y se lanzó en sus brazos sin decir nada. Mientras cada uno marchaba hacia su tienda, ellos permanecieron largo rato abrazados bajo la lluvia, sin decir una palabra. Henutsen y Ankemtatis se quedaron cerca de ellos, contemplando el espectacular torrente que había cubierto todas las islas y parte del campamento obherita, cuyas barracas a ambos lados, habían sido abandonadas para instalarse en lugar seguro.

-¿Cómo habrá sabido vuestro padre todo lo que iba a pasar en la caverna? -decía Ankemtatis- ¿Y cómo supo lo que podía pasarnos aún rescatados ya por el aviso de Elhamin?

-Bueno, no es que sea un misterio. -respondió Henutsen- Deberíamos todos usar la intuición como él lo hace. Esas cosas se enseñan en los Templos de Hathor, en Karnak, en La Luz, en Gebelik, en Tekmatis, en Kal Ahisa, Akhenat, en el Templo de la Vida y en Sozer. Seguramente ya se enseñan en todos los Templos del país, pero ya veis, que ni yo he escuchado las advertencias de Anubis al entrar a la caverna, porque la pasión exploratoria me nubló el sentido. Era consciente de que Anubis me advertía de un gran peligro, entonces pènsé: "*Gracias, Anubis, significa que tendré mucho cuidado...*" Y no entendí que la advertencia era para no entrar, no para ir con precaución. No se me di cuenta que cuando un dios advierte algo no es para dar miedo, ni decir a un adulto algo sabido, como si fuésemos niños: "*tened cuidado, que hay peligro*"...

-Por cierto, amada mía, decidme si estoy equivocado... ¿Vuestro padre y Enhutatis se han convertido en estatuas?

-No, Amor mío. Sólo han dejado que sus bocas lo digan todo sin hablar. ¿Qué tal si conversamos como ellos?

-----------------

Las lluvias torrenciales duraron ocho días, el agua llegó en algún momento tan cerca de las tiendas que estuvieron a punto de cambiarlas de lugar, pero Isman inspeccionó la situación con sus instrumentos y tranquilizó a todos. No se podía cruzar aún el río porque resultaría imposible sin que el torrente llevara una barca con los mejores remeros a cientos de cuerdas aguas abajo y con enorme riesgo, pero se hacían señales de antorchas durante la noche. Todo estaba bien al otro lado.

Las mujeres obheritas habían mejorado notablemente su moral y las dos traductoras estaban entusiasmadas con su condición de extranjeras protegidas. Una de las embarazadas había parido justo al final de las lluvias y aceptó emocionada que su niña fuese registrada como ciudadana de Ankh em-Ptah. La Plana Mayor y varios centenares de soldados asistieron a la ceremonia, en medio de los grandes charcos, aprovechando que había parado de llover. Ante una larga mesa de campaña, se hallaban los participantes en un clima mezcla de fiesta y solemnidad, como ante el bautismo de cualquier niño del país.

-Soy el General Arkanis, -decía a la mujer las condiciones legales mientras escribía, y la traductora Ashtarizara le ponía en conocimiento de los detalles- y como Jefe de Escribas del Ejército, por los privilegios que me confiere el Concejo Supremo de Ankh em-Ptah, determino que este nacimiento se registre oficialmente, con un nombre provisorio hasta que la niña elija su propio nombre. Como ciudadana de nuestra Nación, nace libre, al cuidado de su madre, sin padre y bajo la tutela legal e indirecta del Faraón Isman. La madre está libre de cargas laborales hasta que la niña cumpla dos años. Se le asignará copia de su registro a un médico responsable del sector donde elija vivir y tendrá derecho como ciudadana a la educación plena y total, sin restricción alguna. No podrá formar jamás en las filas del Ejército, ni sus hijos, ni nietos pero sí sus biznietos, porque las leyes impiden eso hasta la cuarta generación incluida la madre que adopta ciudadanía, pero podrá ejercer como médica, sacerdotisa, artesana, criadora o cualquier profesión civil que elija, y así será para su progenie. Por lo tanto no podrán ni ella ni las generaciones mencionadas, acceder a puestos militares o al de Faraón. La madre se hace tutelarmente responsable ante las leyes de Ankh em-Ptah, del cuidado de la niña hasta los dieciséis años, en que dicha tutela queda a voluntad de madre e hija. Firmo este registro y por circunstancia de la bendita cercanía, también el Faraón, el día trece del decimoprimer Khabed del año tres mil novecientos cincuenta y nueve desde el Gran Diluvio, en... ¿Alguna idea de nombre para este sitio, Faraón?

-Aguas Rotas, ese me parece un nombre adecuado...

-Está muy preocupada, -decía la traductora respecto a la madre que hacía preguntas ininteligibles para los Ankemtamitas- dice que cuánto debe pagar y por cuanto tiempo, por las dádivas que habéis mencionado.

-¿Qué es pagar? -preguntaron al unísono Arkanis e Isman.

-Pagar... -explicó la traductora- Es decir, si no tiene fichas que cobrar a nadie, tendrá que trabajar, como todas nosotras... ¿Cuál es su deuda con el Faraón? ¿Y cuál será la nuestra, ya que habéis confiscado todas nuestras cosas y ni siquiera tenemos nada que vender, salvo las ropas?

-¿Qué es vender? -preguntó otra vez Isman, confuso y preocupado.

-Vender, -explicaba la mujer como si fuese lo más obvio del mundo- entregar algo a cambio de fichas, u otra cosa... Se hace algo y se cobra por ello tantas fichas... Con lo que se cobra se puede pagar tal o cual cosa, según las fichas que haya reunido, según lo astuta que una sea...

-En Ankh em-Ptah, -decía Arkanis haciendo acopio de paciencia- no existe esa forma de hacer las cosas... Además, a quien intente imponer esa trampa que aquí llaman "Juego del Poder" reuniendo fichas que no tienen ningún valor real, se le mete en un calabozo bien oscuro. Y es posible que mientras hemos estado en esta campaña, el Concejo haya dictaminado la pena de muerte para los instigadores de esa forma de economía, que por lo que decís, es la que difunden los obheritas porque... ¡Ellos mismos la usan!

-Explicadle a ella y a todas, -intervino Isman- que nadie debe fichas a nadie. ¿Cómo vais a pagar con fichas el servicio de un médico que os salva la vida? Si dejásemos que eso ocurriese entre nuestro pueblo, los médicos menos conscientes nos envenenarían, nos enfermarían con pócimas, corromperían las aguas y darían malos consejos, para que enfermemos y entonces cambiarnos fichas por los antídotos... ¡Es increíble que haya todo un pueblo que no sólo difunde esa aberración, sino que ellos mismos creen que eso tiene alguna ventaja! ¿Y quién maneja ese asunto entre los obheritas?...

-Elashirrano, el jefe de los moderadores, que maneja las fichas de todos... Y en cierta forma, el Rey de Obheres, porque el Rey que hay es tan falso como las fichas; lo ha puesto él. Es un niño de veinte años, tonto y lascivo, pero cruel, despiadado, que viola, tortura y mata una mujer cada cuatro días. Ni siquiera sabemos si realmente se llama Ashtarisis, que es el nombre de un antiguo rey de Baalbek.

-Oídme bien, traductora... -decía Isman lentamente- Explicadles a todas que en Ankh em-Ptah nadie es esclavo, ni nadie tiene que preocuparse por juntar fichas, ni nadie "pagar" ni nadie "vender", todo el mundo trabaja en lo que mejor sabe y más le gusta. Ese es nuestro valor de cambio con todos los demás. Por eso abunda de todo en nuestro país. Por eso las ruedas de nuestros carros aguantan andar en campañas de millares de cuerdas, durante años... Por eso los médicos hacen que la vida sea larga y sana. Aquí no hay esclavos, ni unos pocos son dueños de los demás... La esclavitud es un crimen...

-¿Es que Vos no sois dueño de un montón de sirvientes y de todos estos soldados?

-Yo, que soy el Faraón y Supremo Sacerdote, soy Rey Civil y Militar, tengo personas a cargo a quienes puedo dar órdenes, sin embargo nadie me pertenece, ni siquiera mi hija, ni mi mujer, ni nadie pertenece a nadie. O mejor dicho, sí... ¡Yo le pertenezco a mi pueblo!, que me ha elegido en las Asambleas de las Calles, que me han considerado digno de servirles, protegerles… Y rindo cuenta de mis acciones a un Concejo Supremo de gente que también es elegida por esas Asambleas donde nadie deja de participar. Se castiga duramente al que pretenda ser dueño de otra persona. Hasta los animales que nos sirven, son tratados según su naturaleza pero cuidándolos como a las personas… Explicad a la madre de esa niña, que sólo trabajará si quiere durante los próximos dos años, porque a nadie le gusta estar ocioso, pero luego sólo trabajará en lo que ella elija y le guste, y nadie le "pagará" por su trabajo. En cambio nadie le pedirá fichas por el alimento, el vestido, el calzado, las herramientas que necesite para hacer su trabajo, ni por la educación, ni para que le construyan una casa, ni por los auxilios de un médico si lo necesita…

-¡No puedo entender ni creer lo que decís! -decía la traductora- ¿Cómo podéis tener una organización justa sin fichas, sin esclavos, aunque los tratéis bien como debería ser en todo el mundo? Por eso dicen en mi país que los obheritas son realmente civilizados y los demás pueblos son primitivos, brutos, no saben ni contar, ni negociar, ni… ¡Por semejante tontería es que ha caído mi amada Baalbek…! ¿Qué pasa con los que no quieren trabajar? ¿Los tontos que trabajan tienen que mantener a los que no lo hacen? ¿No tenéis leyes?

-Sí, Ashtarizara, -continuó Isman- tenemos pocas leyes que para que tengan efecto, tiene que aprobar todo el pueblo. No se puede cambiar una ley si no hay una enorme mayoría de aceptación en el pueblo. Las leyes que nos guían son los Ocho Kybaliones, las Ocho Grandes Llaves que rigen el mundo y el Universo todo. Si se respetan esas, las leyes humanas serán muy pocas pero efectivas. En cuanto al trabajo, es necesario para todos, pero principalmente para quien lo hace. Las personas que no sienten deseo de trabajar, son atendidas por médicos y podéis estar segura de que son casos excepcionales, que se curan rápidamente. Siempre es más probable que ocurra lo contrario, pues algunas personas quieren hacer más cosas que las que el tiempo les permite materialmente… Siendo esclavo, es lógico que a nadie le guste trabajar, a menos que tenga una suerte especial, y le destinen a algo que le gusta. ¿Os gusta trabajar como traductora?

-¡Claro! -dijo Ashtarizara después de meditar unos momentos- Si nadie me va castigar por no hacerlo, pero se me permite aprender más idiomas, leer más, estudiar más, aprender de otros pueblos…

La voz se le quebró, las lágrimas fluyeron y luego hizo unos gestos tranquilizadores a las mujeres de su pueblo, que no entendían lo que ocurría. Tras explicarles algo brevemente siguió hablando al Faraón.

-Lo voy entendiendo. Esto es otro mundo, otra forma de vivir... Y recuerdo cosas de mi infancia... Ya entiendo cómo es que no os han podido vencer, siendo que los obheritas son una población del doble que vosotros... Será difícil ahora hacer que lo entiendan las demás, pero lo explicaré. Lo he entendido, Faraón. Sólo que sigo sin terminar de creerlo. Pensaba que seríamos sólo esclavas mejor tratadas...

-¿Cómo sabéis que los obheritas son el doble que nosotros?

-Porque Elintaakh lo dijo a un aliado del Este de Obheres, con el que tuvo una reunión y tuve que traducirle todo... Además del doble, contratan a cambio de fichas a gente bestial de otras tierras.

-Bueno, dejemos eso ahora... Hablad con las mujeres, que son almas sufriendo por no entender que se acabó la esclavitud para ellas. No deben temer por el futuro de sus hijos, nadie les privará de alimento, ni deben sufrir para obtenerlo, serán educados hasta ser tan sabios como deseen serlo. Solamente no podrán ser militares, ni miembros de Concejo y mucho menos Faraón, hasta la cuarta generación, pero podrán ser y hacer todo lo demás incluso Sacerdotes o Sacerdotisas de Ankh em-Ptah. Los niños nacidos en Aguas Rotas, nacen sin las cadenas de la esclavitud. Si os cuesta creer que exista una sociedad como la nuestra, es sólo porque no habéis recordado muy bien vuestra niñez en Baalbek...

El nivel de las aguas fue bajando y en cuanto fue posible volver a cruzar el río con algunas precauciones, Elhamin, Ankemtatis, Hilaris y el Faraón, subieron a una barca con los dieciséis remeros más fuertes, porque aún las aguas estaban más altas que lo normal. Los soldados destinados a cuidar de los ex esclavos no lo habían pasado nada mal. Las zonas de cultivo fueron inteligentemente tratadas desde los primeros días, evitando un drenaje destructivo del suelo.

-Muy buena obra, -decía Isman a los soldados- se nota que algunos de vosotros habéis trabajado bien la tierra antes de entrar en la milicia.

-El mérito es de aquel grandote que aún está dándole a la zapa entre los canales, Faraón. -respondió el subcomandante Markobest- Las piñas y los árboles se han salvado. Los campos de cereales no, pero a fuerza de zapas y palas, impedimos que el drenaje se lleve la capa de tierra buena. Se podrá volver a sembrar hortalizas si es que la lluvia nos da un tiempo más de descanso...

-La lluvia dará descanso a los que se queden, pero nosotros nos vamos. Una guarnición de mil hombres quedará aquí y fundará una ciudad. Se quedarán todos los ex esclavos que lo deseen y los de la guarnición lo harán voluntariamente. Si no hay mil voluntarios, será por destino ordenado los que no tengan esposa o marido esperándoles.

-Por mi parte, Faraón, estoy encantado con este sitio. Mi mujer es soldado y seguramente estará de acuerdo porque le encanta este lugar. Hemos hecho amistad con la gente que decidió quedarse, que son unos tres mil. Los demás no han esperado a que deje de llover y simplemente se han ido marchando, sólo porque tienen familias en alguna parte… ¿Vais a ponerle un nombre a este lugar, Faraón?

-Lo decidiréis vosotros, que vais a vivir un buen tiempo en él y lo vais a construir… Tenéis algunos días para decidirlo y me lo decís, o bien lo pensáis y enviáis un informe al Concejo Supremo. Ya podéis reunir a todo el mundo y darles las noticias. Por el momento y a efectos militares, le hemos bautizado como "Aguas Rotas".

-¡Muy oportuno!, ¿Ha sido idea vuestra?

-Se me ocurrió… por los partos, por la riada…

-Así quedará, Faraón. Es un precioso nombre para mi nuevo hogar.

-Y si me permitís, Markobest -dijo Isman apuntando el Heka al corazón del soldado- Muy bien, excelente. Vuestros Ka es coherente, vuestro sentimiento, pensamientos, palabras y actos, son coherentes en toda vuestra vida. Así que sois un hombre feliz. Tampoco ha pasado inadvertido vuestro desempeño en las batallas y en las tareas. A partir de este momento dejáis de ser subcomandante. Si aceptáis el puesto, ahora sois el Comandante y Regente Militar de Aguas Rotas.

-¡Faraón!... Perdonad -dijo Markobest con los ojos a punto de mojar- No podía imaginar un honor tan grande. ¡Acepto, claro que acepto!

-Eso si también lo acepta vuestra esposa. En ese caso el General Hilaris se encargará de vuestro nombramiento como Comandante.

-Aún nos espera una larga andanza, -dijo Isman al General, tras un largo rato de conversaciones e inspección de las nuevas barracas y obras en los campos- …pero nos iremos más tranquilos viendo que ya están dejando todo en orden.

Elhamin y el Faraón regresaron al campamento y se reunieron con los demás para planificar sobre una comitiva con todos los carros necesarios para regresar a donde Mertinetis les estaría esperando.

-Esperaremos un día más, -decía Isman a la Plana Mayor- para que el calor de Râ despeje las brumas y seque los charcos del camino. Necesito aprovechar la limpieza hecha por la Naturaleza para ver los efectos de esas explosiones.

-Son cuatro días de marcha -dijo Elhamin- y otros tantos para volver hasta aquí. Con los carros cargados demoraremos seis días, pero por el río, si se puede navegar, aún corriente arriba serían tres...

-No es mala idea, Elhamin, pero eso lo decidirá Gibured, ya que iremos bordeando el río y podrá apreciar si conviene más el trabajo de desmonte y transbordo o directamente la vía terrestre.

-Los barcos más grandes -intervino Gibured- no podremos traerlos si no es por el río. Y demoraríamos menos en construir otros cerca de la costa del Mar Naciente si hay buena madera. Una cosa es desmontarlos y subirlos algunas cuerdas, y otra muy distinta es transportarlos durante quince días. Las barcas sólo necesitan tres carros para cada una.

-La campaña del Este quizá se debería hacer por tierra y por mar, -dijo Isman- así que podríamos contar sólo con barcas menores. ¿De cuántas disponemos, Gibured?

-Las que hay aquí en buenas condiciones, son ocho. No tienen la calidad de las nuestras, pero las arreglaré y servirán. Las otras que haya rescatado Mertinetis, a lo sumo serán quince. No creo que tuviera tiempo a desmontar las cuarenta.

-Bien, con veintitrés barcas rápidas se puede patrullar el mar, aunque no sea una gran flota. -reflexionaba Isman- Pero me temo que tenemos menos tiempo de lo que desearía. Siento que hay una urgencia mayor, no sé si por esta región o podría ser frente a las costas de Karnak. Veamos... Forman 21.640 efectivos, incluyéndome, menos dos mil doscientos de Mertinetis y mil voluntarios que se quedan aquí. Con 18.440 se puede continuar esta campaña, pero...

-Hablad, Faraón... -le instó Elhamin- ¿Cuál es vuestra duda?

-No es una duda. Es una sensación, como si fuésemos un grupo de pulgones a punto de enfrentar a todo un hormiguero. Ashtarizara dijo que los obheritas son el doble que nosotros, así que en una campaña en que se definiría su dominio sobre Ankh em-Ptah, no creo que hayan dispuesto los poco más de sesenta mil hombres que hemos liquidado. Su ejército debe ser al menos de unos ciento treinta mil hombres. Descontando los sesenta mil eliminados aquí y los de Gavelade... Aún deben tener como mínimo, la misma cantidad de efectivos que nosotros tenemos en todo el país. Furriel, haced venir a Ashtarizara, por favor.

-Decidme, Ashtarizara, -preguntaba Arkanis a la mujer, que la habían traído en un carro con ruedas que ella misma podía mover- ¿Qué podéis decirnos del ejército obherita? Vuestra ayuda podría ser útil. No estáis obligada a hablar. Esto no es un interrogatorio, sino un pedido de ayuda.

-Me suena raro. -dijo la mujer luego de pensar unos momentos- Elintaakh me habría torturado si no le respondiese en cuanto él terminara de hablar. ¿Qué me pasaría si no colaboro en nada?

-Elintaakh está muerto. -dijo Isman- Y aquí nadie se parece a él en lo más mínimo. Si no colaboráis comprenderemos que no habéis entendido nada de la nueva realidad que estáis viviendo. Seguiréis siendo prisionera habléis o no, pero protegidas. Custodiadas pero sin cárcel. Aún en nuestras cárceles no se castiga a nadie ni se tortura. Si dieseis información falsa o colaboraseis con el enemigo, se os mataría y acabado el asunto, pero no colaborar con nosotros es diferente y en vuestra situación, lo comprenderíamos y podéis guardar silencio.

-Que alguien traiga del carro con las ropas del harem, unas láminas que hay en un doble fondo, en una esquina trasera bajo un baúl con ropas de seda. Y si viene Esthardalia, la otra traductora, mejor.

-¡Con razón -exclamó Elhamin-.no encontramos nada comprensible entre los documentos hallados en el carro de Elintaakh!

-Aunque los hubieseis hallado, General, no sería fácil entenderlos...

Entre los documentos que Elintaakh había hecho guardar a Ashtarizara, había planos y mapas que Hetesferes pudo entender perfectamente, al igual que algunos símbolos incomprensibles para la traductora en los escritos, ya que eran signos cartográficos, no textuales. Pero entre ambas y ayudadas por la otra traductora, menos culta pero más enterada de las actividades de su antiguo esclavista, pudieron deducir muchos datos importantes. Mientras tanto, algunos temblores de tierra agitaron la región y se vieron columnas de humo en la zona de la caverna inundada.

-Esa caverna era una vena de fuego. -decía Henutsen- La antigua civilización la debe haber dado por extinta. La acondicionaron y puede que hubiera cosas interesantes, pero los obheritas la usaron para esconder sus armas y pertrechos más peligrosos... Si no las hubiesen sacado de ahí, las explosiones... ¡Por todos los dioses!

-Algo parecido a lo que produjimos en las islas de las catapultas, -agregó Ankemtatis mientras caminaban hacia las tiendas- pero que nos habría pillado muy cerca. Vamos a ver qué ocurre en la reunión...

-Así que este sitio era la próxima capital de su satrapía... -decía el Faraón- ¿Qué pueden ser estos puntos de aquí, tan cerca del mar?

-No hemos pasado por ahí. -dijo Ashtarizara- Él debió pasar en sus viajes anteriores. A varias de nosotras nos dejaba en los barcos en este puerto de aquí, donde unos arroyos temporales acaban en el mar. Esthardalia es de las pocas que ha transitado más veces...

-¿Es muy grande el puerto?

-Sí, Faraón. Cuando vinimos, había al menos treinta grandes barcos y más de cincuenta barcas menores. Hay un poblado, también con miles de esclavos, pero no de otros pueblos, sino de ellos mismos, o sea que es gente que trabaja porque tiene deudas muy grandes de fichas.

-¿Y más al Sur? -preguntó Elhamin.

-Tengo entendido que ese es el puerto del Sur, más allá es tierra desconocida para los obheritas, aunque han hecho expediciones de las que sólo volvieron unos pocos, diciendo que hay mucho fuego de la tierra y no vive nadie más en mucha distancia.

-Perdonad que os siga preguntando, Ashtarizara, -dijo Isman- pero es importante vuestro conocimiento de la situación en Oriente. Si habéis entendido lo que defendemos, aunque no hayáis visto nuestras ciudades, la alegría y paz con que vive nuestro pueblo, la abundancia que reina en nuestro país, la ausencia de esclavos o deudas artificiales...

-Ha sido suficiente ver lo que pasa aquí, Faraón. Vuestros soldados tienen una disciplina que no consiguen los obheritas ni para sus guardias personales, pero todos aquí son felices, todos combaten con alegría, en vez que miedo, los soldados se tocan, se abrazan, sonríen, tratan bien a los que no somos soldados... ¡Así era mi amada Baalbek mucho tiempo atrás, cuando yo era niña...! Perdonad mi melancolía... También surge el miedo, porque me cuesta creer que nadie me torture para sacarme información. Os ayudaré, os juro que en nombre de mi antiguo pueblo, os ayudaré. Dadme unos momentos para mirar los mapas y recordar más...

Dejaron a la mujer llorar mientras revisaba los mapas y los escritos, y Hetesferes ayudaba y le abrazaba compartiendo su llanto.

-Si os ayudo... -preguntó Ashtarizara a Hetesferes- ¿Creéis que podríais ayudar a los de mi pueblo que han tenido que emigrar al Este, para combatir a los obheritas?

-Erais esposa y esclava de un obherita, Ashtarizara... ¿Cómo es que deseáis tanto ayudar a los rebeldes?

-Justamente por eso. Nací en Obheres, cuando aún era parte de Baalbek, pero mi familia emigró al Este y yo me quedé por seguir a un obherita que fue asesinado, no sé por quien. Luego quedé sin poder elegir... Pero creo que ha llegado el momento de elegir, y mi sangre es baalbekia, no obherita. Ellos adoran a Seth, son como nosotros pero es como si fueran diferentes por causa de su dios, dicen ser los herederos del mundo, educan a sus hijos diciéndoles que son elegidos por Seth para ser dueños del mundo... Mis dioses, a los que nunca he olvidado, son parecidos a los vuestros, enemigos de Seth… Necesito recordar mi infancia, recuperar mi adolescencia y empezar de nuevo…

-Entonces esta es vuestra oportunidad. No sé si Ankh em-Ptah puede ayudar a los de Baalbek directamente, cuando por el momento sólo puede defender su propio territorio, pero al hacerlo sin duda está ayudando, parando las piernas de los obheritas en esta región. Si ellos consiguieran apoderarse de nuestro país, sería el fin de la libertad en todos los pueblos de la parte del mundo que conocemos…

-Lo entiendo, porque luego irían a por los Grakios de Hellás, contra los Lobunos y vaya saber contra cuántos pueblos más…

---------------

-Llevar los barcos desmontados, -decía Gibured- luego de hacer mis cuentas de distancias y trabajo, aún sobrando carros y hombres, equivale a ocupar más de diez días entre ida y vuelta hasta aquí. Llevar sólo estos ocho barquitos de aquí, sería suficiente para patrullar las costas aunque tenga que hacerles arreglos o incluso reconstruirlos con lo que encontremos en el camino…

-Diez días es mucho tiempo. -dijo Isman - Es preferible demorar un poco más aquí para preparar la movilización por tierra. Vamos a enviar mensaje a Mertinetis para que controle todo el río junto con Merensob. Están bien armados y no hay riesgo de encontrar grupos importantes de enemigos. Nosotros debemos salir cuanto antes hacia el Este.

-Ashtarizara… -preguntó Gibured- ¿Sabéis si hay buena madera en la región que habéis recorrido?

-Sí, la hay, General. Pero escuchadme, Faraón. -dijo Ashtarizara ya calmada y firme después de llorar largamente- Hay al menos tres puertos en el Mar de Naciente. Ceía que si Obheres conseguía mantenerse en guerra con Ankh em-Ptah por mucho tiempo, Baalbek tendría oportunidad de sostenerse y pasando suficiente tiempo, armarse de nuevo contra Obheres. Pero he sido una estúpida. Ahora comprendo que no es así. Mientras antes Obheres sea derrotada por Ankh em-Ptah, antes podrá Baalbek recuperarse e incluso podríais ayudar en forma más directa.

-Me sorprenden vuestras palabras, -dijo Isman mientras Hetesferes afirmaba con la cabeza- pero ayudar más directamente… Bueno, es algo que hace tiempo había pensado, pero en la circunstancia actual apenas si podemos dedicarnos a defender nuestro país. No podría prometeros nada. Además, siempre hemos tenido una política de no invasión, jamás hemos entrado militarmente en otro país y si estamos aquí es porque además de necesitar defendernos, estamos seguros de que el legado de los Hekanef se extiende incluso más al Sur…

-No me prometáis nada, Faraón. Sólo quería que sepáis lo que pienso. Mi patria era como la vuestra hasta hace cinco décadas...

-Lo sabemos, Ashtarizara. Y cayó primero con la trampa de las fichas y los Juegos de Poder, luego por las armas. Una cosa os puedo prometer y es que eso no ocurrirá aquí mientras exista un Faraón.

-Entonces, -dijo Ashtarizara poniéndose en pie frente a Isman aferrada a su carrito para no caer- que mis dioses y los vuestros me quemen en el inframundo por toda la eternidad si os miento en lo más mínimo. Permitidme formar parte de vuestro ejército, como ayudante, como traductora, como lo que me sea posible. Enseñaré a Hetesferes y a los que quieran, la lengua de Obheres y todas las que conozco, para que podáis combatir mejor, mandar espías... Os guiaré en todos los caminos que conozco. Seré vuestra aliada y os juro por Ashtarté que mi ayuda será útil, mi odio contra Obheres será un arma poderosa, digna y...

-Todo os lo agradezco, Ashtarizara -interrumpió Isman- menos el odio. Nosotros no combatimos por odio ni con él, sino por y con Amor. El odio ciega, entorpece la mente y ensucia el corazón. Si queréis ser parte nuestra, bienvenida seáis, pero con Furia de Dioses, con Amor a la Libertad, no con ese mal remedio de la Furia que es el odio, causante de todas las bajezas... ¿Qué os pasa ahora, lloráis otra vez?

-Debo confesaros algo... -decía Ashtarizara mientras desabrochaba parte de su corpiño extrayendo un fino estilete que arrojó al suelo- Esto estaba destinado a Elintaakh. Esperaba el momento en que después de meses me incluyera en su grupo para el sexo... Pero tras su muerte, estaba destinado a Vos o a quien pasara a pertenecer, pero ya estoy segura que entre vosotros, eso jamás sería necesario...

-Podéis estar segura de eso, Ashtarizara. -dijo Enhutatis- Como mujer, os aseguro que estáis en lo cierto y también creo en vuestras palabras.

-*Y por mi parte*, -dijo Hetesferes cuyo rostro parecía deformarse y convertirse en una leona que podían ver todos- *en el nombre de Ankh em-Ptah, pido a mi amado hijo el Faraón, que adopte a esta mujer como hermana de Alma. Lo que ha jurado no ha sido en vano, su corazón brilla de verdad, a pesar de los velos de odio y dolor. Su diosa Ashtarté es hermana mía, aunque sus advertencias no fueron escuchadas. Su trabajo es reconstruir el imperio de Baalbek, que Baal, nombre que dan a Ptah en su país, vuelva a estar en los corazones para acabar con la esclavitud.*

-¡Por todos los dioses! -exclamaron al unísono varios presentes cuando Hetesferes volvió en sí. La radiación de Sekhmet fue tan intensa que la vieron incluso los que no tienen la facultad de ver el mundo del Ka. El

Faraón se acercó a Ashtarizara y le ayudó a colocarse de nuevo en el carrito. Enhutatis ayudó a Hetesferes, que parecía a punto de desmayarse e Isman tomó juramento formal como aliada militar a Ashtarizara, con el acta que escribía Arkanis a toda prisa.

Había diecinueve embarazadas a punto de parir y todavía algunas tormentas descargaban agua y rayos por momentos, por lo que el Faraón decidió posponer la partida unos días más, a fin de registrar los nacimientos oficialmente. Ashtarizara pasó esos días explicando a sus compañeras y seiscientas mujeres obheritas las normas y características de la sociedad a la que eran incorporadas. También, cada día, daba clases sobre el idioma de Obheres a unas doscientas personas del ejército y ayudó a Hetesferes a hacer mapas provisorios de la costa del Mar de Naciente y los caminos que había recorrido, según recordaba, incluyendo el que debían transitar en la campaña hacia el Este.

Himhopep aprovechó con todo el personal disponible, a reparar carros y terminar de construir otros nuevos. A falta de los barcos, Gibured se puso a ayudarle aprovechando su larga experiencia como carpintero naval, para hacerlos más resistentes e incluso poder usarlos como balsas flotantes en caso necesario, merced a un calafateado con esparto y brea de la tierra que habían hallado en algunos sitios cercanos.

-Las láminas de metal de estas ruedas no son como nuestro hierro, - decía el ingeniero a Isman- cuesta mucho trabajarlas, es difícil atravesar las más finas con los clavos. Las ruedas son una porquería, sus rayos se quiebran fácilmente y los ejes… hechos por aprendices, pero estas láminas y otras muchas que había en unos carros de Elintaakh, nos servirán muy bien a pesar de lo que cuesta trabajarlas. Reemplazamos la mala obra de madera por maderas nuestras y también hemos hallado más láminas de diverso espesor, que estamos cortando con un gran esfuerzo para reforzar los escudos. Por suerte también hay algunas herramientas de un metal más duro aún para cortarlas. Algunas láminas las dejamos formando escudos para tres hombres pero que puede llevar fácilmente uno solo y con ellas estamos haciendo invulnerables varios carros, incluyendo por orden del General Elhamin, el vuestro y el de los pertrechos de las armas poderosas. Tengo a trescientos muchachos preparando rayos y ejes bien sólidos, los treinta herreros no dan abasto y necesito cuatro o cinco días más para preparar todo con buena calidad.

-Ashtarizara nos ha indicado que el camino será largo y duro, por eso han usado esas láminas de metal raro, así que necesitaremos carros muy resistentes. Cuando nazca el último de los Ankemtamitas que esperan ver luz, partiremos. Tenéis hasta entonces.

## Capítulo XIX - La Providencial Campaña del Este

La caravana con 18.440 efectivos estaba lista para partir cinco días después, pero el Faraón dio un día más porque algunos partos se habían atrasado y el ingeniero necesitaba dar algunos toques a su trabajo. Llevarían tres carros con las armas de Seth, cinco carros acondicionados y blindados con todos sus pertrechos explosivos, doscientos cincuenta carros con provisiones y pertrechos, veinticuatro carros con ocho barcas desmontables. La otra traductora, Esthardalia, pidió unirse a la caravana, al tener gran amistad con Ashtarizara y compartir sus ideas. Isman consultó en la noche con Sekhmet, saliendo a la región del Ka.

*-Podéis llevarla con Vos, Isman, aunque su mente no está tan clara. Ha sufrido menos abusos y tortura que Ashtarizara, pero su resiliencia es menor, es más sensible y frágil. También será una aliada muy útil porque conoce territorios que no conoce su amiga.*

-¿También habéis trabajado sobre la voluntad humana para incluir a estas mujeres en este viaje de Elintaakh?

*-No, querido mío, es algo fortuito la presencia de ambas. Pero el lazo que se ha generado corresponde a sincronismos importantes. Ashtarté también sabe lo que ocurre aquí y es posible que ella lo haya hecho. Baalbek debe recuperarse. Sus dioses y su gente son nuestros hermanos de Alma, hermanos de Ankh em-Ptah desde que existe Aztlán. Las tres naciones tienen un origen común en la época de Mu, hace trescientos mil años. Las historias se entretejen, las naciones muchas veces funcionan como individuos, se hacen lazos karmáticos, se forman relaciones amorosas... Y también ha habido desde hace seiscientos millones de años una nación que persiste como la mala hierba, siempre dispuesta a esclavizar a las demás, heredera del Seth Primordial que otras naciones llaman Quaterlet, Anunnaki, Satán, Loky o Moldech. El primer Seth ya no existe, pero siempre deja una sucesión, una dinastía perversora de razas y patrias, de pueblos que acaban esclavos o extintos. A veces son indómitos como Baalbek, Ankh em-Ptah y los pueblos de allende los Grandes Mares, como los Aztlakanes; entonces Seth y su secuaces han pergeñado guerras entre ellos usando toda clase de estrategias, la calumnia entre pueblos, del mismo modo que lo hacen entre las personas, sembrando la desconfianza, destruyendo las músicas, pervirtiendo las artes puras, deformando y ocultando la historia de los pueblos... Lo que no puede dominar, lo destruye.*

-¿Y cómo es posible para los pueblos, saber si la desconfianza tiene motivos reales o no?

*-De la misma manera que ocurre con las personas. Recodad esta frase que vale para individuos como para naciones: "Los reconoceréis según sus obras y comportamiento". ¿Acaso necesitáis que os diga cómo son los obheritas? ¿Podríais confundirles con los verdaderos Baalbekios?*

-No, Maestra, está claro. Cuando hace casi mil años estuvo Ankh em-Ptah a punto de guerrear contra Baalbek, bastó que enviásemos unos embajadores para estudiar sus costumbres, y ver que lejos de ser un peligro, eran como decís, hermanos de Alma. Quizá debimos intervenir hace medio siglo, pero no creímos que pudieran caer...

*-No era momento de intervenir, Isman. Cada pueblo necesita, igual que las personas, tener también la experiencia, aunque muchas veces dolorosa por fuerza. Pudieron pedir ayuda, pero por su desconfianza, aún latente contra Ankh em-Ptah, al creer la calumnias obheritas, les nubló la mente colectiva.*

-¿Creéis correcto que pensemos en intervenir ahora, invadiendo territorios que no son nuestros?

*-No será una invasión si con ello, además de proteger Ankh em-Ptah, vais en ayuda de vuestros hermanos. Sólo será preciso que muchas personas decidan pedir vuestra ayuda. Dejad eso para más adelante y continuad vuestra campaña por el Mar de Naciente. Estad preparado para lo peor, porque hallaréis todavía esa enorme potencia militar que estáis intuyendo. No es vuestro "yo preocupado" lo que os hace intuirlo, sino vuestra mente automática. No puedo deciros más, pero recordad que mi hermana Ashtarté os dará la bienvenida...*

Sekhmet se despedía besando la frente del Faraón, justo cuando los gritos de algunas mujeres avisaban de dos nuevos nacimientos. Eran los últimos esperados en lo inmediato, así que por la mañana se preparó la formación para la partida, después de seleccionar mil voluntarios entre los más de dos mil que se ofrecieron para formar la guarnición más austral de Ankh em-Ptah.

-Han demorado en decidirse los voluntarios, -decía Elhamin- porque es para ellos una decisión un tanto conflictiva. Todos están dispuestos a quedarse a proteger este sitio, pero nadie quiere perderse el resto de la campaña. Marchar con su Faraón al combate les entusiasma más que permanecer, aunque saben la importancia de este lugar.

-Imagino que al fin habéis elegido los voluntarios en parejas...

-Así lo he hecho, Isman. No hay blandos en nuestro ejército, pero he seleccionado a los que me parecieron más afines con sus parejas y adecuados para una vida más civil. Podéis dejar de preocuparos por ellos. La tropa está formada y a vuestras órdenes, Faraón.

-Nos esperan muchos días de marcha incierta. -decía Isman a toda la formación- El General Elhamin dispondrá como hemos hecho en los momentos más peligrosos de nuestro avance, una exploración con vigías en abanico a cuatro días de marcha a caballo, por frente y flancos. Un Invisible irá como subcomandante de cada grupo, a unas cien cuerdas por delante. No quiero enfrentamiento alguno de los grupos de exploración, sino comunicación inmediata a mí o a cualquier General.

-Podríamos acortar camino si vamos por la ribera del Nilo hasta donde hace este meandro, -decía Elhamin- pero según Hetesferes hay demasiadas ciénagas, promontorios bajos pero escarpados... Creo que si los obheritas eligieron dar un rodeo, han tenido sus razones.

-Intentaremos seguir su ruta, que en cualquier caso, además de ser más segura, es conveniente tenerla vigilada. Elintaakh llegó muy confiado y con poca gente porque no sabía nada de nuestra campaña, pero también creo que tenía mucha confianza en su retaguardia.

-¿Poca gente, Isman? Mil quinientos hombres, creyendo que aquí disponía de cincuenta mil, no me parece poca gente. En cambio Vos sí que habéis dispuesto marchas con poca gente, como en nuestro viaje a Tekmatis. Claro que no imaginabais nada malo, en cambio éste venía seguro a dar inicio a una gran campaña o a ver su victoria desde lejos...

-Cierto, Elhamin, retiro lo dicho de "poca gente", pero creo que cuando veáis a qué nos enfrentaremos, diréis que realmente era poca gente...

Las lluvias habían dejado grandes zonas anegadas, obligando a buscar los terrenos más secos y el camino era irreconocible. Como Ashtarizara reconociera algunos rasgos del terreno, pudo mantener la guía, pero los exploradores iban dejando banderines en los sitios de paso peligroso, como guadales de barro y ciénagas cubiertas por una fina capa de arena que depositaba el viento, que eran trampas de mucho cuidado. Al quinto día de duro trabajo con los carros y el andar de la infantería, muy fatigado por los barrizales y los pedregales cubiertos de lodo, que también dañaban bastante a los caballos, Isman ordenó acampar antes de la noche y descanso de todo el día siguiente. Algunos arroyos pluviales todavía aportaban agua a la región, en parte seca y desértica, en parte boscosa con algunas manchas de jungla más espesa.

A la mañana siguiente, muy temprano, se revisaron los mapas y se hizo inspección de personal y equipos. Todo estaba en orden, sin heridos ni enfermos entre el personal, salvo algún esguince de rápida curación, y el ganado no había sufrido más que el cansancio normal. Los carros resistieron sin averías el duro camino.

-Hemos marchado cinco días pero en condiciones más normales, habríamos recorrido lo mismo en tres. -decía Elhamin- Esos farallones que dejamos atrás son esta inscripción en el mapa y nos indican que estamos a medio día de marcha normal de la gran curva del río.

-Ahora, -agregó Hetesferes- hay que seguir casi al Este y a un día de marcha o poco más, tendremos que pasar por una región de montañas donde el peligro de emboscadas es muy alto.

-Cierto, -intervino Ashtarizara- y sólo hay dos caminos posibles en toda esa región, a menos que se quiera dar un rodeo enorme por zonas más peligrosas de arroyos torrentosos, bosques densos en el Norte, o peor aún por lo escarpado del terreno hacia el Sur. Elintaakh comentó a uno de los suyos que hiciera una señal a alguien en ese punto, así que debe haber una guarnición o un puesto de vigías.

-Sé lo que decís, Ashtarizara. -dijo Hetesferes- Yo misma hice el mapa de esa montaña, desde la que se ven los dos caminos posibles. Es de unas cinco cuerdas de alto y mide más de setenta cuerdas de largo. El extremo más alto está al Sur. Es difícil llegar hasta allí sin ser visto.

-Eso me preocupa. Debimos advertirlo a los exploradores, que hace al menos tres días estarán por esa zona.

-No os preocupéis, Faraón. -dijo Ankemtatis- Justo en esa dirección van dos grupos y uno es el de vuestra hija...

-¿Y me decís eso para que no me preocupe?

-Justamente, Faraón. Si conocierais a vuestra hija como yo, sabríais hasta qué punto puede llegar. ¿No sabéis que jamás explora un sitio con su cuerpo físico sin haberlo hecho primero con el Ka?

-¡Creía que sólo usaba ese poder para los funerales y otras cosas del sacerdocio! ¿Por qué no exploró así la caverna inundada?

-No, Faraón. Usa sus poderes cuando hace falta, pero no creyó que la caverna encerrara peligro alguno. Además se llevó como todos nosotros, por esa pasión exploratoria... Con el enemigo es distinto. Además no siempre puede hacerlo, ni puede recorrer mucha distancia.

-Acepto tener que posponer vuestra boda, Ankemtatis, pero no quisiera que sea definitivo. Marchad a buscarles, porque hace ya dos días que deberíamos haber tenido noticias de ella y el otro grupo, mientras que los de los flancos se han reportado todos. Son cien personas de las que no sabemos nada...

-Podríamos salir de inmediato, Faraón, -intervino Elhamin- pero cruzar la estepa de día hasta esa montaña, significa ser visto desde ella. Recomiendo esperar hasta la tarde, de modo que llegaríamos a la montaña buen rato antes del amanecer.

-De acuerdo, tenéis razón… Disculpad. Creo que estoy demasiado preocupado para pensar con claridad.

-Os aseguro que es inútil preocuparse, Faraón. Si no hay novedad hasta la tarde, -decía Ankemtatis- saldré con toda mi tropa.

Estaban a punto de emprender la búsqueda, cuando un mensajero llegó a todo galope.

-Tenía que traeros novedades, Faraón, pero no pudimos hacerlo antes. Henutsen ha advertido el peligro que representa explorar de día una llanura desde la que se ven montañas a lo lejos y podríamos ser vistos, así que esperó el anochecer. Se tumbó en el piso y pidió que no le molestásemos. Luego ordenó salir para recorrer todo y llegar a las montañas de noche. Hemos tenido que enfrentar a una dotación de cien hombres, cien contra cien, pero hemos vencido por la sorpresa y el armamento. Tenemos seis bajas que lamentar y cinco heridos.

-Os ordené no enfrentar en ningún caso, sino comunicar con urgencia.

-Disculpad, Faraón. No pretendíamos enfrentarnos, pero Henutsen se dio cuenta que era imposible retroceder sin ser vistos porque iba a amanecer. También sería imposible avanzar con una gran tropa sin ser vistos, incluso de noche y con lo poco de luna menguante. Tomar ese puesto bien defendido habría costado muchas más bajas que hacerlo al modo de vuestra hija. Lo único que podíamos hacer era ascender y atacar por sorpresa, con las últimas horas de oscuridad.

-¿Y habéis estado guerreando tres días?

-Dos días Faraón. Un retraso de medio día antes de partir y un día en llegar hasta aquí. Hay casetas, todo un arsenal y un campamento encima de la montaña. Uno de los nuestros cayó por el barranco y un centinela oyó ruidos, así que la sorpresa fue escasa. Antes de partir hacia aquí, Henutsen ordenó revisar toda la montaña y una batida al Este para eliminar cinco soldados que escaparon y hubieran comunicado a alguien.

-Supongo que lo habéis logrado...

-Sí, Faraón. No hubo aviso posible, pero en cambio descubrimos los rastros de un movimiento reciente de carros. Henutsen me envió a avisaros y pronto llegará otro mensajero con las noticias de lo que encuentren por la zona.

-Han hecho lo correcto, Isman, -decía Gibured- a pesar de vuestra orden. Si han conseguido cien bajas enemigas contra seis nuestras, hemos de felicitar a vuestra hija.

-Si hubieran avisado, aunque se retirasen a la noche siguiente, les hubiéramos hecho probar uno de esos cilindros...

-Demasiado peligroso, Isman. -intervino Elhamin- En primer lugar porque las explosiones se ven desde muy lejos, en segundo lugar porque no son tan certeras como para asegurar la aniquilación de todos y tras ellas podrían haber escapado informadores... Los viejos métodos siguen siendo la mejor opción, la mayoría de las veces.

-También lleváis razón, Elhamin. Decidme, soldado, ¿Cómo están los demás? ¿Qué más hay en esa montaña?

-Los heridos no son de gravedad. Hay un arsenal inmenso, Faraón. Más de dos mil boleras y cientos de miles de proyectiles, miles de arcos y flechas de mejor calidad que los que tenían en estas regiones, incluso mejores que los nuestros. Hay más planchas metálicas y otras que son transparentes. En la ladera Sur hay un dibujo de un Ankh, de al menos una cuerda de alto y el farallón tiene poco más de esa altura. El arsenal está en la cara occidental de la parte más alta, en una cueva a la que se llega por la torrentera. Las construcciones de arriba deben tener sólo dos o tres años. Hay una gran despensa en unos socavones de la cumbre más alta, con alimento para mil personas durante cinco días. Si no hay más preguntas, debo regresar con Henutsen y llevar vuestras órdenes...

-Habéis tenido días muy agitados, así que quedáis relevado del frente. Dadle más detalles a Ankemtatis y marchad a descansar. Que el relevo vaya con un médico.

Al día siguiente, más tranquilos respecto al cruce de la llanura, se movilizó la caravana durante toda la jornada y gran parte de la noche. El camino estaba más seco y fácil de transitar, pero los carros se enterraban a veces en la arena, que era siempre mejor opción que la parte llena de piedras. La línea de exploración se había retraído con novedades hasta ese sitio donde Henutsen les esperaba. Llegaron de madrugada al pie de la montaña y la Plana Mayor dedicó medio día a recorrer la montaña.

-Henutsen, -decía el Faraón abrazando a su hija- os he ordenado no enfrentar solos al enemigo, pero ya he sido puesto en conocimiento de la situación. No puedo hacer más que felicitaros nuevamente.

-Sabía que estaríais muy preocupado, padre, pero olvidemos eso y a los que han muerto. Ya hice sus funerales y sus Ka eran fuertes y sanos, así que volverán a nacer pronto. También los de los enemigos, que eran jóvenes y más disciplinados que los brutos que hemos conocido antes. No ha sido fácil combatirles, pero también nacerán pronto, al menos la mayoría. He rogado a Anubis que no lo hagan en esta región a menos que sus Almas hayan aprendido la experiencia y sepan ya que no pueden ir contra Ankh em-Ptah impunemente.

Cabalgaron con mil soldados rodeando la montaña, inspeccionando el arsenal, que suministraba dos mil cien boleras más a las fuerzas de Ankemtatis y éste las repartió entre la caballería. También se reemplazaron los arcos menos potentes y unos pocos dañados, por los arcos enemigos, que tenían una tamaño menor pero mayor potencia, labrados en excelentes maderas de láminas, con partes metálicas y con forma de doble semicírculo.

-Estos arcos -decía Isman- no tienen nada que ver con los arcos que hacían aquí. ¡Mirad, se pueden plegar de un lado! Así se llevan con más comodidad y se arman en un instante para disparar.

-Ni creo que los hayan hecho ellos, -dijo Esthardalia- porque son de Baalbek, sin duda, y tan antiguos como eficientes. Valen muchas fichas, son las armas más caras, pero ya nadie los fabrica desde hace mucho tiempo. Sólo les han puesto cuerdas nuevas, de tripas de gato.

-¡De gato! -exclamó el Faraón casi enfurecido- ¿No podrían usarlas de cerdo?

-Los obheritas aborrecen el cerdo, -explicaba Esthardalia- pero dicen que los gatos son seres malignos. En Baalbek los protegíamos como sagrados, porque ellos son la libertad en cuatro patas...

-Sin gatos, las ratas invadirían el mundo. -dijo Elhamin.

-Peor que eso, General. -replicó Isman- Sin gatos habría una cantidad inmunda de basura en el Reino de Anubis, y muchos bichos tan dañinos para los Ka de los muertos confusos, como las ratas para el humano.

-Los obheritas adoran a las ratas, -agregó Esthardalia- así que con más razón odian a los gatos.

-Es bueno ir sabiendo más cosas sobre ellos. -decía Isman- Vamos a ver el Ankh en la cara Sur...

Después del recorrido, se ordenó descansar para salir al siguiente con las novedades que trajesen los exploradores, pero faltaban los reportes de dos grupos, y se pasó todo el día siguiente en espera. Al anochecer llegaron dos halcones y poco después un jinete, con lo que hubo noticias completas y mapas sobre unos asentamientos militares en el Paso Negro, que Ashtarizara y Esthardalia conocían muy bien.

-Tal como dijo Ashtarizara, Faraón, hay un cuartel en una meseta a dos días y medio a pie. -decía el mensajero- Sin la habilidad y previsión de los Invisibles, nos habrían descubierto a pesar de la información tan correcta. Es una meseta de acceso difícil, que domina todo el paisaje y el único camino al Paso Negro. Hay quinientos hombres apostados allí y Arkanefa ha llegado a dos días más de marcha por ese camino. Justo donde empieza el paso hay un cuartel con más cinco mil efectivos.

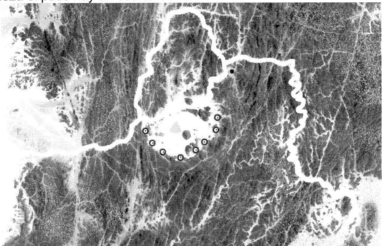

-Hay otro camino, Faraón. -dijo Esthardalia- Ashtarizara no lo conoce pero yo he venido por ahí dos veces. Es más estrecho y difícil, desvía mucho al Sur, podemos hallar fuego de la tierra y tribus salvajes peligrosas, pero evita pasar cerca del ese cuartel...

-La cuestión no es evitar los cuarteles, -dijo Isman- sino destruirles. No podemos dejar enemigos ahí, que tarde o temprano tendrían que enfrentar los hombres que hemos dejado en Aguas Rotas. ¿Cuánto tiempo hay desde aquí al mar por el Paso Negro, sin contar demoras?

-Unos veinte días días. -respondió Esthardalia- Por el otro camino del Sur, unos treinta, pero no lo descartéis para otra ocasión. Lo consignaré en los mapas porque cuando llueve como días atrás, el Paso Negro queda inviable y el otro camino, a pesar de lo estrecho, no se inunda.

-Gracias Esthardalia. Ahora pensemos un poco, porque no podemos dejar esa espada pendiente y no podemos acercarnos sin ser vistos, a menos que se haga de noche... Supongo que el camino del Oeste sube a la meseta y se baja por el otro lado... ¿Se ve desde ahí el otro cuartel?

-No, Faraón, -respondió el mensajero- Aparte de haber dos días de marcha entre la meseta y el cuartel del paso, la misma montaña al Oeste de la meseta es muy alta. Quizá sólo se vería con largavistas como el del General Elhamin, pero desde el inicio del camino que baja de la meseta.

-¿Cuánto se tardaría en descender desde la meseta hasta el otro lado?- volvió a preguntar el Faraón.

-No hice yo el trayecto, Faraón, pero seguramente medio día o más. Imposible que los carros marchen por ahí.

-¡Ah, no! La pregunta era para entender mejor las posibilidades, pero creo que no tendremos ninguna hasta exterminar a los que hay allí arriba. Si están correctos estos mapas, habría que recorrer parte de una tarde y toda una noche para llegar por el Oeste hasta la meseta y sorprenderles al amanecer. La otra opción es usar una de las armas menores y enviar tropas al encuentro de los que se salvaran y bajasen por el otro lado... Pero eso sería ponerles en peligro con nuestros propios disparos, además de que las explosiones allí arriba se verían desde el otro cuartel... Vamos a reservar esas armas y seguimos con el primer plan.

-Esta noche es la última de luna menguante y comienza mañana la luna nueva, -agregó Elhamin señalando cosas en los mapas- así que podemos salir inmediatamente sin carros, con toda la caballería para llegar antes de la noche. Haremos campamento en este punto y esperamos que anochezca para subir a pie...

-Podéis llegar más cerca, General... -corregía el mensajero- porque si vais pegados a estas montañas, nadie os podrá ver hasta este otro punto. Si me permitís que vaya con Vos, os puedo guiar por el camino más corto y seguro. Desde este punto demoraremos menos de diez Râdnies en llegar a la meseta.

Luego de ajustar entre todos el plan, partió el General Elhamin con cuatrocientas cuadrigas y seiscientos jinetes. Ankemtatis al mando de la caballería y Espiria y Diva al mando de las cuadrigas. No hubo discusión respecto a ir el Faraón, porque Enhutatis le tironeó del brazo adivinando justo cuando él iba a intentar una excusa para no quedar a retaguardia.

-Mil cuatrocientos contra quinientos es una excelente diferencia, Isman, -le decía Enhutatis en cuanto partió la guarnición- así que podéis estar relajado, que además llevan a casi todos los Invisibles. No tenéis motivo alguno para la preocupación. Descansad...

-Agradezco vuestras palabras, Amor mío, pero me pedís algo muy difícil. Como hay todavía mucha distancia desde aquí, mañana nos vamos a movilizar durante todo el día, para quedar a dos días de marcha de esa meseta. Ahora necesito continuar con toda la Plana Mayor, el estudio de los planes mientras tanto.

Fueron a la tienda de reunión y continuaron con los planes, aunque fuesen provisorios y contando con el éxito de la arremetida contra la meseta. Al día siguiente todo estaba calculado según la probabilidad más lógica y avanzaron con los carros por un camino más seco que los días anteriores hasta media tarde. Un bosque de altos árboles y un arroyo pequeño y claro eran una tentación para acampar.

-Nos quedaremos aquí -decía Isman- hasta que tengamos noticias. Si nos acercamos más, nos arriesgamos a que nos vean si tienen largavistas, cosa que no me extrañaría.

-Creo que no sólo se han encontrado, -decía Gibured- los que hemos dado a los geómetras. Pero por cierto, aún queda sin examinar bien uno de los carros y no estaría mal que aprovechemos este descanso para mirar un poco, a ver si entendemos para qué sirven…

Isman, Gibured, Hetesferes, Enhutatis se pusieron a inspeccionar el extraño tesoro que llevaban consigo, sin tener idea de qué utilidades podrían tener la mayoría de esos objetos y aparatos.

-Deberíamos preguntar a las Baalbekias, que seguramente sabrán las utilidades de estas cosas.

-Cierto, cariño mío. -respondió Isman a Enhutatis- Llamadlas…

-Esto… -decía Ashtarizara- Lo usan los que hacen caminos, puentes y esas cosas, pero no tengo idea cómo se usa.

El aparato, metálico, con varios tubos, arcos y varillas graduadas, estaba guardado en una caja de madera.

-¡Qué venga un geómetra! -gritó Isman y poco después llegaron dos de los ayudantes de Ankemtatis, revisaron el aparato y se maravillaron.

-Es casi como los nuestros, Faraón, -decía Alvalopep- sólo que los tubos tienen como cristal… Permitidme, creo que se usan casi como los que tenemos nosotros… ¡Increíble! Mirad, nuestros aparatos son meros tubos, pero esto…! ¡Si es como el largavistas del General Elhamin!, además las ruedas son más precisas… Podemos medir de tal manera, que con un poco de afinar cuentas, hasta podríamos saber la distancia que hay hasta las estrellas…

-Me parece exagerado, Alvalopep, -dijo Isman- pero me conformo con que nos sirva aquí en este mundo…

Tras revisar ese y otros aparatos más, llegaron a la conclusión de que disponían de un arsenal de instrumentos para medir diversas cosas, como la temperatura, aunque no tenían la referencia de su escala, porque un tubo de cristal tenía un líquido que subía al sol y bajaba a la sombra.

Otro era una piedra que cambiaba de color también con la temperatura y ennegrecía al humedecerse. Otros cinco resultaron ser largavistas dobles, pero de más alcance visual que el de Elhamin.

-A ver... -decía Isman- Dadme todos los tubos largavistas. No sé quien ha guardado todo esto sin revisar bien cada instrumento. Espero que ninguno explote... Es el momento más oportuno para revisarlos.

-Probad con éste, Faraón. -dijo el geómetra- Es el más potente...

Isman enfocó, con ayuda de Hetesferes, hacia la montaña donde estaría la meseta del destacamento, pero no consiguió ver nada más que el horizonte y unos cerros bajos, aunque le parecían muy cercanas algunas piedras muy grandes que a simple vista no veía.

-Es más potente que el de Elhamin, así que si no es indispensable para vuestro trabajo, dejádselo a él. Pero igual no veo con esto al enemigo apostado en esa meseta...

-No es suficiente por dos razones, Faraón. -explicó el geómetra- La primera es que entre medio, hay unas montañas un poco más bajas, que son las que veis, pero más cerca de nuestra ubicación que de la meseta. La segunda es más drástica, y es que el mundo es redondo. A esa distancia sólo se podría ver si el aparato fuese mucho más grande, pero desde una altura mayor. Desde aquí, a un día y medio de marcha. Según estos mapas, mil cuatrocientas cuerdas... Unas siete veces más distancia que la que se puede ver en línea recta, siendo el mundo redondo.

-No se me había ocurrido en dos siglos de vida... Tendré que estudiar más geometría. ¿A qué distancia se puede ver como máximo, entonces?

-Depende de varias cosas, Faraón. Si estáis en una playa, con vuestra estatura podríais ver un bote a unas noventa y cinco cuerdas, o sea cinco mil Ankemtras, que es lo mismo que diez mil codos. Eso siempre que el largavistas sea como ese y no haya nada de niebla...

-Interesante. Así que el enemigo no nos podría ver a nosotros... ¿Ni estando más allá de la montaña que nos queda entre medio?

-Tendríamos que ponernos un poco más allá, sí, pero la humedad de esta región no os dejará ver mucho, y así y todo, revisando los cálculos, creo que no podrían vernos ni desde la altura de esa meseta, hasta que estemos a un día de marcha de ella. No obstante, bien habéis dicho al hacer el campamento, que es mejor no arriesgarnos.

-Muy de acuerdo. Sigamos viendo qué más sorpresas tienen estos cacharros, que no me explico cómo con tanta técnica antigua no han dado más victorias a los obheritas...

-Porque estos aparatos, Faraón, -respondió Alvalopep- son sólo aparatos. Para saber usarlos hay que aprender bien las matemáticas y la geometría. Al aparato no se le puede decir "*calculadme tal o cual cosa...*" Hay que sacar cuentas.

-Algún día los habrá, Alvalopep, algún día habrá más cosas que las que podemos siquiera imaginar en nuestros sueños más locos...

-Si ese día llegara, Faraón, en que un aparato lo haga todo por nosotros sin siquiera estudiar cómo lo hace, sería un desastre. Nos haría perezosos, vagos, inútiles... y seguramente habría unos pocos capaces de hacerlos y usarlos, que finalmente tendrían más poder que los gobernantes. No lo digamos en voz alta, que si Seth nos escuchara nos regalaría cosas más avanzadas que éstas.

-Y aún con éstas, creo que ya corremos gran peligro de volvernos inútiles. Ya veis lo que les ha ocurrido con las armas que han estado guardando tan celosamente y las miles de boleras que han encontrado vaya uno a saber dónde...

-¡Mirad estos planos, Faraón! -decía Hetesferes mientras sacaba una caja con cientos de láminas de gran colorido, hechas en una especie de cristal muy fino y flexible- Si no fuese que yo misma he realizado tantos, no creería que son mapas. Este lo reconozco, porque es el Nilo... ¡Sin duda, mirad! Yo he mapeado el Sur y vosotros tenéis los del Norte, pero es como si los hubieran hecho desde el cielo, porque no hay montaña tan alta desde donde se pueda ver tanto la redondez del mundo... ¿Quién pudo pintar una lámina así, con tanto detalle en un mapa...? ¡Es como pintado por el ojo que lo ha visto, en vez que una mano!

-Realmente sorprendente... ¿Estáis segura que se trata del Nilo?

-Segurísima, Faraón. Mirad... Esta parte de aquí es el Delta, y aquí los meandros al Norte de Karnak. Hasta Aquí es lo que tenéis en vuestros mapas. En el medio, la región de los Diez Colosos y desde ahí hacia la izquierda es todo lo que yo conozco, incluyendo la gran isla más al Sur de las Cuarenta y Tres Pirámides… Esto de aquí tiene que ser el Mar de Naciente… Creo que este otro es igual, sólo que en vez de visto por un ojo, está dibujado por manos expertas, con líneas que indicarán algo… Tengo que seguir estudiando esto, pero necesito que Alvalopep me ayude a clasificarlos y clarificar las ideas… Las traductoras nos ayudarán con los signos que no entiendo. Muchos signos que no son obheritas…

-Claro, -dijo Ashtarizara- porque son del dialecto de Asurimastán, el más antiguo de Baalbek. Podré ayudaros con todo eso.

-Os dejo en ello, -dijo Isman- pero está oscureciendo y ya hay que apagar todos los fuegos. No hay luna esta noche y no podremos encender ni una antorcha. Espero que los cocineros hayan terminado ya, para comer caliente esta noche, que ya empieza a hacer frío.

Al día siguiente, llegó a media mañana un halcón de Meremnut, que fue inmediatamente a dar aviso a Isman.

-¡Buenas noticias, Faraón! Ninguna baja nuestra esta vez. Los cuatrocientos ochenta y dos enemigos que estaban en la meseta han sido enviados con Anubis. Dice el General Elhamin que puede avanzar la caravana durante dos días, hasta un punto donde os espera para atacar el cuartel mayor. Está confirmado que hay más de cinco mil hombres. Se está explorando todo el entorno, especialmente las cumbres, por si hubiera patrullas, vigías o exploradores enemigos.

-¡Excelente, Meremnut! Vamos a partir de inmediato.

Dos días después llegaron al sitio donde les esperaba la mayor parte de la avanzada de Elhamin. Espiria se había encargado de la vigilancia y exploración del entorno, con orden de estar allí cuando la caravana llegase, retrayendo hasta ese punto totalmente las líneas de exploradores. Una serie de montañas bajas, pero de más de treinta mil ankemtras de largo les separaba visualmente del cuartel enemigo y a poco de reencontrarse llegó Espiria y luego los demás exploradores.

-¿Cómo habéis conseguido la victoria tan contundente y sin bajas, General? -preguntó Isman a Elhamin.

-No hizo falta tanto desplazamiento, salvo para explorar y cazar para tener carne fresca durante vuestra marcha. Bastaron sólo los Invisibles. Preguntad a vuestra hija…

-No preguntéis, padre… -dijo Henutsen abrazando al Faraón- Pero no se os ocurra ir a comer de los calderos que han quedado allí arriba, ni beber de sus ánforas...

-¿Habéis envenenado la comida y la bebida?

-¡Shhh, que no tiene por qué enterarse nadie, o van a pensar que somos gente peligrosa!

-¿Cuánto veneno lleváis encima? ¿Para casi quinientos…?

-Para mil, padre. Sólo dos frasquitos. Ahora me ayudará Nefandeg a licuar algunas plantas, porque debo reponer el contenido de éste.

-¿Y estáis segura que no despertarán?

-Nos aseguramos, padre. Y están todos a dos metros bajo tierra…

---------------

-El problema que trataremos hoy, hermanos, -decía Isman a la Plana Mayor al día siguiente- es acabar con más de cincuenta azafes instalados justo en la entrada del Paso Negro. Son cinco mil, más disciplinados y entrenados que la chusma que enviaron por el río. Ellos iban a ser ariete, pero los de aquí están bien uniformados, seguramente usarán mejor las armas y será a enfrentarnos con los verdaderos soldados enemigos. Tomaremos un par de días para meditarlo bien, así que conversemos…

-Decís que son más disciplinados, -agregó Arkanis- pero no han tenido estrategia para mantener líneas de exploración, vigías, correo constante, ni están enterados de lo ocurrido a sus vigías amontonados como ratas en la meseta… Pero cierto, Faraón, hemos de cuidarnos más con éstos, al menos en cuanto al combate directo.

-Respecto a los vigías, -dijo Henutsen- también es cierto que hemos tenido que liquidar a cerca de treinta y cinco, dispersos alrededor de la meseta y hasta un día de marcha en torno a ella. La diferencia ha sido el entrenamiento nuestro, el movernos de noche y acechar durante el día, pero éstos saben vigilar en abanico con tiempos calculados.

-El caso -continuó Isman- es que anoche hemos analizado con Arkanis, Elhamin e Hilaris, las posibilidades de enfrentamiento directo y no vemos buenas perspectivas. Por eso ahora queremos de cada uno de su opinión. He invitado también a las Baalbekias porque pueden saber cosas importantes. Así que para ellas es la primera pregunta: ¿Sabéis por qué razón han instalado esa fuerza allí?

-No somos estrategas, -dijo Esthardalia- pero en esas montañas hay mucho oro y lo usan como moneda de valor principal. Se cambia por fichas a un valor siempre fijo, así que hay disputas entre ellos por el control del oro. Comercian así con otros pueblos que están a cuarenta días de marcha al Norte de Baalbek. Pueblos que quizá son similares a ellos, no lo sé. Pero Elintaakh habrá querido cuidar las minas de oro.

-Perdonad mi ignorancia, pero me estoy perdiendo algo sobre lo que decíais -preguntó el Faraón- ¿Qué es "moneda"?, ¿Qué es "comerciar"?

-¿Es que vosotros no comerciáis? ¡Cambiar una cosa por otra, o cambiarlas por fichas, como todo el mundo! -dijo la mujer- Bueno, cierto que según contáis, parece que entre vosotros no hay intercambios de ese modo. Las monedas son las fichas, que para que nadie las falsifique, las hacen de oro, que es difícil de conseguir y tiene valor en si mismo.

-O sea, -reflexionaba el Faraón en voz alta- que "comerciar" es una forma de vida social... ¡Claro! Lo que se hace con el Juego del Poder, donde los listos se quedan finalmente con todo lo de los menos listos.

-Así es, Faraón. -dijo Ashtarizara- Mi amiga es muy joven y no conoció la Baalbek que conocí yo. Ya le explicaré más cosas para que entienda la diferencia. Respecto a lo que sabemos, os repito algo y os digo mi opinión: Hay mucha más gente en los puertos del mar. Si pensaban atacar como ha quedado evidenciado, por el río desde el Sur, supongo que también lo piensan hacer de modo sincronizado por el Este. Así que necesitan controlar del Paso Negro, que es casi la única vía de comunicación entre esta región y el Mar de Naciente. El otro camino desvía demasiado al Sur, muchos días más de marcha...

-Y aparte de los fuegos de la tierra, -agregó Esthardalia- hay tribus salvajes que hacen difícil el paso de caravanas. En los dos viajes que me trajeron por ahí, hubo enfrentamientos. Seguid Ashtarizara...

-En cuanto a los mapas que traía Elintaakh, según hemos estudiado con Hetesferes, el otro camino sería por el lado occidental de la meseta que habéis conquistado y a unos siete días hacia el Norte, para llegar al inicio del siguiente paso, pero es peligroso, lleno de riachuelos, piedras... Sólo apto para la infantería y así mismo con demasiada dificultad. Así que el Paso Negro es el mejor camino para una caravana con carros. Por ahí se llega a unos ríos, y al menos uno de ellos desemboca en el Nilo.

-Claro, el Río de las Tormentas, -dijo el Faraón- que desemboca a un par de días al Sur de Aswan. Recoge las aguas de los Valles Muertos. Una zona que también he querido explorar y no he tenido ni tiempo ni voluntarios que me acompañen, salvo Elhamin.

-Recuerdo que me lo ofrecíais antes de iniciar esta campaña, en el viaje a Tekmatis. Ahora, obligadamente habrá que explorarla. Y veo claro que este Paso Negro lleva a... ¿Dice "Toselvero" en este mapa?

-Así es, General, -respondió Hetesferes- Es uno de los fieles esclavos de Seth entre los obheritas, según me contaba Esthardalia. Toselvero intentó expulsar con fuego a unos dioses de otro mundo pero no pudo alcanzarles. Por ello, los dioses de la tierra le enviaron al inframundo. Creo que es una leyenda...

-Creo que no es fábula. -agregó Ashtarizara- Hay unos libros muy grandes, que hablan de ello con detalle, pero en el idioma de Obheres y ponen a Toselvero como un hombre bueno que sólo intentaba cuidar de este mundo, así que igual puede que se trate de hechos históricos, pero deformados, como hacen siempre los obheritas, para meter miedo a la gente, haciéndoles creer que los enemigos de la humanidad son otros, que vienen de otros mundos... ¿Creéis que hay otros mundos, Faraón?, ¿Qué os dicen vuestros dioses al respecto?

-Claro que hay otros mundos, infinitos mundos, y también tenemos escritos sobre visitantes del cielo, como los cabezas largas que dejaron descendencia entre nosotros, pero en éste, los que deciden qué hacer con la humanidad mortal, son los Primordiales que viven en el interior del mundo, más allá de los mares de fuego hacia abajo y a una distancia de diecinueve mil cuerdas... Y sobre ellos, los Ascendidos al Reino de Cristalinos, nuestros dioses mayores, por debajo de Ptah. Nosotros estamos aquí por culpa de Seth, pero nuestras Almas deben aprender de la experiencia de ser mortales, para dejar de serlo. La Libertad es uno de los requisitos para que los pueblos evolucionen y los individuos vuelvan a ser Primordiales inmortales, o Asciendan al Reino de los Cristalinos, pero no sabemos si en otros mundos pasa algo similar. Los Negros dicen que su mundo no es éste, que vienen del interior del mundo más grande bajo Râ. Los orientales de muy al Oriente dicen que sus ancestros vinieron del interior de la Estrella de la Mañana, por culpa del mismo Seth que hizo a los hombres mortales, miedosos, débiles... Claro que hay otros mundos.

-Los obheritas dicen que bajo la tierra viven los demonios y los seres malignos... -comentó Esthardalia.

-Los más malignos, -decía Isman- viven aquí, sobre la superficie externa del mundo y se llaman "esclavistas". Sin ellos, la humanidad ya habría dejado de ser mortal. Los peores demonios no están en ninguna caverna, ni en el inframundo, ni vienen de las estrellas, sino que están en el corazón y en el Ka de los hombres necios. Ya habrá tiempo de que aprendáis sobre esos asuntos de historia y sabiduría, pero ahora quiero que definamos una estrategia para borrar del mapa ese cuartel enemigo y a todos los que estén preparándose para atacarnos por el Este.

-Oídme, Faraón. -dijo Elhamin- Seguramente un ataque por el Este que pretenda tener algún éxito, no sería avanzando por las tierras que dominamos, justo al Este del Valle de los Leones, sino entrando por el río Tormentas, como estabais diciendo.

-Y si no entiendo mal al ver la situación, las fuerzas del Este están esperando que Elintaakh les envíe mensaje para movilizarse de modo simultáneo. Al no tener noticias en tanto tiempo, pueden haber puesto esa guarnición allí por precaución, aparte de que tengan interés por el oro de la zona, si es que lo hay realmente.

-Así es, Faraón. -respondió Elhamin- Si nos ponemos en su lugar e imaginamos qué hacer, no es difícil deducirlo. Los primeros barcos que combatimos tendrían la misión de arrasar con todo hasta el río de las Tormentas y deberían encontrarse allí con los que avanzarían por el Este. Seguramente ya han hecho algunas escaramuzas de tanteo por tierra más arriba y puede que sus espías ya les hayan advertido de esta campaña. Como no han recibido mensaje de lo que ocurre en esta región, esperemos que no hayan emprendido la campaña por ese lado y tengamos tiempo a pararles antes que la empiecen...

-De eso se trata, -intervino Arkanis- y en este momento forman un total de 18.434 efectivos, incluyendo al Faraón.

-18.436 incluyendo a las hijas de Ashtarté. -corrigió Isman- Creo que con una diferencia de más de tres contra uno, los barreríamos sin duda, pero a un costo muy alto de bajas propias. Este mapa enviado por Espiria indica muy bien las alturas del entorno y aún llegando de noche hasta ellos, no sería fácil sorprenderles. Estoy tentado a usar las menores de las armas grandes. Pocos disparos, un cerco previo y la misma estrategia usada días atrás, pero quiero oír vuestras ideas.

-Mi opinión, -decía Ankemtatis rato después- ya que nadie dice nada, es que tenemos esas armas por una serie de sincronismos que los dioses nos han preparado para hacer lo que debemos hacer. No veo obstáculos éticos ni estratégicos para la idea del Faraón, ya que además ha resultado exitosa esa operativa contra más gente y en situación más compleja. Aquí no hay esclavos que proteger...

-Apruebo por mi parte. -dijo Arkanis- Si hay más cuarteles en el Paso Negro, ya no importa. Si nadie tiene objeción, vamos a los detalles y mañana mismo actuamos. ¿Elhamin, Hilaris, Gibured, Comandantes?, ya veo que no dejáis de comer, pero decidnos algo...

Nadie dijo nada por un buen rato, con lo que el Faraón dio por resuelto el asunto, se ajustaron los detalles y ordenó descanso obligatorio hasta la noche. Antes de ocultarse el sol comenzaron a movilizarse las tropas para situarse con la misma disposición que en la batalla del cuartel de Aguas Rotas, pero a sólo cuatro Râdnies de marcha del cuartel. El campamento avanzaría hasta el siguiente medio día, quedando a menos de un día de marcha del objetivo. Ankemtatis y los geómetras llamaron Índice y Pulgar a las dos lanza cilindros menores y Puño a la mayor, que en lo posible no usarían y llevaban medio desmontada.

Colocaron a Índice y Pulgar con gran esfuerzo sobre un empinado promontorio que además de cubrir visualmente el campamento, permitía la observación directa, a 640 cuerdas del blanco, según los mapas y con mayor exactitud, gracias a los aparatos con los que ahora contaban. Las tropas del cerco, a doscientas cuerdas entorno al enemigo, ocuparían sus puestos durante la noche. Alrededor de las armas se montó con piedras y escudos una trinchera, cuyo único propósito era usar velas para mirar los mapas sin que pudiera ver luz alguna el enemigo.

-Si hay supervivientes, -decía Isman a los doce grupos de 1400 efectivos cada uno- huirán en cualquier dirección, pero la más lógica es al Norte, así que Diva y Daverdis estad muy atentas. Calculamos que serán suficientes diez disparos y no podremos corregir hasta rato después si hay error, así que tras diez explosiones, los doce grupos se expandirán lateralmente formando un círculo, siguiendo las instrucciones de estos mapas. Una explosión número once un buen rato después, será la señal para ir directamente al centro del cuartel, que si los tiradores no fallan, no presentará mucha resistencia. Si se fallan los disparos, vais a tener que combatir como ya sabéis. ¿Dispuestos a morir por Ankh em-Ptah?

-¡¡Dispuestos, Faraón!! -fue el grito estremecedor de respuesta.

A la par que se distribuían los grupos por el territorio, ochocientos hombres, que eran casi la mitad de los restantes efectivos, salieron en dirección al cuartel formando una línea de comunicación. Un soldado a cada cuerda de camino, hasta cien cuerdas del enemigo, permitiría hacer llegar los mensajes transmitidos boca a boca, en menos de medio Râdnie, sin tener que esperar más. De ese modo el Faraón conocería el resultado del ataque apenas terminado, y podrían movilizar la caravana sin demoras. Esto representaba ahorrar un día, a la vez que podía darse una sucesión de órdenes y mensajes rápidos manteniendo una mayor seguridad entre el enemigo y el puesto de mando, a lo largo de toda esa línea. Los halcones demorarían menos pero a veces eran abatidos por el enemigo si no les reconocían como propios. En esta ocasión se prefirió que los ocho halcones disponibles fuesen utilizados entre los grupos del cerco, con orden de evitar que vuelen sobre el cuartel enemigo.

-Tenemos todo listo, Faraón. -decía Ankemtatis poco antes del amanecer- El cielo despejado nos ha permitido orientar también con las estrellas, confirmando la precisión. Si errásemos el alza y los disparos pasaran más allá, explotarían en medio del paso, entre los grupos de Diva y Daverdis, pero ellos ya lo saben. Henutsen está en el promontorio de la derecha, desde donde puede ver el cuartel y nos enviaría mensaje inmediato. En un cuarto de Râdnie estaríamos corrigiendo los disparos.

-Pero eso no ocurrirá, Faraón. -intervino Alvalopep- He repasado los cálculos y ahora no es como en la isla de las catapultas. Hay mejores instrumentos y sabemos las diferencias de altura y el alcance exacto en cada grado de alza de las armas... Hasta podemos ver al enemigo directamente con los aparatos, a pesar de la redondez de la tierra.

-Pero estamos a más de medio día... ¿Por qué podemos verles?

-Porque estamos en este morro a trescientos ankemtras más altos que ellos y hay un terreno llano y profundo entre medio. Mirad, han hecho fuego confiados a que pronto amanecerá. Y ni se han preocupado por evitar producir un poco de humo.

Isman observó por el largavistas, parte del complejo aparato montado sobre un trípode, y vió el punto de fuego y la pequeña columna de humo.

-Vamos a disparar con alza mínima, muy directo, -decía Alvalopep- de modo que si fallamos, podremos ver sin esperar el mensaje de vuestra hija. Si no hubieran hecho fuego y con la niebla que podría levantarse, sólo estaríamos tan seguros merced a mis cálculos.

-Me alegra que las matemáticas no se equivoquen nunca, si el matemático es bueno. -respondió Ismán.

-¿Esperaremos a que aclare más, Faraón?

-Sí, Ankemtatis, esperaremos. Tened paciencia, que el error más grave de los grandes estrategas, es actuar antes de tiempo. No quiero que los del cerco tengan que perseguir a los supervivientes en penumbras.

-Pero la niebla también sería un inconveniente... -replicó Ankemtatis.

-Si vemos que el horizonte no enrojece, disparáis apenas aclare. Pero... Disculpad, me retiro al extremo del morro, que nadie me moleste.

Rato después apareció Isman y dijo que no habría niebla y esperarían.

-Nada más que preparar, Faraón. -respondió Ankemtatis- Cuando ordenéis sólo habrá que tirar de las cuerdas atadas a las palancas. Si me hacéis el honor, os ruego disparar junto conmigo.

-Un honor muy triste, querido, pero que acepto, rogando a Sekhmet que estas armas que nos dan tanta superioridad militar, no nos hagan débiles en éste y en ningún otro sentido.

-Devolvemos al enemigo su destrucción, -decía Elhamin al acercarse al grupo- antes que nos las produzca. Devolver un golpe es necesario, pero volverlo contra el enemigo sin que nos toque, es mucho mejor.

-Mirad, -decía Alvalopep- tal como decíais, Faraón. El horizonte aclara y empieza a pintar en rojo. Habrá excelente visibilidad.

-Y grandes nubes por el Sur. -agregó Elhamin- ¿Creéis que habrá tormenta que nos corte el paso?

-No, General. El viento corre hacia el Nordeste. Se llevará esas nubes hacia el Nilo. Podremos avanzar hacia el Norte y vamos a cruzar todo el Paso Negro hasta la zona del Río de las Tormentas. Vamos a darles la paliza primero en esa región, antes que emprendan la marcha hacia Ankh em-Ptah, si es que aún no lo han hecho.

-¿Y qué haremos con el puerto del Sur? Hay demasiadas fuerzas también por ahí. Unos tres mil hombres, según estos mapas…

-Me preocupan más los del Norte, donde debe estar la fuerza mayor y están más cerca de nuestras ciudades. Si les atajamos, ya tendremos tiempo a volver hacia el Sur y acabar con ese puerto. Luego veremos los mapas, para fijar un sitio donde dejaremos una guarnición que impida el ingreso de cualquier fuerza hacia esta zona.

-Bien pensado, Faraón, pero igual les queda el camino del Sur que nos decía Esthardalia.

-Cierto, Elhamin, pero no podemos abarcar tanto. No habiendo lluvias, sólo intentarían cruzar por aquí. El viaje de Elintaakh, si no me equivoco en su manera de pensar, sería el del último contingente. Al contrario que nosotros, ellos tienen a sus jefes siempre a retaguardia. Ahora preparémonos, que en momentos más tenemos que disparar.

Himhopep revisó por última vez cada parte del armamento y se sentó entre ambas armas, colocadas a diez pasos entre cada una. Al dar la señal, Isman y Ankemtatis jalaron de las cuerdas. Ankemtatis comenzó a contar y al llegar a diez ya había modificado el alza de ambas armas, tocó el hombro del ingeniero, corrió a su puesto tras el arma y un momento más tarde Himhopep dio la segunda señal. Al llegar a veinte se vieron las dos primeras explosiones y al llegar a cuarenta las otras dos. La sucesión siguió igual pero más rápido.

-¡Objetivo alcanzado! -exclamaba Alvalopep, que miraba por el tubo de su nuevo aparato- Creo que las diez han cubierto todo el campo de tiendas. En medio Râdnie, lanzamos el último disparo.

-Empezad a contar los cuatro Râdnies -dijo Isman- Esperaremos la dispersión lateral y los mensajes. No podemos hacer más. Cuando hagáis ese último disparo, preparad todo para bajar las armas y emprendemos la marcha. Iré al campamento a ordenar algunas cosas.

-¡Mirad, Isman! -decía con asombro Enhutatis- Nefandeg ha estado tratando a Ashtarizara durante estos días y ya camina sin su carrito…

-¡Me cuesta entender cómo lo ha hecho…! -decía Ashtarizara- pero entiendo una parte. Me ha puesto unos ungüentos, pero lo importante parece haberlo hecho esa caja que me pone sobre las piernas. Otra parte es la que pone en mi cabeza, no en mis pies… No sé explicarlo. Es como si cada punto del pie hiciera que recuerde el dolor y lo supere. Nefandeg me ha hecho perdonar a Elintaakh, me ha convencido para que destruya el odio y luego el dolor dentro de mí… No es que ahora lo quiera, pero ya no le odio, sólo que estoy más tranquila con su muerte. Entonces mis pies han empezado a curarse… ¡Y me lo habíais dicho, Faraón!

-Así funciona nuestra medicina, Ashtarizara. -dijo Isman- Eso que os asombra, para nosotros es normal. Por eso no veréis muchos enfermos entre nosotros, ni heridos que demoren en curarse. Ya he visto a Nefandeg haciendo cosas raras con esa caja en forma de pirámide, y aún no sé cómo la usa, pero lo importante es que os hayáis rehabilitado.

-Hemos escuchado las explosiones. -dijo Hetesferes- Tenéis el desayuno servido y también lo llevarán a los del morro. ¿Van a demorar mucho en bajar de allí?

-No, Hetesferes. En menos de tres Râdnies estarán desmontadas las armas y vuestro Elhamin… Por cierto, se alegraría que desayunéis con él allí arriba. Hay algo de humo hacia el Norte pero el paisaje es muy bello.

-Sois muy perspicaz, Faraón. -dijo Hetesferes- Seguramente que querrá ver los mapas del Paso Negro, se los llevaré.

-¡Nada de eso! -dijo sonriendo el Faraón- Los necesito yo y Elhamin os necesita a Vos, no a los mapas, aparte del desayuno, claro…

Hetesferes salió corriendo, con el rostro iluminado por su entusiasmo. Enhutatis abrazó a Isman y mientras comían revisaron otra vez los mapas con Ashtarizara, sentada en una banqueta, en vez que su carrito.

-¿Podéis decirme, Ashtarizara, cuánto demoraríamos en cruzar por este paso hasta el mar?

-Desde la montaña del Ankh donde estuvimos, calculamos Hetesferes y yo que habría unas ocho mil quinientas cuerdas, once o doce días de marcha, pero antes de llegar desde el mar al Paso Negro, tardamos algo más de ese tiempo. Hay mucha pendiente para ambos lados de las montañas, con puentes y rampas que reparaban los ingenieros obheritas. Desde aquí estamos a medio camino, pero hemos recorrido la parte más fácil. Tardaríamos unos quince días hasta el mar…

-¿Recordáis si hay algún destacamento o cuartel entre el puerto y este cuartel de aquí?

-No, Faraón. No había ninguno, y tampoco creo que lo hayan puesto, porque Elintaakh daba por segura la región, pero al no recibir noticias, puede que manden patrullas o guarniciones en estos días.

-¿Sabéis algo del Río de las Tormentas?

-No, pero… A ver… ¡Esthardalia, venid pronto! -gritó la mujer al ver algunos símbolos de los mapas- Creo que… Esperad, no estoy segura pero Esthardalia puede saber algo más que nos ayude.

-Ya he visto recién que habíais caminado sin el carrito, pero estaba ocupada con los desayunos y no podía dejar la cocina…

-Sí, hermana mía, pero ahora esto es más importante…

-¿Más importante que haber recuperado vuestra libertar de andar?

-Para mí es muy importante, pero si debiera renunciar a mis piernas por ayudar contra los obheritas, estoy preparada. Mirad este mapa y sin que os digamos nada, decidmos que puede significar todo esto.

-A ver… Esto significa… Cementerio, pero en el peor sentido. Un lugar de terror. No es parte de un dialecto, sino de las supersticiones de los obheritas. Esto significa tormenta, lugar de la tormenta…

-¿Y esto -decía Ashtarizara- no es una fecha?

-No. Es el momento de una señal, que tiene que venir por este lado.

-¿Es decir que alguien esperará aquí una señal que debe venir por este lado, por este río?

-Así es. Faraón. -respondió Esthardalia-Eso significa… Y esto no es un número de tiempo, sino de gente u otra cosa que tiene potencia, capacidad de hacer... Son quince mil personas, animales, soldados o esclavos. Aunque en los animales se usa otro símbolo al lado de éste, como la pata, por ejemplo, que además indica de qué animal se trata.

-Ya está claro, hermanas. Esto es un casco de soldado, aunque no se parece a los pocos que hemos visto entre los obheritas.

-¡Cierto! -dijo Esthardalia- Es de los soldados de Assiak, un jefe con la misma graduación que Elintaakh, pero sus tropas marchan en formación ordenada como las vuestras. Hasta el propio Elashirrano le teme. Esos cascos son de metal y cuero como los vuestros, pero además usan corazas metálicas mejores que las vuestras. Sus sandalias son cerradas como las botas del agua y al igual que vosotros, no llevan lanzas, sino arcos potentes, espadas finas y largas, con escudos cuadrados, más pequeños y ligeros que los vuestros… Cuando los unen forman escudos más grandes. Si recuerdo más, inmediatamente os lo diré.

-Nosotros llevamos lanzas en los carros, -decía Isman- pero hasta ahora no las hemos necesitado. Sólo se usan en combate cuerpo a cuerpo y eso lo evitamos en cuanto sea posible. Parece que también tienen mejor estrategia y armamento... El mapa nos indica los planes del enemigo. Quince mil efectivos esperan una señal que debe venir por el río de las Tormentas. Vuestra ayuda ha sido muy importante.

Los mensajes empezaron a llegar antes de media mañana, pero la caravana ya estaba en marcha hacia el Paso Negro. La guarnición había sido destruida con los disparos casi al completo. Los doce grupos del cerco batían la zona, aniquilando a los pocos hombres que habían sobrevivido. No tenían bajas propias que lamentar, pero sí tres heridos que al pasar por el cuartel destruido ya cerca de la noche, fueron atendidos por Nefandeg y continuarían por dos días en carro.

-Vamos a acampar lejos de este lugar. -decía Isman a la Plana Mayor- No podemos demorarnos incinerando cadáveres y lamentablemente quedarán infectando la tierra. Que los carroñeros tengan un buen festín. En cuanto acabe Henutsen con los funerales, continuamos por al menos doscientas cuerdas más. Los pozos de las explosiones son enormes...

-Estos hombres estaban mucho mejor vestidos y bien armados. -decía Elhamin- En un combate normal, nos habrían diezmado. Los pocos que lograron escapar al principio dieron mucho trabajo en la batida. Mirad las corazas, tan buenas como las nuestras, pero cubren hasta el cuello.

-Y tan buenas -agregó Arkanis con un poco de sarcasmo- que no las atraviesan las flechas, pero sí las boleras. Además el calor de las explosiones ha matado hasta a los que estaban más lejos, justamente porque ese metal se calienta rápidamente. No llevan tela ni cuero como nuestras corazas. Los que escaparon hubieran podido fugarse en la batida si las hubieran dejado, porque pesan demasiado para mantener ritmo de carrera. Además, sus cascos son muy buenos pero no están ennegrecidos y brillan, con lo que pueden verse desde lejos.

A media noche llegaron al sitio que Daverdis había ocupado durante el cerco y se internaron en una planicie circular, rodeada de pequeñas montañas desde donde se dominaban todas las torrenteras del paso. Isman hizo lo mismo de siempre antes de acampar, cuando había dónde elegir: Paseó a caballo apuntando con el Heka y el Nejej hacia todos lados y hacia el suelo y marcó el sitio más adecuado. Los efectivos que habían acampado con Isman durante el cerco, se encargaron de la guardia nocturna y una exploración en abanico por las cumbres cercanas. Al día siguiente comenzó una travesía que duraría tres días. El paisaje seguía siendo agreste en su mayor parte y las alturas algo mayores.

-Aquí es donde los caminos se dividen, Faraón. -dijo Esthardalia.

-¿Estáis segura, con tantas torrenteras en tantas direcciones?

-Imposible equivocarse. Por ahí se va hacia el Norte durante otros cuatro días o poco más, para llegar al puerto más importante. No hay esclavos, sólo soldados. En otro puerto más pequeño un poco más al Sur, sólo hay esclavos, pocos soldados, unas factorías y un astillero.

-¿Unas factorías en esa zona casi desértica? -preguntó Gibured.

-Sí, General. Hay oro y otros metales preciosos, pero sobre todo, mucho oro y piedras preciosas raras en unas montañas cercanas a la costa. Les llaman Montañas Preciosas y con mucha razón. También hay unos bosques antiguos de maderas duras, aunque algunos árboles se han convertido en piedra. Cuando estuve la última vez, había sólo tres barcos. Los soldados son codiciosos y bien pagados, así que tienen a los mejores, pero son muy pocos.

-Pero eso, según este mapa, queda lejos de nuestra ruta. ¿Tenéis claro poder guiarnos por el camino hacia el puerto más grande?

-Sin duda, Faraón. Incluso si os lo dijera sin guiaros y aún sin estos mapas, no podríais perderos. Ya hemos pasado totalmente el Paso Negro y ese camino se llama Paso Verde. Siiguiendo la torrentera más grande, siempre directo al Norte, sin salir de la franja de bosques y arroyos, se llega en cuatro o cinco días a un desierto. Con esos carros tan grandes en que traéis las barcas, puede que seis o siete. Allí hay que seguir hacia el Norte y un poco al Este, o bien llegar al mar y seguir la costa hacia el Norte. Este punto de aquí es el puerto. Aquí comienza ese paso que lleva a la zona de las tormentas… Hacia el Oeste de allí, no conozco nada y Elintaakh dijo una vez que no iría por esa región aunque le colgaran. Por eso Elashirrano lo destinó a la región del Sur.

-Bien, podríamos llegar hasta allí… Y veremos qué hacer cuando estemos cerca, pero me preocupa este paso, aunque no sea previsible que vengan más fuerzas por aquí. Ashtarizara, por favor indicadme en este mapa un sitio que sea inevitable, en caso que quisieran entrar más efectivos desde ese puerto del Sur.

-En la parte más baja de las montañas hacia el otro lado, sólo hay dos alternativas y ambas se ven desde la montaña más cercana a la costa. Por la del lado Norte se pasa si se traen carros. Por la otra se acorta un poco pero el camino es muy abrupto, sólo para infantes o jinetes.

-A ver si os entiendo… -decía Isman- Es decir que en este punto donde estamos, sólo se pasa si hay carros, pero si no los traen, pueden ir por un camino diferente…

-Así es, pero cualquiera de los dos caminos que se tomen para entrar al Paso Negro, han de iniciarse en ese punto de las montañas más bajas, desde la que se ve hasta el puerto. No hay otro camino hasta el lejano del Sur, o el que vamos a encontrar muy al Norte.

-¿Habéis escuchado, Elhamin?...

-Y entendido, Faraón. Podríamos dejar mil infantes boleros allí. En algún sitio bien emboscado, con mucho cuidado para no dejarse ver, tendrían que permanecer hasta que podamos enviarles relevo. Sólo para impedir que venga algún contingente y nos pille por retaguardia.

-Y sobre todo, para que en Aguas Rotas no tengan sorpresas. Es poco probable, pero que marchen con los carros correspondientes hasta donde puedan, mientras nosotros seguimos al Norte. No dejéis Comandante, sino al soldado más adecuado para ascenderle en grado. Hetesferes, indicad en este mapa la posición de estos mil guerreros que dejaremos...

-¡Que venga Ebsekhet, el de la vista larga! -gritó Elhamin.

Momentos más tarde, el soldado se presentaba ante el General, que junto con el Faraón le ascendió a Comandante, con una misión no muy difícil, pero que podía llegar a serlo.

-Entendido claramente, Faraón. Nadie pasará por ahí sin haberme matado, a mí y hasta el último que me déis a cargo. Pero seré prudente...

-Si hubiese una fuerza que previerais imposible de detener, nada de actos heroicos, Ebsekhet. -le rectificó Elhamin- Enviáis cien hombres con mensaje urgente a Aguas Rotas, como prioridad, para que les apoye Mertinetis, que tendrá el tiempo justo, y en la retirada, haced al enemigo emboscadas planificadas. Montaña arriba y con vuestra experiencia, podéis hacer estragos y evitar bajas propias.

-Mejor entendido aún, General.

-Volvamos a los mapas, Generales. Hetesferes y las traductoras han cambiado los símbolos enemigos, por los nuestros, en algunas de sus láminas., para que sean menos confusas. ¿Está listo, Hetesferes?

-Sí, Faraón. Esto de la izquierda es el Nilo. Estos son dos ríos y sus afluentes prácticamente desconocidos, que forman el Río Tormentas, al parecer a pocos días de marcha del Nilo. Este casco corresponde al ejército de Assiak. Estos quinientos, son los aniquilados en la Meseta del Paso Negro y luego, sobre el camino que hemos recorrido, el cuartel de los cinco mil abatidos con las explosiones. Aquí a la derecha, el destacamento de mil soldados que dejamos con Ebsekhet.

-Nosotros desconocemos el terreno, salvo por estos mapas, -decía Isman- pero aparte de las exploraciones previas, es seguro que Assiak ha hecho explorar muy bien dónde va meterse. Lo que no sabemos, es si ya ha partido ese ejército que indican los mapas y no estamos del todo seguros que los símbolos sean exactamente lo traducido

-¿No confiáis en las traductoras, Faraón? -preguntó Elhamin.

-En ellas sí, pero en la información contenida en los mapas, no podemos confiarnos demasiado. Ya veremos con qué nos encontramos al Norte. Los números han sido colocados según un criterio de clave, no con nuestro sentido de la numeración real. Por eso sospecho que los hayan hecho como lo haríamos nosotros, con errores aparentes, en caso de caer en manos ajenas. Si no fuese porque veo los cuerpos sutiles, con los que no se puede mentir, no estaría tan seguro de la buena voluntad de las traductoras... Pero sí, en ellas podemos confiar.

-El paisaje es bellísimo, -decía Isman medio día después- En realidad se trata de un gran río, que en vez de llevar tanta agua como el Nilo, se compone de múltiples arroyos. Imagino que cuando llueve mucho, debe inundarse la mayor parte de estos bosques. Mirad los troncos, que aún tienen lamas y ramas dejadas por las riadas. Y un poco más allá, tras esas montañas, un desierto estrecho pero temible.

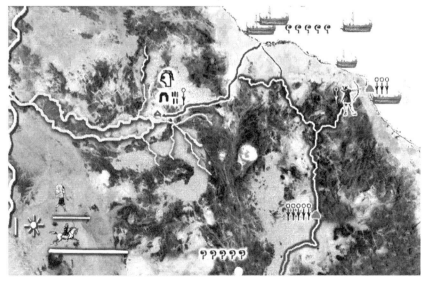

¿Cuánto tiempo hace que partimos de Karnak hacia Tekmatis, Elhamin?

-Dejadme ver... -respondió revisando su cuaderno- Doscientos cuarenta y un día, Faraón. ¿Por qué lo preguntáis?

-Porque estudiando los tiempos de mi vida y los sincronismos que me ocurren, compruebo que cada ocho Khabeds, invariablemente me encuentro viajando al filo de selva y desierto. Así ocurre desde que me di cuenta hace ya un siglo y medio.

-Interesante y extraño. -dijo el General- Seguramente nos pasa a todos cosas así, pero no nos damos cuenta…

-Esto es más extraño aún, -decía Himhopep- porque esas montañas de ahí están cortadas por manos humanas o de dioses. La naturaleza es muy caprichosa, pero reconozco una obra de ingeniería…

-¡Cierto! -dijo Elhamin- Además, si tenemos en cuenta los niveles, no es lógico que el agua haya trabajado sobre la piedra en esa dirección. ¿Será posible que esto también fuese una obra modificada como el Nilo?

-¿Modificada? ¿Es que el Nilo es artificial? -preguntó Himhopep.

-Me extraña que no lo sepáis, -respondió Elhamin- nada menos que Vos, que sois ingeniero. Está escrito en varios sitios de nuestro país, sólo que sin demasiado detalle. El Nilo desembocaba en el Mar de Naciente, muy al Sur. Lo hicieron los primeros constructores de Ankh em-Ptah, hace unos ochenta mil años, para que riegue todo nuestro país, que amenazaba con quedarse desierto. De hecho, muchos templos son más antiguos que el propio Nilo y por eso algunos se han anegado tras la construcción del río.

-¡Me dejáis tan pequeño como ingeniero, que podría esconderme en este morral!

-Es muy larga la historia de nuestra Patria, Himhopep. -intervino Isman- Ha habido arquitectos e ingenieros increíbles y Vos lo sabéis. No somos capaces ni de construir réplicas de lo que nos legaron…

-Sí, lo sé, Faraón, pero hacer un río como el Nilo… ¡Increíble!, sin embargo lo que estoy viendo aquí no pudo hacerlo la Naturaleza, por más caprichosa que sea… Aquellas moles de allá han sido sacadas de este lado, trasladadas al mismo nivel, lo que el agua nunca haría. Y esos cortes en los farallones, aunque erosionados, se revelan como hechos a propósito, no por el viento, el agua o los derrumbes.

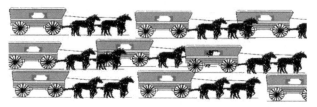

A lo largo del paso hallaron cinco puntos más, donde era evidente el trabajo artificial, cortando las montañas en bloques enormes, para dejar paso al agua. Aunque el caudal era en ese momento escaso, resultó suficiente para que en todo el trayecto abundara el agua, buena caza, especialmente de grandes búfalos salvajes, árboles de diversas especies y muchos de ellos con excelentes frutas.

Las cuestas y los pedregales hicieron que el recorrido demorase un total de siete días, tras los cuales llegaron a una planicie desértica. Al Oeste la montañas tenían sus estribaciones hacia el Norte, pero al Este sólo el tramo de desierto que les separaba del mar.

-Os he hecho viajar en carro, no hacer guardias, comer más y dormir mucho, -decía Isman a los Invisibles-  porque esta noche tenéis una misión muy dura. Estamos a un día de marcha a caballo del puerto. Tendréis que hacer medio camino a caballo y el resto a pie. Saldréis esta noche y vais a cabalgar hasta el amanecer hasta algún promontorio que os oculte. Llevaréis este indicador del Norte que hallamos entre los instrumentos del Elintaakh. Luego descansaréis durante el día y antes de la noche partiréis hacia el puerto. La misión es observar lo que hay y enviar dos halcones con mensaje, pero eso lo haréis cuando estéis todos de vuelta en el campamento de medio camino. Inmediatamente vamos a disparar los cilindros de fuego contra ese puerto, según lo que hayáis visto. En cualquier caso enviad los halcones y regresad de inmediato con nosotros, por si tuviéramos que hacer una explosión de las mayores.

-Entendido, padre. ¿No rematamos a los que queden, como antes?

-Depende de lo que informéis. Si hacemos una explosión mayor, no habrá nadie vivo, ni hay que acercarse a la zona y necesitaríamos que ya estéis aquí. Y Vos, Espiria, -seguía Isman, indicando cosas en los mapas- vais a guiar inmediatamente un grupo de exploración en abanico de mil hombres al Norte y mil al Este. Hay dos cadenas de montañas, pasaréis la primera y llegaréis hasta la segunda. Hay un día de marcha a caballo desde aquí. Dejaréis las monturas en las estribaciones de esa segunda cadena, antes de cruzarlas. Luego buscaréis a pie cualquier rastro. Si los halláis, enviad mensaje y seguidlos si son importantes, como el paso de un ejército o una guarnición. No os dejéis ver ni os enfrentéis, aunque sea poca gente. En cualquier caso, seguidles para comprender qué y quiénes se movilizan pero sin producir alarma. Sólo debéis informar cuanto antes.

La espera hasta la noche del día siguiente fue larga y más larga cuando los Invisibles marcharon hacia el cuartel enemigo.

-Tranquilo, Isman, -decía Enhutatis- que vuestra hija y su grupo han tenido misiones más difíciles. Más preocupante es lo que ocurra en el

Este, porque el desplazamiento de mil soldados es más notable, pero Espiria entrena con los Invisibles y ya casi podría ser parte de ellos…

-¿Estáis despierto, Faraón? -dijo Meremnut en voz baja, desde prudente distancia del carro.

-¿Tenemos ya alguna noticia?

-Sí, Faraón. Mi esposa envía mensaje que os leo textualmente. *"Por el paso indicado por el Faraón, van miles. Más de cien carros, pocos caballos. Pasaron hace muchos días. Seguimos rastro, envío guía para camino corto"*

-Como me lo sospechaba… ¿Y de Henutsen?

-Nada todavía, Faraón. Os vuelvo a despertar si hay noticias.

Al amanecer, otro halcón traía mensaje de Henutsen y Meremnut lo leía textualmente: *"Setecientos soldados, cincuenta barcos vacíos, veinte barcas rápidas, tres carros, doscientos caballos. Estamos regresando"*

-Bien, enviadle mensaje para que tomen rumbo Este-Sureste, porque salimos hacia el Este y nos encontrarán en el camino, luego despertad a la tropa. Salimos de inmediato, desayunaremos durante la marcha… ¡Generales, ya estáis aquí!

-Sí, Isman, -respondió Elhamin que llegaba acompañado de casi toda la Plana Mayor- todo el mundo ha dormido muy bien y sois los únicos que quedáis por desayunar…

-Pues eso, -dijo Isman un poco sorprendido- Enhutatis y yo nos hemos dormido tarde, desayunaremos durante la marcha. Salimos ya mismo.

-Si nos vamos a internar tierra adentro, -preguntó Gibured- ¿Es necesario llevar los carros con las barcas? Son los más pesados y los que ralentizan la marcha.

-Creo que hemos hecho bien en traer las barcas, General, aunque no las usaremos en el mar, sino para un regreso rápido al Nilo. Espero que el Río de las Tormentas no sea tan tormentoso y resulte navegable…

-Bien, Faraón. Si hiciera falta, con la ayuda de Himhopep podría convertir las ocho barcas en botes menores de tres remos por banda. Un poco anchos, pero no tan largos y más fáciles de maniobrar.

-¿En cuánto tiempo harían esa conversión?

-Tres o cuatro días, Faraón. Si sólo hay que montarlas a tamaño normal, porque hubiera buen caudal, menos de un día.

-¿Y serían buenas esas barcas para navegar bajo fuertes lluvias?

-No sería difícil hacerles unos buenos techos porque tenemos mucho cuero fino, mucha tela que podemos enaceitar o engrasar para hacerlas impermeables... De ese modo no habría mucha agua que achicar, mientras se navegue sin fuertes oleajes ni rápidos... ¿Es que tenéis previsto que realmente llueva mucho en el Río Tormentas?

-El viento está cambiando y trae nubes del Suroeste, lo que no es habitual en esta época. Cuando ocurre así, es señal de mucha lluvia, pero no sabemos realmente qué pasa en esta región de los Valles Muertos. El Río Tormentas no deja de aportar agua al Nilo en todo el año, así que debe haber lluvias continuas o manantiales importantes.

Un guía enviado por Espiria llegó para indicar un atajo transitable incluso para los carros y rato después les alcanzaron los Invisibles que venían del Este.

-Una guarnición pequeña y no muy bien armada, -decía Henutsen- ¿No vamos a ir contra ellos?

-No, hija. Vamos a dejarles, no representan por ahora un peligro y dispararles podría advertir a otros si logra escapar alguno. Los cincuenta barcos vacíos no pueden estar ahí por otra cosa que el arribo de unas fuerzas que deben ser importantes. ¿Cuántos cabrían en cada barco?

-Como mínimo trescientos, puede que trescientos cincuenta.

-O sea que se confirman los mapas y los datos. Tenemos delante, un ejército de más de quince mil hombres. Dejamos el destacamento de mil en el acceso al Paso Negro, así que somos 17.436 personas. Mañana estaremos sobre el rastro de ese ejército. Les pillaremos por retaguardia, mientras esperan señal de río abajo, que nunca llegará.

-¿Qué haremos con los puertos, padre?

-Por ahora nada, Henutsen. Ninguno representa riesgo y no tienen noticias de lo ocurrido a sus tropas. No es muy probable que reciban nuevas fuerzas por ahora y la prioridad es acabar con los que tenemos rumbo al Río de las Tormentas. Es una buena suerte que no hayan avanzado sobre Ankh em-Ptah, porque el Sur es la parte más carente de defensas. Ahora los exploradores han de ir a toda carrera para alcanzar al enemigo e informar. Todos los halcones dispuestos para acelerar esa información sobre el frente, que ahora lo tenemos hacia el Poniente.

Caía la noche cuando la caravana había hallado el rastro del enemigo que les llevaba varios días de ventaja. Al mediodía siguiente, llegó un mensajero con noticias del frente y se reunieron los mandos con Isman.

-¡Nuevo mensaje, Faraón! Uno de nuestros jinetes ha visto ya al enemigo. Son una tropa disciplinada, bien armada, con caballería mínima, pero calcula que son entre diez y quince mil infantes, llevando más de ciento cincuenta carros. Les ha visto justo cuando llegaban a un campamento donde hay otros que llegaron antes. Están a dos mil cuatrocientas cuerdas desde donde se hallaron los primeros rastros. Desde aquí y con los carros, algo más de cuatro días de marcha. Están a la orilla de un lago. Al parecer parten del mismo dos ríos, pero ha preferido no explorar esa zona sin darnos antes el aviso.

-Entonces, enviad mensaje a Espiria para que retraiga su línea de exploradores a un día de marcha de la posición enemiga y haga mapas de esa zona hasta medio día a cada lado del camino. Y la Plana Mayor, atended, que ahora estamos casi uno a uno con el enemigo. Deben llevar allí demasiados días sin noticias. La avanzada que esperaban de Elintaakh por el Nilo, debería haberles dado ya la orden de unírseles hace demasiado tiempo. Si toman la decisión de no esperar más, nos llevarán cuatro días de ventaja y no podremos alcanzarles. Ellos están bien descansados y nosotros no hemos parado lo suficiente.

-Tampoco es que la tropa esté cansada, Faraón. -dijo Arkanis- hemos dejado a los animales andar sin forzarles. Tampoco ellos están cansados. Podríamos apurar un poco el paso.

-No descarto eso, General, pero estoy pensando en varias cosas algo más... Peligrosas, por decirlo de alguna manera. La tentación de usar las armas más potentes, es grande, pero la distancia desde el Río de las Tormentas hasta el Nilo y las primeras ciudades del Sur, no es tan grande como la que hay desde aquella primera explosión sobre el Nilo. Sekhmet me ha advertido sobre eso. Me gustaría repetir la estrategia que ya dos veces nos ha dado la victoria, pero no podrá ser.

-Y eso, si permanecieran donde están. -dijo Elhamin-

-Así es, pero la otra parte de la idea, es evitar a toda costa que avancen hacia Ankh em-Ptah. Vamos a seguir la marcha, sin perder más tiempo. Conversaremos en mi carro mientras viajamos.

-Os dije días atrás, -continuó Isman- que estos mapas son sencillos, pero el enemigo ha hecho una exploración amplia y detallada, conocen bien la región. Por ese motivo no nos conviene adelantarnos a Assiak. Explorar lo suficiente para armar una estrategia segura, nos llevaría demasiado tiempo y esfuerzo. Ahora estamos justo en medio de esta línea negra, que marca el recorrido entre el puerto y la actual posición enemiga, a cuatro días si marchamos con todos los carros...

-Seguid, Faraón, lo que habéis explicado está claro. -dijo Gibured viendo que Isman parecía a la espera de escuchar alguna opinión.

-Bien, estaba pensando que si no va a funcionar la estrategia anterior, de cerco previo y explosiones, podemos hacer una táctica de medio cerco, es decir que no vamos a usar las armas más potentes como la primera vez, sino como las últimas, las dos… ¿Índice y Pulgar?

-Sí, Faraón. La Puño, como decís, sería demasiado estando a las aguas de los ríos, tan cerca de nuestras ciudades. Para las menores traemos unas quinientas cargas, así que hay fuego para rato, sin peligro por esas radiaciones que habíais dicho.

-Entonces, Ankemtatis: ¿Qué distancia pueden alcanzar esas armas?

-No lo sabemos con certeza, Faraón, pero más de cien Talkemtras, o sea dos días de marcha a pie, con suficientes vueltas a la manivela antes de cada disparo. Según Alvalopep, un día sin viento o con el viento a favor, podrían alcanzar las dos mil ochocientas cuerdas, es decir ciento cincuenta mil ankemtras o lo que es más o menos, tres días de marcha rápida de infante con sus descansos necesarios.

-Con vuestro permiso, Faraón… -decía un mensajero- Aquí tenéis nuevos mapas. Están hechos a toda prisa, pero creo que serán útiles.

-A ver… Hetesferes, por favor, comparad con lo que tenemos.

-Bien, Faraón. Se confirman datos y se agrega la ubicación y rumbo de ambos brazos de río que parten del lago. Los revisaré y haré copias.

-Continúo entonces con la idea. Si preparamos sólo los carros necesarios para un avance rápido, llevando las dos armas menores y una carga de cincuenta disparos, serán necesarios dos días de marcha para quedar a un día de marcha del enemigo y dispararle.

-Eso sería la primera parte. -dijo Hilaris- Luego habría que lanzar el cerco sobre ellos, más o menos como antes, pero no conocemos el terreno río abajo, por ninguno de los brazos que hay en los mapas.

-Pues aquí viene la otra parte, hermanos. No sería necesario buscar a los supervivientes, si los hubiera, hacia el Este. Bastaría con hacer una serie de disparos que estallen por los posibles caminos y sobre ambos brazos del río. Digamos… A menos de medio día de distancia, que vean las explosiones por el Este e intenten volver por donde llegaron. Se encontrarían de repente en nuestras manos…

-Excelente, Isman. Me parece una idea perfecta. -dijo Elhamin.

-¡No puede haber idea mejor! -respondió Hilaris.

-No se me ocurre ni cómo mejorarla. -agregó Arkanis.

-Pero habrá que hacerlo. Sólo he planteado lo básico. Hay que calcular los tiempos, abrir un abanico de dos días de marcha hacia cada lado…

-Nosotros, los tiradores, -dijo Ankemtatis- tenemos que encontrar un lugar desde donde disparar y estar listos para recibir a los fugitivos, que vendrían directo hacia nosotros en su mayoría…

-Llamad a Alvalopep. -dijo el Faraón- Y Vos, Gibured, ordenad que los carros con las armas pasen adelante y los que traen las barcas sigan su marcha con mínimo personal. A preparar ese avance de inmediato. Henutsen, marcharéis a encontrar y relevar a Espiria y sus exploradores, que permanecerán a la espera. Ahora la tarea de los Invisibles será inspeccionar el teatro de acción en torno al enemigo, lo mejor posible. Debemos saber dónde disparar. ¿Ya usáis bien el indicador del Norte?

-Por eso -respondió Henutsen- os alcanzamos haciendo el camino más corto, padre. Podremos dejar a Alvalopep y Ankemtatis los mejores mapas que se han hecho especialmente para usar esas armas. Comeré junto con los míos y partimos sin más demoras porque hay que relevar a los mensajeros del frente. A caballo tardaremos dos días y luego… Según sea el terreno, pero no tendréis mensajes nuestros hasta dentro de tres días, salvo que hubiera movimientos de tropas enemigas.

-¿En qué os puedo servir, Faraón? -decía el geómetra.

-Alvalopep, necesitamos que hagáis con Ankemtatis un plan teórico del próximo ataque. Quedaos con él. Vais a partir aligerando todo lo posible, sin olvidar un carro para los azafes de Espiria que nos esperan y no han llevado mucho alimento. Que los pertrechos de las armas ocupen dos carros más si es necesario para que vayan más rápidos. Hilaris y Arkanis, vosotros saldréis con ellos y el grueso de la infantería, dejando a retaguardia sólo los necesarios para que la caravana siga avanzando. Elhamin y yo iremos como centro de operaciones, detrás de la infantería.

-Preferiría que os quedéis…

-¡Ni una palabra más, Elhamin! -respondió Isman- Os prometo no pasar al frente, pero no me pidáis que me quede a retaguardia con uno o dos días de retraso.

-De acuerdo, Faraón, pero ni un paso delante de mí.

-Prometido. Y tan confiado estoy, que Enhutatis vendrá conmigo, si le apetece cabalgar.

-¡Creí que no lo diríais nunca! -dijo la mujer con gran entusiasmo.

Los carros aligerados, sin el del arma mayor ni los de las barcas, sino los cerrados, con los pertrechos mejor repartidos y sólo los necesarios para dos días de marcha, dejaron atrás al resto. Las acampadas fueron del descanso mínimo para dormir, con una comida entre medio. Al segundo día, a media mañana, se hallaban donde Espiria les esperaba.

-No ha habido movimiento de tropas, Faraón. -decía la Comandante mientras acariciaba a uno de sus halcones- Vuestra hija no demorará en enviar más novedades. Hemos relevado a la guardia y los relevados están ansiosos por comer.

-Hemos traído más que suficiente y ya pueden empezar. -dijo Isman- ¿Habéis hechos algunos mapas más detallados?

-Y bastante detallados, Faraón. Mirad. Aquí en este punto hay justo seiscientas cuerdas hasta el centro del cuartel enemigo. Aquí estamos a un día de marcha, pero a ese otro punto podemos llegar antes de media tarde. Es una zona alta, desde donde quizá con esos aparatos se vea el campamento enemigo, porque entre medio hay un valle casi desértico y el nivel va bajando hacia el Oeste.

-Según Alvalopep, es muy difícil ver, incluso con esos aparatos, a tales distancias, pero a menos de un día de marcha será buena posición para no errar los disparos. Que vuestros hombres coman y descansen aquí mismo. El resto seguiremos adelante y Vos tendréis que acompañarnos. Sin vuestro sistema de correo, no sería posible nada de lo que hacemos.

-He seguido las órdenes del General Elhamin y sólo he comandado, sin desplazarme más de lo necesario. -decía Espiria- No estoy cansada y estoy con gran deseo de acabar de una vez con esa plaga obherita. Los halcones tampoco están cansados, aunque no han estado ociosos.

El Faraón se quedó con uno de los halcones en el hombro, que se comportaba con él como si fuese uno de los mensajeros entrenados.

-Parece que se me daría bien la cetrería… -comentó Isman.

-Puede que sí, Faraón, -dijo Espiria- pero si lo notáis muy cariñoso, es porque están entrenados para reconocer al Faraón. Cada vez que estamos cerca vuestro, les decimos quién sois y les damos la clave de amistad. Para ellos, sois uno de los nuestros…

-¡Así que esas tenemos! Y yo que creía que este me tenía por guapo y cariñoso, nada más. -respondió Isman en broma.

-Es así, aunque los hemos enseñado a todos por igual. Nunca enviamos mensaje directo al Faraón para no molestaros, pero si lo hiciéramos por necesidad, os buscarían y vendrían a vuestro hombro.

-¡No termino de enterarme de los privilegios de ser Faraón! -decía Isman riendo, mientras el halcón le acariciaba el cuello con el pico.

A media tarde estaba todo preparado y se dispersaron por la región la caballería primero, para ocupar puestos más lejanos, y después la infantería. Los grupos acamparon a medio día de marcha del enemigo.

-La orden, -les había dicho Isman- es evitar que escape ni siquiera una rata del campamento enemigo. Lleváis un mensajero cada uno y no vais a echaros sobre ese campamento hasta que recibáis orden de hacerlo. No sabemos cuántas explosiones serán necesarias para rendirlo y luego irán más explosiones hacia el Oeste y el Este. Nadie debe estar al Oeste ni al Este del enemigo ni a menos de medio día de distancia.

Sólo necesitaban que algún mensaje de Henutsen les diera más detalles del terreno y la posición. El mensaje esperado no tardó en llegar, en las patas de un ave que traía un mapa bastante detallado como para iniciar las acciones. Se envió mensaje urgente para que los Invisibles abandonaran la zona regresando a retaguardia pero fuera de la líena Este-Oeste, para poder iniciar el ataque al día siguiente.

Apenas pasada la media noche, Espiria leía textualmente un mensaje de Henutsen: *"Enemigo preparado para movilización al amanecer. Doscientas barcas grandes en lago. Invisibles marchamos hacia retaguardia. Llenadles de fuego y Anubis les cuide"*.

-Disculpad que os despierte, Generales. -decía Isman ante la tienda de la Plana Mayor- No podemos esperar hasta el amanecer. Debemos estar listos para disparar apenas aclare lo suficiente. Llamaré a Elhamin.

-¡Esto es increíble, Faraón! -decía Elhamin en broma poco después- Seguro que hasta habéis desayunado...

-No tanto como eso, pero el enemigo va a moverse pronto. Como siempre en esta campaña, hemos llegado providencialmente, en el momento justo. Perseguirles habría sido un espanto y si hubieran salido antes, una catástrofe para Ankh em-Ptah. Mirad este mapa y el mensaje.

-¡Doscientas barcas grandes! -Exclamó Gibured- Eso no pudieron traerlo en ciento cincuenta carros...

-Claro que no, General. -decía Isman- Llevan dos años preparando esto. Creíamos que éste era un refuerzo rápido a lo del Sur, pero lo han preparado con cuidado. Por eso tenían mapas tan completos.

-¡Vamos a liquidar a esa mala hierba, inventora de falsos valores, hijos del desmembrador de Osiris, amantes de la esclavitud! -decía Hilaris en un arranque de furia.

-Tranquilizaos, Hilaris, -decía Isman- que necesitamos tener la mente clara. Vamos a modificar un poco los planes. Aprovecharemos que aún nos queda tiempo para acercarnos más y el terreno va en declive hacia el cuartel. En cinco Râdnies deberíamos estar a poca distancia, con tiempo aún, antes que amanezca.

-¡Doscientas barcas grandes! –repetía Gibured- ¡Doscientas barcas grandes! Es decir que al menos valen para un azafe de ellos, que son ciento cinco hombres... ¡Doscientas barcas grandes! ¡Eso equivale a veintiún mil hombres!... Siempre que quepa sólo un azafe en cada una, pero si son "grandes" según Henutsen, deben ser algo mayores. ¡Formidable invasión tenían preparada!

-Así es, General. -decía Isman mientras ayudaba como uno más a colocar los carros en posición de avance para atar los caballos- Los ataques al Este y más al Norte, sólo han sido señuelos para distraer fuerzas hacia ese lado. Aquí está lo gordo del parásito, por donde menos se esperaría. Los espías han estudiado hasta nuestras leyendas, nuestros puntos débiles, las tierras inexploradas y los mitos sobre ellas...

-Este es el mejor punto, Faraón. -decía Ankemtatis rato después- Mirad, con el largavistas tenemos al enemigo en alcance visual.

-¿A qué distancia?

-Según mi aparato, -respondió Alvalopep- a doscientas cuarenta y siete cuerdas y media, o sea trece mil ankemtras. Hay dos hogueras, que seguramente son los extremos del campamento, donde están los vigías laterales. Los del Este están a doscientos codos del centro y los del centro Oeste... Sí, el campamento tiene tres cuerdas de ancho, apenas una marca en la deriva, pero... Voy a usar la ley del triángulo, dadme un momento... Tres mil cien ankemtras de largo. Es un campamento enorme, o al menos muy desparramado. Para cubrirles con nuestros disparos vamos a necesitar más de cincuenta, Faraón.

-No os preocupéis, Alvalopep, -intervino Ankemtatis- hemos traído todo el pertrecho de las armas menores, podemos hacer quinientos disparos.

-Diez veces más de lo que estimé conveniente... -dijo Isman.

-Sí, Faraón, pero repartimos los cilindros en otros carros, así que resultaba innecesario dejarlos atrás al no producir demora.

-Buena decisión, Ankemtatis. ¿Vais a cargarlos como antes?

-Sí, Faraón. Cinco cilindros por cada arma. Haremos diez disparos y luego necesitamos tres têmposos de manivela para volver a disparar. Ya hemos estudiado el modo de hacer rápidamente el cambio de deriva y de alza, es decir en horizontal y en vertical. Un momento más y esto estará listo. De día se hace más rápido, pero de noche es más difícil y no queremos encender ni una vela.

-Necesitamos -decía Alvalopep- sesenta disparos sólo para batir la zona de un extremo al otro, considerando que cada explosión no deja nada vivo en una cuerda de radio. En realidad el calor lo hace al doble, pero si hay cargas suficientes… En cuanto al ancho, habría que darles en el centro de la línea. Permitidme el mapa que envió vuestra hija…

Isman entregó el mapa y se fue caminando hacia retaguardia para desviarse por un pedregal cercano. Mientras los hombres seguían ajustando cálculos e Himhopep hacía en las armas correcciones de posición, Elhamin, que conocía muy bien a su Faraón, fue tras él.

-Necesito estar solo, General. -dijo Isman, con voz quebrada.

-¿Vais a hacer algo con el clima o alguna necesidad personal?

-No, pero necesito estar solo un rato y meditar.

-Entonces tendré que irme solo yo también, Isman. Permitidme llorad a vuestro lado. Sabemos muy bien que no es momento para estar solos, ni es momento para llorar. Tened, masticad esto, son nueces de almíbar, de la región Aguas Rotas.

-No van endulzara lo suficiente el corazón, hermano mío, llorad a mi lado, sí. Lo necesito mucho, mucho. Vamos a masacrar a más de quince mil soldados, que ni saben por qué van a la guerra…

-Lo saben, Faraón. Van a matar o a morir por esas malditas fichas.

Los dos hombres, fuertes, exploradores curiosos, guerreros de larga experiencia, lloraban como dos niños en desgracia, abrazados y masticando las nueces dulces, lamentando con toda el Alma lo que estaban a punto de hacer.

-Imploremos a Anubis -decía Isman entre profundos y tristísimos sollozos- piedad para los enemigos, que tengan una muerte rápida e indolora, que sus Ka encuentren rápidamente el camino a casa, que vuelvan a nacer con la experiencia de lo terrible que es ir a matar o a morir por una causa absurda, sin tener claro lo que defienden…

-Me uno a vuestro ruego, hermano mío. -decía Elhamin también entre sollozos- Que estos esclavos, como son de sus amos, encuentren la paz que no llevan en el interior. Nosotros sabemos lo que defendemos, ellos no lo saben y deben aprenderlo. Lloremos por ellos, hermano Faraón, pero no olvidemos que peor sería llorar por los nuestros. Son ellos los que buscan la muerte en nuestra tierra, no nosotros en la de ellos.

-Me pregunto cómo han podido hacer un ejército, merced a unos valores artificiales... ¿Con qué calumnias han podido convencerles de luchar contra nosotros, cuando siempre les hemos abierto las puertas y el corazón? Y esas fichas... que les vuelven locos... Está bien que a los jóvenes inexpertos les hayan embaucado como cuando nos hacemos una broma, pero... ¡Toda una nación engañada así...!

-Así es la habilidad de Seth, Faraón. Y se lo ha creído un pueblo dos veces más numeroso que el nuestro. Una enfermedad cualquiera podría dejar a la persona o incluso a la familia, sin casa, sin tierra, sin nada... Hetesferes y las Baalbekias me han estado explicando más detalles del modo de vida de los obheritas... Es terrible. Viven en la realidad del mundo pero sin conocerla, porque sólo piensan en las fichas, todo pueden reducirlo al supuesto valor de las fichas. Una preocupación constante que les enferma, incluso a los más ricos...

-¡¿Se comen entre ellos?! ¿No os parece una exageración? ¡Eso es una mentira como la que cuentan ellos de nosotros!

-¡No, no...! -dijo Elhamin aclarando los términos y riendo entre lágrimas- Les llaman ricos a los que tienen más fichas. Es lo contrario de los "pobres", que tienen pocas o ninguna ficha. Nosotros llamamos "riqueza" a la abundancia natural, a una joya o un vestido hecho con arte y Amor, ellos le llaman riqueza a tener muchas cosas y en especial, muchas fichas. *Han adulterado el concepto del Meri en-lah y lo han convertido en Meri em-KaBa* (*) por lo que todo se convierte en "mer-ka-dería". La salud, por ejemplo, no es más que una "mercancía". Las personas son mercadería. Los esclavos se venden y se compran. Y no sólo que todo lo reducen a comprar y vender, es decir a "pagar y cobrar" por las cosas, los servicios y las personas, sino que los más astutos venden hasta las mismas fichas... De ese modo hacen esclavos a los de su propio pueblo.

(*) [*De ello deriva la palabra "Merkaba", que significa "Amor el cuerpo físico y al mundo astral" por encima del Amor al Lah o Alma. Esa es la concepción de la mercaba, aunque a lo largo de los siglos se haya combinado factores de la arqueometría, la energía y algunos aspectos de la "cábala", que en orden correcto debería llamarse Bah-Ka-Lah. Del térmico "merkaba" deriva "mercado"*]

-¿Cómo van a comprar o vender...? ¿Cambian una ficha por otra ficha? ¿Seguro que habéis entendido lo que cuentan las Baalbekias?

-Sí, más o menos. Si alguien tiene menos fichas que las que se necesitan para cambiarlas por la atención de un médico, un listo les presta las que le falten, pero a condición de que se devuelvan más fichas que las recibidas en un tiempo determinado. Luego hay que trabajar como esclavo o sirviente para devolver las fichas prestadas, es decir que se someten unos a otros por medio de la deuda…

-¡Pero la deuda es algo sagrado y precioso Elhamin!... Si no fueseis mi más íntimo amigo, General, diría que no puedo creeros…

-Claro, Isman, para nosotros, una deuda de cualquier clase siempre implica agradecimiento, os he salvado la vida en combate tres veces, Vos me la habéis salvado como cinco, entonces estamos en deuda mutuamente. Si yo no os hubiera salvado la vida la primera vez, allá en La Luz, Vos no podríais haber salvado la mía después. Entonces cualquier deuda entre nosotros, es un vínculo, un lazo, una relación de Amor y con las deudas que hay entre las personas, toda la gente está unida, nos produce gratitud…

-Sí, claro, no me explicáis nada nuevo…

-De acuerdo, pero para ellos la deuda es una forma de esclavitud. Ahora imaginad que adoráis a las fichas, más que a las personas. Imaginad que tenéis miedo de quedaros sin fichas y vuestra familia pueda pasar hambre. ¿Podéis imaginarlo?

-Humm… Es difícil, sí, una fábula tonta, pero sabemos que es así… Bien, ya lo imagino, aunque con cuidado, porque los pensamientos se convierten en realidades y eso lo sabéis… Lo sé y lo he explicado a los soldados no hace mucho, pero entender eso tan en profundidad…

-Pues justamente, Isman. Los pensamientos se convierten en realidad, pero entre los obheritas, eso sólo lo saben los más astutos, en vez de enseñarlo como nosotros a todo el mundo. Entonces terminan creyendo lo de que sin las fichas no se puede tener nada… Ahora volvemos a la imaginación de que os lo creéis, pero tenéis en realidad muchas fichas, más que los demás, es decir que sois rico. Como tenéis miedo de quedaros sin fichas, prestáis a los demás, pero luego deseáis "cobrar", es decir recuperarlas, pero aumentada la cantidad, para ser más rico…

-Esperad, Elhamin… Esperad… Sabía bastante sobre esto pero eso de fichas por más fichas… Me cuesta imaginar. Comprendo, pero resulta tan monstruoso y denigrante, que las cadenas de un calabozo, incluso si se las pusieran a alguien sin justicia, me parecen menos espantosas…

-Me decía Ashtarizara cuando me explicaba, que mis ojos parecían dos huevos echados a la piedra… Ahora le comprendo. Cerradlos un poco o verá su brillo hasta el enemigo.

-¡Por todos los dioses, Elhamin!... ¡Por todos los dioses!... Que ahora me parece más cruento nuestro ataque… Esa gente no tiene consciencia ni para entrar en el mundo de Anubis. ¡No están preparados para morir!

-¿Acaso lo ha estado alguno de los miles que hemos abatido, Faraón?

-Pensaba que sí, que estaban equivocados, engañados por astutas calumnias, temerosos de que les invadiésemos nosotros y por eso sirven a los esclavistas, pero es peor de lo que imaginaba...

-No, Faraón. No es por miedo, sino por codicia y estupidez a un nivel difícil de comprender para nosotros. Y ya podemos dejar de llorar, que pronto amanecerá y debemos estar preparados. Yo creía igual que Vos, y aún así hicimos siempre lo que debíamos hacer, aunque luego dijesen a los Baalbekios o a los BerArBer y a las tribus de Askarnam, que somos gente asesina, cruel, despiadada, genocidas de pueblos indefensos... Pero el problema es más grave. Si estos soldados no combaten, sus familias se quedan sin comer, sus hijos esclavos en cualquier factoría. Sólo tienen la opción de morir en combate o volver con gloria, oro, cosas que puedan cambiar por fichas... Y seguir guerreando, invadiéndonos y destruyendo todo para conseguir más, y más y más....

-¡Eso no puede ser, General...! eso no puede ser... No puede ser. ¿Qué será entonces de esas familias a las que dejamos sin varones?

-Pero es así, Isman. Esas familias son también responsables en alguna medida y no tenemos opciones alternativas a matarles, morir o ser sus esclavos. Recién ahora estamos entendiendo cómo ha podido caer un imperio como el de Baalbek, más numeroso que el nuestro, igual de feliz, igual de armónicos con sus maravillosos dioses.

-¡Ellos sí que tienen opciones, Elhamin! Vos o yo, si nos pusieran en ese trance de ir a morir o masacrar un pueblo para robarles todo y volver con gloria, lo que haríamos sería volvernos contra nuestros jefes, arrancarles las tripas y hacérselas comer...

-¡Cuidado con lo que decís, Faraón! Mejor dijo, del cómo lo decís...

-¡Mil perdones, que Sekhmet me libre de este trance amargo! -decía Isman volviendo a caer en el llanto inconsolable- Es tan absurdo lo que hacen, tan pobres sus acciones, tan crueles se vuelven por esas malditas fichas, que el "yo odioso" se revuelve dentro mío, queriendo convertir en odio la furia... ¡Gracias por estar conmigo, Elhamin!

-Gracias a Vos, por ser como sois. Pero acabad de llorar antes de marchar a nuestros puestos y espero que no tembléis a la hora de ordenar el fuego, que si no lo hiciéramos defendiendo nuestra Patria, lo harían ellos masacrando a todos los nuestros. Ni siquiera por calumnias o equivocación o miedo, sino por esas miserables fichas... Para colmo, como habéis visto ya, a excepción de los soldados de Elintaakh, los últimos cinco mil quinientos en el Paso Negro y quizá estos de aquí, son un ejército compuesto por pocos obheritas, porque son de otras razas. Negros, orientales, los cabeza plana, los nariz chata, los cabezas largas descendientes de los que vinieron del cielo… Hasta algunos Hellanios he visto entre los cadáveres. Sólo no he visto ni un BerArBer, ni un Lobuno.

-¿Y por qué enrolarán a gentes de otras naciones? ¿Qué sentido tiene para ellos defender lo que no les es propio, encima siendo casi esclavos, más que soldados?

-Volvemos a la fichas, Isman. Son gente sin raíces, delincuentes, asesinos, expulsados de otras naciones… Habría incluso de los nuestros si en vez de reeducarlos, les expulsáramos. Por eso no sirve la expulsión ni siquiera con los traidores y delincuentes del propio país. Además, ¿Con qué soldados van a reprimir a los del propio pueblo si quieren rebelarse, siendo que tendrían que matar a madres, padres, hermanos o hijos?

-Sí, sabía que a cambio de esas fichas, enrolan a extranjeros en sus ejércitos, que son la fuerza sagrada de un país, para mantener a su propio pueblo esclavo y poder reprimirle militarmente…

-O como en este caso, enviarles a masacrar a cualquier pueblo que no ceda a sus intentos de perversión económica ni cualquier otra forma de esclavitud. Los obheritas tienen su sello de Seth, son enemigos de gran cuidado. El resto son como animales. No se perderá nada con eliminar al enemigo, Faraón. ¿Os imagináis un mundo gobernado por los obheritas? Sería el Reino de Seth manifestado, el infierno de la esclavitud. Si se las ha ingeniado para convencer a tanta gente, se las ingeniaría para que los esclavos ni se den cuenta que lo son, una vez conseguido el poder total. Y eso sería peor que el látigo y la cadena, sometidos por inconsciencia, destruyendo todos los valores del Ka y hasta del Lah.

-Aún así, General… Compreder mejor, no mitiga el dolor, pero es igual o mayor la determinación. Vamos, está a punto de clarear… Mirad el horizonte, negro al Sur, azul sucio al Este y gris al Oeste…

-Según he aprendido de Vos, -decía Elhamin mientras caminaban hacia las armas- el Río Tormentas hará honor a su nombre.

-Cuando Râ esté alto, y puede que dure algunos días. Los pájaros están cantando demasiado temprano y los chacales no han aullado en toda la noche. Lo confirmaré cuando claree el horizonte. Pero antes que vengan el aire y el agua, nosotros debemos desatar una tormenta de fuego para limpiar un poco la tierra y el espíritu del mundo.

-¡Faraón, estamos a punto! -dijo Ankemtatis- Iba a mandar a buscaros. Vamos a disparar desde ambos extremos hacia el centro, con algunas múlticas de diferencia, para confundirles y evitar en lo posible las huidas hacia los lados. Hemos recibido todos los reportes y cada uno está en su sitio. Como no estabais aquí, he ordenado a la infantería como a la caballería que avancen en la misma línea que nosotros, salvo la caballería al extremo de los flancos, así el cerco estará mejor cerrado.

-No parece que haya movimiento significativo. -dijo Elhamin mientras miraba con un largavistas muy potente, con el que había reemplazado al anterior- Ahora apenas se ve el fuego. Nada de humo, cuando deberían estar las cocinas a toda marcha… En lo único que esta gente se puede parecer a Vos, Faraón, es que no les gusta levantarse temprano.

-Eso suele ser muy bueno para la salud. -respondió Isman- Para ellos será una desgracia. ¿Tenéis claro, Ankemtatis, la cantidad de disparos?

-Sí, Faraón. Primero una línea de cincuenta disparos a lo largo del campamento. El calor será demasiado y no es necesario hacer un hoyo en cada cuerda de terreno. Luego cinco sobre la desembocadura de cada río y más allá, para que huyan hacia aquí. Después a rematar los barcos, que están pegados en el puerto del lago y se incendiarán todos con cuatro disparos. Si alguno intenta zarpar, Henutsen avisará con mensaje en menos de diez têmposos. Los halcones están todos en servicio.

-Y en ese caso, -continuó Himhopep- disparamos dos cilindros a los dos únicos puntos que podría llegar cualquier barco en ese tiempo, es decir donde salen las aguas de ambos ríos. De todos modos, Gibured vio los mapas antes de partir con la infantería y no cree que se necesite más de un disparo, porque están todos los barcos juntos. Además, los disparos más lejanos les darán la sensación de que provienen del Oeste.

-¿No pueden darse cuenta del origen de los disparos?

-No, Faraón. -dijo Alvalopep- Algunos soldados mensajeros del cerco de Etherisis y Arkanis fueron los que han estado más cerca de los disparos y dicen que no es posible saber de dónde provienen. Hemos contado bien las distancias, los tiempos de lo que vemos y lo que oímos en cada disparo. El sonido se desplaza a poco más de ciento noventa y cinco ankemtras por cada mútlica (*) a esta altitud. Los cilindros salen a cuatro veces más velocidad que el sonido y luego pierden velocidad. O sea que vemos la explosión en un tiempo cuatro veces menor al que tardamos en oírla, (menos esa pérdida) después de verla. Aún así, la vemos unas tres veces después de disparada, según la distancia. No pueden ver ni oír nada… Si la oyesen, sería que ha pasado por encima de ellos. Cerca de las armas, sólo una falsa explosión muy leve.

(*) [*Un ankemtra = 1,047901 m., un mútlica = 1,5625 segundo. // Entonces: 195,3 Ankemtra por mútlica = 320 metros por segundo a una altura de setecientos metros sobre el nivel del mar.*]

-Interesante. Preparaos entonces, porque ya clarea el firmamento.

-Y por cierto, Faraón, vamos a comenzar a disparar y Vos debéis estar con Meremnut una cuerda hacia atrás, porque ya hemos visto antes, que los halcones sufren mucho si están cerca de las armas cuando disparan.

-¿Pensáis que de algún modo presienten lo que producen?

-No, Faraón, es que nosotros escuchamos un sonido como de un golpe, pero el arma produce otros sonidos que no escuchan nuestros oídos, pero sí los de los animales.

-Si no me lo explicaseis tan bien, pensaría que es una treta de Elhamin para mantenerme lo más alejado del más mínimo peligro…

Isman se retiró y desde la distancia indicada hizo la señal con su brazo para comenzar el ataque. Prefirió no observar nada, aunque disponía de los largavistas. Dejó orden a Meremnut de informar cualquier cosa, directamente a Elhamin y se retiró hacia retaguardia. Tres cuerdas más atrás estaban Hetesferes y varios cocineros, preparando infusiones y frutas para llevar a los tiradores, mientras Enhutatis conversaba con las Baalbekias. Casi no había soldados cerca, porque la mayoría trabajaba alrededor de Ankemtatis y Elhamin, o vigilando y otros habían regresado para ayudar a los que venían con los grandes carros.

El Faraón se había mostrado firme y sereno ante sus compañeros, tras el desahogo que consiguió con Elhamin, pero no podía evitar conversar con Enhutatis, confiarle lo que sentía como una debilidad, pero inevitable. Habló largamente, reflexionó en voz alta, mientras ella le escuchaba, oyendo a su vez las lejanas explosiones.

-Ya hemos conversado estas cosas, Isman, -decía ella abrazando su cabeza, bañados mutuamente en lágrimas- y sabéis que hasta el último de nuestros soldados siente igual. ¿Recordáis cómo os fijasteis en mí por primera vez? Pues ahora soy yo quien os dice aquello para que hagáis memoria de vuestras palabras. Pretendéis llevar un peso que no lleváis solo, amado, pero llorad sobre mi pecho, mientras yo agradezco a los dioses que seáis Vos nuestro Faraón, y les ruego que jamás lo dejen ser a alguien que no tenga vuestro corazón y esa supuesta debilidad que no es otra cosa que Amor por la Humanidad, incluso por el pérfido enemigo. Os acompaño en el llanto, pero no por el enemigo que está ahora cosechando lo que pretendía sembrar en nuestra Patria, sino porque voy entendiendo las razones por las que se llega a Faraón y me emociono.

Siguieron conversando abrazados, en una auténtica meditación de a dos, cuando los truenos de los cilindros dejaron de oírse. Isman no quería salir del carro y Enhutatis le pidió que se quedase.

-Todo ha sido bien planificado, Isman. Si ocurriera algo imprevisto, os avisarían. Intentad dormir un poco, que aún os espera la parte más terrible, porque cuando acaben las batidas, tendréis que acompañar a vuestra hija en los funerales.

-Y espero que sólo sean para los enemigos. Pero no voy a dormir, es imposible, cariño mío. También espero que esta batalla sea la última, al menos en esta campaña. Estoy al borde de mis fuerzas morales, creo que no podría continuar con las destrucción tan horrenda que venimos haciendo, aunque esté mil veces justificada.

-¿Pensáis que tendrían fuerzas más numerosas en otros territorios, preparadas como éstas del Sur y el Este?

-No sé, Enhutatis. Aunque los ataques más al Norte, creo que han sido un señuelo, deberían haber previsto que nuestros barcos en el Mar de Naciente les verían… Y no se les ha visto pasar hacia el Sur.

-No si han navegado discretamente, por las costas del Arhabab…

-Aunque hay cuatro mil quinientas cuerdas de lado a lado del Mar de Naciente, sería imposible que una flota de tantos barcos no fuese vista por los patrulleros del mar. Gibured estableció una excelente flota custodiando las costas del Este, incluso con una línea de barcos vigías a la altura de Karnak, después de las dos invasiones que sufrimos desde esa zona. Sin embargo no me extrañaría que hayan dado la vuelta a todo el Arhabab, partiendo del Sur de Baalbek.

-En se caso, habrían tardado muchísimos días…

-Unos veinticinco o treinta días, según los mapas que encontramos en el carro de Elintaakh. Hay mapas que aún no entendemos de dónde son, pero el Arhabab y nuestra tierra están claramente definidos. Esa ruta les habría llevado por más de cien mil cuerdas de costas donde han podido aprovisionarse de agua y alimentos. Nosotros apenas la conocíamos, por referencias que recibimos de los embajadores de Baalbek, pero ellos han contado con mapas increíblemente exactos, como dibujados por alguien que volara como los pájaros, pero a una altura muchísimo mayor…

Tras un largo rato de conversaciones, ambos se quedaron dormidos hasta que les despertó cerca del medio día la voz de un mensajero.

-Con vuestro permiso, Faraón… -decía un soldado desde fuera del carro- Vuestra hija está en camino hacia aquí y dice que necesitan saber si es prudente acercarse a la zona enemiga. Se ha acabado con sesenta y un disparos y se ha hecho la batida con abundantes bajas enemigas y cuatro propias, pero aún no saben si acercarse…

-Nadie se acercará todavía, mensajero. Que vengan a retaguardia. Vamos, Enhutatis. Tendré que enfrentarme de una vez con todo esto. Que Sekhmet vele mis ojos si mi Ka no pudiera soportar lo que tengo que ver. A veces creo que me voy a volver loco... Será mejor que me despierte un poco, que me estoy yendo sin mis instrumentos...

Había empezado a lloviznar y a correr un fuerte viento. Los grupos de infantes llegaban poco a poco y se ordenó el envío de doscientos jinetes para acelerar el avance de los carros que faltaban por llegar.

-Faraón, algo más ha explotado, no sólo los cilindros que hemos lanzado. -decía Ankemtatis mientras subían las armas a los carros- Ya conocemos el efecto de las explosiones y algunas han sido mucho más grandes que lo normal. Creo que deberíamos explorar aunque sea rápidamente...

-Olvidad eso, Ankemtatis. Tenemos otras urgencias. Dejadme un rato en soledad...

-Lo que ordenéis, Faraón...

## Capítulo XX - Diluvio en el Río de las Tormentas

-Elhamin, -decía Isman luego de un rato de trabajar con el Heka y el Nejej- No vamos acampar aquí, hay que buscar una zona cercana, alta y que no tenga torrenteras. En aquellas montañas del Sudoeste. Enviad algunos exploradores para que rodeen las montañas pero empezando por la derecha. Debemos estar allí antes de la noche o el agua nos llevará. Enviad mensaje a todos, que nos retraemos a ese sitio y permaneceremos allí. ¿Qué ha pasado con los barcos?

-Como decía Gibured, bastó u disparo. No esperaban un ataque, pero hasta por un fuego accidental se hubieran incendiado todos. Lo demás fue según el orden planeado, seguidos al final con esas explosiones anormales que os comentaba Ankemtatis, pero hubo intentos de huída hacia el Norte y hacia aquí. Arkanis, Omar e Intelia dieron cuenta de todos ellos. Pero una exploradora de Omar encontró rastros que podrían indicar otro campamento más al Norte, aunque también podrían ser sólo de unos cuantos exploradores. Las huellas parecen de uno o dos días. No estarán demasiado lejos. ¿Queréis que mande a explorar...?

-Ni pensarlo. Esta región se va a convertir en un gran río bravo y hay que buscar las islas. Que vengan todos con nosotros. No vamos a dejar ni exploradores ni guardias, salvo por encima de esas montañas. Tampoco iremos hasta las cumbres, porque los rayos abundarán. Hay que aprovechar que el viento y el agua nos dan la tregua justa.

Aún era de día cuando hasta la caravana y los carros con las barcas habían llegado al sitio marcado por Isman, a ciento treinta cuerdas del lugar de disparo, en dirección Suroeste. Los exploradores habían hallado una planicie justo al subir un poco y dar la vuelta a la primera estribación de la montaña. Las aguas corrían en drenaje por una vertiente entre la altiplanicie y la falda de la montaña. Otros buenos drenajes corrían hacia ambos lados de la planicie, que contaba también con algunos árboles y muchos arbustos fuertes que permitieron atar las sogas de las tiendas. Los infantes hicieron rápidamente profundas acequias alrededor de las carpas para evitar que les entre el agua.

-Buen ojo, Isman, como siempre. -decía Elhamin- Casi dos mil codos de ancho por seis mil de largo de terreno alto. Aquí el agua corre sin inundar, no hay torrentes y los rayos caerán allá arriba, a más de ocho cuerdas. ¿Cuánto decíais que duraría esta tormenta?

-Calculé varios días, pero no podría asegurarlo. A pesar de la poca probabilidad de que haya más enemigos por aquí, me gustaría dejar una de las armas instalada ahí arriba y lista para disparar sobre el camino, aunque por ahora será un río temporal.

-Bien, Isman Podríamos instalarla en ese promontorio, desde el que se ve la zona que hemos atacado. La llevaremos como está y la dejaremos en el carro, lista para bajarla y disparar en unos momentos.

-Estratégicamente estará muy bien, pero pueden caer rayos ahí. Mejor sobre esta misma estribación y al extremo, de modo que se vea todo el Norte, el Este y el Oeste. Los rastros encontrados hacia el Norte me preocupan y no quiero sorpresas…
-Sin embargo, debería recordaros…
-¿Qué ibais a decir, Elhamin?, no me tengáis esperando.
-Nada, Faraón, iba a decir una tontería.

Ya de noche, cuando todo el campamento estaba armado, las cocinas a todo fuego y los imprescindibles centinelas ocuparon sus puestos, cada grupo desde afuera de su tienda, se pusieron a cantar. Isman estaba con la Plana Mayor disponiéndose a cenar y las voces aumentaban de volumen con éste y otros cánticos.

*-"En la Patria de la Luz más brillante… en la Patria del Máximo Esplendor… ha nacido un Supremo Hierofante… hace doscientos, años, Amado Faraón"…*

-¡Elhamin!... Deberíais habérmelo recordado… Ya sabéis que mi cumpleaños es un día como cualquiera, pero he de estar preparado…

-Os recomiendo no salir de la tienda, Isman. -dijo Hilaris- O vais a repartir abrazos hasta mañana… Hemos dicho a todos que os festejen moderadamente y que no os dejaríamos salir, para que comáis y descanséis. Que sean de Enhutatis los abrazos, por esta noche…

A la mañana siguiente, durante una tregua que dio la lluvia, se hizo formación total y bajo la dirección de Henutsen se celebró el funeral a los enemigos muertos. La tormenta, aún con rayos y truenos en cantidad, parecía dar un especial permiso para el acto, cuyo proceso duró hasta el medio día. Se rindieron como siempre, cánticos y oraciones para las Almas de los fallecidos en combate. A mitad de la ceremonia, Henutsen ordenó que la formación se sentara o se acostara, como pudiera cada uno estar más cómodo para que todos los que sabían salir del cuerpo con el Ka, lo hicieran, para ayudar directamente en el proceso de explicación y conversión de los Ka de los muertos. Así se había hecho varias veces cuando la cantidad de muertes era mayor que la que podía enfrentar la sacerdotisa sola. Esta vez, requería el mayor auxilio posible, así que aprovechaba para dar explicaciones a los poco iniciados, novatos que hacían sus primeras experiencias en los territorios de Anubis. También para las Baalbekias y Hetesferes las explicaciones eran importantes.

-No temáis, -decía Henutsen al iniciar esa parte- porque aún con el odio que guardan, no pueden dañaros. Intentarán golpearos con sus espadas, pero éstas son inútiles, porque vuestros cuerpos vivos hacen que el Ka sea invulnerable, visible pero intangible para el Ka de un muerto. Estad tranquilos porque sus armas son sólo reproducciones mentales de la pequeña parte del Ka del pensamiento que conservan. Antes que esa parte se diluya, hay que explicarles todo, la razón de su muerte, la diferencia entre esclavitud y libertad y todo lo que sabéis. Lo que a un vivo se le explica en años, a un muerto se le explica en pocos têmposos, sin palabras, sólo con ideas. El resto permanecerá en total silencio, guardianes de vuestros compañeros, pidiendo para los enemigos la justicia de Anubis, sin venganza, redención por comprensión, luz del Espíritu para los que salen con sus Ka a auxiliar a Anubis y que puedan hacer un trabajo amoroso y sublime, con clara enseñanza para todos…

Isman caminaba entre los hombres y mujeres que yacían en todas las posiciones, aunque la mayoría se había sentado. Apuntaba con su Heka a las personas para determinar si estaban o no haciendo bien la práctica. Contaba a los que lograban salir con el Ka y en algún caso murmuraba algo al oído de alguien, dando alguna indicación.

Poco a poco, luego de dos Râdnies, empezaron a regresar al cuerpo material los que habían ayudado. Henutsen fue la última en volver a su cuerpo y explicó para los que no podían participar en esta práctica.

-Algún día, todos podréis participar. Debéis prestar más atención a las enseñanzas y prácticas en los Templos. Los muertos han sido más de los que calcuamos, unos veinticinco mil y vuestros compañeros que han participado, los reunieron en grupos de cuarenta o cincuenta para darles la Enseñanza Sagrada. Hemos sido quinientos; menos que las veces anteriores, pero fue un trabajo mayor, porque nunca tuvimos semejante cantidad de enemigos en una sola batalla. Escareb y otros, habéis podido ver cómo nuestros compañeros Astulisis, Nerea, Adolnoth y Ritanis, muertos en combate, estaban ayudando a los más confundidos. Nerea ha sido muerta también en su Ka porque le han decapitado y no podrá volver a nacer con él, pero lo hará entre una de vosotras, que en estos días de marchas habéis amado con vuestro esposo. Ya está definido y tomará cuerpo en los próximos días, en una de vuestras barrigas, pero no sabemos quién de vosotros seréis los padres, así que evitad poner su nombre a las hijas que nazcan en los próximos ocho a once Khabeds, porque podría traerle recuerdos de esta dolorosa batalla, que sin el Ka de esta vida sería difícil comprender, asumir y purgar en su ánimo.

-¿Y si es un varón? -preguntó una de las soldados.

-Podéis ponerle Nereb, porque no será ella. El Alma tiene género, o sea que prefiere mantener un sexo hasta la Ascensión, como muchos de vosotros habéis estudiado en el Templo de Horus y Sobek. Y el Alma de una Guerrera de la Luz como Nerea, no tiene confusión alguna. Anubis le ha imprimido un sello que llevará en su espalda, un pequeño Heka. Sólo él sabe por qué. Astulisis, Adolnoth y Ritanis nacerán en Aguas Rotas, donde no sabrán lo ocurrido aquí, pero ellos podrán llevar sus nombres si lo desean, intuyéndolos a los padres. Lo harán con sus cuerpos Ka, llenos de Vraja Rojo. Los más íntimos de ellos ya sabéis que debéis superar rápidamente el dolor de la pérdida. En Ankh em-Ptah, nadie se pierde, seguimos todos hermanados en la Patria más luminosa de la parte del mundo que conocemos.

-¡Ayudadnos, por favor!, -decía Ashtarizara que comenzaba a llorar y se esforzaba por sostener la voz- Tenéis que ayudar a Baalbek... Estas cosas que decís, era lo que aprendía de pequeña. Aunque apenas lo recuerdo, los conceptos están grabados en mi Alma...

-Calmaos, mujer, -decía Isman- que ha de llegar ese momento. Ya por recuperar a nuestra hermana Baalbek, como porque es preciso borrar de la faz del mundo la esclavitud en cualquier forma que se la practique.

Ashtarizara corrió hasta el Faraón y le abrazó diciendo:

-Os abrazo, Faraón, en nombre de más de un millón de Baalbekios a quienes les encantaría teneros como gobernante...

-Ese día no llegará nunca, hermana. Jamás un Faraón de Ankh em-Ptah se impondrá para gobernar fuera de su tierra. Los Baalbekios deberán elegir, como hacemos nosotros y como lo hacían antes, su propio gobernante, pero deberán volver a aprender cómo hacerlo sin caer en las trampas de la codicia, del miedo, de aceptar la esclavitud. Nuestros dioses son hermanos, saben y hacen lo mismo, pero cada cual tiene sus propias características. Y los hombres de cada pueblo también tenemos diferencias, que en el intercambio de conocimientos y cosas, nos hacen más sabios. En lo que nunca deberíamos haber dejado de ser iguales, es en la regla máxima: ¡Muertos, antes que esclavos!

-¡Gracias, Faraón!, es injusto que os pida ayuda a mi pueblo cuando ha olvidado que Baal es vuestro Ptah, la Esencia Divina, como "Bek" significa llave, clave fundamental… ¡Lo mismo que Ankh em-Ptah!

-Así es hermana… La Llave de la Vida en la Esencia Divina…

Durante varios días llovía de tal manera que no era posible ver a más de diez ankemtras. El camino por donde habían llegado, ahora era el río mayor de la región. El descanso era obligado, pero con la seguridad de que nadie podría andar por allí. Las guardias se redujeron al mínimo y se recomendó a los centinelas no patrullar sobre las cumbres cercanas, en las que cayeron cientos de rayos cada día. En cambio lo hacían sobre la parte superior de las faldas rodeando las montañas. Se hallaron varios socavones donde la roca era tan dura y firme, que pudieron utilizarlos como garitas, aunque era imposible ver nada a la distancia, salvo algún momento en que las nubes se abrían un poco y la lluvia menguaba.

El paisaje seco y caluroso en el día, húmedo y frío por las noches, se convirtió en una red de riachuelos, con rápidos y pequeñas cascadas, la temperatura era agradable sin diferencia entre el día y la noche. El negro nocturno no era tan oscuro, merced a un fenómeno que preocupaba a algunos soldados. Durante la tercera tarde, el Faraón conversaba con los que cupiesen en la tienda más grande y Espiria preguntó sobre el raro resplandor que cubría el paisaje en algunos momentos.

-No puede deberse a la Luna, Comandante, -respondió Isman- pero sinceramente no tengo teoría alguna sobre eso, aunque he tenido y tengo una ligera sensación de estar siendo mirado, vigilado... Apenas lo he observado, porque llevo tres días en que sólo dejo de conversar con vosotros para ir a la letrina y dormir un poco. Si me permitís un descanso, iré a dar un paseo para ver si puedo daros una respuesta.

Durante el resto de la tarde y parte de la noche, el Faraón caminó por las faldas de la montaña acompañado de Espiria, Meremnut, Henutsen, Ankemtatis, Elhamin, Hetesferes y Enhutatis, que iban a prudente distancia para dejarle trabajar con Heka y Nejej, apuntando hacia todos lados, mirando lo poco que se podía ver del paisaje. Iban como los centinelas, enfundados en sus abrigos de cuero fino y gris, enaceitado que les llegaba a los pies, con capuchas amplias que les daban un raro aspecto porque si no se movían, les confundían muy bien con el entorno nebuloso y lluvioso. Las antorchas que llevaban cada uno, eran tubos de madera de un codo de largo, llenos de aceite de búfalo que embebía una mecha. En el extremo, un capuchón de cobre por el que la mecha salía y una cubierta también de cobre a modo de sombrero, le impedía mojarse. Después de un buen rato de caminata nocturna, amainando un poco los chaparrones para quedar en una persistente llovizna, el extraño fenómeno se hizo más notable que durante el día.

-Debo confesaros algo, -decía Elhamin- y sabéis muy bien que no soy precisamente un miedoso… Este lugar me tiene preocupado. Estos días y noches he estado sintiendo unas presencias… Y estoy seguro que no son las Almas de los enemigos muertos. Es algo más perturbador, poderoso… Lo sentí incluso antes de acompañar a Isman antes de iniciar el ataque, en su profundo… su profunda meditación.

-También lo he sentido, -decía Henutsen- pero no tiene relación con el Reino de Anubis, al menos en forma directa. No se trata de una situación normal. No hemos apreciado nada durante la ceremonia fúnebre desde el mundo del Ka.

-¿Recordáis lo que decían Esthardalia y Ashtarizara sobre unos dioses de otro mundo castigados por Toselvero, el maligno esbirro de Seth que los quemó con fuego?

-Me estremece pensar, -decía Isman preocupado- que hayamos hecho algo similar con los que quemamos en estos ataques con los cilindros, aunque evidentemente, no les ha afectado el Ka en mayor medida que una lanza o una flecha...

-Con estos no, padre mío, y tampoco con aquel cilindro del arma Puño. La ceremonia fue parecida a ésta, sólo que contaba con más ayudantes y menos muertos. Esto de aquí debió ser algo diferente, si es que se trata de algo realmente... No sé, pero no he visto nada en el territorio de Anubis.

-Sí, aquello fue muchas veces más potente, -dijo Isman- pero igual que aquí en cuanto a calidad de fuego. De lo contrario Sekhmet no me habría permitido hacer aquel disparo. Este fenómeno no tiene relación con explosiones. Vayamos hacia esas rocas, busquemos uno de los socavones de los centinelas. Intentaremos explorar los mundos sutiles...

-¡Deteneos e identificaos!

-Vuestro Faraón, General y compañía. Podéis volver sin esperar el relevo, soldado. -decía Elhamin al que se encontraba a la entrada de una amplia y cómoda cueva- Que la patrulla que viene hacia aquí espere donde está, hasta nueva orden.

-Colocaos en círculo, hermanos míos. Acostados y con los pies al centro. Necesito que guardéis el mayor silencio mental posible en vuestras mentes, pensando sólo en Ptah. Sólo vais a chasquear los dedos si Henutsen o yo comenzamos a agitarnos mucho.

-Yo prefiero que sólo se me toque suavemente un pie... -dijo ella.

-Me encargo de eso, Amor mío. -dijo Ankemtatis.

-Pues entonces, la misma técnica conmigo, Enhutatis. -dijo Isman- muy suavemente...

Instantes después, padre e hija se hallaban con el Ka en la región de Anubis, pero sin invocarlo. Pasearon un rato por la región, a varios codos del suelo. Podían ver en algunos lugares el raro resplandor que veían con los ojos materiales, pero no conseguían ver otra cosa en ninguno de los planos sutiles de la materia. Conversaban con el pensamiento en breves momentos, lo que en palabras les habría demorado días.

Intentaron explorar el interior de la tierra, cosa que sólo pueden hacer los esoteristas muy avanzados. Pero aunque ellos lo eran, les resultaba imposible penetrar más que unos codos bajo la superficie de la roca. Después de varios intentos fallidos en muchos puntos de la región, se esforzaron hasta en un radio que con el cuerpo físico serían varios días de marcha. Lograron, entre otras cosas, determinar el área cubierta por una especie de manto del suelo impenetrable para el Ka. Volvieron luego para comunicar todo lo que habían visto.

-Desde el plano del Ka normal, -decía Isman- y aún desde el plano de Kronos, que es el más profundo nivel de sutileza al que podemos acceder con nuestros Ka, es imposible atravesar una especie de suelo que quema y de insistir, nos habría quemado el Ka o al menos nos habría dañado.

-¿Puede ser fuego de la tierra, Isman? -preguntó Enhutatis.

-No, cariño mío, es otra cosa. Hemos estado a veces dentro del fuego de la tierra y tenemos suficiente Vraja Rojo que nos hace invulnerables a todas las formas que conocemos del fuego. Hetesferes, veo que traéis con Vos una cartera de láminas… ¿Traéis allí mapas de la región?

-Siempre los mapas estarán conmigo en esta campaña, Faraón. Como… Ayudante de Campaña de vuestro General...

-Permitidme esos mapas, Ayudante de Campaña. Si no fuese por los temas que nos ocupan ahora, os estaría comprometiendo en matrimonio con Elhamin ya mismo.

-Centraos en lo vuestro, Faraón, por favor, -intervino Elhamin- que ya habrá tiempo para festejar varias bodas en Karnak.

-Mirad todos: -decía Hetesferes- Este mapa es de la última batalla, actualizado con las bajas enemigas. Estamos acampados aquí, al lado de vuestros instrumentos. El Heka y Nejej indican donde se dispararon las armas. Este otro, que tiene las ciudades principales de Ankh em-Ptah desde Karnak, los puertos enemigos del Mar Naciente y toda esta región, incluyendo el camino que hemos hecho desde la Montaña del Ankh.

-Excelente, Hetesferes. ¿Si os indico un círculo podríais marcarlo sin estropear el mapa? Imagino que aquí no traéis tintas, pero cuando regresemos al campamento… ¡No me digáis que hasta eso traéis!

-Sí, claro, -decía Hetesferes mientras sacaba un pequeño estuche de su cartera- Recordad que soy Ayudante de Campaña…

-¡No quiero ni imaginar cómo llevaréis la casa cuando estéis casados!

-¡Ah, no, Faraón! No llevaré ninguna casa. Seré siempre Ayudante de Campaña de vuestro General, aunque tenga que acompañarle al fin del mundo, si lo hubiese… Como no lo tiene, daremos mil vueltas alrededor de él, pero ya no irá solo a ninguna parte. Bueno, mirad. Con este pincelillo, hacemos un círculo donde habéis marcado. La lámina es firme y la tinta no secará en medio Râdnie. Si queréis modificarlo…

-Está perfecto, según mi apreciación. -dijo el Faraón- ¿Según Vos, Hija?

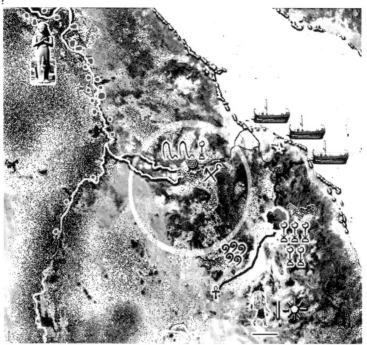

-Y según la mía, padre. Está perfecto; este punto de aquí es donde llegamos por el sur, ya cerca de la Meseta del Paso Negro. En este punto de confluencia de los brazos del Río Tormentas, cerca del Nilo, volvimos para encontrar la zona, justo… Y aquí al Noreste, donde entramos en el camino que viene del puerto… Vamos, que está perfecto.

-¿Cómo habéis podido recorrer en dos Râdnies un círculo de unos doscientos cincuenta mil Ankemtras, por más que sea con el Ka?

-Muy fácil, Hetesferes. Primero un paso y luego otro, como en toda marcha, ja, ja, jaaa

-No os riáis de mi ignorancia, Henutsen. Ello os costará el desafío de enseñar a esta ignorante el método para salir con el Ka. ¿Cuántas fichas… Cambiáis? -dijo Hetesferes mirando a Elhamin.

-Se le llama "cobrar", -respondía él confundido y con mal gesto porque no había entendido la broma- porque las primeras fichas que hacían eran de metal de cupre, compuesto de cobre y hierro… ¡Ah!, ya… vaya broma de mal gusto.

-La enseñanza no se negocia, ya lo sabéis, -respondía Henutsen- pero podríamos hacer un trueque de tiempo. Mientras os enseño las técnicas para salir de vuestro cuerpo con el Ka, me enseñáis las matemáticas, la geometría sagrada y a dibujar mapas…

-¡Aceptado!, -dijo Hetesferes- pero los mapas que habéis estado levantando desde que estoy con vosotros, no dejan mejoras que desear. Podríais enseñarme Vos a mí… ¡Claro… ya sé como hacéis mapas tan precisos! Enseñadme a moverme con el Ka, fuera del cuerpo, Henutsen, que haré mapas como los que hemos encontrado a los obheritas… Pero seguid contando qué habéis visto en el viaje. ¿Qué es ese resplandor que se ve de a ratos y esa rara sensación de que estamos vigilados?

-Lo más seguro -decía Isman- es que bajo este territorio hay algo extraño, muy extraño, pero no es algo suprafísico, sino muy físico. Estando con el Ka fuera del cuerpo material, la sensación de vigilancia desaparece. No es algo del plano del Psi mental o del territorio de Anubis, aunque no le hemos llamado para preguntarle, que con lo de estos días tendrá mucho que hacer, a pesar de nuestra ayuda. Creo que dejaremos ese asunto por ahora y ya lo preguntaré a Sekhmet cuando sea oportuno.

-Hay otro asunto que tratar… -interrumpió Henutsen- Se trata de un grupo enemigo que está a menos de un día de marcha desde aquí. Mi padre y yo coincidimos en que han de ser quizá cuarenta o cincuenta personas, pero no nos fue posible contarlos uno a uno. Están dentro de tiendas pequeñas en un círculo rocoso, aislados por las lluvias. En el centro del círculo, que tiene unos seis mil codos de diámetro, hay unas montañitas donde han llegado caminando y ahora son islas. En cuanto acabe la lluvia y escurran las aguas, seguramente se marcharán de ahí. Habrá que ir a por ellos, porque no sabemos qué hacen allí, si estaban de paso hacia otro sitio ni si tendrán intención de volver a este lago.

-¿Un grupo de exploradores sorprendido por la tormenta? No me parece lógico...

-Cierto, Meremnut, -respondió el Faraón- Vosotros, los mensajeros y exploradores no os halláis nunca amontonados así. Cuarenta hombres en un mismo punto, sin perspectiva de combate inminente...

-Tenéis razón, Faraón. -dijo Meremnut- Más aún, previendo la tormenta, los exploradores sabríamos volver a tiempo. En un día de marcha demoraríamos más en reunirnos en un sitio alejado del cuartel o centro de mandos, que ir hacia él. No tiene sentido ni aunque fuesen exploradores improvisados o novatos. Deben haber tenido alguna misión específica, pero no exploratoria.

-Según los mapas, -decía Elhamin- no hay más que bosques en una parte del terreno y más de la mitad son páramos desiertos... Debe haber unos cuatro o cinco días de marcha de infante hasta el Nilo y mucho más hasta cualquier punto transitado del Norte, en la región custodiada por Amenhaton. ¿Habrá minerales?

-Le preguntaremos a las Baalbekias -dijo Hetesferes- por si saben de alguna mina u otra actividad, pero ya me lo habrían comentado o lo habrían consignado en los mapas...

-La lluvia ha arreciado -dijo Elhamin- y hay una patrulla esperando para continuar su ruta, pero les diré que descansen aquí. Deberíamos irnos a descansar un poco... ¿Creéis que dará para más días, Isman?

-Esta vez, hermano mío, no me es posible conversar con la Madre Naturaleza. Está muy ocupada haciendo algo que cíclicamente debe hacer sin interferencias humanas. Demasiado contemplativa ha sido que nos esperó para acabar la batalla, luego para refugiarnos y a la mañana siguiente nos permitió completar los funerales. Podéis decirle a las patrullas que sólo ocupen los sitios seguros y tranquilos. Sólo se llegaría en barco a estas montañas y no los hay. El arma instalada en la estribación será la única que requerirá atención constante.

-El ruido de los truenos -gritaba Espiria mientras caminaban de regreso al campamento- nos da una idea de lo que pudieron escuchar los enemigos cuando les llovían los cilindros...

-Y la luz de los rayos -respondió Elhamin- hacen parecer innecesarias las antorchas, pero no las apaguéis, que por momentos quedamos encandilados y un tropezón aquí y rodamos por la cuesta hasta el lago.

Durante los siguientes días, la lluvia torrencial no cesaba y la región estaba completamente inundada. Las torrenteras no se veían, pues ya el agua alcanzaba niveles que preocupaban a los acampados.

-El agua no puede llegar hasta aquí, -tranquilizaba Isman a la Plana Mayor y al resto del personal que se hallaba en la tienda- porque tendría que aumentar el nivel del agua del mundo.

-Es que ya se ha quedado dividido el campamento, Faraón…

-No es para preocuparse, Unitis. Lo que lo divide es esa torrentera que impide que se acumule el agua en esta zona. Hay casi una cuerda de altitud hasta lo que ahora es todo un lago, pero las altitudes hacia el Este son menores y el agua está aumentando el caudal del Nilo, aquí tenemos al menos una parte de la causa de las grandes crecidas, que son mayores a partir de la desembocadura del Río Tormentas. Os garantizo que aunque lloviera toda una vida, jamás llegaría el agua hasta aquí. Preguntadle a Alvalopep, que con sus cálculos me lo ha confirmado. Volviendo al tema de los soldados que se encuentran al Norte, nos encargaremos de ellos en cuanto deje de llover y disminuya el caudal. Por ahora, aprovecharemos a seguir con las charlas que por las razones que sean, no habéis oído en los Templos… Y sobre los resplandores extraños, lamento informaros que no hemos llegado a conclusión alguna por el momento, pero tampoco pensamos que sea algo a preocuparnos…

En la tienda mayor se reunió nuevamente todo el personal que cabía y continuaron las preguntas al Faraón, aprovechando la permanencia obligada.

-¿Alguna pregunta más sobre las Leyes del Principio? -decía Isman después de explicar ampliamente sobre la Ley de Ciclos o Ritmo, de Polaridad y de Vibración.

-Yo tengo una pregunta, Faraón. O mejor dicho, un pedido y es que habléis sobre la Ley de Mentalismo y su relación con las Leyes que habéis explicado.

-Si os entiendo bien, queréis comprender la relación causal entre los sentimientos y pensamientos, con lo que ocurre en vuestras vidas y realizaciones, ¿Es así?

-Exactamente, Faraón. Me interesa comprender el mecanismo, que seguramente explicará en clases más avanzadas la Sacerdotisa Arsinoe donde estudio, en Abydos, pero ya que habéis explicado la cuestión de Ritmo y Vibración, me interesa relacionarlo con el sentimiento y el pensamiento, para que ese conocimiento se haga de utilidad práctica…

-Pues partamos entonces de esto: Cuando tenéis un sentimiento, que procede del corazón, su vibración es de las más sutiles en el plano del Ka de las emociones, pero se irradia y es inmediatamente recibida por el Ka del pensamiento, entonces el cerebro recibe esa información y la emite con el Ojo de Horus, que es ese mecanismo tan complejo como maravilloso que tenemos dentro de la cabeza. No sólo nos permite ver el mundo, percibir conscientemente o no, todo lo que nos rodea, sino que también emite, transmite, crea... La vibración del sentimiento puro proviene del Lah, pero el Ka de la emoción reduce esa frecuencia hasta los planos de nuestra conciencia material. Pero nuestros falsos yoes la distorsionan muchas veces, haciendo que no sólo baje la frecuencia de la

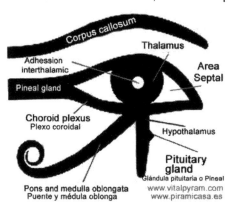

vibración, sino que se oriente de otra manera, que cambie de polaridad, entonces en vez de Amor, irradiamos temor y si se le deja al yo psicológico seguir actuando, en vez de observarlo, reprimirlo y destruirlo, el temor *se convertirá en odio a la cosa temida.* Y tendremos un "yo odioso", aparte del "yo miedoso". Entonces el pensamiento también tendrá una vibración más baja y distorsionada en todo lo que hagamos. Como eso no está en armonía con el Universo, todas las fuerzas de la Naturaleza estarán contra aquel que la provoca y la Ley de Ritmo del Principio Mecánico del Universo, se impondrá sobre la Ley de Evolución del Principio Vida. Entonces la persona caerá en Involución y su vida estará dominada por condiciones mejores y peores "rítmicamente", pero en cada compás irá a peor. Intentará "elevar la vibración" para ser "más espiritual", intentando ser mejor, y por eso los obheritas que se hacen pasar por Hellanios o incluso por Ankemtamitas, llevados por su peor yo psicológico, que es el "Yo esclavista", han diseñado todos esos rituales que a veces les veis hacer en las plazas, llamando a la gente a que use cuencos mágicos y flautas milagrosas, con sonidos supuestamente "espirituales", usando la vibración para satisfacer al Ka de las emociones, sumergiendo a los incautos en ensoñaciones vanas que finalmente no resuelven nada real en la vida.

-¿Y lo hacen de mala fe, -preguntó una soldado- con un método planificado, o por simple ignorancia?

-Algunos lo hacen muy conscientemente, por orden de sus mandos militares, pues son espías que se dedican a censar el estado mental de la población a la vez que intentan confundirla. Nosotros también censamos el estado de la población, pero no para engañarla sino para instruirla. Pero muchos de esos falsos magos parlanchines que dicen ser "armonizadores", lo hacen por ignorancia, llevados por sus arquetipos deformadores, se convencen a sí mismos que lo hacen con algún beneficio para la gente. Es más cómodo eso que hacer la Katarisis y enfrentarse con sus lacras interiores.

-Sin embargo en el Templo de Hathor, el Sacerdote también usa cuencos de cristal y de metal. -comentó alguien.

-Cierto, pero Raikan no los usa para estimular el hedonismo ni para asuntos espirituales, ni para una supuesta armonización del Ka de la Vida, a menos que sea para acompañar una Katarisis. Para lo que lo usan los sacerdotes es para que las vibraciones del sonido ayuden a acomodar huesos rotos, músculos contracturados, los hígados dormidos por algún veneno... Y en lo psíquico nunca los usa más que para relajar la mente y acompañar la terapia del Ka de las emociones cuando alguien ha sufrido mucho y no consigue hacer solo la KA-tarsis, o "Katarisis" que es una abreviatura de "*Destrucción con Conocimiento de lo que no debe estar en el KA*". Si habéis entendido bien, sabréis por qué es tan importante, que ha sido grabada en todos los Templos de Ankh em-Ptah, en sus portales principales, en las entradas laterales, como algo que debe hacerse antes de entrar a iniciación alguna... Si encaráis esa batalla interior como todos vosotros lo habéis hecho desde niños y a veces debéis volver a recordarla, repasarla y repetirla, entonces comprenderéis por qué sois tan felices, aún en medio de una guerra como ésta, donde habéis pasado toda clase de esfuerzos y hasta penurias. Vuestro corazón irradia limpiamente una vibración más baja que el Lah, porque el "bajar la vibración" no es malo en sí mismo. Recordad que la materia no es otra cosa que el *Principio Espíritu* manifestado en una frecuencia vibratoria determinada, con sus infinitas escalas. Pero la vibración del corazón no debe estar deformada por "yoes psicológicos", lo cual sí que sería malo. Entonces vuestros pensamientos, guiados por Osiris (el Conocimiento), Isis (la Ciencia) unidos en el Amor, son coherentes, por lo tanto la vibración que irradia vuestra áurea personal no tiene nada que ver con aquellos pueblos enemigos que son guiados por el "yo esclavista", el "yo esclavo", el "yo miedoso", el "yo destructivo", el "yo violento"...

-Entonces, Faraón, -preguntó otra mujer- ¿De qué manera nos afecta en nuestra evolución y vibración el hecho de que tengamos que matar y destruir enemigos externos como hacemos en esta campaña?

Katarsis

-Es muy diferente hacerlo por las motivaciones emocionales de un esclavista, a como lo hacemos nosotros, por razones que bien sabemos todos que no son meros pretextos, con ese inmenso dolor que si no lo controlamos nos hace llorar como para anegar todo más que estas tormentas de afuera... Sabemos por qué combatimos y sabemos que si no lo hiciésemos seríamos esclavos o muertos, pero nuestro corazón no vibra *en, por ni con* odio, sino por Amor a lo que defendemos. Aunque actuemos con furia muchas veces, no odiamos al enemigo, le ayudamos con el mayor Amor una vez que están sin sus cuerpos materiales, ya que hemos hecho desde siempre los intentos más tolerantes de enseñarles, de hacerlos libres... Pero *quien no hace la Katarisis por el camino del Conocimiento, tendrá que hacerla tarde o temprano por el camino del sufrimiento, o arriesgarse a perder hasta el Lah.* Si no hiciéramos lo que hacemos, el mundo estaría completamente esclavo. De no hacerlo, como sabemos estas cosas y tenemos consciencia, seríamos *culpables por omisión.* Recordad que la Ley de Causa y Efecto no sólo nos toca según lo que sintamos, pensemos, digamos y hagamos, sino también por lo que *no digamos* cuando hay que decirlo, o cuando *no hagamos* lo que sabemos que debemos hacer, porque al saber y sentir, estamos emitiendo una vibración que el Universo recibe y nos devolverá siempre una reacción correspondiente....

...Si nuestros *pensamientos, sentimientos, palabras y actos son coherentes,* entonces logramos lo que queremos. Si ese logro está imbuido por la radiación de Amor del Lah, entonces ese logro nos hará felices. Si por el contrario, tenemos como los jefes esclavistas, una total coherencia pero sin Amor del Lah, entonces los resultados serán terribles para los demás y tarde o temprano para él mismo, porque como ya he dicho, el Universo os dará la cosecha de lo que habéis sembrado. Si sembráis con vibración distorsionada, os dará frutos amargos, si vuestra vibración no ha sido deformada por los demonios interiores porque los habéis aniquilado, el Universo os dará bendiciones... Los esclavistas creen que con la muerte todo se acaba, entonces creen que impunemente pueden hacer daño a los demás y no les importa cuán terrible sea ese daño. Pero somos Almas Eternas, salvo que hasta el Alma se pierda tras eones de errores sobre errores, vida tras vida. Recordad también que las Leyes de Vibración y el Ritmo determinan que vuestras vibraciones y ritmos personales movilicen cosas en el mundo material, en el de los tres Ka, en el mundo del Pensamiento y hasta en el Mundo del Lah, pero no intentéis "*elevar vuestras vibraciones*" haciendo rituales y cosas tontas en el mundo, como los charlatanes. Sólo tenéis que aniquilar a los yoes psicológicos, falsos egos o demonios interiores, como les queráis llamar, y mantener luego la coherencia. Vuestra Alma, el Lah, irradia lo Perfecto y sólo hay que quitar los velos mentales que tapan su Luz. El Lah vibra con la experiencia y sabiduría de todos los Reinos Naturales por los que hemos pasado y las encarnaciones que hayamos tenido como mortales. Tampoco es fácil intentar ser coherente antes de haber hecho la Katarisis, porque los falsos yoes os dirían en vuestro interior mil cosas erradas. ¿Quién de vosotros, por ejemplo, no ha sentido desconfianza y hasta odio hacia la maestra, los padres o el primero que os hiciera ver vuestros defectos?...

-Creo que nadie puede olvidar esa etapa de la vida. -respondió uno de los soldados- Puede que no recordemos el primer paso que dimos para aprender a caminar, pero tanto los padres como los maestros saben que ese, el de la Katarisis, es el primer paso que damos con la consciencia, así que se empeñan mucho en que no lo olvidemos. Y está claro que en ese momento descubrimos a los "enemigos del Faraón"; que son los enemigos de toda la Humanidad. ¿Es que nacemos con ellos, Faraón?

-No nacemos con ellos, pero sí con sus semillas. Nuestra semilla de la Vida ha sido modificada por Seth, el creador de la mortalidad, así que nacemos con un miedo raíz, que es el *miedo a la muerte*, del que derivan todos y finalmente, si no se lo combate a él y a todos los que surgen por su causa, el hombre se convierte en una legión de demonios. Su vida se llena de incoherencias, la conciencia se pierde entre la confusión de ideas que forman los miedos, los odios y los vicios...

-Disculpad una pregunta, Faraón... -interrumpió un soldado- Si no naciésemos con miedo a la muerte, no me imagino cómo podríamos sobrevivir, porque apenas caminásemos, nos lanzaríamos desde un barranco, o destruiríamos nuestro cuerpo...

-No es lo mismo el "instinto de conservación", que el miedo que se apodera de él. El instinto es natural, es una función derivada de la Inteligencia en todos los Seres. Todo Ser busca como cosa sagrada y fundamental, incluso inconscientemente, *sobrevivir*. Pero no hay que confundir eso con el miedo. Si tuvieseis miedo y no lo controlaseis, en vez de participar en esta campaña os habríais metido bajo la cama antes de enfrentar siquiera la preparación militar. Habéis corrido toda clase de riesgos, pero seguís dispuestos a correrlos... Sin embargo nadie se expone tontamente ante los proyectiles enemigos. Eso es porque no tenéis miedo psicológico, y justamente por eso, os funciona de maravilla el instinto de supervivencia. ¿Otra pregunta?

-¿Podríais explicar un poco -decía otro soldado- cómo es la mente de nuestros enemigos, para hacer lo que hacen?

-Nos resulta muy difícil comprender a los pueblos esclavistas y su manera de sentir, pensar y actuar, porque aunque podrían ser iguales a nosotros o totalmente diferentes, sin importar el aspecto exterior, su color de piel, la raza de la que provengan... Sus acciones son muy extrañas para nosotros. Pero la única gran diferencia es que nosotros Amamos y Respetamos. Luego tenemos por lógica, una larga serie de diferencias, como una espiritualidad basada en el Conocimiento Sagrado, en vez que en creencias... Nuestros dioses son algo conocido y comprendido y no aceptamos ninguna idea de dioses que nos hagan sentir inferiores a ellos, del mismo modo que un niño no puede ser inferior a sus padres, ni un discípulo puede ser inferior a su maestro... Nuestros dioses buscan que seamos como ellos y más excelsos si es posible, porque las Siete Leyes de la Vida han de manifestarse elevando los ritmos positivos y disminuyendo los negativos para que dichas Leyes sean armónicas con su propósito que sólo Ptah conoce. El Universo tiende a destruir directa o indirectamente todo aquello que va contra sus Leyes Sagradas y uno de los efectos de la esclavitud es producir separación en vez que unión en lo esencial, lo cual provoca Involución, tanto en el esclavo como en el esclavista, porque las vibraciones en todos los planos, bajan de nivel pero de modo distorsionado. La más grande obra de esclavitud, es la de Seth, que al haber creado pueblos mortales, las Almas quedan en un cuerpo cuyas vibraciones son menores y sus ciclos van siendo más rápidos cuando debería ser al revés. Entonces surge el miedo a la muerte, que no es lo mismo que la parte de Sobek que llevamos dentro y nos ordena sobrevivir. El miedo a morir y el miedo a la vejez, son los primeros enemigos que debemos combatir para que nuestra vibración suba y nuestros ritmos se hagan más lentos. No perderemos con ello los atributos naturales del instinto sano, sino que funcionarán mejor todos los instintos. Es igual en el sexo. Un sano instinto os dará placer, pero un instinto enfermo por los demonios interiores producirá violadores...

-¿Y por qué hay tantos pueblos tan diversos, Faraón? -preguntó otro.

-Sería largo explicar desde el punto de vista histórico, pero la diferencia más importante entre los pueblos, está como entre las personas, en el grado de pureza de sus Ka de las emociones. La vibración de esclavistas y de esclavos nos repele de sólo estar cerca, como habéis experimentado al tratar sus cadáveres o los que les habéis auxiliado una vez muertos, así como a los esclavos liberados, hasta que comprenden un poco más la situación y aceptan que han dejado de pertenecer a alguien. Las vibraciones, los ritmos históricos, el grado de felicidad… Todo, todo, absolutamente todo, depende de alimentar o eliminar esos demonios interiores llamados miedos, odios y vicios. Y volviendo al tema antes preguntado, sobre las utilidades prácticas de este conocimiento, ninguna utilidad puede ser mayor ni más beneficiosa que comprender por qué tenemos que vivir en Katarisis, como yo debo arrancar a cada rato los brotes del "yo preocupado", por poneros un ejemplo.

-¿Habéis tenido otros yoes psicológicos que combatir, Faraón?

-Claro que sí, Neftes. Puedo hablar de la Katarisis por mi propia experiencia. Si algún Sacerdote de Ankh em-Ptah os dijera que no ha necesitado hacerla, entonces sabríais que estáis ante un mentiroso. En mi niñez, la desconfianza era mi mayor defecto, pero no el único, porque veía los planos del Ka y hablaba con los muertos, por lo que veía cosas que a la gente no le gusta que uno vea. Entonces recibí agresiones de otros niños. Y como me negué a seguir viendo lo etérico pero no eliminé en el momento oportuno ese "yo miedoso", lo combatí un poco pero se disfrazó de "desconfiado". Me persiguió durante años, hasta que se convirtió en odio hacia las personas que me lo hacían ver. Y ya era adolescente cuando por fin comprendí las palabras de los maestros, de mis padres y la razón de poner en cada frontal de los Templos esa batalla contra los enemigos verdaderos. Por eso desde que fui proclamado Faraón, establecí en la educación las pautas con las que habéis sido educados, para que no os ocurriese lo mismo. Durante el tiempo que estuve sin hacer la Katarisis debidamente, ni siquiera podía Sekhmet hablar conmigo, porque el estado vibratorio de los Dioses Ascendidos sólo puede relacionarse con el de un mortal o cualquier otro ser, cuando sus tres Ka vibran en armonía, coherencia y Amor. Y si hubiera llegado a Faraón sin hacer esa Katarisis, cosa bastante improbable, me habría ocurrido lo mismo que aquel Faraón Maléfico que gobernó unos pocos años hace tres milenios y casi hace un descalabro en Ankh em-Ptah. Seguramente habréis visto y leído los textos en la planta segunda de los muros de Hathor...

Los Ocho Kybaliones

-Yo los he estudiado, Faraón. -dijo un joven- No es mi escuela habitual, pero lo visité y decían los Sacerdotes que gran parte de los escritos no están traducidos, sin embargo las imágenes son muy claras para comprender todo lo que decís. ¿Podría volver a ocurrir algo así?

-No si el pueblo no lo permite, como lo permitió por un tiempo aquella vez. Khodionimes llegó al poder mediante engaños, calumnias y una gran astucia. La representación en Hathor muestra a Maat, (la Ciencia Sagrada) y a Isis (la Ciencia Mundana) sometidas por él. Pero a pesar del gran poder que obtuvo, sólo gobernó diez años porque la gente comenzó a vivir como si no existiese. Los soldados y los sirvientes le abandonaron, el ejército expulsó a sus defensores y finalmente los Sacerdotes le recluyeron en una celda. Cuando el Templo, que él mismo clausurara, fue reabierto y reconstruido en cuanto se pudo, se inscribió su historia allí. Luego, por causa de las invasiones promovidas por sus fieles secuaces, traidores a Ankh em-Ptah, que transaron con los ancestros de los obheritas, se perdieron las técnicas y las máquinas de construcción que usaban en esa época, mejores que las actuales, pero lo importante no ha sido destruido: El Pueblo de Ankh em-Ptah y su Conocimiento Sagrado. Ruego a los dioses que jamás se apague este faro de luz que debe iluminar hasta que el último mortal deje de serlo...

## Capítulo XXI - Misterioso Grupo Aislado

Los días transcurrían sin cambios. El agua permanecía en un nivel estable, aunque corriendo siempre hacia el Oeste, como un mar en movimiento, más que un río temporal. La temperatura empezaba a bajar por las noches e Isman no dejaba de pensar en los soldados aislados.

-Elhamin, debo confesaros algo... -decía Isman al décimo día de lluvia- Esos soldados estarán famélicos. Una cosa es morir en combate y otra muy diferente es morir de hambre y frío. Ya estamos usando las mantas gruesas para dormir y ellos no han de tener...

-Ya os entiendo, Isman. También llevo algunos días pensando en ellos, no preocupado por un grupo enemigo tan pequeño, sino en un grupo de seres humanos. Parece que no aprenderemos nunca que lo que es malo para el enemigo, es bueno para nosotros.

-No es tan así, Elhamin, pero no quiero entrar en conversación filosófica, sino resolver qué podemos hacer para a darles muerte de inmediato, asumirlos como prisioneros o lo que sea... No entendemos qué razón pueden tener de estar allí, a menos que haya minerales preciosos, pero esa gente no venía a hacer prospección minera, sino a masacrar un país. Henutsen ha estado observándolos cada día, saliendo con el Ka, y lo están pasando muy mal, pero no tienen miedo, lo que es raro en soldados que no saben por qué luchan o lo hacen por codicia...

-Necesitaría tres cabezas para entender lo que decís.

-No, General, sólo debéis escucharme bien. Cuando uno está en el mundo del Ka, al ver a las personas y estar muy cerca de ellas, siente todo lo que está sintiendo esa persona, ya sea que esté muerta o esté viva. Gestionar eso es la parte más difícil del trabajo de Henutsen y de cualquier Sacerdote. Ella ha estado espiándoles desde el mundo del Ka y en esas condiciones hasta algunos de los nuestros estarían con miedo. Dice que esos soldados sólo tienen rabia, ira silenciosa, se sienten frustrados, parece que no hablan entre ellos. Sólo están allí esperando que les llegue la muerte, sin el menor miedo. No me parece nada normal en un ejército de inconscientes, no es el tipo de sentir que tiene alguien frustrado por no lograr un objetivo absurdo. Hay algunos que hasta están disfrutando de algo que ha ocurrido, aunque no es posible saber el porqué. Eso es lo más extraño de todo.

-¿Y se puede desde el Ka, estar seguro de esas cosas a tal punto?

-Más seguro que si estamos hablando Vos y yo. Los que estamos entrenados para andar con el Ka -y Henutsen lo está muchísimo más que yo- percibimos con más claridad los sentimientos y pensamientos de las personas, que el color de sus ropas cuando estamos en físico.

-Vamos a hablar con vuestra hija, Isman. Tenéis razón en que la situación es rara, pero sois demasiado empático y, sin ofenderos, me gustaría razonar sin vuestras razones humanitarias, que yo puedo dejar a un lado, al menos por el momento.

-Por eso sois mi General, vamos a hablar con Henutsen…

-Es como os ha dicho mi padre, General. He sentido siempre el miedo de los exploradores que he interceptado desde el mundo del Ka y lo he sentido en todos los campamentos que he espiado de esa manera, incluso en esta campaña, cuando no han tenido ni idea de que pudieran ser atacados. Pero esos hombres son valientes, seguros de sí mismos, algunos están muy satisfechos, pero su pensamiento es tan secreto que no puedo saberlo, porque no están pensando en algo que van a hacer. Eso podría sentirlo, casi podría verlo. Pero si es algo que ya ha ocurrido… Como no se recrean proyectando mentalmente la imagen de lo hecho, sólo percibo la satisfacción emocional que les ha producido. Y no es una emoción turbia. Se parece a la de la victoria…

-¿Cuántos son en total? -preguntó Elhamin.

-Cuarenta y cuatro. Y sienten como placer por algo hecho. Los demás puede que sientan lo mismo, pero sólo es perceptible una emoción más fuerte, que es furia, aunque aparentemente están tranquilos. Puede ser porque se dan por muertos, sin posibilidad de salir con vida de esa isla.

-¿Estáis segura que se dan por muertos?

-Bueno… No tan segura… Pasan el tiempo sentados, como si no pudieran hacer más que esperar la muerte, pero al no tener miedo he pensado que simplemente están resignados…

-Ya sabéis que sólo conozco la teoría de lo que vosotros hacéis casi a diario, pero justamente por ello puedo razonar sin hacer apreciaciones. ¿No pueden estar esperando otra cosa que la muerte…?

-Cierto, General. -respondió Henutsen- Sois como los hijos de Isis, que dicen que en sus más profundas investigaciones espirituales, la clave se encuentra en no despegar los pies de la tierra. Por eso se hace difícil imaginar una razón para esa situación emocional.

-Habrá que ir a encontrarles. -dijo Isman- Y no me digáis que las corrientes son fuertes. Llamad a Gibured y a Himhopep. Lo que ellos no consigan en este diluvio, nadie lo conseguiría.

-Es un desafío interesante, -decía Himhopep- pero puede hacerse. Si Alvalopep o Ankemtatis nos asisten con los cálculos, lo haremos. Una barca modificada para caminar sobre el agua y sobre la tierra, porque los rápidos no pueden ser cruzados con embarcación alguna y menos con una en que quepan cien hombres.

-Hace tiempo vengo pensando en algo así, -intervino Gibured- porque un barco que pudiera adentrarse en una playa, por ejemplo, tendría unas ventajas extraordinarias, pero luego de hacer unos cuantos diseños, descarté todo y me olvidé del asunto.

-¿En qué habíais pensado, General? -preguntó el ingeniero.

-Muy sencillo, Himhopep. El primero que imaginé usaba los remos para caminar, pero el cálculo de resistencia de los remos, como de la fuerza humana, no me daba, ni siquiera con las leyes de la palanca. El segundo podría haber tenido algún éxito, tan sencillo como un barco con ruedas. Aunque no lo creáis, sigo pensando que esa idea aún podría… Si seguís mirándome así, se os van salir los ojos de sus cuencas…

-¡Seguid, General! -exclamó Himhopep- Seguid, que ya lo estoy viendo con mi mente… ¡Dadme más detalles!

-No hice muchos cálculos porque soy más de ir a la carpintería y hacer maquetas, pero lo he dejado. Había imaginado un barco de no mucho calado, más bien como balsa de cruce, como las que tenemos sólo para transportar cosas de un lado a otro del Nilo, pero con ruedas. Como no es posible hacer ejes que atraviesen el casco, porque deben moverse de modo independiente para tener alguna posibilidad de maniobra, imaginé una barcaza montada sobre un cuadro de carro, cuya parte delantera se puede levantar hacia el acrostolio y la trasera al pórtico de popa. La trasera no sería…. Eso, dibujad, ya os diré si leéis bien el pensamiento…

-Aquí estamos, -decía Ankemtatis entrando empapado- pero aún no acabo de sacar cálculos para los mapas de Hetesferes y Ashtarizara...

-Olvidad los mapas por ahora, Ankemtatis. Vais a trabajar con el geómetra, Gibured, Himhopep y sus ingenieros, para fabricar una barca que pueda cruzar ese torrente de ahí fuera sin quedar encallada en los rápidos y que pueda moverse fuera del agua…

-Nos pondremos en ello, Faraón, pero… ¿También debe volar?

-Ankemtatis… -respondía el Faraón aguantando la risa que entre los otros era carcajada- Si no tenemos barcos voladores, es porque no los hemos imaginado, o nos parece una locura y si os dieseis una vuelta por el Templo de Abydos, veríais un dintel donde los Hekanef escribieron que su fuerza de tareas al inicio de la reconstrucción de Ankh em-Ptah, eran *"Tres barcas que volaban como abejas, que pueden permanecer quietas en un lugar del aire pero no andaban por el suelo ni en el agua y tres barcos armados que navegaban bajo el agua y sobre la tierra".* Parece imposible, pero existían. También tenían un número no especificado de naves que volaban en cualquier dirección, como los pájaros, no como las abejas. Y por si fuera poco, os encantará ver allí, que dice que tenían tres azafes de infantes con "boleras" como estas. Dibujadas ahí, exactamente.

-Me dejáis de piedra, Faraón. -dijo Himhopep- He llegado a soñar con esas cosas, pero no he ido a ese Templo que decís. Sin embargo hay algunos antecedentes...

-Cierto, -intervino Gibured- Algunas personas que no han bebido licores en su momento y dos marineros míos en el Mar de Naciente me han reportado sus visiones de cosas de metal muy grandes que pasaron sobre nuestros navíos. No me extrañaría que fuesen de otros mundos...

-También puede que haya en este mismo, -dijo Isman- más cosas que las que podemos siquiera soñar.

-Si eso existe, -decía Alvalopep- o existió alguna vez, es sólo que empecemos a imaginar un barco con ruedas y lo haremos.

-¡Me encanta esa ruptura de limitaciones! -exclamó Isman- ¿Acaso os habíais imaginado cosas como Puño, Índice y Pulgar antes de esta campaña?, ¿O las boleras, antes de los ataques en Tekmatis?

-Imagino que queréis ese barco con ruedas, urgente, Faraón...
-Sí, Ankemtatis. Lo quiero para ayer.

------------------

Tres días más tarde estaba lista para ser botada al agua una barcaza con ruedas cuyo tren delantero podía girar bajo un afuste, como el de los carros. Se cargaron mantas y comida y a pesar de las insistencias de Elhamin y Enhutatis, Isman no consintió quedar fuera del experimento.

-No nos arriesgaremos con nuestras hembras, -decía Elhamin- Sólo vienen varones, porque somos un grupo reducido de veintisiete personas, que podemos enfrentarnos con cuarenta y cuatro enemigos. Y ya sabemos cómo son los obheritas, especialmente con las mujeres.

- Veintiocho, Elhamin. Di mi palabra de no permanecer en el frente de combate, pero esto no es situación de guerra, sino experimento técnico y una situación con un grupo humano especial, aislado, hambriento y medio muerto de frío.. No admitiré discusiones, querido General.

-Pero puede haber y es casi seguro, un enfrentamiento…

-¿Con esos hombres que no comen desde hace al menos catorce días y los está matando el frío? Ya no han de tener fuerza alguna para luchar contra nadie… Pero está bien, lo que haremos será ir hacia ellos y me dejaréis donde os parezca más seguro.

-¿Y que os lleve el agua o que luego, si nos vencen, quedéis Vos aislado sin que pueda alguien rescataros?

-Eso no ocurrirá. Os ruego que no digáis más nada. Lo que he dicho, o voy con Vos al frente. Pero primero hemos de ver si esto funciona…

Se botó la nave experimental con ocho remeros por banda, un timonel, dos conductores de ruedas en proa y dos en popa, tres *trimers* (encargados de las velas), todos dirigidos por Gibured. Ankemtatis, Elhamin y el Faraón ayudarían a los trimers y se encargarían de achicar aguas, porque no era viable hacerle techo a una barca que debía navegar entre rocas convertidas en escolleras. El arma Puño, que no se preveía volver a utilizar tenía cuatro ruedas muy duras, muy resistentes a todo y al parecer mucho más, pero a la vez muy ligeras.

-Las de las otras dos armas habrían resultado pequeñas para esto, Faraón, -decía Gibured- pero lo más problemático será manejar las tres velas con sincronía para que el viento no nos juegue malas pasadas. En las zonas donde la quilla tocaría fondo, lo harán las ruedas. Sólo nos atascaremos si pillamos alguna roca muy grande, pero el esfuerzo de los hombres empujando, sólo podrá ser válido con ayuda del viento…. Ahora perdonad, Faraón. Debo ocuparme…

-Ocupaos, General…

-¡Atención, trimers y remeros! -gritaba Gibured- Iremos sin salomares. Que los remeros metan la pala con cuidado y den voces de escollo al primer toque. La mesana no recibe órdenes, que haga según rumbo; la mayor recoge a la primera voz de escollo y sólo se iza a mi mando; el trinquete le sigue el juego a la mayor. Conductores de las ruedas, no recogen sin mi orden, pero las bajan a la primera voz de escollo…

La embarcación entró en la corriente con rumbo Oeste navegando de bolina al principio, con viento favorable después, para virar luego lentamente al Norte. Según los mapas, entrarían a la zona de los hombres aislados luego de pasar sobre el sitio donde estuvo el campamento enemigo, para entrar en el lago y virar al norte. Las ruedas fueron necesarias sólo durante unas cuantas cuerdas y se levantaron cuando los remeros dieron todos la voz de sin fondo.

-¡Por allí, timonel! -gritó Gibured- Esa es la corriente que debemos remontar. Aquellas islas son las montañas del Noroeste del lago. ¡Remad con fuerza!, Todas las velas desplegadas, mesana a medio ojo derecho... Bien, así, así... Aprovechemos el viento de babor.

El Faraón elevó su Heka y luego dijo a Gibured que pondría al viento de popa, lo que ocurrió un instante después. Así y todo, la travesía duró más de medio día porque la corriente era muy fuerte y la lluvia obligaba a achicar el agua con cántaros de un lado plano, en lo que Elhamin, el Faraón y Ankemtatis se ocupaban todo el tiempo. No necesitaron usar las ruedas porque el nivel del agua era alto y cuando avistaron lo que debería ser la isla de destino, Elhamin pidió a Isman que se quedase en una de las alturas cercanas y anteriores. Isman accedió como había prometido y aprovechando el viento Sureste que empujaba en la dirección deseada, arrimaron la barca a un saliente de rocas. Isman desembarcó junto con algunas mantas, una reserva de comida para dos días y un halcón. Los demás siguieron hacia el objetivo.

-¡Están allá, General, -gritó el trimer de trinquete- Hacen señas...

-Acercaos más lentamente, -dijo Elhamin- que quiero ver su actitud antes de estar a tiro. Gibured, que dos remeros por banda tengan las boleras preparadas...

Gibured transmitió la orden y al acercarse a menos de dos cuerdas, uno de los aislados levantó una bolera con ambas manos y la dejó en el suelo, con suficiente ademán para demostrar que la rendía. Luego levantó los brazos y algunos de sus compañeros hicieron lo mismo...

Uno de los soldados se quitó el casco y lo arrojó al suelo. Los demás hicieron lo mismo. Elhamin pidió a Gibured detenese y permanecer como sea en el sitio, justo cuando un remero dió voces de escollo. La maniobra debía hacerse lenta y con cuidado, virando para que los remeros fueran tocando fondo sin quebrar remos y el viento no les diera sorpresas.

-¡Recoged vela mayor!, ¡Mesana y trinquete a media asta!, un cuarto de ojo izquierdo, trinquete...Timonel, con proa al objetivo...

-¿Quiénes sois? -gritó Elhamin cuando el navío quedó a cuerda y media. No respondían, pero seguían con los brazos levantados.

-¡No os escuchan, General! -advirtió Gibured- El viento se lleva las voces al Oeste. Podemos dar un rodeo...

-No, Gibured. Permanezcamos aquí. Vamos a esperar un poco...

Tras un largo rato, los hombres continuaban con los brazos en alto o sobre la cabeza. El viento amainó junto con la lluvia, permitiendo en un nuevo intento, que escucharan a Elhamin. Alguien respondió, pero no era posible entender su idioma. Ankemtatis dijo algunas palabras en el idioma obherita, ya que Ashtarizara le había enseñado varias frases de uso militar que él le había pedido traducir, sin embargo otro de los hombres respondió con una frase inteligible:

- ¿Gente de Ankh em-Ptah?

-¡Sí, de Ankh em-Ptah! -gritó Ankemtatis. ¿Habláis nuestro idioma?

-¡Hablo un poco, nosotros de Baalbek!, Amigos de Ankh em-Ptah…

-¿Podrían nadar hasta aquí, Gibured?

-No directamente, -respondía el General mirando con atención las corrientes- Si fuese a tres cuerdas al norte, el agua los traería hasta aquí.

Ankemtatis se las arregló para explicar al improvisado traductor que se alejara tres cuerdas y nadara hasta la barcaza. El soldado lo entendió y lo hizo. El agua le llevó hacia el centro de la correntera y Gibured ordenó una hábil maniobra llevando el barco hacia la corriente, llegando hasta atajarle. Una vez rescatado y exhausto, mientras Gibured volvía al sitio anterior, explicó que el grupo se compone de rebeldes Baalbekios.

-Me llamo Tinoe, subjefe de mi azafe… de lo que queda. No tenemos victoria posible en Baalbek. Nuestra misión ha sido ordenada por nuestro Rey Nerobenssetor y era saber lo que hacen los obheritas contra Ankh em-Ptah e intentar informar al Faraón. Si era posible, sabotear los planes. Cuando nos enteramos de una campaña tan formidable, éramos cien preparados para infiltrarnos. Cincuenta fueron más al Norte, intentando sabotear los barcos de Jauddur, que son la mitad de la campaña, antes que lleguen a las costas y ya lo habrán hecho o muerto en el intento. Si lo han logrado, seguro que estarán muertos. Incendiar los barcos implica morir en el incendio o en el medio del mar, pero nosotros fracasamos, entonces Enur propuso otro plan…

-¿Por dónde habéis venido navegando? -preguntó Gibured.

-Por el mar que rodea el Arhabab. Hemos tardado casi treinta días.

-Podríais haber hundido todos los barcos apenas zarparon…

-Imposible con Assiak al mando. Controla cada detalle y sólo confía en un grupo muy personal. Los otros cincuenta nos infiltramos en esta campaña, pero un grupo de seis fue descubierto en un intento de incendiar los barcos seis días antes de llegar al puerto del Mar de Naciente. Los ejecutaron inmediatamente, no pudimos hacer nada porque Assiak ordenó que las guardias las hicieran sólo sus centinelas personales, pero desde hace muchos días, todavía en los barcos, algunos estábamos encargados de la limpieza de armas y se las hemos saboteado. Además las íbamos cambiando en sus descuidos. El segundo plan de Enur ha resultado...

-¿Les habíais roto las armas? -preguntó Ankemtatis.

-Habíamos descubierto en Baalbek que pueden disparar hasta treinta bolas en una carga, pero ellos no lo saben. También que no funcionan si les falta una parte pequeña que va adentro, difícil sacar si no se sabe y fácil de esconder, pequeñas como un diente. Si no intentan disparar, no se dan cuenta. Las bolas son caras, no hay fábricas, nadie las gasta si no es en combate. Fuimos quitando las partes pequeñas a todas las armas. Hay veintiún mil hombres o más contra Ankh em-Ptah, porque llegaron carros con más gente cuando salíamos del campamento, pero todos con esas que lleváis y confían sólo en ellas, no llevan lanzas, espadas, arcos ni flechas. Cuando quieran usarlas no funcionarán, serán presa fácil para los defensores de Ankh em-Ptah...

Decía ya las palabras temblando y como con sus últimas fuerzas. Elhamin iba a ordenar que le diesen de comer, pero Ankemtatis le hizo un gesto de esperar. El General le dio una manta que el soldado agradeció con la mirada y algunas palabras en su idioma.

-¿Podríais demostrar que habéis hecho eso? -preguntó Ankemtatis, que conocía muy bien a qué pieza se refería el soldado.

-¡Sí, claro! -decía el hombre con una gran sonrisa- Justo antes de empezar la tormenta ya teníamos todas, así que era el momento de separarnos, irnos y dejarles, pero la lluvia nos sorprendió aquí. Ya no podíamos ir a ninguna parte. No sabemos dónde estamos, pero lo hemos hecho. Mirad, tengo algunas aquí en mi bolsillo, que olvidé poner en los sacos que tenemos allí...

-¡Efectivamente, General! -dijo Ankemtatis- Sin esas piezas, las boleras son totalmente inútiles. Es la pieza esencial más pequeña. Si tienen esas miles de piezas allí, es que está diciendo la verdad.

-Vais a perdonar nuestra desconfianza, -dijo Elhamin- pero tenemos que verlas. Gibured... ¿Podríamos acercarnos lo suficiente para lanzar un garfio con una cuerda?

Se le dio comida al soldado, indicándole comer despacio y poco. Gibured acercó la barcaza a media cuerda, distancia que no podía cruzarse a nado por la fuerza del agua, que arrastraría al mejor nadador, pero suficiente para lanzar con un garfio en el extremo de una soga, que recogieron los que estaban en la costa sin entender lo que pasaba. El rescatado se puso en pie y dio algunas indicaciones para que atasen dos sacos a la cuerda. Lo recogieron y Ankemtatis verificó el contenido revolviendo para ver que sólo había eso en los sacos y contando un puñado. Luego hizo unos cálculos y dijo:

-Es correcto, General. Hay aquí más de veinte mil piezas. Este soldado dice la verdad, al menos en cuanto a este asunto.

-Decidle a vuestros compañeros que tendrán que esperar un poco. Parece que… *Nuestro jefe*, tenía razón -Elhamin ponía énfasis para que todos comprendieran que no debían mencionar al Faraón-. Vamos a llevar a este hombre ante él, antes de recogerles…

Hacia el final de la tarde, llegaron al islote con Isman y Elhamin se alejó para explicarle sin ser oído. El Faraón había sido llamado "Jefe", con lo que comprendió que no debía identificarse. Hizo unas pocas preguntas al extranjero y confirmaba con todos sus poderes que las respuestas eran absolutamente ciertas. El faraón estudiaba los gestos que pudieran ser delatores en el rostro del hombre, pero lo principal está en lo etérico. No encontró la mínima huella de mentira o intención de ocultar información, por lo que ordenó partir hacia la otra isla.

-Ya no podremos regresar, Jefe. Hay que esperar el día. -le dijo Gibured cuando desembarcaban en la isla de los extranjeros después de dar un rodeo para encontrar una cala protegida de vientos y corrientes.

-Haremos noche aquí, que con estos amigos será entretenida y más aún para ellos. Igual quiero testear a todos antes de llevarles con nosotros. Avisaré al campamento que está todo bien.

Recogió algunas ramitas de hierbas, unos palitos que talló un poco con su cuchillo y les ató con cuidado formando un Ankh. Lo puso en la pihuela y dijo al oído del enorme halcón: "Meremnut". El encuentro llenó de satisfacción a todos, pero más aún a los Baalbekios, que comían después de muchos días y tenían mantas con las que abrigarse. Con varias de ellas, unidas a las propias, se hizo una gran tienda. Disponían de aceite que a Gibured nunca le faltaba en ningún barco, para encender una hoguera con la leña húmeda.

-No soy el único que habla vuestro idioma, pero los otros hablan poco y peor que yo. Este es Enur, nuestro jefe. También habla un poco vuestro idioma porque fue dos veces a Ankh em-Ptah…

-¿Faraón Isman? -dijo el hombre mirándole fijamente y haciendo memoria- ¿Sois Faraón Isman?

-¿Conocéis al Faraón de Ankh em-Ptah? -replicó disimulando Isman aprovechando que el hombre no parecía del todo seguro.

-Le vi una vez. Muy parecido... Claro... ¿Qué haría el Faraón en un páramo tormentoso alejado de todo...? Podrá dormir tranquilo, -seguía diciendo Enur, sonriendo como un niño feliz y creyendo haberse confundido- porque hemos dejado inútiles las armas de los obheritas, pero ellos no saben. Si han llegado a enfrentarse, estarán todos muertos o huyendo por el Nilo hacia el Sur. Habrán salido justo al empezar esta tormenta... Venís de aquella zona, donde hace catorce días estaban...

-¿Sabéis algo de lo que ocurre al Sur del Nilo?

-Sí, Jefe... Si me decís vuestro nombre...

-Eso no importa ahora...

-Bien, bien... Mucho secreto, buena estrategia. Eso indica que sois importante en el ejército. No pregunto. Al Sur del Nilo los obheritas tienen gran fuerza, de mucha gente, más de cincuenta mil hombres que debería reunirse con los de aquí, pero no llegó el contacto para ordenar la unificación de fuerzas y el General Assiak ordenó avanzar sin esperar más, porque el ejército de Elintaakh es indisciplinado, nada digno de confianza y está compuesto de bestias humanas, más que de hombres. Al menos Assiak tiene disciplina, pero también es un sádico peligroso. No sé quién es peor, pero Assiak es más efectivo.

-¿Cuál es la razón de intentar ayudarnos de esa manera?, ¿No venís al combate para obtener fichas? -preguntó Elhamin.

-No, Jefe. -dijo Tinoe- Esa es el arma más demoníaca del enemigo. Nosotros vinimos a evitar cuanto sea posible que vuestra Patria caiga en esa desgracia. Nosotros no somos obheritas, nuestras familias están fugitivas, muy al Este. No necesitan fichas. Quien no las obtiene en Obheres, no tiene ni para comer, no hay otra alternativa que ir a la guerra, las mujeres tienen que cambiarlas trabajos forzados o por sexo...

-¡Por sexo! -exclamaron asombrados Isman y algunos otros.

-¿Cómo se puede cambiar lo sagrado, lo íntimo, lo divino y sublime, por esas fichas? -preguntaba Isman sin salir del asombro.

-No podéis imaginar ese modo de vida, Jefe. -continuó Tinoe porque Enur parecía ahogado y a punto de llorar- Muchas de nuestras mujeres en Baalbek han tenido que prestarse a ello o morir de hambre. Nuestras familias optaron por huir hacia Oriente. En poco más de cincuenta años, nuestra Patria ha sido convertida en su mayor parte, en un infierno. La gente ha sido tonta y débil, engañada, pervertida en lo más íntimo. Nosotros formamos parte de la resistencia y conservamos la esperanza de que un día Baalbek resucite. Medio millón de personas es todo lo que queda de Baalbek, menos de una décima parte. Dos millones y medio son ahora obheritas o esclavos de ellos, mientras los otros han emigrado en masa hacia el Norte y al lejano Este. Este grupo que veis, ha sido formado por Nerobenssetor, el último rey de Baalbek, que mil veces se ha arrepentido de no haber pedido ayuda a Ankh em-Ptah cuando aún había tiempo, o incluso a los temibles Grakios de Hellás, que pese a sus costumbres tan duras y diferentes a las nuestras, son sabios y de espíritu sano, respetuosos de lo sagrado…

-¿Dónde se encuentra ahora vuestro Rey?

-Nerobenssetor se encuentra a sesenta días de marcha al Oeste de nuestra antigua capital. Los obheritas lo saben, pero como llegar hasta allá no les resultaría nada fácil, sabiendo de lo gran estratega que es nuestro Rey, decidieron atacar primero el baluarte antiesclavista más importante de esta parte del mundo, que es vuestra Patria. Así que al enterarse Nerobenssetor, ordenó como prioridad, hacer cuanto se pueda para estropear los planes del enemigo en esta campaña. Si Ankh em-Ptah cayese como ha caído Baalbek, el mundo quedaría sumido en la oscuridad del Alma. Aunque no sabemos si ha valido la pena, Jefe, humildemente, hemos cumplido nuestra misión. Estamos vivos gracias al fracaso de nuestros seis compañeros, pero igual lo hemos hecho. Sólo nos queda rogar a los dioses vuestros y a los nuestros, que Beniassur y sus hombres hayan logrado su objetivo y que vuestros soldados puedan soportar la invasión de Elintaakh, porque los de Essiak descubrirán muy tarde que van desarmados, pero Elintaakh lleva más de la mitad de la gente de la campaña. Aunque es de temer otras armas que llevan…

-Dejadme un momento, -dijo Isman- y permitidme que me retire un poco. Necesito meditar algunas cosas. Seguid informando a mis hombres sobre todo lo que sepáis, y desde ya que vuestra presencia aquí no es en vano. Vuestros dioses y los nuestros, nos escuchan.

Bajo la intensa lluvia, halló un poco de refugio entre unos arbustos altos, extendió sobre ellos la manta de cuero e invocó la presencia de su Gran Maestra, Amiga, Madre y Hermana.

-*No tenéis nada más que dudar.* -escuchó instantes después, con tal nitidez que se asomó fuera de la improvisada tienda- *No hace falta que salgáis con el Ka. Sólo debo deciros que no ofendáis con vuestras dudas a esos valientes hermanos vuestros. Me habéis llamado para que os aclare y asegure lo que ya vuestros poderes os han indicado. ¿Acaso dudáis de ellos? El "yo preocupado" ya es bastante molestia, así que destruid ese "yo desconfiado" que os sume en la incertidumbre y puede arruinar las relaciones más valiosas. Ahora mismo no hay un enemigo vivo en muchos días de marcha y los del Mar de Naciente no harán nada hasta pasados cuarenta días, así que es momento de otras actividades más felices que la guerra. Tenéis aún muchos días de aislamiento forzoso. Resolved lo que os queda por resolver en esta zona y volved cuanto antes a Tekmatis. Recordad… Volved cuanto antes a Tekmatis.*

-Gracias, Sekhmet. Como siempre…

*-Somos compañeros en la sublime misión de despertar a las conciencias y liberar esclavos en cuerpo, Ka y Alma. Sigo a vuestro lado, pero por ahora creo que no será necesario que me llaméis hasta que nos encontramos en mi capilla. Beso vuestra frente y corazón, Faraón…*

-Disculpad esta necesaria ausencia, soldados. -decía Isman- Antes de comunicaros algunas cosas, necesitaba pensar un poco. Os doy la bienvenida a nuestra tierra y el más sincero agradecimiento, porque luchamos por la misma causa. Disculpad nuestra inicial desconfianza cuyos motivos podréis comprender, pero ahora os lo puedo decir: Soy Isman, el Faraón de Ankh em-Ptah. No sé cómo me habéis podido reconocer, Enur, pero estabais en lo cierto.

-Uno de mis viajes a vuestra Patria, Faraón, -decía el hombre arrodillándose ante él- fue acompañando al embajador Hetitos, que recibisteis en La Luz, poco antes de una batalla…

-Sí, lo recuerdo. Pero levantaos, no estéis de rodillas ante mí, que eso queda para los prisioneros. Hasta nuestros dioses detestan que la gente que se arrodille ante ellos o ante cualquiera como esclavos. Fue gracias a Hetitos que nos enteramos de los planes obheritas. Sin su información habría sido muy difícil y dudosa nuestra victoria. Sin duda que tenemos una deuda sagrada con Baalbek. Vuestras acciones aquí han consolidado ese lazo de fraternidad con Nerobenssetor y vuestro pueblo. Ahora comamos y durmamos. Podéis hacerlo tranquilos, porque la campaña de Essiak ya ha fracasado rotundamente. Habréis visto unas altas luces, estruendo y nubes hacia el Sur…

-¡Sí, Faraón…! -dijeron algunos hombres al unísono.

-Pues fueron explosiones de esas armas que os preocupaban… Mañana os enteraréis del resto. Y Vos, Gibured, decidme: ¿La barca podrá subir los desniveles hasta el campamento cargada con todos?

-Como Vos, por orden mía no bajaréis de ella, y ya sabéis que en una nave y sus maniobras, el que manda soy yo, que estaré a la vela, sesenta y cinco hombres son más que suficientes para empujar cuesta arriba. Si tenemos viento del Este, no tendríamos que zigzaguear y hasta es posible que los hombres deban frenar, en vez que empujar.

-Contad entonces con ese viento. -dijo Isman- Si no me dejáis bajar para empujar, mi contribución será esa.

-No os riáis tanto, -decía Ankemtatis a los Baalbekios- que lo habéis tomado a broma, pero lo dice en serio.

-El viento está del Norte, Faraón, lo que nos dará buen empuje para llegar cerca, pero la cuesta hacia el Este…-decía Gibured con la boca llena, poco después del amanecer.

-Por eso no cambiará su dirección hasta que lleguemos donde convenga, General. Disfrutar tranquilo del desayuno. Si alguien tiene que ir a las letrinas, que lo haga antes de partir. El viaje será rápido, pero no podremos parar a medio camino…

A media mañana, la barca había llegado a la zona del lago, empujada por el viento con tal fuerza que los remeros sólo usaban los remos para evitar escollos, debiendo en algunas zonas usarlos para frenar la barcaza. El ojo experto de Gibured llevó la barca sin incidentes y cuando debían virar al Este, Isman que estaba en la proa aferrado al palo del trinquete, cerró los ojos, levantó el Heka y el viento cambió de dirección.

-¡Conductores, echad las ruedas! -gritó el General- Los trimers desplegad velas… Sois increíble, Faraón. Ni un momento antes, ni un instante después.

Las ruedas bajaron para quedar sus ejes encajados en los bastidores fijos de la embarcación y los Baalbekios no daban crédito a lo que veían.

-¡El viento cambia donde el Faraón quiere… -decía Enur- El barco no encalla y anda sobre la torrentera pedregosa!... Increíble, sólo falta que digáis que va a elevarse por los aires…

El Faraón y los suyos largaron una estridente carcajada, recordando la conversación con Ankemtatis unos días atrás.

-¡¿Mujeres en vuestro ejército?! -exclamó Enur al ver a algunas entre quienes les recibían al desembarcar y ayudaban con los sacos de comidas y mantas que había que retirar de la nave.

-Así es nuestra sociedad, -le respondía Ankemtatis- hay maravillosas diferencias entre hombres y mujeres, pero lo único que tenemos por separado son las formaciones de campaña y las letrinas. En el campamento se unen las parejas cuando las hay, a menos que se ordene descanso obligado por razones de combate. En este momento no queda ninguna Generala, pero siempre las hemos tenido y hay algunas Comandantes a punto de ser ascendidas. ¿No las tenéis vosotros?

-No en el ejército como soldados, -respondió Enur- y quizá por eso nuestro pueblo ha sido siempre más numeroso que el vuestro. Sin embargo supongo que ha de ser muy agradable tener a las mujeres compartiendo la labor más difícil de toda Nación. En todo lo demás, las mujeres Baalbekias que no han caído en las garras obheritas, son tan hábiles como cualquier varón.

Al presentarse al campamento y ver el orden, la disciplina y la abundancia con toques estéticos en todas partes, la alegría de los Baalbekios no tenía límites. Durante las primeras conversaciones con sus compatriotas Ashtarizara y Esthardalia, se enteraron que su misión había sido en vano en cuanto a los efectos directos, ya que el enemigo había sido exterminado antes de darse cuenta siquiera.

-Pero vuestra presencia y acción aquí -les decía Ashtarizara- han determinado por fin al Faraón a intervenir a favor de Baalbek y acaba de decirme que en una formación solemne ante toda la tropa, se comprometerá a dicha labor.

Durante los siguientes nueve días, la lluvia fue constante, a veces con más intensidad que antes, formando cortinas tan densas que parecía capaz de echar abajo las tiendas. Otras veces en fina llovizna que calaba todo y el frío se hizo notable hasta en pleno día. La situación obligaba a permanecer en las tiendas todo el tiempo, pero Isman era el único que deseaba que cambiase, para volver a Karnak y luego a Tekmatis. El extraño resplandor de la región seguía sin que ningún teórico pudiera pergeñar explicación alguna que tuviera sentido y sólo la intensa lluvia diurna lo dejaba algo diluido en el paisaje. Durante la noche, cuando la lluvia amainaba y las nubes se abrían un poco, con el resplandor lunar el paisaje se hacía increíblemente bello y mágico. Los más románticos solían pasear sobre el conjunto montañoso, pero lo más impresionante ocurría al amanecer o al atardecer, sobre todo en los breves momentos en que los rayos del sol rasgaban el velo de densas nubes. Ya las guardias eran sólo formales y los centinelas se encargaban de avisar cuando los fenómenos luminosos tomaban mayor nitidez y movimiento.

Entonces, se corría la voz por todo el campamento y más de dieciséis mil Almas se esparcían por las faldas y cumbres a toda carrera, para observar como aquellas especies de serpientes de indefinible tamaño y colores corrían sobre las rocas, encogiendo o agrandándose por doquier.

Ashtarizara y Enur se habían afinado a tal punto que el día anterior al cese de la tormenta anunciaron que deseaban formalizar su relación con las bendiciones del Faraón. Ella había aprendido gracias a Enhutatis sobre el Camino de las Cobras, la magia del sexo para alcanzar la

Ascensión y su hombre había aparecido en el momento oportuno. Mientras conversaban sobre eso con el Faraón, caminaban hacia uno de los pequeños promontorios cercanos desde donde se tenía una buena vista hacia el Oeste. Como presagio de las tormentas y maravillas que compartirían en adelante por el resto de sus vidas, el espectacular fenómeno se hizo más intenso y ya no pudieron hablar, embriagados por el dinamismo, hermosura y magnitud de la escena.

Isman dio voces llamando a Hilaris, Arkanis y a varios más de la Plana Mayor, que por estar en tiendas contiguas aparecieron pocos momentos después junto a él y la pareja baalbekia.

Sobre las cumbres un poco más cercanas, la luminiscencia parecía encender con un fuego amarillo los escasos bosques y las montañas más lejanas quedaban nítidamente recortadas contra el firmamento nuboso. Con los rayos solares del crepúsculo, se completaba el cuadro natural más bello y extraordinario que pudieran ver los ojos humanos.

-Con el testimonio de los presentes, -les dijo Isman mientras ellos se tomaban de las manos- y ante la presencia de Râ, ante el Universo, encima del mundo y bajo infinidad de otros mundos y estrellas y en nombre de vuestros dioses y los nuestros, os pregunto: ¿Deseáis con toda vuestra Alma unir vuestras vidas para siempre, sin que pueda separaros ni la muerte, enlazados en la felicidad del Amor Eterno cualquiera sean las circunstancias que debáis afrontar hasta alcanzar la Ascensión en ésta u otra vida, amándoos más allá de la humana forma?, en ese caso, cuando levante el Heka, diréis, "Para Siempre". O si lo deseáis, declaro vuestra unión en matrimonio para que compartáis ante los mismos testigos, lo que os queda de vida en vuestros cuerpos actuales. En ese caso, decid "Para Toda Esta Vida".

-¡Para Siempre! -gritaron Enur y Ashtarizara al unísono en cuanto Isman levantó el Heka.

-Como Faraón de Ankh em-Ptah, Jefe de Sacerdotes y Generales de todo nuestro ejército y por todos los poderes otorgados por mi Pueblo y el Concejo de Karnak, os declaro pareja indisoluble a cualquier efecto en nuestro territorio, por lo que la Ley les confiere el título de Ciudadanos de Ankh em-Ptah, sin pérdida de vuestra ciudadanía de Baalbek. Si sólo hubieseis respondido "Toda la Vida", sería lo mismo, pero en este caso son en primer lugar, vuestros sentimientos, en segundo lugar, vuestros pensamientos, en tercer lugar, vuestras palabras, la sucesión que os ha unido con tal lazo que nadie más que vosotros podríais romper. Que la coherencia en vuestras vidas, con la Luz de Ptah, que para vosotros es Baal, sea la norma permanente, así que podéis comenzar con lo que va en cuarto lugar: Los hechos. Arkanis hará mañana los registros formales en su tienda. Os dejamos contemplar el paisaje...

Cerraron la ceremonia con un beso tan largo que nadie supo cuánto duró porque al caer la noche empezaban todos a desear el abrigo de las tiendas, las hogueras y las mantas. A ellos, que aparecieron mucho más tarde, se les dejó el carro del Faraón, por especial pedido de Enhutatis.

-Accedo gustoso, -le dijo Isman- y podemos ocupar aquel carro, menos cómodo pero igual de abrigado, a condición de que en Karnak Vos y yo, que siendo el Faraón no puedo hacerlo formal, recibamos una ceremonia parecida, que debe presidir el Regente del Concejo Supremo.

-No esperaba otra cosa, Faraón, -respondió ella con una sonrisa de oreja a oreja- y a condición de seguir siendo vuestra eterna Ayudante de Cámara, en la paz o en la guerra, también diré "Para Siempre".

A media mañana volvieron a ver el cielo azul celeste como hacía veintitrés días que no veían. Isman se alejó del campamento e hizo en soledad una serie de movimientos con el Heka y el Nejej, regresando poco después a desayunar, como casi siempre, más tarde que los demás, mientras conversaba con la Plana Mayor.

-Hilaris, -decía Enhutatis aprovechando que el General estaba aún apartado del grupo- ¿Vos estáis casado?

-No, hasta ahora he intentado mantenerme casto, porque el día que tenga una pareja, será para seguir el Camino de las Cobras.

-¿Y os ha gustado la ceremonia de ayer?

-¿Puede haber alguien a quien no le guste la radiación que producen dos Almas amantes cuando se unen así? ¡Claro, que pregunta!... Pero decidme… ¿Por qué me lo preguntáis?

-Porque… Bueno, quizá me estoy metiendo en algo que no me corresponde, pero os diré, por si no os habéis dado cuenta, que unos ojos azules, casi tanto como los vuestros, os miran mucho…

-¿Es tan evidente?

-Que os habíais dado cuenta, no. Sabéis disimular muy bien, pero que Esthardalia no pase mucho tiempo creyendo que os mira en vano. Perdonad, General, es que entre las mujeres nos comprendemos más, aunque no hablemos mucho…

-Tenéis muy buen ojo, Enhutatis. Os agradezco porque habéis abierto los míos. Al decírmelo, me habéis obligado a escuchar a mi corazón. La sensación es tan fuerte que me estaba dejando llevar por el miedo. Y os ruego no callar cualquier recomendación que tengáis para darme, porque siempre he sido algo corto para las relaciones. ¿Os ha dicho algo ella?

-No, General. Si lo hubiera hecho le habría recomendado hablar con Vos directamente. Como no lo ha hecho, he pedido guía a Isman y me ha recomendado hablaros.

-Creo que habrá unas cuantas bodas para celebrar en Karnak. Os estaré siempre agradecido, Enhutatis. Venceré mis miedos y le devolveré las miradas. De lo contrario me sumiría en la incoherencia.

-Habrá que esperar que se seque el terreno… -decía Isman cuando entraban Hilaris y Enhutatis- Ahora que estamos todos, vamos a estudiar el viaje, aunque estemos unos días más aquí. Hay que aprovechar a definir varias cosas… -continuaba mientras guiñaba un ojo a Hilaris- Como el envío de tropas a los puertos enemigos del Este antes de los próximos cuarenta días. ¿Alguna idea u opinión?

-Si decís cuarenta días, Faraón -dijo Elhamin- es porque estáis muy seguro que no habrá cambios significativos. Sobra tiempo para llegar a Karnak y que con sus tropas repuestas, se encargue Amenhaton de esa zona. En cambio creo que sería preferible enviar relevo a los del Paso Negro. Ebsekhet lleva muchos días ahí y aunque no falta agua y comida en esas montañas, están a catorce días de marcha de Aguas Rotas. Desde aquí y sin llevar carros, cortando camino por la montaña, en siete u ocho días estarían haciendo el relevo o si es necesario, el refuerzo.

-Mejor, relevo completo y con más gente, -dijo Arkanis- que Ebsekhet y los suyos vayan a Aguas Rotas y ese paso quede bien cuidado. Dos mil infantes podrían hacerlo. ¿Algún voluntario entre los Comandantes?

Diva, Omar, Daverdis, Intelia, Unitis, Prinpoisis, Espiria y Etherisis levantaron la mano al momento de terminar la frase.

-Omar, -dijo Elhamin- quedáis elegido para esa misión. El Faraón os nombrará General antes de partir y por vuestra antigüedad no necesitáis ser refrendado por el Concejo. En cambio las siete Comandantes mujeres no tienen tantos años de servicio y también serán ascendidas a Generalas. Ellas necesitan refrenda, así que deben venir con nosotros. Además, vuestra experiencia es mayor y ese sitio es muy estratégico...

-Me honráis, General. Preparé a mis hombres y saldré mañana. Si pudiera de disponer de uno de esos mapas, llegaría a relevar a Ebsekhet en menos de lo que calculáis. Atravesando por aquí, no necesitamos esperar a que seque el terreno... Directamente por estas cumbres.

-Esa es una copia, -dijo Hetesferes- podéis llevarla. También este indicador del Norte, porque tenemos más de los que necesitamos y a Vos os será muy útil cuando hay niebla o noche nublada.

Omar partió al día siguiente pero el Faraón debió esperar tres días hasta que las aguas del lago bajaran a sus niveles habituales, mientras las ocho barcas que partirían hacia el Nilo a la brevedad posible se montaban e iban botando para no tener que arrastrarlas. La marcha por tierra sería obligatoria para la mayoría de la expedición. Se exploró la región atacada con los cilindros y era todavía apena apreciable sólo la sucesión de charcos redondos de veinte codos de diámetro, sobre el terreno donde estuvo acampado el enemigo destruido. La Plana Mayor escuchaba el informe de inspección que Ankemtatis le presentaba:

-Entre unas largas salientes de roca transversales a la torrentera, se hallaron un total de 3.380 boleras, con lo que ahora suman 24.708 y tenemos las piezas robadas por los Baalbekios. Sólo hay que lavarlas bien. Doscientos seis cascos enemigos que pueden aprovecharse y mejorarlos. Hay unas pocas corazas que costaría más arreglarlas que hacerlas nuevas. De lo demás, ni rastro, Faraón.

-¿No se ha llevado el agua esas armas que son tan ligeras?

-No esas, -respondió Ankemtatis- porque se fueron pegando por sus culatas, que como sabéis se atraen entre sí como atraen algunos metales. Por eso quedaron adheridos también los cascos.

-Entonces debe haber bastado algunas para ir acumulándose y quedando como encalladas en la saliente.

-Así es, Faraón. Las demás, unas veinte mil boleras, deben estar en el fondo del lago y de los ríos. También encontramos muchas cajas de proyectiles en la misma saliente de rocas transversales, porque las bolitas son algo más pesadas.

-No quiero que esas armas queden ahí. Todas las barcas, antes de partir, van a recorrer el lago y hasta dos cuerdas de ambos brazos de río. Cuerdas con garfios, para que las armas se peguen a ellos o se enganchen. Son demasiado útiles y un peligro si el enemigo sabe que están allí. ¿Se pegarían igual bajo el agua?

-Sí, -dijo Ankemtatis- se pegan bajo el agua, por eso permanecieron así cuando la corriente les cubría.

-Eso puede demorarnos dos o tres días o más... -dijo Gibured.

-Pues demoraremos lo necesario, General. Haced un rastreo con el mayor cuidado. Mientras tanto, vamos a repasar planes, porque me siguen preocupando los puertos del Este y anoche tuve un sueño en que alguien me tiraba hacia atrás de los cabellos. No podía entender el significado, pero Enhutatis me ayudó con ello. Significa que hay que volver atrás. Esta noche lo hablaremos. Decidle a los Baalbekios que están invitados. Ahora son aliados de confianza.

-Efectivamente, Faraón, -decía Elhamin- he pensado al respecto y calculamos con Hetesferes que hasta Karnak en barca se tarda unos diez días, si es que resultan navegables los brazos superiores del Río Tormentas. De allí por tierra, hasta el Puerto Marshalam, siete días más. Desde allí por mar al puerto enemigo más cercano, unos tres o cuatro días, dependiendo del viento. Si agregamos los preparativos necesarios y demoras por cualquier causa, entre veinte y veinticinco días.

-Desde aquí, -dijo Isman mirando los mapas- sólo cuatro o cinco días. Puede que un poco más si el camino está muy dañado por las tormentas. Escuchadme bien: En menos de cuarenta días el enemigo se moverá al no tener noticias, o recibirá refuerzos. No puedo saber cuál de las dos cosas. Formamos un total de 16.432 incluyéndome, más los Baalbekios, que me han dicho ayer que quieren formar parte de nuestro ejército y lo he aceptado con el mayor agrado. Luego hará Arkanis los documentos correspondientes, pero ya forman parte de nuestra tropa, así que vamos al plan. ¿Cuántos podemos irnos en cada barca, Gibured?

-Ciento treinta, Faraón, para no ir demasiado cargados en un río que no conocemos. Además hay que llevar esas armas, que aunque estén desmontadas y repartidas, hemos de cuidarlas mucho. Poco más de mil podrán embarcarse. Ni siquiera sabemos por cual brazo sería mejor...

-Para eso tengo respuesta, -dijo Enur- porque la región fue muy bien explorada por los obheritas y el mejor es el brazo del Sur. Un poco más estrecho y profundo, sin cascadas ni rápidos. El del Norte tiene dos cascadas por donde no pasaría ningún barco y zonas marcadas como peligrosas. Por algo se había previsto hacerlo por el Sur. Deberíamos haberles robado los mapas también, pero de eso se habrían dado cuenta y habríamos puesto en peligro la misión.

-¿Cuán fiable es ese dato, Enur? -preguntó Gibured.

-Tan confiable como los mapas que hemos visto, que no sé cómo los han hecho, como si se vieran a vista de pájaro desde una gran altura, con una calidad que el mejor dibujante lograría sólo en sueños.

-Bien, iremos mil en las barcas hasta Karnak. -dijo Isman- Nos llevaremos todo, incluso las armas Índice, Pulgar y Puño con todo su pertrecho. Cinco mil hombres, más cuarenta y tres Baalbekios, irán al puerto enemigo más cercano y eliminarán a los pocos enemigos que quedan allí, luego harán lo que corresponda con el puerto frente a las minas de las Montañas Maravillosas donde hay poca tropa, pero deberán actuar con cuidado en la parte de las montañas, y finalmente irán hacia el último del Sur, donde hay unos tres mil soldados.

-Llevamos algo muy ventajoso, Faraón. -dijo Tinoe- Nuestras ropas y los cascos son obheritas. Podemos llegar y entrar entre ellos sin ningún riesgo y poner en marcha algunos de los planes que no tuvimos oportunidad de realizar antes. Si tuviésemos algún veneno efectivo les mataríamos sin riesgo de una baja nuestra. Es un poco artero el método, pero evitaría enfrentamientos que nos costarían muchas vidas. Los obheritas de los puertos son los más disciplinados en las guardias, porque son los que cuidan no sólo los barcos, sino también el oro. No tenemos venenos, pero vuestros médicos…

-Contad con ello, -dijo Henutsen- que también usamos ese método. Vosotros lo tendréis más fácil y Nefandeg y yo hemos preparado una cantidad considerable. De ese modo, podríais acabar vosotros solos con todas las fuerzas de los puertos.

-Sin embargo, -dijo Isman- irán con cinco mil más, porque el riesgo de que vengan nuevas tropas es alto y es necesario reforzar toda la zona de costas. Durante vuestras misiones o desde ya mismo, os pondréis un tocado azul en vuestros cascos para que los nuestros os puedan reconocer. ¿Por qué no hay nada azul en las ropas y adornos obheritas?

-Porque es muy caro el pigmento azul. Sólo lo usan los ricos y los batallones especiales, como las guardias personales de los jefes más importantes. -explicaba Ashtarizara.

-No entiendo bien lo que es "caro"… -dijo Isman.

-Que cuesta muchas fichas. -respondió Elhamin- Significa costoso, pero que sólo se puede conseguir a cambio de fichas o de oro.

-Perdonad mi ignorancia, -dijo Isman- tendré que aprender mejor ese lenguaje especial de los que usan fichas, aunque espero que no se haga muy popular... Pues nosotros tenemos mucho pigmento azul, sabemos cómo obtenerlo en gran cantidad. Según entiendo, si aparecen muchas cosas... "caras", dejan de serlo. ¿Su sistema se les desestabilizaría?

-Sí, claro. -respondió Esthardalia- Por eso tienen como norma de valor fijo el oro, que es muy difícil de aparecer en gran cantidad. Pero igual cuando aparece algo de mucho valor en gran cantidad, pierde valor y los jefes obheritas tienen problemas con esa nueva casta que son los ricos, minoritarios, pero que influyen algo en el moderador.

-O sea que el que gobierna, se ve afectado por su misma trampa. Deberíamos enviar mucho pigmento azul a Obheres, -dijo Isman- así les romperíamos un poco los planes. En cuanto al oro, también si hubiese mucho, pero lo cierto es que para nosotros es muy útil porque con el oro se hacen dientes para todo el que le falte alguno, se hacen tejados que no se lluevan, medicamentos para el Ka, así como con la plata se hacen medicamentos para el cuerpo cuando hay infecciones... Creo que lo mejor será enviar una buena cantidad de soldados bien armados...

-Con tocados azules en los cascos, -dijo Enur- nos tomarán por tropas de Elashirrano o de su falso rey Ashtarisis... Nuestra misión aquí resultó innecesaria, pero...

-No ha sido vana. -interrumpió Isman- Habéis demostrado con hechos lo que valéis, habéis convencido a un Faraón de asumir la enorme carga de enfrentar a Obheres en territorio baalbekio, aunque evitaremos pisar la región de Obheres. Y para Vos, Enur, ha significado encontrar lo más importante que un hombre puede hallar en su vida personal... Así que hablando de eso, ¿Tinoe es vuestro segundo al mando?

-Sí, pero sólo porque es el más instruido; podéis contar por igual con cualquiera de los demás.

-Pues entonces Tinoe os releva y se hará cargo de vuestro pelotón. Vos vendréis como agregado militar a Karnak y posiblemente con vuestra esposa me vais a tener que acompañar por muchos sitios. Antes de ir a limpiar vuestra casa, hemos de dejar todo en orden en la nuestra y preparar algunos trámites. En esta Patria, el Faraón puede tomar medidas extraordinarias, pero siempre ha de contar con la aprobación del Concejo. Si no la diera, tengo derecho a hacer un ruego popular y decide todo el pueblo.

-¿Creéis que vuestro pueblo en un caso así, aceptaría afrontar una campaña en Baalbek?

-No creo ni que haya oposición en el Concejo, pero si la hubiera, la reacción popular se haría muy notable. Mi pueblo ha sufrido muchos ataques obheritas y todos están hartos de esas hienas rondando e intentando pervertir nuestros valores. Y aunque no estará el pueblo movido por sentimientos de venganza, está decidido a acabar con el enemigo de todas las Naciones. Ahora debo decidir quién irá con los cinco mil hacia el Este…

-No tenéis muchas opciones, Faraón. -intervino Arkanis- Ya lo he pensado, porque soy el único General que os queda libre. Hilaris, según me ha contado una abeja zumbando en la oreja, que sabe por buena pero más por vieja… Tendrá que asistir a una boda en Karnak. Sólo os quedan las Comandantes mujeres que deben ser ascendidas y refrendadas por el Concejo…

-Ankemtatis y Henutsen irían juntos hasta el fin del mundo…

-No, Faraón. Ahora son Generales, pero Henutsen también requiere aprobación del Concejo, aunque sea vuestra hija. Será más efectiva que cualquiera de nosotros, pero su formación ha sido informal y es menor su antigüedad. Además, creo que también tienen que asistir a una boda…
Yo soy el más viejo, pero también el más experto y si os propuse dejar a Elhamin como General en Jefe es porque necesitáis más de él y es tan bueno como yo. Para cuidar las espaldas del Sureste y Sur, soy el más indicado ahora. Además soy el único escriba faraónico de la región.

-Entonces, -dijo Isman apuntándole con el dedo a la que vez que le ponía una mano en el hombro- prometedme que permaneceréis a retaguardia, porque debéis cuidaros y…

-¡Os estáis vengando, Faraón! -dijo entre carcajadas poniéndose en pie y abrazando a Isman- Pero os prometo que no me adelantaré más de una cuerda a los primeros de mis hombres, ni enfrentaré solo al enemigo. Además, entre mis soldados, hay una que no me dejaría…

-Bien, entonces está definido. Queréis una "campaña de Bodas". -dijo Isman y continuó tras las risas generales- Dejo en vuestras manos todo el territorio de Tombizara y el Sur a partir de Los Diez Colosos. Igual os quedaréis a descansar hasta que recuperemos todas las boleras del río que se pueda. Así los Baalbekios también recuperarán más fuerzas. Llevaréis sesenta carros y sus doscientos cuarenta caballos, pero sólo llevaréis cien monturas para los exploradores. Meremnut y Espiria deben venir a Karnak, pero os designarán los dos mensajeros mejor entrenados de su grupo. Otros dos irán con Ankemtatis y mi hija, que también tienen misión al Este. Como Amenhaton lo tiene que haber pasado mal con los ataques por el Noreste y no tenemos noticias de qué pasa por ahí, partirán Henutsen y Ankemtatis hacia el puerto de Marshalam con dos mil soldados. Distribuirán las tropas donde sea conveniente o volverán con ellas a Karnak, según lo que encuentren, a la brevedad posible. Tienen siete días de marcha hasta el puerto. Llevarán sólo cincuenta monturas y los dos cetreros. ¿Alguna idea mejor para el reparto?

No hubo respuestas ni preguntas, así que Henutsen y Ankemtatis partieron al día siguiente. Dos días después, cuando se habían recuperado del río nueve mil doscientas boleras más, el terreno estaba más seco y resultaba más practicable, así como los niveles del río más estables, entonces partieron las barcas con el Faraón, Elhamin y las Comandantes Unitis y Etherisis.

El General Hilaris y los demás, componían una caravana de más de ocho mil cuatrocientas personas y más de doscientos carros, transitarían por primera vez la tenebrosa y desconocida región del Río Tormentas, que aunque seguía manifestando los extraños resplandores, ya no preocupaban a nadie y hasta disfrutaban de los raros espectáculos que se producían con muchas variantes según las nubes y la posición del sol.

-La gran tormenta ha pasado, pero no os descuidéis. -decía Isman a Hilaris- porque habrá algunas más, aunque no serán tan torrenciales. Enviaremos barcos para que en la desembocadura sobre el Nilo recojan a todos los posibles, pero hemos hecho una colección de carros que no cabrá en todas las naves disponibles.

-Dividiré la caravana, Faraón. -dijo Hilaris- Cuando llegue a este punto del mapa, antes que los brazos del río se unan en el Río Tormentas, Unitis llevará cincuenta carros a la desembocadura y yo seguiré con Etherisis directo a Aswan. Serán cuatro días de marcha, desde ahí, pero como os descuidéis, llegaremos antes. ¿Os parece?

-De acuerdo, Hilaris, pero evitad demoras innecesarias, que luego hay que partir hacia Karnak, donde hay unas bodas que celebrar y debéis estar allí, porque... ¿No vais a faltar a vuestra boda, verdad?

-No, Faraón. Hablando en serio, tardaremos más que Vos en llegar, aunque el camino sea bueno, pero llegaremos. Esthardalia y yo vamos a aprovechar lo largo del camino para definir si responderemos "Para Siempre" o "Para Toda Esta Vida".

El viaje río abajo fue menos agradable de lo previsto. Unas tormentas pasajeras muy fuertes tuvieron a mal traer a Gibured, que debió ordenar en algunas ocasiones mantenerse en fila al centro del cauce para evitar que el oleaje o el viento les hicieran encallar.

-Nada puedo hacer en esta zona, Gibured. -dijo Isman- La Madre Naturaleza tiene parte de causa, pero la otra está relacionada con ese fenómeno extraño. Mirad como los remolinos de viento chocan entre sí…

-Vamos a tener que forzar la marcha, Faraón. El caudal es grande y es más peligroso ir despacio. -decía Gibured mientras agitaba un pequeño banderín blanco y rojo que indicaba mantener las naves en línea una tras otra, y luego bogar a ritmo de salomar de abeja, que equivale a cuatro o cinco mútlicas por compás. Marcar el bogar por mútlicas obligaba a los remeros a atenerse inexorablemente al ritmo marcado sin importar cuán cansados estuviesen, pero el salomar de abeja era un cántico que permitía al patrón que lo entonaba -cuando no era el timonel- caminar entre los remeros agarrado a una cuerda atada a las velas y al acrostolio, mirando sus rostros para detectar si el esfuerzo era demasiado. En ese caso le miraban sin dejar de remar y si eran varios los cansados, hacía el salomar un poco más lento.

En la tarde del segundo día de viaje, la barca vigía, que sólo llevaba los dieciséis remeros, timonel, tres trimers y un explorador con un largavistas, arrió las velas, viró de estribor y se echó a la costa. Izaron y arriaron un banderín rojo tres veces, indicando rápidos infranqueables o cataratas. Gibured transmitió la orden a las demás barcas, que debieron hacerse a la costa y atracar como pudieran a pesar de que algunos tramos eran rocosos. A medida que algunas barcas atracaban, los desembarcados corrían a ayudar a los que estaban en tramos más peligrosos. Bajo la lluvia impía y los rayos que caían sobre un cordón de cerros cercanos, finalmente consiguieron atracar todas sin daños considerables

Gibured, Elhamin y el Faraón inspeccionaron la flota corriendo entre roquedales, ordenando acampar en un sitio donde las torrenteras no llegarían. La lluvia se hizo más tenue durante lo poco que quedaba de la tarde y amainaron los rayos, lo que permitió armar el campamento con tranquilidad, pero continuó fuerte durante la noche. Ya de madrugada las nubes se abrieron y los centinelas despertaron a la tropa con sus silbatos ante la posibilidad de seguir viaje. No podían desaprovechar la oportunidad para salir de la región de las tormentas.

-Esto es peor que una catarata… -decía Isman mientras recorría con varios hombres la costa río abajo.

-De una cascada se puede salir vivo, -decía Gibured- pero de esa grieta … ¿Adónde irá a parar tanta agua? Es casi la mitad del caudal.

-No teníamos indicación alguna en los planos obheritas, -decía Enur- ni hemos oído hablar de esto...

-Seguramente no lo sabían, Enur, -dijo Gibured- hubo un temblor de tierra antes de ir por el Nilo hacia el Sur. Nosotros no conocíamos la zona, pero encontramos una catarata con la que los hombres de Elintaakh tampoco contaban. Esto debió abrirse en esa misma ocasión.

-Ahora es cuestión de ver si podremos pasar con las barcas por esta orilla, sin ser arrastrados a la grieta. ¿Cómo lo veis, Gibured?

-Podría ser sencillo, Faraón. No iríamos en las barcas. Las podemos pasar por toda esta zona, atadas con cuerdas en cada cuna de remos. Sobran brazos, pero de cuerdas vamos escasos. Habrá que pasarlas de a una y volver a usar las cuerdas. Nos llevará tres o cuatro días pasar las ocho barcas... Esa zanja tiene casi diez cuerdas de largo...Dejadme pensar... A medio día hacia el norte está el camino por donde pasarán nuestros carros mañana o pasado, si la lluvia no ha causado percances. Ellos llevan más cuerda que la que necesitarán y yo he pecado de poco previsor. Sólo traigo sogas para labores normales y poco más.

-El camino está del otro lado del río del Norte, -dijo Elhamin- así que unos buenos nadadores deberían arreglárselas para cruzarlo y luego volver a cruzar con las cuerdas... ¿Queréis decir algo, Nutelim?

-Eso no es problema, Generales. -dijo un subcomandante- He visto a un Râdnie río arriba un estero de papiros y podemos hacer toda la cuerda que os haga falta. Dadme un día y todos los hombres y les enseño a hacerlas de ocho nervios. Serán un poco toscas, pero igual o más fuertes que las de hilado fino mientras estén húmedas.

-También hay aquí mucho esparto... -comentó Elhamin.

- Sí, General, -respondió Nutelim- y del bueno, pero en esta época ya no se puede recoger y además necesitaría un Khabed para tratarlo, sin embargo al papiro podemos usarlo en cuanto estén las cuerdas hechas.

-Sin dudarlo, manos a la obra. -dijo Isman- Esas nubes son de lluvia fina y volveremos a estar mojados hacia medio día.

-Tanto mejor para las cuerdas, -dijo Nutelim- porque si extraemos el papiro bajo esta luna a final del menguante mientras llueve y lo trabajamos mojado, mejores serán las cuerdas.

-¿Es muy diferente de cómo lo usamos para hacer láminas?

-Sí, Faraón. El tratamiento para las láminas es más simple, y todo el mundo lo conoce, pero igual es mejor si se corta en luna menguante y mejor aún en luna negra. En cambio las cuerdas demoran unos treinta días para empezar a fabricarse, pero no podemos esperar, entonces trabajando en mojado serán fuertes y durarían más de un año. Como las vamos a pasar por el fuego, durarán muchos años más. Con el esparto no lograríamos eso en tan poco tiempo.

-Con que duren para pasar las barcas sin que se corten....

-Confiad, Faraón. Una sola cuerda hecha por mi, aguantaría el peso de un gran elefante.

Todos los brazos se dedicaron a cortar los papiros y bajo la experta guía de Nutelim, fueron aplanados los tallos con piedras que eligió con sumo cuidado. Mientras algunos acarreaban las piedras que faltaban, empezó a enseñar a los demás cómo aplanar y luego cortar las fibras. Los buenos cuchillos de cada uno y la destreza manual que no tardaron en desarrollar, produjo una gran cantidad de gruesos hilos que se colgaban en un caballete hecho con palos y atados con las mismas fibras. Luego les enseñó a trenzar en ocho, lo que muchos ya sabían hacer. La improvisada cátedra y casi mil pares de manos trabajando, se suspendió durante la noche con el objetivo ya logrado.

La llovizna continuó toda la noche y por la mañana se fueron atando las cuerdas a las cunas de los remos. La tripulación de cada barca llevó la suya hasta cerca de la grieta, después que pasaran la barca vigía entre cien personas, que llevaba menos soldados pero era preciso comprobar cuántas personas serían realmente necesarias jalando desde la orilla. Parecía que sobraban fuerzas, pero tuvieron que agregarse hasta tres hombre en algunas cuerdas, porque aunque el timonel maniobraba con idoneidad, la corriente arrastraba la barca hacia la grieta.

-¡Todo pasa por la grieta! -gritaba Gibured-. Es poca el agua que realmente pasa por el costado y la que pasa por la grieta no entra toda, sólo que si llega a entrar la barca, la haría añicos.

-¿No es una cascada longitudinal, en vez que una grieta, General?

-No, Elhamin. Es una grieta debajo de una pequeña cascada. Mirad allá, la cantidad de agua que continúa. Es la mitad o menos del caudal. Espero que sea suficiente para no encallar más abajo.

A medio día concluyeron la peligrosa tarea. Los que pasaban, ayudaban a los que aún no habían pasado, entonces comprobaron que necesitaban unos trescientos hombres jalando desde la orilla para pasar con seguridad. La llovizna dio paso al chaparrón continuo y Gibured se tranquilizó viendo cómo las torrenteras formaban innumerables afluentes que no les dejarían sin caudal río abajo. La navegación continuó hasta la noche sin percances, pero Gibured ordenó atracar y acampar a la orilla.

-Disculpad, Faraón, pero ya estamos casi sin luna, desconocemos el río y hoy ha sido un día fatigoso en extremo.

-Tranquilo, Gibured, que no tengo tanta prisa en llegar. Vuestro timonel principal es quien menos cansado estará, supongo…

-Suponéis bien, Faraón. Su trabajo ha sido delicado, pero no tan duro como el del resto. ¿Le necesitáis?

-Sí, quiero que me acompañe. Pienso llegar al camino y comprobar que viene bien toda la caravana.

-¡Es una temeridad, Isman!... El camino pasa a casi un día de marcha desde aquí. Deberíamos haber traído caballos que nos hagan de vigías por la ribera, pero no lo pensamos. Además con esta lluvia encontraréis torrenteras más peligrosas que un río… Peores que los remansos del Nilo… Podéis hacer lo que queráis, Faraón, pero intuyo que estáis muy preocupado. Si os marcháis en esa aventura sin verdadero motivo, nos vais a contagiar la preocupación a todos nosotros. Al menos marchad con cien o doscientos hombres, provistos con cuerdas… No con uno.

-Tenéis razón, Gibured. -dijo Isman luego de reflexionar un rato- Acabo de mirar en mi interior y no veo intuición de peligro, sino una simple y desgraciada semilla del "yo preocupado". La intuición no me habría hecho pensar en marchar tan desprotegido y descuidado.

-Además, Isman ¿Qué podríais hacer en auxilio de la caravana con un solo acompañante, si acaso estuvieran en aprietos?

-Nada, que nos vamos a dormir en cuanto esté listo el campamento.

---------------

-Hoy está menos lluvioso -decía Gibured a Isman al día siguiente- pero mis temores de poco caudal se desvanecieron esta madrugada. Mirad el torrente. Vamos a poder ir a todo remo y a toda vela, al menos si el río no se ensancha demasiado y se abre en delta. Lo poco que conozco del Río Tormentas no me da esa sensación…

-¿Recordáis lo que dije esta mañana, Isman? -comentó el navegante cerca de medio día- Casi no hay corriente, el río se abre y apenas si hay fondo. He hecho como el gallo ciego, cantando antes que el sol tiña el horizonte. La única barca que podría pasar, será la que tiene ruedas.

-Paciencia, Gibured. Estamos cerca. Cierto que hay muchas islas, pero no necesariamente vamos a quedarnos sin poder pasar…

-¿Podríais usar para esto el Heka o el Nejej?

-No, pero si detenéis la flotilla, atracáis la nave a la orilla y me dais unos momentos…

En cuanto la nave se detuvo, Isman se recostó tapado con varias mantas y ordenó el más absoluto silencio a los remeros, que habían quedado sosteniendo los remos en picado, tocando el cercano fondo para que la embarcación quedara quieta. Los de estribor lanzaron tres garfios y sostenían firme la nave recostada en un barranco.

-Podemos seguir, Gibured. -dijo Isman medio Râdnie después- Enviad la barca con ruedas para que explore la profundidad. Por la derecha, tras esa isla. Luego los brazos se unen formando uno mayor que atraviesa un pequeño delta, pero encontraréis la corriente principal sin encallar...

-¿Y encima de salir con el Ka, podéis andar con él sobre las aguas?

-No, mi querido navegante, ya sabéis que eso es bien difícil, aunque alguien excepcionalmente lo logra. Lo que hago es programar mi mente, me duermo completamente para despertarme cuando ya estoy con el Ka en tierra firme. Igual lo habrías hecho Vos atracando la nave y caminando por la orilla, sólo que demoraríais medio día en andar lo que anduve en este rato. No puedo ver con claridad la profundidad, pero la barca con ruedas no tendrá problemas en eso...

-¡Continuemos sin bogar!, -gritaba el General- ¡Atención timoneles, con timón levantado, dos codos en agua!... ¡Velas arriadas!, ¡Seguimos a la barca piloto!... No me atrevo a usar las velas, Isman, el viento está un poco rebolicado. Y mejor ir despacio.

Luego del pequeño archipiélago de doscientas cuerdas de largo, el río volvía a tener un solo cauce profundo. No se izaron las velas pero bogar aguas abajo cuando los pilotos anunciaron buena profundidad, aceleró el viaje. A Isman como siempre, cada vez que Elhamin o Gibured querían hablarle, le hallaban reemplazando al remero que veía más fatigado.

-¿Otra vez, Faraón, a vuestra edad? -decía Elhamin jocosamente.

-Justamente por eso, Elhamin. ¿Os gustaría tener un Faraón gordo, panzón, debilucho y perezoso?

Los remeros hacían chistes o los hacía el Faraón, pero no hablaron mucho durante el resto del viaje porque la tarea del remo es dura y a veces requiere conservar el aliento.

-¡Por fin, mi amado y precioso Nilo! -exclamaba Gibured ya casi de noche- Podríamos continuar y antes del amanecer estaríamos en Aswan.

-Nada de eso, General. Vamos a acampar y descansar. Demorar un día más es preferible a caer en la catarata...

-¡Conozco esto como la palma de mi mano, Faraón!

-Aún así, Gibured, no vamos a extenuar a los hombres ni quiero arriesgar nada. ¿Qué haríamos en Aswan a la madrugada?

-¿No sabíais que los bares y posadas de Aswan no cierran nunca?

-¿Como Faraón de Ankh em-Ptah tengo cara de gastar tiempo en los bares? ¿Y cuándo trabaja esa gente?

-Cuando les corresponde, Faraón... Son hilanderos, carpinteros, agricultores, pescadores, construyen barcos, fabrican ornamentos en piedra...

-Como en cualquier otra ciudad de nuestro país...

-Sí, pero allí tienen sus costumbres. -intervino Elhamin- Van más a los bares que a los Templos, que les quedan lejos, salvo el del Amor y el de la Isla, que no están disponibles para todos, sino para los estudiantes del Sacerdocio. El de Horus-Sobek a un día de marcha...

-Eso no es pretexto, General. -respondió Isman- En otras ciudades tienen que hacer caravanas para llegar a los lugares sagrados...

-En Aswan, los bares son sagrados, Faraón. -dijo Gibured- No creáis que sólo van a beber cerveza. Muchos días veréis allí sacerdotes dando enseñanza. No tendrán las paredes imposibles de hacer de los Templos, pero los muros de los bares son buenas reproducciones artísticas. Tampoco durarán milenios, pero sirven igual... Os aseguro que os gustará hacer una visita, aunque sea como porteador del General...

-Bien, muy bien... Si están abiertos todo el tiempo, dormiremos bien aquí, aprovechando que ya no llueve y mañana iremos a desayunar.

-Si acampamos aquí, seguro que llegamos a Aswan a la merienda de la tarde... -aclaró Gibured- Hay una jornada de marcha por lo menos.

-¿Y pretendíais hacerla de noche?... Vamos Gibured, que estoy intuyendo que tenéis más de una razón para estar tan ansioso por llegar a Aswan.

-No, Faraón, os lo juro. Más de una no, sólo una... Si tuviera otra, esa "una" me daría con el látigo o no me dirigiría la palabra.

-Hace tiempo me comentabais que vuestra esposa os abandonó. ¿Es que ya tenéis a alguien que os espera?

-Ella, no lo sé, pero yo espero llegar. Sólo la vi una vez y apenas hablamos unas palabras, cuando preparábamos esta campaña. No era momento de decirle *"¿Queréis venir a pasear por desconocidas tierras donde estaremos en medio de una guerra y con grandes posibilidades de morir juntos en ella?"...* Si vierais como me miró al despedirnos...

-Descansad y relajaos, General, -dijo Isman- Si os ha esperado, seguramente también podrá acompañaros. Si seguimos así, no cabrán tantas flores y cintas en el Templo de Karnak... Estaremos dos días en Aswan y luego tres días hasta Karnak. Espero que tengáis tiempo suficiente para algo más que hablar unas palabras.

---------------

Tres días más tarde, decía Gibured a Isman mientras embarcaban:

-Estos días me resultaron como instantes, los días más cortos de mi vida. Faraón, Enhutatis, os presento a Kanhelah nativa de aquí, hija de carpinteros navales de Aswan, mi nueva... Ayudante de Capitanía.

-A vuestras órdenes, Faraón. Y a las vuestras, Enhutatis.

-Encantados, Kanhelah. -dijo Enhutatis al abrazarla- Veo que habéis transformado el rostro de nuestro General...

-Pero en realidad, -agregó Isman- quedáis estrictamente a órdenes de mi General Gibured... Como Ayudante de Capitanía, claro...

-¡Eso! -dijo Gibured riéndose- Lo queréis dejar bien claro, porque en otras cosas ya sabéis que es al revés...

Tres días después, el Concejo Supremo, ya enterado de todos los logros de la campaña recibía en Karnak al Faraón. La recepción en el Templo fue sencilla, con sólo unas quinientas personas, pero la recepción popular fue una gran fiesta en que los cien mil habitantes de la ciudad sacaron las mesas a las calles para hacer tres días de comidas comunales. En la reunión con el Concejo recibía las noticias, algunas buenas, otras que no lo eran.

-Vuestra hija y el Comandante Ankemtatis están en camino... -le decía el Regente General, gobernante interino en ausencia del Faraón mientras caminaban hacia la plaza.

-Menkauris, antes que sigáis... -interrumpió Isman- Debo deciros que he nombrado General a Omar, puesto que no requiere aprobación vuestra, dada su antigüedad y méritos, pero también a Ankemtatis y a mi hija Henutsen y quiero que se ascienda a las Comandantes que me han acompañado. Respecto a mi hija, no quiero que penséis que...

-No digáis nada más, Faraón, que no se nos ocurriría pensar en una propuesta sin fundamento. Menos aún cuando Amenhaton nos ha comunicado que vuestros dos tortolitos, con sólo dos mil soldados y esos Invisibles que no llegan ni a veinte, han parado los pies a una tropa de más de cinco mil que habían tomado el puerto de Marshalam, con siete bajas propias en total. Por el informe que me habéis dado recién y los que recibo del Este, parece que ellos no se quedan atrás respecto a Vos, podéis estar muy orgulloso. También ha ocurrido algo extraño con una flota obherita muy grande, cuyos restos estaban en las playas un poco más al Sur de Marshalam, antes que vuestra hija llegase al puerto. Vieron miles de cadáveres y puede que decenas de miles. Es como si se hubieran incendiado antes de llegar a las costas, pero con explosiones como las que describís en vuestro informe...

-¿Lo habéis leído todo?

-No, Faraón, Arkanis debe haber gastado la tinta de cien calamares y aún no he tenido tiempo a leerlo todo.

-Pues esos barcos seguramente han sido destruidos por cincuenta heroicos Baalbekios que han venido a ayudarnos. Traigo conmigo a uno y ahora nuestro querido Arkanis cuenta con otros cuarenta y tres de ellos.

-¿A ayudarnos? -dijo el Regente con gesto de incredulidad y sorpresa- ¡Si prácticamente ya no existe Baalbek!

-Aunque os suene extraño, Menkauris, somos testigos de ello.

Dada la enorme cantidad de informes presentados por el Faraón, no todos escritos con demasiado detalle, la reunión duró dos días y parte del tercero. No habría secreto de Estado alguno con el Pueblo, salvo la decisión aprobada por unanimidad de ayudar a Baalbek del modo que el Faraón planificara en caso que tomara decisión en firme. Enur había declarado también y se le aceptó como agregado militar, así como al final, sin oposición alguna, se aceptó la nominación de Generalas a las que partieron como Comandantes.

Al día siguiente Ankemtatis y Henutsen estaban de regreso, no sólo para felicidad del Faraón y los familiares de los soldados, incluso para aquellos que recibieron la noticia de la muerte de sus siete héroes, sino también para Enur, que se encontró con cincuenta compañeros a los que daba por muertos casi seguro, ya que la misión era suicida.

El Faraón, Henutsen, Ankemtatis y las flamantes Generalas fueron invitados a una comida de reencuentro organizada por Menkauris y tras los abrazos y llantos de alegría, Ashtarizara traducía para ellos a los Baalbekios y a Enur, el diálogo del emotivo reencuentro.

-¿Lo habéis logrado, Beniassur? -decía Enur en su idioma- ¡Os envié a una misión mortal y estáis conmigo aquí!

-¿Y los vuestros? -preguntó con aflicción el otro.

-Seis bajas, los demás logramos el objetivo de otra manera y ahora son miembros del Ejército del Faraón. Están en campaña al Sur...

-Nosotros tuvimos mucha suerte. -decía Beniassur- Imposible en todo el trayecto, mucha vigilancia. Una fuerte tormenta apareció cerca de destino y Jauddur mandó a unir los barcos para evitar pérdidas. Muy atados y gran tormenta, los guardias descuidados, tres esquifes y nos hicimos la señal del pájaro. Esperamos en los esquifes que pasara la lluvia y los incendiamos antes que los desataran. No fue sólo el incendio. Algo hizo explosión, como las antiguas cañas de fuego que tenían los obheritas y creíamos que no tenían más... Setenta y tres barcos obheritas hundidos, nosotros con los esquifes logramos llegar a tierra y vagamos hacia el interior. Nos quitamos la asquerosa ropa obherita, por suerte. Henutsen nos encontró y habló con algunos de nosotros cuando dormíamos. Dice que nos habría matado con esas ropas, pero ella es rara, muy especial... No habla nuestro idioma, pero dormidos podemos hablar y Nabunissi recuerda que le explicó todo y ella entendió...

Al día siguiente el Faraón visitó a sus más allegados en el Templo y tuvo un buen rato en sus brazos a la futura Faraona, cuyos padres estaban profundamente entusiasmados con la presencia de Isman, a quien sólo habían visto algunas veces. La niña le abrazó el cuello como si le conociera de toda la vida y permaneció así hasta que se durmió.

-Os ha sentido como a nosotros, Faraón, -dijo Nereb, el padre de la niña- Sólo conmigo hace eso de dormirse abrazada. Si permitís que permanezcamos al servicio de este Templo, Meri Septenheka será la niña más feliz del mundo... Y Nefereng y yo, los padres más felices.

-Si vuestra instrucción sigue como me acaba de contar Ankhana, podéis estar seguros de que vais a vivir toda la vida en este Templo. Ahora debo ocuparme en la comida comunal, así que a la noche, os ruego traerme a vuestra niña unos momentos. También he sentido yo una afinidad especial con ella, así que si me aceptáis como padrino oficial, sin perjuicio del padrinazgo de Ankhana y su esposo, ordenaré su bautismo en unos días... Pero ¿Qué hacéis?... No sois prisioneros ni vais a jurar cargo. ¡Nada de estar de rodillas ante mí!, ¡Ninguno de nuestros dioses acepta que el hombre se humille ante ellos!

-Perdonad nuestra ignorancia, Faraón. -dijo Nefereng- Lo sabemos pero estamos tan emocionados... No sabemos cómo demostraros esta gratitud que se sale de nuestros corazones y Almas...

-La gratitud... Es algo muy bello. Nos trae todas las bendiciones. Cuidad a vuestra hija como si fuese la Faraona de vuestra casa. Con ello habréis demostrado toda la gratitud del mundo.

La comida comunal era normal un día a la semana, pero todos querían ver aunque sea un momento al Faraón, así que de ese modo Isman pasearía durante tres días por las calles en una cuadriga, saludando a todos. Sólo le acompañaría Elhamin y un carro iría detrás para recoger la enorme cantidad de obsequios que le hacían, en especial los niños y los artesanos. Tres días deteniendo la cuadriga al lado de cada mesa, hablando con la gente, recibiendo abrazos a cada paso, agradecimiento, felicitaciones, regalos de los niños y a veces algún trago de cerveza.

-Esto es más agotador que la campaña reciente, Elhamin, pero mi Alma rebosa de felicidad. ¿Qué sacrificio no haríais por un pueblo así?

-Si tuviera que perder hasta el Alma, Isman, lo haría para que siga viva la llama de nuestro pueblo. En los dos días que nos faltan, podemos invitar a los nuevos Generales, de modo que nos ayuden un poco… O mejor, descartad la idea. El pueblo ha elegido un Faraón y es a él a quien quieren ver. Ya habrá tiempo para un triunfo público con los demás…

-Me estaba gustando la idea, Elhamin, pero tenéis razón. Me han elegido y me debo a ellos en cuerpo y alma…

Mientras que cumplía durante el día su obligatoria presencia con el pueblo, aún agotado asistía al caer la noche, a las reuniones de Plana Mayor y del Concejo Supremo.

-Ya ha sido completamente barrido todo el territorio. -comunicaba Gibured- Ankh em-Ptah está libre de tropas enemigas y desde que se ha establecido el censo obligatorio, más de dos mil presuntos espías están en las cárceles que hemos tenido que construir, porque no teníamos más que unos pocos calabozos donde los soldados solían dormir en los días calurosos. Ahora los censores, cada día están trabajando más que en toda su vida, averiguando procedencias, en algunos casos ayudados por los Sacerdotes que tienen la misma cualidad vuestra de detectar las mentiras. La gran cuestión, es qué vamos a hacer con los que se encuentren culpables seguros.

-Por ahora, cárcel, General. -dijo Isman- No quiero pensar en eso por el momento. Bien alimentados, bien tratados, pero aislados en todo lo posible, sin contacto entre ellos. Si les dejamos comunicarse, vamos a lamentar las consecuencias. Si es posible, que trabajen en sus celdas a cambio de la comida. Para ellos, que un plato de comida equivalga a medio día de trabajo.

-Se están ampliando las construcciones, Faraón, haciendo celdas y letrinas individuales. Ya sabemos cómo son para conspirar esas ratas.

-Bien, Gibured. Mientras no surjan otras prioridades, esa será la vuestra. Yo debo regresar a Tekmatis cuanto antes.

-Primero creo que tendréis una ceremonia un tanto especial…

-No lo he olvidado, General. He hablado con Menkauris para que se encargue de prepararla. Será mañana.

Al día siguiente, el Templo de Karnak no sólo brillaba con todo su magnífico colorido, sino que se había adornado con millares de flores, cintas de hilo de oro, collares de pedrería fina que colgaban en el cuello de las estatuas. El aire en derredor del enorme Templo olía con los más deliciosos perfumes de incienso, mirra, sándalo, jazmines y rosas preparados por los Sacerdotes y perfumeros.

Isman se hallaba vestido por primera vez en muchas décadas, con todas sus galas pero esta vez no le pesaban, tratándose de las bodas que debía presidir y efectuar. Aunque a Enur y Ashtarizara ya les había casado, la ceremonia social les incluía como testigos de todos los demás. En primer término, aparecieron Henutsen y Ankemtatis en el patio, a quienes el Faraón reconoció sólo por sus rostros. No había visto a su hija sino con las ropas reversibles de cuero de los Invisibles, ni a Ankemtatis con otro atuendo que el de Comandante. Ahora llevaba ella un vestido blanco y amplio de bello escote y cintura fina, con orlas doradas en cejo, completado con una caperuza de la misma hechura. Ankemtatis lucía una toga al estilo de los Hellanios pero también blanca y con finas hebras de hilo de oro y grecas rojas, en vez de su coraza, así como un lujoso tocado egipcio cubría su cabeza, en vez del casco de Comandante.

Hilaris y la baalbekia Esthardalia entraron poco después luciendo de similar manera. Tras ellos, varias parejas más, vestidos todos como nunca había visto el Faraón tanta elegancia reunida desde el lejano día de su proclamación. Se fueron colocando frente al trono, formando un semicírculo y Menkauris dijo a Isman:

-Estas son sólo las veintiséis parejas que se han formado durante vuestra larga campaña de Tekmatis, del Sur y el Este, incluido vuestro General Gibured...

Una vez que el Faraón hizo los solemnes casamientos uno a uno, le tocó su turno. Enhutatis apareció con un vestido azul de falda amplia y su cabello cobrizo tan bien peinado con su tocado tradicional en blanco y oro, que Isman se quedó sin palabras. Menkauris tuvo que tocarle el hombro para hacerle reaccionar.

-Ahora os toca a Vos, Faraón, así que debéis dejarme el sillón, el Heka y el Nejej... -Y luego siguió la ceremonia diciendo Menkauris:

-Como Faraón Interino sólo por lo que dure esta ceremonia, ante los dioses, el Universo y la Esencia Divina, os pregunto a Isman Odilvisal, nativo de Gebelik, Faraón de Ankh em-Ptah por designio del Pueblo y a

Enhutatis Kavitak, nativa de Kampel, si deseáis permanecer como amantes esposos para toda esta vida, o para siempre hasta alcanzar la Ascensión al Reino de los Cristalinos. Cuando levante el Heka, responderéis cada uno con la Verdad Absoluta de Vuestro Corazón.

-¡Para siempre! -gritaron los dos, tal como lo habían hecho todas las parejas recién casadas. Luego, una lluvia de flores les cubrió y tras algunos Râdnies de conversaciones y abrazos con los presentes, la ceremonia, al principio sagrada y solemne, continuó luego en un amplio terreno en el exterior del Templo, con risas, fiestas, comidas y bebidas, en las que los recién casados estaban obligados a dar un discurso que en lo posible, debía hacer reír a los presentes.

No faltó ingenio en los chistes, en especial con toques eróticos, aunque respetuosos, tanto de las mujeres como de los varones. Las fiestas duraron hasta el día siguiente y dos días después, el Faraón partió hacia Tekmatis acompañado de su flamante esposa, Elhamin, Henutsen y Ankemtatis, junto a una tropa de dos mil hombres, más otros dos mil que debían reincorporase a las fuerzas de esa ciudad.

## Capítulo XXII - Regresando a Tekmatis

En esta ocasión el viaje se hizo acortando camino por las tierras selváticas, ya que Isman deseaba inspeccionarlas, aunque eran más transitadas que la línea de floresta y desierto. El objetivo era asegurarse de no hallar alguna sorpresa más, como grupos enemigos supervivientes de las campañas. Sin embargo no se encontró rastro alguno de actividad de los obheritas por allí. Los comprobantes que los exploradores dejaban en algunos sitios clave, huecos de árboles o piedras, estaban intactos. Estos comprobantes de cuero, con el nombre y número del explorador y la correspondiente fecha, fueron reemplazados y actualizados.

Grande fue la alegría de la gente de Tekmatis al volver a recibir al Faraón y algo triste les resultó la noticia de que Henutsen y Ankemtatis, ahora Generales y recién casados, abandonarían para siempre la ciudad porque vivirían en Los Diez Colosos. Lo que tampoco se comunicó al pueblo ni siquiera en Tekmatis es que seguramente, antes de dicho destino, otra campaña les esperaba en tierra de Baalbek.

-A vuestro yerno -decía Uasnum- la gente lo echará de menos, porque es un hombre ejemplar, pero cuando les diga que Hempotepet se quedará en su lugar definitivamente, les compensará el ánimo. El viejo ya no parece tan viejo, sus huesos se han curado muy bien y aunque no ha dejado de cocinar de maravilla, ha vuelto a hacer lo que más le gusta y está instruyendo a los arqueros.

-Imagino que estará muy a gusto. Conversaré con él mientras paso junto con Enhutatis, unos cuantos días en la Pirámide Negra. ¿Habéis hecho algún descubrimiento más?

-Sí, Faraón, y muy interesantes. Los descubrimientos han seguido aquí en Tekmatis y en los laberintos de Gavelade, pero en Darsum hemos entrado a las construcciones de donde sacasteis a aquellas ratas... Perdonad mis expresiones, pero es muy fuerte el tema. Hemos hallado más cilindros de aquellos... Por suerte que les empezasteis a ahogar con agua y no fue mucho con fuego. Hemos recuperado todo aquel sitio, muchísimas armas, los crisoles ya funcionan para nosotros y hallamos una máquina y veinte cilindros de esos... Hempotepet la estuvo estudiando y los cilindros entran en el tubo del aparato. No hemos cometido la imprudencia de hacer más, pero parece que sirve para...

-No me expliquéis más, Uasnum, que sabemos lo que es...

Luego de contar Isman a grandes rasgos la Campaña del Sur y los variados descubrimientos, Uasnum continuó con las novedades locales.

-Hemos construido unas rampas que mañana os mostraré, así como una puerta rastrillo para cuidar esa entrada. Aunque desde Gavelade se tiene control total de acceso, es mejor tenerlo desde ambos extremos. Una vía de comunicación muy rápida con aquella región, que por ahora y hasta que ordenéis lo contrario, será sólo de uso militar y lo hemos mantenido con Unaptis en secreto. Para los civiles, sólo se usará en el caso de alguna emergencia. Hay muchos de aquellos cilindros peligrosos, que ya hemos dispuesto guardarlos con extremos cuidados.

-Bien, Uasnum. Esas armas, que hemos usado tan efectivamente contra el enemigo que las hubiera usado para destruir toda nuestra Patria, siguen siendo para mí una gran preocupación. ¿Qué habéis conseguido con los tres prisioneros?

-Nada que sirva. Hablan tonterías sin sentido y se burlan de sus centinelas. Les hemos separado y suspendido los paseos, después que intentaran engañar a los guardias para escapar e hirieran a uno.

-Volved a reunirles mañana y decidles que serán cambiados por prisioneros nuestros que tiene Elintaakh.

-¿Es verdad eso, Faraón? -dijo sorprendido y confuso.

-No, Uasnum, ya os he contado lo que ocurrió con él...

-¡Ah, ya os entiendo!... Obtendrán de sus propias manos, la única libertad que podemos permitirnos darles. Es penoso, pero ya sabemos que tenerles es un riesgo muy alto y una carga inútil. A pesar de la buena comida, buen trato, intentos de algunos discípulos de hacerles hablar y comprender tras largas charlas o mejor dicho monólogos, sólo han conseguido insultos y burlas. Que Anubis les ayude. Pediré a los instruidos por vuestra hija que se encarguen del tema.

-A propósito de ello… -dijo Isman disimulando el llanto que le provocaba aquella decisión que le parecía tan cruel e indigna de él, pero menos cruel que tener enemigos irrecuperables en prisión- no he visto a Henutsen desde que llegamos. Fue bajar de su carro y tanto ella como Ankemtatis, desaparecieron como buenos Invisibles.

-No os preocupéis, Isman. Están revolviendo entre los túneles y galerías descubiertos recientemente, porque ya sabéis que hay cosas que a estos jóvenes les interesan mucho, tanto las armas como los materiales raros con los que hacen instrumentos útiles. Ahora voy a dar indicaciones a los ingenieros para que os hagan buenos servicios de baño a Vos y a vuestra esposa dentro de cámara principal de la Pirámide Negra. Ya lo habíamos comenzado a hacer, pero habrá que ampliarlos. Unos caños de cerámica que ya están colocados, pueden evacuar todo sin salir de la pirámide. También hemos llevado el agua, mediante el sistema que usamos para los pozos, pero las cañas se rompían por la presión, así que usamos unos tubos de metal que hemos hallado en las minas, donde encontramos aquellos carros… Pero contadme que pensáis hacer con el tema de Baalbek…

-Magnífico lo de los servicios, Uasnum. Pasaremos mucho tiempo allí. Respecto a nuestra Patria Hermana, he enviado embajadores por el mar del Sur de Arhabab para hablar con Nerobenssetor. Cuando lo autorice él personalmente, comenzaremos a hacer planes según la información que consigamos. No quiero adelantar acontecimientos, pero me temo que aquello será algo más difícil que nuestra campaña de defensa ¿Qué novedades hay sobre los BerArBer?

-En eso, las mejores que podáis imaginar. El Rey vive muy lejos, más allá de los Lobunos, en una región donde reina el frío. Nos han dado unos planos del mundo y unos mapas increíbles, muy bien dibujados: Dice que se los han dado los Primordiales, es decir los Hombres-Dioses Inmortales del Interior del Mundo. Los BerArBer son una especie de colonia de un pueblo no muy grande, pero sí poderoso. Dicen que su misión es explorar el mundo y poner en contacto a los pueblos para que se ayuden entre sí en la defensa contra Seth. Ellos le llaman Loky, pero es lo mismo, el Gran Esclavista creador de pueblos mortales.

---------------

-Las obras de exploración, -decía Uasnum varios días más tarde- siguen muy bien, queridos míos, y no estaría mal que salieseis a tomar un poco de sol, si vuestro fuego amoroso os deja un respiro y no tenéis demasiada prisa en alcanzar la Ascensión...

-¡Bien dicho, Uasnum! -respondió Enhutatis riendo a carcajadas- Vamos a asolearnos un poco y a dar señales de vida, que la gente va a pensar que no hacemos otra cosa...

-Pues es cierto, pero por los escritos que veo aquí -dijo el Sacerdote- os estáis poniendo al día con la lectura de parte de nuestros libros.

-Sí, claro, -dijo Isman riendo también- a ratos leemos y escribimos.

-Pues ya volveréis a leer y escribir en esta cámara más tarde, incluso cartas al dios Min, pero gastad más velas, que apenas tenéis encendida la de la entrada y uno puede pensar que tenéis vista de gatos...

-Es que como sabéis, Uasnum, poca luz material, más luz etérica...

-Sí, claro, Enhutatis...-dijo riendo el sacerdote- Venidme con esas... ¿Acaso no sabéis que también soy experto en artes eróticas y se me conocer como el mejor creador de escenarios nupciales?

-Sin embargo no os conocemos pareja, Uasnum...

-Conocéis de vista a las tres, Faraón... Y me acompañan en el Camino de las Cobras. Pero tenemos claro que si nos casamos, sería sólo "Para toda esta Vida". A propósito ... ¿Qué opináis sobre tener varias esposas?

-Si también una mujer pudiese tener varios maridos, me parecería algo extravagante, pero justo. Sin embargo no es algo muy habitual. Y menos a vuestra edad. Imagino que llevar bien la Katarisis en esas condiciones de promiscuidad, con lo pegadizos que son los demonios psicológicos, será algo difícil en extremo. Pero no hay ninguna Ley de Thot que lo prohíba. No obstante, no creo que os convenga hacer matrimonio mientras no tengáis sólo una esposa y "Para Siempre".

-Cierto que es difícil la Katarisis, pero la llevamos bien. Tampoco ellas se quejan, a pesar de mi edad y que no faltan hombres solteros y jóvenes en Tekmatis. Como no pienso aún en Ascender, sino en continuar sirviendo a Ankh em-Ptah por algunas encarnaciones más y ellas piensan igual, de lo único que nos cuidamos es de no engendrar hijos. Pero bien cierto es lo que decís de la Katarisis. Hay que tener mucho cuidado con ello y no les tendría como amantes si no lo tuvieran ellas bien en claro.

Mientras conversaban, recorrieron durante el resto del día, largos túneles y las obras de despeje de otra pirámide más pequeña que la Pirámide Gris, y otras tres pirámides más pequeñas, de una cuerda de alto al costado Sur.

-Esto va quedando cada vez más impresionante. Me recuerda a las Pirámides de La Luz, Uasnum.

-Creo, Faraón, que es una réplica muy aproximada. No igual, como tampoco son iguales las cámaras y materiales empleados, pero sin duda que habrá como allá, un entramado de subterráneos grande. Aquí las arenas lo han cubierto todo durante milenios y creo que si La Luz o la Fábrica de Poder quedasen abandonadas algún tiempo, les ocurriría lo mismo. El desierto es implacable, pero al mismo tiempo ha protegido bien todo esto. Seguro que en la última reconstrucción ya ni sabían que existía Tekmatis. De no ser por las lluvias que drenaron las arenas de este valle y los exploradores de hace mil años, nada aquí se habría descubierto. El desierto habría vuelto a taparlo todo. ¿Conocéis las pequeñas de La Luz?

-Estuve en dos de ellas. -respondió Isman- ¿Y Vos, Enhutatis?

-En todas, Faraón. Aprovechaba los días libres durante la instrucción militar para visitarlas. Los Guardianes Templarios me explicaron cómo se usan sus cámaras subterráneas, mucho más importantes que las del centro en estas pirámides menores.

-Pues entonces, -dijo Uasnum- os voy a rogar que me lo digáis a mí, porque apenas si tuve tiempo a verlas y no tengo idea del uso… Los Templarios me ofrecieron en La Luz una sesión de agua, pero no volví al día siguiente para enterarme.

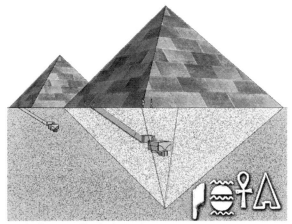

-Estamos bajando a unos veinte codos de profundidad, si el diseño es como aquellas…- decía el Faraón mientras descendían por la estrecha rampa en una de las pirámides menores.

-Así es. -respondió Enhutatis- Y seguro que hallaremos un servicio de tocador completo, si no lo han quitado los obreros.

-Nada se ha quitado, -dijo Uasnum- se dejaron todos los muebles, envases que debieron contener perfumes y algunos aún huelen a flores, y se ha engrasado la puerta rastrillo de la cámara, cuyas cadenas de elevación costaron mucho trabajo a los ingenieros, para poder rehabilitarlas en un espacio tan reducido. Permitidme que la abra...

Accionó una palanca y comenzó a tirar de la cadena que parecía no acabar nunca, saliendo de una compleja caja de poleas. La puerta se levantaba lentamente, quedando libre el paso a una pequeña sala con escaleras hacia el techo sin salida.

-Ese conducto de allí, -decía Enhutatis al señalar un hueco en una esquina superior- es una entrada para el agua que debe echarse desde la parte superior, casi en la cúspide de la pirámide. El agua entra a estas piscinas y puede subir un poco más, pero nunca podrá superar el nivel del segundo escalón, porque el aire se comprime hasta un punto en que no puede entrar más agua. Aquí abajo hay un efecto parecido al del interior de la pirámide, pero los Templarios aconsejan no pasar de cuatro Râdnies aquí dentro, pudiendo volver cuatro Râdnies después. Entonces abren la puerta rastrillo y el agua sale un poco por el pasillo hacia la sala de tocador. Desde afuera sacan una parte del agua con unas vejigas de camello, como en cualquier sitio donde haya que subirla, como en los pozos sin fuerza. Después la gente sale y regresa para la sesión siguiente. Dicen que curan muchas dolencias con este sistema.

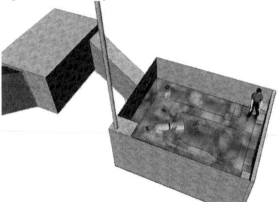

-Ahora entiendo... -decía Uasnum- Aunque me habéis ahorrado el viaje hasta La Luz, que pensaba hacer pronto para que me instruyan los Templarios de allí, igual no descarto traer uno de ellos para que nos ayude aquí. Con vuestras indicaciones, creo que lo entiendo como para poner éstas en funcionamiento. Entonces aquí lo que ocurre es que se juntan dos efectos... Uno es el de la parte de debajo de la pirámide, que ya usan algunos médicos usando cajas piramidales pequeñas para tratar heridas locales. El otro, es el efecto que produce el agua comprimida, que al comprimir el aire, es como si obligara a la materia del cuerpo a comprimirse también, pero suavemente...

-Algo así debe ser... -continuó Enhutatis- Si la materia se comprime en lo más pequeño, debe obligar a lo que sobra en ella a salir del cuerpo. Como si lo exprimiera suavemente para que salga todo lo que está demás y produce las enfermedades...

-¡El agua!... -exclamó Isman- ¡Eso es...! Me ha venido la comprensión de la Estela del Agua en uno de los obeliscos de Karnak. Es tan claro todo, que no lo vemos hasta que relacionamos las cosas. Las pirámides con las proporciones de la Gran Pirámide de La Luz y de Tekmatis son las que mejor funcionan, porque están relacionadas con el agua... ¿Recordáis los grabados?

-Apenas los recordamos, Isman. -dijo Enhutatis- No nos es posible recordar tantos millones de grabados y jeroglíficos... Pero creo que sólo en Karnak hay más de mil dibujos de la Llave de la Vida en la Pirámide.

El Faraón dibujó en un anotador rápidamente parte de la Estela del Agua, cuyos jeroglíficos conocía de memoria.

Estela del Agua 1º parte Obelisco 1 Karnak

Tres días de acción armonizante en el mundo invisible (de tamaño)

Doble trabajo sobre el mundo material

La Llave de la Vida en la Pirámide

Realiza el talento del Sol

Por encima del mundo de las formas

www.piramicasa.es

-Mirad... Podéis leerlo de abajo hacia arriba o de arriba hacia abajo. Con toda la estela daría igual, pero veamos sólo este fragmento... El agua tarda tres días en cambiar, como ya sabemos... Doble trabajo porque cambia la forma pero también la energía. La llave de la Vida en la Pirámide realiza el talento del sol por encima del mundo de las formas... Podría escribir toda una biblioteca sólo con las estelas de los obeliscos, pero ahora comprendo el significado profundo, aunque apenas si hay palabras en nuestro idioma para explicarlo todo...

## Capítulo XXIII - Noticias de Baalbek y los Victorios

Cinco Khabeds después de su partida, llegaron a Tekmatis tres de los cinco embajadores enviados a la región más oriental de Baalbek por diversas rutas, aunque todos por mar, rodeando el Arhabab.

-Nosotros logramos reunirnos con el Rey Nerobenssetor, -decía uno de ellos- y nos encontramos en su improvisado palacio, donde se inician las cadenas montañas que según dicen, son las más grandes y altas del mundo conocido. Regresamos también con dos días de diferencia para reunirnos en Karnak, pero a las otras dos expediciones las damos por perdidas. No hemos tenido noticas allá, ni de regreso. La travesía marina ha sido rápida y sin dificultades, pero la terrestre ha sido larga y sufrida. Hemos apelado a los disfraces muchas veces y en algunos casos dispersándonos para reunirnos más adelante, con lo que hemos burlado partidas de exploración y patrulla de los obheritas.

-Es lamentable que aquellos hombres se hayan perdido e imagino que Amenhaton habrá enviado partidas de búsqueda. Ahora por favor, a las noticias. Estoy ansioso por conocer lo que os ha dicho Nerobenssetor.

-Sí, Faraón. Lo importante se ha cumplido y el Rey ha lamentado largamente no habernos pedido socorro hace cincuenta años, al empezar sus problemas. Ahora la situación es realmente delicada y hemos regresado los tres con estos documentos que son iguales y el testimonio de estos ciento cincuenta Baalbekios, pues cincuenta han acompañado el regreso de cada uno de nosotros, a fin de que os conste la total garantía de que Nerobenssetor y su pueblo desean toda la ayuda posible desde Ankh em-Ptah. Procedo a leeros la traducción, ahorrando los pormenores protocolares de cuya legitimidad da fe toda esta gente que nos acompaña, nuestros y Baalbekios:...

... *"Como Rey legítimo de Baalbek, en situación de exilio forzoso, autorizo la incursión de cuantas tropas del Faraón crea necesarias, incluso en los territorios que ahora ocupan los obheritas. El terreno sigue siendo legítimamente de Baalbek y la mayoría de los habitantes, esclavizados por el cruel Elashirrano recibirían con gran alegría su liberación. Por lo tanto desde el punto de vista del Rey que suscribe, como del pueblo consultado mediante las diversas Asambleas de los Supervivientes, una campaña de exterminio de los esclavistas está autorizada sólo con tres condiciones, en el siguiente orden de prioridades: Que se respete en lo posible la vida de los civiles, en especial las mujeres y los niños, que los militares obheritas sean aniquilados y no expulsados, y que el Faraón acceda a gobernar temporalmente las regiones recuperadas a medida que se realiza dicha recuperación y por el tiempo que sea necesario, hasta que Baalbek vuelva a tener a su Rey y las Asambleas de los Templos aprueben su continuidad en el cargo. Como bien sabrá nuestro Hermano Faraón, este Reino no ha de caer nuevamente en los errores ya cometidos, porque dichos errores también han puesto en peligro a nuestra Hermana Nación de Ankh em-Ptah por dos veces. La primera por el fortalecimiento de Obheres y su reino esclavista, que le ha obligado a defenderse de su planeado ataque, y la segunda en esta ocasión en que rogamos actúe en nuestro territorio, que es tanto mi casa como la suya. Que nuestros dioses y los vuestros guíen nuestros corazones y cabezas bajo la permanente inspiración de Ptah-Baal."*

Tras la lectura, el Faraón quedó largo rato meditando y pidió a los embajadores y sus comitivas que esperasen unos días, para tomar las decisiones correctas, dado que serían determinantes del futuro de ambos pueblos y debían meditarse con gran cuidado. Las extensas conversaciones por separado con su hija, Ankemtatis, Enhutatis, Elhamin y Uasnum, se prolongaron por tres días. Todas ellas tuvieron lugar en la cámara superior de Pirámide Negra y finalmente convocó a las delegaciones y embajadores para comunicarles las novedades. Se realizó la reunión en la plaza pública y se convocó a todo el pueblo como testigo de las determinaciones que anunciaría.

La multitud comenzó a llenar la amplia plaza, detrás del cuadro de las formaciones militares. Isman utilizaba una corneta de marino para el anuncio, lo que permitía ampliando su potente voz, que sus palabras llegasen a oídos y corazones de los presentes.

-Ha llegado el momento de tomar las decisiones que Baalbek espera. En previsión de las mismas, he realizado inmediatamente tras vuestra partida hace cinco Khabeds, una consulta popular indirecta en toda nuestra Patria, es decir que se hizo mediante censo de criterio a los Delegados de Asambleas y Cofradías, para no permitir que la noticia pudiera llegar a espías obheritas. El resultado de la misma ya es conocido por el Concejo Supremo, que ni siquiera opuso mociones en contra o condicionales, ninguno de sus miembros antes de dicha consulta. Sin embargo la hicimos para confirmar la disposición de nuestro pueblo sobre la posible intervención en Baalbek. Así que los Delegados hicieron un censo de opinión en conversaciones informales para poder emitir su voto. El resultado no tuvo ni una sola oposición entre ellos. Las conversaciones con mis más cercanos confidentes me han aclarado todavía más la mente, así que os comunico con sincera determinación, lo que nuestros escribas pasan ahora mismo a dejar por escrito, con copias que entregarán a todos vosotros: Declaro la guerra total a Obheres hasta el exterminio de sus fuerzas militares, sin posibilidad alguna de rendición ni de expulsión de sus mandos ni de sus tropas, decretando la pena de muerte bajo leyes de guerra a todo civil obherita o de cualquier pueblo que intente colaborar con el enemigo de todas las Naciones y frustrar la campaña de auxilio a Baalbek, cuyos preparativos quedan formalmente iniciados.

Los delegados Baalbekios, tanto como los embajadores, los más de seis mil soldados y Ankemtamitas civiles presentes, gritaron con el fervor de los pueblos decididos "¡Libertad o muerte!". El Faraón, lejos de actuar por mera demagogia, pidió silencio y continuó un poco más.

-Soy consciente de lo que acabo de decretar y os ruego, hermanos de mi Alma, que lo seáis vosotros también. Deseo que los escribas de los delegados Baalbekios tengan claro que no se trata sólo de la decisión de un Faraón y los demás gobernantes, sino la de toda su Nación Hermana, dispuesta a matar o morir, a exterminar al enemigo de Baalbek, tal como lo ha hecho en esta tierra, o sucumbir en el intento. Si alguien tiene una razón de peso para oponer, sea militar o civil, sin importar edad ni graduación, que sin temor alguno lo haga ahora mismo…

-Vuestro silencio, -dijo Isman tras varios têmposos en que no se escuchó ni un murmullo- indica a nuestros hermanos que compartís de corazón y con el Lah, este decreto formal de Guerra contra Obheres en auxilio de Baalbek y su legítimo Rey Nerobenssetor.

La multitud repitió los gritos anteriores y agregó espontáneamente el grito repetido de "Ankh em-Ptah, Baalbek", que fue convirtiéndose en una especie de canción, tras la que estalló un prolongado aplauso. Luego aclamaron al Faraón y festejaron el resto del día.

La estancia del Faraón en Tekmatis se prolongaría por un tiempo más mientras comenzaban en todo el territorio los preparativos de guerra, gracias a que el país no volvió a ser hostigado por ningún sitio. Tres días después de ordenarse dichos preparativos de la inminente campaña en Baalbek, recibió la visita de los Victorios, por mediación de los BerArBer, con quienes se había reunido antes, entablando una amistad muy profunda y sellaron un Pacto de Hermandad cuando el mismísimo Rey

Ehefanothyr fue a visitarle, para lo que debió recorrer desde su lejano país del Norte, casi nueve mil Talkemtras en barco hasta el Delta del Nilo, luego ochocientos cuarenta Talkemtras hasta Karnak y de ahí por tierra hasta Tekmatis. Sus cien varones y otras tantas mujeres fueron escoltados por doscientos soldados de Karnak al mando de Hilarión, que no quiso desaprovechar la oportunidad para visitar al Faraón.

Los hombres más altos de Ankh em-Ptah eran en promedio, una cabeza más bajos que los BerArBer. Se asombraban de la gigantesca estatura, pero en vez que las espadas curvas de los del desierto, estos portaban unas espadas enormes y pesadas que los Ankemtamitas fuertes levantaban con dificultad y les sería imposible usarlas en combate. Sin embargo los visitantes explicaron abiertamente que era más cuestión de práctica y maña, que de fuerza.

Aquellos hombres fueron esperados en el Delta por las tropas de Hilarión, advertido de que se trataba de amigos de plena confianza a quienes debía llevar ante el Faraón. No dejaron de impresionar visualmente a todos, pero más impresión causaban al contacto cercano, ya que si el aspecto era temible, con sus barbas largas y sus cascos y corazas complejas de duros metales, en cambio inspiraban confianza sus nobles rostros y sus gestos suaves, sus voces graves los varones y muy finas las mujeres. Los ojos en todos, azules o verdes, delataban una profunda sabiduría, quizá innata, quizá adquirida o ambas cosas. Hilarión se dio cuenta al estrechar la mano del enorme Rey, que estaba ante un Maestro, alguien cuya presencia causaba sensación de protección.

Algunos BerArBer habían sido enviados a dicha recepción y sirvieron de traductores, ya que los idiomas eran completamente diferentes. No obstante, algunos soldados se propusieron aprender el lenguaje de sus nuevos amigos y éstos hicieron lo mismo. El viaje por el Nilo fue dirigido por Gibured y resultó muy divertido e instructivo para todos. Los Victorios (nombre del pueblo del cual los BerArBer eran sólo una parte) resultaron ser navegantes extraordinarios y enseñaron a Gibured varios secretos de la construcción de barcos, con los que los suyos serían en adelante más fuertes y rápidos.

Continuaron desde Karnak, luego de ser presentados al Concejo Supremo e Isman les recibió en Tekmatis cuatro días después en una formación algo solemne, pero sin discursos. Abrazó al recién llegado y éste lo estrujó un poco con sus enormes brazos, al tiempo que devolvía en los planos sutiles el Amor Fraternal con la misma fuerza. Saludó militarmente al resto y pasaron a la sala mayor del Templo de Tekmatis. Mientras comían y bebían junto con la Plana Mayor de cada mandatario, los traductores les facilitaban el diálogo, pero Isman ya había aprendido con un BerArBer buena parte de su idioma. A ellos, como a casi todos los pueblos, les resultaba más difícil aprender el idioma Ankemtamita, compuesto de muchísimas más palabras.

-¿Qué impresión os ha causado nuestra Patria, Ehefanothyr?

-La misma que me causaron los Aztlakanes, a quienes he visitado cuatro veces y lo haré cada vez que pueda. Creo que también vendré muchas veces a vuestro país.

-Y seréis siempre bienvenido... -dijo Isman.

-Y espero que sea sólo para saludaros, para conversar y compartir estos alimentos deliciosos. Pero si algún día necesitáis de nuestras espadas, hachas y flechas, contad con ellas. Ya me han advertido que sin nuestra ayuda habéis acabado con más de setenta mil obheritas, pero igual tenéis en nosotros, Hermanos de Alma dispuestos a barrer del mundo a esa escoria humana que hace a los mortales peor que animales. Espero que nosotros os causemos buena impresión...

-Vuestras espadas, tamaño y apariencia han de poner muy nerviosos a los esclavistas, pero a nosotros nos causáis agradable sensación de dignidad. A juzgar por lo que veo en los planos más sutiles de la materia, estáis bastante puros emocionalmente. Me gustará aprender sobre vuestra forma de vida, educación y costumbres, aunque ya conocemos a la parte de vuestro pueblo que vive en los desiertos cercanos...

-Esos son la peor parte de nuestro pueblo en algún momento de sus vidas. A los que cometen algún acto demasiado reprobable, caen en la pereza o los vicios, los enviamos a ese desierto que es peor que las estepas del hielo, para que hagan su Ragnipurgen, es decir su... ¿Cómo le llamáis a la purificación del Alma y el cuerpo?

-Katarisis

-Eso es, Faraón. Y al cabo de un tiempo son hombres nuevos, bajo las órdenes del Hachamán, o sea el Sacerdote que se designa para regentar esa colonia, tan voluntariamente como han venido a nacer mortales pudiendo ser Inmortales. Los hombres bajo su custodia se tornan sabios por el "camino de la ley dura". Nuestros Hachamanes tienen como Vos, el poder de ver los cuerpos invisibles, pero además pueden leer el pensamiento, así que no se les puede engañar y tienen otros poderes que raramente usan. Y os aseguro que ante uno de ellos, igual estaríais tan nervioso como suelen ponerme a mí, porque son hijos de Semilla de Vida de un Inmortal, fecundada sin acto de sexo en el vientre de una voluntaria mortal que sigue el Camino de las Serpientes. Son el regalo que los Inmortales nos hacen para ayudar en nuestra evolución. Los

BerArBer se convierten en custodios del Fuego Eterno y confían en el Dios Vic, que significa lo mismo que el que llamáis Ptah, ese que está en lo más profundo de todas las cosas y de todos los Seres. Eso es lo que significa BerArBer, *"Vuestra vida está en manos de Dios, Custodiad el Fuego Eterno, Confiad en el Dios que está dentro vuestro"*, pero lo logran por la vía del sufrimiento y las más duras condiciones de supervivencia. Algo que hasta a vuestra Amada Sekhmet le parecería un tanto cruel, pero resulta infalible porque se exige sin humillar, se saca la parte más poderosa de la Voluntad. A los cinco años pueden volver a ser Victorios y regresar a nuestras tierras del Norte, pero la mitad se acaba enamorando del desierto y se quedan allí hasta su Ascensión.

-Veo que os habéis puesto al día con nuestros dioses…

-Por supuesto, Faraón. Tenemos un lema al respecto, para conocer a los pueblos y saber qué podemos esperar de ellos. *"Decidme en qué dioses creéis y os diré como sois"*. Los que creen en un dios que pide sacrificios y ritos de sangre, son crueles y criminales aunque se vistan de corderos. Los que creen en dioses pura bondad, serán meros esclavos. Los que creen en dioses que les niegan su propia divinidad, no conocen la Esencia Divina, sino que son esclavos de sus líderes y sacerdotes. Sólo los pueblos que enseñan a sus hijos a encontrar al Dios de todos los dioses dentro de su propio corazón, aunque esté en todas las cosas del mundo, son pueblos libres, y cabe esperar todo lo bueno y deseable.

-Sería interesante aprender más sobre ese "camino de la ley dura", porque nosotros apenas tenemos unos cien prisioneros en todo el país, pero no sabemos bien cómo reeducarlos, así que logran su Katarisis tras muchos años, pero ninguno consigue la Ascensión en esta vida. Ahora las cárceles están llenas, pero con dos mil espías extranjeros...

-Tenéis una falla, Faraón, y os lo digo con el más profundo respeto. Vuestro corazón late con un Amor sin impureza, pero a veces vuestra Inteligencia y vuestro Poder, se empañan con lágrimas. Nosotros quizá tenemos otras fallas y si las veis, os ruego nos las digáis. Por eso cada cual tiene una misión diferente que cumplir. La vuestra es conservar y dar la Luz de los Conocimientos Sagrados al mundo exterior, mientras que la nuestra es poner en contacto a los pueblos antiesclavistas, enseñarles a defenderse, defenderles si es preciso y sobre todo, custodiar las entradas al Mundo Interior, donde viven los Inmortales. Ningún mortal puede entrar en su mundo, excepto nosotros, y ya debe haber causa importante para ello. Por eso somos como somos, terribles en el combate, despiadados a la hora de matar a todo ser o pueblo que sirve a Loky, el que vosotros llamáis Seth. Si tuviésemos vuestra blandura, no podríamos cumplir nuestra misión. No podéis imaginar cuántas veces han intentado los obheritas y otros pueblos más avanzados en armas, a lo largo de los milenios, entrar por los grandes huecos de las regiones heladas en el Sur y el Norte. Ahora bastan las espadas y poco más, pero en otras épocas a mi pueblo se le dieron navíos que surcaban los cielos, andaban bajo el agua y hasta penetraban en la tierra convertidos en materia fantasma. Había que guerrear contra naves que van por el aire, que van debajo del agua… Llegados a esos extremos, las civilizaciones se tornan nuy peligrosas para el Mundo Interior que es el mundo de los verdaderos Humanos. Nuestra estirpe es la de Guardianes del Mundo Interior.

-También luchamos contra los esclavistas, aunque ciertamente, la misión fundamental es conservar el Conocimiento Sagrado a costa de nuestras vidas si es necesario. Pero permitidme algunas preguntas, que pueden pareceros triviales, por el desconocimiento que tenemos de los Inmortales. ¿Por qué no se cuidan ellos mismos? ¿No son poderosos?

-Y tanto que no podéis imaginarlo. Nosotros sentimos ante ellos una especie de vergüenza de nuestra inferioridad cuando estamos ante su presencia, lo cual les molesta mucho. Pero existimos por causa de su profundo Amor. Si no controlásemos las entradas a su mundo, ellos habrían tenido que exterminar definitivamente a la humanidad mortal, lo cual habría causado que las Almas humanas debieran nacer en cuerpos de animales, aunque muchas se perderían para siempre y hasta ocurre que los simios son almas humanas caídas en la involución, como despeñadas en la montaña de sus propios errores acumulados. Los inmortales no pueden pelear una guerra porque no tolerarían tanto sufrimiento. Si Vos lloráis al enemigo… Sólo aniquilarían todo de una vez.

-¿Es posible encarnar en animales? -preguntó sorprendido Isman.

-Normalmente no, pero cuando en un mundo no hay sucesión física, las Almas encarnan en la especie más cercana en evolución, lo cual ya ocurrió hace algunos millones de años. El malvado Loky-Seth y sus secuaces, fabricaron cuerpos medio animales, medio personas. Aún existen descendientes en el mar, que la Naturaleza permitió evolucionar. También los elefantes son producto de una situación de esas… Y la experiencia indica que lo mejor es mantener a la humanidad mortal en la posibilidad de seguir naciendo hasta alcanzar la Ascensión, que en mi pueblo es lo habitual, aunque muchos mueren en combate y renacen entre nosotros o en el Mundo Interior, según sus méritos. Por eso mi pueblo no es numeroso, somos sólo los necesarios. Muchos de nosotros hemos pasado por algunas vidas en ésta, vuestra Patria u otras similares.

-Pero podrían salir los Primordiales del Interior del Mundo, enseñarnos, mantener ellos el poder y dirigir a la humanidad…

-¡Ni pensarlo, Hermano mío! -dijo Ehefanothyr tras una estridente carcajada- Su vibración es tan alta, su poder tan inmenso, que los demonios que tenemos los mortales se revuelven. Ya os digo que hasta nuestro "yo inferior", disfrazado de "yo vergonzoso" se apodera de nuestra consciencia con sólo mirar la inconmensurable belleza y perfección de sus cuerpos. Ni os cuento lo que ocurre a los varones cuando vemos a una mujer Primordial, o las mujeres cuando ven a un varón de esos... Eso no les molesta y hasta les halaga, pero les indica nuestro grado de control, que suele escaso en ese sentido. Y si miráis en los planos sutiles, os quedáis casi ciegos. Para ellos no es un encuentro agradable, sino necesario con nosotros. ¿Acaso no os repele a vosotros estar ante los esclavistas o sus sirvientes, o incluso ante un enfermo de esos que pierden su salud por causa de sus demonios interiores?

-Cierto. La diferencia vibratoria es muy grande. ¿Tanto lo es entre nosotros y los Inmortales?

-Hay que estar muy seguro de la propia Alma Inmortal, del propio valor y determinación a cumplir con el Plan de la Tierra, para poder estar al menos un rato en presencia de ellos. Aún así, por ejemplo, yo que no soy un inmortal percibo vuestra preocupación constante, lo que implica cierta inseguridad, una forma muy sutil del demonio del miedo. Y no me molesta mucho porque entre nosotros no hay gran diferencia y también he sentido y combatido la preocupación. Pero imaginad que estáis ante un Primordial, un Hombre Perfecto, puro, inmortal, que percibe hasta el más sutil de los cambios de vuestro interior emocional y como nunca ha estado preocupado, ni siquiera puede entender lo os sucede... Vuestra preocupación no sería precisamente destruida, porque el trabajo de cada uno no puede hacerlo nadie más. Nadie puede hacer la... Katarisis por otro. ¿Acaso podéis mandar a la letrina a alguien para que lleve vuestro estómago y vuestro trasero?... Pues con las emociones ocurre lo mismo. Ante un Primordial vuestro "yo preocupado" os volvería loco en instantes.

-Resulta muy instructivo escucharos. -decía el Faraón- No tenemos a diario alguien que pueda enseñarnos cosas tan importantes, así que por favor no dejéis de explicarnos todo lo que sirva para comprender mejor nuestra labor y su importancia, más allá de la eliminación de la esclavitud y la conservación del Conocimiento...

-Este mundo exterior es una cárcel -siguió Ehefanothyr- donde los matones están siempre queriendo invadir el Interior. Así que en cada etapa de la humanidad mortal, los Inmortales han autorizado a unos pocos que alcanzan un alto grado de pureza, para que sirvan como guardianes de las entradas, evitando tener que ser ellos mismos los que paren los pies a los hijos de Seth. Los inmortales han intentado siempre enseñarnos, despertar nuestras consciencias, lo han hecho y siguen haciendo, incluso enviando algunos voluntarios que deben morir como Inmortales para encarnar como mortales mediante inseminaciones artificiales, para que puedan superar ampliamente las capacidades y conciencia media de los mortales. Si habéis comprendido lo que significa vuestro dios Min, aparte del trabajo de la purificación del sexo sin dilapidar la energía de la Vida, lo tendréis claro...

-Sí, eso lo sabía. Min representa también ese acto de inseminación artificial que ha traído grandes Maestros a la humanidad mortal, pero tiene más sentido y lo comprendo más al escucharlo de Vos. Ese es el Acto de Amor más grande, sublime y heroico que puede imaginarse. Renuncian a su inmortalidad sólo para intentar ayudar a los mortales... Los nuestros son pálidos intentos de cumplir un deber y hacer méritos para escapar de la mortalidad...

-Y ya hay una experiencia de eones, -siguió Ehefanothyr- pero podréis imaginar el porqué de mantener vivo en nuestro pueblo, el recuerdo del primero de ellos que se atrevió en tamaña empresa...

-En eso pensaba... Wotan no tenía idea de que podría escapar luego de la mortalidad, sino sólo la remota posibilidad, un experimento para intentar que lo hicieran los mortales. Un suicidio, más seguro que un logro. Por eso admiro a los de nuestro pueblo que no ven en el plano del Ka, sólo conocen lo que se les enseña y algunos ni creen ni se preocupan de ello. Sólo van a matar o morir por entender que una vida de esclavos o de inútiles, es peor que la muerte. Aún así, como os dije, pálidos reflejo del heroísmo de algunos Inmortales.

-Así es, Faraón, pero sé que habláis por la generalidad, no por Vos mismo. Creo que... Sí, veo en vuestro corazón que aunque sois mortal, ya podríais haber dejado de serlo, sin embargo estáis aquí por la misma razón que nuestros Hachamanes. Si no fuese por esa niebla del "yo preocupado", seríais igual a un Hachamán, aunque quizá no tuvieseis la fuerza innata que ellos irradian y hace que ante ellos se revuelvan los demonios emocionales de los demás... Volviendo a vuestra pregunta, los Inmortales no podrían venir ellos mismos como lo hacían en algún tiempo en que los mortales estaban más sanos. Su presencia entre los mortales también es para ellos traumática y peligrosa, peor que para nosotros meternos en una jaula de babuinos con armas. Y para colmo, finalmente han servido de poco las enseñanzas entre los pueblos truhanes. ¿Para qué ha servido aquí abrir puertas a los esclavistas y sus arteros lacayos?

-Para que nos espíen, averigüen nuestras debilidades, nuestras costumbres y modo de pensar, a fin de manipularnos, pervertirnos o finalmente destruirnos al haber fallado lo anterior.

-Entonces, Faraón, lo tenéis claro. -decía el Victorio sin dejar el vino y pastelillos que parecían demasiado pequeños en sus grandes manos- No he venido sólo porque sabçia de vuestra excelente comida y bebida. Los BerArBer también os han espiado, pero con las mejores intenciones que podáis imaginar. Ya me han comentado ellos, como vuestros Generales Gibured e Hilarión, sobre las medidas que habéis tomado de fronteras cerradas y la campaña que habéis hecho. Pues por eso hemos decidido tener este encuentro. Estáis a punto de dejar la blandura y ese insoportable "yo misericordioso" que os ha causado tantas desgracias.

-¡Cuánta razón llevan vuestras palabras! A veces la preocupación está en no cometer una injusticia, ni pequeña, en no causar muertes que no debieran causarse, en el temor a caer en la brutalidad…

-Para nada, Faraón. No creáis que con templar vuestro carácter como una espada se templa en el golpe y el fuego, vais a perder con ello todo lo bueno del espíritu. No penséis por un momento que por actuar violentamente contra el que intenta someteros, vais a perder el sentido de la Justicia. Si razonáis bien, veréis que la mayor injusticia la habéis cometido perdonando vidas que se volverían contra la parte más indefensa e inocente de vuestro pueblo, en la región del Delta… Perdonad, Faraón, no es mi intención reprochar ni criticar vuestras acciones, sólo os digo…

-Está claro que no habéis venido a comer pastelillos, Hermano mío. Decís exactamente lo que necesito escuchar, aunque ya lo he escuchado muchas veces de mis Generales, de mi Maestra Sekhmet, de mi propia conciencia… Os agradezco de todo corazón, porque me estáis revelando a uno de mis peores enemigos, o al menos de los que conozco un poco y aún no he terminado de aniquilar. Es el mismo "yo preocupado", pero no por nuestro destino, sino con el disfraz de "yo injusto". Vuestra presencia y vuestras palabras resultan providenciales, pero más en este preciso momento, porque hace tres días ordené preparar una campaña contra los obheritas en Baalbek, con anuencia de su verdadero Rey.

-¡¿El viejo Nerobenssetor?! -exclamó Ehefanothyr- ¿Todavía vive?

-Hace casi medio año envié embajadores hasta él. Está muy lejos al Este, intentando reconstruir Baalbek. Imagino que ya sabéis…

-Desde hace cincuenta años, cuando el país se tornó imbécil y los esclavistas y esclavos se empeñaron en cumplir esos papeles, dejamos de visitarles. No hemos querido mandar espías ni pretender cambiar su rumbo, porque es más justo y fácil dejarles corromperse del todo y que los que valen algo se separen, emigrando y haciendo lo que corresponde, a menos que pidieran auxilio, cosa que no han hecho por orgullo o porque la mayoría es cómplice de las circunstancias. Sí, es mejor dejarles cocinarse en su salsa el tiempo que necesiten. Después vamos y les aniquilamos a los esclavistas, pero los de Baalbek pecan de ese orgullo absurdo y no nos pidieron ayuda, a pesar que Nerobenssetor ha sabido de nuestra función en este mundo desde hace muchas décadas. Así lo hicimos en las tierras del Sur de Aztlán, donde los amarillos estaban esclavizando a los rojos. Y ahora toda esa gente vive en paz, con muchos que hacen su Ascensión, en vez de morir. Imagino que como Nerobenssetor os conoce mejor, os ha pedido auxilio a vosotros…

-No tan directamente, pero enviaron tropas fieles a desbaratar los planes obheritas en Ankh em-Ptah y rescatamos algunas esclavas de un sátrapa, que nos ayudaron mucho y pidieron con pasión, ayuda para su Patria. Así que envié embajadores y Nerobenssetor aceptó de muy buena gana. Nosotros nos hemos librado de la invasión obherita, pero no podemos seguir teniendo esa plaga creciendo tan cerca.

-Además el Imperio de Baalbek… -dijo Ehefanothyr mirando a su grupo de guerreros- Creo que merece que ayudemos al Faraón y a Nerobenssetor. Pero sólo si Vos lo aceptáis, dispondría una buena horda de guerreros y en todo caso estarían completamente bajo vuestro mando. No me gustaría ser un tercero entrometido…

-¡Claro que me entusiasma la idea! -dijo Isman- Mientras más potencia bélica, menos bajas propias que lamentar. Y reconozco que nuestra raza es inferior a la vuestra, así que contar con vosotros resultará un honor…

-¿Inferior a la vuestra, Faraón? -interrumpió el Rey- Los Victorios sólo somos "mayores" que vosotros, pero no somos "superiores". Nuestras Almas son más viejas y salvajes, pero es sólo una cuestión de edad. El más "nuevecito" entre nosotros lleva unas doscientas encarnaciones muriendo en combate contra los esclavistas, mientras que vosotros sólo lleváis cincuenta los más antiguos… Vuestra estirpe es tan antigua como la primera que construyó las pirámides hace trescientos milenios, pero la nuestra tiene seiscientos millones de años… Y encima no pasáis en esta época, de doscientos años de vida orgánica, mientras que nosotros alcanzamos los quinientos… Aunque no leo el pensamiento, Faraón, sé que nos estáis probando… Sin embargo, para poner las cosas en la balanza, tampoco podemos idear cosas tan finamente como vosotros, como esa forma de probar a la gente mediante las palabras. En algunos planos del intelecto, vosotros estáis haciendo la parte del plan que os corresponde, mejor que cualquiera. Vuestros colegas al otro lado de los Grandes Mares hacen lo mismo que vosotros. Pero nuestra tarea es un poco más filosa, terminante y "eliminatoria"… Somos una especie de herramienta más especializada en el plan de los Primordiales, para defenderse al mismo tiempo que se ayuda a redimir a la humanidad  No necesito preguntaros si me comprendéis, porque sabéis muy bien que nos comprendemos. Los Hombres Dioses Primordiales del Intramundo no son como los estúpidos Hekanef que se exterminaron teniéndolo todo. Planean las cosas con mucho cuidado, intervienen sin que se note y a cada pueblo le han dado una tarea, salvo a los hijos de Loky-Seth, que obedecen sólo al ideal del esclavismo...

Los visitantes permanecieron varios días, maravillándose de la herencia de Templos y Pirámides que el Faraón, sus Sacerdotes y todo el pueblo custodiaba, y si en algo trivial destacó la presencia de esos doscientos enormes guerreros, fue en su forma de comer y beber, tan refinada y lenta como abundante y continua. Las mujeres nórdicas escribían con entusiasmo las variadas recetas que las Ankemtamitas les preparaban y en cambio les daban recetas para mejorar los vinos, la cerveza y otros licores. Más que amistades, se formaban lazos de hermandad que jamás se olvidarían. Los Victorios, también muy afectos al abrazo, tuvieron que aprender a abrazar a la gente sin estrujar, pero nadie habría querido perderse un estrujón de los suyos, que motivaba muchas bromas. Los herreros aprendieron a hacer espadas más grandes, a perfeccionar las aleaciones del metal y a hacer puntas de flecha que no se desviaban ni un ápice en gran distancia o con viento.

Durante unos paseos del grupo del Faraón y toda la tropa de Victorios por los subterráneos de Tekmatis, Ehefanothyr preguntó a Isman qué ritos hacían con los muertos en combate.

-Mi hija Henutsen es quien os dará la mejor respuesta.

-A los enemigos les ayudamos a comprender el error en que se hallaban en vida, -respondió Henutsen- siempre que Anubis determine que se les puede ayudar así. Ocurre en más de la mitad de los muertos, porque han combatido por ignorancia, sometidos y engañados por sus jefes. Pero hay una parte minoritaria que vive en la codicia y otros demonios. Esos lamentablemente van al inframundo, donde sus Ka son destruidos o abandonados, y el Alma Inmortal se une al Espíritu del Mundo hasta que pueda volver a nacer con padres afines y eso lo determina la Ley de Causa de Efecto en el plano psíquico. Algunas Almas quedan atrapadas en el inframundo a pesar de los esfuerzos de Anubis y los nuestros, por intentar liberarles.

-¿Y con los vuestros?

-Casi siempre, nuestros guerreros muertos en combate ayudan en esa misma tarea, que realizamos en grupo. Tanto nuestros muertos como los vivos que podemos salir del cuerpo físico con el Ka, unimos esfuerzos para ayuda a esa gente a liberarse de los sufrimientos que produce la mayor y más terrible de las ignorancias, que es el no saber los asuntos de la vida y de la muerte, lo que es habitual en los que han vivido sólo para el cuerpo y la satisfacción de los vicios. ¿Hacéis vosotros algo parecido?

-No tan metódicamente como vosotros, con participación de otros, pero los Hachamanes hacen exactamente ese trabajo. Quizá no nos dedicamos tanto porque no tenemos que matar mucha gente, pero si tuviésemos que hacer campañas como la que ha hecho el Faraón, seguramente tendríamos que ayudarles a los Hachamanes, quienes son Sacerdotes de un dios que se encarga de esas cosas en el mundo de los muertos. El que llamáis Anubis es Hermano del que llamamos Warulf. Un Alma muy cercana a la Ascensión o un Ascendido que vuelve por Amor solidario y ayuda a los muertos. Su aspecto en el mundo del Ka, es mitad hombre, mitad lobo…

-Contadme más sobre los Inmortales, por favor. -inquirió Isman-Nosotros buscamos la Ascensión, pero sabemos que muchos, en vez de Ascender van a ese mundo Intraterreno del que sabemos muy poco…

-No hay mucho que deciros, Faraón. -respondió Ehefanothyr- Ellos simplemente son perfectos, su belleza es tan abrumadora que nosotros nos sentimos como bichos feos en su presencia. Sin embargo nos admiran por el hecho de saber que somos mortales y aún así, somos felices. Saben al vernos, si podremos Ascender o estamos condenados a morir, porque ven en un nivel más sutil que Vos y yo. Los Hachamanes también tienen ese poder. Para ellos la Ascensión no está asegurada. Tienen que hacer la disciplina de las Serpientes del Sexo, pero los Inmortales no. Ellos no pierden la Semilla de la Vida aunque lo intentaran. Si quieren tener un hijo sólo escapan dos o tres semillas… Viven más de cinco mil años, aprenden todo lo posible como Humanos y Ascienden sin siquiera dejar tanta radiación como los mortales. Los más divertidos y curiosos, viven hasta diez mil años. Si mueren por algún accidente, su cadáver se convierte pronto en cenizas, no como los nuestros, que deben quemarse para que no infecten la tierra. Ahora os ruego me contéis más cosas sobre estas maravillosas construcciones, que disponemos de poco tiempo porque en breve uniremos nuestras armas para preparar ese paseo por Obheres, antes que se sigan expandiendo…

Dos años después, treinta mil disciplinados efectivos de Ankh em-Ptah, junto a cinco mil infatigables guerreros Victorios y cien mil ciudadanos de Baalbek convertidos en improvisados soldados, entre los que se hallaban mujeres y jóvenes apenas salidos de la niñez, derrotaron totalmente a las fuerzas esclavistas en Obheres y otras regiones de Baalbek. La derrota de las fuerzas enemigas, de doscientos mil varones presentaron diez grandes batallas y miles de escaramuzas, en las que no se usaron las armas de Seth, a pesar de los miles de bajas propias, porque demostrar su existencia en un escenario de guerra imposible de controlar respecto a la información, representaba un riesgo muy alto.

Isman había ordenado guardarlas antes de la campaña en los dos lugares más secretos y de difícil acceso, eligiendo a los cincuenta soldados mejor calificados para guardar, más que a las propias armas, para siempre el secreto absoluto. Sólo el Faraón sabía dónde estaban los planos y las piezas menores indispensables para esas armas.

Los civiles obheritas, casi todos mujeres y niños, comenzaron a ser reeducados bajo las sabias directivas del Rey Nerobenssetor. Algunos contingentes militares obheritas intentaron refugiarse en islas y territorios de los Hellanios y de los Lobunos, donde también fueron derrotados por Soferses II de Hellás y las hordas Lobunas de Remo Tito y su hermano Rómulo, hijos de una mujer mortal y un Hachamán BerArBer.

Tras la victoria, los Reyes Ehefanothyr y Nerobenssetor, así como Remo y Soferses II, se reunieron con el Faraón en La Luz, a fin de intercambiar experiencias y conocimientos, firmando una alianza y pactos de ayuda mutua que duraría milenios.

## Capítulo XXIV - La Vocación de Nuptahek

Después de la victoria contra los Obheritas, el Faraón permaneció en La Luz cinco años haciendo su regeneración física en las pirámides, para poder continuar una misión más suave y agradable que le llevaría el resto de la vida: educar a su sucesora. No dejaba de atender los asuntos de Estado, pero su trabajo como Faraón se hizo más tranquilo y placentero, de escasa intervención personal y desarrollando toda su capacidad creativa para mejorar las condiciones del país. Regresó definitivamente a Karnak cuando la niña tenía ocho años. Él presentaba un aspecto muy mejorado, pero no era ningún secreto. La gran mayoría de las casas del país, hechas de madera en forma piramidal, con una cara bien orientada al Norte, daban los resultados que Uasnum esperaba cuando comenzó las primeras en Tekmatis. Las antiguas construcciones se usaban como talleres, para el ganado, como almacenes, cocina, o salas de reuniones.

Cuando el Faraón regresó a Karnak, Uasnum le visitó a menudo. El Concejo de Sacerdotes diseñaba un plan de educación mejorada que incluía los nuevos descubrimientos científicos y el uso de las pirámides. Un nuevo hallazgo en los recovecos subterráneos de Tekmatis, resultó ser un túnel recto que unía Tekmatis con un sitio cercano a Esna, a medio día de marcha de Karnak. Con los carritos hallados en los otros túneles, esa vía subterránea mantuvo mejor unida la capital con Tekmatis.

-¡Buenos días, Faraón! -dijo la pequeña Meri Septenheka que corría hacia Isman abandonando los juegos con otros niños- ¿Estáis demasiado ocupado para que os haga una pregunta?

-Ya me habéis hecho una, pero podéis hacer cuantas queráis, desde ahora hasta la puesta de sol.

-¡Cierto, ya hice una!... Entonces os voy a aturdir a preguntas, para que mis padres descansen un poco de ellas... Bueno, no son tantas, pero creo que ésta es muy importante.

-Venid, -dijo Isman- vamos a sentarnos en la fuente y mientras comemos esos dátiles enormes que caen allí, conversamos. Que venga la primera pregunta.

-Más que pregunta, creo que necesito consejo, Faraón. Porque he pensado que no sé qué voy a hacer con mi vida. Me gusta mucho el estudio y jugar con todo el mundo, me gusta cocinar y lo hago bien...

-¿Ya cocináis con sólo ocho años?

-Sí, mi madre me enseña, pero a veces le enseño yo. Aunque me gusta, creo que no seré cocinera, porque hay muchas y muy buenas...

-Pero no deberíais pensar en hacer o no una cosa porque haya otras personas haciendo eso. Lo importante es que os guste con alegría y pasión aquello a lo que vayáis a dedicaros. De todos modos, a vuestra edad no suelen los niños estar preocupados por su vocación. Tenéis muchos años por delante para elegir qué debéis hacer en la vida...

-Eso me dicen mis padres, Faraón, -dijo la niña con cierto tono de decepción- pero quería que alguien con mucha sabiduría me dijera algo diferente... ¡No puedo esperar tanto!... Necesito saberlo, es importante...

-Así son los conflictos vocacionales y existenciales, pero en realidad uno les da más fuerza emocional que la adecuada. Es importantísimo resolverlos, pero no con emocionalidad, sino con Inteligencia, con método y disciplina. Hay una técnica que siempre ha resultado, desde que se creó Ankh em-Ptah. Si tenéis un poco de constancia, en poco tiempo vais a conseguir saber con claridad cuál es vuestra vocación.

-¡Estoy ansiosa, Faraón! Mi madre y mi padre siempre dicen que son felices por el Amor, la Inteligencia y la Voluntad en equilibrio, pero que la felicidad completa sólo la tienen porque trabajan en lo que les gusta. Y eso parece que es lo importante…

-Cierto que en gran medida lo es, pero hay muchas cosas también importantes y si se hacen bien, finalmente se trabajará en lo que a uno más le guste y eso le dará toda clase de satisfacciones.

-¿Es cierto que en otros países la gente trabaja en lo que no les gusta?

-Lamentablemente, es así en muchos países, donde los esclavistas someten a la gente, en vez de instruirle y gobernar con Amor y Sabiduría. Pero volvamos a vuestra búsqueda vocacional, ¿Estáis preparada?

-¡Sí, necesito saber qué quiero hacer el resto de mi vida…!

-Bien, entonces vais a relajaros, a tomaros la vida "deportivamente", como ese juego de los aros que jugabais recién, donde acertar a los palos es importante, pero si no se logra, se intenta de nuevo y asunto solucionado. Si no acertáis con vuestra vocación, probáis con otras cosas… Aunque como sois muy pequeña, no será fácil… O quizá sí, no lo sé, pero os voy a explicar lo que se hace en las escuelas con los jóvenes cuando a los quince años aún no saben qué camino tomar.

-¡A los quince años…! No puedo esperar tanto, Faraón. Esperar siete años más es mucho tiempo… ¿Verdad?

-En la juventud los años parecen pasar lentamente, pero luego el tiempo de vida que nos queda parece muy corto y pasan rápidamente los años. No obstante, vais a aprovechar vuestra juventud para encontrar el camino correcto sin agobios. Es tan importante encontrar la vocación que si se la busca sin inteligencia, hay confusión y se acaba haciendo cualquier cosa, entonces hay que cambiar. Ourrió a muchas personas, cuando Ank em-Ptah fue ocupada por los supervivientes del gran Diluvio hace cuatro mil años, pero en poco tiempo los primeros Faraones vieron que no es posible que un pueblo sea feliz si no ocupa cada uno el lugar exacto que debe ocupar por su naturaleza. Vos vais a comenzar desde hoy, a descubrir esa naturaleza en vuestro interior… No os parecerá mucho tiempo ocupar treinta días para definir el resto de vuestra vida…

-¡Treinta días!... Y yo que sólo deseaba un consejo. Pero si Vos lo decís, seguro que debe ser así.

-Y es así. Durante los ratos en que os sintáis más despejada y lúcida, escribid diariamente diez actividades humanas, es decir diez trabajos u ocupaciones. No importa que os gusten o no, sea pescadora, barrendera hasta Faraona, pasando por todas las artes y oficios que podáis imaginar.

Recordad que ningún trabajo es malo o bueno, ni más o menos digno, ni más ni menos importante que cualquier otro, siempre que os guste hacerlo y sea bueno para los demás. Además, la vocación verdadera nos hace ser los mejores en nuestro trabajo. Eso es lo importante.

-Ahora mismo no se me ocurren más que tres o cuatro... Soldado, sacerdotisa, cocinera como mi madre, jardinera como mi padre, ¡Faraona!... Como Vos. ¡Qué tontería! ¿No?

-¿Os parece una tontería?

-¡Claro, Faraón!, Vos tenéis doscientos seis años y yo sólo ocho... ¿A qué edad os nombraron Faraón? ¡Esperad, no me respondáis! Eso no es lo importante... Lo importante es saber si una mujer puede llegar a ser Faraona... Y qué hay que hacer para llegar a serlo.

-¡Bien dicho, Septenheka! Claro que una mujer puede ser Faraona, aunque hubo más varones que mujeres en nuestra historia, y en cuanto a qué hay que hacer, no os preocupéis de eso ahora, porque nadie llega a Faraón sin haber hecho de todo y además, casi todo muy bien hecho. Vamos con el ejercicio. ¿Queréis empezarlo conmigo aquí mismo?

-¡Sí, decidme qué debo hacer!

-Corred hasta la escuela y traed diez hojas de papiro, tinta y pluma.

La niña salió disparada con ese entusiasmo y alegría infantil, que no se olvida aunque pasen siglos, para regresar al rato junto a Isman, que veía en el campo etérico de la pequeña, la luminosidad y fuerza y que tienen quienes nacen dispuestos a cambiar el mundo.. Muchas veces había visto lo mismo en los niños de su pueblo, pero no todos traen una misión tan dura como es la de servir en lo más alto de las responsabilidades.

-Muy bien, -decía Isman tomando las hojas y la pluma- hacemos una lista ocupando una profesión en cada página, para poner observaciones, sensaciones e imaginaros que la estáis realizando, sin importar que os guste o no, durante unos diez têmposos. Es un "borrador mental", así que no vais a generar ningún mentalismo, sino una prueba mental para luego calificar. Y vais anotando como lo escribo aquí en la primera hoja: Las sensaciones olfativas, táctiles, visuales, emocionales y todo lo que sintáis. Aquí al final, una calificación personal de capacidad, del uno al diez sobre cuán bien la podéis realizar. Y abajo del todo, una calificación personal de placer, de cuánto os ha gustado imaginar eso, también del uno al diez.

-¿Y eso hay que hacerlo durante treinta días?

-Así es, y al cabo de sólo diez días vais a tener cien profesiones analizadas de esta manera. Es posible que encontréis alguna que os deslumbre rápidamente. Puede que sea o no vuestra vocación verdadera y puede que os deis cuenta que podéis hacer más cosas que las que ahora imagináis. Algunas vocaciones requieren saber hacer muchas cosas propias de otros oficios… Pero es importante que las repaséis todas y no os quedéis en el ejercicio, con aquellas que os deslumbren…

-¿Y cómo sabré cuántas profesiones hay, Faraón? Apenas conozco las de los talleres de Karnak, de algunos cultivos y las de los puertos…

-Pero es importante continuar con todas las posibles… Tendréis que pedirle a vuestro padre que os lleve a recorrer otras ciudades. Decidle que me vea esta noche después de la reunión del Concejo y le daré las indicaciones para que viajéis con él y vuestra madre por algunos días.

-¡Me voy de viaje!... ¿Y no importa que aún no estén mis padres en época de sus vacaciones?

-Así es. Os doy mi promesa de Faraón, de que viajaréis con ellos lo necesario para descubrir vuestra vocación. Mientras más profesiones podáis conocer e imaginar, aunque demoréis más de treinta días, más seguridad iréis teniendo de lo que os gusta. Entonces tendréis trescientas profesiones analizadas y vais a tener que comenzar en ese momento a descartar las que no pasan de cinco en vuestra calificación de capacidad, ni ocho en la calificación de placer. Si ninguna llega a esas calificaciones, tendréis que continuar. Si muchas han alcanzado eso, haréis la selección y repetís con ellas lo de imaginar que las realizáis.

-Y yo que creía que valía con un consejo vuestro…

-Y os vale mi consejo, pero ni siquiera un Faraón puede definir la vocación de una persona. Sólo sabe uno mismo, en su interior, qué es lo que debe hacer en la vida, pero no suele ser fácil descubrirlo. Cuando hayáis encontrado una o dos que os tienen casi convencida, conviene que paséis a realizarlas de verdad. Por ejemplo: Supongamos que encontráis que la jardinería es lo vuestro… (es sólo una suposición), pues vais con vuestro padre y trabajáis con él aprendiendo todo lo posible...

-Eso ya lo he hecho, Faraón. Mi padre dice que tengo buena mano para las plantas, pero soy muy pequeña para algunos trabajos del jardín. ¡Me gusta mucho, incluso más que cocinar…! Cuando sea mayor podré hacer más cosas en la jardinería… Me he dado cuenta que esa puede ser una vocación mía…

-Puede que os hayáis "dado cuenta" que es una vocación, pero algo en vuestro interior os dirá que no es así si no estáis dispuesta a trabajar de jardinera toda la vida…

-¿Toda la vida?... Hummm, No, toda la vida no.

-Pues entonces, podéis seguir trabajando y aprendiendo a cultivar y hacer jardines porque será un "talento", pero no será la "vocación". Es bueno trabajar con los talentos, pero seguid buscando vuestra verdadera vocación. Trabajar los talentos facilita el hallar de la vocación verdadera. Cuando se encuentra la vocación, no vais a querer dedicaros a otra cosa en toda vuestra vida y os tienen que parar para que dejéis de trabajar, porque el "trabajo" es una diversión, una pasión, un placer. Si no se trabaja en la vocación real, se parecería a un castigo...

-Aún falta mucho para ponerse el sol, Faraón, así que como he entendido muy bien lo que me habéis aconsejado y lo haré al pie de la letra, ahora os haré unas preguntas... ¿Podré ser Feliz de verdad si encuentro mi vocación?

-Vuestros padres os han educado muy bien y seguro que también vuestros maestros. Os han dicho que la felicidad no está completa si no se trabaja con vocación. ¿Haríais cualquier cosa por ser feliz?

-¡Cualquier cosa no, Faraón!

-Pero a todo el mundo le gusta ser feliz...

-Sí, pero yo sólo haría lo que tenga que hacer para que los demás sean felices... Y claro, si hago lo que me hace feliz, haré feliz a los demás y si hago felices a los demás yo también seré feliz... ¿No es así?

-Sí, pequeña. Es así. -decía Isman acariciando la rubia cabecita de la niña- Sólo podréis ser feliz cumpliendo con vuestro destino. Por eso os digo que tenéis derecho a ser feliz, pero en cierta forma, también la obligación ética de serlo. Quien no es Feliz, no puede dar Luz al Mundo. Mirad a vuestro padre cuando trabaja con las plantas... ¿Cómo lo veis?

-¡Feliz, Faraón! Aquí casi todo el mundo es tan feliz que si miro con toda la vista me quedo sin ver, porque es como mirar al sol.

-¿Con toda la vista?

-Claro, como hacéis Vos a veces. Os he visto hacerlo en dos reuniones del Concejo... ¿No os molesta que os espiara un poquito, verdad?

-¿Y por qué me espiabais? -dijo Isman sonriendo y sorprendido.

-Porque desde el primer día de escuela, tuve la sensación de que debía aprender mucho sobre Vos, más que de mis padres y maestros. Akhmadi y Ankhana son maravillosos padrinos y maestros, me enseñan muchas cosas, igual que mis padres, pero Vos... enseñáis a todo el mundo con vuestras acciones. Y las cosas que decís siempre son verdades muy importantes. ¿Os he molestado, Faraón?

-No, querida del Alma. -decía Isman intentando inútilmente contener las lágrimas- No es molestia, me habéis emocionado. Pero no lo digáis a nadie. Ni siquiera a vuestros padres, o pensarán que soy un viejo llorón.

-Sé guardar un secreto, si me lo pedís. Y perdonad, Faraón. No he querido haceros llorar… No entiendo…

-No importa, pequeña. Sólo me habéis hecho un poco más feliz, si acaso es posible eso. Por eso lloro. Estoy seguro que vais a encontrar vuestra vocación y vais a ser muy feliz a lo largo de toda la vida. Ahora os dejo con vuestras hojas de papiro y vuestra primera misión práctica encargada por el Faraón…

-Me habíais dicho que hasta que se ponga el sol…

-¡Cierto!... El hombre es dueño de su silencio y esclavo de su palabra. -dijo Isman en tono de resignación mezclado con la risa- Podéis continuar con vuestras preguntas.

-Hummm… No, Faraón… Me iba a inventar alguna pregunta, pero no está bien mentir. Sólo quería estar un rato más con Vos.

-Pues no hace falta pretextos, Septenheka. Mientras vais a vuestra casa a decir a vuestro padre que se reúna conmigo luego de la reunión del Concejo, me voy a asear un poco y Vos haréis lo mismo. Iréis a la reunión como invitada especial. ¿Os parece bien?

-¡Más que bien, Faraón!

La niña besó las manos de Isman y salió corriendo, dando saltos de alegría, con el corazón irradiando entusiasmo.

-¿Cómo van vuestras perspectivas con la niña, Faraón? -preguntó Ankhana acercándose a Isman, al tiempo que lo hacía Enhutatis, trayendo una bandeja con la merienda.

-Nada diferentes que las perspectivas de Sekhmet. Sin duda ha elegido para la misión de reemplazarme, a un Alma con su Amor inmenso lleno de Poder e Inteligencia en equilibrio.

-Servíos bocadillos. -dijo Enhutatis- Son de avena y miel con una infusión de flores de tilo, porque ya no tendréis tiempo de comer algo más consistente antes de la reunión con el Concejo.

-Necesitaría algo más estimulante, Amada mía, que esa infusión me relajaría más aún y no quiero dormirme en plena sesión. Me basta un bocadillo, que tampoco quiero tener el estómago lleno.

-Venid los dos a mi cocina. -dijo Ankhana mientras Enhutatis dejaba la bandeja a los jardineros- que tengo algo nuevo para beber y me gustaría que lo conozcáis. Son unas bayas que han traído los embajadores de Aztlán. Vuestra opinión es importante porque Akhmadi y yo hemos pensado que podríamos importarlas en cantidad, cambiándolas por cosas que ellos no tienen, como los dátiles y otros frutos que no se dan en sus tierras, tan selváticas como las del Sur de Ankh em-Ptah.

Caminaron hasta la parte íntima del Templo, atravesando el pasillo de las grandes estatuas de Ptah, cada una aferrando dos Ankhs contra su pecho. Al pasar los portales de granito negro, Isman recitó algunas de las inscripciones.

-¡Los estáis traduciendo, Faraón!

-Sólo algunas partes, Ankhana. Ya quisiera leer todo lo escrito en estos muros. Conocemos únicamente la parte hermética, pero de la lectura mundana no conocemos ni la mitad en esta parte del Templo.

-Quizá… -intervino Enhutatis- ¿Podría ser un idioma de fórmulas, como los números, que sin idea de las matemáticas no se podrían leer?

-Sí, es posible. Igual ocurre con la parte hermética… Esta parte puede tratar de asuntos químicos, entonces necesitamos a expertos como Nefandeg, pero el médico está demasiado ocupado con lo de las lociones y bálsamos para las Ascensiones. Por el momento es más importante reducir las radiaciones que quedan en los tanques de Ascensión, mientras que estos escritos llevan milenios aquí y seguirán estando muchos más. Además, parecen sólo ornamentales, porque son simétricos a derecha e izquierda de las Ankhs…

-¿Y si justamente fueran simétricos porque el tema es demasiado importante y se tratase de una fórmula? -preguntó Ankhana.

-Respecto a la importancia, tenéis razón. Pero que se trate de una fórmula… No sé. Palalius, el hierofante medio hellanio, está desde hace unos años en ese tema de las traducciones, pero aún no ha llegado con su grupo de estudios hasta Karnak. En La Luz tienen mucho que hacer. Mandaré a reproducir en papiro este grabado para que se lo envíen.

---------------

-¿Qué os parece la bebida, Isman?

-¡Una delicia! Y con un poco de miel, mejor aún, pero amargo está muy bien también.

-Los Aztlakanes lo cultivan en gran cantidad y estos granos se deben tostar un poco para ser más sabrosos. Le llaman "kafa", porque afecta suavemente al Ka y ayuda a despertar la conciencia, activando la Voluntad. Sólo lo beben en la mañana, porque si se bebe en la tarde luego cuesta conciliar el sueño, pero dentro de un rato, en la reunión con el Concejo, vais a gastar esa fuerza de la bebida. Dicen que es bueno un poco cada día, pero si se abusa de ella, poco a poco pierde efecto.

-¿Se pueden cultivar en nuestra tierra?

-Vuestros discípulos, dirigidos por mi esposo -respondió Ankhana- han usado Hekas y Nejej, hallando terrenos adecuados. La producción está asegurada y aquí hay varios sacos, pero sólo para consumo del Templo y en especial para vosotros, hasta que haya cosecha para todo el pueblo. Por eso pensamos que podríamos importar, por ahora.

-Bueno… Como aún nadie sabe de esto, no me sentiré culpable y me voy a permitir el privilegio de conservar estos granos para nosotros hasta que se importen o haya cosecha abundante.

-Bien lo merecéis, Faraón. -dijo Enhutatis- Ahora vamos a bañarnos sin más dilación, que os esperan en el Concejo.

Septenheka, portando una cartera con papiros y tinta, como si fuese a la escuela, entró de la mano de Isman y él le indicó tomar asiento en la escalinata, casi a los pies del sitial del Faraón. Desde allí la niña prestaba total atención a los asuntos que se trataban, mirando en silencio y fijamente a todos los participantes. A pesar de prolongarse la reunión hasta más de media noche, para la pequeña todo parecía importante y entretenido, sin sombra de cansancio o sueño. En sus hojas de papiro escribía algunas cosas e Isman le miraba intrigado. No era una reunión por temas de tal importancia que requiriesen la presencia de todos los Delegados y Regentes del país, así que sólo estaban los Sacerdotes de Karnak, los Jefes de Regentes y algunos especialistas en diversas profesiones. Unas cien personas en total y se trataron cosas de la educación en primer término y luego se leyeron las interminables listas de Ascendidos en el último Khabed y después se presentaron informes sobre las mejoras en la distribución de alimentos y las nuevas técnicas de conservación de los mismos.

-La experimentación con los generadores de vitalidad, -decía uno de los ingenieros convocados- ha dado resultados inferiores que con las pirámides, pero ambas cosas en combinación, dan logros apreciables y hasta magníficos. Lo deducido por los hierofantes traductores en La Luz es correcto en cuanto a los grabados, aunque no sabemos todo sobre el significado de los escritos. Hemos comparado entre aquellos grabados y los de todos los Templos hasta Karnak, para ir agregando y deduciendo detalles técnicos. Lo de que los alimentos se conserven indefinidamente, como ya sabéis, está resuelto con las pirámides, pero los generadores de vitalidad sirven para que sean de mejor calidad, exponiendo las carnes y los vegetales antes de introducirlos en las pirámides y después de sacarlos de éstas o incluso mientras están allí. Las semillas se conservan indefinidamente en las pirámides, porque hemos plantado las que puso Uasnum dentro de la Pirámide Negra, en Tekmatis, hace más de ocho años. Germinaron todas con gran fuerza; en cambio las mismas semillas, pero que tratamos también con los revitalizadores antes de sembrarlas, superaron en tamaño y rapidez de germinación a las primeras.

-¿Podríamos decir que ya tenéis dominada la técnica?

-No totalmente, Faraón, porque hay mucho por aprender de todo esto, pero se basa en los mismos principios naturales que el efecto de vuestro sillón, que como podéis apreciar, lo hemos mejorado y os recomendaría usarlo más tiempo, porque aunque durmáis en la pirámide, el sillón también hace su efecto cuando trabajáis de Faraón.

-¡Eso sí que es gracioso! -dijo Isman riendo a carcajadas- ¿Y pretendéis que me lo lleve en mis viajes o me lo pegue al trasero?... Pero bueno, lo utilizaré más veces. Me construiréis uno para poner en mi cuarto de escribir, que es donde paso un poco más de tiempo, pero os pondréis con ello en modo industrial, para que cada familia tenga uno igual. ¿En qué consisten las mejoras que habéis hecho?

-Sería complicado de hacer en grandes cantidades, porque usamos unos minerales que no poseemos en abundancia, pero lo intentaremos. Vos le habíais hecho capas alternas de madera y caliza pero les di a los carpinteros un nuevo plano y lo han hecho muy bien. Ahora tiene tres capas en sucesión. Una de madera, una de roca cristalina y otra de unas placas del mineral que encontramos en Aswan. Es parecido al natrón, pero más ligero y casi transparente. Parece que es el mismo que hay en el granito, ese que se separa en hojas, sólo que en este caso no son esos trocitos pequeños, sino grandes placas, algunas se encuentran más largas que un hombre y con un ancho variable. Además, como a la parte de piedra caliza la cambiamos por cristal de roca, la vibración es mucho más alta y perfecta. Para poder seguir extrayendo ese mineral poco frecuente, si vamos a producir los sillones para más gente, habrá que trabajar con más personal para limpiar el valle donde está la mina. Las arenas lo van tapando poco a poco y si nos descuidamos, en unos años todo el valle quedaría a dos o tres cuerdas bajo la arena.

-Que Menkauris reparta la gente para mantener las minas y en cuando al sillón… No está nada mal. -dijo Isman levantándose para testear el asiento con su Heka- Mejor diría que uno puede estar aquí mucho tiempo sin cansarse. Entre esto y el kafa… ¿No tenéis sueño, Septenheka?

-¡No, Faraón! Estas reuniones son muy importantes. Ahora entiendo muchas cosas… Otras no, pero os preguntaré en otro momento, ¿Me podríais invitar a todas las que se hagan?

-Bueno… Ya veremos, pero durante un tiempo vais a estar viajando ¿Os acordáis lo que os prometí? Ahora venid y sentaos en el sillón del Faraón hasta que acabe la reunión. No os vayáis a dormir ahora, que ya no sois la pequeña y ligera niña que se dormía en mis brazos.

-Mis padres deben estar preocupados, esperando afuera, pero ahora que ocupo el sillón del Faraón… Qué esperen.

Al terminar la reunión del Concejo, Isman halló a Nereb y su esposa Nefereng algo preocupados.

-¡Septenheka, que feliz se os ve! ¿No tenéis sueño?

-No, madre, es que he ocupado el sitial del Faraón y se ha tratado temas muy importantes. Y el Faraón tiene algo que deciros…

-Quiero que mi hija Henutsen y mi yerno Ankemtatis viajen para descansar. No han salido de la nueva población del Sur en cinco años y he pensado en vosotros para que vayáis como Ayudantes de Cámara. Ellos son muy disciplinados, así que poco trabajo os darán, pero esta preciosa niña os podría acompañar y disfrutar mucho el viaje. Si aceptáis, mañana mismo partís hacia Los Diez Colosos para encontraros con mi hija y desde allí, viajar por toda nuestra tierra y otras partes del mundo.

-Podríais ordenarlo, Faraón, e iríamos al fin del mundo si lo hubiera- respondió Nereb mirando a su mujer que sonreía, asentía con la cabeza y no podía contener sus lágrimas-, pero lo que nos ofrecéis es un regalo maravilloso. Todos los niños y adultos viajan por todo el país, pero dudo que muchos puedan hacerlo en compañía de nuestra Amada Princesa Henutsen... Faraón, decidnos qué debemos hacer y preparar...

-Vuestros objetos personales, nada más. ¡Y mucho papiro para Septenheka! Os pondréis a órdenes de Henutsen y Ankemtatis, pero la misión que os encomiendo más encarecidamente, es que cuidéis de vuestra niña como lo hacéis ahora. No irá a la escuela por un año o más, así que os encomiendo que cumpláis las funciones de maestros. Supongo que en estos años, vosotros habéis sido instruidos...

-En todo lo posible, Faraón. -respondió Nefereng- Además de asistir a la escuela para adultos, somos instruidos nada menos que por Ankhana y su esposo. El saber que hemos recibido nos ha convertido en personas muy diferentes, aunque no lo parezca. Vivir en este Templo es una bendición que os agradeceremos siempre, como este viaje. Os garantizo que Septenheka no quedará rezagada con los estudios.

--------------

El General Gibured fue convocado para llevar personalmente a los viajeros hacia las tierras más australes, visitando incluso las Pirámides que se encuentran más al Sur de Aguas Rotas. Septenheka pasaba horas admirando los muros de los Templos que iba conociendo, en algunos casos reproduciendo en papiro los magníficos grabados, haciendo mil preguntas a quien estuviera dispuesto a responderle. Casi dos Khabeds después, regresaron a Karnak para continuar los viajes hacia el Norte, deteniéndose en cada ciudad donde hubiera algo importante para ver. En la breve parada para visitar al Faraón, él encomendó a Henutsen el mayor cuidado y protección para la pequeña Septenheka y le entregó una serie de documentos que debía llevar a Nerobenssetor y a Soferses II de Hellás.

-Dentro de algún tiempo -decía Septenheka días después, mientras visitaban los fastuosos Templos de Amarinam- todo el mundo deberá hacer un viaje como éste, visitando toda Ankh em-Ptah. Y todos los muros, columnas y dinteles de todos los Templos, deberían estar bien reproducidos en papiros...

-Eso ya se ha hecho. -respondió Henutsen- Lo ordenó hacer mi padre apenas fue proclamado Faraón y trabajando novecientos escribas han demorado casi cien años. Todo eso está en La Luz. Pero el trabajo de dibujar y hacer copias fieles para distribuir por todo el país, es algo que requiere de miles de artistas y mucho tiempo.

-Si se dibujara a tamaño natural sobre el suelo todo lo que hay en los Templos, -agregó Ankemtatis- haríamos un camino de veinte codos de ancho y tan largo como para ir desde el Templo de Horus hasta Karnak. O sea medio día navegando aguas abajo a toda vela…

-¡Increíble! -exclamó Septenheka- ¿Y entonces cuánto han tardado en hacer todas estas construcciones?

-No lo sabemos. -respondió Ankemtatis- Con nuestras técnicas es imposible hasta la planificación, según me han dicho los arquitectos, pero los Hekanef disponían de otras técnicas y herramientas que les llevaron milenios desarrollar. Ellos tenían barcos voladores, otros que andaban bajo el agua. Incluso algunos podían ir a otros mundos…

-¿Y nosotros llegaremos a tener todo eso?

-Es posible, en algunos miles de años, -respondió Henutsen- pero lo más importante no es el desarrollo de esas técnicas. Si nuestro pueblo hace lo correcto, sólo conservará estas construcciones, pero no llegará a desarrollar esas cosas que no son lo más importante. Las herramientas de los Hekanef era sólo eso, herramientas, pero por muy maravillosas que sean, sólo unos pocos de ellos las usaron con tanto Amor como para construir Ankh em-Ptah y dejarnos la Enseñanza Sagrada. Los demás las usaron para fabricar armas y destruirse entre ellos mismos, en una estúpida lucha por tener poder sobre los demás.

-Entonces… Se me ha ocurrido pensar que decís eso de "*hacer lo correcto*", porque en vez de morir, haríamos todos la Ascensión… Pero en ese caso no quedaría nadie para cuidar todo esto…

-Sí, Cariño… Siempre habrían algunos que no harían la Ascensión, aunque sea unos pocos, que deberán conservar Ankh em-Ptah para que otros pueblos se beneficien de la Enseñanza.

-¿Y no podríamos elegir quedarnos aquí, como ha hecho Sekhmet?

-Sí, hijita, claro que podríamos, -respondió Nereb- pero eso es una opción que muy pocos tomarían una vez que se han ido al Reino de los Cristalinos. Sin embargo siempre habrá alguien que haga el gran sacrificio de permanecer en auxilio de los mortales…

-¡Una profesión más…! La anotaré en mi lista…

-Vais a tener que hacer una lista de "Profesiones de los Dioses" -le dijo Henutsen.

-Entonces la haré en una hoja nueva. Vuestro padre me dijo que no descarte ninguna actividad ni especialidad… Bueno, hablaba de las profesiones humanas, pero quizá mi vocación se parezca a la de algunos dioses... ¿Cuándo construyeron las primeras pirámide, Henutsen?

-Las primeras no las creó el hombre, sino la Inteligencia de Ptah y Nut reunidas, es decir la Esencia Absoluta y su Primera Manifestación. En el orden universal la Esfera es la síntesis de Nut, la forma que todo lo contiene en el menor volumen posible, pero la Pirámide es la forma que da Vida, dinamismo... Veo que os cuesta comprender el concepto pero de esta forma lo comprenderéis mejor: Resulta que según los escritos de varios de los Templos, si nos hiciésemos cien mil veces más pequeños y viésemos el agua, aunque no nos daríamos mucha cuenta, ésta está formada por cinco nubes, formando una pirámide. Una sola gotita de agua contiene miles de pirámides pequeñísimas, pero éstas producen el efecto vivificador que conseguimos al bañarnos porque traen al mundo de la materia, la energía desde el mundo de Ptah. Y con las grandes pirámides que construyeron los Hekanef, conocedores de estas ciencias de Isis, Ptah y Nut, ocurre como nuestras casas, que ese efecto de Vida se amplifica. Es como si estuviésemos en una de esas pirámides que forman el agua, pero miles de veces más potente. ¿Os queda más claro?

-¡Más claro que el agua clara, Henutsen! -respondió la niña, cuya instrucción básica era suficiente para comprenderle.

--------------------

Los viajes de Septenheka duraron medio año, visitando todo el país pero luego navegaron por las costas del Delta hasta el mar, para llegar en un día de viento favorable al puerto más cercano de Baalbek. Desde allí, fueron por tierra visitando extensas regiones en carros. Iban como simples viajeros en vacaciones, pero acompañados siempre por diez parejas de soldados del grupo de Invisibles, con sus armas ocultas y vestidos como ciudadanos comunes. Al grupo se unieron veinte soldados Baalbekios designados por Nerobenssetor, que también iban vestidos sin uniforme, a pesar de haberse limpiado de esclavistas la región. Sólo sabían que debían proteger a la hija del Faraón y su comitiva, sin saber hasta qué punto era importante la pequeña niña que les acompañaba.

El primer destino fue la ciudad de Piedras, hacia el Sur-Este, a la que llegaron cuatro días después. Pasaron cinco días contemplando las preciosas obras y regresaron al mismo puerto para embarcarse hacia el Norte, en un barco baalbekio mejorado por los navegantes Victorios.

Después pasaron interesantes aventuras y vieron otras de las grandes maravillas en Baalbek, como las rocas cortadas y trasladadas más grandes que hay en la superficie exterior del mundo. El Templo principal de Baalbek, dedicado a la Enseñanza Sagrada, había sido remodelado a partir de sus ruinas. La destrucción del edificio en una de las guerras de los Hekanef cinco milenios antes, había dejado su negra huella.

Las rocas que no pudieron ser colocadas nuevamente por su peso colosal, más grandes que los obeliscos egipcios y que los bloques visibles de algunas pirámides, presentaban aún una pátina negra que dejaron las explosiones efectuadas con las armas de Seth, al que los Baalbekios llaman Anunnaki.

También visitaron otras grandes pirámides, ya derruidas y que no se reconstruyeron en la época en que los últimos Hekanef lo hicieron en Ankh. Em-Ptah, sin embargo los Baalbekios habían hecho en los últimos cuatro mil años, diversos intentos de reconstrucción, usando piedras de un tamaño mucho menor, tal como lo habían hecho los Ankemtamitas en muchos sitios donde la última reconstrucción no había podido acabarse. Hermosos edificios de madera reemplazaban a la mayor parte de las columnas donde éstas ya faltaban y sólo quedaban sus trozos. El diámetro de las columnas, mayor que la altura de los hombres, daba una idea de las dificultades que presentaban esos vanos intentos de emular las construcciones de los Hekanef.

-Las leyendas de los obheritas que contaban algunos extranjeros en Karnak -comentó Nereb a Ankemtatis- decían que estas obras las hicieron ellos, al igual que nuestros Templos y Pirámides, trabajando como esclavos al servicio de los antiguos reyes de Baalbek y de Ankh em-Ptah. Sin embargo los pocos obheritas que conocí no eran muy trabajadores que se diga. Sólo andaban con ese cuento de las fichas del Juego del Poder… ¿Creéis que pudo ser cierto algo de eso?

-No, Nereb. Los obheritas y esclavistas como ellos, jamás pudieron levantar obras tan colosales. Quienes hayan hecho estas cosas tenían herramientas que no pueden compararse con la fuerza humana, no necesitaban esclavos. Y si en algún lugar del mundo hubo obras así que se relacionen con ellos, no han sido ellos esclavos, sino los esclavistas. Pero parte de su estrategia es hacer creer a la gente que ellos son siempre grandes creadores de civilizaciones, perseguidos y maltratados, esclavizados y asesinados. Cierto es que han sido exterminados algunas veces en guerras como las últimas, pero de no hacerlo, seríamos los demás pueblos las víctimas de sus genocidios. Ellos mismos generan las causas y reciben las consecuencias tarde o temprano. Lo peor que hacen es justamente, hacerse pasar por perseguidos y asesinados. Los pueblos lo terminan creyendo, incluyendo su propio pueblo. Así generan un Mentalismo, y… No sé si os han instruido ya sobre eso.

-¡Sí, General!, Así que en buena parte, la última gran guerra contra ellos ha sido causada por la inscripción en el éter de los pensamientos que ellos mismos han difundido… Como nos mentían con que los Baalbekios los estaban exterminando, nos han hecho imaginar a todos nosotros y a todos quienes les escucharan, su propio exterminio.

-Eso es. -agregó Ankemtatis- Y encima han continuado generando las causas que nos han impulsando a combatirles. Ellos mismos, engañados por su dios criminal y sus líderes sirvientes de Seth, labraron su triste destino, tanto en el plano de la materia como en el mundo de los psiquismos… Aquí viene vuestra hija. Parece que por fin se ha cansado de recorrer cada recoveco de esta construcción.

-He dibujado mucho, -decía Septenheka al grupo- pero no puedo imaginar cómo se hicieron estas columnas tan grandes y tan perfectas. ¿Fueron los mismos que construyeron Ankh em-Ptah?

-Seguramente tenían las mismas capacidades, pero aquí fueron otros artistas, otros Ingenieros… Quizá con las mismas herramientas y con iguales conocimientos. Milenios más, milenios menos, durante las mismas épocas. Mucho antes del Gran Diluvio… A ver esos dibujos… ¡Magníficos! ¿Quién os ha enseñado a dibujar?

-Mi madre… Mirad, ella también está dibujando y seguramente lo hará mejor que yo. ¿El Faraón conoce este lugar?

-Estuvo en esta región durante la guerra contra Obheres, pero no creo que tuviera tiempo de visitar estos lugares. Vuestros dibujos le serán muy útiles. Seguramente los hará reproducir para que los enseñen en las escuelas y Templos… Aunque ya sabéis que eso lleva trabajo y tiempo…

-Algún día… Sí, algún día voy a ordenar que todos los dibujantes buenos de nuestro país se dediquen a reproducir planos y dibujos…

La visita al Rey Nerobenssetor fue una sucesión de reuniones y alegres fiestas. Al recibirles, el anciano monarca demostró con sus abrazos a toda la comitiva y con sus sinceras lágrimas, el profundo agradecimiento que sentía por Ankh em-Ptah.

-Ahora no soy un Rey como antes. -decía a todos y en especial a Henutsen- Vuestro padre me aclaró las ideas sobre la política y en vez de ser Rey por herencia o elección de un grupo, he sido proclamado Rey por voluntad de todo mi pueblo. Hemos copiado la mecánica de vuestras Asambleas de las Calles y hemos establecido el mismo régimen de Delegados, Censores, Regentes y Sacerdotales, así como una serie de leyes militares idénticas a la vuestras, para asegurar que no habrá jamás en nuestra tropa un infiltrado. Los obheritas ahora están creciendo con una educación digna y noble, pero igual no podrán formar en nuestro ejército ellos ni hasta sus biznietos. Sus nietos podrán ser miembros del Concejo Supremo por la vía sacerdotal, pero no por la militar.

-¿Sería imprudente si os diera una recomendación, Hermano Rey?

-¡En absoluto, Princesa! El error más grande que he cometido en la vida, fue no escuchar las sugerencias de vuestro padre hace más de medio siglo. Os escucho con adelantada gratitud.

-Que los obheritas sepan bien la razón de su incapacidad en esas funciones, puede derivar en rebeldías, complejos mentales y traumas. Ya ocurrió algo así con dos poblaciones en el Delta. No es que tenga una fórmula mejor, pero esa es mejor descartarla.

-Pensándolo bien, creo tenéis mucha razón. Si fuese posible, haría un borrón en la memoria de Baalbek.

-Tampoco sería una solución práctica, porque tarde o temprano se volvería a caer en las mismas trampas, bastando una o dos personas que conserven en su memoria de la sangre esos instintos perversores. ¿Podríais llevar en estricto secreto los registros de los Censores, para evitar el ingreso de hijos, nietos y hasta biznietos de obheritas al ejército, al Censo y al cuerpo de Delegados? Tampoco es buena idea que formen en el Concejo Sacerdotal, porque acabarían pervirtiendo la Enseñanza y convirtiéndola en una religión… Ya sabéis que muchos tendrán recuerdos simbólicos en su Lah, y hasta los que encarnen con el mismo Ka, no tardarían en repetir las aberraciones. Es necesario cuatro generaciones para que se borren los símbolos de Seth y las Almas aprendan definitivamente lo Sagrado…

-Eso podría hacerse, Princesa. Algo complicado, pero podría hacerlo. Instruir a los Censores sobre todo, y luego a los Sacerdotes, para que hagan las orientaciones vocaciones de esta gente por el mejor camino alternativo que no sea el militar, sacerdotal ni de Censor o Regencia. La ocupación de Censor no es vocacional, pero hay muchas actividades realmente vocacionales en las que se despliegan los mismos talentos.

-Cierto, Hermano Rey, como que lo que más deben usar los Censores, son las matemáticas y la logística... Tenéis un gran desafío en hacer que Obheres no vuelva a corromperse. Seguro que con vuestra experiencia y Amor, hallaréis solución óptima para ese asunto. En cuanto a todo lo demás, sólo tengo que felicitaros por cómo habéis dirigido Baalbek, adaptando la política pero sin perder vuestros valores e identidad propia.

Durante las fiestas que se brindaron en su honor, Henutsen recibió la visita de Enur y Ashtarizara y de Tinoe, que se presentó con una mujer.

-Esta es mi esposa Neftajed, que en mi corta estancia el pasado año en la embajada de La Luz, me llenó de más luz la vida.

-Ya me parecía muy familiar vuestro aspecto, Neftajed. -decía Henutsen mientras abrazaba a su compatriota- Os felicito, Tinoe, ya tenéis en casa una buena parte de Ankh em-Ptah.

-No lo digáis muy alto, Princesa, que si vuestro pueblo la hubiera conocido más, dirían que os la he robado. Y seguramente os gustará saber -continuó hablando al oído de Henutsen- que es Sacerdotisa en el Templo de Enlil, que cumple las mismas funciones que Anubis...

-Entonces deseo haceros una pregunta, Neftajed. ¿Es cierto que algunos de los dioses de Baalbek son hijos de Anunnaki?

-Anunnaki y Seth son la misma entidad. Anunnaki es abreviatura de "An-Un-Anen-Enki, lo que significa *"El hijo no deseado de Enki"*, pero ninguno de los dioses de Baalbek es hijo del esclavista.

-Perdonad mi ignorancia, Neftajed, pero ¿Quién es Enki?

-La manifestación femenina de Baal, que corresponde Nut, Como sabéis, la parte femenina de Ptah, la primera de sus manifestaciones.

-Pero Ptah no es masculino ni femenino, es la Esencia Absoluta...

-Cierto, Henutsen, Ptah es Baal, Esencia Absoluta, pero su primera manifestación se representa como femenino, que corresponde al número dos. No porque sea *"en segundo lugar"* o de *"importancia secundaria"*, como solían decir los obheritas, por lo cual tenían de segundonas a las mujeres, sino porque da lugar a la Ley de Multiplicación del Principio Vida... El Uno no tiene Género, el Dos es Femenino y el Tres es Masculino. El Uno es Amor, el Dos es Inteligencia Creadora y el Tres es Voluntad. Pero sin el Dos, el Uno sólo es, y siente que *"no es nada"*...

-Ya veo que estáis muy avanzada en el estudio de los Kybaliones, por lo que deduzco que habéis seguido el Camino de las Cobras…

-Deducís bien, Henutsen. -intervino Tinoe- Tal como ha vuelto a hacerlo gran parte de nuestro pueblo, gracias a la sabia y fraternal influencia de vuestro padre, que en los últimos años ha facilitado la instrucción en la Enseñanza Sagrada a mil de nuestros Sacerdotes.

Tras visitar los lugares de mayor importancia histórica de Baalbek, partieron treinta días después, del Puerto de los Cedros rumbo a Hellás, donde les esperaban el Rey Soferses II y su esposa de origen Ankemtamita, quienes habían sido avisados de la visita de la hija del Faraón y su esposo el General Ankemtatis.

-¿Por qué creéis que es tan especial la niña, como para designar esta comitiva, Henutsen? -preguntó Ankemtatis mientras navegaban bajo un cielo impecable y contemplaban el bello atardecer marino.

-¿No os habéis dado cuenta, Amor mío? Si vierais en el mundo del Ka, ya os habríais dado cuenta que… Bueno, no lo ha dicho mi padre, pero yo estoy segura… Será la Faraona que le reemplace. Y se supone que de ser así, es un secreto que debemos guardar muy bien.

-¡Claro!... Ahora entiendo. Pensaba que sería una gran Sacerdotisa, que por su inteligencia y percepción conviene que… Aunque no veo perspectiva de que pueda reemplazarle inmediatamente. Vuestro padre parece más joven que cuando le conocí en Tekmatis… Pero tal como le hemos visto las últimas veces, poderoso, sublime, luminoso, con una increíble áurea de… No es que vaya a morir ¿Verdad?

-Pues eso, Amado mío. Mi padre hubiera querido permanecer en una eterna vida al cuidado de Ankh em-Ptah, pero ya no podrá hacerlo como humano. La campaña en Baalbek y el contacto con los Victorios, aparte de haberle dejado más tranquilo respecto al futuro de nuestra Patria, acabando con el enemigo externo, le ha obligado a aniquilar a los más recónditos enemigos interiores. Y además Enhutatis, que ha resultado ser una mujer digna de un Faraón, ha acelerado su proceso. Ruego a los dioses que puedan hacer juntos ese viaje al otro Reino.

-Y ese cambio es magnífico, se les nota mucho…

-¿Vamos a demorar mucho en volver a Karnak? -interrumpió la conversación Septenheka que subía a la cubierta del barco.

-¿Os habéis cansado ya de viajar?

-¡No, Henutsen!, ¡Viajaría toda la vida!... Y más en vuesta compañía. Sólo lo pregunto porque si vamos a demorar mucho tendré que escribir una carta a vuestro padre. Anoche, mientras dormíamos en la posada del puerto, tuve un sueño muy importante, así que esta mañana, mientras vosotros cargabais las cosas al barco, tomé una decisión. Ahora sé cuál será mi nombre definitivo.

-¿Y se puede saber?

-¡Claro, y ya se lo he dicho a mis padres!... Y os rogaré a Vos y a Ankemtatis que hagan mi bautismo cuando volvamos a Karnak. Mi nombre de aquí en adelante será Nuptahek.

-Hermoso nombre, no lo había escuchado antes. Significa "*Casada con la Magia*". ¿Cómo lo habéis elegido?

-Soñé que Sekhmet me invitaba a pasar a su cámara en Karnak y junto a ella estaba Anubis. Entonces ella dibujaba en la pared a Isis y Osiris, mientras Anubis dibujaba en la pared del otro lado a Maat y a Nut. Y me decían... Bueno, ésta es la parte más importante, porque pedí ayuda a vuestro padre para saber a qué me quería dedicar todo el resto de mi vida... Y me dijo que en treinta días lo podría saber. Lo supe tres días después, pero pensaba que no podía ser...

-¿Y ahora dudáis si debéis decirlo? -dijo Ankemtatis tras un rato de vacilación de la niña- Si pensáis que debe ser un secreto, no nos molesta que lo guardéis. Os respetamos vuestro silencio. Pero si es algo que os preocupa y podemos ayudaros...

-No lo sé. -decía Nuptahek en voz más baja, mirando a todos lados, asegurándose de que nadie más escuchase - En vosotros puedo confiar totalmente, pero creo que es... Muy importante, así que os ruego mantenerlo en secreto, porque esto no lo he dicho ni siquiera a mis padres... Quiero dedicarme a trabajar de Faraona.

Henutsen y Ankemtatis se miraron y se entendieron con la mirada, mientras la niña les observaba atentamente, para detectar si iban a reírse o a tomarlo con la seriedad que tenía para ella.

-Desde ya que eso debe mantenerse en el más estricto secreto, Nuptahek. -dijo Henutsen- Por nuestra parte, nadie lo sabrá, pero os recomendamos no compartir lo que habéis dicho con nadie más.

-Pero no me creéis, ¿verdad? Yo sé que Vos podéis preguntar...

-¡Claro que sí! Estamos segurísimos de vuestra convicción y no necesito preguntar a Anubis. Escuchadme bien, Nuptahek: Hemos aprovechado este viaje para muchas cosas, como visitar y traer al Rey Nerobenssetor lo que mi padre quería obsequiarle. Ahora vamos a Hellás para encuentros diplomáticos y aprender algunas cosas, pero sabemos que la razón más importante de este viaje sois Vos. Mi padre encomendó que os cuidásemos como al tesoro más valioso. Supuestamente, para que conocierais muchas profesiones y definir vuestra vocación. ¿Es así?

-Sí, claro, y la he descubierto del todo. Hice las listas que me indicó que hiciera, pero yo lo sabía… Seguí en todo este viaje haciendo las listas, como podéis ver. He anotado más de mil profesiones, entre artes, ciencias, técnicas, oficios de calle, oficios de casa, de talleres, de fábricas, con todas las especialidades. Y mientras me he imaginado haciendo todas las profesiones que me interesan, más me he dado cuenta que no es que "*quiera*" trabajar de Faraona, sino que "*debo*" llegar a serlo para cuidar de todas las personas y todas las cosas  maravillosas de Ankh em-Ptah. ¿Veis oportuno que escriba al Faraón y algún barco lleve la carta?

-Sería una gran imprudencia, Nuptahek. -respondió Ankemtatis- Con toda seguridad,  el Faraón no aprobaría vuestra ansiedad por comunicar algo que debe mantenerse en el más absoluto secreto.

-No os preocupéis, Nuptahek -agregó Henutsen riendo- Sin duda que mi padre sobrevivirá a la incertidumbre. Además, es posible que alguien ya le haya informado completamente sobre vuestra decisión…

-¿Quién puede…? -dijo sorprendida la niña- Si os lo acabo de decir en secreto, ningún mortal sería capaz… ¡Ah! Lo he dicho… Ningún mortal…

----------------

La navegación tuvo veinte paradas en islas del bello archipiélago de Hellás, para conocer infinidad de antiguos Templos, muchos de los cuales estaban en pleno uso. Las obras no eran tan colosales como las de Ankh em-Ptah o Baalbek, pero la finura de los artistas que las hicieron les dejaban boquiabiertos. Nuptahek seguía con su lluvia de preguntas y los veinte Invisibles competían por responderle. Al principio del viaje pensaron que sería una pesadilla tener consigo a una niña preguntona, pero ya en los primeros días comprendieron que no había preguntas tontas y Nuptahek tenía un tacto especial para preguntar a cada uno según las habilidades y conocimientos que intuía en ellos.

En Hellás, responderle los innumerables interrogantes sobre los sitios que visitaban y lo que veían, era un deporte de grupo, porque ninguno había estado antes en estas tierras. Así como se ganó el cariño de sus compañeros, lo hizo con el anciano capitán del barco, un baalbekio extremadamente culto que conocía cada rincón de Hellás, mejor que cualquiera del país.

La recepción en el Palacio de Atenea no fue tan pomposa como en Baalbek, pero la cordialidad fue idéntica. Soferses II y Athemesis eran aparentemente jóvenes, pero sus ojos delataban la madurez de los que tienen muchos años. Resultaron muy amantes de las fiestas y prefirieron pasar pronto los asuntos protocolares para acompañar a los viajeros en un recorrido por sus tierras. Nuptahek, sensible como era, miraba a los reyes con especial atención porque veía en ellos una áurea diferente a toda la gente que había conocido, con excepción del Faraón, en cuyo cuerpo sutil se parecían estos gobernantes. Ambos le llevaban uno de cada mano y caminaban por un sendero con delicados jardines hacia un Krêstérion (lugar de poderes mágicos o donde vive un oráculo).

-Allí es donde se halla el Oráculo Calcas, del que nadie sabe su edad, pero siendo hijo de un mortal y una Primordial, seguramente tiene muchos siglos y podría vivir muchos más. -le decía Soferses.

-¡Entonces es como los Hachamanes de los Victorios! -Exclamó Nuptahek- ¿Hay muchos así en vuestro país?

-Siempre los hubo y los habrá, pero no son muchos. Nuestra Patria es ahijada de la vuestra, pero su destino es diferente.

-¿Y cuál es ese destino, Soferses? ¿Y cómo lo sabéis?

-Lo sabemos porque nuestros oráculos nos lo dicen. Al menos por los próximos cuatro o cinco milenios estamos destinados a conservar el contacto con los hombres dioses del interior del mundo. No como los Victorios que con su fuerza guerrera custodian las entradas al mundo Intraterreno, sino como guardianes de algunos conocimientos de los Inmortales. Vuestra Patria está destinada a cuidar el Conocimiento Sagrado, las Leyes del Universo y la enseñanza de la purificación emocional, mientras que nosotros somos conservadores de las artes puras. Claro que también en parte nuestra labor es mantener guerras si fuera preciso, y la llama perenne de las ciencias, como en vuestro país también se cultiva el arte, pero cada uno lo hace de un modo más específico. ¿Comprendéis?

-¡Perfectamente!... ¿Es que hay un plan o algo así, para que cada país cumpla una misión especial?

-Así es. Nuptahek. -dijo un poco sorprendida Athemesis- Muy buena deducción la vuestra. Parece que además, tenéis una instrucción muy amplia en varias asignaturas.

-Se hace lo que se puede... Pero yo quiero hacer más, tengo que prepararme para... ¿Y qué vamos a hacer en el Krêstérion?

-Visitaremos a nuestro querido Calcas, -respondió Soferses algo sorprendido con el giro que dio la niña a la conversación- De paso podríais hacerle alguna pregunta sobre lo se espera de vuestra vida. Es uno de los grandes clarividentes de Hellás.

-¿Puede decirme cosas sobre mi futuro?

-Sí, -respondió Soferses- No es que el futuro esté escrito, pero los oráculos son los que mejor interpretan la Ley de Causa y Efecto y aplican la clarividencia para saber qué es lo más probable. A veces las causas generadas por una persona o por un pueblo son tan potentes, que ningún humano podría cambiar las consecuencias. Pero como ellos pueden hablar directamente con los Primordiales, a veces consiguen alguna ayuda extra para los mortales. En cuanto a Vos, que sólo sois una niña, seguramente podrá ayudaros a corregir alguna cosa de vuestro destino, para que seáis tan feliz como merezcáis serlo.

-Hummm. ¡Qué interesante! ¿Y si le hago una pregunta podré estar segura que será un secreto bien guardado?

-Por supuesto, -respondió Athemesis- las consultas personales son cosas muy íntimas.

-¿Y cuántas preguntas se le puede hacer a un oráculo?

-¡Muchas, todas las que queráis hacerle! -dijo Soferses en medio de las carcajadas propias y de todo el grupo, que no perdía una palabra de la conversación.

La reunión de la niña con el oráculo se prolongó hasta la noche.

-Ya me parecía extraño que nos dejaseis pasar a todos antes que a Vos. -le dijo Henutsen cuando la niña salió de la cripta del oráculo.

-Y si algo extraño ha ocurrido en Hellás, -agregó Soferses- es que el oráculo permanezca más de dos têmposos con una persona. ¡Y os ha dedicado más de medio día! ¿Habéis estado todo el tiempo en silencio?

-¡No, claro que no! -dijo Nuptahek con una amplia sonrisa- Hemos conversado sobre muchos temas. Y me ha dado un mensaje para transmitir al Faraón, así que cuando dispongáis, podemos volver a Karnak. Y a vosotros, Reyes de Hellás, os aseguro que antes que hagáis vuestra Ascensión os volveré a visitar como... Dentro de unos años...

A pesar de la indescriptible felicidad que la pequeña irradiaba, sus palabras, a partir de la charla con el oráculo, se hicieron más medidas.

-Sus conversaciones nunca fueron vacuas, -comentaba Henutsen a su esposo mientras navegaban de regreso- pero desde el encuentro con Calcas, ha cambiado. Su pensamiento es más profundo, sus preguntas son muy concretas en cuanto a las Leyes Universales...

-Y no es que sea mera curiosidad infantil. Creo que ya tiene claro su destino y vocación. Pero quizá sería conveniente no preguntarle nada al respecto. ¿Qué opináis?

-Totalmente de acuerdo. Sólo responderemos sus preguntas... Nereb y Nefereng están un poco confusos, porque notan los cambios del carácter de la niña, pero están tan felices que no me preocupan. Creo que mi padre podrá prepararse para la Ascensión con más tranquilidad, aunque no querrá hacerlo hasta que Nuptahek sea algo mayor.

## Capítulo XXV- Los Avances de Ankh em-Ptah

-En parte por la cuidadosa educación, -decía el Faraón en una reunión del Concejo Supremo- y en parte por la difusión masiva de las casas piramidales, las Ascensiones son más habituales día a día. Como ya sabéis, se ha invertido la estadística y ahora sólo dos de cada diez personas no alcanza la Ascensión y muere, pero salvo excepciones, los muertos renacen inmediatamente en nuestra Amada Patria. Uno de los desafíos que tenemos ahora, es mantener esta educación mejorada y conservar los Templos, que con el paso de los años se deterioran. Otro desafío sería hacer casas pirámides que no sean de madera, para que perduraran indefinidamente, pero hacerlas en piedra nos resulta casi imposible. Las pocas que pudimos hacer, costaron demasiado tiempo y trabajo, aparte de no brindar las comodidades propias de una casa. No tenemos remota cercanía a las técnicas de los Hekanef. Con conservar los Templos y Pirámides que nos dejaron ellos, ya tenemos tarea...

-Y no es tarea fácil. -dijo Uasnum, que había viajado desde Tekmatis con sus ingenieros- No hemos hallado manera de proteger eficazmente un millón y medio de Ankemtras cuadrados de muros, sin contar con columnas y dinteles, en que se ha escrito toda la sabiduría que podemos alcanzar siendo humanos. No es imprescindible para la Ascensión de todos los mortales, porque *Los Ocho Kybaliones* ya son bien conocidos y conocemos sus claves de aplicación, pero es importante cuidar este inmenso legado. Nuestro pueblo finalmente desaparecerá, porque la mayoría Asciende sin dejar hijos de la carne y algunos encarnan en el mundo Intraterreno, pero los que vendrán cuando no estemos, no serán como nosotros, necesitarán aprender todo de nuevo...

-Si me permitís, Faraón, Sacerdote Uasnum, Notables del Concejo... -decía uno de los Sacerdotes- Soy Palalius, hijo de Grakio Soferses II, Rey de Hellás y de la Sacerdotisa de Horus, Athemesis. El Faraón me encargó hace cuatro años, cuando le visité en La Luz, que formara un grupo de hierofantes y me dedicara a las traducciones. Pues tengo la grata noticias de que hemos logrado traducir más mil fórmulas halladas en diversos Templos, especialmente las de la Isla del Elefante. Algunas incluyen pátinas que pueden darle a la piedra una resistencia mayor. Hemos empezado a experimentar con calizas y granitos, para comprobar si darían a la piedra una resistencia mayor ante los factores climáticos.

-¡Excelente! -respondió Isman- En cuanto lo tengáis bien seguro, aplicadlo en los Templos de la región de Sabeons, que son los menos importantes y más difíciles de cuidar, donde además, el clima es más destructivo. Según los resultados, aplicaremos vuestras fórmulas en los demás de todo el país. Y no estaría mal probarlas en maderas, a ver si las nuevas casas pudieran resistir el paso del tiempo.

-También, Faraón, -continuó Palalius- hemos descifrado todo el proceso de Osiris en el Templo de Hathor. Lo que se suponía de los grabados, es correcto, así que tenemos en gran parte recompuesta la tabla de Los Ocho Kybaliones, con los jeroglíficos que corresponden a cada Principio y cada Ley de Thot. Los símbolos que usamos hasta ahora también valen, pero para entender mejor todo el resto de los escritos de los Hekanef, nos será útil la aplicación en los Ocho Kybaliones de los símbolos que usaban ellos.

-Me dejáis el Alma alegre, Palalius. -respondió Isman mientras él le entregaba un paquete de papiros con resúmenes de las traducciones.

-Lo que yo estoy buscando desde hace tiempo, -decía Uasnum- y eso si Palalius no lo ha encontrado aún, es la fórmula de un bálsamo para evitar los efectos de la radiación que producen las Ascensiones. Seguro que en alguna parte de los Templos está detallado porque está en los grabados. Como ya sabéis, cuando luego de una Ascensión entra en la cripta una persona cercana a hacer la propia, ya hay problemas porque se adelanta el proceso y algunas veces se producen muertes antes de Ascender. Pero si lo hace un auxiliar que no está cerca de Ascender, la piel se le quema y hubo por esa causa, varias muertes de los auxiliares en las residencias de ancianos y en entre Sacerdotes de las Criptas. Las aplicaciones de bálsamos sobre el cuerpo del que está por Ascender, podéis verla en muchos sitios de Ankh em-Ptah, así que no habrían dibujado eso sin la fórmula de lo que aplicaban sobre el cuerpo.

-¡La tendremos, Uasnum, la tendremos! -exclamó Palalius- No lo había entendido al verlo, pero en el Templo de Horus-Sobek está. En los papiros que acabo de entregar al Faraón, encontraréis una explicación inconclusa y una fórmula de purificación, pero hay que seguir sobre ello. Ahora entiendo que lo que figura allí, debe ser la fórmula que buscáis…

-Y no estaría mal -dijo Zoser, el antiguo Ayudante del Faraón que ya era arquitecto y Sacerdote de Sekhmet- encontrar una solución a los grandes tanques Ascensionales de Sakkara, que a medida que han sido usados, tras las Ascensiones no se han podido abrir sus enorme tapas…

-Para eso -decía Uasnum- ya tenemos solución porque sabemos el porqué de que queden tan cerrados. Permitidme explicarlo, arquitecto, porque lo logramos poco después de vuestra última visita. Ocurre que cuando se hace la Ascensión, el aire de alrededor se va al Reino de los Cristalinos junto con toda la materia o se mete en la piedra del tanque por causa de ese calor especial, entonces se forma un vacío, como en los vasos de ventosas, que al calentarse el aire con la llama, se va y luego el vaso se pega al cuerpo. A los tanques se les pone una capa de betún entre el borde y la tapa para poder deslizar su gran peso, en los de Amarinem y algunas criptas de Memnon, que tampoco se podían abrir, hemos perforado el betún con una aguja muy fina. Ha entrado aire y así conseguimos que se abran. Ya sabéis que las tapas de esos tanques de Sakkara pesan como doscientos cincuenta hombres, el betún seco y duro se resiste, pero lo conseguiremos también allí y ya podrán usarse de nuevo. La solución está en poner una capa de betún más gruesa.

-¿Qué hay de los tanques menores, Zoser, aquellos que empezaron a hacer nuestros artesanos en Amarinem? -preguntó Isman.

-Imposibles, Faraón. Todos se han roto al producirse la Ascensión y algunos ni siquiera la consiguieron por causa del mal trance, teniendo que volver a nacer. Los que hicieron los Hekanef no sólo son más grandes y fuertes, sino que tienen una simetría perfecta que nuestros matemáticos y geómetras no han conseguido aclarar. Ellos tenían alguna fórmula que nosotros aún no tenemos. El volumen de vaciado es exactamente la mitad del volumen total del recinto, pero aunque parece fácil, no tenemos cómo definir el espesor que deben tener las paredes y el fondo...

-¿Así que no tenemos más alternativa que seguir con los tanques abiertos, a pesar del riesgo de la radiación?

-Así es, Faraón. El número de Ascensiones entre los Sacerdotes e Iniciados, ya hace insuficientes los tanques existentes. Seguiremos intentando el trabajo en piedra, pero por ahora lo más efectivo es la construcción de criptas subterráneas con cámaras múltiples. Hemos ampliado el número de cámaras en los subterráneos de la Fábrica de Poder, en el largo túnel que une Tekmatis y Gavelade, así como en un túnel bajo la Pirámide Negra de Dashur. Sin embargo no podemos fabricar cámaras con puertas de cierre hermético como las que hicieron los Hekanef. ¡Esas puertas rastrillo pesan como veinte hombres! Ni siquiera hemos podido fabricar un sistema para abrir y cerrar esas con rapidez, dentro de esas cámaras tan estrechas, que no sabemos cómo hicieron para meter allí los tanques...

-Llevamos siglos así, Zoser. -Le dijo Isman- Pero nuestro pueblo está comenzando a reorientar su existencia de tal manera que tardará pocos siglos en extinguirse. Los pueblos embrutecidos suelen extinguirse por muerte, pero el nuestro lo hará por Ascensión. Hay que conseguir reducir los efectos de la radiación para que los auxiliares puedan hacer su trabajo y los que van a Ascender no sean afectados antes de tiempo, porque eso también ha causado muertes en los que estaban a punto… Uasnum, continuad con Palalius buscando ese bálsamo para evitar esos efectos; es una prioridad que dejo en vuestras manos.

---------------

Unos días más tarde, llegó el barco a Karnak y fueron agasajados con una fiesta. Ankemtatis y su esposa continuarían hacia Los Diez Colosos, pero Isman les pidió quedarse durante un mellu en su compañía.

-De acuerdo, padre. Nos quedamos diez días. Tendré que volver a salir con el Ka y avisar a mis discípulos para que estén tranquilos. Y os ruego atender con prioridad a Nuptahek, que os trae un mensaje de Calcas.

-¿Habéis estado con el famoso Calcas? ¡Ya me gustaría volver a verle! Fue a La Luz con un embajador de Soferses Iº, un año antes de que me hicieran Faraón y nos divertimos mucho haciendo bromas... Su gente pensó que se había vuelto loco, porque casi no hablaba… Bueno, igual es posible que le visite…

-Si el mensaje que tiene para Vos es lo que creo, no tendréis mucho tiempo, padre. Preparad el viaje pronto, o no le visitaréis como humano.

-Sí, querida mía, es posible… Bueno, veamos qué tiene para contarme Nuptahek. La llevaré a la Capilla de Sekhmet. Os dejo con Enhutatis.

-Vuestro destino, Faraón, -decía Nuptahek luego de saludar a la diosa- es inexorable como el mío. Me dijo Calcas que podéis esperar hasta que yo sea Faraona, pero ese día será triste y feliz a la vez. Feliz porque yo seré Faraona y habré realizado mi vocación, mientras que Vos habréis partido poco antes, a un Reino más feliz que el Humano y lo haréis con Enhutatis. También será triste, porque ya no tendré vuestra guía, así que debo prepararme para cumplir con Ankh em-Ptah como Vos lo hacéis.

-Hasta que ese momento llegue, vigilaré vuestros progresos y siempre contaréis conmigo para resolver cualquier duda que tengáis. Además, desde hoy podréis ingresar a la Capilla de Sekhmet como sirvienta de limpieza, si os parece bien, ya que mis antiguos ayudantes también han hallado sus vocaciones y están en otras tareas. No he querido designar a nadie para el cuidado. Enhutatis y yo nos hemos encargado hasta ahora personalmente del servicio, pero ahora podéis ser Vos la encargada…

-Ese es un honor que sólo tienen los Iniciados y Discípulos de los Sacerdotes, Faraón. Os agradezco de corazón. ¿Puedo venir a la antesala a estudiar y escribir?

-Como si quisierais quedaros a vivir aquí, aunque en todo caso vais a pedir permiso a Nereb y Nefereng. Recordad que incluso cuando seáis Faraona, ellos seguirán siendo vuestros padres. Además, acaba de decirme Henutsen que no han dejado de instruirse, ocupando buena parte del tiempo no sólo en vuestra enseñanza, sino en los estudios propios. Seré vuestro maestro en algunas cosas, pero ellos también lo serán y en muchas más. Y tampoco dejaréis de hacer vuestros estudios regulares, porque una futura Faraona debe conocer a fondo todos los aspectos de la educación. Puede que tengáis que mejorarla, porque aunque creamos haber hecho siempre lo mejor, todo es perfectible.

-Pregunté a Calcas si era bueno guardar este asunto en secreto y me dijo que más que bueno, es de fundamental importancia. Sólo vuestra hija y Ankemtatis lo saben. No lo saben mis padres ni lo sabrán todavía. Olvidé preguntar a Calcas hasta cuando debería mantenerlo.

-No os preocupéis por ello. Simplemente, vuestro corazón os dirá cuando llegue el momento de revelarlo a alguien. Pero lo más probable es que hasta Vos misma os olvidéis y creo que eso sería lo mejor. Vais a tener que ser la mejor de las Guerreras, en lo que Henutsen será más adelante la maestra más indicada. Y también deberéis ser la más sabia de las Sacerdotisas y en ello será Sekhmet quien mejor os podrá guiar, aunque Ankhana sea vuestra instructora.

-¿Y Vos me enseñaréis los asuntos del Estado, Faraón?

-No siempre ni para todas las cosas. Los estudios regulares os enseñarán todo lo necesario. La parte más difícil será la militar, porque es muy duro aprender a sobrevivir en el desierto, el río, la selva, a idear estrategias pensando en matar al enemigo... Todo lo demás será fácil...

-Pero seguramente no tan divertido... Como lo de matar. Será triste...

-Me alegro que lo veáis así, Nuptahek. El destino de Ankh em-Ptah estará en vuestras manos y para ello hay que tenerla muy curtidas. Incluso tan manchadas de sangre como las mías, si es necesario.

-Os aseguro, Faraón, que no me importará sufrir lo que tenga que sufrir para defender lo que habéis defendido. El General Ankemtatis me ha contado a lo largo de los viajes, toda vuestra campaña. He llorado como Vos, como si supiera lo que se siente, aunque yo era recién nacida cuando debisteis hacerla. Me he imaginado lo que habéis llorado por cada vida cegada, porque yo también sentiría que muere una parte de mí si tuviera que matar a alguien, pero si no lo hubieseis hecho, Faraón... ¿Qué habría sido de mis padres, de mis maestros, de mis amiguitos, de mi misma...?

-Nadie que os oyera hablar creería que aún no habéis cumplido diez años. Ahora volvamos a la fiesta, que hay un tiempo para divertirse y también debemos aprovecharlo…

## Capítulo XXVI - Las Últimas Batallas del Faraón

En los diez años siguientes, Isman se dedicó casi exclusivamente a la enseñanza de las técnicas profundas de la Katarisis. El fundamental proceso para comenzar cualquier vida que valga la pena, como cualquier empresa o desarrollo en cualquier ámbito, resultó también fundamental para terminarla, habiendo sostenido con los enemigos interiores esa batalla en cada nueva acción, en cada reunión, cada acto de Estado, de guerra y en la vida privada. Algunos viajes rápidos a Baalbek, Hellás y el país de Rómulo, Lupusia, fueron las únicas distracciones que le alejaban temporalmente de su ahijada. También, pero sin resultados, fue dos veces a Tombizara con Henutsen, Ankemtatis, Elhamin y otros, para intentar dilucidar el misterio de las luces y la zona de suelo impenetrable con el Ka. Los intentos fueron vanos y hasta peligrosos a veces, pero no quería darse por vencido. Finalmente, con todos los recursos imaginables agotados en el mundo del Ka, Isman preparó la tercera expedición en compañía de ingenieros para hacer una excavación.

-Vamos a aprovechar que Nuptahek está en período de instrucción y no podemos asistirle ni interrumpirle. ¿No os entusiasma?

-¿Una excavación, Amado mío? -decía Enhutatis preocupada- ¿En esas tierras que ya os han demostrado ser impenetrables?... Bueno, a decir verdad, a mí me apasiona la idea, pero si no se consigue…

-Ya veo que vuestra preocupación pasa por el hecho de que no queréis que fracase, o teméis que eso me afecte demasiado.

-Sí, cariño, eso es. Prometedme que no os vais a entristecer si no lo conseguimos. Hace milenios que eso está ahí y nunca ha afectado a Ankh em-Ptah… Lo hemos hablado tantas veces que... ¡Vamos allá!

-Pero no será mañana, -decía Isman abrazando a su mujer- porque primero tengo que pasar el Heb-Sed, que por diversas razones se ha demorado y no quiero que piensen que me estoy escaqueando… Además hay que esperar la época de buen tiempo. Ya sabéis que el Río Tormentas no tiene en vano el nombre.

---------------

Días más tarde, un gentío de todo el país se congregó en la Fábrica de Poder de Dashur, aunque sólo diez mil personas podrían ver el acto espectacular directamente, en que Isman debería demostrar una vez más al pueblo que estaba en condiciones de dirigir la Nación. Sobre la gran explanada frente a la Pirámide del Rayo, un toro bravo fue liberado desde los hangares de los Mil Sonidos. Por el Portal de las Columnas entró el Faraón, ataviado sólo con un pequeño calzón, su cabello recogido en un moño, descalzo y sin armas. Caminó hacia el centro mientras que el toro buscaba un sitio por dónde salir de la zona. Como todos los toros bravos de aquella raza colorada, no encaraba a la primera, sino que intentaba escabullirse ante una situación ajena a sus naturales campos. Al no hallar salida, comenzó a violentarse y a correr a lo largo de las murallas.

Como no se acercaba al centro, Isman caminó lentamente hacia él. Al verle acercase, bufaba amenazante, mientras él comenzó a hablar en voz baja. Por su mente pasaban las imágenes del Heb-Sed anterior, en que tuvo que saltar varias veces para evitar la embestida y en dos ocasiones lo hizo por encima del animal, demostrando una agilidad que no había decaído a pesar de su edad. Luego recordó intencionadamente, para plasmar en la precaria mente del toro, la imagen de aquello. Visualizaba ahora con total claridad, cómo había logrado prenderse a los cuernos y tras una serie de revolcones y golpes, consiguió que el toro sintiese las poderosas manos apretando los cuernos y su cabeza contra el suelo.

-Sentidlo, amigo mío. Eso os ocurrirá si intentáis una embestida, pero podemos ahorrarnos eso, de Vos depende... Voy a subir a vuestro lomo - seguía diciendo y visualizando ahora con más extraordinaria claridad- y vais a caminar lentamente, paseando por este recinto. Sólo llevaréis mi peso sobre vuestro lomo. Así que quedaos quieto...

El animal bufaba, resoplaba y rascaba el suelo con una pata, advirtiendo un inminente ataque. Isman se mantuvo a la distancia mínima en que pudiera reaccionar si embestía, pero el bufido pasó a bramido sin moverse de su sitio.

-Bien, amigo, ahora vais a estar cómodo, acostado. -decía moviendo apenas las manos, con todos los músculos tensos y preparados para saltar, con la mente más tranquila que nunca- Vamos, estoy esperando que os acostéis, como si fueseis a dormir... ¡Vamos... Descansad!

La bestia lanzó un mugido potente, pero siguió inmóvil. Miraba hacia todas partes e Isman repitió las palabras con la visualización idéntica, más clara aún, hasta que el toro pareció comprender. Isman se agachó hasta quedar casi acostado. El animal bajó un poco la cabeza y la sacudió. Su cornamenta sin capuchón, de un codo y medio de largo, parecía un par de lanzas rendidas cuando por fin se echó en el suelo.

-Muy bien, muy bien, amigo mío. Si hacéis lo que os pido, vais a quedar indultado y llegaréis a ser muy viejo, bien cuidado. Muchas vacas de las mejores razas pasarán por vuestro campo. Promesa de Faraón...

Mientras le hablaba, visualizaba e imprimía en la mente del toro las más bellas sensaciones que podía imaginar para él, desde el pastoreo por los campos verdes de las orillas del Nilo, pasando por el abrevadero de agua transparente, hasta el descanso entre las vacas y terneros.

-Bien, precioso hijo de Hathor, ahora me acercaré y vamos a conversar más tranquilos. -decía mientras se agachaba, casi hasta sentarse en el suelo. Caminando en cuclillas se fue acercando al toro, que de vez en cuando resoplaba y movía la cabeza, mirando cada vez menos a Isman.

-Veo que nos comprendemos… -decía él en el tono más natural y tranquilo, aunque no separaba una mano del suelo, dispuesto a saltar si fuese preciso- Ya os he dicho que si sois mi amigo, vais a tener una vida muy larga y feliz. Campos verdes y floridos en la época de calor, los mejores pastos guardados para la época fría, la mejor compañía vacuna para disfrutar luego con vuestra prole, agua filtrada en los canalillos y vida tranquila, sin más exigencia que procrear. Personalmente me ocuparé de vigilar que así sea y nos veremos muchas veces… Si me voy del mundo antes que Vos, mi sucesora cumplirá la orden de cuidaros…

Al visualizar a Nuptahek, que estaba con sus padres en las gradas, el toro le miró fijamente, se puso en pie pero no amenazó con embestir. Volvió a tranquilizarse y caminó hacia el Faraón los escasos ocho codos que les separaban, con la cabeza baja. Isman acarició el enorme lomo mientras seguía hablando, ya en voz más baja, casi al oído.

-Muy bien, querido amigo, muy bien… Ya veis que nos podemos llevar como dos criaturas pacíficas. Y no cualquiera tiene el honor de ser amigo de un toro como Vos, así que os doy las gracias por aceptarme. Ahora os ruego que os echéis al suelo, porque montar sobre vuestro lomo de un salto podría poneros un poco nervioso…

El animal obedeció inmediatamente e Isman, agachado, empuñó la gruesa asta suavemente y con la otra mano acarició un buen rato la cabeza, el cogote y las orejas del toro. Incluso llegó a acariciar la parte superior del hocico, sin que hubiera reacción alguna.

-Ahora que somos amigos, tendré que poneros un nombre… Como no podéis darme idea Vos mismo, voy a elegirlo yo. Os llamaré, Merisman, (*"Querido de Isman"*) Si os parece buen nombre, bastará que me dejéis montar sobre vuestro lomo, para que podamos pasear un poco y luego podréis volver a vuestro lugar natural.

Lentamente, sin dejar de hablarle, levantó una pierna y posó el pie sobre el lomo del enorme animal. Luego, poco a poco pasó la pierna al otro lado y empuñó ambas astas, hablando muy cerca de la oreja.

-Ahora nos vamos al campo, a seguir disfrutando de buena pastura.

Y el animal se irguió, mientras Isman le guiaba hacia el centro del playón, torciendo levemente la cornamenta, para enfilar hacia la salida del recinto. La multitud que había permanecido expectante y silenciosa comenzó a vociferar. Algunos aplaudían, otros parecían protestar y otros daban vítores al Faraón. Cuando hombre y bestia desaparecieron por la puerta donde había entrado el toro, un hombre ingresó en el recinto y mediante ademanes con los brazos pidió silencio a la muchedumbre.

-Soy Embossor, Sacerdote de Hathor. -decía con poderosa voz, aumentada con una corneta de marinero- A mi cargo está la crianza de animales en esta región y me dedico personalmente a la cría de esta raza de toros, bravos como no los hay en otro lugar del mundo. El animal que el Faraón ha conquistado y se ha llevado, debió ser traído hasta la puerta parcialmente maniatado y controlado por diez hombres muy fuertes, como habéis visto todos los que estáis al costado de la entrada... Así que esas voces de sospecha de fraude, son totalmente infundadas. Quien tengo alguna duda, puede seguir al Faraón y cuando él deje al toro en el corral, intentar hacer lo mismo que él.

Cientos de los presentes, en especial los Delegados de Asambleas de las Calles salieron de las gradas y corrieron hacia las salidas para verificar como correspondía, no por dudar de la legitimidad de la prueba o la bravura del toro, sino porque deberían ser fieles en el testimonio ante sus asambleístas en todos los pueblos de Ankh em-Ptah, narrando lo visto con sus propios ojos.

En el exterior del complejo, cuando Isman bajó del toro que lo había llevado tan tranquilamente, varios hombres estaban en los bretes listos para recibir al animal, que apenas se alejó su nuevo amigo comenzó a bufar y embestir como el más terrible de los astados.

-¡Tratadle con cuidado, está indultado y ha de morir de viejo!, -gritó Isman a los cuidadores- ¡Se lo he prometido de verdad, así que os hago responsables de una promesa faraónica!

Al volver al escenario del Heb-Sed, al tiempo que lo hacía toda la gente que observó lo ocurrido, la aclamación al Faraón fue apoteótica y al acabar pidió esperar un momento, antes de la siguiente prueba.

-Lo que habéis visto, Hermanos de Ankh em-Ptah, no es otra cosa que una manera diferente de lograr lo mismo que he hecho muchas veces. Mis huesos habrían resistido hacerlo al mismo estilo, lo garantizo, pero he preferido demostrar que a veces es posible hacer que el rival, en vez de humillado, sea convencido. Pero también lamento que eso no sea posible con los seres humanos que tienen arquetipos esclavistas, afán de poder por el poder mismo. Con ellos, sólo es posible actuar como con nuestros enemigos internos, esos que ya todo el país conoce bien, porque morando en el corazón y el pensamiento de cada uno, han sido delatados mediante la educación. Estoy dispuesto para lo siguiente.

Isman se alejó hacia la Sala de los Mil Sonidos y desde las orillas del recinto comenzaron a moverse los bloques que componían el suelo, los cuales iban quedando, mediante un complejo sistema de poleas y cuerdas, apilados contra la Pirámide del Rayo, dejando ver la planta inferior, que desde las gradas se veía como un intrincado laberinto formado también con bloques que al quedar descubiertos, fueron movidos con una grúa de madera, según un plano que tenía en sus manos el ingeniero que dirigía la operación. Una orquesta  formada por ochenta músicos inició una especie de sinfonía, cuando un centenar de personas caminaba sobre los muros, dejando caer en el interior de los pasillos las serpientes que llevaban en sus canastos.

No era fácil desde arriba de las gradas definir cuál era el recorrido desde la entrada del laberinto en la Sala de los Mil Sonidos hasta su salida casi al extremo opuesto, de modo que más difícil sería para el Faraón recorrerlo, cuidándose de miles de cobras y otras serpientes. Para esta prueba, como siempre, podía elegir entre el Heka y el Nejej, pero sólo podía usar uno de sus atributos, no podía matar o herir a ninguna de las serpientes y debía salir sin ser mordido. En caso de mordedura, no sería atendido y seguramente moriría. Así era la Ley del Heb-Seb y ningún Faraón se atrevería a modificarla.

-Es vuestro Heb-Sed número treinta y siete, Faraón. -dijo uno de los Sacerdotes que le acompañaban- Esta prueba es muy fácil para Vos.

-Nunca es demasiado fácil, Negeathumis. Igual que las maravillosas Serpientes de la Magia, pueden tener un comportamiento inesperado si uno se desconcentra. Y ya sabéis lo que cuesta remontar la Energía Cristalina cuando se os cae una y os muerde el coxis…

-Sí, Faraón, pero si no se pierde la concentración…

-Por eso nunca es demasiado fácil, hermano mío. Una distracción puede resultar muy dolorosa y hasta fatal.

El Sacerdote le indicó el momento en que abrirían la puerta e Isman bajaría las escaleras de la entrada con su Nejej, en vez que con el Heka que había preferido en todas las ocasiones anteriores.

-Pero… Faraón, los cascabeles pueden ponerlas nerviosas… Y sin el Heka os será más difícil hallar el camino correcto. El plano de este laberinto lo ha hecho y probado un ingeniero, que él mismo tardó medio día en encontrar la salida…

-No os preocupéis, Negeathumis, que ya he hecho algunas pruebas con las serpientes en el desierto… El Nejej también sirve para encontrar los caminos, pero en este caso usaré otra técnica.

Al descender al pasillo comenzó a caminar lentamente, mientras hacía sonar apenas los pequeños cascabeles de su atributo. Luego de pasar cerca de un grupo de serpientes, dio un salto hacia un espacio libre de ellas. A partir de ahí el Nejej comenzó a hacerse sentir con más vigor e Isman acompañaba el sonido con un suave movimiento de la otra mano. Las serpientes comenzaron a retroceder, amontonándose varios codos más allá, cerca del primer cruce de pasillos, pero casi todas enhiestas, siseando y dispuestas a morder. Isman retrocedió dos pasos, cerró los ojos y siguió por el camino recto, para repetir la operación de hacer retroceder a los reptiles hacia la entrada. Luego, ya casi libre el camino que quería tomar, encontró una cobra enorme, quizá la más grande de las que había visto en su larga vida, y le dijo:

-Buenos días, amiga. Ahora seréis mi ayudante. Iréis delante de mí. Diréis a todas que soy el Faraón de Ankh em-Ptah y que necesito pasar sin ser mordido. Debo llegar sano y salvo al final, para que incluso vosotras, las serpientes, seáis respetadas, tal como llevo muchos años enseñando a mi pueblo. Así que andando, preciosa…

En diferentes momentos, desde distintos ángulos de las gradas, según la dirección que tomaban los pasillos, se veía al descomunal reptil avanzar delante del Faraón. A pesar de ello, no todas las demás serpientes parecían dispuestas a colaborar y en algunas ocasiones Isman debió detenerse, conversar con los animales y hasta reprender a algunas, aumentando el sonido del Nejej y moviendo la otra mano. Cuatro veces debió retroceder para encontrar el camino correcto y en ocasiones tenía que repetir un extraño diálogo mental con la cobra que le hacía de guía. En ciertos momentos, ella misma se enfrentó con sus congéneres, lo que pocos veían desde las gradas, pero lo comentaban a los que no alcanzaban a verlo. Finalmente, tras algo más de cinco Râdnies, Isman consiguió llegar al final al laberinto.

En las gradas, su grupo más íntimo y en especial Nuptahek, suspiraron de alivio mientras aplaudían como toda la multitud. Enhutatis lloraba al abrazarle e Isman le consolaba diciendo que no había sido nada, que lo había hecho treinta y siete veces y esta vez, aunque un poco diferente, era casi lo mismo y hasta más fácil.

Los Sacerdotes de Râ-Ptah, (*) y los de Hathor fueron, como tantas veces ya, a colocarle el tocado faraónico,

(*) *[De "Râ-Ptah" deriva "reptil". Se consideraba que las serpientes fueron los primeros seres creados por Seth y se rebelaron contra él]*.

-Esta vez, Faraón, habéis demostrado unas habilidades que no os conocíamos. Como ciudadano y Sacerdote ya me puedo sentir orgulloso de teneros como Faraón, pero como primo vuestro, he de cuidarme ese "yo orgulloso" más que nadie.

-¡Y eso que soy el que más veces os ha reprendido en la vida, Amotaner!

-Y por eso, justamente, no hay en el mundo nadie a quien deba tanto, Isman. Me habéis llevado a veces, como a esas serpientes, con Amor y Respeto, pero haciéndome ver mis errores. ¿Quién puede ayudarnos más que aquel que nos corrige con Amor? Ahora pido a mis colegas, permitidme ser quien ponga el tocado a mi primo... Digo... Al Faraón.

-De acuerdo, -dijeron varios colegas, pero uno de ellos preguntó a Isman si no deseaba cambiar su nombre, como era su derecho aunque nunca lo había ejercido.

-No hace falta. Aún mi nombre me recuerda que debo "*dominarme a mi mismo, para controlar los poderes del enemigo*" y que "*debo ser un hombre*". Me cambiaré el nombre cuando sea un dios.

-Y no creo que os falte mucho, primo, porque tal como vais, está claro que no moriréis. Sólo por haber logrado que la Ascensión sea la regla casi generalizada, en vez que la muerte, ya lo merecéis.

-Por más que se merezca por las obras exteriores, querido primo, la Katarisis y la elevación de la energía de las Cobras es condición inexorable, y eso no se hace por fuera. Ahora vamos con la ceremonia, que todavía me queda cuerda en este cuerpo tal como está y tengo otras aventuras que me ocupan...

El solemne acto de nueva proclamación, había sido la culminación de un proceso previo en que todos los Delegados de Asambleas, Cofradías, Sacerdotes y Generales, participaban previamente para censurar o aclamar al Faraón. Ninguna censura había empañado el registro de servicio y por eso tuvo lugar el Heb-Sed. Una nueva ovación estalló en las gradas y en el exterior del Templo, al conocerse lo acontecido y saber la multitud que Isman seguiría dirigiendo el país, al menos por cuatro años más.

---------------

-Por fin, estáis ya libre de compromisos y vamos a Tombizara. -le decía Enhutatis mientras navegaban de regreso a Karnak

-Se os ve muy entusiasmada, cariño mío... Al principio, la idea no os gustaba para nada.

-Ya sabéis que voy a acompañaros al fin del mundo... Aunque no lo hay. Pues os acompañaré hasta la estrella más lejana. ¿Podríamos ir de alguna manera, verdad?

-No sé si como humanos, Enhutatis...

-Eso no importa, Isman. Seguiréis siendo Vos y seguiré siendo Yo, ¿No es así?

-Sin duda, aunque cambiemos de nombre.

------------------

-Como en las veces anteriores, -le decía Gibured en el puerto de Karnak varios días después- mi Amada Kanhelah os va a acribillar a preguntas. Tiene la costumbre de anotar todo lo que yo no puedo responderle con claridad, para cuando sea la ocasión de preguntaros a Vos, a Henutsen o a alguno de los Sacerdotes mayores, así que la lista es larga. Espero que nos os resulte pesada.

-No digáis eso, Gibured. Enseñar y responder preguntas es lo más importante que puedo hacer en esta época, sin enemigos externos que combatir y con los internos míos ya bastante machacados.

-De un modo u otro, vuestra labor en el mundo ha sido siempre el combate, Faraón. Dudo que alguien sepa más de eso...

-Sí que hay más sabios, marinero. ¿Habéis olvidado a los Victorios?

-¡Oh, Sí...! Pero esos son casi inmortales. A uno que recibió nueve flechazos protegiendo a Espiria en Obheres, el médico ni terminó de curarle y volvió al combate... Y Vos habréis visto más cosas así. Pero el Conocimiento Sagrado que habéis mantenido y aumentado con vuestro gobierno, os ha obligado a vivir luchando por dentro y por fuera, más que a cualquiera. La gente normalmente hace su Ascensión sin más trabajo que mantener el Camino de la Serpiente y hacer la Katarisis. Pero Vos...

-Cada cual hace lo que le gusta, hermano mío. Ahora lo que más me gusta, es repartir lo aprendido y hacer estas exploraciones. Mucho más divertido y alegre que las campañas militares... Lamento que Elhamin no nos acompañe esta vez, pero que esté tan ocupado en Baalbek, es bueno para él y para nuestras naciones.

-Estamos listo para zarpar, Faraón. -decía un Comandante- General Gibured, vuestra esposa quiere ir de capitana en la segunda nave.

-Y es muy mala idea, Comandante. Personalmente la prefiero en mi barco, conmigo… Pero dejadle hacer. Ya sabéis como es.

-¿Y sabrá capitanear como Vos? -preguntó Isman mientras cargaba su fardo de objetos personales.

-¿Seguro que habéis aniquilado al "yo preocupado", Faraón? -le preguntó Gibured entre risas- ¡Claro que sabe capitanear! No pensaréis que sólo nos dedicamos a subir las Cobras… Y como no me actualice, en poco más seré yo su Ayudante de Capitanía. He puesto a Mertinetis en la barca con ruedas… No le veis desde la campaña del Sur… ¿Recordáis?

-¡Claro que le recuerdo! Le nombré General en aquella ocasión…Y me habíais dicho que no le gusta explorar, que no tiene mucha curiosidad y que le gusta el arte, escribe poemas… Sí que le recuerdo.

-Pues sus poemas eran para una mujer ideal, que no conocía, y la ha encontrado en Hellás. He visto sus dibujos y ha hallado exactamente ese rostro, muy bello y diferente a las mujeres de nuestro país. Viene con él...

-Muy bien. Seguimos uniendo lazos con los Grakios, Gibured, y eso es muy bueno para nosotros y ellos, que también han adoptando la Katarisis como enseñanza primaria. Sigamos conversando mientras navegamos… ¡Nuptahek! ¿Qué hacéis aquí? ¿No deberíais estar en la escuela?

-Sí, Faraón, pero no podía quedarme allí sabiendo que os vais por varios días y el maestro me ha dejado salir a despediros… ¿Vais a traerme algún regalo desde tierras extrañas?

-Bueno, dadme un abrazo y luego volved a la escuela, que os prometo traer algo raro. Lo más raro que encuentre…

-¿Cómo qué?

-No lo sé… Tendré que ir lejos, seguramente a dar un par de vueltas al mundo para hallar algo que no se encuentre en Ankh em-Ptah…

-¡Entonces no traigáis nada, Faraón!... Mejor volved lo antes posible. Ese es el mejor regalo.

-Vos sois el mejor regalo para Ankh em-Ptah, pequeña. Os prometo volver antes que empiecen las lluvias…

-Veo que este nuevo intento os tiene de excelente humor. -decía Enhutatis mientras comenzaban a subir por la rampa del barco- Espero que lo mantengáis aunque no consigáis averiguar lo imposible.

-Esta vez -respondió Isman- iniciamos casi un Khabed antes, así que tendremos más tiempo antes de las tormentas. En cualquier caso, es el último intento que hago… sin pedirle consejo a Sekhmet.

-¿Por qué no lo habéis hecho, si se puede saber? Os lo he dicho hasta el machaque y también os lo ha recomendado Henutsen. ¿Es que la diosa no se entera de que eso os tiene obsesionado?

-Francamente, me temo que me diga que no lo intente. Y… Tendré que luchar contra el "yo curioso".

-Y a ese bicho emocional le tenéis cierto cariño… ¿Verdad?

-Un poco, sí, Amor Mío. Y parece que Henutsen también, porque no ha querido preguntar a Anubis. Es que los humanos quisiéramos resolverlo todo sin ayuda de los dioses, salvo aquellos asuntos que implican demasiada responsabilidad. Ahora partamos, que mi hija es muy puntual y estará esperando en la desembocadura del Río Tormentas.

Tres días después divisaron el barco de Merensob, que trasladaba a Henutsen y Ankemtatis junto a un grupo de cincuenta trabajadores de las minas del Sur, que eran las más profundas del país.

-Estos hombres, -decía Ankemtatis desde la cubierta de su barco- son los que sacaban las placas de cristal flexible de las minas de Aswan, pero como ya la arena lo ha hecho imposible, ahora lo hacen en las que están al sur de Tombizara. Han llegado a  mil Ankemtras de profundidad en las venas de fuego extintas. Si alguien sabe de escarbar la tierra, son ellos.

-Y nuestros ingenieros, Himhopep y Adecamis, -decía Isman- que son los mayores exponentes de la inteligencia constructora, seguro que harán lo posible. Si no lo conseguimos, es que el tema supera lo humano…

Los tres barcos más la barca con ruedas que iba adelante, partieron aguas arriba en el Río Tormentas, que no demoró en demostrar el valor de su nombre. La lluvia se hizo esperar, pero las densas nubes parecían rasgarse con los truenos y rayos. El viento al principio suave, se tornó vendaval. Los nubarrones revolviéndose, indicaban que también lejos de la superficie habría una turbulencia que no auguraba un viaje tranquilo.

-Estamos llegando a la zona del archipiélago. -decía Gibured al final de la tarde- No quiero padecer con poca luz, así que hay que montar el campamento, y como es lógico, bien lejos del agua. ¿Cómo veis la situación, Isman?

-No muy preocupante por riada, pero sí por el viento. Creo que puede arreciar. Y la lluvia tan mansa ahora… No me confiaría. Me gustaría llegar a ese sitio donde acampamos el año pasado.

-Está muy lejos todavía. Con vuestras chanzas y diversión con los remeros en todos los viajes, perdéis noción de las distancias en el camino, pero os aseguro que no llegaríamos hasta más de media noche.

-Entonces, lo que digáis, Gibured. Busquemos reparo en aquellos promontorios, donde no nos llegarán los arroyuelos si llueve mucho.

El campamento se hizo a tres cuerdas del río, después de asegurar los barcos. La barca con ruedas se usó para transportar equipos y víveres. Gibured lamentó que no hubieran podido reproducir ruedas de esa resistencia y calidad, por más que lo intentaron con diversos materiales. La previsión del Faraón era incierta, ni su Heka ni el Nejej le respondían con claridad, por más que formulaba de diversas maneras las preguntas sobre el pronóstico del tiempo y las crecidas de las aguas. El estrépito de las ráfagas de viento se confundía con los truenos durante toda la noche, mientras el agua se mantenía a pesar de las preocupaciones, cayendo con más moderación de lo que el rugido de la tormenta amenazaba.

-Supongo que no habéis dormido mucho, Faraón.

-Lo suficiente, Gibured. -dijo Isman haciendo gala de buen humor- Como veo que ya habéis desayunado, Enhutatis y yo lo haremos mientras navegamos. No parece que la lluvia nos estorbe mucho y el viento ha amainado. ¿Podremos usar las velas?

-Sí, Isman. El viento es tentador, iremos a vela media para sortear el archipiélago. Luego lo veremos, porque temo a las rachas. ¿Podéis moderar eso en esta zona?

-Lo intentaré, pero ya sabéis que a veces, la Madre Naturaleza en Tombizara no cede a mis pedidos tan fácilmente.

No obstante que Isman no intentara nada, durante todo el día el viento del Oeste les empujó río arriba. La siguiente noche fue apacible y despejada al principio, para nublarse más tarde. Una brisa tibia mantenía a raya a los mosquitos sin ser molestia para establecer el campamento sobre un pequeño promontorio arbolado. A ratos la llovizna refrescaba un poco y el amanecer auguraba tiempo despejado y con viento suave del Sur. Con la pericia de Gibured, Kanhelah, Mertinetis y Merensob, las naves zigzaguearon un poco sin necesitar demasiado de los remos.

-Creo que llegaremos en dos días más, Isman. -decía Gibured cerca del medio día- El sitio que habéis elegido esta vez, cerca de esa grieta… ¿Tiene algo que ver con ella?

-Sí. Es en parte una intuición, pero más una deducción. Ese lugar está dentro de la zona especial, pero el agua se pierde por ahí. Debe haber alguna caverna por donde escurre el agua y los exploradores que hemos enviado no han hallado un manantial en otra zona cercana, que justifique esa agua perdida. Así que no parece volver a la superficie más abajo.

-Pero tampoco, si no pienso mal, han hallado caverna alguna…

-Cierto, Gibured, pero al menos es un indicio de que debe haber alguna cavidad. No podríamos explorar directamente en la grieta, pero seguro que podemos hacerlo por los alrededores inmediatos, cosa que no han hecho bien los exploradores que he enviado estos años.

-¿O sea, -dijo Enhutatis- que eso os lo habíais guardado para Vos?

-Así es, Amor mío, he preferido hacerlo personalmente. Desde que en el último viaje se me ocurrió la idea, he estado sopesando el asunto, pero no he querido poner en riesgo a la gente. Además, sin estos expertos que nos acompañan, poco harían los exploradores.

-No es mal pretexto, cariño, pero habéis hecho bien. No me habría gustado perderme la emoción de desvelar este misterio nosotros mismos... o de fracasar en el intento y que dejéis esta obsesión, o al menos habléis con Sekhmet de este asunto.

-Os prometo a todos, que si no encontramos la respuesta por propio mérito esta vez, consultaré con Sekhmet allí mismo.

Los siguientes dos días no tuvieron más remedio que arriar las velas, usar los remos, achicar agua mientras avanzaban y llegaron a la zona de la gran grieta con un fuerte viento cambiante, arremolinado y que hasta les apedreó un poco. El granizo no fue muy intenso ni muy grande, pero apareció varias veces y les retuvo en algunos tramos. Los remeros debían ponerse a salvo con sus escudos y los garfios volaron desde las naves hasta las riberas en varias ocasiones, para evitar que la corriente les hiciera perder el camino recorrido con tanto esfuerzo.

Bajo un intenso chaparrón ubicaron un sitio alto de la ribera Norte, arbolado, pero protegido de los rayos por un promontorio poco más elevado y cuyas correnteras derivaban hacia el Este y Norte, dejando las caras Sur y Este libres de aguas. Las tormentas de esa noche no fueron menos intensas y ruidosas que las anteriores, pero el cansancio permitió que todos, salvo la guardia, durmieran de un tirón. La mañana fue más calma, pero al inspeccionar el paisaje, Isman comprendió que estaba justo donde quería llegar, sólo que en el lado contrario del río.

-Tenemos que cruzar,   -decía durante el desayuno- pero ya que estamos aquí, vamos a inspeccionar palmo a palmo todo este lado, aunque no creo que encontremos nada.

-¿Os dice algo vuestro Heka, Faraón? -preguntó Merensob.

-Aquí no puedo fiarme mucho de mis instrumentos, y según veo, mi hija y Ankemtatis han traído los suyos... No vendrá mal un poco de ayuda. ¿Alguien más está practicando con los instrumentos mágicos?

-Yo, Faraón -dijo una mujer- También los he traído. Aunque llevo poco tiempo, me está dando buenos resultados. ¿Podemos ayudar?

-Y yo, Faraón. -dijo un remero mostrando un Heka y un Nejej.

-Claro que sí, tendréis buena ocasión de practicar. -dijo Isman- Nos separaremos en abanico y exploramos todo este día dividiendo las zonas. Si lo hubiera pensado mejor, habría convocado a todos los que están ejercitando las artes zahoríes, pero con cinco tendrá que ser suficiente. Buscaremos cualquier indicio de cavidades y de aguas subterráneas. Preguntad a Ptah, con el Heka, cada diez pasos, si hay cavidades. Luego con el Nejej, preguntáis si hay corriente de agua y a qué profundidad. No os confiéis al sonido de los cascabeles, que con el viento será difícil sentir bien. Debéis sentir el temblor en la mano. Si encontráis cavidades, las marcáis con piedras, si encontráis agua, seguís la línea cien pasos hacia cada lado, por si aumenta la sensación y marcáis con piedras y palos. Nos reuniremos cuando el hambre sea mayor que el entusiasmo...

Pasado el medio día estaban todos reunidos y conversando ante una mesa muy bien puesta y nutrida, bajo una tienda que les protegía de la tenue llovizna. Cada uno comentó lo hallado, pero ninguno había dado con algo que mereciera mayores investigaciones.

-No es que me considere muy puntual, -decía Khemdalet- pero si soy tan buena como creo, mi Nejej ha encontrado sólo cuatro líneas de agua que van hacia el Sur, como si se perdieran en el río, pero son algo más profundas, entre cincuenta codos la más superficial y unos ciento cincuenta la más profunda.

-Yo sólo encontré una muy superficial y nada importante, también de Norte a Sur. -dijo Henutsen.

-Al menos habéis hallado algo, -agregó el remero Nuferankh- yo sólo encontré plantas de espinos y la única cavidad bajo tierra, un hormiguero que debe ser muy profundo y unas cuantas picaduras de hormigas...

-Aún nos queda abanicar hacia el Oeste, -decía Isman- ¿Creéis que vale la pena?

-No he sentido que valga la pena seguir de este lado. -dijo Ankemtatis después de un rato de silencio general- Quizá es porque tengo la idea de que la grieta está hacia el otro lado del río y las aguas, donde quieran que vayan, lo hacen hacia el Sur. Y eso puede influir en mi percepción...

-Es cierto, Ankemtatis, -respondió Isman- pero hace un rato, casi al terminar, encontré una línea de agua de mediana importancia, que va de Norte a Sur a bastante profundidad, así que eso concuerda con lo hallado por Khemdalet y Henutsen. Vamos a aprovechar la tarde para trasladarnos a la otra orilla y mañana temprano empezamos allá.

-¿Temprano Vos, y por propia voluntad? -dijo Enhutatis exagerando el tono- ¡Debería estar Arkanis para hacer el acta notarial, parecéis otro...!

-Ya veis, Amor mío -dijo Isman al terminar las risas- después del Heb-Sed, soy otro... Y como no quiero que os acostéis con otro... Me tocará dormir fuera de la tienda.

Otra tanda de risas y comenzaron a trasladar todo a la barca de ruedas. El sitio hallado por Isman recorriendo un buen rato la zona, a cuatro cuerdas de la ribera, resultó providencial.

-Hay un promontorio a dos Ràdnies de aquí, a unas veintitrés cuerdas. -decía el Faraón- En la barca con ruedas iríamos hasta sus estribaciones en medio Râdnie. Mirad, ahora que se fue la niebla y no llueve, puede verse. Vamos allá, que no tardará en oscurecer.

Apenas habían terminado de instalarse en una cueva no muy alta, con una entrada pequeña, pero tan espaciosa que cabría un ejército, cuando la tormenta comenzó de nuevo, esta vez con una lluvia de granizo grueso. La granizada duró un buen rato, pero de haberse quedado más cerca del río, el agua les habría dado unos cuántos problemas.

-Me preocupan los remeros, Gibured. -decía Isman- ¿Aguantarán el temporal y la crecida?

-¿Creéis que estaría acomodando estos bártulos de la comida, si no supiera de lo que son capaces? Los escudos tienen refuerzo de ese metal de los Hekanef, las velas están bien arriadas, las amarras tienen poleas para graduar la distancia y los hombres son de mi tripulación personal, además están al mando de Mertinetis... Descansad, Faraón, que mañana os espera otra andada más larga que la de hoy.

-Tengo la intuición de que mañana no andaremos mucho, pero ahora mismo, ya que tenemos buenas antorchas, me gustaría explorar un poco más esta caverna. Es raro que no la ocupen animales. Aunque está un poco escondida, los leones saben encontrar estos sitios que les servirían muy bien de guarida. Pero no hay ni un rastro...

-¡Venid a ver! -gritaba Enhutatis desde la entrada de la caverna- Las luces raras otra vez. No las habíamos visto por aquí, sino más al Este...

-Pero estamos -decía Henutsen maravillándose nuevamente con el espectáculo- sobre la zona que repasamos con mi padre en cada oportunidad, así que no ha de ser extraño. Estamos en buen lugar y también presiento que a esta caverna habría que explorarla más.

-Aún es temprano. -dijo Enhutatis- Recién ha caído la noche y de cualquier manera, no hay diferencia en explorarla de día o de noche. Si nos estáis cansados, me apunto...

Momentos más tardes estaban preparando una soga a la que se atarían Isman, Enhutatis, Ankemtatis, Henutsen, Gibured, Kanhelah y tras ellos Merensob, los ingenieros con algunos ayudantes y treinta soldados más. Cada uno con un buen tramo de soga, un morral de alimentos, una antorcha y todos llevaban sus espadas y cuchillos, por si acaso hallaran algún ser peligroso, más que improbable en una cueva donde no había el menor rastro de actividad ni animales.

-Ahora viene una bajada pronunciada y larga, de algo más de una cuerda, si no me engaña la vista. -decía Isman- Que los últimos aten la soga a algo firme, hasta que estemos abajo todos. El último tendrá que atar su soga, para que no nos cueste subir al regreso...

Después que estuvieron todos, una soldado muy habilidosa desató la cuerda larga, ató el tramo suyo y bajó sin inconvenientes. Estaban en una pequeña sala en la que manaba agua y formaba un pequeño arroyo. No había otra dirección que seguir, aparte de varios pequeños socavones ciegos. Tras una andanza de mil Ankemtras, llegaron a una bifurcación.

-Iremos por la de la derecha, -decía Isman- porque es la que sigue el agua. La otra además de más estrecha, da la sensación que en algún momento aportaba agua también y seguramente irá hacia arriba pero a partir de aquí, habría que ir marcando el camino. Si alguien nos buscase, o alguien tuviera que volver, podría extraviarse.

Henutsen extrajo de su morral un frasco de caña y pinceles, con los que pintó una flecha inclinada hacia la subida y a varios codos más abajo, en el mismo muro, la indicación de bajada. Tuvo que hacer lo mismo en varios puntos más, pero el túnel que en principio parecía natural, empezó a hacerse mucho más alto, manteniéndose en horizontal y los primeros sillares lo desvelaron como obra artificial, cosa que dejó a Himhopep y a Adecamis muy impresionados. Isman siguió avanzando mientras los ingenieros estudiaban las rocas.

-Estos bloques de aquí -decía Himhopep- no son precisamente cortes en la roca básica, sino que son de granito, o sea que los han traído de otra parte. ¿Tenéis para medir, Adecamis?

-He traído las varas desplegables. Es preferible medir hasta veinte codos, pero hacerlo sin las variaciones de las otras herramientas.

Extrajo de su mochila una vara de metal graduada cuyos extremos se unían con otras diecinueve mediante un remache. Al extenderlas una a una, comprobaron que el bloque medía más de lo que podían calcular a ojo. Hicieron una marca a los diez Ankemtras y continuaron.

-¡Casi veinticinco Ankemtras de largo! -exclamaba Adecamis- Veamos el alto en cada extremo. Tendréis que ayudarme…

Entre dos hombres le sostuvieron para poder llegar con la vara y pudo medir arriba y luego abajo, en ambos extremos del bloque.

-¡Es increíble! -decía Adecamis- Quince codos y un palmo, por lo tanto, más grande que las que vimos en Baalbek.

-Y las que siguen no son mucho más pequeñas… -decía Isman regresando de su avanzada- ¿Habremos andado unos tres Râdnies?

-Yo diría que al menos cuatro, Faraón. -respondió un soldado- Soy bueno calculando los tiempos, porque soy puntual con las comidas y ya estoy hambriento…

-Y yo soy buena con los relojes de agua… -agregó su compañera- y según éste llevamos cuatro Râdnies y un cuarto.

-¿Y os funciona eso sin estar quieto?

-Sí, Faraón. A pesar del movimiento al caminar, funciona bastante bien mientras no se dé vuelta en el bolsillo, lo que es difícil al estar dentro de esta especie de bola… Me lo regaló un artesano de Baalbek. Como recordaréis, nos llenaron de regalos en todas partes, pero éste es el que más aprecio.

-Excelente. Llevamos caminando casi en horizontal más de la mitad del tiempo y es demasiado recto, o sea que el agua no ha construido esto. Fue construido y tapado y el agua ha abierto la entrada por la que vinimos, pero además, hablamos de varios Talkemtras de recorrido.

-No habíamos notado antes que era artificial, -dijo Himhopep- por la erosión del agua sobre los bloques de la entrada, que son de una caliza muy dura, pero aquí están más protegidos y son de granito. Esto es simplemente colosal, pero si hasta el Nilo es una construcción artificial, ya nada debería extrañarme. ¿Vamos a seguir adelante, Isman?

-No por ahora. Vamos a regresar y descansar, sin preocupar a los centinelas de la entrada. Demás, aunque traemos un poco de alimento la temperatura es baja y no hemos traído abrigo para dormir cómodos. Hemos encontrado lo que buscábamos, así que volvamos.

Al día siguiente, con fuerzas recuperadas y la tranquilidad de que el aguacero había pasado, un gran entusiasmo se apoderó del grupo. Ankemtatis estableció relevos de centinelas en los barcos y la entrada de la caverna, para comenzar el viaje que duró menos de lo esperado por el

Faraón, pero no menos impactante. Les acompañaron todos los obreros de las minas, pertrechados con sus variadas herramientas, canastos, barretas de hierro con carbón y otros instrumentos, por si fuese posible hacer excavaciones. Anduvieron dos días completos, asombrados de la rectitud del túnel y manteniéndose en horizontal. Sólo a un lado veían los gigantescos bloques cortados, pero el muro contrario era la roca natural.

-Apenas hemos descendido esos tramos de la entrada, y durante los tres primeros Râdnies de caminata, Faraón -le decía Adecamis- Así que estamos a sólo seis o siete cuerdas de profundidad. Imagino que os habéis hecho la pregunta…

-Así es, Adecamis. Pero la cuestión es si debemos intentar o no hacer un agujero para saber qué hay detrás del muro… Por otra parte, me pregunto si esta "rectitud" que llevamos es tan recta como parece.

-Al ver vuestro mapa, también nos lo hemos planteado. -intervino Himhopep- Por suerte traje uno de estos aparatos que sirven para tantas cosas. Los hemos reproducido muy buenos, salvo los cristales, que no tenemos técnica para hacerlos. Intentaremos hacerlos servir para determinar si el muro sigue esa circunferencia, aunque no será fácil verificarlo. Es un círculo de doscientos Talkemtras de diámetro o más. Sin aquellos aparatos con largavistas, será difícil…

-¿Y con uno que tuviera largavistas, se podría? -dio Ankemtatis.

-¡Sí, claro! Ya sabéis para qué los habíamos usado, pudiendo ver muy lejos y hasta para calcular la posible distancia a las estrellas… -dijo prudentemente Himhopep.

-Pues os alegrará saber que lo he traído. Mejor dicho, no me he desprendido de él. No hemos traído a los geómetras, pero…

-Con nosotros tenéis cubierta esa carencia. -dijo Adecamis- Hemos aprovechado la campaña de Baalbek para instruirnos con sus mejores geómetras. Su sistema es mejor que el nuestro y ya lo tenemos muy bien aprendido, así que si tenéis el aparato, midamos…

-Vamos a necesitar que alguien camine con la antorcha pegada al muro y se detenga cada diez cuerdas. -decía Himhopep- Para eso hay que medir con esta soga, que es de una cuerda exacta. Establecemos una línea de comunicación con un hombre a cada cuerda de distancia y así vamos midiendo, hasta perder completamente de vista la luz de la antorcha. Sin ese aparato con largavistas, esto sería imposible…

Al cabo de todo un día de trabajo, pudieron determinar que el túnel seguía una curva correspondiente a un círculo de doscientos cuarenta y cuatro Talkemtras de diámetro.

-Ni una grieta en el muro. -decía Isman al final de la agotadora jornada- No creo que valga la pena continuar por ahora, ya que el perímetro del círculo son unos setecientos sesenta y seis Talkemtras, si es que tiene salida cercana a donde entramos. Si trajésemos caballos para hacer una exploración completa, demoraríamos unos quince días. La cuestión sigue estando en intentar perforar el muro.

-¿Os dicen algo vuestros instrumentos? -preguntó Adecamis.

-Nada -respondió Ankemtatis- El Heka y el Nejej no funcionan aquí.

-No es que no funcionen nuestros instrumentos, -respondió Isman- sino nuestros cerebros. Henutsen y yo vamos a intentar atravesar el muro con el Ka, aunque es probable que nos ocurra lo mismo que las otras veces… Acampad y haced silencio. Mi hija y yo iremos más adelante. Si alguien desea acompañarnos con el Ka, que venga también.

Enhutatis, que había aprendido ya las técnicas, y cinco soldados, les acompañaron. Al cabo de dos Râdnies, regresaron con la misma frustración que las veces anteriores. No les era posible atravesar más que una parte del muro, antes de empezar a sentir quemazón en el Ka de la emoción y tuvieron que resignarse. Un pequeño hilo de agua que discurría por algunos sectores les ayudó a quitarse la desagradable sensación cuando terminaron la práctica.

-Da igual que se intente desde la superficie o atravesando el muro. El resultado es el mismo. -explicaba Henutsen al grupo- No podríamos decir si físicamente nos ocurriría lo mismo, pero creo que ese riesgo existe. Así que no sabemos a qué nos exponemos si perforamos e muro.

-Ni siquiera sabemos si podremos. -agregó Isman- Pero hemos venido a averiguar lo que pasa aquí. Tenemos alimentos para tres días y ocuparemos dos en volver a la entrada.  Ya podéis buscar dónde empezar a picar la piedra. Es hoy o habrá que pensar en otra expedición.

Cuando uno de los obreros hizo la primera incursión con una piqueta entre dos bloques, el ambiente y la luz de las antorchas se tornó azul. La temperatura subió considerablemente y aunque se quedaron quietos, el calor comenzó a ser agobiante.

-¿Seguimos, Faraón? -preguntó el obrero.

-No, es evidente que no podemos seguir. Esperemos…

Pasados unos cuántos têmposos, la temperatura bajó hasta ser normal y la luz recobró su color natural.

-Sería una imprudencia seguir intentándolo. -dijo Isman- Si en el primer intento de penetrar la roca ha ocurrido esto, no quiero ni pensar lo que pasaría... Levantad el campamento y comenzad el regreso. Incluida Vos, Enhutatis. Yo debo quedarme un poco más, y solo. Esperadme a medio día de marcha.

Cuando la luz de las antorchas del grupo era sólo un lejano punto, Isman invocó la presencia de Sekhmet, cuya aparición fue inmediata y ni siquiera fue necesario salir en el Ka. Era como estar en su capilla de Karnak, pero la soledad y silencio del lugar lo hacían especialmente adecuado para conversar.

-*Ya era hora, querido mío. No habéis perdido el sentido de la prudencia, pero os hubieseis ahorrado esfuerzos si me hubieseis llamado antes por este asunto. Sin embargo os he observado sin intervenir porque os resultaba divertido y no queríais mi ayuda.*

-Ya sabéis Amada Madre, nos gusta pedir lo menos posible. Pero esto me ha superado. Ni siquiera tengo una teoría sobre quién hizo esta obra, ni para qué, ni qué hay detrás del muro...

-*Pues os explicaré, Amado mío, pero no voy a poder llevaros más allá. Igual podréis ir dentro de poco tiempo, ya no con forma humana. Lo que aquí se construyó es una especie de embajada. Es como una región de otro mundo, con su propia atmósfera, su propio aire, sus propias características magnéticas, un mundo del Ka demasiado diferente al de este mundo, porque habitan allí temporalmente, desde hace millones de años, seres que viajan entre diversos mundos. Son Primordiales, inmortales como los humanos Perfectos del Interior de la Tierra, pero vienen de otro sitio muy lejano entre las estrellas. La barrera que hay es producto de una ciencia que los Primordiales, tanto del nuestro como de todos los mundos, aplican cuando es necesario. Hay otros sitios como éste en otras partes de la Tierra, pero a mucha más profundidad. Esta se hizo hace millones de años, cuando no se esperaba mucho de los mortales, que ya habían creado bestias enormes, a modo de armas. Fabricaban con la semilla de la vida adulterada, animales monstruosos cuyos huevos eran depositados en los poblados y cuando los animalitos empezaban a crecer, se comían a la gente y a todo lo que hallaran. Los actuales cocodrilos y lagartos son los únicos que sobrevivieron a las posteriores extinciones de esos animales, por su menor tamaño y capacidad de adaptación. Algunos sólo comían vegetales porque la Ley de Adaptación funcionó como para modificarles con muchos miles de años de proceso. Pero entonces los carnívoros reaparecieron y finalmente derrotaron a los herbívoros. Se los comieron a todos y cuando ya no tenían nada que comer, se terminaron comiendo hasta a las propias crías. Entonces las pocas especies más adaptadas a cambios de temperaturas y otros cambios del mundo, sobrevivieron y se multiplicaron.*

*Los humanos siempre consiguieron sobrevivir, incluso en los peores momentos. Unos pocos fueron suficientes para inaugurar un nuevo ciclo de expansión, pero casi siempre, con menos inteligencia, con menos poderes, con la semilla de la vida dañada... Y como ya lo sabéis, muchas veces los Primordiales han enviado Maestros, para reorientar a los mortales hacia la Enseñanza Sagrada. En casi todas esas ocasiones, el trabajo ha sido útil un tiempo, se ha rescatado a muchas Almas, pero luego la Enseñanza es corrompida por los esclavistas y se convierte en algún tipo de religión, es decir de creencias y supercherías para esclavizar espiritual y mentalmente a los pueblos.*

Mientras Sekhmet explicaba, la telepatía le permitía mostrar todo en infinidad de imágenes ante las que Isman se maravillaba.

-¿Y qué papel juegan esos seres que hay detrás del muro?

*-Ninguno. No se le permite a nadie que intervenga en los asuntos de otro mundo. Cuando ha ocurrido eso, ha resultado en catástrofes. Sin embargo los Primordiales reciben extranjeros, como Vos recibís a los Baalbekios y hacéis una embajada bien protegida... ¿Entendéis?*

-¡Sí, Claro! O sea que esa barrera azul es una especie de muro que no se puede atravesar con nada, pero es artificial, producto de una ciencia... Así los extranjeros no son molestados y ellos no molestan...

*-Ellos no molestarían. De hecho, pueden ir y venir por el Universo, pueden traspasar con sus naves la barrera azul, que pudieron fabricar ellos mismos, no sólo los Primordiales de nuestro mundo... Pero sin esa técnica, que jamás podría alcanzar un individuo o un pueblo esclavista, ni ningún mortal, es imposible pasar esa barrera, ni siquiera con el Ka.*

-Ya comprendo. Me decíais que pronto podría ir, sin forma humana. ¿Es inevitable, Madre? No me gustaría abandonar Ankh em-Ptah.

*-No es inevitable, Querido mío. Podríais aplazar vuestra Ascensión, pero para ello deberíais crear karmas de relación, como tener hijos, hacer algunas cosas que no os gustaría hacer, degradar vuestro Ka que con tanto esfuerzo habéis purificado, correr riesgos que en vez de ayudar, perjudicarían a nuestra Patria... Habéis logrado todo cuanto habéis deseado. Os habéis rejuvenecido, o mejor dicho recompuesto, pero es casi lo mismo y eso os permite educar a vuestra sucesora personalmente. Habéis conseguido perfeccionar la educación e invertir la estadística de muerte respecto a las Ascensiones, cosa que ningún Faraón había conseguido antes. Habéis encontrado a vuestra Alma Gemela, como es lógico, natural e inexorable en vuestra condición. Aún os quedan, tanto a Vos como a ella, algunas insignificantes semillas de demonios interiores.*

*Os recomiendo con toda la Sabiduría de Ptah, que permitáis cumplir el natural proceso y paséis a Mi Reino Cristalino. No vais a dejar de trabajar para Ankh em-Ptah, si eso os interesara luego.*

-¿Y qué es lo que haría en el Reino Cristalino? ¿He de aprender como un niño el uso de los Principios y Leyes de Toth?

*- Al principio aprenderéis a manejar vuestro nuevo Cuerpo Cristalino y luego necesito un ayudante de sirviente, para un aprendiz de ayudante de auxiliar de Regente Espiritual…*

-Entonces contad conmigo, -dijo Isman riéndose- sobre todo porque veo que a vuestro lado no faltará esa pizca de humor que debe haber en todo lo bueno… ¿Cuál es el lapso de vida de un Cristalino?

*-Usad la Ley de Correspondencia, Isman. Imaginad que eso mismo os preguntase a Vos una hormiga… ¿Cuál es lapso de vida de un hombre? Aunque no hay tanta diferencia de conciencia y el ejemplo es exagerado, en función de conciencia del tiempo, es didáctico. En este Reino no existe la muerte y los lapsos de tiempo son diferentes a todo lo que conocéis. Las Leyes de Espacialidad y Temporalidad se pueden comprender desde vuestro cuerpo tan limitado muy someramente, en cambio desde aquí las limitaciones son mínimas en ese sentido. Si ya sabéis cuán escasas son las limitaciones del cuerpo del Ka, Imaginaos sin limitación sobre el agua, ni ante la barrera azul, pudiendo viajar a través de Râ, pudiendo conocer a otros seres incluso superiores en evolución a los Cristalinos…*

-Me hago una leve idea, pero entiendo que es sólo una curiosidad innecesaria en este caso. Os prometo, Sekhmet, que no interferiré en mi proceso natural. Si no he sacado mal las cuentas, el pueblo actual de Ankh em-Ptah se extinguirá por Ascensión en pocos siglos más y habrá que dejar todo bien ordenado para que los que vengan después, tengan una buena guía…

*-Los que vendrán después serán unos pocos de los que ya viven en Ankh em-Ptah y en otros pueblos hermanos, que no están haciendo su Katarisis y quizá no tengan deseo de hacerla, así que se quedarán para evolucionar como puedan, según el karma de cada uno y el equilibrio que alcancen en su Amor, Inteligencia y Voluntad. Pero aún faltan unos cuatro o cinco milenios para que todas las Almas de Ankh em-Ptah hagan su Ascensión y desaparezcáis como pueblo. Durante ese lapso, han de tener los Faraones, como Vos, el máximo cuidado para conservar no sólo el Sagrado Conocimiento, sino la práctica efectiva y constante por parte de la población. Los que vengan después tendrán la guía de los que queden sin Ascender, pero aún ellos han de estar mejor preparados si vuestra obra continúa... Y atended esto, porque es muy importante a la*

hora de dejar para otros todo lo hecho en vuestra vida, que vale para los que mueren como para los que Ascienden. Sabéis que los que mueren habiendo logrado cosas por simple ambición, quedan muy aferrados a la materia que compone aquello que han logrado. El "yo ambicioso" que en principio les empuja y estimula la creatividad, acaba apresándoles en el reino de Anubis y aún con su auxilio, lo logrado se transforma en cadenas para el Ka tras la muerte física, porque los que heredan, no siempre usarán lo heredado como el realizador quisiera… ¿Comprendéis?

-Claro, Amada Sekhmet no debermos hacer las cosas que vamos a dejar al mundo, pretendiendo que sea una carga para los herederos según nuestro capricho, sino que si lo hemos hecho con Amor verdadero, hemos de dejarlo libre, sin sufrir por ello…

-Pues bien, Amado mío… Eso mismo ocurre con las herencias más pequeñas como con las enormes, como la que dejaréis en esta tierra, que es una serie magistral de mejoras en Ankh em-Ptah. Que lo que dejáis, siga siendo el bello producto de vuestro Profundo Amor a la Humanidad, abandonando la ambición que también ha sido útil y os ha movido hasta ahora. Una ambición solidaria, bella, altruista y heroica, pero de la que debéis desprenderos, o un pérfido "yo ambicioso" dificultará vuestra Ascensión. Que al abandonar todo lo que habéis construido y custodiado, lo hagáis totalmente, sintiendo que ya no os pertenece. Que sólo el Yo Amoroso, como aspecto verdadero de Vuestra Alma, sea quien os guíe en el proceso que inexorablemente ha de llevaros a este Reino Cristalino.

-Lo comprendo y os agradezco profundamente el recordatorio. No puedo ni imaginarme lo que ocurre con los obheritas y esos pueblos donde ni siquiera hay ambición, sino codicia… Esa sumisión total a lo material, incluso a esas fichas sin valor real que estaban difundiendo por el mundo… Y volviendo a este sitio y sobre estos venidos de otros mundos… ¿Recomendáis que me olvide del asunto?

-Y de paso, que meditéis sobre el "yo curioso", que siendo la curiosidad un impulso natural, deja de serlo cuando el "yo impotente" ante lo desconocido se agranda y os vuelve obsesivo.

-Seguiré entonces con la educación de Nuptahek, que es ahora mismo, lo más importante que tengo que hacer. Había tomado este asunto de Tombizara como una batalla, pero no la considero perdida. Ha sido útil de todos modos, aunque no iba a ganarla penetrando en ese territorio subterráneo. Y hasta me parece prudente derrumbar la entrada de esta cueva, para evitar que otro curioso se lleve un chasco.

-Es buena idea, Isman. Pero derrumbad a partir de donde comienza la parte de construcción, no el tramo natural, que podrá serviros de cobijo si *tenéis que volver por la región, aunque ya sabéis que no será para escarbar… Además, no intentéis seguir el curso de agua subterránea de la catarata, que desde aquel gran terremoto, es lo único que entra desde el exterior por un punto de la barrera azul. Sólo puede entrar el agua y ha sido convenientemente aprovechada por los que usan este recinto.*

No resultó difícil explicar a los demás lo hablado con Sekhmet respecto a Tombizara y su enigma resuelto, pero sí lo fue para Isman terminar de digerir y transmutar el hecho de no poder acceder a ese "pedazo de otro mundo", sobre el que tantas leyendas y cuentos se habían elaborado a lo largo de milenios. Los obreros tuvieron que emplearse a fondo para hacer unos huecos en las rocas y producir un derrumbe controlado y quitar acceso al túnel. Sin embargo la expedición se aprovechó para hacer marcas en las riberas, a ambos lados y más arriba y debajo de la grieta del río, para evitar que otros navegantes menos hábiles que Gibured cayesen en ella. Mientras trabajaban en eso, Isman comentó a Enhutatis los otros asuntos conversados con Sekhmet y ella le dijo que estaba en total acuerdo de seguir el Camino de las Cobras hasta el final, sin hacer nada para entorpecer el normal efecto de alcanzar la Ascensión.

-Por más que amo Ankh em-Ptah tanto como Vos, siento que ya estamos al borde de la vida humana. Es como que sobramos, porque hay muchas otras Almas que pueden ocupar nuestro lugar. Aunque habrá que tener cuidado en las designaciones y propuestas de nuevos cargos, y en la educación de vuestra sucesora, creo que es hora de trascender. Pero si decidís quedaros, hacer algo para retrasar vuestra Ascensión, contad conmigo, porque en cualquier caso me quedo con Vos...

-No, Amada mía. Lo que dije a Sekhmet era una promesa formal de no interferir con el proceso natural, ni generar karma que lo impida o retrase. Sólo debemos entrar en una etapa de más profunda e intensa meditación, para arrancar hasta el último brote de demonios interiores. Ahora que no hay guerras que enfrentar, sino constantes mejoras en el desarrollo del país, ha llegado la hora de dar el último ejemplo…

El cielo auspiciaba buen clima para los siguientes días y disponían de bastante tiempo antes del comienzo de la época de lluvias, así que decidieron seguir río arriba, hasta el lago donde destruyeron a los invasores años atrás, al que llamaron "Batúa-igne" (Lluvia de Fuego).

Tres días después estaban en la zona cercana al lago Lluvia de Fuego e Isman recordó a Ankemtatis que no se había rescatado todas las armas boleras del río y casi como un entretenimiento se pusieron a rastrear el fondo usando las anclas y otros objetos metálicos, desde unos dos mil Ankemtras antes de llegar al lago. Kanhelah fue la primera en rescatar una bolera, que levantó triunfante gritando a los otros barcos para que supieran que aún las había. La búsqueda se organizó mejor con los barcos en paralelo, aprovechando la brisa del Oeste, que empujaba río arriba, permitiendo a muchos remeros participar en el rastreo, usando cuerdas con cosas metálicas en el extremo.

-Son noventa con ésta... -decía Ankemtatis- Y sólo en nuestro barco. No creo que podamos sacar muchas más, a menos que sigamos por el otro río y por el rastreo al regresar aguas abajo...

-Pues lo haremos, querido mío. -respondió Isman- Quisiera que no quede aquí ni una de esas armas, que aunque nos dieron hasta ahora tantas ventajas, no deben quedar en manos irresponsables.

A la noche ya estaba instalado el campamento del lado Norte del lago, en la zona donde había tenido lugar el más feroz y terminante de los ataques a los obheritas. La belleza del paisaje, más arbolado que en aquellos días, no habría dejado adivinar lo ocurrido a un viajero que no conociese la historia. Casi una década de lluvias torrenciales sólo habían dejado en el fondo de las aguas, aquellas armas de metal incorruptible.

-Entonces en total, -decía Henutsen- son doscientas armas boleras y unas cinco mil bolitas metálicas. Seguramente vamos a encontrar más, pero estarán muy dispersas río abajo o muy profundo bajo el barro.

-Dejad ahora eso, -dijo Isman viendo el humo en la cocina- Gibured se ha convertido en cocinero y temo que no sea tan hábil como con los barcos, así que las mujeres, echadle una mano o comeremos carbón...

-Yo también se cocinar bien, Faraón. -dijo un soldado y le siguieron otros varones.

-Sí, ya sé que la cocina no es cuestión sólo de mujeres, pero cuando un varón mete la pata, ellas son más eficientes para arreglar lo hecho...

-Eso sí que es cierto, -agregó Kanhelah haciendo reír a todos- porque la energía femenina es lo ideal para manejar el fuego de los varones... en la cocina también. Yo os ayudo y varéis lo bien que comemos...

Varios enormes pescados y unos conejos cazados por los remeros se salvaron así y fueron saboreados con rábanos crudos, pimientos asados y otras delicias. El regreso se inició dos días después y en el rastrillado del río, que continuó hasta cerca de la grieta, rescataron ocho boleras más. Uno de los remeros encontró una de las boleras y enganchada al caño, un collar de oro con piedras preciosas incrustadas.

-Os ruego, Merensob, acercadme al barco del Faraón, que esto que he hallado me parece extraordinario y no sabría qué hacer con ello.

---

-¡Es un collar de oro y piedras, un hallazgo muy bonito!. Un adorno para vuestra esposa ¿Para qué otra cosa ha de servir?

-Mi esposa tiene tantas joyas como para ponérselas cada día y no repetirlas en todo un año y como es soldado, apenas las usa. Y muchas son de oro y piedras. Me gustaría obsequiar esto al Faraón o a su mujer, ya que desde la campaña del Sur no tenía ocasión de estar con ellos.

-¿Y no habéis pensado qué diría vuestra esposa si no le dais prioridad a ella en los obsequios? -decía Enhutatis un rato después.

-Cuando le diga que os lo he regalado su emoción será muy alegre. Si estuviera aquí os lo entregaría ella con lágrimas en los ojos.

-¿Nos permitiríais que lo regalemos nosotros, o que os hagamos una recomendación para obsequiar a alguien muy especial? Ya sabéis que Isman sólo usa unas pocas joyas en los actos solemnes y yo que también era soldado, no me acostumbro a llevar joyas…

-¡Por supuesto, Enhutatis! En cualquier caso, nadie mejor que Vos para saber a quién puede hacer feliz esta belleza de collar.

-Entonces, aceptado. Os sorprenderéis algún día y diréis a vuestra esposa *"Mirad, es el collar que dormía en el lago Lluvia de Fuego…"*

En la desembocadura sobre el Nilo, Henutsen y su esposo volvieron a Los Diez Colosos y los demás a Karnak, haciendo algunas visitas en Aswan y otras ciudades. Diez días después Nuptahek corrió hacia el puerto como en todos los ratos libres, a ver si regresaba el barco del Gran Maestro y ese día radiaba felicidad al reconocer la bandera de la nave de Gibured. Apenas atracaron los barcos, la niña corrió a la rampa y abrazó a todos a medida que descendían.

-¡Esto sí que es un regalo para mi vida, Faraón!, habéis vuelto sano y salvo. ¿Habéis descubierto el gran misterio?

-Sí, cariño mío, aunque es largo de explicar. Pero hablando de regalos, el remero Nefkaten tiene algo que quiere regalaros.

Nuptahek lloraba y reía alternativamente al colocarle el muchacho aquella joya en el cuello. Luego de abrazarle y agradecer con todas las palabras que consiguió articular, también le preguntó si no debería haberlo obsequiado a su novia o esposa.

-Uff, ya lo he explicado antes… -dijo Nefkaten- Mi esposa tiene más joyas de las que usará en la vida y también las tiene mi hija, pero ni la una ni la otra las usan, salvo en raras ocasiones.

-¿Qué edad tiene vuestra hija? ¿Vivís cerca de aquí?

-Vivimos en el Puerto de Hathor. Mi niña cumplirá nueve años, en unos días y haremos una fiesta con sus amigos, así que podríais visitarnos...

Cuatro días después, Nuptahek fue llevada por sus padres a la fiesta de una nueva amiga. El Faraón y Enhutatis fueron invitados de honor y aceptaron gustosos, sobre todo porque Isman tuvo una intuición. Nefkaten presentó a su esposa Edelhaira, que se emocionó hasta las lágrimas al recibir tan notable visita y recordó a Isman que le habían acompañado en la larga campaña del Sur.

-Debo deciros algo en privado, Faraón. -le dijo Edelhaira después de las presentaciones y fueron con Enhutatis y Nefkaten a otro patio mientras las niñas jugaban con los otros niños invitados.

-¿En qué os podemos servir?

-Habíamos pensado visitaros nosotros dentro de muy poco tiempo, pero Nefkaten aprovechó esta oportunidad del cumpleaños y nos honráis muchísimo al venir. Queremos poner en vuestro conocimiento que nuestra hija Hatshepsut nació ocho Khabeds después de la última batalla, donde perdimos a Nerea. Y tiene una marca de nacimiento muy curiosa en la espalda... El sello de Anubis... ¿Recordáis?

-¡Claro, lo recuerdo! -dijo Isman.

-Y yo. -agregó Enhutatis- Henutsen advirtió de que no convenía que recordase aquella vida y nacería con un nuevo Ka.

-Sí, así ha sido, sin duda. Nos lo ha confirmado el Sacerdote Raikan y Sacerdotes de los otros templos. Pero el caso es que recuerda muchas cosas. Tememos que, como dijo vuestra hija, pueda sufrir mucho si recuerda lo ocurrido, sobre todo en la última batalla...

-No hay razón para temer nada, -explicó Isman- porque no es lo mismo recordar por nombre que por la fuerza del Alma. Sólo recordará aquello que esté preparada para asumir, comprender y que le será útil. Pocas personas que no hayan conservado el Ka para su siguiente vida pueden recordar poco o nada. Pero cuando ello sucede, si no es por asociación de la fuerza del nombre, es porque el Alma también ha hecho su Katarisis. Ya sabéis que el Alma tiene Ocho Conciencias, del Amor, la Inteligencia, la Vida, la Abundancia, la Pureza, el Poder, la Transmutación y la Eternidad. Pero también el Arkeón, donde quedan grabadas las experiencias que el Alma no ha podido transmutar y su proceso puede llevar mucho tiempo. Si Hatshepsut recuerda que era Nerea, o al menos recuerda sin ningún estímulo exterior partes de esa vida, es porque su Arkeón está limpio. Las advertencias de Henutsen fueron las correctas, pero estaríamos ante una situación poco usual. El sello de Anubis se debe a que él se encargaría de auxiliarla para que ella vuelva a nacer sin sufrimientos ni riesgos. Si ahora se le explicase y se le dijese aquel nombre, no le afectaría y hasta podría servirle, pero eso lo veríamos luego. Creo que vuestra hija y Nuptahek serán grandes amigas.

-Presiento -decía Enhutatis a Isman un rato después- que más que amigas, serán grandes aliadas y Hermanas de Alma durante toda la vida.

-Vuestra previsión es correcta. Habrá que ordenar el destino laboral de alguna de las dos familias para que estén más cerca y las niñas puedan desarrollarse juntas. Luego lo hablaremos con los cuatro progenitores, pero lo más adecuado sería llevar a éstos a Karnak, o tendremos que estar viajando a diario, haciendo evidente lo que nadie debe sospechar…

-¿Teméis que algo afecte a las niñas o en especial a Nuptahek?

-No, Enhutatis. Lo que ocurre es que sólo Nuptahek tiene seguridad de su vocación, pero nadie más imagina nada al respecto y así ha de seguir siendo. Será Faraona por sus méritos, por resultar nominada, calificada y elegida en todo por su bien hacer, sin ninguna influencia más…

---------------

Cinco años más tarde, al cumplir Nuptahek los catorce, ella y su amiga inseparable llevaban sus calificaciones al extremo de lo bueno. Isman les instruía especialmente con ayuda de Enhutatis. Ambas niñas superaban en desarrollo psíquico a todos los demás de su edad. Habían aprendido casi sin ayuda a salir con el cuerpo de las emociones y sus Ka, además de impecables eran un faro de mil colores en armonía para cualquiera que les viese. Isman comentaba a su mujer mientras les veían hacer sus tareas en los jardines:

-Hatshepsut destaca más en sus habilidades del Ka pero Nuptahek parece insuperable en las ciencias mundanas. Ha aprendido geometría y matemáticas a tal punto que no hay maestros adecuados para ella en Ankh em-Ptah. Tendremos que enviarla a estudiar en Baalbek.

-No me parece muy prudente enviarla otra vez tan lejos, Isman. Aquel viaje le fascinó, pero ahora, mejor sería traer a sus maestros. De todos modos, con los geómetras que están a cargo de Gibured, tendrían un buen avance durante algunos años.

-No dan para tanto, Cariño mío. Nuptahek tiene más para enseñar que para aprender. Con unos pocos datos ha calculado toda la logística que fue necesaria para las campañas del Sur y de Obheres, así como simple entretenimiento. Saca cuentas enormes en el aire, sin gastar una hoja de papiro, cuando sus maestros necesitan varias láminas. Ha perfeccionado algunos mapas, ha calculado cosas en algunas obras que deja a los constructores con la boca abierta... Sólo le falta un poco de geometría y seguir aprendiendo idiomas. Hatshepsut no se queda muy atrás, pero su vocación no está muy definida aún. Voy a preguntarle otra vez...

-Hace unos días que lo tengo claro, Faraón. -decía Hatshepsut rato después- Mi mayor deseo en la vida es el mismo que el de Nuptahek. Ambas queremos que Ankh em-Ptah no vuelva a ser invadida por extranjeros destructores. Viviremos para eso. Nuptahek será Faraona y yo seré su protectora, su guardiana, como es el General Elhamin para Vos... Ahora tenéis a Enhutatis, pero el General sigue siendo vuestro brazo derecho en lo político y militar. Pregunté a Sekhmet y a Anubis por el destino de las dos, y ambos me lo confirman. Sekhmet dice que habla con Vos muchas veces, así que podéis preguntarle... No os deberíais preocupar por nuestros avances. Ya somos mayorcitas y podéis disfrutar tranquilamente de la vida. Y si me permitís un pedido especial, decidle a vuestra hija que es a ella a quien tenemos preguntas que hacer. No consigo llegar con el Ka hasta Los Diez Colosos, pero Anubis nos recomendó que sea Henutsen quien nos siga enseñando...

-Me alegra oíros decir eso. También quisiera a mi hija un poco más cerca, aunque sea por un tiempo... La veré el próximo Khabed porque viajaremos hasta Aguas Rotas a hacer el relevo definitivo del General Arkanis, que si no nos damos prisa, habrá Ascendido antes de haber elegido un sucesor para él.

-¿Es cierto que Henutsen es la mayor Sacerdotisa de Anubis?

-No puedo, siendo el padre de Henutsen, hablar sin cierto orgullo, que puede exagerar las cosas... Lo cierto es que ella era un bebé cuando salía con el Ka y Anubis jugaba con ella tal como lo hacía yo. También podrá instruiros sobre tácticas de guerra y como ya estáis a punto de ser mujeres, os enseñará correctamente el Camino de las Cobras...

-Eso también nos lo podrían enseñar nuestras madres y Enhutatis... -decía Nuptahek que acababa de sumarse a la conversación.

-Cierto, querida, -intervino Enhutatis- pero Henutsen puede enseñar mejor que nadie todo eso, porque lo hará en gran parte saliendo las tres con el Ka. Yo también podría hacerlo así, pero ella pasa buena parte del día fuera del cuerpo físico y ya sabéis que las imágenes que se proyectan con el Ka del pensamiento son más claras que mil palabras habladas.

-Perdonad que os interrumpa, -dijo Hatshepsut que se había alejado unos pasos y recibía en su hombro a un gran pájaro negro- pero resulta que este amigo me ha acompañado algunas veces y algunas personas me han dicho que debería tener cuidado...

-¡Es un cuervo! -exclamó Isman extendiendo su mano y el ave saltó a ella y escaló amigablemente por el brazo hasta el hombro.

-Veo que le gustáis... -dijo Nuptahek- ¿Es cierto lo que dicen sobre malos presagios?

-No, queridas. El cuervo es un ave doméstica en las regiones del Norte lejano. Muy amiga de los Victorios. Se le identifica con las regiones de Hiperbórea. Eran los consejeros y mensajeros del dios Odín, el Primordial que comenzó la lucha contra el primer Seth, el que hizo a los hombres mortales. Son aves derivadas de las águilas, muy inteligentes y sociables con el humano, aunque las leyendas obheritas generaron contra ellos una animadversión. Si la gente les teme como "de mal agüero" es porque los esclavistas han difundido esa idea. Entonces es lógico que ya no sean fáciles de domesticar. También se dejan morir si están en cautiverio, enjaulados. Cuando se amigan con el humano permanecen alrededor, encima de la casa, en el hombro... pero nunca en una jaula. Pueden hablar mejor que un papagayo con cierta coherencia...

-¡Claro, es que éste conversa! -dijo Hatshepsut.

-No es una verdadera conversación, sino que repite palabras que va aprendiendo y suelen aprender frases completas. -decía Isman.

-Vos repetís palabras y frases también. -dijo el cuervo casi imitando la voz de Isman y asombrando a los cuatro- Pero yo converso. Aviso de peligros, anuncio cuando la muerte está cerca por enfermedad y por eso los supersticiosos me temen. Son ignorantes, nada más.

-¡Esto sí que se torna interesante! -le dijo Isman poniéndole la mano para tener al ave de frente- ¿Cómo es que podéis conversar?

-Porque mi Lah es la más vieja de todas las Almas de las aves. No es que converse con cualquiera, pero vosotros sois importantes y Anubis me ha dicho vuestros destinos. Yo podría ser humano hace mucho, pero elegí servir a los humanos en vez de avanzar ahora, porque hacen demasiadas tonterías. Y no quiero ser humano entre humanos tontos.

-Sinceramente, querido Hermano, nos habéis sorprendido mucho y es una sorpresa muy grata. -decía Isman acercándolo a su pecho- No hubiera imaginado hasta qué punto llega el altruismo de algunos seres que pasan desapercibidos para el mundo. ¿Hay muchos como Vos?

-Entre los Victorios hay varios como yo. Aquí soy el único. Me envió el Rey Ehefanothyr para ayudar a la futura Faraona y a su protectora. Pero mejor no lo digáis a nadie. Si cualquiera de vosotros me delata, os haré pasar el ridículo, diré alguna tontería sin sentido y nada más.

-Podéis estar tranquilo, Hermano... ¿Tenéis nombre?

-Sí, me llamo Munin, como el primero de nosotros que decidió servir a los humanos. Mi nombre significa "memoria". Y tengo una pareja que se llama Hugin, habla menos que yo pero lee los pensamientos. Y también está a vuestro servicio como yo. Lo estaremos por los próximos cien años, hasta que tengamos que cambiar de cuerpo o elegir ser humanos.

-¡No termina una de maravillarse con las cosas de este mundo!

-Cierto, Enhutatis. -dijo Munin mientras el otro cuervo, la hembra, llegaba para posarse sobre el hombro de Nuptahek- Llevamos más de cincuenta mil años siendo cuervos y no acabamos de aprender cosas. Hemos nacido trescientas treinta y tres veces.

-¡Sí, claro, Faraón...! -decía Hugin- Cuando hay Amor del Lah, como el vuestro, no queréis separaros en toda la Eternidad.

-Apenas he comenzado a formular la pregunta sin decirla...

-Ya os dije. -agregó Munin- Hugin lee el pensamiento. Ella aprende mejor que yo, pero yo recuerdo más, así que ella me enseña lo que aprende y yo le recuerdo lo necesario. Nuestra tarea será protegeros, como hemos hecho siempre con los mejores humanos. Ahora nos vamos a preparar un nido, que también deseamos una familia con plumas...

Las aves se fueron y los cuatro quedaron mirándose sonrientes y emocionados. Formando una pequeña rueda uniendo sus manos y dieron gracias al Universo por brindarles semejantes ayudas.

-Ahora, Faraón, -dijo Nuptahek- para no perder tiempo con nuestra formación política, os voy a rogar que me digáis qué otras clases de políticas hay, aparte de las que conocemos. No me digáis nada sobre los obheritas, que ya nos han explicado todo sobre sus patrañas, a menos que tengan que ver con lo que tenemos que cuidar en nuestra Patria.

-Algunos países -explicaba Isman- tienen una poliarquía, es decir que manda un grupo de personas, dos o tres reyes y cosas así. Siempre acaban peleándose, luchando por más poder sobre los demás. Y si perduran en cierto orden y estabilidad, se trata a la vez de oligarquías, o sea varios jerarcas que se ponen de acuerdo para no destruirse. Más inteligentes, pero deben reunir poder para mantener un delicado equilibrio y someten a los pueblos a la ignorancia, a la pobreza y trabajos extremos.

-O sea que en vez de hacer como Vos, que andáis entre la gente como uno más, tendrán que estar escondidos... -reflexionó Nuptahek.

-Así es. Escondidos y rodeados de guardias, temiendo de su propio pueblo, que por más ignorante que se lo mantenga, habrá personas dispuestas a destruirles, intentando resolver así su tiranía. Los obheritas consiguieron formar una sinarquía, es decir un gobierno mediante amistades, multitud de alianzas por interés de conseguir más fichas, que concentraban la atención y la energía laboral del pueblo. Así hasta los mismos esclavos más acomodados eran sus más fieles sirvientes.

-Dice mi padre -comentaba Hatshepsut- que los extranjeros que ordenasteis expulsar durante la campaña del Sur, intentaban generar una anarquía... ¿Es un poder sin poder, sólo simbólico?

-Se trata de ausencia absoluta de poder organizador, en el supuesto que cada uno sabe exactamente lo que debe hacer. Es una aberración ideológica total. Hasta las hormigas o las abejas tienen sus reinas, que pueden tomar una decisión que la colonia acatará. No existe anarquía en la Naturaleza. Es la tontería más grande. ¡Imaginad un barco sin capitán!

-¿Y sobre la división de poderes que consiguieron en Baalbek para corromperla, por qué no funciona? -preguntó Nuptahek.

-Otra tontería, pero más sofisticada y mejor planeada. Produjeron una especie de revolución para que Nerobenssetor diera a los jueces el mismo poder que él mismo. Luego crearon un Concejo Supremo, pero a diferencia del nuestro, que tiene la obligación de conservar las Leyes Humanas lo más ajustadas posibles a las Leyes de Los Ocho Kybaliones, aquel Concejo de Baalbek, compuesto de obheritas en su mayoría, se dedicó a fabricar nuevas leyes y cambiar las normas y con ello mantenían a la gente sometida a leyes que ni siquiera podían saber que existían. Sólo unos pocos "doctores de la ley", amigos o familiares de los miembros del Concejo las conocían todas, porque estaban informados de los cambios. Así que mucha gente era apresada o se daba pena de muerte, sin siquiera saber qué delito había cometido. Los jueces también eran amigos entre ellos, iban como el resto, tras el interés de reunir esas falsas fichas, condenaban según su capricho porque con tantas leyes muchas se contradecían entre sí y para cada ley había otra que podía evitarla si se conocía el entramado... Una locura, tan injusta como tonta.

-¿Y cómo pudo un pueblo tan inteligente como los Baalbekios caer en esas trampas? -preguntaba Hatshepsut casi incrédula.

-De la misma manera que casi caemos nosotros. -continuó Isman- La política no es muy complicada, pero es una ciencia. Los tontos caen en la trampa de creer que cualquiera tiene derecho a opinar sin conocimiento de ella, que bastan las simples ideas para tener derecho a votar o tomar decisiones. Entonces se siembra de ideas diversas y contradictorias la mente de los pueblos, para que los tontos comiencen a enfrentarse, a generar una lucha por imponer cada uno su idea y finalmente a luchar por el poder... ¿Imagináis a Himhopep y a sus ingenieros, cuando deben definir una construcción, discutiendo con simples ideas, en vez que con números exactos y pruebas irrefutables?

-¡Se caerían las casas, se hundirían los barcos, se derrumbarían los puentes y las exclusas! -exclamó Nuptahek.

-Exacto, Amada de Sekhmet. Y Vos debéis aprender a no caer en ninguna de esas trampas ni permitir que lo haga el pueblo. De lo contrario se caerían las casas por guerras o por miseria, se hundiría la economía y se derrumbaría toda la comunidad, después de siglos de esclavitud...

-No entendí bien la diferencia entre el Concejo que hicieron los obheritas y el actual. El de ahora es como el nuestro ¿Verdad?

-Así es. El antiguo, creado para confundir y someter, no era elegido por Delegados de Asambleas, ni por la Cofradías ni por Sacerdotes, sino que la gente elegía a dos grupos enfrentados por el deseo de poder, pero ninguno rendía cuentas a la Asamblea de su poblado. También el poder de los Sacerdotes fue separado del poder del Rey y de los demás, quedando sin ninguna influencia en el gobierno, salvo alguno que otro emparentado y cómplice, dispuesto a usar sus conocimientos contra el pueblo. Antes de la campaña, algunos esclavos comenzaron a rebelarse y los obheritas inventaron un sistema de elecciones, donde el voto de los más ignorantes en política valía lo mismo que el de los sabios. Es como si votaran los que cuentan con los dedos, qué medidas debe tener un barco para llevar una carga, en vez de preguntar a los ingenieros...

-Yo diría... -reflexionaba Nuptahek- que eso es llevar la política a un grado de absurdo que jamás funcionaría.

-Sí que puede funcionar, querida. Pero lo hará a favor de un grupo, de una casta, incluso más grande y complicada que en una dinastía, pero a costa de la esclavitud o de grandes injusticias para el resto del pueblo.

-¿Qué es una dinastía, Faraón? -preguntó Hatshepsut.

-Otra aberración política en nuestro tiempo, pero aún hay pueblos que la usan. Se trata de que los hijos heredan los títulos, rangos y poderes de los padres, incluso siendo niños si quedan huérfanos a temprana edad. Y no importa si es tonto, criminal o incapaz de lavar sus pañales...

-¡Es una broma, Faraón!

-No, no es broma. Ha existido eso muchas veces, aunque jamás en Ankh em-Ptah. Los pueblos caníbales de raza negra aún conservan esa tradición, aunque a cierta edad, al menos el Rey debe combatir con otros aspirantes a la jefatura.

-¿Existen todavía pueblos caníbales? ¿Cómo puede ocurrir que haya personas que se comen unas a otras?

-Existen, -intervino Enhutatis- y según Nefandeg, que los ha estudiado muy al Sur, esta gente quiere desarrollar los poderes del Ka mediante drogas que fabrican con varias plantas. Algunos efectos son muy diferentes a los buscados y se vuelven locos. Luego, cuando se ha generado dentro de ellos una legión de demonios o falsos yoes, la cosa se hace costumbre y cuando consiguen controlarse para no comerse entre todos y extinguirse, sólo toman esas substancias cuando han elegido una víctima. Algunos sólo lo hacen como ritual, creyendo que pueden incorporar habilidades y virtudes de la persona que se comen.

-¡Que cosa repugnante! -exclamaron las dos jóvenes a la vez.

-Ya veis lo que hacen las substancias con las que muchos pueblos intentan reemplazar el trabajo de la Katarisis y los ejercicios del Ka. El cuerpo debe estar siempre lo más limpio posible, tanto por fuera como por dentro. Por fuera es bueno el contacto con el barro, con otras personas y con los animales, pero por dentro hay que estar impecable como el sol. En eso la alimentación también es importante y jamás hay que consumir drogas que produzcan efectos que debemos conseguir con lo que produce nuestro propio cuerpo. Ni siquiera los licores son aconsejables si uno no sabe controlarse con ellos.

-Creo que he comido algo raro… Y tengo un hambre muy especial… -decía Nuptahek mientras cogía el brazo de Enhutatis y simulaba morder.

-Y a mí también me ha entrado hambre, Enhutatis…-dijo Isman- Os voy a comer a besos, lentamente…

Luego de unas cuantas bromas para suavizar el efecto emocional de la conversación, continuaron hablando de política.

-Y vuestro poder como Faraón, de algún modo está dividido o repartido con el del Concejo. ¿No implica una división de poderes?

-No, Nuptahek. Mi poder está controlado por el Concejo, que es la voz cantante de las preocupaciones o las necesidades del pueblo, pero no estamos divididos. Yo soy quien coordina todo el país y decido en última instancia cómo deben hacerse las cosas. Mi poder no está dividido ni compartido porque mis decisiones no se pueden discutir ni contradecir, a menos que se haga con una moción que ha de estar muy bien fundada. En primer lugar, porque siempre el Concejo me hará saber cuál es la prioridad, las normas son pocas pero efectivas, yo tengo que cumplir con lo que sea mejor para el pueblo, que mediante Asambleas y finalmente el propio Concejo Supremo, me ha elegido. El pueblo no ignora todo esto que os estoy explicando, aunque algunos detalles más técnicos la gente los desconoce porque no asiste a las conferencias donde se explican para todos. También en esa cadena coherente de Instituciones, todo el poder del pueblo se resume en mí. Si no cumpliese bien mi tarea, me destituirían. Los soldados me obedecen al momento, pero no ciegamente, sino porque confían en mí, porque saben que ya he sido el mejor de los soldados. Los Sacerdotes acatan mis mandatos, pero saben que aunque puedo equivocarme, como erré perdonando la vida a mil criminales en Darsum, mis errores serán escasos y reparables. Confían en mí porque he sido el mejor de los Sacerdotes. No por ser más inteligente, sino por poner el mayor esfuerzo, el mayor Amor y la mayor Voluntad. La Inteligencia a veces me ha fallado, pero el Amor y la Voluntad no.

-Y sin duda sois el mejor Maestro, -dijo Hatshepsut tomando y besando las manos de Isman- porque ponéis el Amor más grande al enseñarnos...

-¿Cómo no hacerlo así, cuando en vuestras manos estará el destino de la Patria que amamos? Aunque estáis hasta cierto punto predestinadas en un plan desde Reinos superiores, nada se os dará sin vuestro propio y voluntario esfuerzo. Vuestras Almas hicieron una elección y una promesa voluntaria. Habéis nacido para participar en ese plan de rescate de Almas, como lo hice yo muchas veces... En nuestra política el poder es más una pesada carga que un privilegio personal. Los pocos privilegios que se tiene, están para poder cumplir mejor nuestra tarea.

-Vos confiáis en nosotras hasta el punto de decirlo con la seguridad de un matemático al sacar cuentas infantiles. -comentó Hatshepsut- ¿Qué ocurriría si nos equivocamos al interpretar las ideas políticas?

-Estoy convencido que eso no puede ocurriros. A pesar de que sois muy jóvenes para ocupar cargos y ni vais a iniciar vuestra formación militar hasta dentro de tres o cuatro años, Sekhmet y Anubis actúan en vosotras. Ellos os preparan aún en niveles psíquicos, pero es la Voluntad de vuestras propias Almas lo que os hace fuertes, claras, definidas en vuestra vocación de servicio. Los Victorios han enviado esas dos extraordinarias aves para ayudar y proteger vuestras vidas y trabajos porque saben de ello. Por si todo eso fuera poco, Enhutatis, Henutsen, Ankemtatis y yo somos regentes secretos de vuestra preparación. Os iremos explicando todas las trampas políticas creadas por los esclavistas, para que nunca caigáis en ellas. Sabréis porqué en cualquier otra forma política, los gobernantes están siempre temerosos de que alguien les arrebate el poder, hay injusticias, esclavitud, cambio constante de leyes y de gobernantes. Nosotros llevamos más de cuatro mil años sin otra preocupación política que la defensa contra los esclavistas externos, las mejoras que hemos hecho en todo y en especial en la educación y hasta hemos podido emplear grandes fuerzas para ayudar a nuestros imperios hermanos. Los Grakios, Lobunos, Baalbekios, Victorios y Aztlakanes tienen nuestro mismo sistema político porque es el más natural y por lo tanto efectivo y sano. Cuando alguno se ha salido de él, lo ha pagado con esclavitud y las guerras más innecesarias y dolorosas, que son las de facciones contrarias dentro del propio pueblo.

-Hay una idea contra la que nos han prevenido nuestros padres, pero no la hemos entendido muy bien. -decía Hatshepsut- ¿Hasta qué punto es bueno que una persona gobierne durante toda su vida, sin dejar oportunidad a otros de ejercer el poder?

-Imaginad que Gibured os lleva en su barco a dar una vuelta al mundo entero. Sin duda que ni siquiera Kanhelah ha conseguido su pericia por más que aprendió de él casi todo sobre la navegación y quizá sea la segunda gran navegante del país, incluso con diferencia sobre Mertinetis y Merensob. Ahora imaginad que estáis en uno de los mares mayores y viene una tormenta espantosa. ¿A quién preferís tener al mando? ¿Gibured o Kanhelah?

-¡Gibured, sin duda! -exclamaron las dos al unísono.

-Bien, ahora imaginad que Gibured, aparte de ser demostradamente el mejor, el más experimentado con los años y que os tiene en el colmo de la satisfacción por la tranquilidad y seguridad que os brinda, no tiene inconvenientes en seguir al mando, comparte con vosotros todo el tiempo posible y le encanta estar al mando para asegurarse que todo siga bien, sin dejar de aprender lo necesario... ¿Os arriesgaríais a que un marinero poco experto se haga con el mando del barco?

-Sería una tontería. -dijo Nuptahek- Con lo que cuesta llegar a ser el mejor en algo, cambiar un gobernante excelente con esos riesgos, sería... Peor que una tontería.

-A sólo un punto de llegar a ser igual que el absurdo de la anarquía. -continuó Isman- La táctica de los esclavistas es que con el pretexto de que todos tienen derecho a ser gobernantes, obligan a cambiar los gobernantes visibles, los esclavistas se mantienen sin dar la cara y manejando los hilosmediante oro, fichas, colorante azul... Así, aunque alguno salga dando la contra, en poco tiempo conseguirán reemplazarle por un sátrapa de ellos. No obstante, si un Faraón no hiciera las cosas como debe, ya sabéis que las Asambleas de las Calles lo pueden destituir, pero "cambiarlo por ley" sin motivo alguno, es una aberración. ¿Hay alguna ley que diga que debéis cambiar unas sandalias cuando son tan buenas, que están sanas tras muchos años de uso, acomodadas a vuestros pies?

-Lo habíamos comprendido un poco, Faraón. -decía Hatshepsut abrazando a su amiga- Pero con esos ejemplos, e imaginando lo que representa cambiar de mandos en algo tanto más grande que un barco... Como alguien lo proponga, le hago comer por las orejas...

-Si nadie puede convenceros de que cada cierto tiempo hay que comer por la nariz y las orejas, nadie os meterá ideas absurdas.

-¿Y qué hay sobre hacer conocer todas esas cosas al pueblo? ¿No hay secretos de Estado que cuidar?

-Sí, Nuptahek, como el caso de vuestro destino. Pero al pueblo sólo puede ocultarse cosas muy puntuales para evitar influencias que no corresponden, mentalismos que pueden borronear los vuestros y hasta los de los dioses. Y muchas veces es preciso guardar secretos militares, como el paradero de las armas de Seth, que sólo os lo revelaré a vosotras cuando sea el momento, con una larga serie de explicaciones y detalles de porqué no usarlas y en qué caso usarlas... Pero al pueblo no se le ocultan cosas por él mismo, sino porque siempre hay riesgo de espías. Al pueblo hay que hacerlo instruido, sabio, conocedor de lo bueno y conocedor de las trampas para que no caiga en ellas. La sabiduría de nuestro pueblo es lo que lo hace libre. Las instituciones, el ejército y el Faraón sólo deben asegurarse de que el poder real esté en el pueblo, pero que éste se encuentre siempre consciente y preparado para decidir su destino. Un Secreto de Estado aquí es sólo una cuestión excepcional, estratégica, temporal. Una precaución, no una negación de derechos al pueblo. Ya sabéis que hasta los registros de los Censores y los Regentes pueden verlos los ciudadanos. Sólo se les niega a los extranjeros, hijos y nietos de extranjeros, como las posibilidades de formar en el ejército.

-Justamente de eso hablaba mi padre ayer. -dijo Nuptahek- Dice que un grupo de jóvenes nietos de extranjeros se han quejado a los Regentes y estaban haciendo una especie de Asamblea aparte...

-Lo resolvimos en la reunión de anoche. -dijo Isman notablemente entristecido- Son hijos, nietos y biznietos de extranjeros obheritas, que ahora son Ankemtamitas. Una minoría intentando cambiar las leyes. Por eso no es posible admitir extranjeros en el país tan abiertamente como en el pasado. El Concejo Supremo aprobó anoche mi propuesta de reprimir con cárcel cualquier intento de pasar sobre la autoridad de las Asambleas de las Calles o intentar formar grupos separados con cualquier intención política. Un gobierno legítimo que permitiese eso, sería como un padre de familia que permitiese a ladrones y locos entrar en su casa a dar órdenes.

-Entonces... -reflexionaba Hatshepsut- Esa gente intenta modificar la ley de nacionalidad que nos garantiza que no pueda haber ni en el ejército ni en las instituciones estratégicas, infiltrados educados al margen de la Enseñanza Sagrada. Si eso se cambiara, los hijos y nietos de obheritas que quedaran dispersos o escondidos, podrían empezar otra vez con la corrupción de nuestra Patria…

-Exactamente. -respondió Enhutatis- Y eso significaría que en un par de generaciones, tendríamos otra vez los problemas que nuestro Faraón ha tenido que resolver con guerras. Cuando Nuptahek llegue a Faraona, se encontraría de lleno con una parte del pueblo, influida por esa educación clandestina, intentando pervertir el Estado, la educación, las Leyes, y no tardarían en instituir los Juegos de Poder con las fichas falsas, convenciendo a los jóvenes, a los que harían olvidar rápidamente los sacrificios que hicimos nosotros para librarles de esas aberraciones.

-¡Nunca sucederá eso mientras vivamos! -exclamó Hatshepsut, cuyo rostro bello, suave e inocente, parecía desfigurarse al convertirse en una faz adulta, poderosa y guerrera- Y juro ante vosotros, ante los dioses, ante Nut y por la Gloria Eterna de Ptah en mí, que seré el brazo fuerte de Nuptahek. Seré el espejo de su Alma si cayese en debilidad; seré su espada, su arco, su flecha y cuantas armas ponga ella a mi disposición. Seré el terror de los esclavistas, de los invasores y de los idiotas que intenten corromper la salud de Ankh em-Ptah…

-Y yo juro también como mi Hermana de Alma, -dijo Nuptahek mientras los cuervos volvían a posarse sobre sus hombros- que mi vida sólo tiene una prioridad absoluta: Conservar Ankh em-Ptah como Vos los habéis hecho. Toda otra cosa será mera añadidura, simple accesorio y la promesa de Hatshepsut es el tesoro más grande que he recibido en la vida, sin que haya otro mortal que lo pueda superar. Seguiremos aprendiendo pero desde este momento, Faraón, os juro que si dejaseis de serlo, os reemplazaría con la responsabilidad más firme que mortal alguno pueda imaginar. ¡Palabra de Ptah!

Isman abrazó a las dos muchachas apoyando en su cintura sus cabezas, les llenó de bendiciones y agradeció profundamente esa convicción, mientras agradecía a las aves que saltaron a sus hombros, el haber vuelto para ser testigos de tan sagrados juramentos.

-Si yo me fuese ahora, no podríais reemplazarme. -decía Isman mientras se arrodillaba para estar a la altura de las niñas- Ya he nombrado al General Hilaris como Faraón interino en caso de mi desaparición y al General Elhamin como vuestro protector hasta que estéis tan bien preparadas que todas las Asambleas os proclamen según las leyes, por vuestros méritos claramente demostrados. Sin esas condiciones, ni la fuerza de Sekhmet tendría valor alguno. En ese mecanismo, tanto como el de la educación que permite que sea sano, consiste la libertad de los pueblos. La valentía, el honor, la fuerza y todo lo demás que ha de poner un Faraón, es sólo la herramienta para que eso se mantenga y se cumpla.

-Lo sabemos, -dijo Nuptahek- pero queremos que Vos sepáis que la promesa que os acabamos de hacer tiene la fuerza de mil ejércitos. Mataremos sin piedad, o moriremos en el intento... Lo que sea necesario para cumplir nuestro destino. Esa es nuestra vocación.

-Lo sé, hermanitas. Enhutatis y yo lo sabemos muy bien. Ahí la veis llorando como yo, porque sabemos reconocer esa vocación. Seguid vuestra preparación pero no os olvidéis de lo esencial, ni dejéis que la responsabilidad os quite el disfrute y los placeres de la vida. La Felicidad es una condición sin la que un gobernante se convierte en esclavo del pueblo, en vez que en servidor digno...

## Capítulo XXVII - Las Últimas Katarisis

Quince días más tarde, Isman y Enhutatis fueron transportados por Merensob en un trirreme y desembarcaron en Los Diez Colosos luego de cinco días de navegación. Como era lo normal, les esperaba una multitud y luego de saludar a todos durante algunos Râdnies, la familia se reunió en una de las construcciones piramidales de madera que ya habían reemplazado a la mayor parte de las viviendas del país.

-Henutsen y Ankemtatis, tengo que pediros algo muy especial.

-Lo que sea, padre...

-Tan sencillo como que me acompañéis a Karnak durante unos cuántos días o un par Khabeds, si vuestras obligaciones aquí os lo permiten. Se os echa mucho de menos por allá...

-Hummm, eso suena a... Como a "abuelitis" ¿No estaréis acaso...?

-Nada de eso, -intervino Enhutatis- sólo "hijitis". Vuestro padre y yo os echamos de menos y aunque tenemos siempre a la Gran Familia de Ankh em-Ptah, vosotros sois especialmente necesarios para nosotros en estos tiempos de cambios importantes. Pero también hay asuntos de Estado... Isman os lo dirá...

-Y muy delicados, hija. -decía Isman- Nuptahek y Hatshepsut ya son señoritas jóvenes y con las ideas bien claras, que en poco tiempo más tendrán que empezar su preparación militar. Pero necesitan de una instrucción que sólo vosotros podríais darles. No sólo en lo militar, sino también sobre el Camino de las Cobras. Han sido bien educadas por su padres, pero ambas salen con el Ka muy a menudo y eso requiere consejos y resolver algunas dudas que aunque podría resolver el propio Anubis, es preferible que lo haga alguien desde el punto de vista emocional de una mortal. Enhutatis y yo no podemos pasar con las niñas tanto tiempo, porque es un secreto de Estado y el nombramiento como Faraona ha de salir del pueblo, aunque Sekhmet la haya designado. Incluso ahora que hay paz, previsiblemente por un tiempo largo, el conservarla consiste en hacer estas cosas con mucho cuidado.

-Os comprendo, padre. Es lógico que no debáis dar pistas de estar preparando a las niñas para el poder político Por mi parte, todo está en orden por aquí y mis obligaciones son pocas. ¿Ankemtatis?

-También por mi parte, Faraón. Tengo cuatro futuros Generales en pleno servicio de entrenamiento, así que no hay problemas en dejarles solos. Los ayudantes de la Regencia lo hacen todo de tal manera que puedo decir que son los mejores. Podemos partir cuando gustéis.

-Entonces nos acompañaréis a Aguas Rotas y a las pirámides del Sur. Y de paso les pondremos un nombre, que en los mapas se han consignado como "Cuarenta y Tres Pirámides". No muy poético.

La llegada a Aguas Rotas fue causa de varias fiestas. El nombrado Comandante Markobest por el Faraón, era ahora General nombrado por Arkanis, quien después de las presentaciones formales se reunió con Isman y su familia para comer e informarle de todas las novedades.

-Habéis llegado providencialmente, Faraón. Me encuentro a punto de partir de este mundo, pero no sé qué pasará conmigo. He seguido el Camino de las Cobras durante once décadas y también mi esposa. Pero no sabemos qué ocurrirá. Necesitamos vuestro consejo.

-¿Y se puede saber quién es la afortunada, Arkanis…?

-La Comandante Epi, que ahora está recorriendo algunas tierras al Este y regresa mañana. Era soldado hace trece años, cuando hicimos aquella "Campaña de Bodas" que os hizo tanta gracia, al terminar con los obheritas en Tombizara. En realidad llevábamos ya treinta años pero lo mantuvimos en secreto hasta que Markobest ofició nuestra boda formal hace unos años. También ha seguido el Camino de las Cobras desde joven, pero está igual que yo, hecha un nudo de confusiones. No sabemos si moriremos o Ascenderemos y queremos hacer lo correcto. Volver a nacer aquí no estaría mal, pero ya veis que aquí hay una gente maravillosa, tanto civiles como militares. No necesitan de nosotros.

-Creo que simplemente tenéis que profundizar la Katarisis, querido Hermano. Os habéis abandonado un poco, viviendo una vida recta, tranquila y feliz, pero sin aniquilar del todo a los enemigos interiores. Esos brotes de preocupación, del rencor y del dolor por los combates en que habéis participado; que si no se procesan quedan alimentando al "yo triste", las memorias de aquellos padecimientos y el "yo vacío", que siempre aparece cuando habéis aniquilado los demonios más grandes...

-A veces lo he pensado así, pero no encontramos esos demonios porque lo pasamos muy bien aquí, sin nada que pueda alterarnos la vida... Nadie nos molesta... Todo el mundo lo pasa muy bien...

-¿No tenéis aquí ningún Sacerdote que instruya sobre la Katarisis?

-No, Faraón. No lo hemos pedido porque hasta los negros que viven más al Sur son gente muy sana y pacífica... Aunque ahora que lo decís, creo que a ellos les haría falta un poco más de instrucción. A veces mienten sin tener ninguna razón para ello, o hacen pequeñas tonterías, que si no les aconsejásemos, les sumirían en el caos y la brutalidad en que vivieron sus ancestros... Sólo precisan un poco más de atención para hacerse más sabios. Nobleza no les falta.

-Los visitaremos en estos días. No quiero irme del mundo sin visitar aquellas pirámides, que imagino habréis ido a conocer.

-¡Fue lo primero que fuimos a ver cuando esto quedó en paz! No son tan impresionantes como las del Norte, pero por algo las han construido.

-Os enviaré algunos Sacerdotes en cuanto regresemos, pero ahora me gustaría deciros algunas cosas a Vos y a vuestra Amada, para que vuestra Ascensión sea segura. Conversaremos en cuanto ella vuelva.

Durante tres días, el General y su mujer tuvieron sesión permanente con Isman y Enhutatis, lo que sirvió también a la pareja faraónica para revisar el proceso mental y la limpieza necesaria para evitar que la cercana Ascensión sea interferida por parásitos emocionales, con el consecuente peligro de morir y retrasar la evolución, en vez que ir al Reino de los Cristalinos. Isman llamó a su escriba para que anotara todo lo importante, ya que el proceso de Ascensión, conocido por los médicos y descrito en los libros, sin duda tenía lagunas didácticas que se debían llenar con los puntos de vista de los que estaban más cerca.

-Las diferencias entre la "basura emocional" y los "demonios de las emociones" son grandes, -decía Isman- pero a veces no las vemos y confundimos las cosas. La basura emocional son sólo memorias que quedan en nuestra cabeza, en el Ka del pensamiento, en la parte de Sobek, que es instintiva, y por lo tanto, también en nuestro cuerpo. La mayoría de las enfermedades se deben a esas memorias que no hemos liminado, que se olvidan pero quedan ocultas en lo profundo del Ka del pensamiento. Aunque casi hemos desterrado la enfermedad en Ankh em-

Ptah, cada uno tiene una memoria escondida de sufrimiento y cosas que ha escuchado cuando estaba desmayado o muy herido... Todo eso que tratan nuestros Sacerdotes para purificar el Ka del pensamiento, que siempre acaba afectando al de la emociones En el caso nuestro, los sufrimientos peores fueron a causa de los enemigos que hemos aniquilado y por eso hemos pasado tantas noches en vela, recordando, meditando para perdonarles y perdonarnos nosotros mismos.

-Eso lo tenemos claro, Faraón. -dijo Epi- Lo hemos superado de tanto hablarlo y llorar juntos. Más o menos como todos los que hemos tenido que luchar tan duramente. Pero nos vendría bien recordar mejor los padecimientos de la niñez. Antes que Vos gobernaseis, seguramente recordáis los sacrificios que debíamos hacer por el hostigamiento constante de enemigos que ni sabíamos de dónde venían. Lo de enviarnos un Sacerdote y que nos haga regresar a la niñez para limpiar las memorias ocultas, vendrá muy bien, aunque los médicos hacen algo de eso con los ancianos y en los raros casos de enfermedad. Los conflictos que tenemos ahora tampoco son vicios, ni odios, pero puede que una especie de miedo, una incertidumbre que nos confunde y agobia. Somos felices, pero no sabemos qué ocurrirá después...

-¡Ahí habéis dicho Vos misma la clave! -exclamó Isman- O al menos una de las claves, que también vale para nosotros revisar con cuidado y eso podría ser una especie de "yo preocupado". La incertidumbre. Habéis superado como todos nosotros la incertidumbre de no saber qué peligros o enemigos encontraríamos en nuestro camino durante las campañas, las batallas, y las exploraciones... Y ahora que estamos cerca, no sabemos qué ocurrirá si Ascendemos. Lo sabemos porque Sekhmet y Anubis nos han dejado la teoría, pero de un modo "incierto", porque no es posible transmitir la experiencia. ¿Cómo puede un animal comprender la humana experiencia aunque alguien se lo dijera a su corto intelecto?, ¿Cómo explicarle a alguien que nunca salió del cuerpo conscientemente con el Ka de las emociones, lo que se siente y percibe? Podrá tener buena teoría y de hecho la tienen todos los que aún no lo han conseguido, pero vivirlo es diferente y muchos no lo hacen porque tienen miedo ante la experiencia al desconocer dónde llevará y cómo se manejarán con ella...

-¡Eso es, entonces! -dijo Arkanis- Aunque parezca imposible que tengamos miedo a estas alturas, estando tantas veces al borde de la muerte, heridos, sin miedo a perder la vida, nos da miedo ir más allá, porque sabemos que morir, como hemos muerto tantas veces, no es otra cosa que volver a nacer, y además en una nación como la nuestra en la que los civiles tienen una tristeza por cada mil alegrías, y los guerreros no estamos lejos de ello a pesar de los peligros... ¡No tenemos miedo a la muerte, pero sí a la Ascensión!

-Sí, hermanos, -intervino Enhutatis- aunque parezca imposible, es sólo un miedo infantil a lo desconocido. De esta vida de mortales conocemos el sufrimiento, la tristeza, los demonios de nuestra emoción y los pueblos esclavos y esclavistas. Combatimos por fuera y por dentro, aprendiendo a ser felices en cualquier situación y hemos vencido siempre. Entonces nos sentimos seguros, aunque tengamos que morir y volver a nacer. Pero desconocemos lo que vendría después al Ascender...

-Pensamos, -dijo Isman- aunque a nivel inconsciente, que tendríamos que pasar por peligros mayores, análogos a las diferencias entre Reinos Naturales, así como podemos tener una idea de eterno aburrimiento y eso nos parece espantoso, acostumbrados como estamos a la lucha, a la diversión e infinidad de placeres y alegrías, al contacto entre nosotros, a las maravillas que nos ofrece la Naturaleza desde nuestra perspectiva humana, al Amor de nuestras familias, amigos y de todo nuestro pueblo... A ese peligro se refiere entonces la imagen de Sekhmet con un cuchillo mundano, porque hay un riesgo en el proceso y un cuchillo en lo alto que representa el miedo causado por el desconocimiento de lo que hay más allá. Pues ese miedo ha de ser observado como el enemigo a vencer ahora...

-Como podemos comprender, -dijo Arkanis- al final aquellos primeros miedos, que tenemos cuando niños, son los que vuelven a echar brotes cuando estamos a punto de ir más allá de la vida y sin morir...

-Sí, pero no olvidemos lo de las memorias dolorosas ocultas en el Ka de la mente y el pensamiento. -recordó Isman- Seguramente eso tendrá una base química en la cabeza, por eso algunas drogas hacen que algunas personas enfermen justo antes de hacer la Ascensión y mueran en vez de Ascender. Por eso es tan importante el servicio que los Sacerdotes médicos hacen a los ancianos. Nosotros estamos tan sanos y acostumbrados a valernos sin ayudas externas, con tanta actividad y ocupaciones que no nos damos tiempo a resolver esos conflictos escondidos que la mayoría manifiesta con alguna enfermedad, y si da tiempo y recurre a nuestros médicos, resuelve la causa, acaba la enfermedad y hacen su Ascensión... Otros no enferman porque aunque no tienen capacidad para explicarlo, hacen su Katarisis, meditan, entran en la paz y la armonía sin ninguna preocupación, atendidos en las residencias donde viven sin ninguna tarea obligada que les preocupen...

-¿Proponéis que nos internemos en una residencia para ancianos? -bromeó Epi- Ya hemos inaugurado una aquí en Aguas Rotas...

-¿Es broma o habláis en serio? -preguntó Enhutatis.

-Lo primero, broma; lo segundo es en serio. -aclaró Epi- Y aunque no tenemos Sacerdotes, hay médicos de la Escuela Horus-Sobek. Por eso tenemos la estadística de que cada diez despedidas, tres son muertes y siete son Ascensiones. No está muy lejos de la situación en el resto del país, a pesar de nuestra lejanía. Aunque los maestros que habéis enviado no son Sacerdotes, hacen su trabajo como si lo fueran.

-Enseñar es una forma de sacerdocio, Epi, -dijo Enhutatis- siempre que se enseñe con Amor y se esté seguro de enseñar lo correcto.

-¿Y dónde se hacen las Ascensiones? -preguntó Isman.

-En las criptas que hemos construido cerca del río al Nord-Este. -dijo Arkanis- Pasaréis cerca y las veréis desde el barco en estos días y si no tenéis objeciones, nos gustaría acompañaros.

-¿Objeciones? -dijo Enhutatis- ¡Un honor que hagáis de anfitrión a vuestro Faraón y su esposa en una tierra que está a vuestro cargo! De paso seguiremos afinando en nuestras conversaciones, asuntos de la Ascensión y del futuro de Ankh em-Ptah.

Otros detalles personales y de Estado, de poco menos importancia se fueron resolviendo en las conversaciones en el barco que partió río arriba, pero Arkanis ordenó una escolta de tres barcos trirremes, un birreme y dos barcas rápidas, totalizando una tropa de trescientos soldados, más los cien del azafe de Merensob.

-No veo el porqué de llevar tanta escolta, -decía Isman- pero si lo disponéis Vos, tendréis algunas razones.

-Cierto, Isman. Sabemos que las Cuarenta y Tres Pirámides forman parte de Ankh em-Ptah y aún hay algunas construcciones más allá, que aunque dudo que sean pirámides, tienen nuestros símbolos. Pero, los massisis negros que viven allí, encargados de cuidarlas, han sido atacados a veces por tribus de más al Sur y del Oeste, venidas de no se sabe qué rincones de este enorme continente... ¿No habéis pensado enviar exploradores para recorrerlo todo, al menos por las costas?

-Lo hemos pensado, Arkanis, pero sólo lo hemos hecho hasta la región donde comienzan los fuegos de la tierra, en una extensión muy grande, de casi diez días de navegación a partir del puerto del Sur. He preferido no exponer a la gente a peligros innecesarios y dando prioridad al mantenimiento de nuestro país. Los BerArBer nos han dado mapas muy grandes y completos de las tierras hasta una gran montaña de fuego en medio de las selvas más densas. He pensado enviar gente, pero los peligros son muchos y una expedición en la que yo no puedo participar, no me resulta interesante si no lo es para nuestra Patria.

-¿Y aquel viaje que queríais hacer hacia la tierra de los Aztlakanes aún pensáis hacerlo?

-No lo haré como mortal, General. Uno de los aspectos que más importan para la Ascensión, es el desprendimiento de los deseos. Y ese era un deseo recorrer todo el mundo era muy fuerte, pero lo he dejado para cuando sea un Cristalino. Si los miedos son anclas difíciles de levar, enganchadas en la profundidad de la mente, los deseos son como redes y también se enganchan en profundos anhelos inconscientes u olvidados. Cosas que deseábamos hacer y no hemos hecho y que no descartamos para siempre. Y para Ascender, hay que desprenderse hasta de esos viejos deseos, despedirse del mundo material enteramente y de las cosas pasadas y de la vida como humanos para acceder a la Vida Eterna.

El escriba interrumpió para mostrar sus escritos y sus dibujos, que incluían varios de los hieroglifos cuyo significado ya se conocía.

-¡Excelente!, Mahekane, Muy bello... -exclamó Isman- Esto será importante para los militares, Regentes y funcionarios que viven hasta el último día olvidados de si mismos. Aquí están aclaradas las causas de que la gente común sin obligaciones importantes, estadísticamente sea la más propensa a la Ascensión. Si nos fijamos bien, hasta tienen más instrucción que nosotros y tiempo para ponerla en práctica.

-Es así, Faraón. -dijo Epi- Toda nuestra labor se orienta hacia la evolución del pueblo, no sólo a una "buena vida". Pero su Trascendencia también exige nuestro sacrificio hasta en privarnos de Ascender...

-De todos modos -reflexionó Isman- muchas veces hemos podido Ascender y en cambio lo hemos evitado voluntariamente, muriendo para seguir sirviendo con un nuevo cuerpo. Pero esta vez prometí a Sekhmet no interferir ni dilatar el proceso. Lo que no sabía es que hasta para hacerla, en nuestro caso de gobernantes con grandes responsabilidades, hay que dar un ejemplo que sirva a los demás. No está mal dejar hasta el último momento una enseñanza. ¿Habéis anotado todo, Mahekane?

-Hasta el último concepto, Faraón. Luego lo repasáis, por si se me hubiera escapado algo o quisieseis agregar algún detalle más.

------------------------

-Ya estamos cerca de las pirámides, Faraón. -gritaba Merensob desde la proa cuatro días después.

-¿Qué os parece -decía Isman- si las llamamos como a la región?

-No es mala idea, Isman. -dijo Arkanis- La llamamos Aguas Rotas pero los negros la llaman "Amani" en honor a un dios cuyo aspecto y cualidades son de nuestro Amón-Râ. Así que nombre adjudicado. ¿Habéis visto las excavaciones en las Pirámides de la Isla?

-Sí, pero hemos parado sólo un rato y ordené suspender el trabajo por el peligro de derrumbes. La investigación continuará luego de que Adecamis e Himhopep vayan verlas y hagan túneles seguros.

Dos barcos atracaron en un pequeño puerto y el resto tuvo que improvisar uno con las rampas de desembarque. Les recibió Nepata, el hombre negro que habían liberado catorce años atrás, vestido como un auténtico Ankemtamita, con su sayal azul, largo hasta los tobillos, cinturón de cuerda negra como los maestros, tocado blanco y azul a rayas, sin ornamentos, como los Regentes y Censores y con sandalias de soldado.

-¿Me permitís un abrazo, Faraón, Maestro, Gran Guerrero y salvador de mi pueblo y mi persona?

Tras un emotivo abrazo en que los recios hombres lloraron como niños haciendo lagrimear a todos los presentes, Nepata les acompañó a las habitaciones donde les rogó permanecer cuanto desearan. Las casas, también con forma piramidal, estaban hechas con materiales y obra más humilde, pero las estructuras eran vigas gruesas de duras maderas que abundaban en la región.

-Es una pena que no hayamos podido hacer estas casas tan firmes e indestructibles como las Grandes Pirámides, Faraón, -decía Nepata- pero la madera es buena. Los intentos de hacerlas de piedras han fracasado. Apenas si podemos ir reconstruyendo las antiguas. No entendemos cómo ni quienes podían hacer esas obras tan perfectas y tan grandes.

-Sin duda, Querido Hermano, hombres como nosotros, pero con conocimientos dictados por Osiris y conceptos de Isis. Sin embargo, lo más importante es el Conocimiento Sagrado dado por Thot, con el cual los hombres se purifican, comprenden los Ocho Kybaliones y alcanzan la Ascensión. ¿Cómo está ese asunto en estas regiones?

-Vuestro General nos ha mantenido siempre bien informados. Ha venido menos veces que las que nos gustaría, pero siempre ha estado mandando soldados, herramientas, maestros, mensajeros y hasta nos ha protegido de los ataques de tribus del Sur. Pero lo más importante que ha hecho, es dirigir la Enseñanza Sagrada. Mi gente no tiene los atributos de la vuestra. Aún somos orgullosos, un poco violentos, miedosos y ha sido imposible prohibir el consumo de algunas substancias de uso ancestral. Así y todo, tres de cada diez que nos abandona, se va sin dejar cadáver. Eso era imposible cuando mi pueblo no tenía vuestra guía y protección.

-¿Y Vos pensáis que podríais Ascender, Nepata?

-¡Ni remotamente, Faraón!, no he hecho tanto mérito y estoy en deuda con mi pueblo. Además, estoy muy apegado a la vida. Como habéis visto, tengo cuatro esposas, y seguir el Camino de las Cobras se me hace imposible. No obstante que no puedo predicar con el ejemplo, algunos de mis hijos lo harán. Cuatro retoños varones y cuatro hembras que están siendo educados como Ankemtamitas. Yo volveré a nacer, seguramente cerca de ellos, para volver a servir a mi pueblo y con ello a todo el pueblo de Ankh em-Ptah del cual somos parte. Espero que no reprobéis mi punto de vista, Faraón... Supongo que Vos podríais elegir entre Ascender o morir y nacer para ser otra vez Faraón, pero vuestra sola presencia irradia una luz especial. ¿Qué podéis decirme?

-No podría reprobaros, pues yo mismo he pasado varias veces por esa condición. Pero si estuviera cerca de la Ascensión, no os lo diría. Es algo que no debe decirse jamás, salvo a la pareja o a alguien que también estuviese muy cerca... Si decir los planes políticos y proyectos personales antes de tiempo o a quien no participa, es suficiente para frustrarlos, igual puede ocurrir con algo tan personal y especial como es la Ascensión. Nuestra más elevada obligación como gobernantes, es hacer que el pueblo escape de toda esclavitud. Pues escapar de la mortalidad es la más elevada forma de liberación, pero no es posible hacerlo obligado. Sólo podemos educar, aunque a veces no sea posible dar el ejemplo.

Durante los siguientes cinco días, se dedicaron a estudiar los bellos Templos y pirámides pero tuvieron una grata sorpresa.

-En estos últimos años empezamos a ganar a la arena, -decía Nepata con ademanes de orgullo por lo realizado- y hemos dejado visibles varias pirámides más. Ahora estamos reparando las más grandes. Subir las piedras es tarea complicada, incluso para los ingenieros que habéis enviado, y no conseguimos igualar el mortero que tienen las originales. Así y todo, hemos hecho nuestra labor de conservar esta herencia.

-Muy oportuno el cambio de nombre, Faraón. -decía Enhutatis- Le habíamos llamado las Cuarenta y Tres y decidimos bautizarlas como "Amani", que es el mismo Amón-Râ pero veo que son...

-Sesenta y tres, -dijo Nepata- pero puede haber más del otro lado del río, sólo que más antiguas o el fuego de la tierra las ha destruido...

-El desierto ha cubierto tantas cosas -decía Isman- que no imaginamos la grandiosidad de Ankh em-Ptah. Los ciento tres Templos y ciento ochenta Pirámides que conocemos, sin incluir éstas, son sólo una parte...

-Los templos se parcen a los del Norte, -dijo Henutsen- ¿Pero por qué habrán hecho pirámides tan altas en relación a la base?

-Ese es un misterio que deberán resolver en el futuro, -respondió Isman- pero demuestra que la pirámide acodada no la hicieron así por miedo a que se derrumbe, como han dicho algunos...

-Además, -dijo Ankemtatis- he estudiado los ángulos, y no son al azar. Son una representación del cristal verde, pero eso ya lo sabéis. La cuestión es que los ángulos interiores de los pasillos y las cámaras interiores... Mejor os lo explico otro día con planos y cristales a de natrón a la vista.

-Lo que quisiera saber es si tienen el mismo efecto que las otras, con las proporciones de las casas, que es la misma que las de La Luz y las de Tekmatis, que son las proporciones perfectas.

-Puedo responderos eso, Faraón. -dijo Nepata- Hicimos muchos experimentos, junto con vuestros arquitectos, los médicos y encargados de conservar los alimentos. Hay un efecto importante, pero no tan equilibrado como en las pirámides perfectas. Estas deshidratan pero no es igual de potente y para las personas el efecto no es tan bueno.

-¿Producen algún efecto no deseado?

-No, Faraón, el efecto es muy bueno, pero no tanto como el de las casas. Creo que esto se usaba para otra cosa.

-Está claro -agregó Isman- que con la proporción de la Gran Pirámide de La Luz y las de Tekmatis, es como tenemos los mejores resultados...

-En algunas cámaras de adentro de estas pirámides -continuó Nepata- encontramos pequeños trozos de metales raros y marcas. Seguidme por favor… Creo que había algo como esas máquinas de los Hekanef.

La sala de la pirámide a la que accedieron era similar a las que ya conocían, sólo que algo más pequeña de la media y los accesos más estrechos. Luego descendieron por unos corredores prolongados y con una leve inclinación, pero tan profundos que recorrieron hasta alcanzar algunas cuerdas bajo la superficie, sin duda fuera del área de la pirámide. Nepata mostró unos extraños artefactos de metal y el Faraón y los suyos reconocieron los carritos que ya conocían en lasgalerías de Tekmatis. En las entradas a los laberintos subterráneos se apreciaban bajo derrumbes parciales, los caminos de hierro, pero advirtió que los ingenieros debían volver para asegurar contra derrumbes antes de seguir explorando.

-Sólo hemos explorado cincuenta cuerdas en varias direcciones. Mis hijos e hijas están tan impacientes por entrar en esas galerías, que he tenido que hablar muy seriamente con ellos para impedirlo. Cuando vengan los ingenieros les va a adorar como a dioses.

-----------------

La despedida no fue menos emotiva que la recepción, sobre todo para Isman, Enhutatis, Arkanis y Epi, que presentían que no volverían a ver a los Guardianes de Amani desde ojos humanos, pero se guardaron muy bien de decirlo. Durante el regreso, con todo lo esencial resuelto, tanto los asuntos de Estado como sus próximas Ascensiones, estuvieron más tiempo en charlas con el resto de la tripulación y pasajeros.

La despedida de Arkanis y Epi en Aguas Rotas también fue muy emotiva para los cuatro, pero las sonrisas y algunas palabras estaban cargadas de esa sana complicidad que tienen los grandes iniciados, cuando están próximos a experiencias trascendentes.

-Nos veremos muy pronto. -les dijo Isman en voz baja- Y seguro que nos veremos más jóvenes…

-¿Vais a trabajar de Faraón? -dijo Epi con una gran sonrisa.

-Como ayudante de sirviente de aprendiz de ayudante de auxiliar de Regente Espiritual, según me han dicho…

Llegaron a Los Diez Colosos en tres días gracias al viento favorable, el entusiasmo de los remeros y las efectivas esclusas construidas en las cataratas por Himhopep, que habían sido mejoradas y ampliadas. Luego continuaron viaje llegando en tres días más a Karnak. Como era de esperar, puesto que la barca rápida avisó con medio día de anticipación, cientos de personas les esperaban en el puerto y Nuptahek, al lado de su inseparable Hatshepsut en la primeras piedras del embarcadero.

La instrucción de Henutsen a las niñas comenzó de inmediato. Durante un año en que siguieron sus estudios regulares con excelentes notas, aprendieron las técnicas de los Invisibles y las modalidades de combate. Henutsen y Ankemtatis viajaron a su Regencia dos veces, comprobando que sus subordinados no necesitaban su presencia. Las jóvenes no tenían gran diferencia en el aprendizaje, aunque Nuptahek destacaba en las matemáticas y los asuntos de Estado, en la geometría mundana y la sagrada, que les enseñaba un matrimonio Baalbekio y un geómetra Grakio. En cambio Hatshepsut destacaba en las artes marciales, la lucha, la guerra y lo que pudiera servirle para su protectorado hacia Nuptahek.

-Nuptahek no se queda atrás en nada. -decía Henutsen a Ankemtatis- Hatshepsut es ya experta en todas las formas de la lucha y la invisibilidad, Nuptahek ha aprendido a prever las situaciones más difíciles, a cambiar y hasta manipular los escenarios de combate a su conveniencia, a evitar enfrentamientos innecesarios… Una pareja como mi padre y Elhamin.

-El próximo año deberían comenzar su formación militar, pero no me parece conveniente. Están a punto de superarnos a nosotros, si es que no lo hacen ya. Sería delatar ante los instructores sus cualidades.

-Harán la instrucción formal y no se delatarán. Deben aprender también a pasar desapercibidas en eso. Mañana lo conversaré con ellas.

-Parece que han avanzado mucho sobre el servicio a Anubis, pero no lo puedo apreciar como lo hacéis Vos.

-Lo hacen de maravilla. Aunque cada vez hay menos muertes y más Ascensiones, salen a diario y ayudan a alguien. Nuptahek ha aprendido a andar con el Ka sobre el agua durante un buen rato, cosa que ni yo he conseguido. No me extrañaría que aprendiera a hacerlo con el físico.

-¿Lo creéis posible, sin unas piedras ocultas apenas por el agua?

-Claro que lo creo, chistoso. Hablando del Ka, ¿Qué os parece si os ayudo a salir con el Ka y luego descansamos?

-Salimos con el Ka, pero esta vez, si lo consigo sin vuestra ayuda, luego no descansamos, o descansamos muy después…

-De acuerdo. Trato hecho, pero salgáis sólo o con mi ayuda, luego no descansamos y descansamos muy después…

---------------------

Cuatro años después Nuptahek y Hatshepsut eran mujeres de cuerpos y facciones imponentes, actuando como Regentes en La Luz y Gebelik.

Se hizo necesaria una separación para que cada una ganara los méritos y reconocimientos sin los cuales no podrían seguir legalmente con su designio. Luego ocuparon puestos de Comandancia y comenzaron a demostrar sus habilidades militares. No había enemigos reales, pero los instructores percibían en los simulacros y entrenamientos, la superioridad indiscutible de ambas guerreras. En las Escuelas de Thot, en La Luz, cuando ellas tenían veinte y diecinueve años, los maestros de Hatshepsut pasaron a ser admirados alumnos, y enviaron un informe especial al Faraón con recomendación para que la cuente entre los más cercanos asesores para asuntos de enseñanza, así que regresó a Karnak. En Gebelik, ocurrió igual con Nuptahek, con sólo algunos días de diferencia.

Las tareas de Regencia, casi simultáneas con las demostraciones de habilidades marciales y militares en que superaban hasta a los más hábiles acróbatas y luchadores, les hicieron ganar pronto los puestos de Delegadas de las Asambleas de Gebelik y Karnak, lo que motivó un informe especial al Faraón por parte de diversos Delegados, Sacerdotes y Generales. Así que ambas, otra vez estaban en Karnak cerca del Faraón, quien en base a las excelentes notificaciones, avales y certificaciones de las capacidades de las mujeres, podía nombrarlas miembros del Concejo Supremo. Lo hizo sin que hubiese moción en contra y como era habitual, el Sacerdote Menkauris pronunció un discurso de bienvenida.

-Soy uno de los hombres más viejos del país, queridas Hermanas. Bastante más viejo que el Faraón, así que tengo en este Concejo casi tanta autoridad como él, porque debo reemplazarle cuando viaja y no es precisamente muy amante de su sillón, por más mejoras que se le han hecho a esa especie de máquina de vitalidad. Pero mi autoridad no reside en mi vejez, precisamente, sino en una inmensa cantidad de virtudes que hacen de mí, un Ser destacado, extraordinario, como un océano de perfección, y no mencionaré las virtudes, porque me cubre como una blanca espuma, el manto de la modestia y la pureza de la humildad…

-¿Habláis en serio, Menkauris? -le dijo Nuptahek en voz baja mientras los más de quinientos presentes no se sorprendían por lo que oían.

-¡Reíos, tontuelas!, que es una broma de bienvenida previa a lo que debéis aprender, pues este Concejo se toma las cosas muy en serio, pero jamás sin buen humor. Bueno, salvo en caso de guerra o desastres, de los que hace tiempo que no tenemos que atender. Ahora va en serio, hermanas mías… El Faraón ha llenado el escritorio de este viejo más viejo que las pirámides… Las pirámides que ahora construimos de madera, claro… con más cartas recibidas desde los sitios donde habéis estado, que las recibidas jamás por los méritos de ninguno de nosotros. Para colmo, ninguno de los presentes, salvo Enhutatis, os iguala en belleza y lozanía. Sin embargo sabemos que no habéis ganado vuestras recomendaciones por eso... Aunque yo, tan sólo por eso ya las recomendaría... -decía con las manos en la cintura desatando la risa general- Y volviendo a hablar en serio y nada de bromas, debo confesar que a pesar de mis años...Este viejo carcamán que llamamos Faraón y que apenas puede sostener el Heka y el Nejej... Perdón, mentí sobre que hablaría en serio... Bueno, nuestro Amado Faraón seguro que se quedará más tranquilo si los presentes, aunque menos viejos que yo pero más viejos que vosotras, admiten que ninguno ha demostrado estar tan a la altura de ese sillón de vitalidad. Y como el único que lo está y ha estado en mucho tiempo, es Isman Odilvisal de Gebelik, sois las únicas que pueden aspirar a sentarse en él, más o menos con las mismas calificaciones con que lo proclamamos a él. De eso hace mucho, pero mucho tiempo. Isman tiene menos años que yo pero más años que las pirámides de La Luz... De hecho fue quien la encendió cuando aún no había pirámides allí... Cuando Ptah dijo "Hágase la Luz", Isman fue quien encendió la primera antorcha... Y yo fui quien le alcanzó el yesquero. Así que seáis bienvenidas a este Concejo, que por obra y gracia de nuestro Faraón, no tiene ahora mismo más tarea que cultivar el buen humor y permitirle a este viejo hacer bromas como todo este discurso.

-Supongo que ahora hablaréis en serio, aunque sea medio Râdnie.

-Nada de eso, Faraón. Sólo preguntaré si hay moción en contra de proclamar a estas mujeres increíbles como candidatas a Faraona interina y contaré hasta diez, que ya tengo hambre y hay un banquete preparado... Uno, dos, tres...

-Yo tengo una moción que manifestar. -dijo Hatshepsut en tono que no auspiciaba nada de broma.

-Hablad, por favor. -dijo Menkauris.

-No es una moción en contra, pero quiero poner en claro que no deseo en absoluto ser Faraona interina durante el gobierno de Isman. Sólo lo aceptaré durante el gobierno de Nuptahek, mi Hermana del Alma y protegida, aunque es tan fuerte como yo y continuaré hablando después que volváis a contar hasta diez, en caso de poder hablar ya como miembro aceptada formalmente en este Concejo.

Después que Menkauris contara hasta diez sin objeciones, procedió a entregar los atributos correspondientes a cada una: Un Heka y un Nejej más pequeños que los del Faraón pero igualmente útiles y enjoyados, con cascabeles de oro, un cinturón de cuerda hilada en oro, otro cinturón con una tira de cuero colgando hasta el suelo y un portarrollos.

-Perdonad si mi sentido del humor es escaso -.continuó Hatshepsut tras la ceremonia- pero tampoco soy muy afecta a la solemnidad. No tengo habilidad para hacer bromas y continuar el tono de vuestro discurso, pero disfruto del buen humor de los demás y agradezco que lo hayáis hecho así. Ahora quiero, como primera moción en este Concejo, proponer con toda seriedad, que Nuptahek pase a ser Faraona interina en caso de muerte o Ascensión de Menkauris, o en el caso de que Menkauris se decidiera a acompañar al Faraón en sus viajes...

-¿Y decís que no sabéis hacer bromas? -dijo Menkauris entre risas- No he podido seguir el ritmo a este hombre-golondrina y gastador de caminos ni cuando éramos jóvenes... Pero tenéis buena perspectiva, Hatshepsut, porque es muy probable que nuestro Faraón decida explorar pronto los enigmáticos territorios del Reino Cristalino, o bien abandonar su cuerpo para volver a trabajar de Faraón. Y yo le seguiré, vaya donde vaya. Si Asciende, deberé Ascender porque soy para él, como Vos para Nuptahek, aunque Arkanis y Elhamin me hayan ahorrado mucho trabajo. Si muere, moriré para estar a su servicio en la próxima vida. Luego de unas cuantas batallas y por la misma fidelidad, me hice reemplazar por el General Arkanis y luego por Elhamin, mucho más jóvenes y fuertes que yo. Algo así como mi brazo protector infalible, encarnado en Ellos. Pero en nuestra juventud, queridas novatas, se dio una circunstancia parecida a la vuestra. Isman debía ser Faraón y yo debía protegerle por los mismos designios que tenéis vosotras...

-¿Es que conocéis nuestros designios? -preguntó Nuptahek con sincera inocencia.

-No quiero pecar de bocazas, -respondió Menkauris acercándose a las jóvenes ya con gesto francamente serio- pero no sois las únicas que habláis directamente con Anubis y Sekhmet.... Tres cuartas partes de los aquí presentes sabemos que estáis aquí y ahora por un designio de los dioses para conservar el Conocimiento Sagrado y conservar lo que aquí se ha hecho: Llevar al pueblo a la más bella trascendencia, a la máxima liberación. Aunque nadie diga nada que no sea imprescindible decir, porque aquí hay prudencia, discreción y se habla sólo lo necesario... Ejem, Excepto yo, claro. El caso es que no hay entre ninguno de nosotros el secreto, la intriga, celo excesivo, especulación, desconfianza, ideales contrapuestos, manipulaciones, intentos de imponer la opinión personal, ni ninguna aberración de las que son tan habituales en otros reinos de este mundo y les llevan a la perdición inexorable. La prueba está en que mientras un imperio hermano tan poderoso y extenso como Baalbek cayó, el nuestro supo defenderse porque el Faraón actuó sabiendo que este Concejo es y será siempre su respaldo, su familia más íntima fuera de lo personal, su paño de lágrimas, el reflejo de su Consciencia. Los guardias de allí afuera están para que ninguno que no pertenezca al Consejo entre aquí, pero jamás en nuestra historia han tenido que elegir entre estar de parte de uno u otro Concejal, ni han tenido que presenciar las vergonzosas peleas y discusiones tensas que nos han descrito los centinelas de otros reinos, en que hasta han tenido que intervenir para guardar el orden y evitar que se maten unos a otros, los que se supone que deben vivir al servicio del pueblo... Aquí lo más tenso que puede darse, es que alguien se aburra de mis discursos y mis bromas y me mande a callar... cosa que nunca he obedecido, salvo cuando lo ha hecho el Faraón... Aquí no os puedo decir "mis queridas novatas", sino "nuestras queridas novatas", porque cada uno es cada cual, pero **al tratar asuntos de Ankh em-Ptah, somos uno y sólo uno**. Cada mente busca soluciones, piensa por si misma, pero nadie mantendría una idea propia cuando otro plantea una idea mejor. Cada idea se expone no para imponerse, sino para ser mejorada. Así funciona también nuestro ejército y habéis logrado ambas las calificaciones que no he visto en décadas... No os estoy diciendo nada que no conozcáis. pero es asunto formal el repetir estos simples conceptos cada vez que se incorpora un Concejal nuevo... Mirando vuestros Ka de las emociones, un poco emocionados bellamente, vibrando en colores de afinidad con el conjunto, diría que mi discurso ha dado el resultado esperado. Ahora ruego disculpas a los presentes y... permitidme una pregunta indiscreta...

Se acercó un poco más a ellas, tomándoles las manos a la vez que las mujeres esperaban tratar alguna cuestión solemne. En voz más baja, mientras sonreía les preguntó si tenían hambre.

-¡Ya veo que no nos vamos a aburrir aquí! -dijo Hatshepsut entre carcajadas y besó la frente del anciano- Nos habían explicado todo sobre el Concejo Supremo, pero no conocíamos esta faceta...

-Antes de ir al ágape que os hemos preparado, dejadme agregar unas pocas palabras... Henutsen va a seguir con vuestra instrucción y el Faraón hará un viaje con su familia y con vosotras por todo el país, sólo para mostraros personalmente los últimos descubrimientos científicos y completar lo poco que os falta sobre el Conocimiento Sagrado. Y lo último que tengo que deciros, porque enseguida estaré con la boca llena y no podré hacerlo, es que estamos profundamente agradecidos por ser parte nuestra. ¡Ah!, me olvidaba... ¿Vais a dar algún discurso Isman?

-¡Sí, claro! ¿De verdad me vais a dejar hablar?

-Perdonad, es que con las emociones... -dijo Menkauris resignado, tomando acomodada postura en su asiento- Os escuchamos

-¡Era broma, Menkauris!, no hay que dar discursos ni enseñanzas complejas a gente con la panza llena, pero tampoco si está tan vacía...

## Capítulo XXVIII - En la Gran Pirámide de La Luz

El viaje duró casi un año y permitió a Nuptahek comprender mejor el sentido de lo que había visto en el paseo que Isman le preparara años antes. Pero sobre todo, permitió a las jóvenes una convivencia de viajeras, preparación final para el destino que con el Alma anhelaban cumplir, con la misma excelencia que observaban en el Faraón. Para Henutsen y Ankemtatis fueron vacaciones que compensaban el enorme esfuerzo que habían hecho desde que estaban en Los Diez Colosos, construyendo, conservando lo existente y haciendo que los campesinos dispersos tuvieran la misma educación que en el propio Karnak.

Para Enhutatis e Isman, el viaje fue un descanso en que hasta el repetir de la enseñanza harto explicada sobre los significados de los grabados en más de cien Templos, sirvió para aclarar lo poco que les quedaba en dudas sobre la Ascensión. En varias ocasiones ambos actuaron de modo sorprendente. Uno de los incidentes fue curando a un marinero descompuesto. En cuanto el hombre hizo un gesto de no poder ocupar su lugar en el banco de remo, un compañero avisó al capitán que lo envió a reposar en una camilla. Isman vio al muchacho recostarse con una mano en el vientre y corrió hacia él. Le indicó acostarse boca abajo y en ese momento llegó el médico de abordo. El Faraón le pidió que le dejara hacer y colocando una mano en la espalda del joven, hizo unos movimientos que extrañaron a todos.

-Ya está hecho. -le dijo y el remero se puso en pie extrañado.

-¿Qué me habéis quitado, Faraón? He sentido como si arrancarais algo, como si un pulpo se hubiera llevado el dolor...

-Bien, pero igual el médico os dará el elixir de plata para infecciones de las aguas. Habréis comido el pescado casi crudo, a pesar de que todo el mundo sabe que no es una práctica saludable en ningún tiempo y lugar...

-Sí, eso es... Tenía mucha hambre y pillando el más grande, no oí la advertencia del cocinero. Me lo tengo merecido. Disculpadme, Faraón.

-Estáis disculpado, pero recordad la experiencia. Si no aprendéis a controlar algo como el hambre o el sueño, no podréis nunca controlar los parásitos emocionales. No digo que no comáis regularmente, pero es bueno hacer ayunos, vencer de vez en cuando la exigencia que impone el cuerpo, que no haya un *"yo hambriento"* capaz de gobernar vuestra vida. Y hay que cuidar la higiene... ¿Estáis de remero permanente?

-Temporal, Faraón. El próximo año empiezo la instrucción militar básica y luego estudiaré medicina. Me apunté a este viaje para tener el honor de estar cerca de vosotros y el General Merensob me dio la plaza a pesar de no ser soldado, porque soy carpintero naval y nadador especial.

-Bien, allí tendréis que aprender a controlar el hambre y la fatiga, el sueño y la sed; las exigencias son duras. Os recomiendo comenzar ahora, para que el entrenamiento militar no os resulte muy difícil. En cuando a estudiar medicina, ya tenéis la primera lección. Ninguna carne o pescado debe estar poco cocinado. Además, no habéis hecho ni siquiera el agradecimiento interior profundo hacia el animal que os alimenta... Capitán, que este hermano repose un turno...

-¡Tenéis una gran clarividencia, Faraón! Cierto que no agradecí al pescado... ¡Y Vos lo habéis sabido...!

-¡Eso no es clarividencia! -replicó Isman riéndose al poner su mano en el hombro del remero- Se llama deducción... ¿Quién va a hacer el agradecimiento debido, si ni siquiera ha esperado a que esté cocido?

En otra ocasión, una mujer se clavó en la mano una astilla del banco de remo, porque estaba mal pulido. Enhutatis extrajo la astilla, colocó sus manos sobre la herida y ésta desapareció en un momento, sin dejar más rastro que la poca sangre vertida.

-¡Por todos los dioses! -exclamó la muchacha- Gracias a nuestras casas con forma de pirámide no demoran en sanar las heridas, pero igual demoran algunos días para desaparecer... ¿Cómo lo habéis hecho?

-No lo podría explicar... Bueno, visualizando lo que quería que ocurriese, pero no os lo puedo...

Ese mismo día Enhutatis dijo a Isman que tenía unos ardores raros en todo el cuerpo, pero luego se sentía extremadamente bien, como si acabara de nacer de nuevo.

-¿Es la primera vez que os ocurre?

-Claro... Si me hubiera ocurrido antes, os lo habría dicho...

-Pues a mí me ha ocurrido varias veces desde días atrás, pero no os dije nada para no preocuparos... Y porque luego la sensación es de una enorme vitalidad. Quería analizar más antes de deciros algo...

-Isman, por favor. Confiad más en mí y en mi criterio ante cualquier situación. No dejéis de decrime lo que os ocurra... Os lo ruego, Amor mío, que si me preocupase, sólo sería un aviso para vigilar al pequeño demonio del miedo, aunque sólo sea el miedo por lo que os ocurra.

-De acuerdo. No volveré a esperar en deciros lo que sea. Pero creo que ya he sabido de estas situaciones, aunque han sido vagamente referidas. Si se trata de lo mismo, nos queda poco como humanos...

En la Gran Pirámide de La Luz, luego de haber recorrido las otras y toda la Fábrica de Poder durante un mellu, tuvieron una experiencia especial, como ocurre a muchas personas que pueden estar solas lo suficiente en las *Cámaras del Tiempo*. Estaba todo listo para embarcarse y regresar a Karnak, pero Enhutatis dijo que deseaba volver a entrar en la Gran Pirámide y pasar allí al menos una noche.

-¿Queréis un tratamiento intensivo para rejuvenecer? -dijo Isman.

-Supongo que bromeáis...

-Un poco en broma y un poco en serio... Aunque los efectos de nuestras casas han alargado considerablemente la vida de la gente, no son tan potentes como esta mole de cuatrocientos cuarenta codos de base, que debe tener unos dos millones y medio de bloques...

-No, Cariño mío. -decía Enhutatis con un dejo de confusión- He sentido esa intuición que no puede una definir si es real intuición o mero deseo y curiosidad... Como si fuese a pasar algo que no puedo explicar. Pero si no hay prisa en regresar...

-Ninguna prisa, cariño. Nuestros jóvenes se alegrarán de posponer el regreso un día o los que necesitéis. ¿En la cámara menor o en la mayor?

-En la mayor, que creo que está más en el centro...

-Así es, Enhutatis. Entonces en la mayor...

Al anochecer, tras un breve paseo y una reunión con Hilarión para resolver algunas consultas, iban a reunirse con los demás y Enhutatis detuvo el paso y abrazó fuerte a Isman.

-¿Qué os pasa?, ¿Habéis sentido la sensación otra vez?

-Sí, Cariño mío. Otra vez, y antes también. No os dije nada porque fue cuando estábamos reunidos con Hilarión. Y también sentí que el viejo General no demorará mucho en acompañarnos.

-No es tan viejo, Enhutatis... Según creo...

-Pues sí. Tiene vuestra misma edad...

-O sea... Que yo también estoy viejo... -dijo Isman y ambos rieron juntos, observando mutuamente sus cuerpos y rostros. Resplandecían de jovialidad. Apenas algunas arrugas delataban que no eran jóvenes.

Al comunicar su decisión, produjeron la esperada alegría. Henutsen volvería con Nuptahek y Hatshepsut para hacer noche en la Pirámide Mediana y Ankemtatis recorrería con sus compañeros unos túneles poco explorados. El Faraón y su mujer fueron hasta la Gran Pirámide y los Templarios, luego de saludarles, les brindaron pertrechos que les ayudaron a subir por la escalera de más de una cuerda de largo.

-Presiento, -les dijo el hombre que les acompaño hasta la entrada- que no deseáis compañía ni la debéis tener. Os ruego no preocuparos de nada, por nada ni por nadie, ni por el pasado, ni por el presente ni por el futuro. El tiempo es uno sólo y se llama ahora...

-Cierto, querido Hermano. -respondió Isman- Y cuando salgamos tengo algunas preguntas que haceros sobre vuestro trabajo, que hasta para mí resulta hasta hoy todo un enigma.

-Cuando salgáis de esta pirámide, amados de todo Ankh em-Ptah, no podréis preguntarme nada porque no podré oíros ni veros. Que vuestra estancia os lleve al colmo de la felicidad.

El hombre abrazó a ambos y sin agregar nada, comenzó a bajar inmediatamente la larga escalera. Ellos, algo intrigados, entraron por el pasillo y luego continuaron por el prolongado canal ascendente hasta la cámara central.

-Estos Templarios, siempre tan serviciales, -decía Isman- parecen pasar desapercibidos por la gente. Nadie habla nunca de ellos, salvo para comentar el buen servicio que hacen en muchos de los Templos y Pirámides, pero nunca aparecen en los registros... Como guardianes son sin duda, lo más discreto que puede haber.

-Cariño mío, por favor olvida esas cosas ahora. Dejad que vuestra mente se relaje, obligadla a no pensar en nada...

-Tenéis razón. Es momento de olvidar todo y sólo pensar en Vos.

-Por fin solos... -dijo románticamente Enhutatis ya en la cámara- ¿Os gustaría que hagamos de cuenta que estamos en nuestra cómoda cama, o preferís meditar o conversar?

-Tenemos agua y mantas gruesas, así que podríamos hacer el Amor como en casa. -respondió Isman con inocente picardía- Pero no me hago responsable de los tremendos efectos que esta pirámide podría tener...

-No exageréis, Amor mío... Sabéis que el efecto es lento y progresivo, que nadie se convierte en una bestia sexual ni en Maestro Ascendido por entrar aquí... Bueno, al menos si no ha hecho todo lo necesario antes. Pero no necesitáis energía extra para hacer vibrar mi cuerpo y mi Alma...

El tanque existente en medio de la Cámara Central pocas veces había sido abierto. Estaba vacío, como todos los tanques Ascensionales. Una pesada losa lo cubría y sólo podía usarlo una persona sola para hacer la Ascensión, pero la cámara en sí, debía tener otras funciones. No existen palabras para expresar la vivencia de quienes siguen el Camino de las Cobras día a día, y es apenas posible describir lo que ocurrió después, cuando en pleno acto amoroso, no sabían si lo hacían con el cuerpo físico o con el Ka. Les ocurría muchas veces, pero en esa ocasión tomaron plena consciencia y hablaban sólo con el pensamiento.

-Parece que estamos con el Ka, como otras tantas veces, pero al mismo tiempo sentimos el cuerpo físico. -dijo Isman sin oír sus propias palabras- Es una sensación rara... ¿Me oís?

-Os oigo... ¡Ah, pero no oigo mis palabras!

-Pues yo oigo las vuestras, pero no las mías. Es extraño.

-Os propongo -decía ella- que os pongáis frente a mí, sentados y abrazados, a ver si sentimos el peso de las piernas y para que nos veamos mutuamente...

-¡Vuestro Râ está rojo, con fulguraciones doradas!, -dijo Isman- ¡Es bellísimo!... Y todos vuestros centros de luz.

-También los es vuestra Corona. ¡Qué bella es vuestra Corona Blanca, que deja de ser blanca y brilla dorada y roja! Y todos vuestros soles... Creo que estamos alejándonos de los cuerpos físicos...

-Sí, Amada mía. Nos estamos alejando de los cuerpos, pero no en el espacio, sino en la vibración... Creo que estamos entrando en un plano de existencia diferente de los Ka, aunque con los tres Ka juntos y ahora siento mucho calor...

-Y yo. Pero es un placer que no puedo describir. ¿Podríais decir Vos qué nos está ocurriendo?

-Si es lo que creo, Enhutatis... Mejor sigamos en esta danza preciosa sin preocuparnos de nada, por nada ni por nadie, ni por el pasado, ni por el presente ni por el futuro. El tiempo es uno sólo y se llama ahora.... Abrazadme fuerte...

El compás erótico continuó durante un tiempo imposible de definir, el coito siempre Sagrado, lo era ahora mucho más. El Tiempo desapareció, mientras ambos parecían tirar de las corrientes del Amor como quien tironea de las espigas para cosecharlas. Veían que todo el entorno de paredes de granito se mecía y ondulaba como las imágenes del desierto bajo el implacable calor del medio día. Por momentos observaban que de sus manos manaban destellos plateados, mientras sus cabezas radiaban con fulguraciones turquesas y azules, para brillar al instante siguiente con toda la gama de colores cálidos. Del dorado pasaban al cobrizo en infinidad de tonos intermedios, para producir estallidos y fulguraciones de rojo intenso. En cierto momento volvían a sentir el cuerpo físico, sin dejar de ver las destellantes formas de estrellas que salían de ellos y volvían hacia sí, cambiando constantemente de color.

En un momento, cuando el extremo placer casi les hacía perder consciencia, sintieron que sus cuerpos materiales pasaban a formar parte de ese baile de luces y destellos, para ir deshaciéndose y transformarse en luz. De pronto el Universo todo estaba dentro de ellos y ellos dispersos en la Eternidad de Nut. Isman intentó hablar, pero algo en su interior se lo impidió. Ella lo comprendió e hizo lo mismo con igual resultado. Pensó en sentir sólo el Amor por Isman y él lo percibió, haciendo lo mismo. Concentrados uno en el otro, ambos intentaron cerrar los ojos pero no pudieron dejar de ver. Sólo que un instante después, lo que veían no era el interior de la pirámide. Recién allí pudieron hablar y dijo Isman.

-Esto no se puede expresar. Nadie puede ni debe expresarlo. Cualquier explicación sería vana… Acabamos de nacer…

---------------

La comitiva fue avisada al siguiente día de que el Faraón y Enhutatis ya no estaban entre los humanos y les invitaron a reunirse con Anubis y Sekhmet en la cámara menor en cinco días. Nuptahek y Hatshepsut lloraban con desconsuelo y tuvieron que reprenderles por su descontrol.

-¡Nuptahek! -exclamó Hatshepsut- Nos merecemos hasta tirones de orejas. Si hubieran muerto volverían a nacer, pero es infinitamente mejor que eso para ellos, ahora son absolutamente libres.

-¿Es seguro que no han muerto? -decía Nuptahek entre sollozos.

-Es seguro, Faraona… -dijo Henutsen- Si hubiesen muerto habrían podido avisar ellos mismos. Han tenido que hacerlo los Templarios, porque se encargan como lo he hecho yo miles de veces, de hacer el servicio posterior. No se puede entrar a la pirámide hasta que pase la radiación, que he visto desde afuera con toda su magnífica potencia.

-Lo de Faraona, aún no podéis llamarme así. En este momento siento que no sirvo ni para ayudante de un sirviente de un Templo…

-Y yo más o menos lo mismo… -agregó Hatshepsut.

-Es comprensible. -dijo Ankemtatis- Sois muy jóvenes y el Faraón ha sido vuestro principal guía, Maestro y protector. Pero imaginaos como estaría Henutsen, que es su hija, si se dejase llevar por las emociones.

-Perdonad... -dijo Nuptahek un rato después más calmada- Gracias por vuestras palabras. Lo de Faraona, será cuando el Concejo haga el pedido de proclamación popular. Pero vosotros, por favor, llamadme siempre por mi nombre. Y permaneced conmigo cuanto os sea posible porque si ellos estarán viviendo una experiencia imposible de describir para quien no la haya alcanzado, la mía, al estar el destino de Ankh em-Ptah en mis manos, no es una experiencia menos fuerte. Ellos tendrán el auxilio de Sekhmet, pero yo necesito el vuestro...

. Cuando los cuatro entraron en la cámara menor de la Pirámide, cinco días después, el Maestro Templario les dijo:

-Ya sabemos, Hermanos que tenéis gran experiencia en el servicio a Anubis, sobre todo Vos, Henutsen, pero siendo vuestro padre quien se ha ido, debéis controlar más vuestra emoción. No por ellos, que ahora son Seres Superiores, sino por vosotros mismos.

En cuanto quedaron a solas, salieron con sus Ka y momentos después se presentaron Anubis y Sekhmet, quienes les saludaron con el habitual gesto de abrazo.

-No estaba previsto para ahora, -decía Anubis- pero no había razón para posponerlo. Ellos estaban preparados y vosotros lo estáis para asumir la responsabilidad que os corresponde. Sólo estoy aquí para certificaros que no han ido a mi región de trabajo, sino a mi Reino.

-Y podréis verles cuando ellos estén preparados. -les dijo Sekhmet- Aunque será sólo por unos momentos. Isman continuará más adelante al servicio de la Luz del Mundo en Ankh em-Ptah, pero será luego de aprender lo que debe aprender aquí para poder serviros. Eso será dentro de muchos de vuestros años. La radiación se ha diluido y ya es posible volver a ocupar la cámara central. Ahora vuestra Patria espera lo mejor de vosotros. Nosotros estaremos siempre a vuestro servicio.

Volvieron a sus cuerpos materiales y salieron para ascender a la otra cámara, donde sólo hallaron las prendas, las mantas, el agua y la comida. Sekhmet se presentó ante ellos una vez más y les dijo:

-No permanezcáis aquí ni llevéis nada. Los Templarios harán luego su servicio. Ahora os esperan en Karnak y es preciso que estéis en el barco, viajando cuanto antes.

Salieron inmediatamente y a medio día partieron río arriba con un viento arremolinado y algunas nubes. A media tarde el cielo estaba bastante cubierto y Nuptahek sacó su Heka y apuntando al diversas direcciones, dijo rato después decía a Ankemtatis.

-Habrá buen viento del Norte, para no cansar a los remeros. Y esas nubes refrescarán pero sin lluvia. Gracias, viento... voy a reemplazar a ese remero que no ha dormido bien....

En cuanto la muchacha pidió al remero que le cediese el sitio para reemplazarle, uno de ellos comentó que esa era la costumbre más habitual del Faraón mientras navegaban.

-Pero él no está ahora, -dijo Nuptahek- así que propongo, para no extrañarlo tanto, que cantemos los Diez Mandamientos de Ankh em-Ptah.

Al momento, el mutliquero comenzó y le siguieron todos al ritmo de la música improvisada que hacía con sus instrumentos, sin descuidar la cadencia para guiar el bogar.

*LOS DIEZ MANDAMIENTOS DE ANKH EM-PTAH*

*Amaréis a Ptah, la Esencia Divina en Vos, en todos los Seres y Todas las Cosas.*

*Amaréis a los demás, como a Vos mismo, incluso al enemigo si debierais que combatirlo.*

*Adoraréis al dios que creáis adecuado para Vos, pero a ninguno más que a Vos mismo.*

*Haréis imágenes de los dioses para comunicaros con ellos, sin olvidar que la imagen no es la Esencia, sino sólo un instrumento.*

*Preferiréis estar muerto antes que esclavo y combatiréis al esclavista como al peor mal que existe.*

*Todos vuestros días serán sagrados y viviréis cada uno de ellos con el Amor, Inteligencia y la Voluntad de que seáis capaz.*

*Haréis a los demás lo que quisierais que hagan con Vos y no haréis lo que no os gustaría recibir.*

*No temeréis a nada ni a nadie. Si alguien os quiere dominar por el miedo, le infundiréis un miedo mayor.*

*No odiaréis a nada ni a nadie, incluso cuando tengáis que matar para defenderos.*

*Combatiréis los vicios y el sufrimiento en Vos mismo, eligiendo ser feliz en cualquier situación, hagan lo que hagan los demás.*

Repitieron el cántico, y al terminar, mientras Râ iluminaba asomando entre las nubes, dos figuras aparecieron en medio de la cubierta.

-¡Padre!, ¡Enhutatis! -exclamó Henutsen- ¡Podemos veros!

-No os acerquéis, Amados nuestros. No volveréis a vernos hasta dentro de mucho tiempo. Vosotros tenéis mucho que hacer y nosotros mucho que aprender aquí.

-Al menos -dijo Enhutatis- ya hemos aprendido lo maravilloso que es la libertad absoluta. Y con unos instantes que llevamos aquí en este Reino, os garantizamos que no hay nada, pero absolutamente nada de aburrimiento.

Rieron ambos, se besaron y desaparecieron lentamente, dejando una profunda sensación de Amor e inspiración que iluminó más aún los ya preciosos corazones de todos los presentes.

-Sigamos, remeros, -decía Nuptahek largo rato después- y pensad en otra cosa, ¡Dejad que los Vivos marchen con los Vivos!... Y vosotros también, Henutsen, Hatshepsut, Ankemtatis... ¡Dejemos de llorar o habrá que empezar a achicar aguas...!

Contnuará en "FARAONA"...

INDICE

Otras Obras Del Autor y en coautoría:

*Metafísica*

"Los Ocho Kybaliones" (Tabla Esmeralda, Tábvla Máxima Hiperbórea)

"Alcanzando la Inmortalidad", "Reencarnación el Viaje Astral" (Ramiro de Granada)

*Piramidología:*

"Manual Básico de Piramidología" (Gabriel Silva)

"Revolución Terapéutica de Las Pirámides" (Gabriel Silva- Dr. Ulises Sosa)

"Tecnología Sagrada de Las Pirámides" (Gabriel Silva)

*Política:* "Ecologenia", "Econogenia", "Constitución Asamblearia" (los tres en un solo volumen: "Ecologenia Global") (Gabriel Silva)

*Novelas:*

"El Tesoro Mágico de Las Pirámides" (Novela esotérica)

"El Tesoro Mágico de Iraotapar" (Segundo libro de la saga)

"El Tesoro Mágico de Yin Tzi Táa" (Tercer libro de la saga)

"El Tesoro Mágico de Freizantenia" (Cuarto libro de la saga)

"Águila Tonta"

Contacto: gabrieldealas@gmail.com

Made in the USA
Coppell, TX
28 October 2024